中华经典名著
全本全注全译丛书

陈曦　周旻　等◎注
陈曦　王珏　王晓东　周旻◎译
韩兆琦◎审阅

史　记　八
列传

中華書局

穰侯列传第十二

【释名】

穰侯魏冉，是秦昭王母宣太后异父弟，昭王的舅父。秦武王去世，他拥立昭王，平定季君之乱。昭王即位年少，宣太后听政，他以外戚而执秦政。初任将军，后一再为相，封于穰，号穰侯，复益封陶，富于王室。曾保举白起为将，先后攻伐韩、赵、魏、齐，并克楚都郢，使秦日益强大，蚕食诸侯。后因功大擅权，被范雎讥弹，为昭王所忌，免去相国，使就封邑，死葬于陶。

本篇可按穰侯魏冉的生平分为三个部分。第一部分写穰侯协助昭王夺权即位，因功执掌秦政。第二部分写穰侯在其执政期间与名将白起合作大破东方诸国，使秦国空前强大的历史功勋。第三部分写穰侯以权大为昭王所忌，范雎乘机进谗，穰侯被罢斥而死。篇末论赞盛赞穰侯之功，又感叹其悲剧结局，并感慨为人臣之不易。

穰侯魏冉者[①]，秦昭王母宣太后弟也[②]。其先楚人，姓芈氏。秦武王卒[③]，无子，立其弟，为昭王。昭王母故号为芈八子[④]，及昭王即位，芈八子号为宣太后[⑤]。宣太后非武王母。武王母号曰惠文后，先武王死[⑥]。宣太后二弟：其异父长弟曰穰侯，姓魏氏，名冉；同父弟曰芈戎，为华阳君⑦。而昭王同母弟曰高陵君、泾阳君⑧。而魏冉最贤，自惠王、武王时任职用事。武王卒，诸弟争立，唯魏冉力为能立昭王⑨。昭王即位，以冉为将军，卫咸阳。诛季君之乱⑩，而逐武王后出之魏⑪，昭王诸兄弟不善者皆灭之，威振秦国。昭王少，宣太后自治⑫，任魏冉为政。

【注释】

①穰（ráng）侯魏冉：宣太后之弟，秦昭王之舅，封地在穰（在今河南邓州），故称穰侯。

②秦昭王：武王异母弟，前306—前251年在位。宣太后弟：《索隐》曰："宣太后之异父长弟也。"宣太后，芈（mǐ）姓，号"芈八子"，楚国人。秦惠文王妃。

③秦武王：名荡，谥武，惠文王之子，前310—前307年在位。

④八子：妃嫔称号。陈仁锡曰："'夫人'以下之称，其爵第四等。"按《汉书·外戚传》："汉兴，因秦之称号……嫡称皇后，妾皆称夫人。又有美人、良人、八子、七子、长使、少使之号焉。"

⑤号为宣太后：按，"宣"是其谥号。

⑥先武王死：梁玉绳曰："《秦纪》二年，'庶长壮与大臣诸侯公子为逆，皆诛，及惠文后皆不得良死'，即下文'季君之乱'也，此云'先武王死'，误。"

⑦华阳君：封地在华阳，即今河南密县东南。

⑧高陵君、泾阳君：《索隐》曰："高陵君名显，泾阳君名悝。"茅坤曰："叙华阳君三人者，发篇末范睢说悟昭王案。"

⑨唯魏冉力为能立昭王：徐孚远曰："宣太后为八子时，魏冉已用事，能援立昭王，是冉以才进，非缘戚属也。"

⑩季君之乱:《索隐》曰:"季君即公子壮,僭立而号曰'季君'。穰侯力能立昭王,为将军,卫咸阳,诛季君及惠文后,故本纪言'伏诛',又云'及惠文后皆不得良死'。盖谓惠文后时党公子壮,欲立之;及壮诛,而太后忧死,故云'不得良死',亦史讳之也。"

⑪逐武王后出之魏:《索隐》曰:"逐武王后出之魏,亦事势然也。"按,武王后原是魏女。

⑫宣太后自治:柯维骐曰:"汉唐以来之女主临朝专制,自芈太后始也。"

【译文】

穰侯魏冉,是秦昭王母亲宣太后的弟弟。其祖先是楚国人,姓芈。秦武王死时,因为没有儿子,所以立了他的弟弟为国君,是为秦昭王。昭王母亲过去的封号是芈八子,等到昭王即位,芈八子号称宣太后。宣太后并不是武王的生母。武王的母亲是惠文后,比武王先死。宣太后有两个弟弟,与宣太后同母异父的大弟弟是穰侯,姓魏名冉;与宣太后同父同母的小弟弟叫芈戎,即华阳君。而昭王的两个同胞弟弟,一个是高陵君,一个是泾阳君。魏冉最贤能,他早从惠王、武王时就任职掌权。武王去世,弟弟们争夺王位,只有靠着魏冉的力量才拥立了昭王。昭王即位后,任用魏冉为将军,守卫咸阳。魏冉讨平了季君的叛乱,驱逐武王的王后去了魏国,又把昭王那些图谋不轨的弟兄们全部诛灭,从此穰侯威震秦国。当时昭王年纪还小,由宣太后亲自主持朝政,任用魏冉执掌政权。

昭王七年①,樗里子死②,而使泾阳君质于齐。赵人楼缓来相秦③,赵不利,乃使仇液之秦④,请以魏冉为秦相。仇液将行,其客宋公谓液曰⑤:"秦不听公,楼缓必怨公。公不若谓楼缓曰'请为公毋急秦'。秦王见赵请相魏冉之不急,且不听公。公言而事不成,以德楼子;事成,魏冉故德公矣。”于是仇液从之。而秦果免楼缓而魏冉相秦[6]。

【注释】

①昭王七年:前300年。

②樗里子:名疾,秦惠文王的异母弟。详见《樗里子甘茂列传》。

③楼缓:原赵国大臣,支持赵武灵王推行胡服,后入秦为秦国国相。事迹还见于《平原君虞卿列传》。

④仇液:《索隐》曰:“《战国策》作‘仇郝’,盖是一人而记别也。”按,今本《战国策》作“机郝”。

⑤宋公:《索隐》曰:“《战国策》作‘宋交’。”泷川曰:“今本《战国策》作‘宋突’。”

⑥秦果免楼缓而魏冉相秦:魏冉于昭王十三年(前294)任秦相。

【译文】

秦昭王七年,樗里子死了,秦国派泾阳君到齐国去做人质。这时赵国的楼缓正在秦国做国相,赵国认为对自己不利,于是就派仇液到秦国游说,请求秦国让魏冉做国相。仇液将要出发,他的门客宋公对他说:“您此次前去,假如秦王不听从您的劝说,楼缓必定怨恨您。您不如对楼缓说‘为了您,我不会认真要求秦国这样做’。秦王看到赵国不急于想让魏冉为相,将会不听从您的劝说。您说了而事情不成功,可以讨好楼缓;事情成功了,秦王任用魏冉为相,那么魏冉会感激您。”于是仇液听从了宋公的意见。秦王果然免掉了楼缓,而魏冉做了秦国国相。

欲诛吕礼[1],礼出奔齐[2]。昭王十四年[3],魏冉举白起[4],使代向寿将而攻韩、魏[5],败之伊阙[6],斩首二十四万,虏魏将公孙喜。明年,又取楚之宛、叶[7]。魏冉谢病免相,以客卿寿烛为相[8]。其明年,烛免,复相冉,乃封魏冉于穰,复益封陶[9]，号曰穰侯。

【注释】

①吕礼：秦国将领，为五大夫。

②礼出奔齐：吕礼于昭王十三年（前294）前往齐国。

③昭王十四年：即韩釐王三年，魏昭王三年，前293年。

④魏冉举白起：梁玉绳曰："起于十三年已为左庶长，将兵攻韩新城，则非十四年始举之也。"

⑤向寿：宣太后娘家族人。

⑥伊阙：山口名，也称龙门，在今河南洛阳南。因两山相对，望之若阙门，伊水流经其间，故名。

⑦宛：楚地名，在今河南南阳。叶：古邑名，在今河南叶县南。

⑧客卿：指出身别国而在该国任高级辅佐官的人。以其位同列卿，参与决政，而国君又往往待之如上宾，故称。寿烛：姓寿名烛，其他不详。

⑨乃封魏冉于穰，复益封陶：梁玉绳曰："按《纪》，'冉始相，已封穰；再相，益封陶'，是也。此言'复相，乃封穰'，与'益陶'同时，误矣。穰为韩地，昭王六年取之；陶为宋地，取陶岁月无考。"有研究者认为秦取陶以封魏冉是在昭王二十六年（前281）。穰，在今河南邓州。陶，在今山东定陶西北。

【译文】

后来，秦昭王要诛杀吕礼，吕礼逃到了齐国。秦昭王十四年，魏冉推荐白起，让他代替向寿担任将领，率军攻打韩国和魏国，在伊阙打败了他们，斩敌二十四万，俘虏了魏将公孙喜。第二年，又夺取了楚国的宛地和叶地。这一年，魏冉因病辞去了国相之位，秦国用客卿寿烛任国相。第二年，寿烛免职，又起用魏冉任国相，这时秦昭王把魏冉封在穰邑，又加封陶邑，称作穰侯。

穰侯封四岁[①]，为秦将攻魏。魏献河东方四百里[②]。拔魏之河内[③]，取城大小六十余。昭王十九年[④]，秦称西帝，齐称东帝。月余，吕礼来，而齐、秦各复归帝为王。魏冉复相秦，六岁而免[⑤]。免二岁，复相秦。四岁，而使白起拔楚之郢[⑥]，秦置南郡[⑦]。乃封白起为武安君[⑧]。白起者，穰侯之所任举也[⑨]，相善。于是穰侯之富，富于王室[⑩]。

【注释】

①穰侯封四岁：此指穰侯第二次任秦相的第四年。梁玉绳曰："'四岁'当是'三岁'之误，若是'四岁'，则为昭王十九年，何以下文又云'昭王十九年'乎？"

②魏献河东方四百里：据《魏世家》，事在魏昭王六年，秦昭王十七年，前290年。河东，相当今山西沁水以西，山西、河南间黄河以北，山西、陕西间黄河以东，霍山以南地区。

③河内：指今河南黄河以北的济源、沁阳、武陟等一带地区。

④昭王十九年：即齐湣王十三年，前288年。

⑤魏冉复相秦，六岁而免：有研究者认为穰侯于昭王十九年（前288）复相，至二十四年（前283）始免。

⑥郢：在今湖北荆州之纪南城。

⑦南郡：秦郡名，郡治在今湖北江陵。

⑧封白起为武安君：崔适曰："赵有两'武安君'，始苏秦，终李牧；而秦亦以是名封白起，亦但有名号耳。"

⑨白起者，穰侯之所任举也：凌稚隆曰："前既言'魏冉举白起攻韩、魏，取楚之宛、叶'矣，此又言'冉使白起拔楚之郢'，而结之曰'白起者，穰侯之所任举也'，总见得白起之功皆本于穰侯耳。"任举，引荐保举。

⑩穰侯之富，富于王室：据《范雎蔡泽列传》记载，穰侯罢相就国时，“因使县官给车牛以徙，千乘有余。到关，关阅其宝器，宝器珍怪多于王室”。

【译文】

穰侯受封后的第四年，作为秦将率兵进攻魏国。魏国被迫献出了河东方圆四百里的土地。攻下了魏国的河内地区，夺取大小城池六十多座。秦昭王十九年，秦昭王自称为西帝，齐湣王号称东帝。过了一个多月，吕礼从齐国来到秦国，齐国和秦国又同时取消了帝号而仍旧称王。魏冉再度任秦国国相，六年后被免职。免相后两年，又担任国相。四年后，他派白起攻下楚国的郢都，秦国设置了南郡。于是封白起为武安君。由于白起是被穰侯举荐的，所以他们彼此亲善。当时穰侯之富，超过了王室。

昭王三十二年[①]，穰侯为相国[②]，将兵攻魏，走芒卯[③]，入北宅[④]，遂围大梁[⑤]。梁大夫须贾说穰侯曰[⑥]：“臣闻魏之长吏谓魏王曰：‘昔梁惠王伐赵[⑦]，战胜三梁[⑧]，拔邯郸；赵氏不割，而邯郸复归[⑨]。齐人攻卫，拔故国，杀子良[⑩]；卫人不割，而故地复反。卫、赵之所以国全兵劲而地不并于诸侯者，以其能忍难而重出地也[⑪]。宋、中山数伐割地，而国随以亡。臣以为卫、赵可法，而宋、中山可为戒也。秦，贪戾之国也[⑫]，而毋亲[⑬]。蚕食魏氏，又尽晋国[⑭]，战胜暴子，割八县[⑮]，地未毕入，兵复出矣。夫秦何厌之有哉[⑯]！今又走芒卯，入北宅，此非敢攻梁也，且劫王以求多割地[⑰]。王必勿听也。今王背楚、赵而讲秦[⑱]，楚、赵怒而去王，与王争事秦，秦必受之。秦挟楚、赵之兵以复攻梁，则国求无亡，不可得也。

愿王之必无讲也。王若欲讲，少割而有质；不然，必见欺。'此臣之所闻于魏也，愿君之以是虑事也。《周书》曰：'惟命不于常。'此言幸之不可数也[19]。夫战胜暴子，割八县，此非兵力之精也，又非计之工也，天幸为多矣。今又走芒卯，入北宅，以攻大梁，是以天幸自为常也，智者不然。臣闻魏氏悉其百县胜甲以上戍大梁[20]，臣以为不下三十万。以三十万之众守梁七仞之城[21]，臣以为汤、武复生，不易攻也。夫轻背楚、赵之兵[22]，陵七仞之城[23]，战三十万之众，而志必举之，臣以为自天地始分以至于今，未尝有者也。攻而不拔，秦兵必罢[24]，陶邑必亡[25]，则前功必弃矣。今魏氏方疑，可以少割收也。愿君逮楚、赵之兵未至于梁[26]，亟以少割收魏[27]。魏方疑而得以少割为和[28]，必欲之，则君得所欲矣。楚、赵怒于魏之先己也，必争事秦，从以此散[29]，而君后择焉。且君之得地岂必以兵哉！割晋国[30]，秦兵不攻，而魏必效绛、安邑[31]。又为陶开两道[32]，几尽故宋[33]，卫必效单父[34]。秦兵可全[35]，而君制之，何索而不得，何为而不成！愿君熟虑之而无行危[36]。"穰侯曰："善。"乃罢梁围[37]。

【注释】

①昭王三十二年：即魏安釐王二年，前275年。

②穰侯为相国：此指第四次出任相国。

③芒卯：《战国策》作"孟卯"。

④入北宅：泷川曰："《策》作'秦败魏于华，走芒卯而围大梁'。"梁玉绳曰："是年乃'破暴鸢，走开封'耳。"北宅，一名"宅阳"，在今河南郑州北。

⑤大梁：在今河南开封。当时是魏国的都城。

⑥梁大夫须贾说穰侯曰：梁玉绳曰："贾之说，当在秦昭三十四年破芒卯后，此误在三十二年。"梁大夫，即魏大夫。须贾，姓须，名贾。

⑦梁惠王：即魏惠王，魏安釐王的曾祖父，名罃，前369—前319年在位。

⑧三梁：《索隐》曰："三梁，即南梁也。"泷川曰："《桃源钞》引《太康地记》云：'战国时谓南梁者，别之于大梁、小梁也，古蛮子邑也。"其地望诸说不一。

⑨赵氏不割，而邯郸复归：按，据《赵世家》，魏于赵成侯二十二年，梁惠王十七年，前353年，拔邯郸，二十四年归还；据《魏世家》，魏于惠王十八年拔邯郸，二十年归还。泷川曰："邯郸，赵国都也。国都既失，则其君托迹何所？《吕氏春秋·审应览》叙魏惠王事云：'围邯郸三年而弗能取，士民罢潞，国家空虚。'盖得其实矣。"多数研究者认为魏攻入邯郸实有其事。

⑩齐人攻卫，拔故国，杀子良：泷川曰："故国，犹言'故都'。"按，《卫康叔世家》没有记载齐伐卫、杀子良事；据《燕召公世家》，燕王哙七年（前314），齐伐燕，杀子之，后燕昭王即位，才使燕国稳定下来。

⑪重：不轻易，难。

⑫贪戾（lì）：贪婪。

⑬毋亲：不亲。

⑭蚕食魏氏，又尽晋国：《索隐》曰："河东、河西、河内，并是魏地，即故晋国。今言秦蚕食魏氏，尽晋国之地也。"

⑮战胜暴（pù）子，割八县：梁玉绳曰："秦拔魏二县，魏与秦温，共三县耳，'八县'误。"暴子，姓暴，名鸢，韩国将领。据《六国年表》，秦昭王三十二年（前275），韩国派暴鸢率兵救魏，被秦国打败，退走开封，韩军被俘虏斩首四万余。

⑯何厌之有哉：哪里会有个满足呢！董份曰："此亦可明不当割地之

效，而六国皆坐此以困矣。”厌，饱足，满足。

⑰劫：要挟，胁迫。

⑱讲：通“构”，交和，连结。

⑲数：多次，屡次。

⑳百县：代指魏国全部领土。胜甲：指代刚能撑起铠甲的孩子。

㉑七仞：《战国策》作“十仞”。旧称八尺为一仞，或说七尺为一仞。

㉒轻：轻率。背：背对。

㉓陵七仞之城：指攻打大梁。陵，攻击，侵犯。

㉔罢（pí）：疲劳，衰弱。

㉕陶邑必亡：《正义》曰：“定陶近大梁，穰侯攻梁兵疲，定陶必为魏伐。”

㉖逮：趁。

㉗亟：快速。

㉘以少割为和：底本作“以少割为利”，泷川曰：“枫山本‘利’作‘和’，与《策》同。”按，《战国纵横家书》亦作“和”，今据改。

㉙从以此散：《战国纵横家书》作“从已散”，与下文连读。从，“纵”的古字。

㉚晋国：此指魏国。

㉛魏必效绛、安邑：泷川曰：“效绛、安邑，既往之事，‘必’字疑衍，《策》无。”效，进献。绛，古邑名，在今山西曲沃东北。安邑，在今山西夏县西北。

㉜为陶开两道：《正义》曰：“穰故封定陶，故宋及单父是陶之南道也；魏之安邑及绛是陶之北道。”

㉝几尽故宋：《索隐》曰：“此时宋已灭。”

㉞单（shàn）父：古邑名，在今山东单县。

㉟秦兵可全：《战国纵横家书》作“秦兵苟全”。

㊱无行危：《索隐》曰：“言莫行围梁之危事。”

㊲乃罢梁围：按，须贾游说穰侯事，发生在秦昭王三十四年，魏安釐王四年，前273年。见《战国策·魏策三》。《正义》曰："魏安釐王二年，秦军大梁城，韩来救，与秦温以和也。"梁玉绳曰："梁围之罢，因献南阳，何曾是须贾说穰侯而罢乎？"鲍彪曰："贾之说，不足以已秦也。其为魏也过深，而说秦者不切。夫以秦为'天幸'，而欲其无'行危'也，秦岂信之哉？秦行是何危之有？且其为魏之过深也，适足以疑秦，岂沮于是哉？梁围之解，将别有故，非贾力也。"凌稚隆曰："须贾剖析利害处，如指诸掌，虽为梁说客，实为穰侯谋也。以故竟罢梁围。"

【译文】

秦昭王三十二年，穰侯任国相，率兵攻打魏国，赶走了魏将芒卯，进入北宅，随即围攻大梁。这时魏国的大夫须贾劝说穰侯道："我听说魏国的长吏对魏王说：'过去魏惠王攻打赵国，在三梁打了胜仗，攻下邯郸，而赵国不肯割地，后来邯郸又被赵国收回了。齐国进攻卫国，打下了旧国都，杀掉了子良，卫国没有割地，旧地又被收回了。卫国和赵国能使国家保全、兵力强劲而没有被诸侯所吞并，就因为它们能忍受苦难而重视割让土地。而宋国和中山国屡遭进犯又屡次割地，结果国家随即灭亡。我认为卫国和赵国的做法值得效法，而宋国和中山国的做法则应该引以为戒。秦国是个贪婪的国家，不能和它亲近。它蚕食魏国，割完了晋国旧地，接着又战胜了韩国的将领暴鸢，割走了八个县，土地还没来得及全部接收，秦国的军队又出动了。秦国哪有什么满足的时候呢？现在它赶走了芒卯，进入了北宅，并不是它敢于攻灭魏都大梁，而是想威胁您多给他们割让土地。您切勿接受它的要求。如果您背叛了楚国、赵国而与秦国讲和，那么楚国、赵国必定怨恨而背离大王，也争着去服事秦国，秦国也一定会接受他们。到那时秦国挟制着楚国、赵国的军队一起来攻打大梁，那时魏国要想不灭亡都不可能了。希望大王一定不要与秦国议和。大王如果议和，也一定要少割让土地，而且要求秦国给魏国派出人质，否则一定会被秦国欺骗。'这是我从魏国听到的消息，希望您根据这个来考虑围攻大梁的事。《周书》说：'天命不是固定不变的。'它的意思是说天赐幸运是不可多次得到的。秦国战胜了暴鸢，割走了韩国八个县，这并不是因为您兵力精锐，也不是因为您计谋高超巧妙，而主要靠的是运气。如今您又赶走了芒卯，占有了北宅，进攻大梁，这就表明您把徼天之幸当作了常规，我看明智的人不会这样。我听说魏国出动全国能拿起武器的人来守卫大梁，我估计不少于三十万人。用三十万人来守卫大梁七仞高的城墙，我认为即使让商汤、周武王复生，也是难以攻下的。轻率地背向着楚国、赵国的军队，来攻打这座七仞的高城，来与这三十万人交战，而且志在必得，我认为从开天辟地以来不曾有过。如果攻而不克，秦军必然疲惫不堪，到那时您的封地陶邑就会丢掉，您以前的所有努力也就都前功尽弃了。现在魏王犹疑未决，可以用让他少割让点土地的办法来收服他。我希望您趁着楚、赵两国的军队还没有到达大梁，赶紧用让魏国少割地的甜头来收服它。魏国正当犹疑之际，见到少割地可以讲和，一定愿意这样做，这样您的愿望就实现了。楚国、赵国一见魏国先与秦国议和了，必然大为恼火，也会争着向秦国示好，这样一来，它们之间的合纵联盟会因此瓦解，而后您再从容地选择对象各个攻破。况且您想要得到土地，难道一定要使用武力吗？割去了晋国旧地，秦军不需要进攻，魏国一定会献出绛和安邑。这样又为陶邑打开了两条通道，几乎可以完全占有昔日宋国的地盘，而且卫国一定会献出单父。秦军可以保持完整，而您可以控制局势，有什么要求不能达到，还有什么事情干不成呢？希望您仔细考虑一下而不要冒险来围攻大梁。"穰侯说："好！"于是停止攻梁，解围而去。

明年[①]，魏背秦，与齐从亲[②]。秦使穰侯伐魏，斩首四万，走魏将暴鸢[③]，得魏三县。穰侯益封。

【注释】

①明年：即昭王三十三年，前274年。泷川引沈家本曰："《魏世家》及《表》，在安釐三年，为秦昭王三十三年，与此合；《秦纪》及《韩世家》《韩表》，在昭王三十二年，与此不同。"

②从亲：合纵相亲。

③走魏将暴鸢：梁玉绳曰："'魏将'乃'韩将'之误。又事在秦昭三十二年，此误叙于三十三年。"

【译文】

第二年，魏国又背叛了秦国，与齐国合纵交好。秦王派穰侯攻打魏国，斩首四万，使魏将暴鸢战败而逃，夺得了魏国三个县。穰侯因此又增加了封邑。

明年[1]，穰侯与白起、客卿胡阳复攻赵、韩、魏[2]，破芒卯于华阳下[3]，斩首十万，取魏之卷、蔡阳、长社[4]，赵氏观津[5]。且与赵观津[6]，益赵以兵，伐齐。齐襄王惧[7]，使苏代为齐阴遗穰侯书曰："臣闻往来者言曰[8]：'秦将益赵甲四万以伐齐。'臣窃必之敝邑之王曰[9]：'秦王明而熟于计，穰侯智而习于事，必不益赵甲四万以伐齐。'是何也？夫三晋之相与也[10]，秦之深仇也[11]。百相背也，百相欺也，不为不信，不为无行。今破齐以肥赵。赵，秦之深仇，不利于秦。此一也。秦之谋者，必曰：'破齐，弊晋、楚[12]，而后制晋、楚之胜[13]。'夫齐，罢国也[14]，以天下攻齐，如以千钧之弩决溃痈也，必死，安能弊晋、楚[15]？此二也。秦少出兵，则晋、楚不信也；多出兵，则晋、楚为制于秦。齐恐，不走秦[16]，必走晋、楚。此三也。秦割齐以啖晋、楚[17]，晋、楚案之以兵[18]，秦反受敌[19]。此四也。是晋、楚以秦谋齐，以齐谋秦也，何晋、楚之智而秦、齐之愚？此五也。故得安邑以善事之，亦必无患矣[20]。秦有安邑，韩氏必无上党矣[21]。取天下之肠胃[22]，与出兵而惧其不反也，孰利？臣故曰秦王明而熟于计，穰侯智而习于事，必不益赵甲四万以伐齐矣。”于是穰侯不行，引兵而归。

【注释】

①明年：即昭王三十四年，前273年。

②胡阳：原卫人。复攻赵、韩、魏：梁玉绳曰：“是时秦救韩而伐赵、魏，何云攻韩？当衍‘韩’字。”

③华阳：古邑名，在今河南新郑北。

④卷：古邑名，在今河南原阳西北。属魏。蔡阳：古邑名，在今河南上蔡东北。长社：古邑名，在今河南长葛东北。

⑤赵氏观津：古邑名，在今河北武邑东南。按，据《韩世家》《白起王翦列传》，华阳之战，走芒卯，入北宅，围大梁，须贾游说穰侯，都发生在秦昭王三十四年，而《穰侯列传》将之分列到了两年：把“穰侯为相国，将兵攻魏，走芒卯，入北宅，遂围大梁……须贾说穰侯”系于昭王三十二年，把“破芒卯于华阳下”系于三十四年。

⑥与赵观津：徐孚远曰：“得赵观津而复还之者，本欲伐齐以广陶封，志不在得赵地也。”

⑦齐襄王：名法章，前283—前265年在位。

⑧往来者：指从秦国来的人。

⑨臣窃必之敝邑之王曰：我对我们的君王打保票说。必，确保，保证。

⑩三晋：指韩、赵、魏三国。相与：共同，联合。

⑪深仇：痛恨。

⑫破齐，弊晋、楚：《正义》曰："今晋、楚伐齐，晋、楚之国亦弊败。"弊，这里指使衰落，疲困。

⑬而后制晋、楚之胜：中井曰："前文无'楚'，而代书中连称'晋、楚'，是以是役为秦率晋、楚伐齐者也。皆臆度之言，勿泥前文作疑。"

⑭罢国：疲敝之国。

⑮必死，安能弊晋、楚：泷川曰："《策》无'必死'二字，义长。"

⑯走：投奔，归附。

⑰啖（dàn）：喂。

⑱案：通"按"。

⑲秦反受敌：泷川曰："枫山、三条本'敌'作'弊'，义长。"按，《战国策》作"齐割地以实晋、楚，则晋、楚安；齐举兵而为之顿剑，则秦反受兵"。

⑳故得安邑以善事之，亦必无患矣：按，《战国策》作"秦得安邑，善齐以安之，亦必无患矣"。

㉑上党：韩郡名，辖境在今之山西沁河以东一带地区。

㉒取天下之肠胃：泷川曰："取肠胃，喻取上党。"吴见思曰："五层，一层紧一层，一层深一层，如入螺房，转转入胜。"

【译文】

又过了一年，穰侯和白起以及客卿胡阳一起率兵再次攻打赵、韩、魏，在华阳打败了魏将芒卯，斩首十多万，夺取了魏国的卷、蔡阳、长社和赵国的观津。又把观津还给赵国，并派兵增援赵国，让它去攻打齐国。齐襄王害怕了，派苏代暗地里给穰侯写了一封信，信中说："我听到从秦国来的人说：'秦国将给赵国增援四万士兵让它攻打齐国。'我私下对我们的齐王打保票说：'秦王英明而又善于谋划，穰侯明智而善于办事，一定不会给赵国增援四万兵力来伐齐的。'这是为什么呢？因为韩、赵、魏三国的联合，是秦国所最痛恨的。上百次相背弃，上百次欺骗，都不算不守信用，不算没有品行。现在如果打败齐国会让赵国强盛起来。赵国是秦国痛恨的敌人，显然对秦国不利。这是第一点。秦国的谋士们一定会说：'攻打齐国是为了消耗韩、赵、魏三国和楚国，然后趁其疲惫战而胜之。'齐国现在势单力薄、筋疲力尽了，您现在再让天下各国联合起来打它，这就好像用千钧强弩去射一个溃烂了的毒疮，齐国必亡无疑，怎么能使韩、赵、魏三国和楚国疲困呢？这是第二点。再说，秦国出兵少，那么韩、赵、魏三国和楚国不会相信秦国；出兵多，则韩、赵、魏三国和楚将担忧被秦国所控制。到那时齐王害怕你们的联盟，要么就来投靠你们，要么就去投靠韩、赵、魏三国和楚国，反正您达不到削弱他们的目的。这是第三点。秦国以瓜分齐国来引诱韩、赵、魏三国和楚国，到那时韩、赵、魏三国和楚国再和您兵戎相见，秦国反而会腹背受敌。这是第四点。这种做法就是让韩、赵、魏三国和楚国借秦国之力谋取齐国，拿齐国对付秦国，为什么韩、赵、魏三国和楚国就这么聪明而秦国、齐国就这么愚蠢呢？这是第五点。所以取得了安邑并设法把它治理好，就一定没有祸患了。秦国占据了安邑，韩国也就必定无法控制上党了。这样你们就占据了天下的中心区域，这和出兵伐齐而害怕一去不返的后果相比，哪一种更有利呢？所以我说秦王英明而又善于谋划，穰侯明智而善于办事，是一定不会给赵国增援四万人让他们来打齐国的。”于是穰侯不再进军，领兵回国了。

昭王三十六年[①]，相国穰侯言客卿灶[②]，欲伐齐取刚、寿[③]，以广其陶邑。于是魏人范雎自谓张禄先生[④]，讥穰侯之伐齐，乃越三晋以攻齐也[⑤]，以此时奸说秦昭王[⑥]。昭王于是用范雎。范雎言宣太后专制，穰侯擅权于诸侯，泾阳君、高陵君之属太侈，富于王室。于是秦昭王悟，乃免相国[⑦]，令泾阳之属皆出关，就封邑[⑧]。穰侯出关，辎车千乘有余[⑨]。穰侯卒于陶,而因葬焉。秦复收陶为郡。

【注释】

①昭王三十六年:前271年。

②言客卿灶:《资治通鉴》作“穰侯言客卿灶于王”。黄式三曰:“‘言客卿灶’当作‘用客卿灶言’。”言,这里指举荐。客卿灶,名叫灶的客卿。

③欲伐齐取刚、寿:梁玉绳曰:“事在昭王三十七年,此误叙于三十六年。”刚,古邑名,在今山东宁阳东北。寿,古邑名,在今山东东平西南。

④范雎(jū):原魏人,遭魏相笞辱,改名张禄入秦。事迹详见《范雎蔡泽列传》。

⑤讥穰侯之伐齐,乃越三晋以攻齐也:详见《范雎蔡泽列传》。吴见思曰:“范雎之说已有范传极佳,故此只用略序。”

⑥以此时奸(gān)说:凌稚隆曰:“前云‘益封陶’矣,此复云‘以广其陶邑’,见范雎可乘间而谗也,故太史公特下‘于是’字,又下‘以此时奸说’数字。”奸说,有所干求而游说。奸,干求,求见。

⑦乃免相国:穰侯于昭王四十一年(前266)免相。

⑧令泾阳之属皆出关,就封邑:令泾阳君等全部东出函谷关,前往各自的封地。按,范雎令秦昭王罢斥穰侯等事,详见《范雎蔡泽列传》。

⑨辎车:古代一种有帷盖的大车,既可载物,也可卧息。据《范雎蔡泽列传》,穰侯就国时,“因使县官给车牛以徙,千乘有余。到关,关阅其宝器,宝器珍怪多于王室”。

【译文】

秦昭王三十六年,相国穰侯举荐客卿灶,想攻打齐国夺取刚、寿两地,来扩大他陶邑的封地。这时魏国的范雎自称“张禄先生”来到秦国,他讥刺穰侯这种越过韩、赵、魏三国的伐齐行动，趁这个时机请求游说秦昭王。于是秦昭王开始重用范雎。接着，范雎又向昭王阐明宣太后的专制、穰侯的专权，以及泾阳君、高陵君等人太过奢侈，富于王室。秦昭王幡然醒悟，于是免去了穰侯的相国职位，命令泾阳君等人一律迁出国都，到自己的封地去。穰侯东出函谷关的时候，拉财产的车子有一千多辆。最后穰侯就死在了陶邑，葬在了那里。穰侯死后，秦国就收回了陶邑，将其设置为一个郡。

太史公曰：穰侯，昭王亲舅也。而秦所以东益地，弱诸侯，尝称帝于天下，天下皆西乡稽首者①，穰侯之功也。及其贵极富溢，一夫开说②，身折势夺而以忧死，况于羁旅之臣乎③？

【注释】

①西乡：即西向。稽首：此指臣服。

②一夫：指范雎。开说：陈述，进言。

③况于羁旅之臣乎：赵恒曰："此以'贵极富溢'为戒也。言亲而有功且不免于谗，况羁旅之人乎？子义曰：'人主之子也，犹不能恃无功之尊、无劳之宠，而况人臣乎？'文字一唱三叹处相类。"凌稚隆曰："太史公首贤魏冉，继历叙其摧齐、挠楚、破魏、围梁之功，以见四相而封陶者非过也。卒以一夫开说，忧愤而亡，秦王其少恩哉！"

【译文】

太史公说：穰侯是秦昭王的亲舅舅。秦国之所以能够向东扩充领土，削弱东方的诸侯，曾经在天下称帝，让天下都屈服于秦国，这都是穰侯的功劳。等到他显贵之极，由于一个人的鼓嘴摇舌，就弄得他权势被剥夺，忧惧而死，更何况那些寄居异国的臣子呢？

【集评】

陈子龙曰："穰侯数有功于魏，未尝得志于齐也，然一欲取刚、寿，而遽以近交远攻罢，以其意常在陶耳。"（《史记测义》）

苏辙曰："秦诛商君、逐穰侯，君臣皆失之矣。彼二子者，知得而不知丧，虽智能伯秦，而不能免其身，盖无足言者。而惠王以怨诛鞅，至诬以'叛逆'；昭王以逼迁冉，至出老母、逐弱弟而不顾，甚矣，其少恩也。彼公子虔方欲报怨，固不暇为国虑矣；而范雎将毁人以自成而至于是，可畏也哉！"（《古史》）

李景星曰："穰侯事迹大半在《范雎传》中，故此传只用点次法、总括法、虚写法，而偏以须贾说辞、苏代书辞详叙其间，以形容其'贵极富溢'，患得患失之心；又以太后及华阳三君安顿首尾，以为'贵极富溢'之衬；至赞语中乃揭明'贵极富溢'四字，而以咏叹收之，遂觉通篇局阵异常灵活，此文家避实就虚法也。使多用实叙，不唯此传笨拙不堪，即《范雎传》亦因之减色矣。"（《史记评议》）

吴见思曰："穰侯事大都备于《范雎传》中，此只用点次法，以须贾说辞及苏代书辞两篇出色，前后以简略相配，以成章法。"又曰："文章只如说话，说得出，说得尽，便是好文章，故孔子曰'辞达而已矣'。然要说得出，说得尽，自有多少波澜曲折，原非易事；不然万语千言，欲明反晦，千头万绪，何处说起？所以见作文之难也。看须贾一篇，主为魏，客为秦，旁为楚、赵，处处洗发出来，层层折入进去，利害是非，无不详尽，自成一篇好文字矣。"（《史记论文》）

【评论】

穰侯魏冉五次出任秦相，在秦国的迅速扩张时期作用甚大。《太史公自序》说："苞河山，围大梁，使诸侯敛手而事秦者，魏冉之功，作《穰侯列传》。"本篇的立意在于表彰魏冉的特殊功绩，进而展示了在魏冉得宠的三十多年中，秦与东方六国相互角逐的历史进程。

魏冉为秦昭王之舅，秦昭王之所以得立，实乃得力于魏冉。魏冉与其姊宣太后乘秦武王猝死之际，果断出手，翦除异己，拥立秦昭王，开创了秦国此后五十多年稳定的政治局面，此其第一大功；魏冉为相数十年，任举白起为将，将相合力，佐昭王开疆辟土，对东方六国构成倾压之势，为日后秦的统一奠定了坚实基础，"秦所以东益地，弱诸侯，尝称帝于天下，天下皆西乡稽首者，穰侯之功也"，此为其不可磨灭之第二大功。身为贵戚，又有盖世之功，而善于持满者鲜矣，故遂有"贵极富溢"之态，于是君臣之间的矛盾遂不可避免，这也就是穰侯不得善终的根本原因。更何况穰侯推行的政治路线是"近交远攻"，费力大而秦国所得的实际地盘不多，相反倒是更多地表现了穰侯的图谋私利。正是在以上两种情况下，遂使范雎的"谗言"得以奏效。而范雎推行的政策是"远交近攻"，对于扩大秦国领土而言，也的确更能立竿见影，因此也就很难完全否定范雎的排斥魏冉了。

由于本篇主旨是表彰穰侯的历史功绩，对他的缺点也就只用简略之笔点到为止。首先是他的"贵极富溢"，不知及时收敛。昭王十四年，"乃封魏冉于穰，复益封陶"。十九年，"穰侯之富，富于王室"。三十三年，"穰侯益封"。在富贵至极的情况下，穰侯还要为了扩大自己的封邑，出兵攻打齐国的刚、寿两邑，表现了他的贪婪与私心。其次，他对外来策士有偏见，持防范之心。范雎入秦时望见魏冉车骑时就说："吾闻穰侯专秦权，恶内诸侯客，此恐辱我，我宁且匿车中。"当我们参照《范雎蔡泽列传》里的材料来读本篇，就可知篇末穰侯与范雎之间的斗争是有来由的，穰侯在处理本国贵族与外来策士之间的关系时心胸不够开阔，使二者之间产生了深刻的矛盾，因而限制了秦国的进一步发展。

魏冉的悲剧代表着专制时代很多大功臣的悲剧。李澄宇《读〈史记〉蠡述》曰："穰侯魏冉有大功于秦，而范雎以巧说挤之。《赞》愤昭王薄待勋戚，盖亦有感于汉事，非但为穰侯也。"司马迁对汉初高祖杀功臣非常不满，对于功臣们十分同情，这种情绪贯注在整部《史记》之中，在

《穰侯列传》中也有流露。明代凌稚隆说:“太史公首贤魏冉,继历叙其摧齐、挠楚、破魏、围攻梁之功,以见四相而封陶者非过也。卒以一夫开说,忧愤而亡,秦王其少恩哉!”(《史记评林》)说此篇是批评秦国统治者刻暴寡恩,这是不错的。然而司马迁在本篇的“太史公曰”中总结了穰侯的大功后又说:“及其贵极富溢,一夫开说,身折势夺而以忧死,况于羁旅之臣乎?”这就不仅是批评秦国的统治者了,而是对冷酷的封建社会君臣关系的一种感慨与无奈,其批判的深度广度也就扩大了。

本篇在写作手法上也颇有特色。据马非百先生总结,穰侯一生五次为秦相,五次被罢免,前后共二十五年,是秦相中在位最久的。他的事迹有很多,但因为大半在《范雎蔡泽列传》中叙及,所以本传多用总括法、虚写法,举凡一生经历,几度为相,诸多战事,皆略写虚写,甚至一笔点过;而抽出攻魏、伐齐二事详写实写,前后虚实相参,简繁相配,疏密互见,以成章法。攻魏、伐齐二事,又以须贾说辞及苏代书信两篇文字最为出色。须贾一篇,以魏为主,以秦为客,以楚、赵为旁;苏代一篇,以齐为主,以秦为客,以晋、楚为旁,均能层层逼入,利害是非,无不详尽,虽二者一样写法,难得各臻其妙。

本篇应与《白起王翦列传》《范雎蔡泽列传》参照阅读。

史记卷七十三

白起王翦列传第十三

【释名】

本篇是秦国名将白起和王翦的合传。在《白起传》中，司马迁先是叙述了白起在与韩、魏、赵、楚作战中建立的战功；继而叙述了长平之战，白起领导的秦军“前后斩首虏四十五万人。赵人大震”，这是白起一生军事活动的顶峰；最后写了白起引剑自裁的悲剧结局。在《王翦传》中，叙述了王翦在辅佐秦始皇统一六国中所建立的功业。在篇末的“太史公曰”中，司马迁表现出了对两位名将生平功业的深沉感慨与怅惘遗憾之情。

白起者，郿人也①。善用兵，事秦昭王②。昭王十三年③，而白起为左庶长④，将而击韩之新城⑤。是岁，穰侯相秦⑥，举任鄙以为汉中守⑦。其明年，白起为左更⑧，攻韩、魏于伊阙⑨，斩首二十四万，又虏其将公孙喜，拔五城⑩。起迁为国尉⑪。涉河取韩安邑以东，到乾河⑫。明年⑬，白起为大良造⑭。攻魏，拔之⑮，取城小大六十一⑯。明年，起与客卿错攻垣城⑰，拔之。后五年⑱，白起攻赵，拔光狼城⑲。后七年⑳，白起攻楚，拔鄢、邓五城㉑。其明年，攻楚，拔郢㉒，烧夷陵[23]，遂东至竟陵[24]。楚王亡去郢，东走徙陈[25]。秦以郢为南郡。白起迁为武安君[26]。武安君因取楚，定巫、黔中郡[27]。昭王三十四年[28]，白起攻魏，拔华阳，走芒卯[29]，而虏三晋将[30]，斩首十三万。与赵将贾偃战，沉其卒二万人于河中。昭王四十三年[31]，白起攻韩陉城[32]，拔五城[33]，斩首五万。四十四年，白起攻南阳太行道[34]，绝之。

【注释】

①郿：古邑名，在今陕西眉县东北。

②秦昭王：名则，一名“稷”，惠文王之子，武王之弟，前306—前251年在位。

③昭王十三年：前294年。

④左庶长：爵位名。秦武功爵分二十级，此为第十级。泷川曰：“《秦纪》作‘左更’，疑《纪》误。”

⑤新城：古邑名，在今河南伊川西南。属韩。

⑥穰侯相秦：此指穰侯第一次任秦相。穰侯，即魏冉，昭王的舅舅。事迹详见《穰侯列传》。

⑦任鄙：秦国力士，得武王重用。汉中：即汉中郡，治南郑（今陕西汉中）。

⑧左更：爵位名。秦爵二十级的第十二级，用以犒赏有军功者。

⑨伊阙：在今河南洛阳。即春秋周阙塞。因两山相对如阙门，伊水流经其间，故名。

⑩虏其将公孙喜，拔五城：梁玉绳云：“（《秦本纪》）上文言‘魏使公孙喜攻楚’，则喜是魏将也，故《穰侯传》称‘虏魏将公孙喜’。乃此《纪》及《白起传》不言喜为何国之将，而《六国表》书‘虏喜’于《韩表》中，《韩世家》谓‘使公孙喜攻秦，秦虏喜’，似喜又为韩

将矣。盖伊阙之役，韩为主兵，而实使魏之公孙喜将之，故所书不同。”

⑪国尉：《秦始皇本纪》记尉缭为“秦国尉”，《正义》曰：“若汉太尉、大将军之比也。”

⑫取韩安邑以东，到乾河：《索隐》曰：“魏以安邑入秦，然安邑以东至乾河，皆韩故地，故云‘取韩安邑’。”安邑，在今山西夏县西北。秦兵于梁惠王十八年，秦孝公十年，前352年，攻占了安邑。乾河，古水名，在今山西翼城南。

⑬明年：即秦昭王十五年，前292年。

⑭大良造：爵位名。亦作“大上造”。为二十级军功爵之第十六级。得此爵者可主上造之士，故称。《商君列传》之《索隐》曰：“今云‘良造’者，或后变其名耳。”

⑮攻魏，拔之：《秦本纪》记载为，此年“白起攻魏，取垣，复予之”。

⑯取城小大六十一：泷川引沈家本曰：“《魏世家》及《六国表》，‘取城大小六十一’事皆在昭王十八年，言客卿错，非白起。”有研究者认为，白起主攻河东，司马错主攻河内，两军会合攻取了垣地。

⑰客卿：请其他诸侯国的人来秦国做官，其位为卿，而以客礼待之，故称。后亦泛指在本国做官的外国人。错：即司马错，秦国将领。曾先后两次伐蜀。事迹参见《张仪列传》。攻垣城：据《六国年表》《秦本纪》，此年都没有“攻垣城”之事，应该发生在上年。

⑱后五年：即秦昭王二十一年，赵惠文王十三年，前286年。

⑲光狼城：在今山西高平西。据《秦本纪》，白起是在昭王二十七年（前280）攻取的光狼城。

⑳后七年：即秦昭王二十八年，楚顷襄王二十年，前279年。

㉑鄢：古邑名，在今湖北宜城东南。邓：楚地名，在今湖北襄樊北。

㉒郢：楚国都城，在今湖北荆州之纪南城。

㉓夷陵：楚国先王葬地。在今湖北宜昌东南。

㉔竟陵:古邑名,在今湖北潜江西北。

㉕陈:在今河南淮阳。

㉖武安君:白起的封号。《秦本纪》之《正义》曰:"言能抚养军士,战必克,得百姓安集,故号武安。"崔适曰:"七国时或有封邑而别为名号,如赵以尉文封廉颇为信平君,封乐毅于观津号曰望诸君,秦相吕不韦封为文信侯,食河南洛阳十万户……或有名号而无封邑,如秦相蔡泽为纲成君,赵赐赵奢为马服君,汉初封刘敬为奉春君,叔孙通为稷嗣君,则位下于列侯,《始皇本纪》谓之'伦侯',汉曰'关内侯',即名号侯之类也。赵有两'武安君',始苏秦,终李牧,而秦亦以是名封白起,亦但有名号耳。"

㉗巫:楚郡名,楚怀王置,郡治在今重庆巫山北。黔中郡:楚郡名,楚威王置,郡治临沅(今湖南常德)。按,《秦本纪》记载与此不同,时间在昭王三十年(前277),攻取者是"蜀守若"。梁玉绳曰:"岂伐巫之役,起与若共之欤?"

㉘昭王三十四年:亦即魏安釐王四年,前273年。

㉙白起攻魏,拔华阳,走芒卯:梁玉绳曰:"是役也穰侯、白起、胡阳同帅师,不当专言起;华阳乃韩地,不可言魏,盖破魏于华阳耳。"华阳,古邑名,在今河南新密。属韩。芒卯,《战国策》作"孟卯",魏国将领。

㉚虏三晋将:据《韩世家》,这场战役是由于赵、魏两国伐韩,秦救韩,在华阳打败赵、魏联军。有研究者认为"晋"字衍,《资治通鉴》作"虏三将"。

㉛昭王四十三年:即韩桓惠王九年,前264年。

㉜陉(xíng)城:属韩,在今山西曲沃东北。

㉝拔五城:梁玉绳曰:"'五城'二字误,当作'拔之'。"

㉞南阳:古地区名,指今河南济源至获嘉一带,因地处太行山南、黄河之北而名。太行道:道路名。即太行山上之羊肠坂道,在今山

西晋城南。

【译文】

白起，郿邑人。善于用兵，事奉秦昭王。昭王十三年，白起担任左庶长，带领军队攻打韩国的新城。这一年，穰侯魏冉担任秦国的国相，举荐任鄙任汉中的郡守。第二年，白起担任左更，在伊阙攻打韩军和魏军，斩首二十四万，又俘虏了魏军的将领公孙喜，攻下了五城。白起因功被晋升为国尉。之后，白起又带领军队渡过黄河，夺取了韩国安邑以东的大片土地，进军到乾河。次年，白起为大良造。率领军队攻打魏国，攻取大小城池六十一座。次年，白起和客卿司马错攻取了垣城。五年后，白起攻取了赵国的光狼城。又过了七年，白起攻打楚国，夺取了鄢、邓等五座城池。次年，白起再次攻打楚国，占领郢都，烧毁夷陵，向东一直攻打到竟陵。楚王被迫从郢都逃亡，向东逃难，迁国都于陈。秦国将郢都设置为南郡。白起被封为武安君。接着又攻打楚国，占领了楚国的巫郡和黔中郡。昭王三十四年，白起攻打魏国，占领了华阳，赶走了芒卯，俘虏了三位敌军将领，杀敌十三万。与赵将贾偃交战，将两万赵国降卒沉到了黄河之中。昭王四十三年，白起进攻韩国的陉城，连续占领韩国五座城池，斩杀韩国五万士卒。昭王四十四年，白起攻占了南阳的太行山路，截断了太行山的交通。

四十五年①，伐韩之野王②。野王降秦，上党道绝③。其守冯亭与民谋曰："郑道已绝④，韩必不可得为民⑤。秦兵日进，韩不能应⑥，不如以上党归赵。赵若受我，秦怒，必攻赵。赵被兵，必亲韩。韩、赵为一，则可以当秦。"因使人报赵。赵孝成王与平阳君、平原君计之⑦。平阳君曰："不如勿受。受之，祸大于所得。"平原君曰："无故得一郡，受之便。"赵受之，因封冯亭为华阳君⑧。

【注释】

①四十五年：前262年。

②野王：古邑名，在今河南沁阳。属韩。

③上党道绝：韩国上党郡与都城新郑之间的通道被截断。胡三省曰："自上党趣郑，由野王渡河。"从野王渡河南行，通过古荥阳、成皋间的狭窄通道可以抵达新郑。

④郑道：通往新郑的道路。

⑤韩必不可得为民：泷川曰："不可得为韩之民也。"

⑥应：此指救援。

⑦赵孝成王：嬴姓，赵氏，名丹，赵惠文王之子，前265—前245年在位。平阳君：即赵豹，泷川引《战国策》曰："平阳君，惠文王母弟也。"平原君：即赵胜，惠文王的同父异母弟，孝成王之叔。以礼贤下士著称。事迹详见《平原君列传》。

⑧封冯亭为华阳君：《正义》曰："常山，一名华阳。"常山即今恒山，在今河北曲阳与山西接壤处。泷川曰："《赵策》云'冯亭辞封入韩'，与此异。"

【译文】

昭王四十五年，白起攻打韩国的野王。野王投降了秦国，使得上党与都城新郑的联系中断。上党郡守冯亭与城中百姓商量说："通往新郑的道路已经断绝，我们做不了韩国子民了。秦国军队日益逼近，韩国难以救援，不如把上党送给赵国。赵国如果接受，秦国必然大怒，必定会攻打赵国。赵国被进攻，必然会和韩国结盟。韩国、赵国联合起来，就可以抵挡秦国。"便派人报告赵国。赵孝成王与平阳君、平原君商议。平阳君说："不如不要接受上党。一旦接受，带来的祸殃比得到的好处大得多。"平原君说："平白无故得到一个郡，当然是接受的好。"赵国于是接受了上党，封冯亭为华阳君。

四十六年[①]，秦攻韩缑氏、蔺[②]，拔之。

四十七年[③]，秦使左庶长王龁攻韩[④]，取上党。上党民走赵。赵军长平[⑤]，以按据上党民[⑥]。四月，龁因攻赵。赵使廉颇将[⑦]。赵军士卒犯秦斥兵[⑧]，秦斥兵斩赵裨将茄[⑨]。六月，陷赵军，取二障四尉[⑩]。七月，赵军筑垒壁而守之。秦又攻其垒，取二尉，败其阵，夺西垒壁[⑪]。廉颇坚壁以待秦，秦数挑战，赵兵不出。赵王数以为让[⑫]。而秦相应侯又使人行千金于赵为反间[⑬]，曰："秦之所恶，独畏马服子赵括将耳[⑭]，廉颇易与[⑮]，且降矣。"赵王既怒廉颇军多失亡，军数败，又反坚壁不敢战，而又闻秦反间之言，因使赵括代廉颇将以击秦。秦闻马服子将，乃阴使武安君白起为上将军，而王龁为尉裨将[⑯]，令军中有敢泄武安君将者斩[⑰]。赵括至，则出兵击秦军。秦军详败而走[⑱]，张二奇兵以劫之[⑲]。赵军逐胜，追造秦壁[⑳]。壁坚拒不得入，而秦奇兵二万五千人绝赵军后，又一军五千骑绝赵壁间[㉑]，赵军分而为二，粮道绝。而秦出轻兵击之[㉒]。赵战不利，因筑壁坚守，以待救至。秦王闻赵食道绝，王自之河内，赐民爵各一级[㉓]，发年十五以上悉诣长平[㉔]，遮绝赵救及粮食[㉕]。

【注释】

①四十六年：前261年。

②缑氏（gōu）：古城名，在今河南偃师东南。蔺：《集解》引徐广曰："属颍川。"《正义》曰："颍川无蔺。《括地志》云：'洛州嵩县本夏之纶国也，在缑氏东南六十里。'……恐'纶''蔺'声相似，字随音而转作'蔺'。"纶氏在今河南登封西南。

③四十七年:即赵孝成王六年,前260年。

④王龁(hé):秦国将领。又见于《秦本纪》《范雎蔡泽列传》。

⑤长平:古邑名,在今山西高平西北。

⑥按据:中井曰:"犹言'镇抚'也。乃是镇抚其人民,不使散亡也。"

⑦廉颇:赵国名将。事迹详见《廉颇蔺相如列传》。

⑧斥兵:斥候兵,犹侦察兵。

⑨裨将:副将。

⑩障:城堡。尉:胡三省曰:"秦汉之制,行军亦自有'都尉'。"

⑪西垒壁:《正义》引《括地志》曰:"赵西垒在泽州高平县北六里是也。即廉颇坚壁以待秦,王龁夺赵西垒壁者。"

⑫让:指责,责备。

⑬应侯:即秦国国相范雎。事迹详见《范雎蔡泽列传》。

⑭马服:指马服君赵奢,赵国名将,因功被封为"马服君"。事迹见《廉颇蔺相如列传》。

⑮易与:容易对付。

⑯王龁为尉裨将:锺惺曰:"阴使武安君为上将,而王龁副之,龁亦安焉。与起共事,两无嫌怨,而卒以成功,此亦后世人臣所难。"

⑰有敢泄武安君为将者斩:陈子龙曰:"敌将怯者,虚声以下之;敌将轻者,藏形以诱之。赵括轻锐之士,故秦不泄武安君也,亦可见武安君名震于诸侯矣。"

⑱详败:假装失败。详,诈,假装。

⑲张:布置。

⑳追造:追到。秦壁:《正义》曰:"一名'秦垒',今亦名'秦长垒'。"

㉑赵壁:《正义》曰:"赵壁,今名赵东垒,亦名赵东长垒,在泽州高平县北五里,即赵括筑壁败处。"

㉒轻兵:《正义佚存订补》曰:"人马不带甲为轻兵。"

㉓民爵:古代君王赐给民间有功者的爵位。

㉔年十五以上悉诣（yì）长平：有研究者据此判断，秦制男子十五足岁即登记户籍，开始有服役与纳户赋的义务了。诣，到达。

㉕遮绝：阻断，截断。

【译文】

昭王四十六年，秦国攻取了韩国的缑氏和蔺地。

四十七年，秦王派左庶长王龁进攻韩国，夺取了上党。上党的老百姓逃往赵国。赵国的军队驻扎在长平，以保护和安顿上党的百姓。四月，王龁因此攻打赵国。赵国任命廉颇为将帅。赵国的军队进攻秦国的侦察部队，秦国的侦察兵斩杀了名叫茄的赵国副将。六月，秦军攻进了赵军阵地，夺取了两座城堡，抓去了四尉。七月，赵军修筑堡垒坚壁据守。秦军又攻打赵军的堡垒，俘虏了两尉，冲破了赵军阵线，夺取了西垒壁。廉颇命令赵军坚壁据守抵抗秦军，秦军屡次挑战，赵军都不出战。赵王得知后，多次责备廉颇。而秦国的国相应侯范雎又派人携带千金去赵国施行反间计，散布谣言说："秦国最害怕的人就是马服君的儿子赵括将军，至于廉颇是很容易对付的，而且他马上就要投降了。"赵王本来就对廉颇的军队多有伤亡、屡屡失败，以及坚壁不敢应战心存不满，加上又听闻秦国反间之人的谣言，因而派赵括替代廉颇为将反击秦军。秦国听闻马服君的儿子赵括担任将帅，暗中任命武安君白起为上将军，王龁改任副将，并向全军发布命令说，有胆敢泄漏武安君为主将消息的人斩首。赵括上任之后，出动军队攻打秦军。秦军假装败退逃跑，部署两支奇兵截断赵军退路。赵军乘胜追击，追到秦军构筑的壁垒前面。因壁垒十分坚固，赵军不能攻入，而秦军的奇兵两万五千人已经截断了赵军的后路，另一支五千人的军队插入赵军的营垒，赵军被一分为二，粮道断绝。秦军出动轻兵攻击赵军。赵军交战不利，因而构筑壁垒坚守，以等待救援军队到达。秦王听闻赵军粮道断绝，亲自前往河内，下令给百姓提高一级爵位，征发年龄在十五岁以上的男子前往长平前线，以截断赵国的救兵及粮草供应。

至九月，赵卒不得食四十六日，皆内阴相杀食。来攻秦垒，欲出。为四队，四五复之①，不能出。其将军赵括出锐卒自搏战，秦军射杀赵括②。括军败，卒四十万人降武安君。武安君计曰："前秦已拔上党，上党民不乐为秦而归赵。赵卒反覆，非尽杀之，恐为乱。"乃挟诈而尽坑杀之③，遗其小者二百四十人归赵。前后斩首虏四十五万人④。赵人大震⑤。

【注释】

①四五复之：突围了四五次。

②秦军射杀赵括：陈子龙曰："廉颇仅支王龁，而括安能敌白起？然赵军既分为二，括犹筑壁坚守至四五十日而后败，括亦良将也。特以视秦太轻，堕秦之诱耳。"此战可参看《廉颇蔺相如列传》。

③挟诈：要挟讹诈。

④前后斩首虏四十五万人：《括地志》曰："头颅山在县西五里，白起台在其上。"又曰："冤谷，在今高平城西二十里，旧称'杀谷'。唐玄宗到潞州，路过致祭，又名'省冤谷'。"

⑤赵人大震：泷川引何晏曰："白起之降赵卒，诈而坑其四十万，岂徒酷暴之谓乎，后亦难以重得志矣。向使众人皆豫知降之必死，则张虚拳犹可畏也，况于四十万被坚执锐哉！天下见降秦之将头颅似山，归秦之众骸积成丘，则后日之战，死当死耳，何众肯服，何城肯下乎？……其所以终不敢复加兵于邯郸者，非但忧平原君之补袒，患诸侯之救至也，徒讳之而不言耳。"

【译文】

到九月的时候，赵军的士卒已经断粮四十六天了，全都暗中互相残杀以人肉充饥。赵军攻打秦军营垒，想要突围而出。分为四路，突围了四五次，都不能冲出包围圈。赵军主将赵括带领精锐士卒亲自与秦军搏战，被秦军射死。赵括的军队大败，四十万士卒向武安君投降。武安君谋划道："之前秦军已经攻克上党，上党的百姓不愿意归顺秦国而逃往赵国。赵国的士卒反复无常，不将其全部杀死，恐怕会作乱。"因此使用要挟讹诈的手段将赵军全部活埋，将剩下的二百四十个小孩儿送回了赵国。此战前后斩杀四十五万赵军士卒。赵国举国为之震惊。

四十八年十月①，秦复定上党郡②。秦分军为二③：王龁攻皮牢④，拔之；司马梗定太原。韩、赵恐，使苏代厚币说秦相应侯曰："武安君禽马服子乎？"曰："然。"又曰："即围邯郸乎？"曰："然。""赵亡则秦王王矣⑤，武安君为三公⑥。武安君所为秦战胜攻取者七十余城，南定鄢、郢、汉中⑦，北禽赵括之军，虽周、召、吕望之功不益于此矣。今赵亡，秦王王，则武安君必为三公，君能为之下乎？虽无欲为之下，固不得已矣。秦尝攻韩，围邢丘⑧，困上党，上党之民皆反为赵，天下不乐为秦民之日久矣。今亡赵，北地入燕，东地入齐，南地入韩、魏，则君之所得民亡几何人⑨。故不如因而割之，无以为武安君功也⑩。"于是应侯言于秦王曰："秦兵劳，请许韩、赵之割地以和，且休士卒。"王听之，割韩垣雍、赵六城以和⑪。正月⑫，皆罢兵。武安君闻之，由是与应侯有隙⑬。

【注释】

①四十八年：前259年。

②复定上党郡：《索隐》曰："前攻赵，已破上党，今回兵复定其郡，其余城犹属赵也。"

③秦分军为二：梁玉绳曰："《秦纪》云'分军为三'，此只言王龁、司

马梗二军者，不数武安君先归之一军也。”按，《资治通鉴》亦云“分军为三”。

④皮牢：古邑名，地望说法不一，一说在今山西翼城东。

⑤赵亡则秦王王矣：胡三省曰：“秦之称王，自王其国耳；今破赵，则将王天下也。”中井曰：“下‘王’字，疑当作‘帝’。”

⑥三公：古代中央三种最高官衔的合称。

⑦南定鄢、郢、汉中：按，据《秦本纪》，为秦国攻取楚汉中郡的不是白起，而是“庶长章”，时在秦惠文王后元十三年，前312年。

⑧围邢丘：梁玉绳曰：“鲍、吴《秦策》注云此当作‘陉’，即韩桓惠王九年‘秦拔韩陉’事。”王念孙曰：“‘丘’字当衍。”即前文“昭王四十三年，白起攻韩陉城，拔五城”事。

⑨所得民亡几何人：《战国策·秦策》作“则秦所得无几何”。

⑩无以为武安君功：凌稚隆引徐中行曰：“苏代揣知应侯是个忌刻底人，故先言武安之贵以动其忌心，然后言民不乐为秦，以动其阻心，势如破竹矣。”

⑪垣雍：古邑名，在今河南原阳西南。

⑫正月：此年以“十月”为岁首，故书“正月”在“十月”之后。

⑬由是与应侯有隙：徐孚远曰：“武安君，穰侯所任。应侯代穰侯相，二人故有隙，不待韩、赵之间也。”胡三省曰：“为秦杀白起张本。”

【译文】

昭王四十八年十月，秦军再次平定上党郡。秦军兵分两路：王龁率军攻占皮牢，司马梗率军北定太原。韩国、赵国都感到十分害怕，派遣苏代带着重金游说秦国国相应侯范雎说：“武安君是不是制服了马服君的儿子赵括？”应侯范雎说：“是的。”苏代又说：“秦军是不是马上就要包围邯郸了？”应侯范雎说：“是的。”苏代说：“赵国一旦灭亡，秦王就可以称王天下了，武安君必将位列三公。武安君为秦国作战，胜利攻取了七十余座城池，向南平定了鄢、郢、汉中，向北制服了赵括的军队，即使是古代周公、召公、吕望的功劳恐怕也不会比他大啊。假如赵国真的灭亡，秦王称王天下，武安君必定位列三公，您甘愿屈居于他之下吗？那个时候即使您不想屈居于他之下，恐怕也不能够吧。秦国曾经攻打韩国，包围邢丘，围困上党，上党的百姓全部投靠赵国，天下的老百姓早就不愿意作秦国的臣民了。如今灭亡了赵国，赵国北部的土地会落入燕国之手，东部的土地会落入齐国之手，南部的土地会落入韩国和魏国之手，这样一来你们自己根本得不到多少臣民。因此，不如让他们割地求和，不要让武安君再立新功。”于是，应侯范雎就向秦昭王进言说：“秦国的军队十分疲惫了，请允许韩国、赵国割地求和，暂且让士卒得以休整。”秦昭王听从了范雎的建言，于是韩国割让垣雍、赵国割让六座城池向秦国求和。正月，各国都撤回了军队。武安君听闻此事，因此与应侯范雎有了嫌隙。

其九月，秦复发兵，使五大夫王陵攻赵邯郸①。是时武安君病，不任行②。四十九年正月③，陵攻邯郸，少利，秦益发兵佐陵。陵兵亡五校④。武安君病愈，秦王欲使武安君代陵将。武安君言曰：“邯郸实未易攻也。且诸侯救日至，彼诸侯怨秦之日久矣。今秦虽破长平军，而秦卒死者过半，国内空。远绝河山而争人国都⑤，赵应其内，诸侯攻其外，破秦军必矣⑥。不可。”秦王自命，不行；乃使应侯请之，武安君终辞不肯行，遂称病。

【注释】

①五大夫：秦爵二十级中的第九级。

②不任行：《正义》曰：“任，堪也。”长平之胜后，白起本想随即进攻邯郸，昭王听了范雎的劝说罢兵。此时昭王又想攻赵，白起于是愤而称病。

③四十九年正月：此年以“正月”为岁首，故书“正月”于年初。即赵孝成王八年，前258年。

④亡五校：损失了五个校的士兵。校，古代军队的一种建制。

⑤河山：指黄河与太行山。

⑥破秦军必矣：史珥曰：“极切情事，然武安君之意似并不在胜负。”中井曰：“‘未易攻’者，白起不欲行之词，非其情也。‘死者过半’，亦甚言之，不必事实。不然，当初受命围邯郸而不辞，其谓之何？”

【译文】

这年九月，秦国再次出动军队，由五大夫王陵率领去攻打赵国的邯郸。这个时候恰逢武安君生病，不能出征。昭王四十九年正月，王陵攻打邯郸，收获不大，秦国增派军队支援王陵。王陵最终还是失败了，损失了五支校尉的人马。这时武安君的病痊愈了，秦昭王想要任命武安君代替王陵作为主将。武安君说：“邯郸确实不容易攻克。而且各国诸侯救援的军队一天天来到，这些诸侯怨恨秦国有很长时间了。如今秦国虽然打败了长平的军队，但是秦国的士卒也伤亡过半，国内空虚。跋山涉水去与赵国争夺邯郸，赵国作为内应，各个诸侯从外进攻，必定会打败秦国的军队。这是不行的。”秦昭王自己命令白起出兵，没有成功；便派遣应侯范雎去请他，武安君最终还是推辞不肯出发，于是称病。

秦王使王龁代陵将，八九月围邯郸[①]，不能拔。楚使春申君及魏公子将兵数十万攻秦军[②]，秦军多失亡。武安君言曰：“秦不听臣计，今如何矣[③]！”秦王闻之，怒，强起武安君，武安君遂称病笃。应侯请之，不起。于是免武安君为士伍[④]，迁之阴密[⑤]。武安君病，未能行。居三月，诸侯攻秦军急，秦军数却，使者日至。秦王乃使人遣白起，不得留咸阳中。武安君既行，出咸阳西门十里，至杜邮[⑥]。秦昭王与应侯群臣议曰："白起之迁，其意尚怏怏不服[⑦]，有余言[⑧]。"秦王乃使使者赐之剑，自裁[⑨]。武安君引剑将自刭，曰："我何罪于天而至此哉？"良久，曰："我固当死。长平之战，赵卒降者数十万人，我诈而尽坑之，是足以死[⑩]。"遂自杀。武安君之死也，以秦昭王五十年十一月[⑪]。死而非其罪，秦人怜之，乡邑皆祭祀焉。

【注释】

①八九月围邯郸：《战国策·中山策》作"围邯郸八九月"。

②春申君：即黄歇。事迹详见《春申君列传》。魏公子：指信陵君魏无忌，魏安釐王之弟。按，春申君与信陵君联手救赵的过程，详见《平原君列传》《魏公子列传》。

③秦不听臣计，今如何矣：徐孚远曰："武安君不宜有后言，疑应侯为之蜚语也。"

④免武安君为士伍：免去白起的一切官爵，将其降到普通士兵的地位。士伍，指普通士兵。

⑤阴密：古县名，治所在今甘肃灵台西南。

⑥杜邮：亭驿名，故址在今陕西咸阳东北。

⑦怏怏：不服气，郁郁不乐的样子。

⑧余言：未尽的话语。

⑨秦王乃使使者赐之剑，自裁：梁玉绳曰："《国策》甘罗述武安君之死也，曰'去咸阳七里绞而杀之'，与此不同。"

⑩是足以死：凌稚隆曰："太史公述武安自言，以结武安'罪'案，与《蒙恬传》末语意同。"中井曰："自居死罪者，乃所以明其无罪，与蒙恬同。"

⑪秦昭王五十年：前257年。十一月：梁玉绳曰："按《纪》是十二

月，此误。”

【译文】

秦昭王于是命王龁去替代王陵作为主将，围困邯郸八九个月，还是不能攻克。楚国派春申君和魏国公子无忌率领数十万大军攻打秦军，秦军伤亡惨重。武安君说道：“秦王不听我的意见，如今怎么样呢！”秦昭王听说之后，大怒，强迫武安君就任，武安君于是推辞说自己病重。应侯范雎再次请他，他也不肯起身就任。于是，秦昭王免除武安君的封号，将其削职为普通士卒，发配到阴密。武安君因身体有病，未能前往。过了三个月，诸侯愈加猛烈地攻击秦军，秦军连连败退，每天都有使者告急。秦昭王于是派人遣送白起，命令其不得留在咸阳城中。武安君已经出发，离开咸阳西门十里，到达杜邮。秦昭王与应侯范雎等大臣商议说：“白起被发配，他心中肯定满怀怨恨，很不服气，有一肚子对朝廷不满的话。”秦昭王于是派遣使者赐剑给白起，令其自杀。武安君拿着剑将要自刎，说：“我有什么得罪了上天，以至于落到今天这种地步呢？”过了很久，说：“我本来就该死。长平之战中，赵军数十万士卒投降，我使诡计将他们全部坑杀，就这项罪名已经足够让我去赴死了。”于是自刎而死。武安君死于秦昭王五十年十一月。因白起并非有罪而被逼自杀，秦国的百姓十分同情他，许多乡邑都祭祀他。

王翦者，频阳东乡人也[①]。少而好兵，事秦始皇。始皇十一年[②]，翦将攻赵阏与[③]，破之，拔九城。十八年[④]，翦将攻赵。岁余，遂拔赵，赵王降[⑤]，尽定赵地为郡[⑥]。明年[⑦]，燕使荆轲为贼于秦[⑧]，秦王使王翦攻燕。燕王喜走辽东，翦遂定燕蓟而还[⑨]。秦使翦子王贲击荆[⑩]。荆兵败，还击魏，魏王降，遂定魏地[⑪]。

【注释】

①频阳:古县名,治所在今陕西富平东北。

②始皇十一年:即赵悼襄王九年,前236年。

③阏(yù)与:古城名。其地望说法不一,一说指今山西和顺。

④十八年:前229年。

⑤赵王:名迁,前235—前228年在位。

⑥尽定赵地为郡:按,赵王迁降秦后,赵人又在代县(在今河北蔚县东北)拥立赵嘉为王,直到前222年才被秦国攻灭。

⑦明年:指秦王政二十年,燕王喜二十八年,前227年。

⑧燕使荆轲为贼于秦:指太子丹派荆轲入秦行刺事。详见《刺客列传》。

⑨燕王喜走辽东,翦遂定燕蓟而还:据《秦始皇本纪》《燕召公世家》,秦王政二十一年,燕王喜二十九年,前226年,王翦打败燕军、攻陷蓟城,燕王喜退保辽东。至秦王政二十五年,燕王三十三年,前222年,王翦的儿子王贲攻陷辽东,俘虏了燕王喜,真正安定了其郡。燕王喜,燕国末代国君,太子丹的父亲,前254—前222年在位。辽东,燕郡名,原为东胡地,战国燕将秦开破东胡后置郡。因在辽水以东,故名。郡治襄平(今辽宁辽阳)。燕蓟,即燕国都城蓟城,在今北京。

⑩秦使翦子王贲击荆:王贲于秦王政二十一年,楚王负刍二年,前226年,击楚。荆,即指楚国。

⑪还击魏,魏王降,遂定魏地:《秦始皇本纪》记载为:“王贲攻魏,引河沟灌大梁,大梁城坏,其王请降,尽取其地。”时在秦王政二十二年,魏王假三年,前225年。

【译文】

王翦是频阳东乡人。他从小就喜欢军事,事奉秦始皇。秦始皇十一年,王翦率军攻破赵国的阏与,一下攻占了九座城池。十八年,王翦又率兵攻打赵国。经过一年多的时间，攻占了赵国都城，赵王投降，将赵国的土地全部变为秦国的郡县。第二年，燕国的使者荆轲入秦行刺秦王，秦王随即命王翦攻打燕国。燕王喜逃往辽东，王翦平定燕国的首都蓟城后率兵返回。秦王又派王翦的儿子王贲攻打楚国。王贲打败楚国军队之后，又回兵攻打魏国，魏王投降，于是平定了魏国全境。

秦始皇既灭三晋①，走燕王，而数破荆师。秦将李信者②，年少壮勇，尝以兵数千逐燕太子丹至于衍水中，卒破得丹③，始皇以为贤勇。于是始皇问李信："吾欲攻取荆，于将军度用几何人而足④？"李信曰："不过用二十万人。"始皇问王翦，王翦曰："非六十万人不可。"始皇曰："王将军老矣，何怯也！李将军果势壮勇⑤，其言是也。"遂使李信及蒙恬将二十万南伐荆⑥。王翦言不用，因谢病，归老于频阳⑦。李信攻平与⑧，蒙恬攻寝⑨，大破荆军。信又攻鄢、郢，破之⑩，于是引兵而西，与蒙恬会城父⑪。荆人因随之，三日三夜不顿舍⑫，大破李信军⑬，入两壁，杀七都尉，秦军走。

【注释】

①三晋：指韩、赵、魏三国。

②李信：汉将李广的先人。《李将军列传》云："其先曰李信，秦时为将，逐得燕太子丹者也。"

③逐燕太子丹至于衍水中，卒破得丹：时在秦王政二十一年，燕王喜二十九年，前226年。衍水，《索隐》以为在辽东，未能确指。《刺客列传》记载的细节为"李信追丹，丹匿衍水中。燕王喜乃使使斩太子丹"以献秦。

④度：忖度，估量。

⑤果势:《集解》引徐广曰:“势,一作‘新’。”张文虎曰:“《御览》引‘势’作‘断’,义长。‘新’与‘断’同从‘斤’而误。”

⑥蒙恬:秦国将领。蒙骜之孙,蒙武之子。事迹详见《蒙恬列传》。

⑦归老:退休,告老。

⑧平与:《资治通鉴》做“平舆”。梁玉绳曰:“‘与’乃‘舆’之讹。”平舆,古邑名,属楚,在今河南平舆北。

⑨寝:也叫寝丘,古邑名,在今河南固始、沈丘间。

⑩信又攻鄢、郢,破之:中井曰:“先是白起既‘拔鄢、郢’矣,不闻楚复之,此乃云‘攻鄢、郢’何也?盖考烈王东徙,命寿春曰‘郢’,唯‘鄢’未审所谓。”梁玉绳曰:“‘信又攻鄢、郢破之’,七字衍。《大事记》曰:‘鄢、郢,白起取以置南郡,是时不属楚久矣,传之误也。’”也有研究者认为,是时鄢、郢已为楚贵族所反复,并已为楚军所克复,李信引大军南下攻破之。

⑪与蒙恬会城父:梁玉绳曰:“此前后三称‘蒙恬’,考《六国表》及《蒙恬传》,是时恬未为将,当是‘蒙武’之误。”城父,古邑名,在今安徽亳州东南。

⑫顿舍:停留止息。

⑬大破李信军:时在秦王政二十二年,楚王负刍三年,前225年。

【译文】

秦始皇灭掉了韩、赵、魏三国,赶跑了燕王喜,又屡次打败楚国的军队。秦国的将领李信,年轻勇敢,曾经带领数千士兵于衍水中追逐燕太子丹,最后活捉了燕太子丹,秦始皇认为他十分贤能英勇。于是,秦始皇问李信说:“我想要攻取楚国,让你来指挥的话需要多少人够用?”李信说:“不会超过二十万。”秦始皇又问王翦,王翦说:“没有六十万人是不行的。”秦始皇说:“看来王将军老了,不然为什么这么胆怯呢!李将军果然十分英勇,他的话是对的。”于是派遣李信和蒙恬带领二十万军队南下讨伐楚国。王翦的建言没有被采纳,于是称病,回频阳养老去了。李信攻取楚国平与，蒙恬攻取楚国寝丘，大败楚军。接着李信又攻破了鄢、郢，于是带领军队向西，与蒙恬的军队在城父汇合。楚国的军队尾随在秦军之后，三天三夜都没有休息，最终大败李信的军队，攻破了李信的两座大营，杀死了他的七个都尉，秦军败逃。

始皇闻之，大怒，自驰如频阳，见谢王翦曰："寡人以不用将军计，李信果辱秦军。今闻荆兵日进而西，将军虽病，独忍弃寡人乎！"王翦谢曰："老臣罢病悖乱①，唯大王更择贤将。"始皇谢曰："已矣，将军勿复言！"王翦曰："大王必不得已用臣，非六十万人不可。"始皇曰："为听将军计耳②。"于是王翦将兵六十万人，始皇自送至灞上③。王翦行，请美田宅园池甚众。始皇曰："将军行矣，何忧贫乎？"王翦曰："为大王将，有功终不得封侯，故及大王之向臣④，臣亦及时以请园池为子孙业耳。"始皇大笑。王翦既至关，使使还请善田者五辈⑤。或曰："将军之乞贷，亦已甚矣。"王翦曰："不然。夫秦王怚而不信人⑥。今空秦国甲士而专委于我，我不多请田宅为子孙业以自坚⑦，顾令秦王坐而疑我邪？"

【注释】

①罢病：疾病，疲乏。悖乱：迷惑，昏乱。

②为：一解作"唯"；一解以为义同"将"，"将要"。

③灞上：在今陕西西安东。

④向：偏爱，宠用。

⑤五辈：五批。

⑥怚（cū）：粗心，粗暴。

⑦自坚：自我坚信。黄震曰："王翦为始皇伐楚，而请美田宅；既行，

使使请美田者五辈。后有劝萧何田宅自污者,其计无乃出于此与?”

【译文】

秦始皇听闻李信失败的消息后,大怒,自己乘车赶往频阳,见到王翦道歉说:“我因为当初没有采纳将军的建言,李信果然让秦军受到了羞辱。现在听闻楚国的军队已经日益向西逼近,将军虽然有病在身,难道忍心抛弃我不管吗!”王翦辞谢说:“我现在疲乏有病,脑子还糊涂,还请大王另外选择贤能的将领吧。”秦始皇道歉说:“就这样决定了,将军不要再推辞了!”王翦说:“大王如果迫不得已要任用我的话,非得给我六十万军队不可。”秦始皇说:“一切都听从将军的计策。”于是王翦率领六十万秦军出征,秦始皇亲自将他送到灞上。王翦临行的时候,请求秦始皇赏赐了很多田宅园林。秦始皇说:“将军出发吧,何必还担心以后受穷呢?”王翦说:“作为大王的将领,即使立了功也不能封侯,因此我想趁着大王还信任臣的时候,向大王为子孙后代请求一些田园产业。”秦始皇大笑。王翦走到函谷关后,又连续五次派遣使者向秦始皇讨要好的田地。有人对王翦说:“将军您这样反复讨要,实在有些过分了。”王翦回答说:“不是这样的。咱们的大王行事粗暴,不信任别人。现在他把秦国全部的兵力都交给了我,我如果不向大王为子孙多多请求赏赐以坚定大王的信任,难道要秦王对我产生怀疑吗?”

王翦果代李信击荆。荆闻王翦益军而来,乃悉国中兵以拒秦。王翦至,坚壁而守之,不肯战。荆兵数出挑战,终不出[①]。王翦日休士洗沐,而善饮食抚循之[②],亲与士卒同食。久之,王翦使人问军中戏乎?对曰:“方投石超距[③]。”于是王翦曰:“士卒可用矣。”荆数挑战而秦不出,乃引而东。翦因举兵追之,令壮士击,大破荆军。至蕲南[④],杀其将军项燕[⑤],荆兵遂败走。秦因乘胜略定荆地城邑。岁余,虏荆王负刍[⑥],竟平荆地为郡县[⑦]。因南征百越之君[⑧]。而王翦子王贲,与李信破定燕、齐地[⑨]。

【注释】

①荆兵数出挑战,终不出:李光缙曰:"曰'不肯战',曰'终不出',曰'数挑战而秦不出',兵法所谓'懈然后击之'者,翦盖得此。"何焯曰:"'王翦至,坚壁而守之',亚夫祖之破吴、楚,即高祖之于黥布亦然也。"

②抚循:安抚,抚慰。

③投石超距:古代军中的习武练功活动。《索隐》:"超距犹跳跃也。"

④蕲:楚邑名,在今安徽宿州南。

⑤杀其将军项燕:项燕死在秦王政二十三年,楚王负刍四年,前224年。项燕,楚国名将,项梁之父,项羽的祖父。按,《楚世家》《项羽本纪》与本传都说项燕是被秦兵所杀,《秦本纪》记为"项燕遂自杀"。

⑥岁余,虏荆王负刍:楚王负刍被虏发生在秦王政二十四年,楚王负刍五年,前223年。

⑦平荆地为郡县:《楚世家》之《集解》引孙检曰:"灭去楚名,以楚地为三郡。"郭嵩焘曰:"王翦始议取荆非六十万人不可,以荆兵剽轻,与战杀伤必多,欲厚集兵力以应之,盖其意在举荆略定其地,非但取胜一战之功而已。其后闻李信军破,荆军三日三夜不顿舍,度其轻剽之气可以持重困之,而仍历岁余而始定,亦略见王翦之策荆老谋深算,规划始终,以出万全也。"

⑧南征百越之君:按,《秦始皇本纪》记载为"王翦遂定荆江南地,降越君,置会稽郡"。时在秦王政二十五年,前222年。百越,古越族,散居于今浙江、福建、广东、广西等地,各部落皆有名,统称

"百越"。

⑨王翦子王贲，与李信破定燕、齐地：王贲于秦王政二十五年攻取辽东，虏获燕王喜。据《秦始皇本纪》，秦王政二十六年，齐王建四十四年，前221年，"秦使将军王贲从燕南攻齐，得齐王建"。《田敬仲完世家》则记载为："齐王听相后胜计，不战，以兵降秦。秦虏王建，迁之共，遂灭齐为郡。"

【译文】

于是王翦替代李信率领秦军攻打楚国。楚国听闻王翦增加兵力前来攻打，于是征发国中的全部兵力以阻挡秦军。王翦到达之后，坚壁拒守，不肯出战。楚国军队屡屡挑战，王翦始终不肯出战。王翦天天让士卒休整沐浴，用好吃好喝的安抚士卒，亲自和士卒一起用餐。过了很久之后，王翦派人问军中是否在玩游戏，回答说："正在玩扔石头、跳远的游戏。"王翦于是说："士卒可以用来作战了。"楚军屡屡挑战，但秦军都不出战，于是转而向东走。王翦趁机带领大军追击，命令军中的勇士进攻，大败楚国军队。追到蕲南，杀死楚国将军项燕，楚国军队于是大败而逃。秦军乘胜平定楚国的城邑。一年后，俘虏楚王负刍，最终把楚国的土地都变成了秦国的郡县。于是，向南征讨百越之君。这时，王翦的儿子王贲与李信一起攻破平定了燕国和齐国。

秦始皇二十六年，尽并天下，王氏、蒙氏功为多，名施于后世[①]。秦二世之时[②]，王翦及其子贲皆已死，而又灭蒙氏[③]。陈胜之反秦[④]，秦使王翦之孙王离击赵，围赵王及张耳钜鹿城[⑤]。或曰："王离，秦之名将也。今将强秦之兵，攻新造之赵[⑥]，举之必矣[⑦]。"客曰："不然。夫为将三世者必败。以败者何也？以其所杀伐多矣，其后受其不祥。今王离已三世将矣[⑧]。"居无何[⑨]，项羽救赵，击秦军，果虏王离[⑩]，王离军遂降诸侯。

【注释】

①王氏、蒙氏功为多，名施（yì）于后世：据《秦始皇本纪》，王氏封侯的有“列侯武成侯王离、列侯通武侯王贲”。王世贞云：“以位次差之，王离在季父贲前……翦一子一孙，为功臣之首。又当时列侯二人，伦侯三人，凡封侯者仅五人，而李斯、蒙恬、李信不与焉。”施，延伸，延续。

②秦二世：名胡亥，前209—前207年在位，后被赵高杀死。详见《秦始皇本纪》《李斯列传》。

③灭蒙氏：杀了蒙恬、蒙毅。详见《蒙恬列传》《李斯列传》。

④陈胜之反秦：陈胜于秦二世元年（前209）七月起而反秦。详见《陈涉世家》。

⑤王离击赵，围赵王及张耳钜鹿城：时在秦二世二年（前208）后九月。钜鹿，战国赵地，秦灭赵后置郡，郡治在今河北平乡西南。

⑥新造之赵：指张耳、陈馀扶持赵歇建立的赵国。新造，新建立，新建成。

⑦举：攻陷，攻克。

⑧王离已三世将：从王翦、王贲到王离，已三代为将。

⑨居无何：过了没多久。

⑩果虏王离：王离于秦二世三年（前207）一月被项羽打败俘虏。详见《项羽本纪》。茅坤曰：“此于传末叙其后世之报，而以‘或曰’‘客曰’问答发明之，叙事兼议论，亦一例也。”

【译文】

秦始皇二十六年，秦国吞并天下，王氏父子和蒙氏兄弟功高，盛名流传到了后世。秦二世的时候，王翦和他的儿子王贲都已经死了，秦二世又灭掉了蒙氏兄弟。陈胜起兵反秦，秦派王翦的孙子王离攻打赵国，将赵王和张耳围困在钜鹿城中。当时有人说:“王离是秦国的名将。如今带领强大的秦国军队,攻打刚刚建立的赵国,一定会取得胜利。”另一人说:“不是这样的。凡是世代为将军的,到了第三代必定会失败。为什么必定会失败呢?因为他们前辈杀戮太多,后人会遭受前人罪孽的报应。现在王离已经是第三代将领了。”过了没多久,项羽率军救援赵国,攻打秦军,果然俘虏了王离,王离的军队于是投降了诸侯联军。

太史公曰:鄙语云①:“尺有所短,寸有所长②。”白起料敌合变③,出奇无穷,声震天下,然不能救患于应侯。王翦为秦将,夷六国④,当是时,翦为宿将⑤,始皇师之,然不能辅秦建德,固其根本,偷合取容,以至殁身⑥。及孙王离为项羽所虏,不亦宜乎!彼各有所短也。

【注释】

①鄙语:俗语。泷川曰:“鄙语,古谚也。”

②尺有所短,寸有所长:比喻人或事物各有其长处和短处。

③料敌:估量判断敌情。合变:随机应变。

④夷:夷灭,铲平。

⑤宿将:有声望的老将。

⑥不能辅秦建德,固其根本,偷合取容,以至殁(mò)身:中井曰:“王翦一武人耳,始皇师之,亦就学兵事而已。翦无学术,又无治国之才,若仁义道德之说,未尝经心也,乃欲以‘建国固本’望之乎?又受命讨伐,其立勋大矣,可谓能举职奉公耳,曾无偷合取容之事。此等立论,并太史公之错处。”陈仁锡曰:“起、翦传以‘善用兵’‘少而好兵’二句做纲领。制敌取胜,起、翦略同。起嗜杀,而翦则远识,故起详其杀人之数,翦则摩其虑事之周。”偷合,苟

合，迎合。取容，讨好别人以求自己安身。歾，同“殁”，死。

【译文】

太史公说：俗话说：“尺有所短，寸有所长。”白起能够预料敌情随机应变，出奇制胜，名震天下，然而却不能逃脱应侯范雎的陷害。王翦作为秦将，平定了六国，那个时候，王翦是秦国的老将，秦始皇把他当老师一样对待，然而他却不能辅佐秦王施行仁德，巩固国家的根基，苟且迎合，取悦于秦始皇，一直到死。等到他的孙子王离被项羽俘虏，难道不是理所当然的吗？他们都各有各的短处啊！

【集评】

黄震曰：“白起为秦将，其斩杀之数多，而载于史者凡百万，不以数载者不预焉。长平之役，秦民年十五以上者皆诣之，而死者过半，以此类推，秦民之死于兵者，又不可以数计也。后起不复为秦用，而赐之死，自秦而言，虽杀之非其罪；自公理而言，一死何以尽其罪哉！”（《黄氏日钞》）

苏辙曰：“予尝读太史公《白起传》，秦之再攻邯郸也，起与范雎有怨，称病不行，以亡其躯，慨然叹曰：‘起以武夫无所曲信，而困于游谈之士。使起勉强行兵，未必败而免于死矣。及读《战国策》，观起自陈成败之迹，乃知邯郸决不可再攻，而起非特以怨不行，盖为之流涕也。”又曰：“王翦与始皇议灭楚，非六十万不行。予始疑其过，及观田单与赵奢论兵，乃知老将之言不妄也。……攻千里之城，毁百年之业，不乘大隙，非大众不可。彼决机两阵之间，为一日成败之计，乃可以少击众耳。”（《古史》）

吴见思曰：“此两传俱用一样笔法相对。前边战功一顿点过，白起只抽长平一事，王翦只抽破楚一事，姿态色泽，抑扬变化，各臻其妙。”（《史记论文》）

李景星曰：“白起、王翦以善用兵合传。……《白起传》重写长平之战，而于前路步步用顿挫法；《王翦传》重写破荆之事，而于前路步步用反趁法，写得两人用兵惊天动地，几于无可复加。而一则于篇末备记其临死之言，一则于篇末详载后世之败。赞语又总收之曰‘彼亦各有所短也’，是即《孟子》‘善战者服上刑’之义。于此见太史公为文，不但叙事极工，并且持论极正。”（《史记评议》）

【评论】

白起和王翦有很多共同之处。第一，他们都善于用兵，战功赫赫。《白起传》起首有“善用兵”之语，而《王翦传》也以“少而好兵”作首。《太史公自序》说：“南拔鄢、郢，北摧长平，遂围邯郸，武安为率；破荆灭赵，王翦之计。”本篇详写了长平之战和王翦的破荆之战，凸显了他们在不同历史阶段为秦国所取得的决定性的胜利。第二，他们都与君主闹过矛盾，称病不出。清人张文虎说：“起、翦同传，不特其功相等，即其谢病事亦先后一辙。”（《校刊史记札记》）两人的不同在于白起不善谋身，没有看清专制统治下君王与大将之间的紧张关系，最后被秦昭王猜忌而被逼自杀。而王翦则不然，在出征前多多请封良田美宅，竭力消除秦始皇对他的怀疑。白起功高震主，颇有点类似韩信；而王翦则未雨绸缪，步步深思熟虑，可谓善于自保矣，颇有些类似于萧何、曹参。司马迁在写作上善于同中求异，清代吴见思说：“《白起传》逐节写来，以顿挫法胜；《王翦传》两两抑扬，以反衬法胜，又各有一妙。”（《史记论文》）两人同是“称病”，白起是以病要挟秦昭王，与秦昭王斗气，批人主之逆鳞，最后被逼自杀；王翦则在秦始皇面前态度谦卑，使秦始皇最终接受了自己的用兵方案。司马迁通过这种对比、映衬，展示了两人不同的思想性格。

本篇表达了司马迁的一种反对滥用武力的态度。白起、王翦在战争上都“料敌合变，出奇无穷，声震天下”，却都不能以自己的才能造福天下苍生。司马迁理想中的军事家应该是谨慎用兵，不滥杀无辜，把军事和美政联接起来，发挥军事才能是为了救民于水火。但白起和王翦却只会打仗，使生灵涂炭。司马迁在论赞中说“尺有所短，寸有所长”，又说王翦“不能辅秦建德，固其根本”，就是指的这个意思。《白起传》写白起临死时后悔自己的坑杀赵国降卒；《王翦传》中附带交代了后来王翦的孙子王离被项羽打败、俘虏的事，并提出了“为将三世必败”的带有宿命论色彩的观点。清代储欣揭示了这样写的用意，即“太史公责王氏、蒙氏，俱以人事准天道，足为万世炯戒”（《史记选》）。

秦始皇在人们的心目中是刚暴强悍的，但在《史记》中有两处颇显示其从容大度、虚己待人，具有一种春风拂面的长者气象。一处是本篇写的对待王翦：当秦始皇问李信与王翦，要灭掉楚国需要出多少人。李信说要二十万，王翦说要六十万。秦始皇说“王将军老矣，何怯也！”于是派出了李信。当李信在战场遭到挫折后，秦始皇“大怒，自驰如频阳，见谢王翦曰：‘寡人以不用将军计，李信果辱秦军。’”推心置腹，并勇于承担责任。而且恳求说：“今闻荆兵日进而西，将军虽病，独忍弃寡人乎？”当王翦再次提出“大王必不得已用臣，非六十万人不可”时，秦始皇说：“为听将军计耳！”这是何等亲密和谐的君臣关系！另一处就是《秦始皇本纪》中所写的秦始皇接待并宠用大梁人尉缭的故事。尉缭入秦后，向秦始皇进言要不惜花费大量金钱，以分化收买东方六国的文武大臣与知名人士，使他们在各个方面尽一切可能，为秦国效力。秦始皇接受了。尉缭下去与同伴私下说：“秦王为人，蜂准长目，挚鸟膺，豺声，少恩而虎狼心，居约易出人下，得志亦轻食人。我布衣，然见我常身自下我。诚使秦王得志于天下，天下皆为虏矣。不可与久游。”说完后就卷铺盖逃走了。秦始皇听说后，立即派人把他找了回来，恳请他留下，任命他为秦国的军事高官。以上两处均有利于读者全面了解把握秦始皇形象。

史记卷七十四

孟子荀卿列传第十四

【释名】

《孟子荀卿列传》是以孟子、荀子题名的思想家类传。篇中除孟子、荀子外，实际上还写了驺衍、淳于髡，并连带提到了慎到、田骈、驺奭、接子、环渊，以及公孙龙、李悝、尸子、长卢、吁子、墨翟等人，可谓包容甚广。

本篇论赞置于篇首，感叹"好利"是祸乱之根，"罕言利"才是防乱之本；以下分别写孟子、驺衍、淳于髡、荀子的简单生平和学术思想；最后罗列战国时赵、魏、楚、宋各地的思想家。

太史公曰：余读孟子书①，至梁惠王问"何以利吾国"②，未尝不废书而叹也。曰：嗟乎，利诚乱之始也！夫子罕言利者③，常防其原也④。故曰"放于利而行，多怨⑤"。自天子至于庶人，好利之弊何以异哉！

【注释】

①孟子书：即《孟子》，《汉书·艺文志·诸子略》著录十一篇，今传七篇。是记述孟子言行以及他和当时人或门弟子相问答的书，集中反映了孟子的政治观点和政治主张。是儒家学派的经典著作

之一。

②梁惠王：即魏惠王，名罃，武侯之子，前369—前319年在位。

③夫子罕言利：语出《论语·子罕》："子罕言利，与命与仁。"夫子，这里指孔子。

④原：本源，根源。

⑤放（fǎng）于利而行，多怨：语出《论语·里仁》。放，依据。

【译文】

太史公说：我读《孟子》时，每当读到梁惠王问孟子"怎样有利于我的国家"，总不免中途放下书本而心生感叹。我想：唉，利真是祸乱的根源！孔子之所以很少谈利，大概就是想堵塞祸乱产生的根源吧。《论语》上说："假如只考虑是否对自己有利才去做事，会招致许多怨恨。"可事实上，上自天子下到黎民百姓，好利的弊病都存在，有什么不同的！

孟轲，驺人也[①]。受业子思之门人[②]。道既通，游事齐宣王[③]，宣王不能用。适梁，梁惠王不果所言[④]，则见以为迂远而阔于事情[⑤]。当是之时，秦用商君[⑥]，富国强兵；楚、魏用吴起[⑦]，战胜弱敌[⑧]；齐威王、宣王用孙子、田忌之徒[⑨]，而诸侯东面朝齐。天下方务于合从连衡[⑩]，以攻伐为贤，而孟轲乃述唐、虞、三代之德，是以所如者不合[⑪]。退而与万章之徒序《诗》《书》[⑫]，述仲尼之意，作《孟子》七篇。

【注释】

①驺：古地名，在今山东邹城。

②受业子思之门人：《索隐》曰："王劭以'人'为衍字，则以轲亲受业孔伋之门也。今言'门人'者，乃受业于子思之弟子也。"梁玉绳曰："《孟子题辞》曰'长师孔子之孙子思'；《汉书·艺文

志》云‘子思弟子’;《孔丛·杂训》云‘孟子车请见,子思甚悦其志’。……然考伯鱼先夫子殁五载,子思当不甚幼。子思八十二卒,姑以夫子殁时年十岁计之,则卒于威烈王十八年。而赧王元年齐伐燕孟子犹及见之,其去子思之卒九十五年。孟子寿百余岁,方与子思相接,恐孟子未必如是长年,则安得登子思之门,而亲为授受哉?”中井曰:“自孔子卒至齐宣王百五十年,子思寿百岁,亦不得遭孟子诞期。”

③齐宣王:田氏,名辟彊,威王之子,前319—前301年在位。据研究者考证,孟子的游历国顺序为:齐国、宋国、滕国、魏国,又重返齐国,时在齐宣王时。本传涉及时代和游历顺序都有错误。

④不果:不采纳,不实行。

⑤迂远:犹迂阔,不切合实际。阔于事情:不切合实际。梁玉绳曰:“孟子游历,《史》言先齐后梁,赵岐《孟子注》《风俗通·穷通》篇并同,《古史》从之。然年数不合,当从《资治通鉴》始游梁、继仕齐为是。《通鉴》盖据《列女传·母仪》篇也。孙奕《示儿编》曰:‘七篇之书,以梁惠王冠首,以齐宣王之问继其后,则先后有序可见矣,故《列传》为难信。’”泷川曰:“孟子游梁惠王后十五年,即周慎靓王元年。明年惠王卒,襄王嗣位。孟子知其不足与为,去梁游齐。顾炎武《日知录》、王懋竑《白田草堂集》、任兆麟《孟子考》、江慎修《群经补义》、施朴斋《孟子年谱》、黄式三《周季编略》诸书论之详矣。”

⑥商君:即商鞅。秦用商鞅过程详见《商君列传》与《秦本纪》。

⑦楚、魏用吴起:魏任吴起为将打败秦国、楚用吴起变法的过程详见《孙子吴起列传》。按,吴起活动比商鞅早数十年,更不与孟子同时。

⑧弱敌:削弱敌国。

⑨齐威王:名因齐,桓公之子,前356—前320年在位。孙子:名膑,孙武的后代,齐国军事家。田忌:齐国军事家。孙、田二人先后取

得桂陵之战、马陵之战的大捷,使魏国从此一蹶不振,齐国取代魏国,登上霸主之位。过程详见《孙子吴起列传》。

⑩天下方务于合从连衡:按,吴起活动的时代,秦国尚不够强大,对东方各国还没有造成威胁,还没有“合从连衡”之事。

⑪如:去,到达。

⑫万章:孟子的学生。序《诗》《书》:对《诗经》《尚书》进行介绍评述。梁玉绳曰:“孟子无序《诗》《书》之事,然七篇中言《书》凡二十九,援《诗》凡三十五。赵岐亦云‘孟子言“五经”,尤长于《诗》《书》’。”

【译文】

孟轲是邹地人。他曾跟着子思的弟子求过学。学业通达后,就去游说侍奉齐宣王,齐宣王没有任用他。他到了梁国,梁惠王不但不听信他的主张,反而认为这些主张不切实情,远离实际。当时,秦国任用商鞅实行变法,使国家富裕、军队强大;楚国和魏国也先后任用吴起,打了胜仗削弱了敌人;齐威王和齐宣王任用了孙膑、田忌等人,也打得各国诸侯都向东来朝见齐王。当时整个天下都正大力搞合纵、连横的斗争,以攻伐为能事,而孟轲却在那里称述唐尧、虞舜以及夏、商、周三代的德政,因此他走到哪个国家,都与哪个国家的治国方略不相符合。他回国以后和他的学生万章等人一道研究《诗经》《尚书》,阐发孔子的思想,写出了《孟子》一书共七篇。

其后有驺子之属。齐有三驺子。其前驺忌①,以鼓琴干威王②,因及国政,封为成侯而受相印③,先孟子。其次驺衍④,后孟子。驺衍睹有国者益淫侈不能尚德,若《大雅》整之于身、施及黎庶矣⑤,乃深观阴阳消息而作怪迂之变⑥,《终始》《大圣》之篇十余万言⑦。其语闳大不经,必先验小物，推而大之，至于无垠。先序今以上至黄帝，学者所共术[8]，大并世盛衰[9]，因载其机祥度制[10]，推而远之，至天地未生，窈冥不可考而原也[11]。先列中国名山大川通谷禽兽水土所殖[12]，物类所珍[13]，因而推之，及海外人之所不能睹。称引天地剖判以来[14]，五德转移[15]，治各有宜[16]，而符应若兹[17]。以为儒者所谓中国者，于天下乃八十一分居其一分耳。中国名曰赤县神州。赤县神州内自有九州，禹之序九州是也[18]，不得为州数。中国外如赤县神州者九，乃所谓九州也。于是有裨海环之[19]，人民禽兽莫能相通者，如一区中者，乃为一州。如此者九，乃有大瀛海环其外，天地之际焉[20]。其术皆此类也[21]。然要其归[22]，必止乎仁义节俭、君臣上下、六亲之施[23]，始也滥耳[24]。王公大人初见其术，惧然顾化[25]，其后不能行之。

【注释】

①驺忌：也作"邹忌"，战国时齐国大臣。

②以鼓琴干威王：按，详情见《田敬仲完世家》。干，干谒，求见。

③封为成侯而受相印：《田敬仲完世家》记载为："驺忌子见三月而受相印。……居期年，封以下邳，号曰成侯。"

④驺衍：战国时期阴阳家代表人物。

⑤《大雅》：《诗经》的组成部分之一，共三十一篇，多为西周王室贵族的作品，主要歌颂周王室祖先乃至武王、宣王等之功绩，有些诗篇也反映了厉王、幽王的暴虐昏乱及其统治危机。施（yì）：推广，延伸。

⑥消息：消长，增减，盛衰。怪迂：怪异迂曲。

⑦《终始》《大圣》：都是邹衍著作中的篇名。

⑧术：记述，陈述。

⑨大并世盛衰：《索隐》曰："言其大体随代盛衰，观时而说事。"方苞曰："'大'当作'及'，传写误也。盖先序战国，以上至黄帝事，为学者所共称述者，然后及并世盛衰也。"

⑩机（jī）祥：吉凶。度制：即制度。

⑪窈冥：深远渺茫。

⑫殖：滋生，繁殖。

⑬物类：万物。

⑭剖判：劈开，分开。

⑮五德转移：指水、木、金、火、土五种物质德性相生相克和终而复始的循环变化，论者并用以推断自然的命运和王朝兴亡的原因。

⑯治各有宜：各王朝都必须按着与它相应的那种德性（如说夏朝是"木德"，商朝是"金德"，周朝是"火德"等）来治理国家才能治好。

⑰符应若兹：天降祥瑞与人君德政相互符应，像符契一样准确无误。

⑱禹之序九州：按，大禹治水后划分的九州，说法不一，《尚书·禹贡》作冀州、青州、兖州、徐州、扬州、荆州、豫州、梁州、雍州。

⑲裨（pí）海：《索隐》曰："九州之外更有大瀛海，故知此'裨'是小海也。"

⑳天地之际：天与地的分界。

㉑其术皆此类也：《索隐》曰："桓宽、王充并以衍之所言迂怪虚妄，干惑六国之君，因纳其异说，所谓'匹夫而营惑诸侯'者是也。"黄式三曰："桓宽《盐铁论·论邹》篇、王充《论衡·谈天》篇皆驳邹衍之说，然今地球圆说，天下之大过于邹衍论，儒者未可毁所不见也。"

㉒要：纲要，要点。这里作动词用。归：本，宗旨。

㉓六亲：说法不一，一说指父、母、兄、弟、妻、子。

㉔始也滥耳：顾炎武曰："滥者，泛而无节之谓，犹庄子之'汪洋自恣'也。"钱大昕曰："衍之说始虽泛滥，而要归于仁义节俭耳。《司马相如传》云：'相如虽多虚辞滥说，然其要归引之节俭'，语意正相类。"

㉕惧然顾化：《索隐》曰："谓衍之术皆动人心，见者莫不惧然驻想，又内心留顾而已化之，谓欲从其术也。"

【译文】

孟子以后出现了驺子等人。齐国有三个驺子。在孟轲前的叫驺忌，他借助会弹琴的特长求见齐威王，得以参与国家政事，被封为成侯，做了国相，他的生活时代早于孟子。其次的叫驺衍，他的生活时代在孟子之后。他看到国君们都越来越荒淫奢侈，不能推行德治，不再像《诗经·大雅》所提倡的那样，自己从中受到教育，提高道德，而后再将这种道德发展、推广到黎民百姓中去。所以他就深入观察阴阳的消长，记述怪诞迂曲的变化，撰写了《终始》《大圣》等文章共有十多万字。他的理论都是宏大而不合常理，必定会从验证一些小的事物开始，然后把它推而广之，一直推到无边无际。他的文章一般都先从当代说起，向上追溯到黄帝时期，利用学者们共同讲述过的史实，以及历朝历代兴衰演变的内容，由此记述一些有关吉凶祸福的判断，一直推演到极其久远，推演到天地尚未形成的时代，深远奥秘而无从考究和追溯。他先记载中国境内的名山、大川、飞禽、走兽，包括水中地上所生长的、万物中最珍贵的，无所不有，因而推论到远方异域，人们没有看见过的东西。他说从开天辟地以来，五行相生相克循环周转，每个朝代只有按着与它相应的那种德运来治理国家，天命和人事才能互相感应。他认为儒生们所说的中国，在整个天下只占八十一分之一。中国叫赤县神州。赤县神州之内本身又有九个州，这就是《尚书·禹贡》记载的被大禹划分的那九个州，但其实这不是邹衍所说的那种。他说在中国之外像赤县神州这样的州，一共有九个，这才叫九州。在这里有小海环绕着，各个州的居民、禽兽都不能彼此相通，像处在特定的区域里，这就算一个州。这样的州总共九个，再有大海环绕在九州之外，那里就是天地的边际。驺衍的学术大约都是这类内容。但若归纳他的要义，总是会回到仁爱、正义、节约、勤俭与君臣上下以及六亲之间的和睦，只不过是开头讲得过于空泛而已。许多王公大人开始听到他的学说，往往感到惊奇，想要学习，可是等到后来却发现实行不了。

是以驺子重于齐。适梁①，惠王郊迎，执宾主之礼。适赵，平原君侧行撇席②。如燕，昭王拥彗先驱③，请列弟子之座而受业，筑碣石宫④，身亲往师之。作《主运》⑤。其游诸侯见尊礼如此，岂与仲尼菜色陈、蔡⑥，孟轲困于齐、梁同乎哉⑦！故武王以仁义伐纣而王，伯夷饿不食周粟⑧；卫灵公问陈，而孔子不答⑨；梁惠王谋欲攻赵，孟轲称大王去邠⑩。此岂有意阿世俗苟合而已哉⑪！持方枘欲内圜凿⑫，其能入乎？或曰，伊尹负鼎而勉汤以王⑬，百里奚饭牛车下而缪公用霸⑭，作先合，然后引之大道。驺衍其言虽不轨⑮，傥亦有牛、鼎之意乎⑯？

自驺衍与齐之稷下先生⑰，如淳于髡、慎到、环渊、接子、田骈、驺奭之徒⑱，各著书言治乱之事，以干世主，岂可胜道哉！

【注释】

①适：前去，到达。

②平原君：即赵胜。事迹详见《平原君列传》。侧行：侧身而行，表示恭敬。撇席：拂拭席上的灰尘。按，据《平原君列传》，邹衍到

赵国见平原君时，梁惠王已死。

③昭王：前311—前279年在位。拥彗先驱：古人迎接贵宾，常执扫帚前行致敬。彗，扫帚。按，据《韩非子》，邹衍与剧辛同僚，去往燕国，应在燕王喜（前254—前222在位）时。

④碣石宫：《正义》曰："在幽州蓟县西三十里，宁台之东。"

⑤《主运》：《索隐》曰："刘向《别录》云：'《邹子》书有《主运》篇。"

⑥菜色陈、蔡：指孔子在陈、蔡被围困绝粮事。详见《孔子世家》。

⑦孟轲困于齐、梁：指孟轲在齐、梁多年，而始终未被任用。《索隐》曰："仲尼、孟子法先王之道，行仁义之化，且菜色困穷；而邹衍执诡怪，营惑诸侯，其见礼重如此，可为长太息哉！"

⑧伯夷饿不食周粟：按，伯夷、叔齐不食周粟饿死首阳山事详见《伯夷列传》。

⑨卫灵公问陈，而孔子不答：《论语·卫灵公》记载为："卫灵公问陈于孔子，孔子对曰：'俎豆之事，则尝学之矣；军旅之事，未之学也。'"卫灵公，前534—前493年在位。陈，军伍行列，战斗队形。

⑩孟轲称大王去邠（bīn）：按，谈话对象并非梁惠王而是滕文公。大王，即周文王祖父古公亶父，原居于邠（在今陕西彬州东北），为躲避狄人侵扰而率众离邠迁于岐下（在今陕西岐山北）。

⑪阿：曲从，讨好。

⑫方枘（ruì）：方形的榫头。圜凿：圆孔。《索隐》曰："谓战国之时，仲尼、孟轲以仁义干世主，犹方枘圜凿然。"

⑬伊尹：商汤大臣。鼎：古代的烹饪器。据《殷本纪》，伊尹"乃为有莘氏媵臣，负鼎俎，以滋味说汤"。

⑭百里奚饭牛车下而缪公用霸：按，百里奚原是虞国大夫，晋献公灭虞，俘虏了他，让他做了秦穆公夫人的陪嫁之臣。百里奚中途逃走，又被楚人抓到。秦穆公闻其贤，把他赎了过来，后来委以国政，在他的辅佐之下得以称霸。

⑮不轨:不合法度。

⑯傥:或许。牛鼎之意:《正义佚文》曰:"太史公见邹衍之说怪迂诡辩而合时君,疑衍若伊尹、百里奚先作牛、鼎之意。"

⑰稷下先生:《索隐》曰:"稷下,齐之城门也……谓齐之学士集于稷门之下。"

⑱淳于髡:详见下文。慎到:赵人,战国时思想家。郭嵩焘曰:"《汉书·艺文志》《慎子》四十二篇入之名家,班固谓其先于申、韩,申、韩尝称之。此宜附之《申韩列传》,列之《孟荀传》中义无所取。"环渊:《汉书·艺文志》云:"楚人,老子弟子。"接子、田骈:《正义》曰:"《接子》二篇;《田子》二十五篇,齐人,游稷下,号'天口'。接、田二人,道家。"荀况《非十二子》曰:"尚法而无法,下修而好作,上则取听于上,下则取从于俗,终日言成文典,反纠察之,则倜然无所归宿,不可以经国定分。然而其持之有故,其言之成理,足以欺惑愚众,是慎到、田骈也。"驺奭:齐国阴阳家。

【译文】

因此驺衍在齐国受到重视。他到梁国,梁惠王到郊外去迎接他,实行了主人接待客人的礼节。他又去赵国,平原君侧着身子给他引路,亲自给他掸座席。他到了燕国,燕昭王拿着扫帚清扫道路为他作先导,还请求坐在学生的座位上跟他学习,建造了碣石宫让他居住,亲自到那里去跟他学习。在那里,驺衍写作了《主运》篇。驺衍周游各国时受到这样的尊宠,这和孔子在陈、蔡之间饿得面如菜色,以及孟子在齐国、梁国所受的冷遇,可以同日而语吗? 所以周武王仗着仁义打败了商纣王建立王业,但伯夷还是宁肯饿死也不愿吃周朝的粮食;卫灵公向孔子询问了一下如何打仗布阵,孔子不愿回答;梁惠王谋划攻打赵国,而孟子却故意给梁惠王讲述了周太王为躲避夷狄而自动迁离邠地的事。这些人难道是有意迎合世俗、苟且求合吗? 拿着一个方榫要放到圆槽里去,怎么能放得进去? 有人说:伊尹利用烹饪术去勉励汤,成就了王业;百里奚在车下喂牛，秦穆公靠他成就了霸业，都是先设法求得认可，而后引导国君走上正道。驺衍学说的这种不合常理，是不是就有伊尹负鼎、百里饭牛的用意？

自从驺衍和齐国稷下先生，如淳于髡、慎到、环渊、接子、田骈、驺奭这些人，各自著书立说探讨治乱兴亡的问题，来晋见当世的君主，这样的人越来越多，难道能说得完吗？

淳于髡，齐人也。博闻强记，学无所主。其谏说，慕晏婴之为人也[①]，然而承意观色为务。客有见髡于梁惠王，惠王屏左右[②]，独坐而再见之[③]，终无言也。惠王怪之，以让客曰[④]："子之称淳于先生，管、晏不及[⑤]，及见寡人，寡人未有得也。岂寡人不足为言邪[⑥]？何故哉？"客以谓髡。髡曰："固也。吾前见王，王志在驱逐；后复见王，王志在音声[⑦]：吾是以默然。"客具以报王，王大骇，曰："嗟乎，淳于先生诚圣人也！前淳于先生之来，人有献善马者，寡人未及视，会先生至。后先生之来，人有献讴者[⑧]，未及试，亦会先生来。寡人虽屏人，然私心在彼，有之。"后淳于髡见，壹语连三日三夜无倦。惠王欲以卿相位待之，髡因谢去。于是送以安车驾驷[⑨]，束帛加璧[⑩]，黄金百镒[⑪]。终身不仕[⑫]。

【注释】

①晏婴：春秋时齐国政治家。事迹详见《管晏列传》。

②屏（bǐng）：使退避。

③再见：见了两次。

④让：责备，谴责。

⑤管、晏：指管仲、晏婴。管仲，春秋初齐国政治家。

⑥不足：不值得，不必。

⑦志在音声：凌稚隆曰："此正'承意观色'处。"

⑧讴者：唱歌的人。

⑨安车驾驷：用四匹马拉的可以坐乘的车子。

⑩束帛：帛五匹为束。

⑪镒（yì）：重量单位，一镒等于二十四两，或二十两。

⑫终身不仕：梁玉绳曰："淳于髡岂'终身不仕'者？"沈家本曰："与下文'自如淳于髡以下皆命曰列大夫'相抵牾。"

【译文】

淳于髡是齐国人。他见识多记性好，治学不专注于一家。从他劝说君王的言谈中看，似乎是仰慕晏婴的为人，然而他实际上专以投国君之所好、察言观色为要务。有人把他引见给了梁惠王，梁惠王让身边的人退下，独自坐着两次接见了他，结果他始终一言未发。梁惠王很奇怪，就责备当初引见的那个人说："您称赞淳于髡先生，说连管仲、晏婴都不如他，可是淳于髡见了我，我却什么收获都没有。难道是我不够格和他说话吗？为什么呢？"这个人把梁惠王的话对淳于髡说了。淳于髡说："的确是这样。我第一次见到你们大王时，他正想着骑马奔跑；后来我再次见到他时，他正想着美妙的旋律：所以我就默不作声了。"这个人回去把淳于髡的话全部报告给了梁惠王，梁惠王大吃一惊，说："啊呀！淳于先生真是个圣人啊！头一次他来见我时，有人献给我一匹好马，我还没有来得及去看，正好这时淳于先生来了。第二次淳于先生来时，有人献我一名歌者，我还没有来得及试听，也恰好这时淳于先生来了。那时我虽支开了身边的人，但我心里却在想着那些别的事情，确实有淳于先生说的那些情况。"后来淳于髡再次会见梁惠王，一口气谈了三天三夜毫无倦意。梁惠王想让淳于髡任卿相，淳于髡却推辞离去了。于是梁惠王便送给他一辆很舒适的四匹马拉的车子，丝绸五匹外加玉璧，还有黄金一百镒。淳于髡一辈子没有出来做官。

慎到，赵人。田骈、接子，齐人。环渊，楚人。皆学黄老道德之术[①]，因发明序其指意。故慎到著十二论[②]，环渊著上下篇[③]，而田骈、接子皆有所论焉。

驺奭者，齐诸驺子[④]，亦颇采驺衍之术以纪文。

于是齐王嘉之，自如淳于髡以下，皆命曰列大夫，为开第康庄之衢[⑤]，高门大屋，尊宠之。览天下诸侯宾客[⑥]，言齐能致天下贤士也。

【注释】

①黄老道德之术：即指道家清净无为的治世之术。

②慎到著十二论：《集解》引徐广曰："今《慎子》，刘向所定，有四十一篇。"

③环渊著上下篇：《汉书·艺文志》称其著"《蜎子》十三篇"。

④齐诸驺子：郭嵩焘曰："前言齐有三驺子，驺奭亦其一也。……《汉书·艺文志·驺奭子》十二篇，入之阴阳家，殆亦驺衍'终始'之流。"

⑤开第：创建宅第。康庄之衢：《集解》引《尔雅》曰："四达谓之'衢'，五达谓之'康'，六达谓之'庄'。"

⑥览：展览，展示。

【译文】

慎到是赵国人。田骈、接子是齐国人。环渊是楚国人。他们都学的是黄帝、老子的道德之学，对黄老学说的意旨进行阐述发挥。所以慎到著有《慎子》十二论，环渊著有上下篇，其他如田骈、接子等也都在这方面有著述。

驺奭是齐国驺姓中的一个，较多采用了驺衍的理论来著述文章。

当时齐宣王赞赏这些人，从淳于髡以下，都任命为列大夫，齐宣王还给他们建造住宅,开辟宽阔平坦的大道,高门大屋,尊重、宠信这些人。收揽天下各诸侯国的宾客,说明齐国能招纳天下贤人。

荀卿①,赵人。年五十始来游学于齐。驺衍之术迂大而闳辩;奭也文具难施;淳于髡久与处,时有得善言。故齐人颂曰:"谈天衍,雕龙奭②,炙毂过髡③。"田骈之属皆已死。齐襄王时④,而荀卿最为老师。齐尚修列大夫之缺⑤,而荀卿三为祭酒焉⑥。齐人或谗荀卿,荀卿乃适楚,而春申君以为兰陵令⑦。春申君死而荀卿废⑧,因家兰陵。李斯尝为弟子⑨,已而相秦⑩。荀卿嫉浊世之政,亡国乱君相属⑪,不遂大道而营于巫祝⑫,信禨祥,鄙儒小拘⑬,如庄周等又猾稽乱俗⑭,于是推儒、墨、道德之行事兴坏,序列著数万言而卒⑮。因葬兰陵⑯。

【注释】

①荀卿:《索隐》曰:"名况。'卿'者,时人相尊而号为卿也。仕齐为祭酒,仕楚为兰陵令,后亦谓之'孙卿子'者,避汉宣帝讳改也。"郭嵩焘曰:"'卿'者,荀况之字,《荀子》书中亦有称'卿'者,犹'虞卿''荆卿'然。"

②谈天衍,雕龙奭:《集解》引刘向《别录》曰:"驺衍之所言五德终始,天地广大,尽言天事,故曰'谈天';驺奭修衍之文,饰若雕镂龙文,故曰'雕龙'。"中井曰:"衍之术一味迂阔,荡荡茫茫,如谈天也。'谈天'亦是比喻,非以其书言天事而称也。奭之'雕龙',亦谓其不中用也。太史公既下语曰'迂大',曰'难施',何劳别解。"按,中井说是。

③炙毂过髡:《索隐》引刘向《别录》曰:"'过'字作'輠'。輠,车之

盛膏器也。炙之虽尽,犹有余津,言髡智不尽如炙輠也。”

④齐襄王:前283—前265年在位。事迹详见《田敬仲完世家》《田单列传》。

⑤修:这里指补上,增补。

⑥祭酒:《索隐》曰:“按礼,食必祭先,饮酒亦然,必以席中之尊者一人当祭耳,后因以为官名,故吴王濞为刘氏祭酒是也。而卿三为祭酒者,谓荀卿出入前后三度处列大夫康庄之位,而皆为其所尊,故云三为祭酒也。”

⑦春申君:即黄歇。事迹详见《春申君列传》。兰陵:楚县名,治所在今山东苍山西南。

⑧春申君死:春申君死于考烈王二十五年,前238年。荀卿废:梁玉绳曰:“按《楚策》《韩诗外传》、刘向《荀子序》《风俗通·穷通》篇并言春申君因客之说使人谢荀卿,遂去之赵,为上卿;春申君又因客之说使人请于赵,荀卿谢之以书,后不得已,复为兰陵令。《史》不言其之赵,甚疏。至所谓春申死而荀卿废者,指复为兰陵令时也。”

⑨李斯:秦政治家。原楚人,荀卿弟子。

⑩已而相秦:时在秦始皇统一天下两年后。详见《秦始皇本纪》《李斯列传》。

⑪相属:相连接,相继。

⑫营:迷惑。巫祝:古代称事鬼神者为巫,祭主赞词者为祝;后连用以指掌占卜祭祀的人。

⑬鄙儒:拘执、不达事理的儒生。

⑭庄周:道家学派代表。猾稽:形容能言善辩。乱俗:败坏风俗。

⑮序列著数万言:梁玉绳曰:“《荀子》三十二篇,《汉志》讹为三十三也。”

⑯因葬兰陵:泷川曰:“荀卿之卒,不知何年。《荀子·尧问》篇云:

‘孙卿迫于乱世，鰌于严刑，上无贤主，下遇暴秦。’《盐铁论·毁学》篇云：‘方李斯之相秦也，始皇任之，人臣无二。然荀卿为之不食，睹其罹不测之祸也。’据此，则李斯相秦之时，荀卿尚在。按《史》，斯之相在秦并天下之后，距春申君之死廿四年，距齐襄王之死五十一年。是时荀子犹存，则亦长寿之人也。”

【译文】

荀卿是赵国人。五十岁的时候才到齐国游学。驺衍的学说迂阔夸大而又富于诡辩；驺奭的理论写得完备却难以实行；淳于髡则是与人长久接触之后，有时能让人听到几句精彩的话。所以齐国人说他们是：“谈天说地的是驺衍，修饰文章像雕镂花纹的是驺奭，智慧无穷如润车膏的是淳于髡。”当时田骈等人都已经死了。在齐襄王时期，荀卿在齐国是年龄最大的学者。齐国仍然还在补充列大夫的空缺，荀卿已先后三次在齐国做过祭酒。后来齐国有人向齐襄王说荀卿的坏话，荀卿就到楚国去了，春申君任命荀卿为兰陵县令。春申君死后，荀卿被免职，但他从此也就在兰陵安家了。李斯曾经是他的学生，后来做了秦朝的丞相。荀卿痛恨当时黑暗腐败的政治，厌恶那些接连不断出现的使国家灭亡的昏君，他们不行圣人之道，而被巫祝迷信活动迷惑，相信吉凶征兆，浅陋的书生拘泥于小节，如庄周之流更是以能言善辩而败坏风俗，于是他就总结评论了儒、墨、道三家理论与实践的成败得失，编著了几万字的著作以后就去世了。死后就葬在了兰陵。

而赵亦有公孙龙为坚白同异之辩①，剧子之言②；魏有李悝③，尽地力之教；楚有尸子、长卢④；阿之吁子焉⑤。自如孟子至于吁子，世多有其书，故不论其传云。盖墨翟⑥，宋之大夫，善守御，为节用。或曰并孔子时⑦，或曰在其后⑧。

【注释】

①公孙龙：战国名家代表人物，《汉书·艺文志》载有《公孙龙子》十六篇。坚白同异之辩：泷川曰："'坚白'，盖'坚石白马'之说也。'同异'，以'同'为'异'，以'异'为'同'也。今本《公孙龙子》有《迹府》《白马》《指物》《通变》《坚白》《名实》六篇。《白马》篇云：'白马非马，可乎？'曰：'可。''何哉？'曰：'马者，所以命形也；白者，所以命色也，命色者非命形也。'《坚白》篇云：'坚白石三，可乎？'曰：'不可。''二可乎？'曰：'可。谓目视石，但见白，不知其坚，则谓之白石；手触石，则知其坚，而不知其白，谓之坚石。坚白终不可合为一也。'"

②剧子之言：应劭认为应作"处子"。郭嵩焘曰："《庄子·天下》篇：'以坚白异同之辨相訾，以奇偶不仵之辞相应，以巨子为圣人。'向秀云：'墨家谓其道理成者为巨子，犹儒家之言硕儒。'此云'剧子'，即'巨子'。"依郭氏说，此"巨子之言"即称道公孙龙，文气较顺。

③李悝（kuī）：魏文侯时任为相国，实现富国强兵。

④尸子：《集解》引刘向《别录》曰："按《尸子》书，晋人也，名佼，秦相卫鞅客也。卫鞅商君谋事画计，立法理民，未尝不与佼规之也。商君被刑，佼恐并诛，乃亡逃入蜀，自为造此二十篇书，凡六万余言。卒，因葬蜀。"长卢：其人不详，《汉书·艺文志》道家类载有《长卢子》九篇。

⑤阿之吁子：泷川曰："'阿'上疑脱'齐有'二字，其书今佚。"阿，地名，在今山东东阿。吁子，《汉书·艺文志》儒家类载有《吁子》十八篇，"名婴，齐人，七十子之后"。《索隐》："《别录》作'芈子'。"

⑥盖墨翟（dí）：梁玉绳引王孝廉曰："'盖'字疑，或上有脱文，或是'若'字之误。"墨翟，战国墨家学派的创始者，主张兼爱非攻等，

现存《墨子》五十三篇。

⑦并孔子时：跟孔子是同时代人。

⑧或曰在其后：孙诒让曰："以今五十三篇之书推校之，墨子前及与公输般、鲁阳文子相问答，而后及见齐太公和，与齐康公兴乐，楚吴起之死，上距孔子之卒几及百年，则墨子之后孔子，盖信。审核前后约略计之，墨子当与子思并时，而生年尚在其后，当生于周定王之初年，而卒于安王之季，盖八九十岁，亦寿考矣。其仕宋，盖当昭公之世。"

【译文】

当时赵国有个公孙龙开展了"坚白相离""白马非马"的辩论，此外还有剧子的著述；魏国有个李悝，他提出了鼓励耕作以尽地力的主张；楚国有尸子、长卢；齐国的东阿有个吁子。从孟子到吁子，社会上广泛流传他们的著作，所以不论述这些论著的内容了。墨翟是宋国大夫，善于守城御敌，主张节俭用度。有人说他与孔子同时，也有人说他在孔子之后。

【集评】

凌约言曰："太史公略叙孟子游说不遇，退而著书，即开说当时余子之纷纷，然后结以荀卿之尊孔子、明王道，及其名传，独以孟荀，而余子不与焉。其布置之高，旨意之深，文词之洁，卓乎不可尚矣。"（《史记评林》引）

李景星曰："战国之时诸子争鸣，而学术最纯者唯孟子，其次则荀子，故太史公此传即以'孟荀'为题。文法以拉杂胜，与《伯夷列传》略同，但彼以虚写，此以实衬；又与《仲尼弟子列传》略同，但彼用正锋，此用奇笔。……其于诸子之中，独推'孟、荀'；其于'孟、荀'之中，又归重孟子。"（《史记评议》）

黄震曰："太史公之传孟子，首举'不言利'之对，叹息以先之，然后为之传。而传自'受业子思'之外复无他语，唯详述一时富国强兵之流，与驺衍迂怪不可究诘以取重当世之说，形孟子之守道不变，与仲尼菜色陈、蔡者同科。奇哉迁之文，卓哉迁之识与！盖传申、韩于老、庄之后者，所以讥老、庄；而传淳于髡诸子于孟、荀之间者，所以表孟、荀也。荀卿年五十始自赵学于齐，三为齐祭酒，后为楚兰陵令。春申君死而卿废，卒死于兰陵，葬焉。嫉世之浊，而鄙儒小拘如庄周等。又滑稽乱俗，于是著书数万言，此亦能守道不变者。故太史公进之与孟子等。”(《黄氏日钞》)

【评论】

本篇是继《老子韩非列传》之后的又一篇思想家类传。《老子韩非列传》写的是老子、庄子、申不害、韩非等，实际上是把道家、法家看作同源思想；本篇则是以儒家的孟子、荀子统领全篇，旨在强调儒家思想的尊崇地位。正如黄震所说：“传淳于髡诸子于孟、荀之间者，所以长孟、荀也。”

本篇以孟子、荀子标名，篇首论赞也特别提出孟子的反对言利，感慨尤深，但是篇中写孟子不过一百四十余字，写荀子不到二百字，而写驺衍、淳于髡的篇幅则长得多，这一方面说明了司马迁崇敬先秦儒学，能从芸芸诸子中特别甄拔出孟子、荀子，独具慧眼；另一方面也说明了孟子、荀子在当时的地位还远远不像宋代以后被人们所称扬的那样高。

现在说儒家，总是孔、孟并提，孟子还被称为“亚圣”，但是在孟子生前与其去世后的几十年间，他的影响不大，几乎无人提及；在战国末期，荀子在他的《非十二子》中提到了孟子，却是认为他歪曲了孔子思想，是儒学罪人，将他与魏牟、田骈、墨翟等一道视作必须彻底“息灭”的十二种声音之一；自秦朝建立至武帝尊儒的百余年间，又没人再提孟子了。在这样的情况下，司马迁孤心独运地甄拔出孟子，并为之立传，这实在可以说得上是石破天惊。司马迁之后，能再次赞颂孟子、并以自比孟子为荣的是扬雄。他在《法言·渊骞》中盛称孟轲之勇，说孟轲“勇于义而果于德，不以贫富贵贱死生动其心”；在《法言·吾子》中说：“古者杨、墨塞路，孟子辞而辟之，廓如也。后之塞路者有矣，窃自比于孟子。”这种高度的评价比司马迁又前进了一步。但由于扬雄自身被争议，《法言》流传也不广，而且不久王充在《论衡》中又抓住《孟子》一书中孟子言行不一、前后矛盾、答非所问、阴阳两面、无理狡辩的地方，逐一进行揭露和驳斥，孟子于是又再度归于沉寂。孟子的第三次被中国社会所重视，并逐渐确定了其不可动摇的地位，归功于唐代的韩愈，与宋代的王安石与朱熹。随着封建统治者的尊儒与《孟子》一书被钦定为科举考试的读本，孟子于是终于走上了“圣坛”。可以说，司马迁的《孟子荀卿列传》是第一次郑重地把孟子从先秦诸子百家中甄选出来，为之立传，使他具有了与孔子、老子同等的地位。所以赵恒就说：“其时稷下诸儒犹多，而推尊孟子，使后人以孔、孟并称者，自太史公始。”（《史记评林》引）从被世人咒骂的政治家中甄拔出商鞅，从历来无人提起而被贾谊偶尔说出的故事中甄拔出屈原，再加上孟子，这都是司马迁的重大发现，对中国文化的传承具有重大影响。

司马迁对于孟子不言利的思想尤其重视。本篇开篇论赞就对此大发感慨，在《魏世家》中也特别写了孟子对魏惠王阐述“不可以言利”的一段议论。司马迁何以对这个问题如此重视？一部分原因是当时汉武帝好大喜功导致国用入不敷出，社会上兴起了“好利”“言利”的风气，从而带来了一系列的社会混乱；对于本篇而言，这种“好利”使得学术思想也受到了污染，能给统治者带来“利”的思想备受追捧，相反不能带来“利”的则受到冷落。研究学术的人都盯着“利”，学术思想也渐渐变成了追名逐利的工具，甚至被改造得变了质，这才是司马迁为之深深担忧与喟叹的。

司马迁尊崇孔子，重视孟子，最敬佩、受影响最深的应该是荀子。可以说经受实践检验，获得最大成功的思想家是荀子。荀子继承吸纳了儒家学派的许多理论，同时吸收了道家、法家许多合理的东西，其儒、道、法诸家综合的理论是战国后期最贴近社会实际的。可惜他的理论被他的两个学生李斯与韩非发展得过了头，以至于连荀子也无法阻止、纠正。荀况在秦昭王时代到过秦国，他亲眼看到了秦国政治的巨大成功，也明确地指出了秦国当时存在的一些不足之处。他在《荀子·强国》篇里赞扬秦国的山川形胜，秦国的百姓、官吏、士大夫乃至朝廷都得到了很好的治理，所以秦国能够强大是理所应当的；但荀子同时也指出因为秦忽视了儒家教化的作用，秦还是达不到王道、成不了王者。当秦王朝被推翻后，从陆贾、叔孙通、贾谊、张释之到刘安、董仲舒、司马迁，哪一个不是顺着荀子的思路来总结秦王朝的历史经验呢？只不过是越说越分明、越完备罢了。

再看看《史记》中的许多篇章，司马迁重视儒家的仁义说教，但更注意对军事家天才的描写，尤其在《律书序》中说："兵者，圣人所以讨强暴，平乱世，夷险阻，救危殆。自含齿戴角之兽见犯则校，而况于人怀好恶喜怒之气？喜则爱心生，怒则毒螫加，情性之理也。……岂与世儒暗于大较，不权轻重，猥云德化，不当用兵，大至君辱失守，小乃侵犯削弱，遂执不移等哉！故教笞不可废于家，刑罚不可捐于国，诛伐不可偃于天下，用之有巧拙，行之有逆顺耳。"这与孔子的"去兵、去食、存信"差距很大，但与荀子思想很相近。司马迁最敬佩的政治家是管仲、子产，他们都是重视发展经济、重视工商业、重视法律建设的，我们读读《史记》中的《平准书》《货殖列传》，看看司马迁的思想是更接近于孔子，还是更接近于荀子呢？重要的不是看宣言，而是看其具体的实践。

本篇关于邹衍的记述是最长的，以孟子、荀子名篇却用这么大篇幅写邹衍，多少有点显得喧宾夺主。邹衍是阴阳五行家的代表。他的"九州"说的确比中国古人所讲的"天圆地方"，中国"四面环海"，故称天下为"四海"等更有气魄、胸襟更开阔，也更符合后来的科学实际。但秦汉时代的中国古人却并没有发展邹衍的这一学说，而是荒谬地将他所编造的"天人感应"与"阴阳五行"结合了起来，到汉武帝时代的董仲舒乃可谓集其大成。司马迁讽刺邹衍迎合世俗，缺乏学术气节，再考虑篇首他对于“好利”致乱，孔子“罕言利”的一番感叹，可见他是对以董仲舒为首的儒家分子是不满的，责备他们的追求利禄已不是孔孟的儒学思想了。而对于邹衍，他所说的“其言虽不轨，傥亦有牛、鼎之意乎”，大概是一种调侃了。

史记卷七十五

孟尝君列传第十五

【释名】

孟尝君田文，是齐国宗室大臣田婴的庶子，袭封薛地，称薛公，号孟尝君。他以善养士而著称，与同以养士出名的赵国的平原君、楚国的春申君、魏国的信陵君合称“战国四公子”，而他是四人中出世最早的。本篇即以“好客喜士”为中心，记述了孟尝君的生平事迹。

全篇分五部分。第一部分写孟尝君之父田婴的事迹。第二部分写孟尝君少年不凡，通过自己的见识与才干获得认可，继其父为有土封君。第三部分写孟尝君招致宾客数千人而善养之，以及宾客为他效劳。重点记载了苏代劝他不要入秦及“鸡鸣”“狗盗”之客助其逃出秦国之事。第四部分写孟尝君为齐相，后被罢免，以及为魏相时期的事迹。重点记述了孟尝君听苏代之说放弃攻秦救楚怀王；被诬作乱，受恩贤者自刭为其辩白；听苏代之言，作书召秦相魏冉攻齐；齐湣王欲去孟尝君，孟尝君至魏为魏相，联合诸侯攻破齐国；后孟尝君复与齐和，死后诸子争立，薛邑被齐、魏所灭，孟尝君绝嗣。第五部分，补叙了冯驩客孟尝君的故事。篇末论赞，写孟尝君养客使薛地民风桀骜任侠，对其略有嘲讽。

孟尝君名文[①]，姓田氏。文之父曰靖郭君田婴[②]。田婴者，齐威王少子而齐宣王庶弟也[③]。田婴自威王时任职用事[④],与成侯邹忌及田忌将而救韩伐魏[⑤]。成侯与田忌争宠,成侯卖田忌[⑥]。田忌惧,袭齐之边邑,不胜,亡走[⑦]。会威王卒,宣王立[⑧],知成侯卖田忌,乃复召田忌以为将。宣王二年[⑨],田忌与孙膑、田婴俱伐魏[⑩],败之马陵[⑪],虏魏太子申而杀魏将庞涓[⑫]。宣王七年[⑬],田婴使于韩、魏,韩、魏服于齐。婴与韩昭侯、魏惠王会齐宣王东阿南[⑭],盟而去。明年,复与梁惠王会甄[⑮]。是岁,梁惠王卒[⑯]。宣王九年[⑰],田婴相齐。齐宣王与魏襄王会徐州而相王也[⑱]。楚威王闻之[⑲],怒田婴[⑳]。明年[㉑],楚伐败齐师于徐州,而使人逐田婴。田婴使张丑说楚威王[㉒],威王乃止。田婴相齐十一年,宣王卒,湣王即位[㉓]。即位三年,而封田婴于薛[㉔]。

【注释】

①孟尝君:中井曰:"'孟尝'盖封邑之名,其地不获者,记载不传耳。"

②靖郭君:田婴的封号名。

③齐威王:田姓,名因齐,前356—前320年在位。齐宣王:名辟彊,威王之子,前319—前301年在位。庶弟:《索隐》曰:"《战国策》及诸书并无此言,盖诸田之别子也,故《战国策》每称'婴子''盼子'。高诱注云:'田盼,田婴也。'王劭又按,《战国策》云:'齐貌辩谓齐宣王曰:王方为太子时,辩谓靖郭君不若废太子更立郊师,靖郭君不忍。宣王太息曰:寡人少,殊不知。'以此言之,婴非宣王弟明也。"

④用事:掌权,当权。

⑤成侯邹忌:齐相,封成侯。田忌:齐国将领。救韩伐魏:梁玉绳曰:"此指齐威王二十六年桂陵之役,是救赵,非救韩也。且成侯不与

田忌同将,《田完世家》甚明,当是田婴与田忌将而救赵伐魏耳,此误。”详见《孙子吴起列传》。

⑥成侯卖田忌:详见《战国策·齐策一》《田敬仲完世家》。卖,此指诬陷,陷害。

⑦田忌惧,袭齐之边邑,不胜,亡走:按,《田敬仲完世家》记载为:“田忌闻之,因率其徒袭攻临淄,求成侯,不胜而奔。”《战国策》只记“田忌遂走”,梁玉绳曰:“田忌之亡在宣王二年,不在威王时,亦无‘袭齐’‘复召’之事。”

⑧威王卒,宣王立:按,据此处与《六国年表》,司马迁认为“威王卒,宣王立”时在周显王二十六年(前343),《竹书纪年》系于周慎靓王元年(前320)。

⑨宣王二年:应作威王十六年,即魏惠王二十九年,前341年。

⑩孙膑:齐国军事家。事迹详见《孙子吴起列传》。

⑪马陵:古地名,其地望说法不一。

⑫庞涓:魏国将领。按,马陵之战详见《孙子吴起列传》。

⑬宣王七年:应作威王二十一年,亦即韩昭侯二十七年,魏惠王三十四年,前336年。

⑭韩昭侯:前362—前333年在位。魏惠王:前369—前319在位。东阿:梁玉绳曰:“按《表》及《魏》与《田完世家》,‘会平阿南’,非‘东阿’也。《索隐》引《纪年》亦作‘平阿’。”按,参与平阿之会的是魏惠王和齐宣王,没有韩昭侯。平阿在今安徽怀远。

⑮甄:通“鄄(juàn)”,地名,在今山东鄄城北。

⑯梁惠王卒:应作“梁惠王改元”。明年为惠王“后元元年”。

⑰宣王九年:应作威王二十三年,前334年。

⑱齐宣王:应作“齐威王”。魏襄王:应作“魏惠王”。徐(shū)州:也作“舒州”,春秋战国时齐地,在今山东滕州东南。相王:互称王。

⑲楚威王:名商,宣王之子,前339—前329年在位。

⑳怒田婴:《楚世家》记载为:"齐孟尝君父田婴欺楚,楚威王伐齐,败之徐州。"《集解》引徐广曰:"时楚已灭越而伐齐也,齐说越,令攻楚,故云'齐欺楚'。"梁玉绳曰:"此语不可解,将谓闻田婴'相齐'而怒乎?抑闻'相王'而怒乎?考是时,齐说越令攻楚,故威王怒而伐齐。《楚世家》所云'齐欺楚'也,则不必专怒婴子。又《齐策》载有'齐将封婴于薛,楚怀王闻之大怒,将伐齐,公孙闬说之而罢',乃后此十四年事,则不得称'威王怒'。"

㉑明年:齐威王二十四年,楚威王七年,前333年。

㉒田婴使张丑说楚威王:详见《楚世家》。

㉓宣王卒,湣王即位:《索隐》曰:"《纪年》以为梁惠王后元十三年四月,齐威王封田婴于薛。十月齐城薛;十四年,薛子婴来朝;十五年,齐威王薨,婴初封彭城。'皆与此文异也。"按,据《六国年表》,"宣王卒,湣王立"的年份是周显王四十五年(前324);据《竹书纪年》,周显王四十五年为齐威王三十三年,魏惠王后元十一年。

㉔薛:在今山东滕州东南薛城。

【译文】

孟尝君姓田名文。田文的父亲是靖郭君田婴。田婴是齐威王的小儿子、齐宣王的异母弟弟。田婴从齐威王时就任职当权,曾与成侯邹忌以及田忌带兵去救援韩国攻伐魏国。后来邹忌与田忌争宠,邹忌陷害田忌。田忌很害怕,就偷袭齐国边境的城邑,没拿下,便逃跑了。恰好齐威王去世,齐宣王立为国君,齐宣王知道是邹忌陷害田忌,就又召回田忌并让他做了将领。齐宣王二年,田忌和孙膑、田婴一起攻打魏国,在马陵打败魏军,俘虏了魏国的太子申,杀死了魏国的将领庞涓。齐宣王七年,田婴出使了韩国和魏国,使得韩国和魏国归服于齐国。田婴陪同韩昭侯和魏惠王到齐国东阿的南面会见齐宣王,三国结盟缔约后便离开了。第二年,齐宣王又与梁惠王在齐国甄地盟会。这一年,梁惠王改元。齐宣王九年，田婴做了齐国的国相。同年，齐宣王和魏惠王在徐州会见，互相承认对方称王。楚威王听到这个消息，责怪田婴。第二年，楚国进攻齐国，在徐州战败了齐国军队，便派人追捕田婴。直到田婴请张丑去劝说楚威王，楚威王才作罢。田婴担任齐国国相十一年，齐宣王去世，齐湣王继承了王位。齐湣王即位三年，赐封田婴于薛邑。

初，田婴有子四十余人，其贱妾有子名文，文以五月五日生。婴告其母曰："勿举也。"其母窃举生之[①]。及长，其母因兄弟而见其子文于田婴[②]。田婴怒其母曰："吾令若去此子[③]，而敢生之[④]，何也？"文顿首，因曰："君所以不举五月子者，何故？"婴曰："五月子者，长与户齐，将不利其父母[⑤]。"文曰："人生受命于天乎？将受命于户邪[⑥]？"婴默然。文曰："必受命于天，君何忧焉。必受命于户，则可高其户耳，谁能至者[⑦]！"婴曰："子休矣。"

【注释】

①"婴告其母曰"几句：《索隐》："上'举'谓初诞而举之，下'举'谓浴而乳之。生谓长养之也。"

②因兄弟：郭嵩焘曰："与其诸母兄弟四十余人同谒见也。"

③若：你。

④而：你。

⑤长与户齐，将不利其父母：《索隐》引《风俗通》曰："俗说五月五日生子，男害父，女害母。"

⑥将：或，抑。

⑦"必受命于天"几句：姚苎田曰："《战国策》载薛公田文语数篇，真得纵横之精者。乃知孟尝之机锋铦利，自幼已然。"

【译文】

那时,田婴一共有四十多个儿子,他的小妾生了田文,田文是五月五日出生的。田婴告诉田文的母亲说:"不要养活他。"母亲还是偷偷把田文养活了。等他长大后,母亲便通过他的兄弟把他引见给田婴。田婴见了这个孩子,愤怒地对他的母亲说:"我让你把这个孩子扔了,你竟敢把他养活了,这是为什么?"田文叩头,接着说:"您为什么不让养活五月出生的孩子呢?"田婴说:"五月里出生的孩子,长到像门户那么高时,会不利于他的父母。"田文对田婴说:"一个人的命运是由上天来决定呢,还是由门户决定呢?"田婴沉默。田文又说:"如果由上天来决定,那您还忧虑什么呢?如果由门户决定,那么我们完全可以把门户修得高高的,谁还能长得和门户一样高呢!"田婴道:"你不要说了。"

久之,文承间问其父婴曰①:"子之子为何?"曰:"为孙。""孙之孙为何?"曰:"为玄孙。""玄孙之孙为何?"曰:"不能知也。"文曰:"君用事相齐,至今三王矣②,齐不加广而君私家富累万金,门下不见一贤者。文闻将门必有将,相门必有相。今君后宫蹈绮縠而士不得裋褐③,仆妾余粱肉而士不厌糟糠④。今君又尚厚积余藏⑤,欲以遗所不知何人⑥,而忘公家之事日损⑦,文窃怪之。"于是婴乃礼文,使主家待宾客。宾客日进,名声闻于诸侯。诸侯皆使人请薛公田婴以文为太子⑧,婴许之。婴卒,谥为靖郭君⑨。而文果代立于薛,是为孟尝君。

【注释】

①承间:趁机会。

②三王:指齐威王、宣王、湣王。

③蹈绮縠（qǐ hú）：指穿绫罗绸缎。绮縠，有花纹的丝织品和有绉纹的纱。裋褐（shù hè）：粗陋布衣。王骏图曰："言士之贫，虽求短小粗布之衣亦不可得也。"

④不厌糟糠：连糟糠都吃不饱。厌，吃饱，饱足。糟糠，酒滓、谷皮等粗劣食物，贫者以之充饥。

⑤尚：喜欢，爱好。

⑥欲以遗所不知何人：泷川曰："承上文'不能知'。"锺惺曰："透悟之言，唤醒一世贪痴。此达生学问，不独通于'好客'而已。"

⑦而忘公家之事日损：凌稚隆引王鏊曰："此论似闻道者。"陈仁锡曰："本传唯此二段议论可喜，至于叛齐、伐齐，人道绝矣，好客何益？"姚苎田曰："人当萧寂之时，偏多道眼；一入繁华之会，顿适迷途。今观文之说父，以为厚积余藏所遗不知何人，可谓明矣；然当三窟计成，封殖无厌，听雍门之歌而涕泗横流者，又何其戚也？夫患常生于多欲，而感每切于穷时，文之相齐，盖亦忘公家之事，而便其身图者也。"

⑧太子：周时天子及诸侯之嫡长子，或称太子，或称世子。这里指继承人。

⑨谥为靖郭君：《索隐》曰："'靖郭'或封邑号，故汉齐王舅父驷钧封'靖郭侯'是也。"崔适曰："谥，犹号也，'谥为靖郭君''谥为孟尝君'，犹'号为刚成君''号为马服君'之比。"

【译文】

过了很长时间，田文找了个机会问他的父亲："儿子的儿子叫什么？"田婴说："叫孙子。"田文又问："孙子的孙子叫什么？"田婴说："叫玄孙。"田文又问："玄孙的孙子叫什么？"田婴说："那就不知道了。"田文说："您执掌大权担任齐国国相，到如今已经历三代君王了，可是齐国的领土没有增广，您自己家却积贮了万金财富，门下也看不到一位贤能之士。我听说：将门出将，相门出相。现在您的妻妾使女穿的都是锦绣绸纱，可是士人连个粗布短衣也穿不上；您的佣仆们都有吃不完的好饭好菜，可是士人却连糟糠也吃不饱。现在您还在多积蓄，多储藏，想要把财富留给不知道的什么人，而忘掉了国家的局势一天不如一天，我私下里感到奇怪。”从此田婴开始看重田文了，叫他主持家事，接待宾客。宾客们到田婴家来的也一天天增多，田文的名声传扬到了各个诸侯国。各诸侯国都派人来请求田婴立田文为太子，田婴答应下来。田婴去世后，追谥靖郭君。田文果然在薛邑继承了田婴的爵位，这就是孟尝君。

孟尝君在薛，招致诸侯宾客及亡人有罪者[①]，皆归孟尝君。孟尝君舍业厚遇之[②]，以故倾天下之士[③]。食客数千人，无贵贱一与文等[④]。孟尝君待客坐语，而屏风后常有侍史[⑤]，主记君所与客语，问亲戚居处。客去，孟尝君已使使存问[⑥]，献遗其亲戚[⑦]。孟尝君曾待客夜食，有一人蔽火光[⑧]。客怒，以饭不等，辍食辞去[⑨]。孟尝君起，自持其饭比之。客惭，自刭。士以此多归孟尝君。孟尝君客无所择，皆善遇之。人人各自以为孟尝君亲已。

【注释】

①亡人：逃亡者，流亡者。

②舍业厚遇之：《索隐》曰：“舍弃其家产业，而厚事宾客也。”

③倾：使归服。

④无贵贱一与文等：王念孙曰：“‘之’字指食客言，非指孟尝君言。上文曰‘文果代立于薛，是为孟尝君’，自此以下则皆称‘孟尝君’，而不称文。此句独称‘文’，则与上下文不合。”陈子龙曰：“观冯谖有幸代舍之迁，则孟尝君之待客本不等，何得云‘无贵贱’？”郭嵩焘曰：“其初欲以取士声势倾天下，一意罗致而已，当

委心以结纳之，不能有厚薄也；其后士归者日众，不能不量其才力为轻重，而其接待之等不能不示区分，此又势之所趋然也，其情事两不相妨。”

⑤侍史：办理文书的侍从人员。

⑥存问：慰问，问候。

⑦献遗（wèi）：赠送。

⑧蔽：背着，躲着。

⑨辍（chuò）：中途停止，中断。

【译文】

孟尝君在薛邑的时候，招揽各诸侯国的宾客以及有罪逃亡的人，很多人归附了孟尝君。孟尝君宁肯舍弃家业也给他们丰厚的待遇，因此使天下的贤士无不倾心向往。食客有几千人，待遇不分贵贱一律和孟尝君相等。孟尝君每当接待宾客谈话时，总是在屏风后安排侍史，让他主要负责记录自己与宾客的谈话内容，记载宾客亲戚的住处。宾客刚刚离开，孟尝君就已派使者到宾客亲戚家里抚慰问候，献上礼物。有一次，孟尝君在夜间招待客人吃饭，其中有一个人挡住了烛光。客人生气了，以为吃的东西不一样，于是放下碗，要告辞而去。孟尝君站起来，端着自己的饭食与他的相比。那个宾客惭愧得无地自容，就以刎颈自杀表示谢罪。从此很多士人来投靠孟尝君。而孟尝君则不加选择，对他们全都好好接待。每个宾客都认为孟尝君对自己很亲近。

秦昭王闻其贤[①]，乃先使泾阳君为质于齐[②]，以求见孟尝君。孟尝君将入秦，宾客莫欲其行，谏，不听。苏代谓曰：“今旦代从外来，见木禺人与土禺人相与语[③]。木禺人曰：‘天雨，子将败矣。’土禺人曰：‘我生于土，败则归土。今天雨，流子而行，未知所止息也。’今秦，虎狼之国也，而君欲往，如有不得还，君得无为土禺人所笑乎[④]？”孟尝君乃止。

【注释】

①秦昭王：前306—前251年在位。

②泾阳君：名市（fú），秦昭王同母弟。

③木禺：木刻的人像。土禺：泥塑的人像。

④得无为土禺人所笑乎：王骏图曰：“苏代设譬以喻孟尝君，言在齐则得守本土，入秦则不知漂泊何所。”得无，能不，难道不是。

【译文】

秦昭王听说孟尝君贤能，就先派泾阳君到齐国做人质，要求会见孟尝君。孟尝君打算前往秦国，那些宾客都不想让他去，大家纷纷劝阻，孟尝君执意要去。苏代对他说：“今天早上我从外面来，看到了一个木偶和一个泥偶在那里说话。木偶对泥偶说：‘天快下雨了，天一下雨你就得坍掉。’泥偶对木偶说：‘我是由泥土生成的，即使坍毁，也是归回到泥土里。现在天一下雨，雨水就要把你冲走，不知道要被冲到哪里去。’如今的秦国，像虎狼一样凶狠，您想要前往，万一回不来，那还不落个被泥偶讥笑的下场吗？”孟尝君于是没有去。

齐湣王二十五年[①]，复卒使孟尝君入秦，昭王即以孟尝君为秦相。人或说秦昭王曰：“孟尝君贤，而又齐族也[②]，今相秦，必先齐而后秦，秦其危矣。”于是秦昭王乃止。囚孟尝君，谋欲杀之。孟尝君使人抵昭王幸姬求解[③]。幸姬曰：“妾愿得君狐白裘。”此时孟尝君有一狐白裘，直千金[④]，天下无双，入秦献之昭王，更无他裘。孟尝君患之，遍问客，莫能对。最下坐有能为狗盗者，曰：“臣能得狐白裘。”乃夜为狗，以入秦宫臧中[⑤]，取所献狐白裘至，以献秦王幸姬。幸姬为言昭王，昭王释孟尝君。孟尝君得出，即驰去，更封传[⑥]，变名姓以出关。夜半至函谷关。秦昭王后悔出孟尝君，求之已去，即使人驰传逐之[⑦]。孟尝君至关，关法鸡鸣而出客，孟尝君恐追至，客之居下坐者有能为鸡鸣，而鸡齐鸣，遂发传出[⑧]。出如食顷，秦追果至关，已后孟尝君出，乃还。始孟尝君列此二人于宾客，宾客尽羞之，及孟尝君有秦难，卒此二人拔之。自是之后，客皆服。

【注释】

①齐湣王二十五年：应作“齐湣王二年”，即秦昭王八年，前299年。

②齐族：齐国国王的宗族。

③求解：请求解救。

④直：值。

⑤官臧：帝王官中的仓库。

⑥更：换。封传（zhuàn）：古时官府所发的出境及乘坐传车投宿驿站的凭证。传，凭证。古以木为之，书符信于上。

⑦驰传（zhuàn）：驾驭驿站车马疾行。

⑧发传：谓以准许通行的符信示之。

【译文】

齐湣王二十五年，齐国还是派孟尝君去了秦国，秦昭王即让孟尝君担任秦国国相。有人劝说秦昭王道：“孟尝君的确贤能，可他是齐王的同宗，现在让他任秦国国相，谋划事情必定是先替齐国打算，之后才考虑秦国，秦国可要危险了。”秦昭王就作罢了。把孟尝君拘禁起来，准备杀掉他。孟尝君派人去见秦昭王的宠妾请求解救。这个宠姬说：“我希望得到孟尝君的白狐皮袍子。”当时孟尝君有一件白狐皮袍子，价值千金，天下无双，到秦国后就送给了秦昭王，现在已经没有了。孟尝君很是发愁，问遍了身边的宾客，没有谁能想出对策。这时坐在末位的会偷鸡摸狗的宾客说："我能弄到白狐皮袍子。"于是他在夜间像狗一样潜入秦国宫中的仓库，偷回了孟尝君送给秦昭王的那件袍子，让孟尝君又奉送给了秦昭王的宠姬。这样，宠姬在秦昭王面前替孟尝君说情，秦昭王释放了孟尝君。孟尝君获释后，立即乘快车逃离，更换了出境证件，改了姓名准备混出关去。半夜时他们来到了函谷关。秦昭王后悔放了孟尝君，去找他，发现孟尝君已经走了，立即派人坐着驿车去追。孟尝君一行到了函谷关，按照关法规定，鸡叫时才能放来往的客人通行，孟尝君害怕追兵赶到，万分着急，有个位居末座的宾客会模仿鸡叫，他一叫，鸡都跟着叫了起来，于是拿着通行证出了关。出关后大约一顿饭的工夫，追赶的人果然追到了关下，但是已经太晚了，只好回去了。当初孟尝君收留这两个鸡鸣狗盗的客人时，其他宾客都感到羞耻，等孟尝君在秦国遭到劫难，最终靠着这两个人解救了他。自此以后，宾客们都佩服孟尝君广招宾客不分人等的做法。

孟尝君过赵，赵平原君客之①。赵人闻孟尝君贤，出观之，皆笑曰："始以薛公为魁然也②，今视之，乃眇小丈夫耳③。"孟尝君闻之，怒。客与俱者下，斫击杀数百人，遂灭一县以去④。

【注释】

①平原君：赵胜，赵武灵王之子，惠文王之弟。事迹详见《平原君列传》。

②薛公：田婴死后，田文袭封于薛，故以此相称。魁然：魁梧貌。

③眇小：指形貌矮小瘦弱。

④灭一县以去：凌稚隆引徐中行曰："晏婴长不满六尺，而身相齐国，

名扬诸侯，则‘眇小’奚足以丑薛公？而薛公奚以怒‘眇小丈夫’之诮也？一言之失，即灭一县之人，民何惨哉！其后齐、魏灭薛，孟尝绝嗣无后，有以也。”梁玉绳引邵泰衢曰：“孟尝声闻诸侯，倾天下士，‘眇小’一语，何至杀人灭县乎？即曰客也，文独不禁之乎？”

【译文】

孟尝君路过赵国时，赵国平原君以贵宾相待。赵国人听说孟尝君贤能，都出来围观想一睹风采，见了后便嘲笑说：“原来以为孟尝君是个魁梧的大丈夫，如今看到他，竟是个瘦瘦小小的男子罢了。”孟尝君一听，发火了。跟他同行的宾客、侍从下车乱杀乱砍，杀了几百人，消灭了一个县的人才离开。

齐湣王不自得[①]，以其遣孟尝君。孟尝君至，则以为齐相[②]，任政。孟尝君怨秦，将以齐为韩、魏攻楚，因与韩、魏攻秦，而借兵食于西周[③]。苏代为西周谓曰[④]：“君以齐为韩、魏攻楚九年[⑤]，取宛、叶以北以强韩、魏[⑥]，今复攻秦以益之。韩、魏南无楚忧，西无秦患，则齐危矣。韩、魏必轻齐畏秦，臣为君危之。君不如令敝邑深合于秦，而君无攻，又无借兵食。君临函谷而无攻，令敝邑以君之情谓秦昭王曰：‘薛公必不破秦以强韩、魏。其攻秦也，欲王之令楚王割东国以与齐[⑦]，而秦出楚怀王以为和[⑧]。’君令敝邑以此惠秦，秦得无破而以东国自免也，秦必欲之。楚王得出，必德齐。齐得东国益强，而薛世世无患矣。秦不大弱，而处三晋之西[⑨]，三晋必重齐[⑩]。”薛公曰：“善。”因令韩、魏贺秦[⑪]，使三国无攻，而不借兵食于西周矣。是时，楚怀王入秦，秦留之，故欲必出之。秦不果出楚怀王[⑫]。

【注释】

①自得:自己感到得意或舒适。

②孟尝君至,则以为齐相:按,孟尝君于齐湣王三年(前298)任齐相。

③西周:战国时诸侯国名。周考王十五年(前426)河南惠公自封其少子班于巩(今河南巩义)以奉王,号东国,自号西周。显王二年(前367)赵与韩分周为二,于是东、西周各为列国。

④苏代为西周谓曰:《战国策》作"韩庆为西周谓薛公"。

⑤君以齐为韩、魏攻楚九年:梁玉绳曰:"齐于前三年共秦、韩、魏攻楚,于前五年与韩、魏伐楚,则言'九年'非也。"

⑥宛:楚地名,在今河南南阳。叶:古邑名,在今河南叶县南。

⑦楚王:指楚顷襄王,名横,怀王之子,谥顷襄,前298—前263年在位。东国:鲍彪曰:"楚之东地。"《正义》曰:"楚徐夷。"

⑧秦出楚怀王以为和:秦国把被骗入秦扣为人质的楚怀王放回去了,以跟楚国讲和。楚怀王被骗入秦详见《楚世家》。

⑨三晋:指韩、赵、魏三国。

⑩重:珍惜,借重。

⑪因令韩、魏贺秦:梁玉绳曰:"'韩、魏贺秦',《策》作'韩庆入秦',是也。时三国伐秦,不攻已幸,尚何'贺'哉?"

⑫秦不果出楚怀王:徐孚远曰:"三国兵已罢,秦人失信,欲留楚王以制楚人。"吴师道引苏辙云:"秦昭王欺楚怀王,要之割地,诸侯熟视,无敢一言问秦者。唯田文怨秦,借楚为名,与韩、魏伐秦。自山东难秦,未有若此其壮者也。惜其听苏代之计,临函谷而无攻,以求楚东国,而名义索然以尽。"

【译文】

齐湣王为这次派孟尝君去秦国差点儿遇害而心里感到内疚。孟尝君回到齐国后,齐湣王就让他做了国相,执掌国政。孟尝君怨恨秦国,准备用齐国的力量帮着韩国和魏国攻打楚国,随后与韩国和魏国攻打秦国，为此向西周借兵器和军粮。苏代为了西周对孟尝君说："您用齐国的力量帮着韩国、魏国打楚国已有九年了，夺取了楚国的宛地、叶地北部，加强了韩国、魏国的力量，现在您又要攻打秦国去加强它们。如果让韩国和魏国南边没有楚国的忧虑，西边没有秦国的灾祸，那齐国就危险了。那时韩、魏两国必定轻视齐国而畏惧秦国，我实在替您感到不安。您不如让西周与秦国深切交好，您不要进攻秦国，也不要借兵器和粮食。您把军队开临函谷关但不要进攻，让西周把您的想法告诉秦昭王：'孟尝君不会攻打秦国而让韩国、魏国强大。他摆出一副进攻秦国的样子，是想要秦王迫使楚王把东国割让给齐国，然后您释放楚怀王，从而和解。'您让西周用这种做法给秦国好处，秦国能够不被攻破又拿东国保全了自己，秦国必定情愿这么办。楚王能够获释，也一定感激齐国。齐国得到东国就更强大，那么您的封地薛邑就可以世世代代没有危险了。秦国没有受到太大的削弱，它位于三晋的西边，三晋一定会依靠齐国。"孟尝君说："好。"于是他让韩、魏去向秦国朝贺，让秦国、韩国、魏国复交修好，不再互相攻打，也不再去向西周借粮食和武器了。这个时候，楚怀王已经到了秦国，秦国扣留了他，孟尝君想要秦国一定放出楚怀王。但是秦国始终没有放。

孟尝君相齐，其舍人魏子为孟尝君收邑入①，三反而不致一入。孟尝君问之，对曰："有贤者，窃假与之，以故不致入。"孟尝君怒而退魏子。居数年，人或毁孟尝君于齐湣王曰②："孟尝君将为乱。"及田甲劫湣王，湣王意疑孟尝君③，孟尝君乃奔④。魏子所与粟贤者闻之，乃上书言孟尝君不作乱，请以身为盟，遂自刭宫门以明孟尝君。湣王乃惊，而踪迹验问⑤，孟尝君果无反谋，乃复召孟尝君⑥。孟尝君因谢病⑦，归老于薛。湣王许之。

【注释】

①舍人:王公贵人左右亲近人之称。亦名门下、食客。魏子:其人不详。收邑入:《索隐》:"收其国之租税也。"

②毁:诋毁,毁谤。

③意疑:怀疑。王念孙曰:"'意'下本无'疑'字……后人不知'意'之训为'疑',故又加'疑'字耳。"

④奔:逃亡。

⑤踪迹:根据迹象追查。验问:检验查问。

⑥复召孟尝君:凌稚隆引唐顺之曰:"魏子、冯谖,岂一事而传闻异耶?"张照曰:"《晏子》北郭骚事,亦大同小异,盖战国时习如此,则流言亦如此,举不足信也。"

⑦谢病:因病请求辞职。

【译文】

在孟尝君当齐国国相的时候,他的一个姓魏的舍人到薛邑去给他收取租税,三次往返,结果一次也没把租税收回来。孟尝君问他这是什么缘故,魏子回答说:"有位贤德的人,我私自借您的名义把租税赠给了他,所以没有收回来。"孟尝君很生气地斥退了他。几年以后,有人在齐湣王跟前说孟尝君的坏话:"孟尝君想要作乱。"等到田甲劫持了齐湣王,齐湣王便猜疑是孟尝君策划的,为避免殃祸,孟尝君出逃了。这时魏子赠送粟米的那位贤人知道了,就上书说孟尝君没有谋反,并说愿以自己的生命作保证,于是在宫殿门口刎颈自杀以证明孟尝君的清白。齐湣王为之震惊,便追查考问实际情况,知道孟尝君的确没有叛乱阴谋,便召回了孟尝君。而孟尝君趁此托病退休,回自己的封地养老。齐湣王答应了。

其后,秦亡将吕礼相齐[①],欲困苏代。代乃谓孟尝君曰:"周最于齐[②],至厚也,而齐王逐之,而听亲弗相吕礼者[③],欲取秦也。齐、秦合,则亲弗与吕礼重矣。有用,齐、秦必轻君。君不如急北兵[④]，趋赵以和秦、魏[⑤]，收周最以厚行，且反齐王之信[⑥]，又禁天下之变[⑦]。齐无秦，则天下集齐[⑧]，亲弗必走，则齐王孰与为其国也！”于是孟尝君从其计，而吕礼嫉害于孟尝君。

【注释】

①秦亡将吕礼相齐：泷川曰：“《穰侯传》：‘魏冉相秦，欲诛吕礼，吕礼走齐。’据《秦纪》，事在秦昭十二年。”吕礼，秦国将领。

②周最：西周君的庶子，初仕于周，后仕齐。

③亲弗：《战国策》作“祝弗”，深受齐湣王的信用。

④北兵：指向北方进兵。

⑤趋（cù）：敦促，促使。

⑥反齐王之信：《索隐》：“周最本厚于齐，今欲逐之而相秦之亡将。苏代谓孟尝君，令齐收周最以自厚其行，又且得反齐王之有信，以不逐周最也。”吴师道曰：“齐用吕礼以合秦取信，今反之，使不合也。”

⑦禁天下之变：《索隐》曰：“‘变’谓齐、秦合则亲弗、吕礼用，用则齐、秦轻孟尝也。”

⑧齐无秦，则天下集齐：《正义佚文》曰：“亲弗相吕礼，欲合齐、秦。若齐、秦不合，天下之从，集归于齐，亲弗必走去齐。”

【译文】

这之后，秦国的逃亡将领吕礼担任齐国国相，他要陷苏代于困境。苏代就对孟尝君说：“周最在齐国时，对待齐国是非常宽厚的，可是后来齐王驱逐了他，齐王听信亲弗的话让吕礼做了国相，就是打算联合秦国。如果齐国、秦国联合，那么亲弗与吕礼就会受到重用。有了亲弗和吕礼可用，齐国、秦国必定会轻视您。因此您不如迅速向北方出兵，驱使赵国和秦国、魏国和好，招回周最，以显示宽厚的德行，挽回齐王的信誉，又可以防止天下的变化。只要齐国不去依傍秦国，那么各诸侯都会靠拢齐国，亲弗势必出逃，这样一来，齐王还能靠谁来治理他的国家呢！”于是孟尝君听从了苏代的计谋，因而吕礼对孟尝君非常痛恨想杀了他。

孟尝君惧，乃遗秦相穰侯魏冉书曰①：“吾闻秦欲以吕礼收齐，齐，天下之强国也，子必轻矣②。齐、秦相取以临三晋，吕礼必并相矣，是子通齐以重吕礼也。若齐免于天下之兵，其仇子必深矣③。子不如劝秦王伐齐。齐破，吾请以所得封子。齐破，秦畏晋之强④，秦必重子以取晋⑤。晋国敝于齐而畏秦⑥，晋必重子以取秦。是子破齐以为功，挟晋以为重；是子破齐定封，秦、晋交重子⑦。若齐不破，吕礼复用，子必大穷。”于是穰侯言于秦昭王伐齐⑧，而吕礼亡⑨。

【注释】

①魏冉：秦昭王的舅舅。事迹详见《穰侯列传》。

②子必轻矣：徐孚远曰：“吕礼亡秦，必与穰侯有隙，若见用于齐，亦穰侯所嫉也。”

③若齐免于天下之兵，其仇子必深矣：冈白驹曰：“齐得秦援而免于天下之兵，则吕礼之功多矣。吕礼与子有隙，得志于齐，必恶子于齐，故齐仇子深矣。”

④晋：此处指韩、魏。

⑤取晋：指与韩、魏关系友好。

⑥敝：疲惫，困乏。

⑦交：皆，俱。

⑧穰侯言于秦昭王伐齐：据《秦本纪》，秦于昭王二十二年，齐湣王十六年，前285年，伐齐。

⑨吕礼亡：梁玉绳曰："吕礼归秦在昭王十九年，此言秦伐齐而吕礼亡，盖仍遗秦相书之妄，而不自知其戾也。"又曰："《秦策》作'薛公为魏谓魏冉'，则非嫉吕礼而遗书也。但孟尝君号贤公子，岂有召虎狼之秦反兵内向，屠灭宗邦哉？此必因孟尝有奔魏事，遂构为此言，乃《国策》之妄，史公误信之耳。"

【译文】

孟尝君很恐惧，就给秦国国相穰侯魏冉写了一封信说："我听说秦国打算让吕礼来联合齐国，而齐国是天下的强国，假如这件事让吕礼办成了，那您在秦国就要受轻视了。如果秦、齐相互结盟来对付韩、赵、魏三国，那么吕礼必将为秦、齐两国国相了，这是您交好齐国来加重吕礼的地位。假如齐国因此免除了各国的军事威胁，一定会更加憎恨您。您不如劝说秦王进攻齐国。齐国一旦被攻破，我会设法请求秦王把所得的齐国土地封给您。齐国一旦被攻破，秦国会害怕韩国和魏国强大起来，秦王必定重用您去结交韩国和魏国。韩国、魏国败于齐国又害怕秦国，这样他们定会来借重您交好秦国。到那时，您既有打败齐国的功劳，又挟持韩国、魏国以为重。这样您打败齐国巩固并扩大了自己的封邑，秦国、韩国、魏国都会看重您！如果不打败齐国，让吕礼继续在齐国掌权，那您今后的日子将会很困窘。"穰侯于是向秦昭王建议攻打齐国，吕礼只得逃离了齐国。

后齐湣王灭宋①，益骄，欲去孟尝君。孟尝君恐，乃如魏。魏昭王以为相②，西合于秦、赵，与燕共伐破齐③。齐湣王亡在莒，遂死焉④。齐襄王立⑤，而孟尝君中立于诸侯，无所属。齐襄王新立，畏孟尝君，与连和，复亲薛公。文卒，谥为孟尝君⑥。诸子争立，而齐、魏共灭薛⑦。孟尝绝嗣无后也。

【注释】

①齐湣王灭宋:《六国年表》系于秦昭王二十一年,实际应在齐湣王十五年。宋被灭过程详见《宋微子世家》。

②魏昭王:名遬,谥昭,襄王之子,前295—前277年在位。

③西合于秦、赵,与燕共伐破齐:燕昭王二十八年,齐湣王十七年,前284年,乐毅受任为上将军,率秦、韩、赵、魏、燕五国兵伐齐,大败齐军。过程详见《燕召公世家》《乐毅列传》。

④齐湣王亡在莒(jǔ),遂死焉:详见《田敬仲完世家》。凌稚隆引凌登第曰:"信陵存魏,孟尝伐齐,两人相去远矣。"吴见思曰:"为吕礼,而使秦伐齐;怨湣王,而与燕伐齐,为私计残宗国,孟尝殊非人类。"莒,古邑名,在今山东莒县。属齐。

⑤齐襄王:田姓,名法章,湣王之子,前283—前265年在位。

⑥谥为孟尝君:梁玉绳曰:"谥者,号也。"

⑦齐、魏共灭薛:按,《资治通鉴》以为时在周赧王三十六年,即齐襄王五年,前279年。

【译文】

后来齐湣王灭掉了宋国,愈加骄傲起来,打算除掉孟尝君。孟尝君很恐惧,就到了魏国。魏昭王任用他做国相,同西边的秦国、赵国联合,帮助燕国攻打并战败了齐国。齐湣王逃到莒地,死在了那里。齐襄王即位,孟尝君在各国之间保持中立,没有归属哪一方。齐襄王由于刚刚即位,畏惧孟尝君,便与孟尝君和好,又与他亲近起来。田文死后,谥号为孟尝君。他的儿子们争着继位,齐国和魏国一道灭掉了薛邑。孟尝君绝嗣没有后代。

初,冯驩闻孟尝君好客[①],蹑蹻而见之[②]。孟尝君曰:"先生远辱[③],何以教文也?"冯驩曰:"闻君好士,以贫身归于君。"孟尝君置传舍十日[④],孟尝君问传舍长曰:"客何所为？”答曰：“冯先生甚贫，犹有一剑耳，又蒯缑[5]。弹其剑而歌曰‘长铗归来乎[6]，食无鱼’。”孟尝君迁之幸舍，食有鱼矣。五日，又问传舍长。答曰：“客复弹剑而歌曰‘长铗归来乎，出无舆’。”孟尝君迁之代舍，出入乘舆车矣。五日，孟尝君复问传舍长。舍长答曰：“先生又尝弹剑而歌曰‘长铗归来乎，无以为家’。”孟尝君不悦[7]。

【注释】

①冯驩（huān）：亦作“冯谖（xuān）”。

②蹑跻（jué）：穿着草鞋。茅坤曰：“以下食客之事，与前所叙不相属，故别为疏于后。”

③远辱：敬称他人从远方来临。

④传（zhuàn）舍：古代供行人食宿之所。《索隐》：“传舍、幸舍及代舍，并当上、中、下三等之客所舍之名耳。”

⑤蒯缑（gōu）：《集解》曰：“蒯，茅之类，可为绳。……缑，亦作‘候’，谓把剑之处。……言其剑把无物可装，但以蒯绳缠之。”

⑥长铗：长剑。

⑦孟尝君不悦：凌稚隆曰：“《国策》‘无以为家’下云：‘左右皆恶之，以为贪而不知足。孟尝君问：冯公有亲乎？对曰：有老母。孟尝君使人给其食用，无使乏。于是冯谖不复歌。’《史记》以‘左右恶之’为‘孟尝君不悦’，似误。”徐孚远曰：“《国策》较为工，此似待客不足。”

【译文】

当初，冯驩听说孟尝君乐于招揽宾客，便穿着草鞋来见他。孟尝君说：“承蒙先生远道光临，有什么指教我呢？”冯驩说：“听说您乐于养士，我只是因为贫穷想归附您谋口饭吃。”于是孟尝君就把他安置在了一个普通的客馆里，过了十天，孟尝君问客馆的舍长说："客人在做些什么？"舍长说："冯先生很穷，可还有一把剑，用草绳缠着剑把。他弹着剑唱歌，说'长剑哪，我们还是回去吧，吃饭没有鱼'。"孟尝君听罢就让舍长把冯驩升到了比原先稍好一些的客馆里，让他每顿饭都有鱼吃。又过了五天，孟尝君又向舍长问冯驩的情况。舍长说："客人还弹着剑唱歌，说'长剑哪，我们还是回去吧，出门没有车'。"孟尝君听罢就让总管把他安置到了一个更好的客馆里，让他进进出出都有车坐。又过了五天，孟尝君又问舍长。舍长说："先生又弹着剑唱歌，说'长剑哪，我们还是回去吧，没有办法养活家'。"孟尝君听了很不高兴。

居期年[①]，冯驩无所言。孟尝君时相齐，封万户于薛。其食客三千人，邑入不足以奉客，使人出钱于薛[②]。岁余不入，贷钱者多不能与其息，客奉将不给[③]。孟尝君忧之，问左右："何人可使收债于薛者？"传舍长曰："代舍客冯公形容状貌甚辩[④]，长者[⑤]，无他伎能，宜可令收债。"孟尝君乃进冯驩而请之曰："宾客不知文不肖[⑥]，幸临文者三千余人，邑入不足以奉宾客，故出息钱于薛。薛岁不入[⑦]，民颇不与其息。今客食恐不给，愿先生责之[⑧]。"冯驩曰："诺。"辞行，至薛，召取孟尝君钱者皆会，得息钱十万。乃多酿酒，买肥牛，召诸取钱者，能与息者皆来，不能与息者亦来，皆持取钱之券书合之。齐为会，日杀牛置酒。酒酣，乃持券如前合之，能与息者，与为期[⑨]；贫不能与息者，取其券而烧之。曰："孟尝君所以贷钱者，为民之无者以为本业也[⑩]；所以求息者，为无以奉客也。今富给者以要期[⑪]，贫穷者燔券书以捐之。诸君强饮食。有君如此，岂可负哉[⑫]！"坐者皆起，再拜。

【注释】

①期（jī）年：满一年，整整一年。

②出钱：贷款，放债。

③客奉：供应门客的生活费用。不给（jǐ）：匮乏，供应不足。

④辩：敏慧，聪明。

⑤长者：谨厚者。

⑥不肖：不贤，不才。

⑦岁不入：收成不好。

⑧责：讨债，收账。

⑨与为期：约定日期。

⑩为民之无者以为本业：给没有产业谋生的人提供一点谋生的本钱。凌稚隆曰："文之贷钱，本为奉客计，而谖曰'为民之无者以为本业'，其为文种德增名多矣。谖亦贤哉！"锺惺曰："对民言正宜如此，当机转境，可悟处事立言之法。"

⑪富给：富裕丰足。要期：指约定日期归还债款。

⑫负：辜负，背弃。

【译文】

过了一年，冯驩没有什么动静。孟尝君当时正任齐国国相，受封万户于薛邑。他的食客有三千人之多，食邑的赋税收入不够供养这么多食客，就派人到薛邑贷款放债。一年过去了，什么利息也没有得到，借钱的大多不能清还利息，养客的费用眼看就要接不上了。孟尝君担心，问身边的人说："可以派什么人到薛邑去收债呢？"客馆舍长说："上等客馆里那个冯先生形状相貌好像能言善辩，是个厚道人，没有什么别的本事，可以让他去收债。"于是孟尝君就把冯驩找来，对他说："宾客们不知道我没出息，到我这里来的有三千多人，我封地的收入不足以奉养宾客，所以在薛邑收利息钱。可是薛邑年景不好，没有收成，百姓多数不能付给利息。宾客吃饭恐怕都成问题了，希望先生替我去索取欠债。"冯驩说："好的。”于是他辞别了孟尝君，来到了薛邑，召集贷了孟尝君钱的人都来聚会，索要到利息十万钱。他酿了许多酒，买了肥壮的牛，然后召集借钱的人，能还利息的要来，不能还利息的也要来，都拿着借券来当场验证。随即让大家一起参加宴会，当日杀牛炖肉，置办酒席。宴会上正当大家饮酒尽兴时，冯驩就拿着契据走到席前一一核对，能够偿还利息的，和他限定交钱的期限；贫穷无力偿还的，就收回他们的借券烧掉了。冯驩说：“孟尝君之所以要放这些钱，是为了帮助没有资金的人进行农业生产；他之所以索取一点儿利息，那是因为他缺少奉养宾客的用度。现在凡是家庭富裕的都约定了交钱的期限，家里贫穷的，烧毁借据废除债务。各位好好吃饭吧。有这样的封邑主人，怎么能够辜负呢！”于是在座的人都站了起来，拜了又拜。

孟尝君闻冯驩烧券书，怒而使使召驩。驩至，孟尝君曰：“文食客三千人，故贷钱于薛。文奉邑少[①]，而民尚多不以时与其息，客食恐不足，故请先生收责之[②]。闻先生得钱，即以多具牛酒而烧券书，何？”冯驩曰：“然。不多具牛酒即不能毕会[③]，无以知其有余不足。有余者，为要期。不足者，虽守而责之十年，息愈多，急，即以逃亡自捐之[④]。若急，终无以偿，上则为君好利不爱士民，下则有离上抵负之名[⑤]，非所以厉士民彰君声也[⑥]。焚无用虚债之券，捐不可得之虚计，令薛民亲君而彰君之善声也，君有何疑焉！”孟尝君乃拊手而谢之[⑦]。

【注释】

①奉邑：也称“食邑”，古代大夫的封地。

②收责：讨回欠债。

③毕会：全体会聚。

④自捐之：吴见思曰："'自捐之'妙，逃亡则不得不'捐'矣。"又曰："未与论理，先与论势，说得极明晰，极有理，令人无词。"

⑤离上：背离君上。抵负：拒付所欠债款，赖账。

⑥厉：劝勉，激励。

⑦拊手：拍手，表示高兴赞赏。

【译文】

孟尝君听到冯驩烧毁契据的消息，十分恼怒，立即派人召回冯驩。冯驩一到，孟尝君说："我有食客三千人，所以在薛邑放贷。我的俸禄田地少，借钱的人又不按时偿还利息，宾客的食用恐怕不够，所以才请先生您去讨要。可是我听说先生收来钱就大办酒肉宴席，而且把契据烧掉了，这是怎么回事？"冯驩回答说："是这样的。如果不大办酒肉宴席就不能把债民全都集合起来，也就没办法了解谁富裕谁贫穷。对于那些富裕的，约定了期限还债。对于那些穷困的，即使讨要十年也要不回来，利息越滚越多，一急之下，他们就逃跑来摆脱这些债务。如果逼得紧，那也是没用的，这样闹的结果是，上面会认为您贪图私利而不知道爱护百姓；也让百姓们落个背离和触犯长上的罪名，这么做恐怕不是鼓励平民百姓、彰扬您名声的好做法。我烧掉毫无用处徒有其名的借据，废弃有名无实的账簿，是让薛邑平民百姓亲近您而彰扬您善良的好名声，您有什么可疑惑的呢！"孟尝君听后，拍着手连声道谢。

齐王惑于秦、楚之毁，以为孟尝君名高其主而擅齐国之权，遂废孟尝君[①]。诸客见孟尝君废，皆去。冯驩曰："借臣车一乘，可以入秦者，必令君重于国而奉邑益广，可乎？"孟尝君乃约车币而遣之[②]。冯驩乃西说秦王曰："天下之游士冯轼结靷西入秦者，无不欲强秦而弱齐；冯轼结靷东入齐者[③]，无不欲强齐而弱秦。此雄雌之国也，势不两立为雄，雄者得天下矣。”秦王跽而问之曰[④]：“何以使秦无为雌而可？”冯驩曰：“王亦知齐之废孟尝君乎？”秦王曰：“闻之。”冯驩曰：“使齐重于天下者，孟尝君也。今齐王以毁废之[⑤]，其心怨，必背齐；背齐入秦，则齐国之情，人事之诚，尽委之秦，齐地可得也，岂直为雄也！君急使使载币阴迎孟尝君，不可失时也。如有齐觉悟，复用孟尝君，则雌雄之所在未可知也。”秦王大悦，乃遣车十乘黄金百镒以迎孟尝君[⑥]。冯驩辞以先行，至齐，说齐王曰：“天下之游士冯轼结靷东入齐者，无不欲强齐而弱秦者；冯轼结靷西入秦者，无不欲强秦而弱齐者。夫秦、齐雄雌之国，秦强则齐弱矣，此势不两雄。今臣窃闻秦遣使车十乘载黄金百镒以迎孟尝君。孟尝君不西则已，西入相秦则天下归之，秦为雄而齐为雌，雌则临淄、即墨危矣[⑦]。王何不先秦使之未到，复孟尝君，而益与之邑以谢之？孟尝君必喜而受之。秦虽强国，岂可以请人相而迎之哉！折秦之谋，而绝其霸强之略。”齐王曰：“善。”乃使人至境候秦使[⑧]。秦使车适入齐境，使还驰告之，王召孟尝君而复其相位，而与其故邑之地，又益以千户。秦之使者闻孟尝君复相齐，还车而去矣[⑨]。

【注释】

①遂废孟尝君：凌稚隆曰：“《战国策》冯谖焚薛债券后期年，孟尝君免相，就国于薛，未至百里，民扶老携幼以迎，太史公不载，似缺始末。”

②约车币：置办车马礼物。约，置办配备。

③冯轼结靷（yǐn）：手扶车轼，马拉车靷，络绎不绝而行。轼，车厢前端的扶手横木。靷，马拉车的皮带，一端系于车，一端系于马。

④跽（jì）：长跪。两膝着地，上身挺直。

⑤齐王：此指齐湣王。

⑥镒：重量单位，一镒等于二十四两，或等于二十两。

⑦临淄：在今山东淄博临淄北。即墨：在今山东平度东南。

⑧候：伺望，侦察。凌稚隆引董份曰："未信冯谖之言，欲验其实也。"

⑨还车而去矣：梁玉绳曰："湣王召复孟尝于田甲乱后，孟尝遂归老于薛；殆湣王又欲去孟尝，乃如魏。冯公此计，必在召后之时，所谓复相位者，恐非其实。《国策》云'为相数十年'，尤不足信。"

【译文】

齐王受到秦国和楚国毁谤言论的蛊惑，认为孟尝君的名声压倒了自己并且独揽齐国大权，就罢免了孟尝君。孟尝君的门客们一见孟尝君被废，都离他而去。冯驩说："您借给我一辆可以进入秦国的车子，我一定让您受到齐国的重用并且让您的封地更多，行吗？"孟尝君立即让他套好车子带上礼物出发了。冯驩就西去秦国对秦王说："所有说客凡是坐着车子向西来到秦国，没有一个不是想叫秦国强大而削弱齐国的；凡是坐着车子向东跑到齐国去的，没有一个不是想让齐国强大而削弱秦国的。两国必须一决胜负，形势发展是不能并列称雄的，优胜的就可以统一天下。"秦王一听，立即长跪着问道："用什么办法可以使秦国不作雌国呢？"冯驩说："大王也知道齐国罢免孟尝君了吧？"秦王说："听说了。"冯驩说："使齐国受到各国看重的，是孟尝君。现在齐王听信毁谤，把孟尝君罢免了，孟尝君心里怨恨，一定会背弃齐国；如果他到秦国来，那么齐国的国家形势、人事状况全都会被秦国掌握，到那时连齐国的土地都可以得到，岂止是称雄呢！您赶快派使者载着礼物暗地里去迎接孟尝君，不能失掉良机啊。如果齐王明白过来，再度起用孟尝君，则谁是雌谁是雄还是个未知数。"秦王听了非常高兴，就派遣十辆马车载着百镒黄金去迎接孟尝君。冯驩告别秦王而抢在使者前面赶往齐国,对齐王说:“所有说客坐着车子向东跑到齐国来的,没有一个不是想要加强齐国力量而削弱秦国的;所有说客坐着车子向西到秦国去的,没有一个不是想要加强秦国力量而削弱齐国的。秦国与齐国是两个不分雌雄的国家,秦国强大那么齐国必定削弱,两个国家势必不能同时称雄。现在我私下得知秦国已经派遣使者带着十辆马车载着百镒黄金来迎接孟尝君了。孟尝君不西去就罢了,如果西去担任秦国国相,那么天下将归秦国所有,到那时,秦国就称雄,齐国成了雌,那临淄、即墨就危险了。大王您何不在秦国使者到来之前,赶快恢复孟尝君的官位,并给他增加封邑来向他表示道歉呢?如果这么做了,孟尝君必定高兴而情愿接受。秦国即使是强国,又怎么可以把人家的国相请去了呢!挫败了秦国的计谋,毁灭它称霸天下的计划。”齐王说:“好。”就派人到西部国境上去等候秦国使者。秦国使者的车辆正好入境,齐国使者赶回临淄向齐王报告,齐王请回了孟尝君,恢复了他的相位,还给他旧有的封地,而且除了这些之外,又多给他增加了一千户。秦国的使者听说孟尝君恢复了齐国国相的官位,调转车子回去了。

自齐王毁废孟尝君[①],诸客皆去。后召而复之,冯驩迎之。未到,孟尝君太息叹曰:“文常好客,遇客无所敢失,食客三千有余人,先生所知也。客见文一日废,皆背文而去,莫顾文者。今赖先生得复其位,客亦有何面目复见文乎?如复见文者,必唾其面而大辱之。”冯驩结辔下拜。孟尝君下车接之,曰:“先生为客谢乎[②]?”冯驩曰:“非为客谢也,为君之言失。夫物有必至,事有固然,君知之乎?”孟尝君曰:“愚不知所谓也。”曰:“生者必有死,物之必至也;富贵多士,贫贱寡友,事之固然也。君独不见夫趣市朝者乎[③]?明旦[4]，侧肩争门而入；日暮之后，过市朝者掉臂而不顾[5]。非好朝而恶暮，所期物忘其中[6]。今君失位，宾客皆去，不足以怨士而徒绝宾客之路。愿君遇客如故。”孟尝君再拜曰：“敬从命矣。闻先生之言，敢不奉教焉[7]。”

【注释】

①毁废：黜退。

②谢：道歉，认错。

③趣：赴，前往。市朝：指市场。

④明旦：天亮。

⑤掉臂：甩动胳膊走开。表示不顾而去。不顾：不回头看。《索隐》曰：“日暮物尽，故掉臂不顾也。”

⑥忘：通“亡”。

⑦敢不奉教焉：方苞曰：“冯事见《战国策》而语则异，盖秦汉间论战国权变者非一家，史公所录，与今传本异耳。”梁玉绳曰：“《国策》‘驩’作‘煖’，所说冯事亦异。……如‘无家’之歌，‘左右恶之’耳，而此以为‘孟尝君不悦’，削去给冯老母一段，则无以见孟尝待客之周，一也；煖矫令烧券，反齐求见，而此以为得息钱大会，不能与息者烧券，孟尝闻之，怒而召煖，情节全乖，二也；孟尝去相，煖说梁得复位，而此以为说秦又说齐，三也；孟尝复用，欲杀齐士大夫，谭拾子有趋市之喻，而此以为客背孟尝，驩为客谢语，四也。其为仿撰无疑。”

【译文】

自从齐王因受毁谤之言的蛊惑而罢免了孟尝君，那些宾客们都离开了他。后来齐王召回并恢复了孟尝君的官位，冯驩去迎接他。还没回到齐国都城，孟尝君长叹着说：“我素常喜好宾客，乐于养士，接待宾客从不敢有任何失礼之处，有食客三千多人，这是先生您所了解的。宾客们看到我一旦被罢官，都背离我而去，没有一个顾念我的。如今靠着先生得以恢复我的国相官位，那些离去的宾客还有什么脸面再见我呢？如果有再见我的，我一定唾他的脸，狠狠地羞辱他。”冯驩一听，立即收住缰绳，下车而行拜礼。孟尝君也立即下车还礼，说：“先生是替那些宾客道歉吗？”冯驩说：“并不是替宾客道歉，是因为您的话说错了。事物的发展有它的必然归宿，人情世态有它的本来面貌，您明白它的意思吗？”孟尝君说：“我不懂您说的是什么意思。”冯驩说：“凡是有生命的东西一定会死亡，这是事物的必然规律；富贵者朋友多，贫贱者朋友少，事情本来就是这样。您难道没有见过那些赶集的人吗？早晨天刚亮时，侧着肩挤着门进入集市；等到日落以后，路过集市的人们甩着胳膊走过连头都不回。他们不是喜欢早晨而讨厌傍晚，而是因为他们想买的东西那里已经没有了。如今您失掉了国相的职位，宾客们都离开了，不值得怨恨他们，从而徒然断绝宾客的来路。希望您照过去那样对待宾客。”孟尝君连续两次下拜说：“我恭敬地听从您的指教。听到您的这番话，我怎敢不照做呢！”

太史公曰：吾尝过薛，其俗闾里率多暴桀子弟①，与邹、鲁殊。问其故，曰：“孟尝君招致天下任侠，奸人入薛中盖六万余家矣②。”世之传孟尝君好客自喜③，名不虚矣。

【注释】

①闾里：乡里。率多：大多。暴桀：凶暴强悍。

②任侠：与人相交讲信用，遇不平依侠仗义。奸人：邪恶狡诈之人。

③好客自喜：凌稚隆引陈仁子曰：“史迁于田文也断之曰‘自喜’，夫固斥其为一己之私好，非天下之公好焉。”董份曰：“此赞其好客，美刺并显。”

【译文】

太史公说：我曾经路过薛地，那里的风气民间多有凶暴的子弟，与邹地、鲁地迥异。我向那里人询问这是什么缘故，他们告诉我说：“当年孟尝君广揽天下任侠之士，奸诈之人趁机进入薛地的大概就有六万多家。”世间传说孟尝君以养客自鸣得意，的确是一点儿也不假。

【集评】

司马光曰：“君子之养士，以为民也。……大则利天下，小则利一国。是以君子丰禄以富之，隆爵以尊之，养一人而及万人者，养贤之道也。今孟尝君之养士也，不恤智愚，不择臧否，盗其君之禄，以立私党，张虚誉，上以侮其君，下以蠹其民，是奸人之雄也，乌足尚哉！《书》曰：‘受为天下逋逃主、萃渊薮。’此之谓也。”（《通鉴》）

姚苎田曰：“为相而结客，固将以网罗天下之英才，而为国树人也。即不然，亦必绿池应教，文章枚马之俦；东阁从游，参佐邢温之选。于以鼓吹风雅，翊赞丝纶，不无小补云尔。田文起庶孽之中，假声援之助，挟持浮说，固非本怀。乃至号召奸人，侈张幸舍，家作逋逃之薮，身为盗贼之魁。语有之：‘披其枝者伤其心，根之拨者实将落。’齐之不亡亦幸矣，岂特鸡鸣狗盗近出门墙，为士林之耻，而裹足不前也哉！夫药笼之品，应不弃乎溲勃之才；夹袋之名，或曲隐夫疵瑕之士。鸡鸣狗盗处之末座，政亦何嫌？但文之立心已非，设科无择，忘公室而便身图，遂致甘为奸魁而不惜耳。”（《史记菁华录》）

李景星曰：“《孟尝君传》中间叙孟尝君事，而以田婴、冯驩附传分寄两头，章法最为匀适。合观通篇，又打成一片，如无缝天衣。盖前叙田婴，见孟尝君之来历若彼；后叙冯驩，见孟尝君之结果如此。养士三千，仅得一士之用，其余纷纷并鸡鸣狗盗之不若也。太史公于此，其有微意哉！然读传后赞语，曰‘暴桀子弟’，曰‘任侠奸人’，而终之以‘好客自喜’，则史公不但不满于孟尝之客，其不满孟尝君之意，又明言之矣。”

(《史记评议》)

吴见思曰:“四君传俱以好客为主,而信陵之客独胜;次则平原,尚有一毛遂;至孟尝之客,冯驩差强人意,余则盗贼势利之徒,写得极其不堪,而千古之下,独传孟尝,何也?”(《史记论文》)

【评论】

孟尝君开战国养士之风,影响巨大,所以本篇主要围绕他与他门下之“客”来展开。孟尝君劝其父田婴,主题就是劝其招贤纳士,他主持家政,主要做的也是待宾客,并借此名闻诸侯,最后以庶子而继承了田婴的爵位封地。孟尝君的“好客喜士”最大的特点是“无所择”,“无贵贱一与文等”,一视同仁,自己也不摆主子的架子;他待客不仅厚遇其客本人,还会探视、馈赠他们的亲友,以致自己到了“邑入不足以奉宾客”的地步,可谓尽心尽力。因此他也得到了士人们的爱戴,愿为其所用,甚至不惜为之而死。孟尝君开了养士之风,使得许多下层士人甚至有一技之长的普通人都有了被尊重、被任用的机会,而有可能改变自己的命运,甚至可能因此而跨越阶层,所以得到了世人的拥护与歌颂,以致后世凡仗义疏财结交好汉的常被冠以“小孟尝”的称号,可见其影响之深远。从历史发展角度看,孟尝君所开启的养士之风对于进一步打破西周以来的贵族等级制度也是非常有力且有效的。

孟尝君的诚心待客与其门客的全力报效也是主客之间一种理想的道德模式。司马迁写《史记》,出于他个人的独特身世,在书中特别歌颂权贵人物的尊贤礼士,也特别歌颂富有侠义精神的下层人士忠于其主,“为知己者用,为知己者死”。这种主客之间的相知相报,当然有高低之分,但只要能在关键时刻挺身而出,拯救其主于危难,为其主做出贡献与牺牲,这不也是一种英雄、侠义的行为吗?正因如此,本篇中即便是“鸡鸣”“狗盗”之徒,也是值得尊重的。司马迁在《游侠列传》中说:“且缓急,人之所时有也。太史公曰:昔者虞舜窘于井廪,伊尹负于鼎俎,傅说匿于傅险，吕尚困于棘津，夷吾桎梏，百里饭牛，仲尼畏匡，菜色陈、蔡。此皆学士所谓有道仁人也，犹然遭此菑，况以中材而涉乱世之末流乎？其遇害何可胜道哉?”所以他对下层民间人物的这种朴实忠厚、古道热肠，一再地发出由衷的歌颂。事实上，“四公子”列传，写的都是这些下层人士，如本篇中的冯驩、平原君门下的毛遂、信陵君门下的侯嬴，他们才是真正被司马迁所敬佩赞美的人，所谓“四公子”，除信陵君，也不过是“因人成事”罢了。

与此同时，司马迁也再次强烈批判了忘恩负义之辈，对“富贵多士，贫贱寡友”的世态人情做了透辟的分析，对世态炎凉再次发出无奈之感慨。司马迁最痛恨的是那种在紧急时刻出卖主人、出卖朋友，甚至栽赃陷害、落井下石的人。司马迁经过李陵事件，“家贫，货赂不足以自赎，交游莫救，左右亲近，不为一言。身非木石，独与法吏为伍，深幽囹圄之中，谁可告愬者”(《报任安书》)，这样的切肤之痛让他深刻感受到世态炎凉，所以他才在《史记》中反复表达这种愤怒。

司马迁对孟尝君并不是很喜欢，他的一生活动都是在谋求私利，维护其个人的富贵尊荣，为此甚至不惜勾结外敌来打自己的国家。他的政治见解也并不比朝秦暮楚的苏代之流更高明。在对待魏子与冯驩到薛邑收债的问题上，他又一再发怒，这些都表现了他的任性、短视；而他出使赵国，赵人笑他是“眇小丈夫”时，他竟然怒杀了几百人，灭了人家的一个县，这可说残暴不仁。他的养士，也是为了个人私利，这一点，只要和魏公子比较一下就异常分明了。魏公子的养士和他手下所有士人的活动，都关乎魏国的安危；而孟尝君养的士，却只是效忠于他个人。孟尝君的养士乃是一种豢养与被豢养，收买与被收买的关系。即使卓荦如冯驩者，也不过是为孟尝君私人效力的鹰犬而已。对此人们早有评论，如司马光说：“君子之养士，以为民也。……大则利天下，小则利一国。是以君子丰禄以富之，隆爵以尊之，养一人而及万人者，养贤之道也。今孟尝君之养士也，不恤智愚，不择臧否，盗其君之禄，以立私党，张虚誉，上以侮其君，下以蠹其民，是奸人之雄也，乌足尚哉！”（《资治通鉴》）李景星说：“养士三千，仅得一士之用，其余纷纷并鸡鸣狗盗之不若也。太史公于此，其有微意哉。然读传后赞语，曰‘暴桀子弟’，曰‘任侠奸人’，而终之曰‘好客自喜’，则史公不但不满于孟尝之客，其不满孟尝君之意，又明言之矣。”

《史记》记述战国时代的事情，年代错乱最厉害的是齐、魏两国，其中更以齐国为尤甚。本文写孟尝君一生的活动，其事迹本身多数还算可信，但所有齐国诸侯的系年，几乎没有正确的，还请大家关注注释中的辨析。

史记卷七十六

平原君虞卿列传第十六

【释名】

《平原君虞卿列传》是平原君赵胜与虞卿的合传。平原君是赵孝成王的叔叔，是以养客著称的"战国四公子"之一。本篇主要围绕他在长平之战失败后，秦军包围邯郸时为解围而进行的活动，其中突出了毛遂、李同这两个下层人物的重要作用。将虞卿与平原君合传，主要因为他在邯郸被围时坚决主张合纵抗秦，不向秦国屈服。篇中记载了他驳斥楼昌、赵郝、楼缓的投降论调，改变了赵、秦之间的形势，捍卫了赵国的利益。篇末论赞对平原君的识见短浅予以批评，对虞卿的品质、才干给予了高度评价，对其穷愁著书表现了深沉感慨。

平原君赵胜者①，赵之诸公子也。诸子中胜最贤，喜宾客，宾客盖至者数千人。平原君相赵惠文王及孝成王②，三去相，三复位③，封于东武城④。

【注释】

①平原君赵胜：赵武灵王之子，赵惠文王之弟。

②赵惠文王：名何，武灵王之子，前298—前266年在位。孝成王：名

丹，惠文王之子，前265—前245年在位。

③三去相，三复位：梁玉绳曰："《六国表》于惠文王元年书平原为相，孝成王元年又书平原为相，两书而已。考惠文以相国印授乐毅，孝成割济东地与齐求田单为将，遂留相赵，故《赵世家》惠文十四年有乐毅攻齐事，孝成元年有单攻燕，二年有单为相之事，则平原之三相三去固有征矣。孝成二年相单，是平原复相逾年而罢。迨单去赵归齐之后，不再书平原复位者，《史》略之也。"

④东武城：古邑名，在今河北清河东北。

【译文】

平原君赵胜是赵国的公子。在诸公子中，赵胜最有才干，喜好结交宾客，在他门下做过宾客的前后有几千人。平原君做过赵惠文王和赵孝成王的国相，曾经三次离开相位，又三次恢复相位，他的封地在东武城。

平原君家楼临民家。民家有躄者[①]，槃散行汲[②]。平原君美人居楼上，临见，大笑之。明日，躄者至平原君门，请曰："臣闻君之喜士，士不远千里而至者，以君能贵士而贱妾也。臣不幸有罢癃之病[③]，而君之后宫临而笑臣，臣愿得笑臣者头。"平原君笑应曰："诺。"躄者去，平原君笑曰："观此竖子[④]，乃欲以一笑之故杀吾美人，不亦甚乎！"终不杀。居岁余，宾客门下舍人稍稍引去者过半。平原君怪之，曰："胜所以待诸君者未尝敢失礼，而去者何多也？"门下一人前对曰："以君之不杀笑躄者，以君为爱色而贱士，士即去耳。"于是平原君乃斩笑躄者美人头，自造门进躄者[⑤]，因谢焉。其后门下乃复稍稍来。是时齐有孟尝[⑥]，魏有信陵[⑦]，楚有春申[⑧]，故争相倾以待士[⑨]。

【注释】

①躄（bì）：足不能行，跛不能行。

②槃散：腿脚不灵便，走路不稳当。汲：从井里取水。

③罢癃：王骏图曰："'罢'音同'跛'，病足之名，即上文之'躄'也；'癃'者背曲隆高之病，此人自言足跛而背曲耳。"

④竖子：对人的蔑称。

⑤斩笑躄者美人头，自造门进躄者：泷川引中井曰："以一笑杀美人，战国之习已，然使贤者当是事，虽不杀，亦必有处置矣。"

⑥孟尝：孟尝君田文，事迹详见《孟尝君列传》。

⑦信陵：信陵君魏无忌，事迹详见《魏公子列传》。

⑧春申：春申君黄歇，事迹详见《春申君列传》。

⑨故争相倾以待士：中井曰："四君子中，孟尝尤为先辈，盖与三君不并世。今骈称者，袭贾生《过秦》也。按《信陵君传》云：'安釐王即位，封为信陵君。'安釐王即位，在田单复齐之后三年，则孟尝中立于薛，既死矣。又，黄歇未封，以辩士使于秦，在范雎相秦之后。范雎相秦是安釐王三十一年矣。后三年，歇相楚，封春申君。"泷川曰："《吕不韦传》亦云：'当是时，魏有信陵君，楚有春申君，赵有平原君，齐有孟尝君，皆下士喜宾客以相倾。'不韦相秦，孟尝死后二十余年，史公以概说周末卿相气习耳。"

【译文】

平原君家的阁楼下临一户普通百姓的房子。这户人家有个跛者，走路一瘸一拐地，常到井边去打水。平原君的一个美人在楼上，向下看到了这种情景，于是大笑起来。第二天，跛者来到平原君门前，请求说："我听说您喜爱人才，士人们不远千里来投奔您，就是因为您重人才而贱女色。我不幸残疾，而您的美人竟然当面耻笑我，我希望得到那个讥笑我的女人的脑袋。"平原君笑着回答说："好。"跛者走后，平原君笑着对身边人说："看这小子，居然想因为笑了他一声就让我杀我的美人，不也是太过分了吗!”终究没杀那女人。过了一年多,他门下的宾客和舍人渐渐走掉了一多半。平原君对此很奇怪,问人们道:“我对待各位从不敢失礼,为什么离开的人那么多呢?”门下一位宾客上前说道:“因为您没有杀那个嘲笑跛者的美人,大家认为您重女色轻视人才,所以大家就离开了。”于是平原君立即杀了那个笑话跛者的美人,亲自到那个跛者家送上人头,并向他道歉。这以后,那些离开了的人又慢慢地回来了。这个时候,齐国有孟尝君,魏国有信陵君,楚国有春申君,他们互相竞争,看谁最能礼贤下士。

秦之围邯郸①,赵使平原君求救,合从于楚,约与食客门下有勇力文武备具者二十人偕。平原君曰:“使文能取胜,则善矣。文不能取胜,则歃血于华屋之下②,必得定从而还。士不外索,取于食客门下足矣。”得十九人,余无可取者,无以满二十人③。门下有毛遂者,前,自赞于平原君曰:“遂闻君将合从于楚,约与食客门下二十人偕,不外索。今少一人,愿君即以遂备员而行矣④。”平原君曰:“先生处胜之门下几年于此矣?”毛遂曰:“三年于此矣。”平原君曰:“夫贤士之处世也,譬若锥之处囊中,其末立见。今先生处胜之门下三年于此矣,左右未有所称诵,胜未有所闻,是先生无所有也。先生不能,先生留⑤。”毛遂曰:“臣乃今日请处囊中耳。使遂蚤得处囊中⑥,乃颖脱而出,非特其末见而已。”平原君竟与毛遂偕。十九人相与目笑之而未废也⑦。

【注释】

①秦之围邯郸:秦于赵孝成王九年(前257)包围邯郸。

②则歃（shà）血于华屋之下：泷川引冈白驹曰："欲以武劫盟。"歃血，古代盟会中的一种仪式。盟约宣读后，参加者用口微吸所杀牲之血，以示诚意。一说，以指蘸血，涂于口旁。

③无以满二十人：凌稚隆引顾璘曰："食客数千人，求二十人而不足；及十九人，又不能有为，当时之士可知已，四君徒相倾以取胜耳。"

④备员：充数，凑数。

⑤先生不能，先生留：泷川曰："叠用四'先生'字，平原君声音状貌，千载如生。"

⑥蚤：通"早"。

⑦相与目笑之而未废：《集解》引郑氏曰："皆目视而轻笑之，未能即废弃之也。"王念孙曰："'废'即'发'之借字，谓目笑之而未发于口也。"

【译文】

秦军包围了赵国都城邯郸，赵王派平原君去求救，前往楚国建立共同抗秦的联盟，平原君与赵王约定从自己的门客中挑选二十个文武兼备的人一起去。平原君说："如果能用和平的方式完成结盟，那是最好的。如果不能用和平的方式完成结盟，那就要用武力强迫楚王在朝堂上与我们签订盟约，无论如何一定要签订盟约才回来。随员就不用到外面找了，我门下的宾客就足够了。"挑出了十九人后，其余的再找不到合适的，没办法凑满二十人。门客中有个叫毛遂的，走上前来，向平原君推荐自己说："我听说您要去和楚国签订联合抗秦盟约，约定就从门下宾客中挑选二十名随员，不再到外面去找。既然现在还缺一人，希望您就把我添上凑足数马上出发吧。"平原君说："您在我门下几年了？"毛遂说："在这里三年了。"平原君说："大凡一个有才干的人在人世中，就好像锥子放在口袋里，锥子尖立刻就会露出来。如今您在我门下已经三年了，周围的人从没有说过一句赞美您的话，我也从没听说过您，那就说明您没有什么本事。您不能去，您留下！"毛遂说："我是今天才请您把我这把'锥子'放进口袋。假如我能早点被放进口袋,整个锥子的锋芒都能露出来,岂止露出一个锥子尖呢!"平原君最后只好带着他一起出发了。其余十九个人相视而笑,可没能排斥他。

毛遂比至楚,与十九人论议,十九人皆服。平原君与楚合从,言其利害,日出而言之,日中不决。十九人谓毛遂曰:"先生上[①]。"毛遂按剑历阶而上[②],谓平原君曰:"从之利害,两言而决耳。今日出而言从,日中不决,何也?"楚王谓平原君曰[③]:"客何为者也?"平原君曰:"是胜之舍人也。"楚王叱曰:"胡不下!吾乃与而君言,汝何为者也!"毛遂按剑而前曰[④]:"王之所以叱遂者,以楚国之众也。今十步之内,王不得恃楚国之众也,王之命县于遂手[⑤]。吾君在前,叱者何也?且遂闻汤以七十里之地王天下,文王以百里之壤而臣诸侯,岂其士卒众多哉[⑥],诚能据其势而奋其威。今楚地方五千里,持戟百万,此霸王之资也。以楚之强,天下弗能当。白起[⑦],小竖子耳[⑧],率数万之众,兴师以与楚战,一战而举鄢、郢,再战而烧夷陵,三战而辱王之先人[⑨]。此百世之怨而赵之所羞,而王弗知恶焉。合从者为楚,非为赵也。吾君在前,叱者何也?"楚王曰:"唯唯,诚若先生之言,谨奉社稷而以从。"毛遂曰:"从定乎[⑩]?"楚王曰:"定矣。"毛遂谓楚王之左右曰:"取鸡狗马之血来[⑪]。"毛遂奉铜槃而跪进之楚王曰:"王当歃血而定从,次者吾君,次者遂。"遂定从于殿上。毛遂左手持槃血而右手招十九人曰:"公相与歃此血于堂下。公等录录[⑫],所谓因人成事者也。"

【注释】

①先生上：姚苎田曰："是皆服后之语，非姑以调之也，此时何时，犹可戏谑乎？"

②历阶：越阶而上。

③楚王：指楚考烈王，名完，前262—前238年在位。

④毛遂按剑而前曰：姚苎田曰："两'按剑'字写得奕奕，与前文'不能取胜'意相应，此时本不恃武，然必以此先折服之，所以扬其气也，不然便开口不得。"

⑤县（xuán）于遂手：姚苎田曰："楚王叱遂，何至遂以'命悬己手'辱之？妙在两提'吾君在前'句，便见叱舍人便是辱平原，则主辱臣死之义亦胡能更忍？古人立言周匝有体，绝不专恃一朝之气也。"

⑥"汤以七十里之地王天下"几句：化用《孟子·公孙丑上》："以德行仁者王，王不待众大。汤以七十里，文王以百里。"

⑦白起：秦国将领。事迹详见《白起王翦列传》。

⑧小竖子：泷川曰："言庸劣无知，如童竖然。"

⑨一战而举鄢、郢，再战而烧夷陵，三战而辱王之先人：《白起王翦列传》记载为："后七年，白起攻楚，拔鄢邓五城；其明年，攻楚，拔郢，烧夷陵，遂东至竟陵，楚王亡去郢，东走徙陈。秦以郢为南郡。"姚苎田曰："邯郸之围方急，秦明告诸侯'有敢救赵者，已拔赵，必移兵先击之'，以故诸侯观望不前。不知今日以此孤赵，他日复以此孤他国，则有任其蚕食而尽焉耳。无奈诸侯畏葸性成，惟顾目前，故不说到发冢烧尸极伤心无地处，必不能激发。毛遂一气赶出一战、再战、三战等句，使楚王更无地缝可入，正与鲁仲连'烹醢梁王'之语同一作用，当时之风气巽懦亦可知矣。"鄢，古邑名，在今湖北宜城东南。郢，楚国都城，在今湖北荆州之纪南城。夷陵，楚国先王葬地。其地说法不一，一说在今湖北宜昌东

南，一说在今湖北宜城。

⑩从定乎：史珥曰："'从定乎'一语，情致如生。"郭嵩焘曰："此复申问'纵定乎'，是颊上添毫法，史公于此等轶事常加倍渲染，写得十分精彩。"

⑪取鸡狗马之血来：《索隐》曰："盟之所用牲贵贱不同，天子用牛及马，诸侯用犬及豭，大夫以下用鸡。"王骏图曰："因需三等之血，故令取来耳。楚僭称王，毛遂故以天子之礼尊之。"

⑫录录：庸庸碌碌。

【译文】

及至毛遂等到了楚国，经过一路上和那十九个人的谈论，那十九个人对毛遂都已心悦诚服了。平原君与楚王进行结盟谈判，向楚王申说楚、赵联盟的好处，从刚出太阳就开始说，一直说到正午还是定不下来。那十九个人对毛遂说："您上！"毛遂就手按剑柄一步一级地走上大殿，对平原君说："是利是害，两句话就可以说明白。如今从早上就说，到了中午还定不了，这是为什么？"楚王问平原君："这个人是干什么的？"平原君说："他是我的门客。"楚王呵斥道："还不退下！我是在和你的主人谈话，你来干什么！"毛遂手按剑柄上前说："大王敢于这么呵叱我，是仗着楚国人多。可是如今在这十步之内，楚国人再多大王您也靠不上，您的命就在我手里。我的主人就在面前，您怎么能这样呵叱我呢？再说我听说商汤凭着七十里的地盘就统一了天下，周文王凭着百里的地盘就使天下诸侯臣服，难道是他们士卒众多吗？那都是因为他们能够把握住天下大势而发挥威力。现在楚国地域方圆五千里，军队上百万，这是可以成为霸主的资本啊。以楚国这样的强大，按理说本应该天下无敌。可是白起，就那么个小子，带着几万人来和楚国作战，一仗下来就攻克了鄢、郢，再战又烧毁了夷陵，三战就侮辱了楚国的先王。这是百代不共戴天之仇，连赵国都为你们感到羞耻，可是您却不知道痛恨。联盟抗秦首先是为了你们楚国，而不是为了我们赵国。我的主人就在面前，您怎么能这样呵叱我呢?”楚王说:“好,好,确实就像您所说,我愿意带领整个国家和你们建立联盟。”毛遂说:“您决定结盟了吗?”楚王说:“决定了。”毛遂立即命令楚王身边的人说:“拿鸡、狗、马的血过来!”毛遂双手捧着盛着鸡、狗、马血的铜盘跪送到楚王面前说:“大王应该第一个歃血确定结盟,其次是我的主人,再次是我毛遂。”于是赵、楚的抗秦同盟就在大殿上结成了。而后毛遂左手端着盛血铜盘,右手招呼那十九个人说:“你们也都在堂下歃血,算是参加了订盟。你们这些人不过是平庸之辈,是那种靠别人办成事吃现成饭的人罢了!”

平原君已定从而归,归至于赵,曰:“胜不敢复相士。胜相士多者千人,寡者百数,自以为不失天下之士,今乃于毛先生而失之也。毛先生一至楚,而使赵重于九鼎大吕①。毛先生以三寸之舌,强于百万之师。胜不敢复相士②。”遂以为上客③。

【注释】

①九鼎大吕:九鼎和大吕。九鼎,相传为夏禹所铸;大吕,周朝宗庙里的大钟,都是传国的宝器,因也用以比喻事物之贵重。

②胜不敢复相士:姚苎田曰:“平原语,处处肖其为人。”

③遂以为上客:梁启超曰:“毛遂一小蔺相如也,其智勇略似之,其德量不逮,要亦人杰也矣。”史珥曰:“游客极奇之事,子长层次写来,字字欲活。惜‘王之命县于遂手’,及‘公等录录’‘因人成事’三语,露出本色耳。”

【译文】

平原君与楚国结成同盟后就回去了,回到赵国后,他对人们说:“我再也不敢观察士人了。我观察士人多者上千,少的也有上百,自以为不会漏掉有大本事的人，如今没想到却漏掉了毛先生。毛先生一到楚国，就使赵国比九鼎、大吕都还要尊贵。毛先生的三寸之舌比百万军队还要厉害。我再也不敢观察士人了。”于是把毛遂当作贵客。

平原君既返赵，楚使春申君将兵赴救赵①，魏信陵君亦矫夺晋鄙军往救赵②，皆未至。秦急围邯郸，邯郸急，且降，平原君甚患之。邯郸传舍吏子李同说平原君曰③：“君不忧赵亡邪？”平原君曰：“赵亡则胜为虏，何为不忧乎？”李同曰：“邯郸之民，炊骨易子而食，可谓急矣，而君之后宫以百数，婢妾被绮縠④，余粱肉，而民褐衣不完，糟糠不厌。民困兵尽，或剡木为矛矢⑤，而君器物钟磬自若⑥。使秦破赵，君安得有此？使赵得全，君何患无有？今君诚能令夫人以下编于士卒之间，分功而作，家之所有尽散以飨士⑦，士方其危苦之时，易德耳⑧。”于是平原君从之，得敢死之士三千人。李同遂与三千人赴秦军⑨，秦军为之却三十里。亦会楚、魏救至，秦兵遂罢，邯郸复存。李同战死，封其父为李侯⑩。

【注释】

①楚使春申君将兵赴救赵：据《春申君列传》，战事发生在楚考烈王六年，赵孝成王九年，即前257年。

②矫夺晋鄙军：详见《魏公子列传》。矫，假托君命。晋鄙，魏国将领。

③传（zhuàn）舍：古代供行人食宿之所。李同：即李谈。司马迁为避父名讳改写。

④绮縠（hú）：绫绸绉纱之类。丝织品的总称。

⑤剡(yǎn):削尖,削。

⑥钟磬(qìng):钟和磬,古代礼乐器。

⑦飨:犒劳,招待。

⑧易德:泷川引中井曰:“危苦,故小惠微恩足以结之。”

⑨李同遂与三千人赴秦军:李贽曰:“邯郸之故主灰飞,咸阳宫阙烟灭久矣,而李同至今犹在世也。……读史至李同战死,遂为三叹。”史珥曰:“李同战死,为功甚大,非此力战恐亦不能待楚、魏之救。”

⑩李侯:一说封邑在李,故称李侯;一说只是称号,没有封邑。

【译文】

平原君回到赵国后,楚国派春申君领兵前来救援赵国,魏国的信陵君也假托王命夺取了晋鄙统率的军队前来救助赵国,都还没有到达。这时秦军加紧攻击邯郸,邯郸危急,快要失守了,平原君非常着急。邯郸传舍吏的儿子李同对平原君说:“您不担心赵国灭亡吗?”平原君说:“赵国灭亡我就会成为俘虏,怎么不担心呢?”李同说:“邯郸的老百姓,如今已经到了拿人骨头当柴烧,互相交换着孩子吃的地步,可以说是艰难到了极点了,可是您家里姬妾有上百人,侍女仆妇都穿着绫罗绸缎,好菜好饭吃不完,而百姓们却穿不上件完整的粗布短衣,连口糟糠都吃不饱。士兵们武器已经用尽,削尖了木头作兵器,可是您家中各种器物乐器却还像从前那样一件不少。如果秦国攻破赵国,您还能够拥有它们吗?而如果赵国能得以保全,您还用担心有什么东西得不到呢?现在您如果能把您夫人以下的人都编入士卒中,让他们与大家分担各种劳务,把您家里所有的东西都拿出来犒赏士兵,人们正处在危难关头,容易感恩感戴。”平原君接受了李同的建议,于是很快组织起一支三千人的敢死队。李同也和这三千人一起扑向秦军,秦军被他们震慑,后退了三十里。这时正好楚国、魏国的救兵也到了,秦军只得撤围回国,邯郸得以保全。李同战死了,赵国封他的父亲为李侯。

虞卿欲以信陵君之存邯郸为平原君请封。公孙龙闻之[①]，夜驾见平原君曰："龙闻虞卿欲以信陵君之存邯郸为君请封，有之乎？"平原君曰："然。"龙曰："此甚不可。且王举君而相赵者，非以君之智能为赵国无有也；割东武城而封君者，非以君为有功也，而以国人无勋[②]，乃以君为亲戚故也。君受相印不辞无能，割地不言无功者，亦自以为亲戚故也。今信陵君存邯郸而请封，是亲戚受城而国人计功也。此甚不可。且虞卿操其两权，事成，操右券以责[③]；事不成，以虚名德君。君必勿听也。"平原君遂不听虞卿。

【注释】

①公孙龙：赵人，名家代表人物。

②非以君为有功也，而以国人无勋：顾炎武曰："当作一句读，言非国人无功而不封，君独有功而封也。"

③右券：古代刻木为契，分为左右两半，双方各执其一，作为凭信。左半叫左券，右半叫右券。券，契据。

【译文】

虞卿想因为信陵君解了邯郸之围为平原君向赵王请求封赏。公孙龙听说后，连夜驾车会见平原君说："我听说虞卿想因为信陵君解了邯郸之围为您请封，有这回事吗？"平原君说："有。"公孙龙说："这绝对不可以。赵王举用您做赵相，并不是因为您的智慧才能在赵国绝无仅有；把东武城分出来作为您的封地，也不是因为您有功劳，而其他人没有功劳，就是因为您是自己亲戚的缘故。您接受相印的时候并没有因无能而推辞，接受封地的时候也没有因无功而推辞，也是自认为是国君的亲戚。现在您因为信陵君解救了邯郸而请求封赏，这是既凭着亲戚的身份接受城邑，又要以普通人的身份去计算功劳。这绝对不可以。现在虞卿的做法是想左右逢源，如果事情成功，他就会居功，像债主一样向您索取报酬；如果事不成，他也能有为您着想的虚名让您感激他。您一定不要听他的。”平原君就没有听从虞卿的。

平原君以赵孝成王十五年卒[①]。子孙代，后竟与赵俱亡[②]。

平原君厚待公孙龙。公孙龙善为坚白之辩[③]，及邹衍过赵言至道[④]，乃绌公孙龙[⑤]。

【注释】

①赵孝成王十五年：前251年。《索隐》曰：“《六国年表》及世家并云‘十四年卒’，与此不同。”

②竟与赵俱亡：史珥曰：“写得生色，所以明平原君在三君上，视‘绝无后’与死于李园者相去岂上下床哉！”

③坚白之辩：这是战国时名家学说的一个命题。公孙龙主“离坚白”，惠施主“合同异”之说，开展论辩。公孙龙认为“坚”“白”是脱离“石”而独立存在的实体，从而夸大了事物之间的差别性而抹杀了其统一性；惠施认为“坚”“白”与“石”有差异，但它们是同一的。

④邹衍：齐人，阴阳家代表人物。至道：最好的学说、道德或政治制度。

⑤绌：通“黜”。

【译文】

平原君死于赵孝成王十五年。他的子孙世代为平原君，一直到赵国灭亡为止。

平原君厚待公孙龙。公孙龙以擅长分辨“坚”“白”之类逻辑关系闻名，后来邹衍经过赵国讲说所谓“至道”，公孙龙就被疏远了。

虞卿者，游说之士也。蹑跻檐簦说赵孝成王[①]。一见，赐黄金百镒，白璧一双；再见，为赵上卿[②]，故号为虞卿[③]。

【注释】

①蹑跻（juē）：穿着草鞋。跻，草鞋。檐簦（dàn dēng）：背着伞。檐，举，负荷。簦，古代长柄伞。

②上卿：古官名。周制天子及诸侯皆有卿，分上、中、下三等，最尊贵者谓“上卿”。

③号为虞卿：《集解》引谯周曰：“食邑于虞。”泷川曰：“虞，其氏，故命其书曰《虞氏春秋》；卿，盖其字，犹荀卿、荆卿之类，未必为上卿之故。”

【译文】

虞卿是游说之士。他穿着草鞋拿着雨伞去游说赵孝成王。第一次见面，赵王赏赐了他黄金百镒，白璧一对；第二次见面，封他做了赵国上卿，所以人们称他为虞卿。

秦、赵战于长平[①]，赵不胜，亡一都尉。赵王召楼昌与虞卿曰[②]：“军战不胜，尉复死，寡人使束甲而趋之[③]，何如？”楼昌曰：“无益也，不如发重使为媾[④]。”虞卿曰：“昌言媾者，以为不媾军必破也。而制媾者在秦。且王之论秦也，欲破赵之军乎，不邪？”王曰：“秦不遗余力矣，必且欲破赵军。”虞卿曰：“王听臣，发使出重宝以附楚、魏，楚、魏欲得王之重宝，必内吾使[⑤]。赵使入楚、魏，秦必疑天下之合从，且必恐。如此，则媾乃可为也。”赵王不听，与平阳君为媾[⑥]，发郑朱入秦[⑦]。秦内之。赵王召虞卿曰：“寡人使平阳君为媾于秦，秦已内郑朱矣，卿以为奚如？”虞卿对曰：“王不得媾，军必破矣。天下贺战胜者皆在秦矣。郑朱，贵人也，入秦，秦王与应侯必显重以示天下[8]。楚、魏以赵为媾，必不救王。秦知天下不救王，则媾不可得成也。”应侯果显郑朱以示天下贺战胜者，终不肯媾。长平大败[9]，遂围邯郸，为天下笑。

【注释】

①秦、赵战于长平：战事发生在赵孝成王六年，前260年。长平，古邑名，在今山西高平西北。属赵。

②楼昌：赵国将领。

③束甲：卷起甲衣。表示轻装疾进。

④重使：负有全权重任的使臣。媾（gòu）：讲和，求和。

⑤内：“纳”的古字。

⑥平阳君：即赵豹，惠文王同母弟。

⑦郑朱：赵国贵族。

⑧秦王：指秦昭王，前306—前251年在位。应侯：指范雎（jū）。事迹详见《范雎蔡泽列传》。

⑨长平大败：按，长平之战详情见《廉颇蔺相如列传》《白起王翦列传》。

【译文】

秦、赵在长平交战，赵国没胜，伤亡一名都尉。赵王召来楼昌和虞卿说：“军队被秦国打败了，还死了一名都尉，我打算让军队轻装突袭秦军，怎么样？”楼昌说：“没有什么好处，不如派全权使臣去与秦国议和。”虞卿说：“楼昌提议议和的原因，是他认为不议和我们就会大败。可是和或不和的主动权掌握在秦国一方。请大王您分析一下秦国，它是想打败我们呢，还是不想？”赵王说：“秦国是不遗余力了，一定要打败我们。”虞卿说：“请大王您听我的建议，派使者带着珍贵宝物去联合楚国和魏国，楚国和魏国想得到大王的宝物,一定会接纳我们的使者。赵国的使者进入楚国和魏国,秦国一定会怀疑天下要合纵,肯定会恐慌。像这样,议和才能进行。”赵王没听虞卿的建议,而与平阳君赵豹决定与秦国议和,派郑朱入秦。秦国接纳了他。赵王召见虞卿说:“我让平阳君去和秦国议和,秦国已经接纳了郑朱,您认为怎么样?”虞卿说:“大王的议和不会成功,我们的军队也一定要被打败了。各国祝贺胜利的人已经在秦国了。郑朱是我国的显贵,他进入秦国,秦王和应侯范雎一定会特意在各国诸侯面前做出尊重郑朱的样子。这样楚国和魏国觉得赵国已经与秦国议和了,就一定不会再来救援大王了。当秦国知道各国诸侯都不会再来救援大王时,议和也就不可能成功了。”应侯范雎果然特意做出很尊重郑朱的样子给各国前来向秦国祝贺的人看,而最后果然没有与赵国议和。赵军在长平大败,秦军进而包围了邯郸,赵国被天下人耻笑。

秦既解邯郸围[①],而赵王入朝,使赵郝约事于秦[②],割六县而媾[③]。虞卿谓赵王曰:“秦之攻王也,倦而归乎?王以其力尚能进,爱王而弗攻乎?”王曰:“秦之攻我也,不遗余力矣,必以倦而归也。”虞卿曰:“秦以其力攻其所不能取,倦而归,王又以其力之所不能取以送之,是助秦自攻也。来年秦复攻王,王无救矣。”王以虞卿之言告赵郝。赵郝曰:“虞卿诚能尽秦力之所至乎?诚知秦力之所不能进,此弹丸之地弗予,令秦来年复攻王,王得无割其内而媾乎?”王曰:“请听子割矣,子能必使来年秦之不复攻我乎?”赵郝对曰:“此非臣之所敢任也。他日三晋之交于秦,相善也。今秦善韩、魏而攻王,王之所以事秦必不如韩、魏也。今臣为足下解负亲之攻[④],开关通币,齐交韩、魏,至来年而王独取攻于秦,此王之所以事秦必在韩、魏之后也。此非臣之所敢任也。”

【注释】

①秦既解邯郸围:按,此处与史实不符。按,长平之战后秦军并未立即进围邯郸。《白起王翦列传》有所谓“应侯言于秦王曰:‘秦兵劳,请许韩、赵之割地以和,且休士卒。’王听之,割韩垣雍、赵六城以和。正月,皆罢兵。”可知秦破赵长平后,确如《赵策》所云秦国曾一度“引兵而归”。《赵世家》亦谓是年“王还,不听秦,秦围邯郸。”所谓“王还”即指赵王在长平大败后入朝于秦而还。

②赵郝:赵国贵族。亲秦派。

③割六县而媾:梁玉绳曰:“《赵策》谓秦破赵长平归,使人索六城于赵而讲。”鲍彪注:“《史》书此事在邯郸解围后,邯郸之围非秦得赵而解,赵赖魏之力耳,何事朝秦而讲以六城?《策》以长平破,惧而赂之,是也。”

④解负亲之攻:李笠曰:“‘负亲’者即谓赵之事秦不如韩、魏耳,赵郝自谓为赵王解释其背负亲睦之攻耳。”鲍彪曰:“赵尝亲秦而负之,故秦来攻。”

【译文】

秦国解除邯郸之围后,赵王去朝见秦王,派赵郝去订约服从秦国,表示愿意割让六个县和秦国讲和。虞卿对赵王说:“秦国这次进攻大王,是因为疲倦无力再攻而退兵吗?大王认为他们的力量还能进兵吗?是因为爱您而不再进攻了吗?”赵王说:“秦国攻打我们,没留一点余力,一定是因为不能再战才退兵的。”虞卿说:“秦国用尽力气进攻来夺取他们得不到的东西,疲劳不堪地回去了,而大王您却想把秦国用尽力气夺不到的东西送给它,这是帮助秦国来打自己啊。明年秦国再来进攻大王,大王就没办法解救啦。”赵王把虞卿的话告诉了赵郝。赵郝说:“虞卿能准确地判断秦国的力量是已经用尽了吗？如果他能准确判断秦国的力量不能再来进攻那当然好了；假如不能，这块小小的地盘不给秦国，秦国明年再来进攻，那时大王恐怕还要割更靠里的地盘给秦国才能求和吧？”赵王说：“我恭听您的意见割地给秦国，但是您能保证明年秦国不会再来攻打我们吗？”赵郝说：“这不是我敢担保的。以往，韩、赵、魏三国和秦国结交，彼此相好。现在秦国和韩、魏友好而来进攻大王，那说明您对秦国恭敬服从的程度不如韩、魏两国。我现在为您解除因背叛盟国而招来的攻击，开放边关，互相交往，跟秦国的友好程度，与韩国、魏国等同；如果明年秦国又单独来进攻您，这一定是您对秦国恭敬事奉的程度比不上韩、魏两国。这不是我能担保的。”

王以告虞卿。虞卿对曰：“郝言‘不媾，来年秦复攻王，王得无割其内而媾乎’。今媾，郝又以不能必秦之不复攻也。今虽割六城，何益！来年复攻，又割其力之所不能取而媾，此自尽之术也，不如无媾。秦虽善攻，不能取六县；赵虽不能守，终不失六城。秦倦而归，兵必罢[①]。我以六城收天下以攻罢秦，是我失之于天下而取偿于秦也。吾国尚利，孰与坐而割地，自弱以强秦哉？今郝曰‘秦善韩、魏而攻赵者，必王之事秦不如韩、魏也’，是使王岁以六城事秦也，即坐而城尽。来年秦复求割地，王将与之乎？弗与，是弃前功而挑秦祸也；与之，则无地而给之。语曰‘强者善攻，弱者不能守’。今坐而听秦，秦兵不弊而多得地，是强秦而弱赵也。以益强之秦而割愈弱之赵，其计故不止矣[②]。且王之地有尽而秦之求无已，以有尽之地而给无已之求，其势必无赵矣[③]。”

【注释】

①罢（pí）：疲敝，惫乏。

②故：这里指势必。

③以有尽之地而给无已之求，其势必无赵矣：郭嵩焘曰：“六国割地事秦，并当时策士设为之辞，非事实。综六国时事见之‘世家’者，惟楚襄王十九年，秦伐楚，割上庸、汉北地与秦；考烈王元年，纳州于秦以平；魏安釐王二年，秦军大梁，与秦温以和；四年，秦攻魏杀十五万人，魏与秦南阳以和；及燕王喜二十七年，献督亢地图于秦诸事而已。并乘战胜之势，挟以割地。策士之言，假割地之名以申其说，而论者遂谓六国之祸，弊在赂秦，不一详考其事实。故尝以谓战国策士之术行，颠倒反复以议论相胜，而天下之祸乃愈烈。”

【译文】

赵王把赵郝的话告诉了虞卿。虞卿说：“赵郝说‘如果我们不割地求和，明年秦国再来进攻大王，大王就得割更靠里的土地才能够求和’。可是现在割地求和，赵郝又不能肯定明年秦国不再来进攻我们。那我们现在割让这六个县，有什么用呢！明年秦国再来进攻，又割让秦国用尽力量也得不到的地盘来求和，这是自取灭亡的方法，不如不求和。秦国即便是善战，它也不能轻易地夺取我们六个县；赵国即使不能防守，到底不会丢掉六个城邑。秦国力尽退兵，他们一定是疲惫不堪了。如果我们用这六个城去收买拉拢东方各国去进攻疲惫的秦国，那么这些用于拉拢东方各国失去的可以从秦国得到补偿了。这对于我们还有一定好处，与平白无故地割让地盘，削弱自己来让秦国变得更强大相比，哪个更好呢？现在赵郝说‘秦国和韩国、魏国友好而只攻赵国，一定是因为大王对秦国恭敬服从的程度比不上韩、魏’，这是想让大王每年都割六个城去事奉秦国，这样渐渐城邑就割尽了。来年秦国再来要求割地，您还给它吗？不给，那就前功尽弃给了秦国攻打我们的理由；想给，却已经没有土地可给了。俗话说‘强者善于进攻，弱者不能防守’。现在我们坐在这听任秦国摆布，秦军不用费劲就可以多得土地，这样是让秦国越来越强而赵国越来越弱。让越来越强的秦国来分割越来越弱的赵国，那么它的算计就没完没了了。而且您的地盘是有限的，而秦国的要求是无休止的，以有限的地盘去供给它无限的贪求，这样赵国势必会灭亡。”

赵王计未定，楼缓从秦来①，赵王与楼缓计之，曰：“予秦地何如毋予，孰吉？”缓辞让曰：“此非臣之所能知也。”王曰：“虽然，试言公之私。”楼缓对曰：“王亦闻夫公甫文伯母乎②？公甫文伯仕于鲁，病死，女子为自杀于房中者二人。其母闻之，弗哭也。其相室曰③：‘焉有子死而弗哭者乎？’其母曰：‘孔子，贤人也，逐于鲁，而是人不随也。今死而妇人为之自杀者二人，若是者必其于长者薄而于妇人厚也。’故从母言之，是为贤母；从妻言之，是必不免为妒妻。故其言一也，言者异则人心变矣。今臣新从秦来而言勿予，则非计也；言予之，恐王以臣为为秦也：故不敢对。使臣得为大王计，不如予之。”王曰：“诺。”

【注释】

①楼缓：原赵国贵族，后入秦，任秦相。

②公甫文伯：名歜（chù），春秋鲁国大夫。

③相室：协助处理家务事者，如师傅、保姆之类。

【译文】

赵王还没有拿定主意，楼缓从秦国来了，赵王跟楼缓商量这件事，说：“割地给秦国或者不割地给秦国，哪样好？”楼缓推辞说：“这不是我能判断的。”赵王说：“尽管如此，你还是谈谈自己的意见。”楼缓回答说：“大王听说过公甫文伯的母亲吗？公甫文伯在鲁国做官，生病死了，他的两个姬妾随即为他自杀。他的母亲听说了这件事，就不哭她的儿子了。她家的保姆说：‘哪里有儿子死了母亲不哭的呢？’公甫文伯的母亲说：‘孔子是贤人，被鲁国驱逐出境时，他没有跟随孔子一起流亡。现在他死了却有两个女子为他自杀，这说明他一定是对有德行的人无情无义而对女人却情义深厚。’所以这话从母亲口中说出，这就是良母；倘若从妻子口中说出，恐怕就不免会被说是妒妻了。所以同样的话，说话的人不同，别人的看法就会改变了。现在我刚从秦国来，如果我要说不给，那不是好办法；如果我说给，恐大王会认为我是帮助秦国，所以我不敢回答。如果我能够为大王谋划，还是给秦国为好。”赵王说：“好。”

虞卿闻之，入见王曰：“此饰说也[①]，王慎勿予！”楼缓闻之，往见王。王又以虞卿之言告楼缓。楼缓对曰：“不然。虞卿得其一，不得其二。夫秦、赵构难而天下皆说[②]，何也？曰‘吾且因强而乘弱矣[③]’。今赵兵困于秦，天下之贺战胜者则必尽在于秦矣。故不如亟割地为和[④]，以疑天下而慰秦之心。不然，天下将因秦之强怒，乘赵之弊，瓜分之。赵且亡，何秦之图乎？故曰虞卿得其一，不得其二。愿王以此决之，勿复计也。”

【注释】

①饰说：虚饰之辞。

②构难：结仇交战。说：后作“悦”。

③乘：欺凌，侵袭。

④亟（jí）：急速。

【译文】

虞卿听说这件事，进宫去见赵王说："楼缓所说都是诡辩，大王千万不要割地给秦国！"楼缓听说后，又去见赵王。赵王又把虞卿的话告诉了楼缓。楼缓说："不是这样。虞卿只知其一，不知其二。秦国和赵国交战而天下其他国家都高兴，为什么呢？他们都说'我们可以趁机跟随强大的秦国来欺压软弱的赵国了'。如今赵国的军队已经在秦国的攻击下困顿不堪，东方各国派去祝贺胜利的人一定已经都聚集到秦国了。所以我们不如迅速割地求和，让东方各国疑心赵国与秦国已经讲和，同时也可以让秦国称心。不这样做，东方各国就会利用秦国愤怒、赵国疲惫的机会，瓜分赵国。赵国就要灭亡了，还能谈什么算计秦国呢？所以说虞卿只知其一，不知其二。希望大王就这样定下来，不要再考虑了。"

虞卿闻之，往见王曰："危哉楼子之所以为秦者，是愈疑天下①，而何慰秦之心哉？独不言其示天下弱乎②？且臣言勿予者，非固勿予而已也。秦索六城于王，而王以六城赂齐。齐，秦之深仇也③，得王之六城，并力西击秦，齐之听王，不待辞之毕也。则是王失之于齐而取偿于秦也④。而齐、赵之深仇可以报矣，而示天下有能为也。王以此发声，兵未窥于境，臣见秦之重赂至赵而反媾于王也。从秦为媾，韩、魏闻之，必尽重王；重王，必出重宝以先于王。则是王一举而结三国之亲⑤，而与秦易道也⑥。"赵王曰："善。"则使虞卿东见齐王⑦，与之谋秦。虞卿未返，秦使者已在赵矣。楼缓闻之，亡去。赵于是封虞卿以一城。

【注释】

①愈疑天下：胡三省曰："赵与秦和，则天下愈疑而不肯亲赵也。"

②示天下弱：史珥曰："'示天下'一语是大作用，所谓'国势'也。南宋君臣昧于此义，故屈辱日至，卒无以自立。"

③齐，秦之深仇也：胡三省曰："齐自宣、湣以来亲楚而仇秦，孟尝君尝率诸侯伐秦至函谷。"

④取偿于秦：胡三省曰："赵失地于赂齐，而能攻秦，取其地以偿所失。"

⑤三国：指齐、韩、魏。

⑥与秦易道：鲍彪注："赵割地与秦，三国贺秦而赵孤；赵割地与齐，则三国助赵而秦孤，故曰'与秦易道'。"易道，犹言"易地"，互相更换了主动与被动的地位。

⑦齐王：名建，前264—前221年在位。

【译文】

虞卿听说后，又去见赵王说："楼缓为了秦国利益而对您说的这些话真是太险恶了！这么做将令东方各国更加怀疑赵国，又怎么能让秦国称心呢？他怎么就不说这是在各国面前暴露赵国的虚弱呢？再说，我说不给秦国土地，并不是仅仅不给就算了。秦向大王索要六个城邑，大王可把这六个城邑送给齐国。齐国是秦国的大敌，他们得到赵国的六个城，又能够和赵国协力西进抗秦，他们听从您的话，不等您说完就会应允。这样您在齐国失去的东西就可以从秦国得到补偿。齐国和赵国的深仇大恨可以报，还可以让各国看到我们赵国是有作为的。大王您只要将联齐抗秦之说昭告天下，不等我们出兵接近秦国的边境，我就可以看到秦国的重礼到了赵国，秦国反而来向我们求和了。到那时我们再答应与秦国讲和，那么韩国和魏国听到了，也就会尊重您；他们尊重大王，就一定会献出重宝争先向您示好。这样您一举就能与三个国家结好，赵国和秦国的地位就与现在相反了。"赵王说："好！"于是派虞卿东行去见齐王，和齐王谋划共同抗秦。虞卿还没回赵国，秦国派来求和的使者就已经到了赵国了。楼缓听说后，赶紧逃走了。赵王于是赏给了虞卿一座城。

居顷之，而魏请为从。赵孝成王召虞卿谋。过平原君，平原君曰："愿卿之论从也。"虞卿入见王。王曰："魏请为从。"对曰："魏过。"王曰："寡人固未之许。"对曰："王过。"王曰："魏请从，卿曰魏过，寡人未之许，又曰寡人过，然则从终不可乎？"对曰："臣闻小国之与大国从事也[①]，有利则大国受其福，有败则小国受其祸。今魏以小国请其祸，而王以大国辞其福，臣故曰王过，魏亦过。窃以为从便[②]。"王曰："善。"乃合魏为从[③]。

【注释】

①从事：周旋。这里指两国联合。

②窃以为从便：李光缙引焦竑曰："虞卿此言，乃不辩之辩，不为之为，盖深于长短之术者。然纵之利害正尔，虽微平原之托，亦必云然。"

③乃合魏为从：郭嵩焘曰："秦、汉以下对君之词，必务张大其国之势，而高其主之贤，其源固出于虞卿也。是时赵地不广于魏，其强弱之势亦无以加于魏。始皇十九年灭赵虏赵王迁，二十二年灭魏虏魏王假，魏之亡又后四年。以赵与秦接，其祸尤烈于魏也。虞卿之导谀，实开秦、汉以后二千年之风尚矣。"

【译文】

过了不久，魏国请求与赵国联合抗秦。赵孝成王就召来虞卿商量。虞卿先去拜访平原君，平原君说："希望你多谈论合纵有利。"虞卿入宫觐见赵王。赵王说："魏国请求和我们联合抗秦。"虞卿说："魏国错了。"赵王说："我还没有答应它。"虞卿又说："大王错了。"赵王说："魏国请求联合抗秦，你说魏国错了；我没有答应它，你又说我错了，那么合纵是无论如何都不能成功吗？"虞卿说："我听说小国与大国结盟，有利是大国得利，有祸是小国受祸。现在魏作为一个小国来请求与我们结盟而自甘遭受灾难，而大王作为一个大国君对于好处却推辞不受，所以我说大王错了，魏国也错了。就这件事情来说，我私下认为两国联合有利。”赵王说：“好。”于是就和魏国建立了抗秦同盟。

虞卿既以魏齐之故，不重万户侯卿相之印，与魏齐间行，卒去赵，困于梁[①]。魏齐已死，不得意，乃著书[②]，上采《春秋》，下观近世，曰《节义》《称号》《揣摩》《政谋》，凡八篇[③]。以刺讥国家得失，世传之曰《虞氏春秋》。

【注释】

①“虞卿既以魏齐之故”几句：魏齐是魏安釐王之相，曾听信谗言笞辱范雎。范雎逃入秦国任国相后，向魏国索取魏齐。魏齐逃至赵国投靠平原君，秦国又向赵国索取。赵王害怕，想拘捕魏齐献给秦国。虞卿时为赵相，谏赵王不听，于是放弃相位跟魏齐一同奔魏想请信陵君帮助。信陵君迟疑未见，魏齐于是自杀，虞卿亦留居、穷困于大梁。事情详见《范雎蔡泽列传》。间行，潜行，微行。

②不得意，乃著书：全祖望《经史问答》曰：“《范雎传》魏齐之亡在秦昭王四十二年，其时虞卿已相赵，弃印与俱亡，而困于大梁。《虞卿传》谓其自此不得意，乃著书以消穷愁。是弃印之后虞卿遂不复出也。乃长平之役在昭王四十七年，史公所谓虞卿料事揣情为赵画策者，反在弃印五年之后，则虞卿尝再相赵矣，何尝穷愁以老？而史公序长平之策于前，序大梁之困于后，颠倒其事，竟忘年数之参错，岂非一大怪事也？”梁玉绳曰：“虞卿尝再相赵，则其著书非穷愁之故，《史》误言之也。”

③凡八篇：《正义》引《汉书·艺文志》曰“十五篇”。《十二诸侯年

表序》记载为“赵孝成王时，其相虞卿上采《春秋》，下观近势，亦著八篇，为《虞氏春秋》”。

【译文】

后来虞卿为了帮助魏齐，不看重万户侯的封赏和卿相的官爵，和魏齐一起从小路逃离赵国，去了魏国大梁，留在那里困顿不堪。魏齐死后，虞卿很不得志，于是就开始著书，上取《春秋》，下考近代，写了《节义》《称号》《揣摩》《政谋》，一共八篇，用来讥刺国家得失，流传于世，被称为《虞氏春秋》。

太史公曰：平原君，翩翩浊世之佳公子也①，然未睹大体。鄙语曰“利令智昏”②，平原君贪冯亭邪说，使赵陷长平兵四十余万众，邯郸几亡③。虞卿料事揣情，为赵画策，何其工也！及不忍魏齐，卒困于大梁④，庸夫且知其不可，况贤人乎？然虞卿非穷愁，亦不能著书以自见于后世云⑤。

【注释】

①翩翩：形容风度或文采的优美。

②鄙语：俗语。

③“平原君贪冯亭邪说”几句：事件详见《赵世家》《白起王翦列传》《廉颇蔺相如列传》。《集解》引谯周曰：“长平之陷，乃赵王信间易将之咎，何怨平原受冯亭哉？”袁黄引袁俊德曰：“使受降而不用赵括，不易廉颇，秦虽见伐，胜负犹未可知也。既弃赵豹之言，又受应侯之愚，有不丧师辱国之理乎？”凌稚隆引吴鼎曰：“信间易将，固自赵王，而贪利启衅，实由平原始谋之不臧也。”徐孚远曰：“传中不载冯亭纳土事，而见之于论赞，为平原君讳也。”冯亭是韩国上党守。赵孝成王四年（前262），秦国攻韩上党，断太行

道，韩不能援。冯亭不愿降秦，派使者对赵王说："韩不能守上党，入之于秦；其吏民皆安为赵，不欲为秦。有城市邑十七，愿再拜入之赵；财，王所以赐吏民。"平原君不顾赵豹反对，劝赵王接纳了冯亭的投降，引发了秦、赵之间的长平之战。

④及不忍魏齐，卒困于大梁：泷川曰："史公暗以魏齐比李陵，以虞卿自居。"

⑤然虞卿非穷愁，亦不能著书以自见于后世：凌稚隆曰："太史公亦因以自见云。"杨慎曰："'虞卿非穷愁，亦不能著书以自见于后世'，韩子《柳子厚墓志铭》用此意。"黄震曰："去谗而远色，固尊贤之道也。平原君以宾客稍引去，乃斩笑躄者美人头，虽曰人情所难，亦已甚矣。邯郸之急，得毛遂以合楚之纵，得李同募死士以须楚、魏之救，邯郸之获全，固平原君力也。然向使不受上党之嫁祸，则赵必无长平之败，亦必无邯郸之围，平原之功于是不足赎误国之罪矣。太史公谓'使赵陷长平兵四十余万，邯郸几亡'，非欤？而谯周乃称'长平之陷，易将之咎，何怨平原'，吁，何惑哉！"又曰："秦攻长平，虞卿劝赵附楚、魏以和秦。赵不听，故秦卒不和，而赵大败。其后赵将割六城事秦，虞卿使于齐以谋秦，而秦反和赵。及魏欲与赵约纵，则卿亟劝成之。卿无言不效，无谋不忠，大要归于结和邻国以自重，而使秦反轻，此至当之说也，与一时东西捭阖之士异矣。弃赵卿相，而与故交魏齐俱困大梁，以著《虞氏春秋》，其必有决烈之见，而岂其愚也哉！""

【译文】

太史公说：平原君是乱世中一位出众的贵族子弟，但是不太识大局。俗话说"利令智昏"，平原君听信冯亭的邪说，贪图上党之利，结果使赵国四十多万士兵在长平被杀，首都邯郸几乎丢失。虞卿分析时势，揣摩敌情，为赵国出谋划策，是多么周密啊！后来因为不忍心魏齐的落难，使得自己困居大梁，当时一般人也都明白不能这样做，何况聪明人呢？但是虞卿若不是穷愁潦倒的话，也就不能著书立说使自己显名后世了。

【集评】

苏辙曰："赵胜倾身下士，以窃一时之声可耳；至于为国计虑，胜不知也。赵欲拒燕，有廉颇、赵奢不能用，而割地与齐以借田单，知单之贤而不知其不为赵用也。及韩冯亭以上党嫁祸于赵，赵豹明其不可，而胜贪取之。长平之祸成于胜一言，此皆贵公子不知务之祸也。乃欲使之相危国，拒强秦，难矣哉！"又曰："游说之士皆历抵诸侯，以左右网其利，独虞卿始终事赵，专持纵说，其言前后可考，无反复之病。观其赴魏齐之急，捐相印、弃万户侯而不顾，此固义侠之士，非说客也哉！"（《古史》）

鲍彪曰："虞卿可谓见明者矣，当赵以四十万覆于长平之下，凡在赵庭之臣孰不魄夺气丧，愿媾秦以偷须臾之宁？卿独为之延虑却顾，折楼缓之口，挫强秦之心，反使秦人先赵而媾。于此亦足见纵者天下之势。七国辩士策必中、计必得，而不失其正，惟卿与陈轸有焉，贤矣哉！"（《战国策注》）

吴见思曰："此传史公剪取战国之文，故另是一种笔仗，纯以姿致风度为妙。……两传最佳者，则毛遂定楚从处，如华岳插天，不阶寸土，而奇峰怪石，劈面相迎；虞卿对郝缓处，如山泉下垂，逐层喷落，而平原容与，曲折骏驶，各成其妙。"（《史记论文》）

李景星曰："赵国兵祸，莫甚于长平之败，莫急于邯郸之围，当时能为赵援，使之弱而不至于亡者，楚、魏是也。平原君克致楚、魏之师，虞卿亦尝劝赵王发使以附楚、魏；及秦兵退后，虞卿又欲以邯郸之存为平原君请封。二人于赵均有关系，而虞卿之于平原君又独自有关系，故史公以之合传。"又曰："通篇叙事，变换《国策》之文，纯以风度取胜。其传平原君也，多用叠句，故气厚而力完。……又平原君传中，出力写一毛遂，如华岳插天，不阶寸土，奇峰突兀逼人。……似此等处，真令人百读不厌。"（《史记评议》）

【评论】

平原君以养士闻名，号称“战国四公子”之一，却是其中最平庸的那个。孟尝君开养士风气之先，信陵君的养士是出于国家利益，所养之士为“国士”，春申君本人有着很高的政治才能；相比之下，平原君本人见识平庸，养士也带有很大盲目性。他的门客多达数千人，但在准备赴楚谈判时想选二十个文武兼备的都选不出，而且到了楚国，这些被选出的人也都不顶用，反而是他最看不上的毛遂帮他解决了问题。当救兵未到，邯郸危急时，他的门客一筹莫展，为他出主意的是邯郸传舍小吏之子李同。被信陵君所倾慕，甘心微服与游的毛公、薛公，他不屑一顾。这些都说明平原君的不识人，所以信陵君说他的养士是“徒豪举耳，不求士也”。他的平庸还表现为贪图韩国的上党，引发了长平之战；在秦用反间计使赵国用赵括替换廉颇时毫无察觉；在长平大败后并无一计可防备秦军进围邯郸。这些事详见《赵世家》，在本传中没有写，但在最后的论赞中却是重点批判的内容。但是平原君也有着忠于国家、虚心纳谏、知过必改、忠于友人的优秀品质。尤其是他能采纳李同的建议，将自己的全部家财拿出来犒军，将自己的夫人以下家人全部编入士兵的队伍，一同守城，显示出与国共存亡的精神。这与为图谋私利，甚至不惜招引敌国攻打自己国家的孟尝君相比，其思想境界无疑高得多。《范雎蔡泽列传》中还写了平原君为了保护魏齐而不惜被秦扣留之事。魏齐是秦相范雎的仇人，藏在他家，秦王让他交出魏齐，他说：“贵而为交者，为贱也；富而为交者，为贫也。夫魏齐者，胜之友也，在，固不出也，今又不在臣所。”他这种保护自己朋友的行为连信陵君也自愧不如。大概也正因如此，唐人有“买丝绣作平原君”（李贺《浩歌》）、“未知肝胆向谁是，令人却忆平原君”（高适《邯郸少年行》）之句，对他表达了倾心的赞美。

虞卿在赵国上下弥漫着一片割地求和的投降论调中力主合纵抗秦，并力挫楼昌、赵郝、楼缓三人对赵王的游说，显示出的真知灼见和凛然气节都令人敬佩。他所说“以有尽之地而给无已之求，其势必无赵矣”可谓至理名言,与《魏世家》所谓“以地事秦,譬犹抱薪救火,薪不尽,火不灭”,都是苏洵《六国论》“诸侯之地有限,暴秦之欲无厌,奉之弥繁,侵之愈急,故不战而强弱胜负已判矣”的理论来源。他为了魏齐放弃相印与其一齐投奔信陵君,更体现了他的不向强暴力量低头的品格。所以苏辙说:“游说之士皆历抵诸侯,以左右网其利,独虞卿始终事赵,专持纵说,其言前后可考,无反复之病。观其赴魏齐之急,捐相印、弃万户侯而不顾,此固义侠之士,非说客也哉!”(《古史》)

本篇对虞卿事迹的记述多来自《战国策》,但多有不同。王懋竑《白田杂著》曰:“长平之败,赵王与楼缓、虞卿论事,《战国策》皆楼缓语;《史记·虞卿传》以前为赵郝语,后为楼缓语。考其文义,《战国策》为顺。”其结果也与历史事实有出入。如虞卿驳斥楼缓,使其逃走事,见《战国策·赵策三》。据此则似赵王用虞卿之议,赂齐连齐以抗秦矣;然据《白起王翦列传》,则仍曰“割韩垣雍、赵六城以和”,恐司马迁所取之《战国策》并不足信。关于虞卿穷愁著书一事,司马迁既表现出极大同情,更寄托了个人的无限感慨。然而按历史顺序,虞卿之弃赵相印,伴同魏齐出奔乃在前,是赵惠文王时事,见《范雎蔡泽列传》;而虞卿之为赵王设谋,赵王不听,致有长平之败与邯郸之围,皆赵孝成王时事。本篇颠倒了两事的顺序,殊与事实不合,具体是什么原因呢?是否是故意如此以寄个人之感慨呢?

李贽说:“邯郸之故主灰飞,咸阳之宫阙烟灭久矣,而李同至今犹在世也。……故读史至李同战死,遂为三叹。”(《藏书》)李同的故事无疑是本篇中最感人的。李同不过是邯郸传舍小吏的儿子,在邯郸被围的危急时刻,他向平原君进言,以破釜沉舟的勇气与秦人进行战斗,自己与三千敢死队一起冲击秦军,将秦军打退了三十里,等来了楚、魏的救兵,邯郸围解,而李同却战死沙场。李同的英勇无畏、深明大义、为国牺牲的精神千载之下仍然熠熠生辉。李同、毛遂都是普通百姓,正是有了他们的帮衬,才成就了平原君。

本篇最精彩的片段当属毛遂自荐与说楚王合纵。史珥称赞说:“游客极奇之事,子长层次写来,字字欲活。”李景星说:“平原君传中,出力写一毛遂,如华岳插天,不阶寸土,奇峰突兀逼人。……似此等处,真令人百读不厌。”(《史记评议》)然而毛遂的故事不见于《战国策》,其他诸子书亦很少有人道及。这段紧张刺激、惊心动魄又活灵活现的描写,故事性极强,充分体现了司马迁写人记事的才华。但是大凡转述一个历史事件,越简单就越显真实;越详细、越生动就必然是发挥越多。读这些段落,可以长知识,可以长智慧,也可以学习写文章。但它的写法如同小说,是司马迁依据他的理解或众口相传的故事而重新加工创造出来的,是司马迁的杰出创作,不能完全当作信史看。

魏公子列传第十七

【释名】

《魏公子列传》是“战国四公子”中信陵君魏无忌的传记。在“四公子”的传记中只有他称“魏公子”而未像其他三位一样以封号称呼，表明了他的事迹与魏国利益息息相关，表达了司马迁对他的崇敬之情。

全篇可分四部分。第一部分交代信陵君的身世，以及他礼贤下士以确保魏国平安。其中重点写信陵君真诚结交迎请侯嬴之事。第二部分写侯嬴献“窃符救赵”之计，信陵君在侯嬴、朱亥等人协助下夺得晋鄙兵权，解救赵国邯郸之围。第三部分写信陵君在赵国结交隐士毛公、薛公，并在二人的劝导下返魏救国。第四部分写秦国行反间计，魏安釐王猜忌信陵君，夺其兵权，信陵君失意而死。篇末论赞对信陵君做出了高度评价，表现了对信陵君的无限敬仰之情。

魏公子无忌者，魏昭王少子而魏安釐王异母弟也①。昭王薨，安釐王即位，封公子为信陵君②。是时范雎亡魏相秦③，以怨魏齐故④，秦兵围大梁，破魏华阳下军，走芒卯⑤。魏王及公子患之。

【注释】

①魏昭王：名遫，前295—前277年在位。魏安釐王：名圉（yǔ），前276—前243年在位。釐，也作“僖”，音同。

②信陵：古邑名，一作宁陵，在今河南宁陵西。

③范雎亡魏相秦：范雎，字叔，原为魏国人，后化名张禄，入秦为相，事详《范雎蔡泽列传》。

④魏齐：战国时魏国大臣。为魏之公族，历相魏昭王、魏安釐王。曾听信谗言而笞辱范雎，几乎将其打死。

⑤“秦兵围大梁”几句：围大梁事在魏安釐王二年（前275）；破魏华阳下军、走芒卯事，在魏安釐王四年（前273）。此战秦军斩杀赵、魏联军十五万人。梁玉绳曰：“雎相在秦昭四十二年，秦围大梁及破魏华阳二事在昭王三十二、（三十）四两年，其时穰侯相秦也，安得谓因雎怨魏齐而兴兵乎？误矣。”大梁，战国时魏国都城，在今河南开封。华阳，地名，在今河南新郑北。走，赶跑。芒卯，魏将。

【译文】

魏国公子无忌，是魏昭王的小儿子，魏安釐王同父异母的弟弟。魏昭王逝世之后，魏安釐王继位，封公子无忌为信陵君。当时魏国的范雎逃到秦国做了宰相，因为怨恨魏相魏齐，曾一度派秦兵包围了大梁，又打败了进攻华阳的赵、魏联军，魏将芒卯被打跑。魏安釐王和公子无忌对这种形势都很担忧。

公子为人仁而下士[①]，士无贤不肖皆谦而礼交之，不敢以其富贵骄士。士以此方数千里争往归之[②]，致食客三千人[③]。当是时，诸侯以公子贤，多客，不敢加兵谋魏十余年[④]。

【注释】

①下士：屈身交接贤士。

②方数千里：方圆几千里。

③致：招致，招来。

④“当是时”几句：此夸大之词。郭嵩焘曰：“案《魏世家》，安釐王元年，秦拔魏两城；二年，又拔二城；三年，拔四城；四年，秦破魏，予秦南阳以和；九年，秦拔魏怀；十一年，秦拔魏郪丘；齐楚攻魏，秦救之，魏王因欲伐韩求故地，信陵君谏；二十年，秦围邯郸，信陵君矫夺晋鄙军救赵。盖自魏安釐王立，无岁不有秦兵。是时秦益强，六国日益削弱，而赵将楼昌攻魏几，廉颇攻魏房子，又攻安阳。所谓‘诸侯不敢加兵谋魏十余年’，是史公极意描写之笔，无事实也。”

【译文】

魏公子为人仁厚又礼贤下士，士人无论有没有才能，他都以礼相待，从不敢仗着自己的富贵而傲慢待人。方圆几千里内的士人因此都争相前来投奔公子无忌，公子无忌门下因而招来食客三千人。当时，各个诸侯因为公子无忌贤明，他门下又有很多有才能的门客，所以十多年都不敢出兵来图谋魏国。

公子与魏王博[①]，而北境传举烽[②]，言“赵寇至，且入界”。魏王释博，欲召大臣谋。公子止王曰：“赵王田猎耳，非为寇也。”复博如故。王恐，心不在博。居顷[③]，复从北方来传言曰：“赵王猎耳，非为寇也。”魏王大惊，曰：“公子何以知之？”公子曰：“臣之客有能深得赵王阴事者[④]，赵王所为，客辄以报臣，臣以此知之。”是后魏王畏公子之贤能，不敢任公子以国政。

【注释】

①博：古代的一种棋类游戏。对博的双方各有六根博箸和六枚棋子，棋子布在博局（相当于棋盘）上，博局上有TLV形的格道，行棋之前先要投箸（犹今掷骰子），根据投的结果来决定行棋的步子。参见孙机《汉代物质文化资料图说》。

②举烽：燃起烽火。《集解》引文颖曰："作高木橹，橹上作桔槔，桔槔头兜零，以薪置其中，谓之烽。常低之，有寇即火然举之以相告。"

③居顷：过了一会儿。

④深得赵王阴事：《索隐》谓谯周作"探得赵王阴事"。

【译文】

有一次，公子无忌正与魏王下棋，突然从北部边境传来报警烽火，说"赵国敌军来了，很快就要进入国境"。魏王扔下棋子，就要召集大臣们商议。公子无忌拦住魏王说："那是赵王在打猎，不是来侵犯我国。"说完就接着像之前一样下棋。但魏王心里害怕，心思不能放在下棋上。过了一会儿，又从北边传来消息说："是赵王在打猎，不是来进犯。"魏王非常惊讶，说："你是怎么知道的呢？"公子无忌说："我的门客中有人能掌握赵王的秘密，赵王有什么举动，我的门客就会报告给我，因此我能知道。"从此以后魏王害怕公子无忌的才能，不敢再把国家大事交给公子无忌处理了。

魏有隐士曰侯嬴，年七十，家贫，为大梁夷门监者①。公子闻之，往请，欲厚遗之②。不肯受，曰："臣修身絜行数十年③，终不以监门困故而受公子财。"公子于是乃置酒大会宾客④。坐定，公子从车骑，虚左⑤，自迎夷门侯生。侯生摄敝衣冠⑥，直上载公子上坐，不让，欲以观公子，公子执辔愈恭⑦。侯生又谓公子曰："臣有客在市屠中，愿枉车骑过之[8]。”公子引车入市。侯生下见其客朱亥，俾倪[9]，故久立与其客语，微察公子[10]，公子颜色愈和。当是时，魏将相宗室宾客满堂[11]，待公子举酒；市人皆观公子执辔，从骑皆窃骂侯生。侯生视公子色终不变，乃谢客就车[12]。至家，公子引侯生坐上坐，遍赞宾客[13]，宾客皆惊。酒酣，公子起，为寿侯生前[14]。侯生因谓公子曰：“今日嬴之为公子亦足矣[15]。嬴乃夷门抱关者也[16]，而公子亲枉车骑，自迎嬴于众人广坐之中。不宜有所过，今公子故过之。然嬴欲就公子之名，故久立公子车骑市中，过客以观公子[17]，公子愈恭。市人皆以嬴为小人，而以公子为长者能下士也[18]。”于是罢酒，侯生遂为上客。

侯生谓公子曰：“臣所过屠者朱亥，此子贤者，世莫能知，故隐屠间耳。”公子往数请之，朱亥故不复谢，公子怪之。

【注释】

①夷门监者：夷门的守门人。夷门，即魏都大梁东门。

②厚遗（wèi）：赠送给他厚礼。

③絜行：使自己品行高洁。絜，同“洁”，这里做动词用。

④置酒：安排酒宴。

⑤虚左：古代乘车时以左为尊位，这里指空着左边的尊位，即后面所谓“直上载公子上坐”之“上坐”。

⑥摄：整理，收拾。

⑦辔（pèi）：驾驭马的缰绳。

⑧枉：弯曲，这里指绕路。

⑨俾倪（pì nì）：同“睥睨”，斜视，这里指用眼睛余光偷瞄。

⑩微：暗暗，悄悄。

⑪将相宗室宾客：指身份为国家将相和宗室贵戚的宾客。

⑫谢客：辞别朋友。

⑬遍赞宾客：《索隐》曰："赞者，告也。谓以侯生遍告宾客。"——向宾客介绍侯生，以示尊敬。赞，告知。

⑭为寿：敬酒以祝健康长寿。

⑮为：帮助。王叔岷曰："为犹助。……《论语·述而》'夫子为卫君乎？'郑玄注：'为犹助也。'"

⑯抱关：守门。关，门栓。

⑰过客：造访朋友。

⑱长者：德行高尚的人。

【译文】

魏国有个隐士名叫侯嬴，年纪已经七十岁了，家里很穷，是大梁夷门的守门人。公子无忌听说他后，就去拜见他，想赠送给他一份厚礼。侯嬴不肯接受，说："我修养道德保持品行廉洁几十年，终究不能因为看守城门贫穷而接受您的财物。"公子无忌于是就大摆酒宴，邀请了很多贵宾。客人们都入席坐好后，公子无忌让车马跟着自己，空着车子左边的尊位，亲自去夷门迎接侯嬴。侯嬴整了整自己破破烂烂的衣帽，直接登上了公子的车，坐在左边的尊位上，毫不谦让，想借此看看公子无忌的反应，公子无忌手握缰绳，动作更加恭敬。侯嬴又对公子无忌说："我有个朋友在市集上卖肉的店里，想劳您的车驾绕路去拜访一下他。"公子无忌就驾车进入市集。侯嬴下车去见他的朋友朱亥，故意站在那跟朱亥说个没完，又斜着眼睛暗暗观察公子无忌，发现公子无忌的神色更加平和了。当时，公子无忌府里满堂贵宾，都是宗室贵族和朝廷将相，正等着公子回来开席；市集上的人也都看到公子无忌亲自牵着缰绳，公子无忌的随从们都在心里偷偷大骂侯嬴。侯嬴见公子无忌恭敬的神态始终不变，这才与朱亥道别上了车。到了公子无忌府中，公子无忌引着侯嬴坐在上座，向宾客们逐个介绍侯嬴，宾客们对此都非常惊讶。当大家酒喝得正高兴的时候，公子无忌又站起来，到侯嬴面前向他敬酒祝福。侯嬴于是对公子无忌说："今天我帮助公子也够多了。我就是夷门的一个守门人，而公子竟亲自屈尊驾车，把我接到这满堂贵宾之中。本来对我不应该这样过分礼遇，如今公子故意这样过分礼遇我。但是我为了成就公子的美名，所以才故意让公子带着车马随从长时间站在市集里，借拜访朋友来考察公子，结果公子您更加谦恭。整个市集的人都认为我侯嬴是小人，而称赞公子是德行高尚的人，能够礼贤下士。"于是宴会尽欢而散，从此侯嬴就成了公子无忌的上宾。

侯嬴对公子无忌说："那天我去拜访的屠夫朱亥，是个有才能的人，因为俗世中没人了解他，所以才隐居在屠户里。"公子无忌听说后几次去拜访他，朱亥却故意一次也没回拜，公子无忌对此感到很奇怪。

魏安釐王二十年①，秦昭王已破赵长平军②，又进兵围邯郸③。公子姊为赵惠文王弟平原君夫人④，数遗魏王及公子书⑤，请救于魏。魏王使将军晋鄙将十万众救赵⑥。秦王使使者告魏王曰："吾攻赵旦暮且下，而诸侯敢救者，已拔赵⑦，必移兵先击之。"魏王恐，使人止晋鄙，留军壁邺⑧，名为救赵，实持两端以观望。平原君使者冠盖相属于魏⑨，让魏公子曰⑩："胜所以自附为婚姻者，以公子之高义，为能急人之困⑪。今邯郸旦暮降秦而魏救不至，安在公子能急人之困也！且公子纵轻胜⑫，弃之降秦，独不怜公子姊邪？"公子患之，数请魏王，及宾客辩士说王万端。魏王畏秦，终不听公子。公子自度终不能得之于王⑬，计不独生而令赵亡，乃请宾客，约车骑百余乘⑭，欲以客往赴秦军，与赵俱死。

【注释】

①魏安釐王二十年：前257年。

②秦昭王：即秦昭襄王，名稷，前306—前251年在位。破赵长平军：事在前260年，即秦赵长平之战，赵军被坑杀四十多万。事详《廉颇蔺相如列传》《白起王翦列传》。长平，赵邑名，在今山西高平西北。

③进兵围邯郸：事在前259—前257年。邯郸，时为赵国都城，在今河北邯郸。

④赵惠文王：名何，赵武灵王之子，前298—前266年在位。平原君：赵惠文王之弟赵胜的封号，他当时担任赵相。平原，赵邑名，在今山东平原西南。

⑤数（shuò）：多次。遗（wèi）：送交。

⑥晋鄙：魏将名。

⑦拔：攻克。

⑧留军壁邺：让军队驻留在邺县筑垒坚守。邺，魏县名，治所在今河北临漳西南。

⑨冠盖相属（zhǔ）：指求救的使者接连不断。冠盖，帽子和车盖，这里代指使者。属，连接。

⑩让：责备，责问。

⑪急人之困：解救别人的困难。急，解救急难。

⑫轻：轻视，看不起。

⑬度（duó）：估计，推测。

⑭约：准备。

【译文】

魏安釐王二十年，秦昭王在长平大败赵军后，又进兵包围了赵国的都城邯郸。公子无忌的姐姐是赵惠文王的弟弟平原君的夫人，平原君屡次给魏王和公子无忌写信，请求魏国援救。魏王于是派将军晋鄙率兵十万去援救赵国。秦王派使者来威胁魏王说："我很快就能把邯郸攻下来，胆敢救援赵国的诸侯国，等我们攻下邯郸，一定首先移兵攻打它。"魏王害怕了，就派人让晋鄙停止进军，留在邺县驻扎下来，名义上是要救赵，实际上是首鼠两端观望动静。平原君的使者络绎不绝地来到魏国，责备公子无忌说："我之所以依附您和您联姻，就是因为公子您重义气，在危急时刻能帮人解救危难。如今邯郸很快就要被迫投降秦国，而魏国的救兵却迟迟不到，从哪里体现出您能在危急时刻帮人解救危难呢！再说您即使看不起我赵胜，不管我而让我去做秦国的俘虏，难道就不可怜您姐姐吗？"公子无忌为此很焦虑，多次请求魏王进军救赵，他的宾客辩士们也用各种方法劝说魏王。但魏王害怕秦国，始终不答应。公子无忌估计无论如何也不能得到魏王的支持了，又决心不能眼看赵国灭亡而自己独自活下来，于是就告诉宾客们，准备好一百多辆车，打算率领他们奔赴前线攻击秦军，和赵国共存亡。

行过夷门，见侯生，具告所以欲死秦军状。辞决而行[①]，侯生曰："公子勉之矣，老臣不能从。"公子行数里，心不快，曰："吾所以待侯生者备矣，天下莫不闻。今吾且死，而侯生曾无一言半辞送我，我岂有所失哉？"复引车还，问侯生。侯生笑曰："臣固知公子之还也[②]。"曰："公子喜士，名闻天下。今有难，无他端而欲赴秦军[③]，譬若以肉投馁虎[④]，何功之有哉？尚安事客？然公子遇臣厚，公子往而臣不送，以是知公子恨之复返也。"公子再拜，因问。侯生乃屏人间语[⑤]，曰："嬴闻晋鄙之兵符常在王卧内[⑥]，而如姬最幸[⑦]，出入王卧内，力能窃之。嬴闻如姬父为人所杀，如姬资之三年[⑧]，自王以下欲求报其父仇，莫能得。如姬为公子泣，公子使客斩其仇头，敬进如姬。如姬之欲为公子死，无所辞，顾未有路耳[⑨]。公子诚一开口请如姬，如姬必许诺，则得虎符夺晋鄙军，北救赵而西却秦⑩，此五霸之伐也⑪。”公子从其计，请如姬，如姬果盗晋鄙兵符与公子。

【注释】

①辞决：告别。决，通“诀”，辞别。

②臣固知公子之还也：黄洪宪曰：“叙侯生与公子语，宛然在眉睫间，盖生初欲为公子画计，恐不从，故于其复还而尽之，所以坚其志耳！”

③他端：其他的打算和对策。

④馁（něi）虎：饥饿的老虎。

⑤屏人：让别人退下。屏，同“摒”。间语：私下单独交谈。

⑥兵符：古代调兵用的信物，一半由大将拿着，一半存于君主处。国君下达军令时，派使者手持一半令符前往，与将军手中的一半相合，即可调兵。

⑦如姬：魏安釐王宠姬。

⑧资之三年：悬赏求人报仇三年。

⑨顾：只是。

⑩却：击退，使之退却。

⑪五霸：即春秋五霸，指齐桓公、晋文公、楚庄王、吴王阖庐、越王句践，一说为齐桓公、宋襄公、晋文公、秦穆公、楚庄王。伐：功业。

【译文】

公子无忌出发经过夷门，特意去见侯嬴，把自己准备为救赵而去跟秦军拼死一战的想法详细告诉了侯嬴。说罢告辞要走，侯嬴说：“公子努力吧，老臣不能随您去了。”公子无忌走了几里地后，心里很不痛快，说：“我对待侯嬴应该说是礼数周全了，天底下没人不知道。可是今天我准备赴死，侯嬴送别我竟然连一言半语的好话都没有，我难道做错了什么吗？”于是又领着车马回来，向侯嬴请教。侯嬴笑着说：“我就知道您会回来的。”接着说：“公子您礼贤下士，天下无人不知。如今遇到难题，想不出别的办法而自己去和秦军拼命，就像把肥肉扔给饥饿的老虎，会有什么功效呢？那养客又有什么用？公子您待我情深义厚，您这么走而我不送您，所以我知道您会心生疑问再回来的。”公子无忌向侯嬴行再拜之礼，向他讨教。侯嬴于是让公子无忌支开众人，私下单独对公子无忌说：“我听说晋鄙的兵符放在大王的卧室里，而如姬是最受大王宠爱的，她可以自由地进出魏王的卧室，有能力把兵符偷出来。我还听说如姬的父亲被人杀害，如姬悬赏三年，从大王以下想找人来报父仇却找不到。最后如姬向您哭诉，您就派门客去斩了她的仇人，把人头交给了如姬。如姬誓死报答您的恩情，在所不辞，只是没有机会罢了。现在您只要一开口请如姬帮忙，如姬一定会答应，这样就可以得到虎符夺得晋鄙的兵权，而后率军北上救赵，使秦国退回西边，这才是春秋五霸一样的功业啊。”公子无忌接受了侯嬴的计策，请求如姬帮着盗取兵符，如姬果然偷出晋鄙的兵符交给了他。

公子行，侯生曰：“将在外，主令有所不受①，以便国家。公子即合符，而晋鄙不授公子兵而复请之，事必危矣。臣客屠者朱亥可与俱，此人力士。晋鄙听，大善；不听，可使击之。”于是公子泣。侯生曰：“公子畏死邪？何泣也？”公子曰：“晋鄙嚄唶宿将②，往恐不听，必当杀之，是以泣耳，岂畏死哉？”于是公子请朱亥。朱亥笑曰：“臣乃市井鼓刀屠者③，而公子亲数存之④，所以不报谢者，以为小礼无所用。今公子有急，此乃臣效命之秋也。”遂与公子俱。公子过谢侯生⑤，侯生曰：“臣宜从，老不能。请数公子行日，以至晋鄙军之日，北乡自刭⑥，以送公子。”公子遂行。

【注释】

①将在外，主令有所不受：《孙子兵法・九变》："将受命于君，合军聚众……君命有所不受。"

②嚄唶（huò zé）：本指大声呼喊，这里指嗓门大，声音粗豪，形容为人勇猛彪悍。《淮阴侯列传》"项王喑噁叱咤"之"喑噁叱咤"与此意近。宿将：久经战阵的老将。

③鼓刀：谓摆弄刀子发出响声。宰杀牲畜时敲击其刀，使之发声，故曰鼓刀。

④存：慰问，问候。

⑤谢：告别。

⑥乡：同"向"。自刭（jǐng）：割颈自杀。

【译文】

公子无忌准备出发了，侯嬴说："大将带兵在外，君主的命令可以不接受，以求有利于国家。您即使与晋鄙的兵符相合，如果晋鄙不把兵权交给您而再向魏王请示，事情就危险了。我的朋友屠户朱亥可以和您一起去，这人是个大力士。到时候晋鄙听命，那是最好的；如果他不听命，可以让朱亥杀掉他。"公子无忌当时就流下泪来。侯嬴说："公子是怕死吗？为什么流泪呢？"公子无忌说："晋鄙是一位叱咤风云的老将，我这么过去，恐怕他是不会听命的，一定要杀掉他，所以我流泪了，哪里是因为怕死呢？"于是公子无忌去邀请朱亥。朱亥笑着说："我只是市集上一个的屠夫，而公子曾多次亲自来慰问我，我以前之所以不回拜，是因为我认为讲这些小礼节没有用。如今公子遇到紧急情况，这正是我献身报效的时机啊。"就跟随公子无忌一同前去。公子无忌来向侯嬴辞行，侯嬴说："我是应该跟您一起去的，可是年纪太大，去不了了。我愿意计算您的行程，当您到达晋鄙军队的那天，就面向北方自刎，用这种方式来送别公子。"公子无忌于是出发了。

至邺，矫魏王令代晋鄙[①]。晋鄙合符，疑之，举手视公子曰[②]："今吾拥十万之众，屯于境上，国之重任。今单车来代之[③]，何如哉？"欲无听。朱亥袖四十斤铁椎[④]，椎杀晋鄙，公子遂将晋鄙军。勒兵下令军中曰[⑤]："父子俱在军中，父归；兄弟俱在军中，兄归；独子无兄弟，归养。"得选兵八万人[⑥]，进兵击秦军[⑦]。秦军解去，遂救邯郸，存赵。赵王及平原君自迎公子于界，平原君负韊矢为公子先引[⑧]。赵王再拜曰："自古贤人未有及公子者也。"当此之时，平原君不敢自比于人。公子与侯生决，至军，侯生果北乡自刭[⑨]。

【注释】

①矫：假托，诈称。

②举手：此为言及尊者或重大事情时的一种礼仪行为，以示郑重其事。

③单车：驾一辆车，形容轻车简从。此处盖晋鄙因公子无忌只身前来，并无魏安釐王亲信使者相伴，故而生疑。《陈丞相世家》载刘邦怀疑樊哙造反时，即同时派陈平和周勃前往，陈平宣布命令，周勃代替樊哙为将，可为参证。

④袖：此谓藏在衣袖里。

⑤勒兵：陈兵，即让军队列阵。

⑥选兵：经过挑选的精兵。

⑦进兵击秦军：沈长云等《赵国史稿》曰："邯郸保卫战的胜利，是诸侯合纵抗秦的胜利。由于史料的缺乏，这次重要战役的过程文献中没有详细记载。1982年考古工作者在河南汤阴五里岗发现了一处战国后期阵亡将士古墓群，学者认为，此墓群的年代、地点与考古现象等方面都与邯郸之役相符。邯郸之役中，魏、楚联军就

驻扎在今河南汤阴一带，秦军为阻挡援赵，在此设有重兵。秦军与援军之间发生激烈战斗，此墓群便是当时阵亡将士墓。墓群密集分布在二十多万平方米的范围内，东西成行，排列有序，总数约有四千座。死者多为男性青壮年，有的尸上还有铜镞。”参见杨育彬《河南考古》。

⑧负：背着。韊（lán）矢：装着箭的箭袋。韊，箭袋。

⑨侯生果北乡自刭：姚苎田曰：“侯生千古大侠，迥非朱家、郭解一流人所及。想其遁迹夷门，桑榆日薄，而一腔热血，未遇真知己者酬之，其意固久将四公子本领车轮打算，而知其无如信陵贤矣。然至白首从人，而或仍归豪举，则前此自爱之谓何？故必再四试之，知其人信可依也，然尚不遽告以真心之言；直至大事临机，而后一场轰烈，为天地间不可少之人。”

【译文】

魏公子到达邺县后，就假传魏王的命令接管晋鄙的兵权。晋鄙合验兵符后，心存疑惑，他举起手看着公子无忌说：“如今我统率十万大军，驻扎在边界线上，这是国家重任。现在你这样单车一人来代替我，这是怎么回事呢？”想不听公子无忌的命令。朱亥在袖子里藏了一柄重四十斤的大铁椎，一下就把晋鄙砸死了，公子无忌于是夺取了晋鄙的兵权。公子无忌让部队列阵，下令说：“父子都在军中的，父亲可以回去；兄弟都在军中的，兄长可以回去；独生子没有兄弟的，可以回去奉养父母。”于是得到了精兵八万人，进兵攻击秦军。秦军解围撤走，于是邯郸得救了，赵国也得以保全。赵王和平原君亲自到国界上来迎接公子无忌，平原君背着箭袋走在前头替公子无忌引路。赵王对公子无忌行再拜之礼说：“自古以来的贤人没有人能比得上公子您啊。”这时，平原君不敢再与别人相比了。公子无忌辞别侯嬴走后，他到达晋鄙军队的那天，侯嬴果然向着北方自刎了。

魏王怒公子之盗其兵符矫杀晋鄙，公子亦自知也。已却秦存赵，使将将其军归魏，而公子独与客留赵。赵孝成王德公子之矫夺晋鄙兵而存赵①，乃与平原君计以五城封公子②。公子闻之，意骄矜而有自功之色③。客有说公子曰："物有不可忘，或有不可不忘。夫人有德于公子，公子不可忘也；公子有德于人，愿公子忘之也。且矫魏王令，夺晋鄙兵以救赵，于赵则有功矣，于魏则未为忠臣也。公子乃自骄而功之④，窃为公子不取也。"于是公子立自责，似若无所容者⑤。赵王扫除自迎，执主人之礼，引公子就西阶。公子侧行辞让，从东阶上⑥。自言罪过，以负于魏，无功于赵。赵王侍酒至暮⑦，口不忍献五城，以公子退让也。公子竟留赵⑧。赵王以鄗为公子汤沐邑⑨，魏亦复以信陵奉公子。公子留赵。

【注释】

①赵孝成王：名丹，赵惠文王之子，平原君之侄，前265—前245年在位。德：感激。

②计：商议。

③骄矜：骄傲自负。自功：自以为有功劳。

④功之：以之为功劳。

⑤似若无所容：好像无地自容。据《战国策·魏策四》，劝说公子无忌不要居功自傲之"客"为唐雎。凌稚隆引杨慎曰："客说公子，其虑甚长者，而公子能听之，至使赵王不忍言献城，此是公子美处。"

⑥公子侧行辞让，从东阶上：《礼记·曲礼上》："主人就东阶，客就西阶，客若降等，则就主人之阶。"据此，正常是主人走东阶，宾客走西阶，客人为表谦逊，就跟着主人走东阶，故此处公子"从东阶

上”。东阶，古人行礼在堂上，需从台阶步行登堂，位于东边台阶为东阶，位于西边的台阶为西阶。

⑦侍酒：陪酒。

⑧竟：最终。

⑨鄗（hào）：赵邑名，在今河北柏乡北。汤沐邑：周代原指供诸侯朝见天子时住宿并沐浴斋戒的封地。《礼记·王制》：“方伯为朝天子，皆有汤沐之邑于天子之县内。”战国以来也指国君、皇后、公主等收取赋税的私邑。

【译文】

魏王对于公子无忌盗窃兵符、假传命令杀死晋鄙的事勃然大怒，公子无忌自己也很清楚。他击退秦兵保全赵国之后，就让其他将领带领军队回到魏国，自己和他的宾客们则留在了赵国。赵孝成王感激公子无忌假传命令夺取晋鄙的军队保全了赵国，就和平原君商量，想要把五座城给公子无忌作为封赏。公子无忌听说此事后，颇感骄傲，于是表现出自以为有功的神色。有位宾客劝他说：“有些事情我们不能忘记，有些事情我们又不能不忘记。别人对公子您有恩德，您是不应该忘记的；如果是您对别人有恩德，希望您能把它忘掉。况且假传魏王的命令，夺取晋鄙的军队来救援赵国，对于赵国是有功的，但对于魏国就算不上是忠臣了。您现在还引以为傲，把这作为自己的功劳，我认为这是不可取的。”公子无忌一听立刻备感自责，似乎真是无地自容了。赵王洒扫庭院亲自把公子无忌接到了王宫，他以主人身份，引领公子无忌到贵宾走的西边台阶。公子无忌谦虚地侧着身子推辞，从东边的台阶走上了殿。他自己说自己是有罪的，背叛了魏国，对赵国也没有什么功劳。赵王陪公子无忌喝酒喝到晚上，竟无法开口说献上五座城的事情，就是由于公子无忌的谦虚退让。公子无忌最终就在赵国留了下来。赵王把鄗邑送给公子无忌作为汤沐邑，魏国也又把信陵给了公子无忌。公子无忌就留在了赵国。

公子闻赵有处士毛公藏于博徒[①]，薛公藏于卖浆家[②]，公子欲见两人，两人自匿[③]，不肯见公子。公子闻所在，乃间步往从此两人游[④]，甚欢。平原君闻之，谓其夫人曰："始吾闻夫人弟公子天下无双，今吾闻之，乃妄从博徒卖浆者游，公子妄人耳。"夫人以告公子。公子乃谢夫人去，曰："始吾闻平原君贤，故负魏王而救赵，以称平原君[⑤]。平原君之游，徒豪举耳，不求士也。无忌自在大梁时，常闻此两人贤，至赵，恐不得见。以无忌从之游，尚恐其不我欲也，今平原君乃以为羞，其不足从游。"乃装为去[⑥]。夫人具以语平原君。平原君乃免冠谢，固留公子。平原君门下闻之，半去平原君归公子，天下士复往归公子，公子倾平原君客。

【注释】

①处士：隐居的才德之士。博徒：赌徒。

②卖浆家：出售酒水等饮料的店铺。

③匿：藏匿，躲藏。

④间：悄悄地。游：交游，交往。

⑤以称平原君：让平原君称心如意。

⑥装：打点行装。

【译文】

公子无忌听说赵国有位处士毛公混迹于赌徒之中，还有一位薛公混迹在买酒水饮料的店里，公子无忌想见他们，这两人都躲了起来，不肯见公子。公子无忌打听到他们在哪里，就悄悄地步行去找他们和他们交游，很开心。平原君听说后，对他的夫人说："原先我听说夫人的弟弟天下无双，可是如今我听说，他竟然跟赌徒和卖酒水的混在一起，他原来是个荒唐人。"平原君夫人把这话告诉了公子无忌。公子无忌就向夫人告辞要离开赵国，说："原先我听说平原君是位贤人，所以才背叛魏王来救赵国，来满足平原君的心愿。现在看来平原君的交游，只不过是自我炫耀，并不是真想要寻求人才。我在大梁的时候，常听说毛公、薛公这两个人是贤才，到了赵国，唯恐见不到他们。以我的身份去跟他们交游，我还担心他们不愿意接纳我，可是现在平原君却认为这是羞耻，看来平原君不值得交往。"说罢整理行装就准备离开。平原君夫人把魏公子的这些话全都告诉了平原君，平原君听后赶紧摘下帽子来向公子无忌道歉，坚决挽留公子无忌。平原君门下的宾客们听说了这件事，有一半的人离开平原君转而投奔公子无忌，天下士子也都去投奔公子无忌，公子无忌的门客大大地超过平原君。

公子留赵十年不归。秦闻公子在赵，日夜出兵东伐魏。魏王患之，使使往请公子。公子恐其怒之，乃诫门下："有敢为魏王使通者[①]，死！"宾客皆背魏之赵，莫敢劝公子归。毛公、薛公两人往见公子曰："公子所以重于赵，名闻诸侯者，徒以有魏也。今秦攻魏，魏急而公子不恤[②]，使秦破大梁而夷先王之宗庙[③]，公子当何面目立天下乎？"语未及卒，公子立变色，告车趣驾归救魏[④]。

【注释】

①通：通报消息。郭沫若曰："在信陵君救赵以后，不怕就打了胜仗，而他（指魏安釐王）对他这位异母弟的处置一定也相当严厉，我们看到信陵君留在赵国一直过了十年的亡命生活都不肯回去，也就可以知道。而在十年之后，魏国受秦的压迫日急一日，魏王被逼得没法，才派人去请信陵君的时候，信陵君还在'恐其怒之，乃诫门下有敢为魏王使通者死'，害怕得那样厉害，戒备得那样决

绝，不正说明着史书上还遗漏了一段很大的痛史吗？”（《〈虎符〉写作缘起》）

②恤：忧虑，关心。

③夷：铲平。

④告车趣（cù）驾：吩咐管车的人赶快套上马，准备动身。趣，督促。驾，拴束好车马。凌稚隆引苏辙曰：“无忌之名，发于侯生，而全于毛、薛。侯生之奇，毛、薛之正，废一不可，而正之所以全者多矣。”

【译文】

公子无忌留在赵国十年没回魏国。秦国听说公子无忌留在了赵国，就不断地出兵东攻魏国。魏王很是烦恼，只好派人去赵国请公子无忌回国。公子无忌怕魏王还在生气，就警告门下宾客说：“胆敢为魏王使者通报的，一律处死！”公子无忌的宾客们大都是跟公子背叛魏国来到赵国的，所以也没有人敢劝公子回去。毛公、薛公两人去见公子无忌说：“您之所以被赵国看重，能扬名于诸侯，都是因为有魏国的存在。如今秦国攻打魏国，魏国情况危急而您漠不关心，万一秦兵攻破大梁毁掉了魏国先王的宗庙，您还有什么面目立于天下呢？”他们话还没有说完，公子无忌脸色顿时大变，立刻吩咐人准备好车马回去救援魏国。

魏王见公子，相与泣，而以上将军印授公子[①]，公子遂将。魏安釐王三十年[②]，公子使使遍告诸侯。诸侯闻公子将，各遣将将兵救魏。公子率五国之兵破秦军于河外[③]，走蒙骜[④]，遂乘胜逐秦军至函谷关[⑤]，抑秦兵，秦兵不敢出。当是时，公子威振天下[⑥]，诸侯之客进兵法，公子皆名之[⑦]，故世俗称《魏公子兵法》[⑧]。

【注释】

①上将军:官名,为当时将军之最高者。

②魏安釐王三十年:前247年。

③五国之兵:指魏、韩、赵、楚、燕五国的联军。杨宽曰:“是时‘天下合纵’,以赵、楚、魏三国为主谋,信陵君正留赵不归,因窃符合纵救赵而破秦,颇具威名,因而被推为五国合纵之师之统帅。”河外:古地区名。战国时人称今河南、山西间黄河以南地区为河外。

④蒙骜:秦国名将,官至上卿。在秦灭韩、魏的过程中立有大功。其孙即蒙恬。

⑤函谷关:古关隘名,在今河南灵宝东北。

⑥公子威振天下:杨宽曰:“魏、楚合纵救赵邯郸之围,不仅攻邯郸之秦军为魏、楚、赵夹击而大破,而且秦将郑安平率军降赵,秦将王龁溃退至河东,又为魏、楚大败。此为秦从来未有之惨败。因而十年后,信陵君再度统率合纵之师进击秦于河外,屡建战功之秦将蒙骜未敢抵抗,即败退而解去,于是信陵君‘威振天下’。”

⑦公子皆名之:都署上魏公子的名字。

⑧《魏公子兵法》:《汉书·艺文志》兵书类著录“《魏公子》二十一篇”,小注称尚有“图十卷”,当即其书。

【译文】

魏王见到了公子无忌,两人相对流泪,魏王把上将军印授给公子无忌,公子无忌于是成为魏国军队的统帅。魏安釐王三十年,公子无忌派出使者把秦国攻魏及自己为将的消息通告各国诸侯。各国诸侯听说是公子无忌统率魏国军队,都派将领领兵来救魏国。公子无忌率领着东方五国联军在河外地区击破秦军,秦国大将蒙骜败逃,五国联军一举乘胜追击直到函谷关下,把秦兵压制在关内,秦兵不敢出关应战。在这个时候,公子无忌威震天下,各诸侯国的宾客们进献有关兵法的文章,公子无忌把它们加以整理,以自己的名字给这部书命名,世俗称为《魏公子兵法》。

秦王患之，乃行金万斤于魏，求晋鄙客，令毁公子于魏王曰：“公子亡在外十年矣，今为魏将，诸侯将皆属[①]，诸侯徒闻魏公子，不闻魏王。公子亦欲因此时定南面而王[②]，诸侯畏公子之威，方欲共立之。”秦数使反间[③]，伪贺公子得立为魏王未也[④]。魏王日闻其毁，不能不信，后果使人代公子将。公子自知再以毁废，乃谢病不朝[⑤]，与宾客为长夜饮，饮醇酒[⑥]，多近妇女。日夜为乐饮者四岁，竟病酒而卒[⑦]。其岁，魏安釐王亦薨[⑧]。

【注释】

①属：隶属，此谓归公子无忌统领。

②南面而王：古代以坐北朝南为尊位，故帝王诸侯见群臣，或卿大夫见僚属，都面朝南方而坐，此谓公子无忌有自立为王的野心。

③反间：反间计，利用敌人的内部矛盾，使其内讧而伺机取胜。《孙子兵法·用间》：“反间者，因其敌间而用之。”

④伪贺公子得立为魏王未也：假装前来祝贺，问公子当上了魏王没有。

⑤谢病：托病，借口有病。

⑥醇酒：酒味厚重的美酒。

⑦竟病酒而卒：最终因饮酒过量而病死。公子无忌死于魏安釐王三十四年（前243）。杨宽曰：“秦行金万斤于魏以毁魏公子于魏王，即李斯‘阴遣谋士赍持金玉以游说诸侯’之计。”

⑧薨（hōng）：诸侯去世称为“薨”。《礼记·曲礼下》：“天子死曰崩，诸侯曰薨，大夫曰卒，士曰不禄，庶人曰死。”

【译文】

秦王对此非常烦恼，于是就在魏国使用了黄金万斤，寻找到晋鄙的门客，让他们在魏王面前诋毁公子无忌说：“公子逃亡国外十年，现在是魏国统帅，其他各国将领也都在他的统领之下，诸侯们只知道魏公子，不知道还有魏王。公子也想趁着这个机会确立自己南面称王的地位，诸侯们害怕公子的威名，正准备共同拥立他。”秦国又屡次地派人来实施反间计，他们假装前来祝贺，问公子做了魏王没有。魏王天天都听到对公子无忌的诋毁，不能不信，最后还是派人接管了公子无忌的兵权。公子无忌知道自己这是第二次因诋毁被弃用，就借口有病不再上朝，常常和宾客们通宵达旦地喝酒，喝得酩酊大醉，又沉湎于女色之中。就这样日夜饮酒作乐过了四年，最后因饮酒过量病死。这一年，魏安釐王也死了。

秦闻公子死，使蒙骜攻魏，拔二十城，初置东郡①。其后秦稍蚕食魏②，十八岁而虏魏王③，屠大梁。

高祖始微少时④，数闻公子贤。及即天子位，每过大梁，常祠公子⑤。高祖十二年⑥，从击黥布还⑦，为公子置守冢五家，世世岁以四时奉祠公子⑧。

【注释】

①东郡：秦郡名，治所在今河南濮阳西南，大略相当于现在河南、河北、山东交界一带地区。

②蚕食：像蚕吃桑叶一样吞并。

③十八岁：公子无忌死后第十八年，即秦王政二十二年，前225年。虏魏王：俘虏魏王，据《秦始皇本纪》，当时“王贲攻魏，引河沟灌大梁，大梁城坏，其王请降”。唐顺之曰：“以魏亡系《信陵传》，见信陵系国之存亡。”魏王，此指魏王假，前227—前225年在位，魏安釐王之孙。

④微少时：年少而地位低微时。

⑤祠：祭祀。

⑥高祖十二年:前195年。

⑦从击黥布还:从讨伐黥布叛乱的前线回来。黥布,本名英布,因曾受黥刑,故人称“黥布”。事详《黥布列传》。

⑧置守冢五家,世世岁以四时奉祠公子:《高祖本纪》云:“十一月,高祖自布军至长安。十二月,高祖曰:‘秦始皇帝、楚隐王陈涉、魏安釐王、齐缗王、赵悼襄王,皆绝无后,予守冢各十家,秦皇帝二十家,魏公子无忌五家。”梁玉绳曰:“《唐书》京兆王氏《世系表》:‘信陵君无忌生间忧,袭信陵君。间忧子卑子逃难泰山,汉高祖召为中涓,封兰陵侯。’《通志·氏族略》从之。果有此事,则当附传末。”

【译文】

秦国听说公子无忌死了,立即派蒙骜攻打魏国,攻下了二十座城,开始将这些地方设置为东郡。之后又慢慢蚕食魏国,公子无忌死后十八年,秦国俘虏了魏王假,攻入魏国国都大梁并进行了屠城。

汉高祖年轻还是平民的时候,多次听说过公子无忌的贤德。等到他即位做了皇帝,每次经过大梁,都要祭祀公子无忌。高祖十二年,他讨平了黥布,回京路过大梁时,下令拨五户人家给公子无忌守坟,让他们世世代代一年四季按时祭祀公子无忌。

太史公曰:吾过大梁之墟,求问其所谓夷门。夷门者,城之东门也。天下诸公子亦有喜士者矣,然信陵君之接岩穴隐者,不耻下交。有以也,名冠诸侯;不虚耳,高祖每过之而令民奉祠不绝也[①]。

【注释】

①绝:断绝。

【译文】

太史公说:我曾到过大梁古城,去打听过人们所说的夷门。夷门原来就是大梁城的东门。六国时天下有很多喜好养士的贵公子，但信陵君是真心实意地去访求山林隐者，不以结交下等人为耻辱。信陵君名满天下，这是有原因的啊；汉高祖每次经过大梁都去祭祀，还派百姓不断按时祭祀他，这些都不是偶然的。

【集评】

黄震曰："无忌用侯嬴、朱亥之力，窃符矫命以赴平原之急；其后在赵，用毛公、薛公之谏，趣驾归魏，以却强秦之围。此四人者，皆隐于屠沽博徒，无忌独能察而用之。五国宾从，威振天下，虽非正道，而能为国家之重，过平原、孟尝远矣。然侯生、朱亥之诈力，又非毛公、薛公之正论比也。安釐王受秦间，用无忌不终，十八岁而魏亡，悲夫！"（《黄氏日钞》）

李晚芳曰："战国四君皆以好士称，惟信陵之好，出自中心。观其下交岩穴，深得孟氏不挟之旨。盖其质本仁厚，性复聪慧。聪慧则能知人用人，仁厚则待贤自有一段眷慕不尽之真意，非勉强矫饰者可比，此贤士所以乐为用也。余三君，孟尝但营私耳；平原徒豪举耳；黄歇愈不足道，类皆好士以自为，而信陵则好士以为国也。好士为国，故其得士之效，亦动关乃国之奠安。得侯生而救赵之功成，救赵即救魏也；得毛、薛而救魏摈秦之功成。秦，天下之仇，而魏则祖宗之国也。以信陵之才，自足以存魏强魏；而所取之士，皆多奇谋卓见，足以赞其存魏强魏之功。故未任事，则天下畏其贤而多客，不敢窥魏；一任事，能使暴秦辄退走不迭，而天下诸侯皆亲魏。乃两以毁废，此天之不祚魏也。'竟病酒而卒'五字，太史公痛惜之声，泪溢笔下。即以魏亡缀诸传末，以其有系于魏之存亡也。孟尝、平原、春申皆以封邑系，独信陵以公子称，明其一心为魏，不失公子之亲，开端连缀三'魏'字，见魏止以信陵重耳。"（《读史管见》）

李景星曰："通篇以'客'起，以'客'结，最有照应。中间所叙之客，如侯生，如朱亥，如毛公、薛公，固卓卓可称；余如探赵阴事者，万端说魏王者，与百乘赴秦军者，斩如姬仇头者，说公子忘德者，背魏之赵者，进兵法者，亦皆随事见奇，相映成姿。盖魏公子一生大节在救赵却秦；成救赵却秦之功，全赖乎客；而所以得客之力，实本于公子之好客。故以好客为主，随路用客穿插，便成一篇绝妙佳文。写侯生处，笔笔如绘，乃又为好客作颊上毫也。传中称‘公子’者，凡一百四十七处，因其钦佩公子者深，故低徊缭绕，特于繁复处作不尽之致。”（《史记评议》）

【评论】

本篇的主旨是歌颂信陵君的礼贤下士和侯嬴诸人的士为知己者死，作者对他们的活动表示了高度的钦敬，对信陵君这个一身系魏国安危的人物的悲剧结局，寄寓了极大的感慨与同情；侯嬴等人的活动表面上是忠于知己，但其内容却是为了抗秦救赵，而救赵亦是为救魏国自己，事关重大，与程婴、聂政等人的“为知己死”不可等量齐观。“窃符救赵”的成功是信陵君“礼贤下士”的结果，也是侯嬴等“士为知己者死”的归宿，政治色彩极其鲜明。这是本篇人物形象所以分外感人的决定因素，也是本篇文章所以远远高出孟尝、平原、春申三传的根本原因。后人于战国诸公子中特别推崇魏公子，这是不难理解的。明代王世贞曾比较魏公子与孟尝、平原、春申三个人的区别说：“三公之好士也，以自张也；信陵之好士也，以存魏也，乌乎同！”这是很中肯的。

但需要注意的是，本篇故事的主体部分，即侯嬴为信陵君策划的窃符以夺晋鄙兵事，不见于《战国策》，亦不见于先秦的其他载籍。今本《战国策》所记载的与《魏公子列传》有关的材料只有两条：其一是《赵策三》的《秦攻赵，平原君使人请救于魏》中有所谓“秦攻赵，平原君使人请救于魏。信陵君发兵至邯郸城下，秦兵罢”云云，仅仅提出了《魏公子列传》主要故事的起因。其二是《魏策四》中的《信陵君杀晋鄙》中有所谓“信陵君杀晋鄙，救邯郸，破秦人，存赵国，赵王自郊迎。唐且谓信陵君曰：‘臣闻之曰，事有不可知者，有不可不知者；有不可忘者，有不可不忘者。’信陵君曰：‘何谓也？’对曰：‘人之憎我也，不可不知也；吾憎人也，不可得而知也。人之有德于我也，不可忘也；吾有德于人也，不可不忘也。今君杀晋鄙，救邯郸，破秦人，存赵国，此大德也。今赵王自郊迎，卒然见赵王，臣愿君之忘之也。’信陵君曰：‘无忌谨受教。’”这段文字司马迁已几乎全部移录在《魏公子列传》中。所改动的只是将说话人的“唐且”改成了不提名的所谓“客”；并将唐且所说的话中删去了“事有不可知者，有不可不知者”“人之憎我也，不可不知也；吾憎人也，不可得而知也”等几句。因为这几句话的意思不很明确，更主要的是它与本文的关系不大。但这段话是我们今天所能见到的司马迁引用与《魏公子列传》有关的最长的一段旧有资料了。此外在《魏策四》的《魏攻管而不下》中还记有信陵君想通过安陵君、缩高以得到管地，遭到拒绝事，因其与魏公子的“好客”，尤其与“窃符救赵”毫无关系，故本传舍之不取。作者写作本文所依据的资料，或系采自大梁长老之逸闻，经史公发挥，首次著录于简策，因此弥足珍贵。

在历史上第一个对魏公子做出高度评价的是荀子，他在《荀子·臣道篇》里说：“有能比知同力，率群臣百吏而相与强君矫君，君虽不安，不能不听，遂以解国之大患，除国之大害，成于尊君安国，谓之辅；有能抗君之命，窃君之重，反君之事，以安国之危、除君之辱，功伐足以成国之大利，谓之拂。……平原君之于赵，可谓‘辅’矣；信陵君之于魏，可谓‘拂’矣。传曰‘从道不从君’，此之谓也。”“抗君之命”即指魏公子公然违背魏安釐王让晋鄙中途止兵不进，以坐观秦赵成败的命令；“窃君之重”指窃符以夺晋鄙兵，毅然破秦救赵；“反君之事”指魏公子虽违背国君之命，却最终替国君做了他应做的事，救赵国也等于救了魏国自己。在《臣道》中荀子还分别评论了孟尝君与平原君，但能称得上是“拂臣”的，只有信陵君一人。

魏公子“窃符救赵”是流传千古的佳话。但在司马迁看来，魏公子之所以能干出、能干成这样的壮举，是幸亏他身边有侯嬴、朱亥等一群出类拔萃的小人物，给他出了大力、帮了大忙。历史家钱穆说：“孟尝君门下之冯谖，平原君门下之毛遂，信陵君门下之侯嬴，此皆三公子三千食客中所稀遘难得之杰出人才，自经迁书之详载乃知孟尝、平原、信陵之得为孟尝、平原、信陵，其背后乃大有人在。此乃一番绝大提示，绝大指点。”这是由于司马迁自幼接近劳动人民，尤其是受过宫刑，从而使他的眼睛能够更向下，更加看到了下层人物的大智慧，尤其是他们那种勇敢无畏的报国报主之心。《魏公子列传》中的侯嬴、朱亥是如此；《孟尝君列传》中的冯谖、鸡鸣狗盗，《平原君列传》中的毛遂、李同也都是如此。从这个角度讲，说司马迁之所以要写《孟尝君列传》《平原君列传》《魏公子列传》，其更深层的目的就是为了要写冯谖、毛遂与侯嬴、朱亥，也是可以的。在这里突出表现了司马迁那种难得而又强烈的民主性。

本篇在写作上也很有特点，前引李景星《史记评论》中的评论已有揭示，梁启超在《中国历史研究法补编》亦云：“信陵君这样一个人，胸襟很大，声名很远，从正面写未尝不可以，总觉得费力而且不易出色。太史公就用旁敲侧击的方法，用力写侯生，写毛公、薛公，都在这些小人物身上着笔，本人反为很少。因为如此，信陵君的为人格外显得伟大，格外显得奇特。”所见亦是。

附带提到，在《魏世家》中，司马迁还录入了署名“魏公子”的给魏王的一篇上书，内容是劝魏王不要联秦伐韩，而应该坚定地与东方各国联合共同抗秦。其中有所谓“秦之欲无穷也，非尽亡天下之国而臣海内，必不休矣”云云，其见解之深刻，语言之精当，直接影响着宋代苏洵的《六国论》。但这篇文章的作者是谁，人们是有争议的。这篇文章观于今本《战国策·魏策三》与出土的《战国纵横家书》，但两书的说话人均不作“无忌”，而作“朱己”。赞成此书的作者应是“无忌”的，有鲍彪、吴师道、缪文远等；主张应作“朱己”，而不是信陵君“无忌”的，有金正炜、朱起凤等。大概是司马迁出于对魏公子的崇敬与喜爱吧，故而他断然地将“朱己”改作了“无忌”。相反，在对待劝魏公子不要因救赵而遂居功的“唐且”上，司马迁却谨慎起来了，他断然改作了“客有说公子曰”。这是因为“唐且”第一次出现在《魏策四》中年已九十岁；等再出现劝魏公子时已是在十年后，应是一百多岁了，于理不太可能，于是便将“唐且”这个名字虚化作“客有说公子曰”了。

史记卷七十八

春申君列传第十八

【释名】

春申君也以爱士养士名列“战国四公子”，但《春申君列传》并不是从他爱士养士的角度为他立传，更多写了他本人的一些事迹。全篇可分为四部分。第一部分写春申君出使秦国上书劝止秦国联合韩、魏攻楚；第二部分写春申君陪同太子在秦为质，在楚王病重之时舍身掩护楚太子回国；第三部分写春申君在楚国为相，发兵救赵解邯郸之围，联合诸侯伐秦，以及门下朱英进言，楚从陈迁都寿春等事。第四部分写春申君受李园诱惑，送孕妾进宫，阴谋篡楚，终致被杀。篇末论赞感慨春申君前半生英明、后半生昏悖。

春申君者[①]，楚人也，名歇，姓黄氏[②]。游学博闻，事楚顷襄王[③]。顷襄王以歇为辩[④]，使于秦。秦昭王使白起攻韩、魏[⑤]，败之于华阳，禽魏将芒卯[⑥]，韩、魏服而事秦。秦昭王方令白起与韩、魏共伐楚，未行，而楚使黄歇适至于秦，闻秦之计。当是之时，秦已前使白起攻楚，取巫、黔中之郡[⑦]，拔鄢、郢[⑧]，东至竟陵[⑨]，楚顷襄王东徙治于陈县[⑩]。黄歇见楚怀王之为秦所诱而入朝[⑪]，遂见欺，留死于秦。顷襄王，其子也，秦轻之，恐壹举兵而灭楚。歇乃上书说秦昭王曰[12]：

【注释】

①春申君：黄歇的封号。黄歇的封地开始在淮北，后来在吴（今江苏苏州一带）。

②姓黄氏：陈直曰："春申君疑为黄国之后，《左传》所谓'汉阳诸姬，楚实尽之'。灭国以后归于楚，故称为楚人。"一说谓其为楚顷襄王之弟。金正炜曰："春申与孟尝、平原、信陵并称四公子，当亦楚之疏属，故朱英说以代立。《韩非子·奸邪弑臣》篇谓为楚庄王之弟（自注：庄王即襄王。后章'庄辛谓楚襄王'，《荀子》作'庄辛谓楚庄王'可证）。其言必当有据。"杨宽亦曰："《史记·游侠列传》云：'近世延陵、孟尝、春申、平原、信陵之徒，皆因王者亲属，藉于有土、卿相之富厚，招天下贤者，显名诸侯。'可知司马迁亦知春申君非游士致显，乃王者亲属。孟尝君之父田婴为齐宣王弟，平原君为赵惠文王弟，信陵君为魏安釐王弟，春申君为楚顷襄王弟。韩非亲与春申同时，其言不致有谬误。"

③楚顷襄王：名横，也称"楚襄王""楚顷王"，楚怀王之子，前298—前263年在位。

④辩：能言善辩，有辩才。

⑤秦昭王：即秦昭襄王，名稷，前306—前251年在位。白起：秦国名将，事见《白起王翦列传》。攻韩、魏：事在秦昭王三十四年，韩釐王二十三年，魏安釐王四年，前273年。

⑥败之于华阳，禽魏将芒卯：事详《白起王翦列传》。梁玉绳曰："华阳之役，秦攻赵、魏以救韩，非攻韩也，且帅师不止白起。……又《策》《史》皆云'走芒卯'，此言'禽之'，亦非。"华阳，地名，在今河南新郑北。

⑦取巫、黔中之郡：《秦本纪》载，秦昭王三十年（前277）"蜀守若伐

楚,取巫郡及江南为黔中郡”。巫,郡名,战国时楚怀王置,因巫山而得名,治所在今重庆巫山北。辖境相当于今湖北清江中、上游和重庆市。黔中,郡名,战国时楚威王始置,因黔山而得名。辖境相当于今湖南西部及贵州东北部。杨宽曰:“白起取巫、黔中郡在拔鄢、郢之后,当在次年。”

⑧拔鄢、郢:《秦本纪》载,白起攻占鄢在秦昭王二十八年(前279),攻占郢在秦昭王二十九年(前278)。鄢,楚邑名,在今湖北宜城东南。郢,楚国都城,今湖北荆州之纪南城。

⑨竟陵:楚邑名,在今湖北潜江西北。

⑩楚顷襄王东徙治于陈县:事在楚顷襄王二十一年,前278年。陈县,楚县名,在今河南淮阳,战国后期为楚国都城。

⑪楚怀王:名槐,前328—前299年在位。

⑫歇乃上书说秦昭王:此下黄歇上书文字见今本《战国策·秦策四》,但现代学者考证认为此非黄歇上书,说详篇末评论。

【译文】

春申君是楚国人,名歇,姓黄。曾游历各地,广泛学习,知识渊博,事奉楚顷襄王。楚顷襄王因为黄歇能言善辩,派他出使秦国。此前,秦昭王派白起攻打韩、魏两国,在华阳打败了他们,生擒了魏国将领芒卯,韩、魏两国由此归服事奉秦国。秦昭王正准备派白起和韩、魏两国共同攻打楚国,还没出发,楚国使臣黄歇恰好来到秦国,听说了秦国的这个计谋。在这个时候,秦国已先派白起攻打楚国,夺取了巫郡和黔中郡,攻克了鄢、郢,并向东一直打到竟陵,楚顷襄王只好将国都向东迁到陈县。黄歇看到楚怀王被秦国引诱到秦国去访问,于是被欺骗,最终被扣留并死在秦国。楚顷襄王是楚怀王的儿子,秦国看不起他,害怕秦国一旦发兵就会灭掉楚国。黄歇便上书劝说秦昭王道:

天下莫强于秦、楚。今闻大王欲伐楚,此犹两虎相与斗。两虎相与斗而驽犬受其弊[1]，不如善楚[2]。臣请言其说：臣闻物至则反，冬夏是也[3]；致至则危，累棋是也[4]。今大国之地，遍天下有其二垂[5]，此从生民已来，万乘之地未尝有也[6]。先帝文王、庄王、王之身[7]，三世不忘接地于齐[8]，以绝从亲之要[9]。今王使盛桥守事于韩[10]，盛桥以其地入秦，是王不用甲[11]，不信威[12]，而得百里之地。王可谓能矣。王又举甲而攻魏，杜大梁之门[13]，举河内[14]，拔燕、酸枣、虚、桃人[15]，邢魏之兵云翔而不敢救[16]。王之功亦多矣。王休甲息众，二年而后复之[17]；又并蒲、衍、首垣[18]，以临仁、平丘[19]，黄、济阳婴城[20]，而魏氏服。王又割濮、磨之北[21]，注齐、秦之要[22]，绝楚、赵之脊，天下五合六聚而不敢救。王之威亦单矣[23]。

【注释】

①两虎相与斗而驽犬受其弊：此谓秦楚两国相争，韩、魏将乘两国疲敝之机得利。受，《索隐》引刘氏曰："受，犹'承'也。"驽犬，劣狗。

②善楚：同楚国友好。

③物至则反，冬夏是也：《正义》曰："至，极也，极则反也。冬至，阴之极；夏至，阳之极。"

④致至则危，累棋是也：谓堆叠棋子，堆得越高越危险。致，鲍彪《战国策》注："言取物置之物上。"棋，陈直曰："《楚辞·招魂》：'箟蔽象棋，有六博些。'本文盖指博箸之棋。"泷川引俞樾曰："黄歇曰：'臣闻物至则反，冬夏是也；致至则危，累棋是也。'蔡泽曰：'日中则移，月满则亏，物盛则衰，天地之常数也。'赵高曰：'秋霜降者草花落，水摇动者万物作。'此皆黄老之说……战国楚汉之际相传不绝。"

⑤二垂：胡三省曰："秦国之地，有天下西、北之二垂也。"

⑥万乘：万辆兵车，此代指实力强大的国家。乘，古代称四匹马拉的车一辆为一乘。

⑦先帝文王、庄王、王之身：底本作"先帝文王、庄王之身"，与下文言"三世"不合，《战国策》作"文王、庄王、王之身"，据改。文王，指秦孝文王，秦始皇祖父，名柱，前250年在位。庄王，即秦庄襄王，秦始皇父亲，名楚，前249—前247年在位。王，即此时之秦王，名政，也即后来的秦始皇。

⑧不忘接地于齐：底本作"不妄接地于秦"，据景祐本等改。意谓念念不忘将秦国的国境向东扩展，跟齐国的边境连起来。

⑨绝从亲之要：东方六国合纵，韩、魏处于腰部地带，秦国出兵吞并韩、魏，接地于齐，即打断其腰部。牛鸿恩曰："王政五年（前242），蒙骜取魏酸枣等二十城，初置东郡，故曰'绝从亲之要'。"要，同"要"，后文"注齐、秦之要"同。

⑩盛桥：即秦王政之弟长安君成蟜。守事于韩：坐镇韩国监督。中井积德曰："守，谓坐而促之，《孟尝君传》'守而责之十年'是也。"

⑪甲：铠甲，此代指兵力。

⑫不信威：不展示武力。信，通"伸"，展示。

⑬杜：杜绝，堵住。大梁：战国时魏都，在今河南开封。

⑭举：攻占。河内：古地区名，当时属魏。战国秦汉时期人们习惯称今河南境内的黄河以北地区叫河内；而称黄河以南地区叫河外。

⑮燕：魏邑名，在今河南延津东北。酸枣：魏邑名，在今河南延津西南。虚：魏邑名，在今河南延津东。桃人：底本作"桃入"，据《战国策》改。桃人，魏邑名，在今河南长垣西北。

⑯邢：黄丕烈曰："邢，应作'荆'。"这里指楚国。云翔：比喻四散而逃。

⑰复之：金正炜曰："复之，疑当作'复出'，《范雎至章》'多之则害于

秦’，亦当作‘多出’。‘之’‘出’篆文相似，易以致误。”

⑱并：兼并。蒲：魏邑名，在今河南长垣。衍：魏邑名，在今河南郑州北。首垣：魏邑名，在今河南长垣东北。

⑲仁：其地未详。平丘：魏邑名，在今河南长垣西南。

⑳黄：魏邑名，也称小黄，在今河南开封东。济阳：魏邑名，在今河南兰考东北。婴城：谓环城，闭城门而据守。

㉑割：割据，占据。濮、磿（lì）之北：今河南濮阳、山东鄄城等一带地区。濮，濮水，流经今河南濮阳南至山东鄄城东南入巨野泽。磿，历山，在今山东鄄城南。

㉒注齐、秦之要：中井积德曰：“注，接也，齐、秦之地相接，如天下之腰也。”

㉓单：《索隐》曰：“单者，尽也，言王之威尽行矣。”谓武力用到极致了。

【译文】

天下没有谁比秦国、楚国更强大。现在听闻大王将要出兵攻打楚国，这就好像两头老虎互相争斗。两头老虎互相争斗，只会让旁观的劣狗乘双方疲敝之时得到好处，所以秦国不如同楚国亲善。请让我陈述我的意见：我听说物极必反，冬季夏季的变换就是这样；事物累积到极至处就危险，堆叠棋子就是这样。现在贵国的国土占据天下西、北两大边陲，自从有人类以来，大国的土地不曾有过这么宽广的。先帝孝文王、庄襄王到大王您，三代国君都不忘夺占土地使秦国的国土和齐国相接，以便从腰部斩断东方各国的合纵联盟。如今大王派盛桥到韩国驻守主事，盛桥将韩地并入秦国，这样不动用兵力，不展示武力，就能得到百里土地。大王您可真称得上能干啦。您又派出部队攻打魏国，堵住魏都大梁的门户，拿下河内，占领了燕、酸枣、虚、桃人等城邑，楚、魏两国的部队四散溃逃，不敢前去救援。大王建立的功绩也够多啦。您停止用兵，让军队休整，两年之后再次出兵；又兼并了魏国的蒲、衍、首垣等城邑，进逼仁和平丘等地，吓得黄邑、济阳两地闭城自守，魏国就向您归服了。您又割占了濮水、历山以北地区，打通了齐国、秦国的腰部通道，截断了楚国、赵国联系的脊梁，天下诸侯三番四次合纵联合而不敢互相救援。大王的威风也可说是发挥得淋漓尽致了。

王若能持功守威[①]，绌攻取之心而肥仁义之地[②]，使无后患，三王不足四，五伯不足六也[③]。王若负人徒之众[④]，仗兵革之强，乘毁魏之威，而欲以力臣天下之主，臣恐其有后患也。《诗》曰："靡不有初，鲜克有终[⑤]。"《易》曰："狐涉水，濡其尾[⑥]。"此言始之易，终之难也。何以知其然也？昔智氏见伐赵之利而不知榆次之祸[⑦]，吴见伐齐之便而不知干隧之败[⑧]。此二国者，非无大功也，没利于前而易患于后也[⑨]。吴之信越也，从而伐齐[⑩]，既胜齐人于艾陵[⑪]，还为越王禽三渚之浦[⑫]。智氏之信韩、魏也，从而伐赵，攻晋阳城，胜有日矣，韩、魏叛之，杀智伯瑶于凿台之下。今王妒楚之不毁也，而忘毁楚之强韩、魏也[⑬]，臣为王虑而不取也。

【注释】

①持功守威：保持功业威力。

②绌：通"黜"，去掉。肥仁义之地：大行仁义之道。姚宏曰："肥，犹'厚'也；地，犹'道'。厚宣仁义之道，则天下皆仰之。"

③三王不足四，五伯不足六：意谓功德不难跟"三王"比肩，合称"四王"；不难与"五霸"并立，合称"六霸"。

④负：依靠，仗着。

⑤靡不有初，鲜克有终：语出《诗·大雅·荡》，指办事善始容易善

终难。初，开始，起初。鲜，少。

⑥狐涉水，濡其尾：语出《周易·未济》彖辞。《正义》曰："言狐惜其尾，每涉水，举尾不令湿，比至极困，则濡之。譬不可力臣之。"

⑦智氏见伐赵之利而不知榆次之祸：春秋末期晋国大夫智瑶势力最大，联合韩、魏两家在晋阳（今山西太原）围攻赵氏，结果韩、赵、魏为自保，反而联合起来共灭智氏。事详《赵世家》。榆次，在今山西晋中榆次。春秋晋榆邑，战国属赵，曰榆次。相传智氏兵败后，智瑶死于榆次城南的凿台之下。

⑧吴见伐齐之便而不知干隧之败：春秋末期吴王夫差仗着兵强马壮，北上与齐国等中原国家争霸，却被越国偷袭，兵败身死。事详《吴太伯世家》《越王句践世家》。干隧，在今江苏苏州西北。春秋吴邑，相传吴王夫差兵败后死于此地。

⑨没（mò）利：被利益蒙蔽。没，沉迷，遮蔽。易患：小看了隐患。易，轻视。

⑩从而伐齐：吴国曾让越国出兵跟随吴军攻打齐国。越国以此讨好吴国，骗取信任。

⑪艾陵：春秋齐邑名，在今山东莱芜东北。

⑫还为越王禽三渚之浦：此大概言之。据《十二诸侯年表》，艾陵之战在吴王夫差十二年（前484），而越灭吴，夫差自杀则在夫差二十三年（前473）。越王，越王勾践。禽，同"擒"。三渚之浦，《战国策》作"三江之浦"，三江指娄江、松江、东江，都离当时的吴国都城（今江苏苏州）不远。

⑬毁楚之强韩、魏也：打败楚国会让韩国、魏国变得强大。

【译文】

大王如果能够保持已有的功绩和威望，消除攻取的野心而大行仁义之道，使秦国没有后患，那就不难跟三王五霸媲美了。大王假如继续仗着人口众多，依靠军队强大，乘着摧败魏国的声威，想用武力臣服天下诸侯，我恐怕会有后患啊。《诗》上说："没有人不能善始，却很少人能善终。"《周易》上也说："狐狸从水里走过，终究要沾湿尾巴。"这都是说开头容易，保持到终局就难了。怎么知道是这样的呢？从前智伯看到了进攻赵襄子的好处，却未能预知在榆次的灾祸；吴王夫差看到进攻齐国的好处，却未能预知在干隧的失败。这两个国家，并不是没有巨大的功绩，可他们沉迷于眼前的利益，而轻视了后面的灾难。吴国相信越国，让越国军队跟着去攻打齐国，在艾陵打败齐国后，回来时便在三渚的水边被越王句践活捉了。智伯相信韩、魏两家，让他们跟着一起去攻打赵氏，围攻赵氏的晋阳城，已经胜利在望了，韩氏和魏氏突然背叛了智伯，将智伯杀死在凿台之下。现在您嫉恨楚国还没被灭，却忘了毁灭楚国会让韩国、魏国变得强大，我替大王考虑，觉得不能这样做。

《诗》曰："大武远宅而不涉①。"从此观之，楚国，援也；邻国②，敌也。《诗》云："趯趯毚兔，遇犬获之。他人有心，余忖度之③。"今王中道而信韩、魏之善王也，此正吴之信越也。臣闻之，敌不可假④，时不可失。臣恐韩、魏卑辞除患而实欲欺大国也⑤。何则？王无重世之德于韩、魏⑥，而有累世之怨焉。夫韩、魏父子兄弟接踵而死于秦者将十世矣⑦。本国残⑧，社稷坏，宗庙毁。刳腹绝肠⑨，折颈摺颐⑩，首身分离，暴骸骨于草泽⑪，头颅僵仆⑫，相望于境，父子老弱系脰束手为群虏者相及于路⑬，鬼神孤伤⑭，无所血食⑮。人民不聊生，族类离散，流亡为仆妾者，盈满海内矣⑯。故韩、魏之不亡，秦社稷之忧也。今王资之与攻楚⑰，不亦过乎！

【注释】

①大武远宅而不涉:《正义》曰:“言大军不远跋涉攻伐。”泷川曰:“庆长本标记引刘伯庄云‘以喻远取地而不能守,不如近攻’。”远宅,牛鸿恩引俞樾曰:“‘远宅’亦当作‘远方’。”此句不见于《诗经》,而出自《逸周书·大武》,原文作“大武远宅不薄”。泷川曰:“薄,迫也。‘不迫’与‘不涉’义相近。”孙诒让曰:“古书引《书》,或通作《诗》。”《范雎蔡泽列传》引《诗》曰“木实繁者披其枝”,与此类似。

②邻国:这里指韩国、魏国。

③“趯趯(tì)毚(chán)兔”几句:语出《诗·小雅·巧言》,原文作“他人有心,予忖度之。跃跃毚兔,遇犬获之”。此谓韩、魏的心思,我们可以猜中,就像猎犬能捕获活蹦乱跳的狡兔。趯趯,跳跃貌。毚兔,狡兔。

④敌不可假:对敌人不能宽容饶恕。假,宽容,饶恕。

⑤卑辞除患:用低三下四的言辞来消除祸患。

⑥重世:连续几代,与下文“累世”意同。

⑦接踵(zhǒng):接着前面人的脚后跟,意谓连续不断。十世:古人以三十年为一“世”,十世即三百年,此为夸大之词。

⑧本国:祖国,本土。

⑨刳(kū):剖开。绝:断。

⑩摺(lā)颐:划破面颊。颐,脸颊。

⑪骸骨:尸骨。

⑫头颅僵仆:意谓头颅遍地,尸骨横陈。颅,头骨。僵仆,倒下。

⑬系脰(dòu)束手:用绳子套着脖子、捆束双手。脰,脖子。

⑭鬼神:此指战死者的祖先。

⑮无所血食:没有地方享受祭祀。血食,古代杀牲取血祭祀,故称享受祭祀为“血食”。

⑯盈：汉惠帝名盈，故梁玉绳曰："'盈'字当讳。"泷川曰："《策》无'盈'字，《新序》无'满'字，《史》'盈'字当衍。"

⑰资：帮助，支持。胡三省曰："谓资以兵也。"

【译文】

《诗》上说："不要派兵到远方去攻打敌人。"由这句话来看，楚国是秦国的朋友；而邻国，却是秦国的仇敌。《诗》上又说："蹦蹦跳跳的狡猾兔子，一旦遇到猎狗就会被抓住。他人有心思，我认真揣摩就能知晓。"现在大王中途相信韩、魏两国对您的亲善，这正像从前吴王相信越国一样。我听说，对敌人不能宽容，时机不可错过。我恐怕韩、魏两国今天伪装谦卑是为了消除祸患，实际上是要欺骗贵国。为什么这样说呢？大王对韩、魏两国并没有多年的恩德，反而有几代的仇怨。韩、魏两国的父子兄弟接连被秦国杀死已将近有十代了。他们的祖国本土残缺不全，他们的社稷、宗庙遭到毁坏。百姓被剖腹断肠，折断脖子，砍伤面颊，身首分离，尸骨暴露在草野、水泽边，头颅僵仆地上，境内到处都看得到，父子老弱被用绳子系着脖子捆着手成为俘虏，相继在路上被押送，他们祖先的魂魄也孤苦伤心，因为以后无处享受祭祀。活下来的人也无法生活，各个家族分离四散、流浪，逃亡沦落为奴仆婢妾的，遍布四海之内。所以韩、魏两国不灭亡，将是秦国的大患。现在大王支持他们，准备跟他们一起攻打楚国，不也错了吗！

且王攻楚，将恶出兵[①]？王将借路于仇雠之韩、魏乎[②]？兵出之日而王忧其不返也，是王以兵资于仇雠之韩、魏也。王若不借路于仇雠之韩、魏，必攻随水右壤[③]。随水右壤，此皆广川大水、山林溪谷，不食之地也[④]，王虽有之，不为得地。是王有毁楚之名而无得地之实也。

【注释】

①将恶（wū）出兵：打算从哪里出兵。恶，同“乌”，哪里，怎么。

②仇雠：仇敌。

③随水右壤：古地区名，即随水以西，主要当指今湖北大洪山一带，当时为楚地。随水，泛指今湖北随州（古随国）境内诸水，钱穆《史记地名考》云：“溠水入涢水，皆在今随县境，随水当指此诸水言。”

④不食之地：泷川曰：“谓不可垦耕。”

【译文】

再说，大王要进攻楚国，准备怎么进兵呢？大王想向仇敌韩、魏两国借道吗？那军队一旦出发大王就要担心他们再也回不来了，这样大王就等于拿军队资助您的仇敌韩、魏两国。大王如果不向韩、魏两国借道，那就必须攻打随水以西地区。而随水以西地区到处都是大河大水、高山密林、深溪幽谷，没有可以种庄稼的地方，大王即使攻占了这地方，也算不上得到了土地。这样您就空有摧毁楚国的名声，却没有得到土地的实惠。

且王攻楚之日，四国必悉起兵以应王[①]。秦、楚之兵构而不离[②]，魏氏将出而攻留、方与、铚、湖陵、砀、萧、相[③]，故宋必尽。齐人南面攻楚，泗上必举[④]。此皆平原四达，膏腴之地，而使独攻[⑤]。王破楚以肥韩、魏于中国而劲齐[⑥]。韩、魏之强，足以校于秦[⑦]。齐南以泗水为境[⑧]，东负海[⑨]，北倚河[⑩]，而无后患。天下之国莫强于齐、魏，齐、魏得地葆利而详事下吏[⑪]，一年之后,为帝未能,其于禁王之为帝有余矣。

【注释】

①四国必悉起兵以应王:鲍彪曰:"四国,齐、赵、韩、魏也。……应,言以兵从之,盖蹑秦也。"

②构:此谓交战。

③留:古邑名,在今江苏沛县东南。方与:古邑名,在今山东鱼台西。铚(zhì):古邑名,在今安徽宿州西南。湖陵:古邑名,也作"胡陵",在今山东鱼台东南。砀:古邑名,在今河南永城东北。萧:古邑名,在今安徽萧县西北。相:古邑名,在今安徽濉溪西北。上述地区战国中期以前属于宋国,故下文称"故宋"。

④泗上:古地区名,即所谓"泗上十二诸侯"地区,也即泗水一带地区,约当今山东曲阜、邹城、滕州一带,当时属楚。

⑤而使独攻:《索隐》曰:"若秦楚构兵不休,则魏尽故宋,齐取泗上,是使齐、魏独攻伐而得其利也。"

⑥王破楚以肥韩、魏于中国而劲齐:指秦国攻打楚国,让韩、魏在中原地区得利,也让齐国更为强大。

⑦校(jiào):抗衡,叫板。

⑧泗水:古水名,源出今泗水(县)东蒙山南麓,因四源并发,故名泗水。西流经泗水、曲阜,至兖州折而南下,经徐州南流入淮河。

⑨东负海:东边背靠大海。

⑩北倚河:北靠黄河。当时黄河经今三门峡、洛阳东流,经今滑县、濮阳,东北折经今山东德州、河北沧州东行入海。

⑪天下之国莫强于齐、魏,齐、魏得地葆利而详事下吏:中井积德曰:"两'齐魏'之'魏'字,疑并衍。"葆,通"保"。详事下吏,假装事奉秦国。详,通"佯",假装。下吏,下级官员、属员,这里借指秦国。

【译文】

而且大王发兵攻打楚国之时，韩、赵、魏、齐四国一定会继大王之后全部起兵。到时秦楚两国交兵打得难解难分，魏国就将出兵攻占留、方与、铚、湖陵、砀、萧、相等城邑，把原属宋国的地盘完全占领。齐军也将南下攻打楚国，泗水流域必定会被攻占。这些都是四通八达的平原，肥沃富饶的地方，却让他们单独占领了。这样大王打败楚国，却让韩、魏两国在中原壮大起来，也让齐国变得更为强劲。韩、魏两国强大起来，就足以跟秦国抗衡。届时齐国南边以泗水为境，东边背靠大海，北边倚靠黄河，没有后顾之忧。到时天下没有比齐国、魏国更强大的国家，齐国、魏国获得土地实利，又假装对秦国毕恭毕敬，一年以后，虽不能称帝，但在阻止大王称帝方面的力量却是绰绰有余了。

夫以王壤土之博，人徒之众，兵革之强，壹举事而树怨于楚，迟令韩、魏归帝重于齐[①]，是王失计也。臣为王虑，莫若善楚。秦、楚合而为一以临韩，韩必敛手[②]。王施以东山之险[③]，带以曲河之利[④]，韩必为关内之侯[⑤]。若是而王以十万戍郑[⑥]，梁氏寒心[⑦]，许、鄢陵婴城[⑧]，而上蔡、召陵不往来也[⑨]，如此而魏亦关内侯矣。王壹善楚，而关内两万乘之主注地于齐[⑩]，齐右壤可拱手而取也[⑪]。王之地一经两海[⑫]，要约天下[⑬]，是燕、赵无齐、楚，齐、楚无燕、赵也。然后危动燕、赵[⑭]，直摇齐、楚，此四国者不待痛而服矣[⑮]。

昭王曰："善。"于是乃止白起而谢韩、魏[⑯]。发使赂楚[⑰]，约为与国[⑱]。

【注释】

①迟:《索隐》曰:“迟,音值,值犹乃也。”《集解》引徐广曰:“迟,一作‘还’。”还,反也,反而。徐孚远曰:“于义‘还’字为长。”令韩、魏归帝重于齐:让韩、魏将帝号之尊归于齐国。帝重,称帝之重。

②敛手:缩手,意谓不敢妄为。

③东山:秦国东境的华山、崤山等山。

④曲河:即今风陵渡那一段黄河,黄河在这里由自北向南流转为自西向东流。

⑤韩必为关内之侯:韩国成为秦国境内的封君,不再是独立国家。关内之侯,秦爵名,秦爵二十级中的第十九级。

⑥郑:指当时韩国的国都新郑(今河南新郑)。

⑦梁氏:指魏国,因其国都在大梁(今河南开封),故也称梁国。寒心:战栗,恐惧。

⑧许:魏邑名,在今河南许昌东。鄢陵:也称安陵,魏邑名,在今河南鄢陵北。

⑨上蔡、召陵不往来:楚国北部的上蔡、召陵不再与大梁来往联系。上蔡,楚邑名,在今河南上蔡西南。召陵,楚邑名,在今河南漯河东北。

⑩关内两万乘之主:即韩、魏两个万乘之国。注地于齐:东扩秦国国界,与齐国接壤。中井积德曰:“注犹接也,谓秦之壤直接之齐也。”

⑪齐右壤:齐国的西部地区。

⑫一经两海:指秦国国土贯穿东西。《正义》曰:“言横度中国东西也。”经,横穿。

⑬要约:控制,约束。

⑭危动:使之危殆动摇。

⑮不待痛而服:不须等待痛击就顺服了。

⑯谢:辞绝。

⑰赂:赠送财物。

⑱约为与国：与楚国相约为盟国。与国，同盟国。

【译文】

凭借大王宽广的国土，众多的人丁，强大的武装，一发兵就与楚国结怨，反而让韩、魏两国将帝号之尊送给齐国，这是大王失算啊。我替大王考虑，不如与楚国亲善。秦国和楚国联合起来一起行动，对付韩国，韩国一定缩手，不敢行动。然后大王凭借东部山脉的险阻，依靠河曲一带的便利，那韩国一定会成为秦国的关内之侯。如果这样，您再派十万大军镇守新郑，那魏国就会胆寒，许、鄢陵就会闭门自守，而上蔡、召陵不再跟魏国往来，这样一来，魏国也会成为秦国的关内之侯。大王一旦同楚国亲善，驱使关内两个万乘之国——韩国与魏国去攻占齐国的土地，齐国西部的土地便可轻易得到。届时大王的国土横穿东、西两海，控制天下诸侯，这样使燕国、赵国不能依靠齐国、楚国，齐国、楚国不能依靠燕国、赵国。然后以危亡震慑燕国、赵国，直接动摇齐国、楚国，这四国不必痛击就会归服了。

秦昭王说："好。"于是就制止白起出兵，同时谢绝了韩、魏两国。还派使者贿赂楚国，与楚国订立条约成为盟国。

黄歇受约归楚，楚使歇与太子完入质于秦①，秦留之数年。楚顷襄王病，太子不得归。而楚太子与秦相应侯善②，于是黄歇乃说应侯曰："相国诚善楚太子乎③？"应侯曰："然。"歇曰："今楚王恐不起疾④，秦不如归其太子。太子得立，其事秦必重而德相国无穷⑤，是亲与国而得储万乘也⑥。若不归，则咸阳一布衣耳⑦；楚更立太子⑧，必不事秦。夫失与国而绝万乘之和⑨，非计也。愿相国孰虑之⑩。"应侯以闻秦王。秦王曰："令楚太子之傅先往问楚王之疾⑪，返而后图之。”黄歇为楚太子计曰:“秦之留太子也,欲以求利也。今太子力未能有以利秦也,歇忧之甚。而阳文君子二人在中[12],王若卒大命[13],太子不在,阳文君子必立为后,太子不得奉宗庙矣[14]。不如亡秦,与使者俱出;臣请止[15],以死当之[16]。”楚太子因变衣服为楚使者御以出关[17],而黄歇守舍,常为谢病[18]。度太子已远[19],秦不能追,歇乃自言秦昭王曰:“楚太子已归,出远矣。歇当死,愿赐死!”昭王大怒,欲听其自杀也。应侯曰:“歇为人臣,出身以徇其主[20],太子立,必用歇,故不如无罪而归之,以亲楚。”秦因遣黄歇。

【注释】

①太子完:楚顷襄王太子,名完,即后来的楚考烈王。入质于秦:到秦国做人质。

②秦相应侯:即范雎,时为秦昭王相,封应侯。

③相国:官名,即丞相,但比丞相地位更高、权力更大,丞相常分左、右两人,相国一般只有一人。此为对范雎的敬称。

④恐不起疾:《资治通鉴》作“疾恐不起”,意思更顺当。

⑤德:感激,感恩。

⑥储万乘:储备了一位万乘之君。

⑦布衣:借指平民,古代平民不能穿锦绣,故称。

⑧更:改。

⑨绝万乘之和:断绝同万乘之君的友好关系。

⑩孰虑:好好考虑。孰,同“熟”。

⑪楚太子之傅:即太子的辅导官,此指黄歇。

⑫阳文君:楚顷襄王近亲,事迹不详。在中:在楚国宫中,顷襄王身边。

⑬卒大命:犹言“大限已到”,即去世。卒,尽。大命,寿限。

⑭不得奉宗庙:此谓不能继位为楚王。不能继位为王,就不能主持王室宗庙的祭祀,故称“不得奉宗庙”。

⑮止:留在秦国。

⑯以死当之:拿生命承担责任。

⑰御:车夫。出关:指出函谷关(在今河南灵宝东北),时楚都在陈(今河南淮阳)。

⑱常为谢病:常常托称太子有病,不能见人。

⑲度(duó):估计,揣测。

⑳出身:献出自己的身家性命。徇:为达到某种目的而不惜身。

【译文】

黄歇同秦国订立条约后回到楚国,楚国派黄歇和太子完前去秦国做人质,秦国扣留他们住了几年。后来楚顷襄王生病了,太子无法回国。太子完跟秦国宰相范雎关系要好,于是黄歇便对范雎说:“相国是真心同楚太子要好吗?”范雎说:“对。”黄歇说:“如今楚王恐怕是一病不起了,秦国不如让楚太子回去。太子能够继位,一定会好好事奉秦国,也会永远感激相国您的恩德,这样既亲近了盟国,又扶植了一位大国君主。如果太子不回去,在咸阳不过是一介布衣罢了;楚国如果另立太子,一定不会乖乖事奉秦国。这样既丢掉了一个盟国,又断绝了与大国之君的友好关系,不是一个好主意。希望相国您仔细考虑这事。”范雎把这些话告诉了秦昭王。秦昭王说:“让楚太子的师傅先回去探问楚王的病情,等他回来后再商议对策。”黄歇替楚太子完谋划说:“秦国扣留太子您,是想借机得到好处。而如今太子您又没能力给秦国提供好处,我为此非常担心。而阳文君的两个儿子在楚王身边,楚王如果去世,太子您又不在,阳文君的儿子一定会被立为王位继承人,这样太子您就不能做楚王了。您不如从秦国逃跑,同楚国使者一起走;我请求留在秦国,以死担当责任。”于是太子完就更换衣服,扮作楚国使者的车夫混出了关,而黄歇留守客馆,常常假托太子有病谢绝宾客。估计太子完已经走远,秦国无法追上了，黄歇就亲自对秦昭王说："楚太子已经回国，走得很远了。我罪该处死，请求赐我一死！"秦昭王大怒，准备听任黄歇自杀。范雎说："黄歇作为人臣，能豁出性命来为他的主上效忠，太子继位后，一定会重用黄歇，因而不如不予治罪，放他回去，借以亲善楚国。"秦国因而打发黄歇回国。

歇至楚三月，楚顷襄王卒①，太子完立，是为考烈王。考烈王元年②，以黄歇为相，封为春申君③，赐淮北地十二县④。后十五岁⑤，黄歇言之楚王曰："淮北地边齐⑥，其事急，请以为郡便⑦。"因并献淮北十二县，请封于江东⑧。考烈王许之。春申君因城故吴墟⑨，以自为都邑。

【注释】

①楚顷襄王卒：事在楚顷襄王三十六年，前263年。

②考烈王元年：前262年。

③封为春申君：《三国志集解》引赵一清曰："春申本以蕲春、申、息得名，至徙江东，城故吴墟，则今苏州也。松江之黄浦，一名春申浦，盖亦以歇得名。"

④淮北地：指今江苏、安徽的淮河以北地区。

⑤后十五岁：楚考烈王十六年，前247年。

⑥边齐：边境与齐国相接。

⑦为郡便：设置为郡，由国家直接管理，便于处理应急事务。

⑧江东：古地区名，长江芜湖至南京段大体由南向北流，此段以东习称为"江东"，约当今无锡、苏州、上海等一带。

⑨故吴墟：指春秋末年吴国的都城，即今江苏苏州。杨宽曰："春申君封于江东，其都邑即是吴国旧都。《吴地传》称'吴诸里大闬，春申君所造'，'楚门，春申君所造，楚人从之，故为楚门'。"

【译文】

黄歇回到楚国后三个月，楚顷襄王去世，太子完即位，这就是楚考烈王。楚考烈王元年，任命黄歇为宰相，封为春申君，赏赐给他淮河以北地区的十二个县。十五年以后，黄歇对楚考烈王说："淮河以北地区靠近齐国，那里情势紧急，请将这个地区设置为郡，治理更方便。"因而一并献出淮河以北地区的十二个县，请求封到江东去。楚考烈王同意了他的请求。春申君便在过去吴国都城的旧址上筑城，作为自己的都城。

春申君既相楚，是时齐有孟尝君[①]，赵有平原君[②]，魏有信陵君[③]，方争下士[④]，招致宾客，以相倾夺，辅国持权。

春申君为楚相四年[⑤]，秦破赵之长平军四十余万。五年，围邯郸[⑥]。邯郸告急于楚[⑦]，楚使春申君将兵往救之[⑧]，秦兵亦去，春申君归。春申君相楚八年[⑨]，为楚北伐灭鲁[⑩]，以荀卿为兰陵令[⑪]。当是时，楚复强[⑫]。

【注释】

①孟尝君：即田文，齐国贵族，曾任齐湣王相，事见《孟尝君列传》。

②平原君：即赵胜，赵武灵王之子、赵惠文王之弟，事见《平原君虞卿列传》。

③信陵君：名无忌，魏安釐王之弟，事见《魏公子列传》。

④下士：礼贤下士。

⑤为楚相四年：即楚考烈王四年，前259年。

⑥五年，围邯郸：梁玉绳曰："长平之战在春申君为相之三年，救邯郸在六年，此皆误。"

⑦邯郸告急于楚：平原君、毛遂等赴楚求救事，参见《平原君虞卿列传》。

⑧楚使春申君将兵往救之：事在楚考烈王六年，赵孝成王九年，秦昭王五十年，前257年。

⑨相楚八年：楚考烈王八年，前255年。

⑩为楚北伐灭鲁：《索隐》曰："按《年表》云，八年取鲁，封鲁君于莒，十四年而灭也。"梁玉绳曰："是岁楚取鲁，封鲁君于莒，此言'灭'，误。"鲁，始建于西周初年，始封君为周公之子伯禽，都城在山东曲阜，至此几乎被灭。

⑪荀卿：即荀子，名况，"卿"是当时对人的敬称，如荆轲亦称"荆卿"。事详《孟子荀卿列传》。兰陵：楚县名，治所在今山东苍山西南。泷川曰："《春申君传》特载荀卿事，犹《魏世家》叙孟子事，见史公尊儒之意。"

⑫当是时，楚复强：郭嵩焘曰："《楚世家》于考烈王之世云'是时楚益弱'，一出兵救赵，一与诸侯共伐秦，不利而去，遂徙都寿春。此云'楚复强'，亦第为春申君作声势而已。"杨宽曰："此时楚不仅灭鲁，且占有齐西边之城邑，故《春申君列传》云'当是时，楚复强'。"

【译文】

春申君担任楚国宰相后，当时齐国有孟尝君，赵国有平原君，魏国有信陵君，大家都争着礼贤下士，招揽宾客，互相争夺贤才，辅佐君王掌握大权。

春申君担任楚国宰相的第四年，秦国在长平大败赵国军队四十多万人。第五年，秦军包围了赵国都城邯郸。赵国向楚国告急，楚国派春申君带兵前去援救赵国，秦军撤走后，春申君率兵返回。春申君担任楚国宰相的第八年，率军北伐，灭了鲁国，任命荀卿为兰陵县令。在这个时期，楚国又强大起来。

赵平原君使人于春申君，春申君舍之于上舍。赵使欲夸楚[①]，为玳瑁簪[②]，刀剑室以珠玉饰之[③]，请命春申君客。春申君客三千余人，其上客皆蹑珠履以见赵使[④]，赵使大惭。

【注释】

①夸楚：向楚人夸耀赵国的富有。

②玳瑁簪：用玳瑁装饰的发簪。

③刀剑室：刀鞘、剑鞘。

④蹑：穿。

【译文】

有一回，赵国的平原君派使臣到春申君家，春申君安排他们住在上等客馆。赵国使臣想向楚国夸耀赵国的富有，用玳瑁制作发簪，剑鞘上用珠玉装饰，请求同春申君的宾客会面。春申君的门客有三千多人，其中上等宾客都穿着珍珠装饰的鞋子来见赵国使臣，赵国使臣深感惭愧。

春申君相十四年[①]，秦庄襄王立，以吕不韦为相[②]，封为文信侯。取东周[③]。

春申君相二十二年[④]，诸侯患秦攻伐无已时，乃相与合从[⑤]，西伐秦，而楚王为从长[⑥]，春申君用事[⑦]。至函谷关，秦出兵攻，诸侯兵皆败走。楚考烈王以咎春申君，春申君以此益疏。

【注释】

①相十四年：楚考烈王十四年，前249年。

②吕不韦：卫国濮阳人，本为商人，帮助秦公子子楚成为秦王（即秦庄襄王）后，被任命为丞相，封文信侯，事详《吕不韦列传》。

③取东周：周王室至周显王（前368—前321年在位）时，王室领地

被两个贵族瓜分,一居巩县(今河南巩义西南),称"东周君";一居王城(今河南洛阳),称"西周君"。前256年,周赧王去世,秦昭王灭西周;至庄襄王元年(前249),又派兵灭东周,至此绵延八百多年的周王朝彻底灭亡。

④相二十二年:楚考烈王二十二年,当秦王政六年,前241年。

⑤相与合从:牛鸿恩曰:"此即由赵将庞煖所组织的最后一次东方合纵,赵、楚、魏、燕、韩五国联军攻秦至蕞(今陕西临潼北),被秦军击退。"合从,同"合纵",南北纵线上的燕、赵、韩、魏、楚五国联合。

⑥楚王为从长:楚考烈王为诸侯联军的首领。

⑦春申君用事:春申君当权理事。

【译文】

春申君担任楚国宰相的第十四年,秦庄襄王即位,任命吕不韦为宰相,封为文信侯。灭了东周国。

春申君担任楚国宰相的第二十二年,东方各国担忧秦国对他们的进攻没完没了,就相互联合起来,向西讨伐秦国,楚考烈王为诸侯联军的首领,春申君掌权处理具体事务。等到诸侯联军行进到函谷关,秦国出兵反击,诸侯联军都败退逃走。楚考烈王因此怪罪春申君,春申君因此逐渐被疏远了。

客有观津人朱英[①],谓春申君曰:"人皆以楚为强而君用之弱,其于英不然。先君时秦二十年而不攻楚[②],何也?秦逾黾隘之塞而攻楚[③],不便;假道于两周,背韩、魏而攻楚[④],不可[⑤]。今则不然,魏旦暮亡,不能爱许、鄢陵[⑥],其许魏割以与秦[⑦]。秦兵去陈百六十里[⑧],臣之所观者,见秦、楚之日斗也[⑨]。"楚于是去陈徙寿春[⑩];而秦徙卫野王,作置东郡[11]。春申君由此就封于吴[12],行相事。

【注释】

①观津:赵邑名,在今河北武邑东。朱英:《战国策·韩策一》作"魏鞅"或"观鞅"。

②先君时秦二十年而不攻楚:底本"秦"上有"善"字,泷川曰:"枫山、三条本无'善'字,与《策》合,各本误衍。"其说是,据删。

③黾隘之塞:即今河南信阳西南之平靖关。楚国自楚顷襄王二十一年(前278)郢都被秦国攻占后,迁都于陈(今河南淮阳)。此后,秦国若从南郡(今河南南阳)出兵攻陈,则须翻越黾隘之塞。

④假道于两周,背韩、魏而攻楚:指秦国从函谷关出兵,直攻楚都陈。假道,借路。两周,战国后期周王室分裂而成的东周、西周两个小国。背韩、魏,越过韩、魏两国之地。

⑤不可:盖当时韩、魏尚有力量,秦国害怕它们联合起来截断其退路。

⑥爱:吝惜。许、鄢陵:均为魏邑。

⑦其许魏割以与秦:听任魏国割让许、鄢陵两地给秦国。王叔岷曰:"其犹将也,《说文》:'许,听也。''其许魏割以与秦',谓'将听魏割许、鄢陵以与秦',楚无可奈何也。"

⑧秦兵去陈百六十里:指秦军占领许和鄢陵后,距离楚都陈县就只有一百六十里了。

⑨秦、楚之日斗:意谓秦楚两国将日夜战斗不已。以上朱英说辞,亦见《战国策·韩策一》。

⑩楚于是去陈徙寿春:事在秦王政六年,楚考烈王二十二年,前241年。寿春,楚邑名,在今安徽寿县。

⑪秦徙卫野王,作置东郡:秦王政五年(前242),秦军攻占魏国北部大片地区,置东郡,郡治设在濮阳(今河南濮阳西南);次年,秦国将居住在濮阳的卫君角及其家族迁到野王。野王,古邑名,战国

属韩，后被秦国攻占，在今河南沁阳。

⑫就封于吴：前往在吴地的封地。

【译文】

春申君的门客中有个观津来的朱英，他对春申君说："人们都认为楚国原本是强大的，而您把它弄弱了，我认为并非如此。先王在位时，秦国二十年不攻打楚国，为什么呢？因为秦国如果越过黾隘之塞来攻打楚国，就非常不便；如果向东、西两周借道，越过韩、魏两国来攻打楚国，也是不行的。如今却不是这样，魏国旦夕之间就要灭亡，不能再顾惜许和鄢陵两地，我们只能听任魏国将这两地割让给秦国。这样秦军距离陈县就只有一百六十里地，我将要看到的，是秦、楚两国天天交战。"楚国于是离开陈县，迁都到寿春；而秦国则将卫君角等迁到野王，在濮阳一带设立了东郡。春申君从此前往在吴地的封地，代行宰相的职权。

楚考烈王无子，春申君患之，求妇人宜子者进之[①]，甚众，卒无子[②]。赵人李园持其女弟，欲进之楚王，闻其不宜子，恐久毋宠。李园求事春申君为舍人[③]，已而谒归[④]，故失期[⑤]。还谒，春申君问之状[⑥]，对曰："齐王使使求臣之女弟，与其使者饮，故失期。"春申君曰："娉入乎[⑦]？"对曰："未也。"春申君曰："可得见乎？"曰："可。"于是李园乃进其女弟，即幸于春申君。知其有身[⑧]，李园乃与其女弟谋。园女弟承间以说春申君曰[⑨]："楚王之贵幸君，虽兄弟不如也。今君相楚二十余年，而王无子，即百岁后将更立兄弟[⑩]。则楚更立君后，亦各贵其故所亲，君又安得长有宠乎？非徒然也，君贵用事久，多失礼于王兄弟，兄弟诚立，祸且及身，何以保相印、江东之封乎？今妾自知有身矣，而人莫知。妾幸君未久，诚以君之重而进妾于楚王，王必幸妾；妾赖天有子男，则是君之子为王也，楚国尽可得，孰与身临不测之罪乎？”春申君大然之，乃出李园女弟谨舍[11]，而言之楚王。楚王召入，幸之，遂生子男，立为太子，以李园女弟为王后。楚王贵李园，园用事。

【注释】

①宜子者：适合生孩子的。

②卒无子：谓到这时还没有子嗣。郭嵩焘曰：“《楚世家》：‘幽王十年卒，同母弟犹代立，是为哀王。哀王立二月，庶兄负刍之徒袭杀哀王而立负刍为王。’而此云考烈王‘卒无子’，与《世家》乖异，此不可晓。”

③舍人：战国时王公贵人私门之官。

④已而：不久。谒归：告假回家。

⑤故失期：故意超过了假期。胡三省曰：“欲以发春申君之问也。”

⑥问之状：问李园超期晚回的原因。

⑦娉入乎：收下聘礼了吗？娉，通“聘”，即聘礼，男方给女方的定亲礼品。

⑧有身：指怀有身孕。

⑨承间：找机会。

⑩百岁：此指去世。

⑪谨舍：胡三省曰：“别为馆舍以居之，奉卫甚谨也。”

【译文】

楚考烈王没儿子，春申君很担心此事，寻找适合生育的女子进献给他，找了很多个，最终还是没生儿子。赵国人李园带着自己的妹妹，想将她献给楚王，听说楚王生不了孩子，怕时间一久，妹妹会失宠。李园就请求事奉春申君做舍人，不久请假回家去，故意延误了期限。李园回来后拜见春申君，春申君问他延误期限的原因，李园说："齐王派使臣求娶我的妹妹，我陪齐王使臣喝酒，所以延误了期限。"春申君说："齐王送来彩礼了吗？"李园说："没有。"春申君说："我能见下你妹妹吗？"李园说："可以。"于是李园就将他的妹妹进献给春申君，很快就受到春申君临幸。李园知道他妹妹已怀有身孕，就跟她商议了一条计策。李园的妹妹找机会对春申君说："楚王对您的尊重宠幸，即使是他的亲兄弟也比不上。如今您担任楚国宰相已二十多年，而楚王没儿子，一旦楚王去世，就要改立他兄弟为王。改立新王以后，新王也会重用他原来的亲信，您又怎能长期受宠呢？非但如此，您地位尊贵，掌权多年，对楚王的兄弟们也多有失礼，楚王的兄弟果真即位，您就将大祸临头，靠什么保住宰相的职位和江东的封地呢？如今我自知怀有身孕，但别人都不知道。我受您宠幸还没多久，如果借重您将我进献给楚王，楚王必定会宠幸我；如果蒙上天保佑我生下儿子，那么您的儿子就会成为楚王，那整个楚国都能得到，这跟面临不测之罪相比哪个更好呢？"春申君听后觉得很有道理，就让李园妹妹搬出去住，保护得很严密，然后将她推荐给楚王。楚王将李园妹妹召进宫，临幸了她，不久就生了个儿子，楚王将其立为太子，封李园妹妹为王后。楚王也重用李园，李园当权掌事。

李园既入其女弟，立为王后，子为太子，恐春申君语泄而益骄，阴养死士①，欲杀春申君以灭口，而国人颇有知之者。

春申君相二十五年②，楚考烈王病。朱英谓春申君曰："世有毋望之福③，又有毋望之祸。今君处毋望之世，事毋望之主，安可以无毋望之人乎④？"春申君曰："何谓毋望之福？"曰："君相楚二十余年矣，虽名相国，实楚王也。今楚王病，旦暮且卒，而君相少主，因而代立当国，如伊尹、周公[⑤]，王长而反政，不即遂南面称孤而有楚国[⑥]。此所谓毋望之福也。”春申君曰：“何谓毋望之祸？”曰：“李园不治国而君之仇也[⑦]，不为兵而养死士之日久矣[⑧]，楚王卒，李园必先入据权而杀君以灭口。此所谓毋望之祸也。”春申君曰：“何谓毋望之人？”对曰：“君置臣郎中[⑨]，楚王卒，李园必先入，臣为君杀李园。此所谓毋望之人也。”春申君曰：“足下置之[⑩]。李园，弱人也，仆又善之，且又何至此！”朱英知言不用，恐祸及身，乃亡去。

【注释】

①阴：暗中。死士：不要命的杀手。

②相二十五年：楚考烈王二十五年，前238年。

③毋望：出乎意料。《正义》曰：“谓不望而忽至也。”

④“今君处毋望之世”几句：中井积德曰：“‘毋望之世’谓祸福不可常也，‘毋望之主’谓宠幸不可恃也，‘毋望之人’谓排难脱厄之人不求而至也。”毋望之人，此朱英自谓。

⑤因而代立当国，如伊尹、周公：谓像古时伊尹、周公代其君主持政事一样。当国，主持国家政事。伊尹，商朝宰相，帝太甲不行德政，伊尹将其放逐于桐宫，代行王政。三年后，太甲改过，伊尹归政。事详《殷本纪》。周公，周武王之弟，周武王死后，其子成王年幼，周公摄政称王。成王长大后，周公归政。事详《周本纪》。

⑥南面称孤而有楚国：指自称楚王而享有楚国。南面，古代以坐北朝南为尊，故王侯接见臣属都面向南而坐。孤，古代侯王自称。

⑦不治国：指李园没有担任宰相。君之仇：是您的仇人。《战国策·楚策四》作“王之舅”。

⑧不为兵：不带兵。

⑨置臣郎中:将我安排在楚王的护卫侍从队伍中。郎,王侯的护卫侍从人员。

⑩置之:搁在一边,不要再说了。

【译文】

李园将妹妹送进宫后,当上了王后,她儿子也成了太子,他担心春申君泄露机密,也怕他变得更骄横,就暗中豢养刺客,想杀掉春申君灭口,楚国有些人知道这事。

春申君担任楚国宰相的第二十五年,楚考烈王病重。朱英对春申君说:“人世间有不期而至的幸福,也有不期而至的灾祸。现在您处在祸福无常的时代,事奉宠幸不可常保的君主,怎能没有不期而至的帮手呢?”春申君说:“什么叫不期而至的幸福?”朱英说:“您担任楚国宰相二十多年了,虽然名义上是宰相,实际上就是楚王。如今楚王病重,旦夕之间就会去世,您就要辅佐幼主,因而代他主持国政,就像伊尹、周公一样,等君王长大再把朝政大权还给他也行,或者自己称王而据有楚国也行。这就是所谓不期而至的幸福。”春申君说:“什么是不期而至的灾祸呢?”朱英说:“李园未能担任宰相,却是您的仇敌,他不管军务却豢养刺客很久了,楚王一旦去世,李园必定会先进宫夺权并杀您灭口。这就是所谓不期而至的灾祸。”春申君说:“什么叫不期而至的帮手呢?”朱英回答说:“您派我担任郎官,楚王一旦去世,李园必定抢先进宫,我替您杀死李园。这就是所谓不期而至的帮手。”春申君说:“您放弃这种想法吧。李园是个软弱无能的人,我对他很亲善,况且又怎么会到这种地步呢!”朱英知道自己的意见不会被采用,害怕灾祸殃及自己,就逃走了。

后十七日,楚考烈王卒,李园果先入,伏死士于棘门之内[①]。春申君入棘门,园死士侠刺春申君[②],斩其头,投之棘门外。于是遂使吏尽灭春申君之家。而李园女弟初幸春申君有身而入之王所生子者遂立，是为楚幽王[③]。

是岁也[④]，秦始皇帝立九年矣。嫪毐亦为乱于秦[⑤]，觉，夷其三族[⑥]，而吕不韦废[⑦]。

【注释】

①棘门：《正义》曰："寿州城门。"

②侠刺：两侧夹击而刺杀。胡三省曰："侠，读曰'夹'，盖夹而刺之。"

③楚幽王：名悍，前237—前228年在位。以上春申君送李园之妹进宫及为李园所杀事，见于《战国策·楚策四》。黄式三曰："《越绝书》十四篇云'烈王娶李园妹，十月产子男'，则《策》《史》之说非矣。夫春申君果知娠而出诸谨舍，言诸王而入幸之，则事非一月，安必其十月后生子乎？生而果男乎？行不可知之诡计，春申君何愚？此必后负刍谋弑哀王犹之诬言也。"钱穆曰："夫通未终月，乌得怀子已一月？此全写女环之愚春申，而欲假借以得幸于楚王，与下言十月产子同一笔法，凡以明幽王之非春申子也。……文信、春申之事，一何若符节之合，而又同出于一时，不奇之尤奇者耶？……今并举而著之，亦足使读史者知此故实之不尽可信耳。"杨宽曰："凡此皆出于'传奇'之创作，不足信也。《越绝书》所记春申君之行事，皆不符史实，出于杜撰。"

④是岁也：即楚考烈王二十五年，秦王政九年，前238年。

⑤嫪毐（lào ǎi）亦为乱于秦：事详《吕不韦列传》。

⑥三族：说法很多，一说指父族、母族、妻族。

⑦吕不韦废：据《吕不韦列传》，吕不韦受嫪毐作乱事牵连，被流放。董份曰："传后复结不韦事，见一时事偶相同，叹之也。文之妙，正在此处。"郭嵩焘曰："六国惟秦、楚立国最久远，秦未并楚而楚之传已中绝；绝而复续，终灭于秦；秦之传亦于是时而绝，史公于此，具有微旨。"

【译文】

十七天以后，楚考烈王去世，李园果然先进宫，让刺客埋伏在棘门。等春申君一进棘门，李园的刺客立即从两侧夹击春申君，刺杀了他，砍下他的头，扔到棘门外。同时派官吏杀光春申君全家。而李园的妹妹原先受春申君宠幸怀了孕又入宫得宠于楚考烈王后所生的那个儿子便立为楚王，这就是楚幽王。

这一年，秦王政登位已经九年了。嫪毐也在秦国发动叛乱，被秦王政发觉后，灭了他的三族，吕不韦也因此被废。

太史公曰：吾适楚①，观春申君故城②，宫室盛矣哉③！初，春申君之说秦昭王，及出身遣楚太子归，何其智之明也！后制于李园，旄矣④。语曰："当断不断，反受其乱⑤。"春申君失朱英之谓邪⑥？

【注释】

①适：前往。

②春申君故城：前文称春申君"城故吴墟"，则其故城在今江苏苏州。

③宫室盛矣哉：《越绝书·记吴地传》曰："今宫者，春申君子假君宫也。前殿屋盖地，东西十七丈五尺，南北十五丈七尺。堂高四丈，十（疑当作"户"）霤高丈八尺。殿屋盖地，东西十五丈，南北十丈二尺七寸，户霤高丈二尺。库东乡屋南北四十丈八尺，上下户各二。南乡屋东西六十四丈四尺，上户四，下户三。西乡屋南北四十二丈九尺，上户三，下户二。凡百四十九丈一尺。檐高五丈二尺，霤高二丈九尺，周一里二百四十一步。春申君所造。"杨宽曰："《越绝书》卷二所载春申君之事大多错误，皆不符史实。但所记春申君所造宫室，当有所据。"

④旄:通"耄",糊涂。

⑤当断不断,反受其乱:《齐悼惠王世家》称此为"道家言"。牛鸿恩曰:"马王堆汉墓帛书《老子》乙本卷前的古佚书,《十六经》的《观》和《兵容》中均有此言。"乱,指祸患。

⑥失朱英:谓没有听取朱英的建议。梁玉绳曰:"此论非也。《古史》谓'虽听朱英,亦将不免',固是。但英不告春申君以持盈远祸之道,而徒自任为刺客,劝其杀园,浅矣。万一不克,其能免棘门之惨乎?余有丁曰:'歇不在于失朱英,而在于惑园妹。'谅哉!"陈仁锡曰:"《孟尝传》有魏子、冯驩,《平原传》有毛遂,《信陵传》有侯生、毛公、薛公,《春申传》有朱英,皆宾客之雄者,附于四君传中,光景动人。"

【译文】

太史公说:我前往楚地时,参观了春申君的旧城,那宫殿建筑十分豪华壮观啊!当初,春申君劝说秦昭王不要攻楚,后来又豁出性命送楚太子回国,那是何等明智啊!后来却被李园控制,就糊涂了。俗话说:"该决断时不决断,反而要遭受祸患。"说的就是春申君不听朱英的话而被杀这种情况吧?

【集评】

凌稚隆曰:"此传前叙春申君以智能安楚,而就封于吴;后叙春申君以奸谋盗楚,而身死棘门为天下笑。模写情事,春申君殆两截人。太史公谓平原君'利令智昏',余于春申君亦云。"(《史记评林》)

吴见思曰:"一篇精神处全在上秦王一书,段落曲折,情事详晰,读之令心开目明,文笔极一时之俊。次之朱英一说,字字风棱;而园妹数语,言言宛媚,各臻其胜。四公子各以客胜,而春申止得一朱英而不用也,当时蹑珠履者何在乎?初读《春申传》时,因想吕不韦盗秦、黄歇盗楚是一时事,何以不作合传?乃史公偏不双序,却于传后一点,有意无意,眉目

得顾盼之神，而笔墨在蹊径之外，岂可易测乎？”（《史记论文》）

李景星曰：“四君以爱客联传，其三君皆得客之力，孟尝君有冯驩，平原君有毛遂，信陵君有侯嬴，或以免身，或以救国，好客之效，昭然共见。独春申君有一朱英而不能用，遂至丧身覆族，虽与三君并列，其不及三君远甚。……通篇可分两截读，而以‘为楚相’三字为中间枢纽。为楚相以前，极写其致身之由，如说秦昭王也，归楚太子也，轰轰烈烈，活现出一有作为人举动。为楚相以后，极写其杀身之故，如邪说易入也，忠言不用也，糊糊涂涂，又活托出一受愚弄人心肠。究之其始之有作为，非真有作为；其后之受愚弄，亦非真受愚弄。不过以无耻之尤，欲徼非常之幸。论其心术人品，与吕不韦如出一辙，只以好客一节与三君同，故附于三君之后，实则非三君俦也。”（《史记评议》）

潘世恩曰：“春申君相楚二十余年，楚王之贵幸春申君，虽兄弟不如。李园以椒房之亲，心害其宠，至有棘门之祸。而传乃谓‘园既入其女弟为王后，子为太子，恐春申君事泄而益骄，欲杀之以灭口’。试思此何如事？信或有之，则言出而祸随，身死族灭，尚可骄之与？自来文人好为议论，不顾事理之有无，而妄逞臆说，以取悦人之耳目，遂使贤否混淆，是非倒置，独惜司马迁以良史之才，而几同于稗史也。夫人臣出身徇主，功建名立，不幸而死于匪人之手，此忠臣义士所愤惋而不平者，而史又从而诬之。春申君之行谊卓卓如此犹尚不免，其他可胜道哉！”（《有真意斋文集》）

【评论】

古人评论说春申君黄歇是“两截人”，确乎此言。观其行事，上书秦王劝其放弃联合韩、魏攻楚，解楚国燃眉之急；舍身掩护太子归楚继位，大义凛然，其行为与完璧归赵的蔺相如和鸿门宴上智脱刘邦的张良相同；可称英明果断，为楚国做出了重要贡献。而其为相后，除救赵邯郸之围外再无太多作为。在联合诸侯伐秦时，楚虽被推为纵长，实由赵将庞煖为主帅。篇中"当是时,楚复强"之语,不过夸饰而已,《楚世家》于考烈王之世说"是时楚益弱",楚为躲避秦之兵锋而不得不东徙寿春。而春申君于此时尚大修自己在吴地的宫室,乃至听信李园兄妹之言,把已经怀了自己孩子的李园之妹送给考烈王,想让自己的血脉做楚王,最终被李园所杀,结局极其可耻。对于春申君,司马迁论之曰:"春申君之说秦昭王,及出身遣楚太子归,何其智之明也。后制于李园,旄矣。"并说他的死是因为不听朱英之言,这已是看重他前期所做贡献而对他有所回护了,后来的评论者则直斥其为利令智昏,"包藏祸心移人家国,则乱贼而已"(《史记评林》引余有丁语)。

春申君虽亦有好士之名,但与其他三公子相比,他的养士是最低劣的。信陵君养士以利国,自不必言;平原君有毛遂、李同卒以保住赵国,孟尝君有冯驩以保住爵禄,而春申君只有一朱英还不听其说,终以身死族灭,故邓以瓒曰:"四豪食客各数千,然就中独冯、毛、侯、朱为奇。信陵自迎固为上;孟尝至令收债而谢之,次;平原至令自赞,又次;春申说而不听,下矣。英具小识,非彼三贤同。"(《史记评林》引)春申君的养士只是沽名钓誉,带有明显的庸俗的贵族习气。他与赵国的使者斗富,恰像是后来东晋王恺与石崇斗富。让他的上客"皆蹑珠履以见赵使者",他的"客"只不过是他炫耀的"物件"罢了,所以在关键时刻,这些宾客中竟没有一个人能为他出力。《郁离子》曰:"楚太子以梧桐之实养枭而冀其凤鸣焉。春申君曰:'是枭也,生而殊性,不可易也,食何与焉?'朱英闻之,谓春申君曰:'君知枭之不可以食易其性而为凤矣,而君之门下无非狗偷鼠窃亡赖之人也,而君宠荣之,食之以玉食,荐之以珠履,将望之以国士之报,以臣观之,亦何异乎以梧桐之实养枭而冀其凤鸣也。'春申君不寤,卒为李园所杀,而门下之士无一人能报者。"就是从他养士衍生出来的故事,对他进行讽刺。春申君的养士,最大的问题是贤佞不分,拒纳忠言。他身边号称宾客三千,而记有姓名的只有两人,一个是给他带来意想不到祸殃的李园,一个是准备给他带来意想不到帮助的朱英。可他却把李园视为亲信，而对朱英的忠告置若罔闻。所以司马迁说他的遭殃就遭在“当断不断，反受其乱”。

春申君上秦王书，原见《战国策·秦策四》，但今本开头的所谓“顷襄王二十年”，以及“楚人黄歇说昭王曰”云云，旧本《国策》皆无，自从司马迁把它落实为春申君说秦昭王，于是后代的许多书也就跟着这么写了。司马光修《资治通鉴》，发现此中有问题，故而改系此事于楚顷襄王二十六年（秦昭王三十四年），但与说辞中所涉及的事实还有许多不合。缪文远曰：“《通鉴》《大事纪》均书黄歇说秦昭王于赧王四十二年（前273），皆与此章说辞不合。《策》文言‘秦取魏蒲、衍、首垣’，当即始皇九年‘秦拔魏垣、蒲阳、衍’之讹；《策》文又以‘毋毁楚强魏’为言，据《六国表》，始皇十二年‘秦发四郡兵助魏击楚’，此章疑即此时事。说秦者已失其名，惟黄歇已死数年，断非黄歇之说也。”现代《战国策》与战国史的研究者们根据书中所叙事实，系此事于秦王政十二年（楚幽王三年，前235）。牛鸿恩曰：“文中称文王、庄王为‘先王’，又历述秦王政五年、九年的战事，显系说秦王政之辞。秦王政十二年，秦‘发四郡兵助魏击楚’，见《六国年表》，本文所说‘今王之攻楚’当是指此而言。而春申君已于秦王政九年（前238）死去。”既然这时君已去世数年，所以近代学者多认为此书作者并非春申君。

至于春申君献孕妾一事，前文注中已考证其为虚妄之言。既然上秦王书不是春申君所为，献孕妾又为诬妄，则本篇所记春申君之事可信的也就所剩无几了。但历史考辨是一回事，作史者的态度又是一回事，《春申君传》还是我们研究司马迁其人与《史记》其书的思想倾向与其历史观、价值观的重要依据之一，这是没有问题的。

史记卷七十九

范睢蔡泽列传第十九

【释名】

范睢和蔡泽都是辩士，都是由一介布衣凭借惊人的才智，通过“口辩”扳倒前任而为相，所以司马迁把他们放在一起，为他们立了合传。

全篇分为“范睢传”与“蔡泽传”两部分，以“范睢传”为主。在“范睢传”部分，又可以分为三大段，第一段主要讲到范睢早年不遇，被须贾、魏齐冤枉折辱，后辗转到了秦国；第二段写范睢入秦后上书秦昭王，进而向秦昭王进说，倾倒穰侯、取得秦相，封为应侯；第三段写范睢为相后向须贾、魏齐报仇，向把他带到秦国的王稽、郑安平报恩，献反间计取得长平之战的胜利，以及因郑安平战败而失势。在“蔡泽传”部分，主要写他以口辩说倒范睢，取其相位而代之。篇末论赞就范睢、蔡泽二人的奇特经历感慨人的一生受时势、机遇的影响，赞扬了在逆境中忍辱奋斗的精神。

范睢者，魏人也，字叔。游说诸侯，欲事魏王，家贫无以自资①，乃先事魏中大夫须贾②。

须贾为魏昭王使于齐③，范睢从。留数月，未得报④。齐襄王闻睢辩口⑤，乃使人赐睢金十斤及牛酒，睢辞谢不敢受。须贾知之，大怒，以为雎持魏国阴事告齐⑥，故得此馈，令雎受其牛酒，还其金。既归，心怒雎，以告魏相。魏相，魏之诸公子⑦，曰魏齐。魏齐大怒，使舍人笞击雎⑧，折胁摺齿⑨。雎详死⑩，即卷以箦⑪，置厕中。宾客饮者醉，更溺雎⑫，故僇辱以惩后⑬，令无妄言者⑭。雎从箦中谓守者曰："公能出我，我必厚谢公。"守者乃请出弃箦中死人⑮。魏齐醉，曰："可矣。"范雎得出。后魏齐悔，复召求之。魏人郑安平闻之⑯，乃遂操范雎亡⑰，伏匿，更名姓曰张禄。

【注释】

①无以自资：没法为自己的游说活动提供经费。

②中大夫：官名，王侯身边的侍从人员，掌议论。须贾：姓须名贾，事又见《穰侯列传》。

③魏昭王：名遬，魏襄王之子，前295—前277年在位。

④报：答复。

⑤齐襄王：名法章，齐湣王之子，前283—前265年在位，事迹参见《田单列传》。辩口：能说会道，口才好。王念孙曰："'辩口'本作'辩有口'，谓辩给有口才……《陆贾传》曰'名为有口辩士'，《朱建传》曰'为人辩有口'，《田蚡传》曰'蚡辩有口'，皆其证。"可备一说。

⑥阴事：此谓国家机密。

⑦公子：诸侯之子称公子，此指魏齐是魏王的儿子。

⑧笞：杖责。

⑨折胁摺（lā）齿：打断肋骨，打掉了牙。摺，拉折。

⑩详：通"佯"，假装。

⑪卷以箦（zé）：用席子将范雎卷起来。箦，用竹篾或芦苇编织的席子。

⑫更溺睢:轮番尿在范睢身上。

⑬僇辱以惩后:侮辱他以防他人再犯。僇,侮辱。

⑭妄言:指向外国泄露国家机密。

⑮守者乃请出弃箦中死人:李光缙引黄洪宪曰:"守者出睢,其恩较郑安平、王稽更宏矣,后竟不说起,岂睢之忘恩耶?抑太史公之略耶?"

⑯郑安平:魏国人,因帮助范睢,后被举荐为秦国将军。率军攻邯郸,不克。后降赵,封武阳君。

⑰操范睢亡:带上范睢一起逃亡。

【译文】

范睢是魏国人,字叔。他游说诸侯,希望事奉魏王,可是家境贫寒又没有办法筹集活动资金,就先在魏国中大夫须贾门下做事。

须贾替魏昭王出使齐国,范睢跟随他一同出使。他们在齐国逗留了几个月,仍没获得齐国的答复。齐襄王听说范睢能说会道,就派人赐给范睢黄金十斤以及牛、酒,范睢推辞不敢接受。须贾知道这事后,大怒,认为范睢将魏国的机密告诉了齐国,故而得到这些馈赠,于是他让范睢收下牛和酒,而把黄金送回去。回魏国后,须贾心中恼恨范睢,就把这事告诉了魏国的宰相。魏国的宰相是魏国的宗室公子,名叫魏齐。魏齐大怒,派舍人痛打范睢,打断了他的肋骨,牙齿也被打掉了。范睢假装已死,他们便用席子将他卷起来,扔到厕所里。宾客们喝醉了,轮流朝范睢身上撒尿,故意污辱他借以惩一儆百,让别人不敢再乱说。范睢在席子里对看守者说:"您如果能把我放出去,我一定会重谢您。"看守者于是就请求将席子中的死人扔掉。魏齐已经喝醉了,就说:"可以。"范睢才得以逃出来。后来魏齐后悔了,又派人去找他。魏国人郑安平听说了这件事,就带着范睢一起逃跑了,他们隐藏起来,范睢改名叫张禄。

当此时,秦昭王使谒者王稽于魏[①]。郑安平诈为卒,侍王稽。王稽问:"魏有贤人可与俱西游者乎?"郑安平曰:

"臣里中有张禄先生，欲见君，言天下事。其人有仇，不敢昼见。"王稽曰："夜与俱来。"郑安平夜与张禄见王稽。语未究[②]，王稽知范雎贤，谓曰："先生待我于三亭之南[③]。"与私约而去。

【注释】

①秦昭王：即秦昭襄王，名则，一名稷，前306—前251年在位。谒者：官名。掌宾赞受事及给事近署，执戟宿卫与奉诏外使。

②语未究：谈话还没谈得很透彻。究，详尽。

③三亭：魏邑名，在当时魏都大梁（今河南开封）的西南方，在今河南尉氏西南。南：一说当为"冈"之误，《正义》曰："《括地志》云：'三亭冈在汴州尉氏县西南三十七里。'……盖'冈'字误为'南'。"

【译文】

正当这时，秦昭王派使臣王稽出使魏国。郑安平假扮成差役，伺候王稽。王稽问他："魏国有贤能的人士可以跟我一同到西边去的吗？"郑安平说："我乡里有位张禄先生，想求见您，谈谈天下大事。这人有仇家，不敢白天出来相见。"王稽说："夜里让他跟你一起来。"夜里郑安平跟范雎一起去见王稽。话没说多少，王稽就看出范雎确实是个能人，于是对他说："请先生在三亭南面等我。"他们私下约定之后，范雎就离去了。

王稽辞魏去，过[①]，载范雎入秦。至湖[②]，望见车骑从西来。范雎曰："彼来者为谁？"王稽曰："秦相穰侯东行县邑[③]。"范雎曰："吾闻穰侯专秦权，恶内诸侯客[④]，此恐辱我，我宁且匿车中。"有顷，穰侯果至，劳王稽[⑤]，因立车而语曰[⑥]："关东有何变？"曰："无有。"又谓王稽曰："谒君得无与诸侯客子俱来乎[⑦]？无益，徒乱人国耳[⑧]。”王稽曰：“不敢。”即别去。范雎曰：“吾闻穰侯智士也，其见事迟[⑨]，乡者疑车中有人[⑩]，忘索之。”于是范雎下车走，曰：“此必悔之。”行十余里，果使骑还索车中[⑪]，无客，乃已。王稽遂与范雎入咸阳[⑫]。

【注释】

①过：路过三亭。

②湖：秦邑名，在今河南灵宝西北阌乡西南。

③秦相穰侯：即魏冉，秦昭王的舅舅，时为秦相，封于穰（今河南邓州），故称穰侯。事详《穰侯列传》。东行县邑：前往东方巡视属地县邑。行，巡视，考察。

④恶内诸侯客：讨厌接纳来自东方诸侯国的游士。内，同“纳”。

⑤劳：慰劳，慰问。

⑥立车：停车。

⑦谒君：王稽为谒者，故魏冉尊称其为“谒君”。

⑧徒乱人国：只会给国家添乱。徒，只是。魏冉、范雎盖由此结仇。

⑨见事迟：反应慢，发现事情晚。

⑩乡者：刚才，刚刚。乡，通“向”。

⑪果使骑还索车中：凌稚隆引董玘曰：“古之英雄知略相当，其所以为胜负者，无他，正如弈棋，特争先法耳。”

⑫咸阳：时为秦国都城，在今陕西咸阳东北，西安之西北。

【译文】

王稽向魏王告别离去，路过三亭，就用车载着范雎进入秦国。走到湖邑时，望见有车马从西边来。范雎说：“那边来的是谁？”王稽说：“是秦国宰相穰侯到东方来巡视县邑。”范雎说：“我听说穰侯专擅秦国大权，讨厌接纳其他诸侯国的游士，他恐怕会羞辱我，我宁愿暂且躲在车里。”过了不久，穰侯果然来了，慰劳王稽，顺便停下车马说：“关东有什么变化吗？”王稽说：“没有。”穰侯又对王稽说：“您没有和诸侯国的游士一起来吧？他们没有用处，只会扰乱国家罢了。”王稽说：“不敢。”穰侯随即告别离去。范雎说：“我听说穰侯是个明智的人，但他遇事反应较慢，刚才他怀疑车里面有人，却忘了搜查。”于是范雎便下车跑开，说：“他一定会后悔而重来。”大约走了十多里路，穰侯果然派骑兵追回来搜查车子，发现没人，这才作罢。王稽于是带着范雎进入了咸阳。

已报使[①]，因言曰：“魏有张禄先生，天下辩士也。曰：‘秦王之国危于累卵，得臣则安。然不可以书传也[②]。’臣故载来。”秦王弗信，使舍食草具[③]。待命岁余。

【注释】

①报使：作为使者的王稽回国向秦王汇报出使情况。

②不可以书传：意谓必须当面讲。

③使舍食（sì）草具：意谓虽对其口出大言不相信，但也还是让他住了下来，不过给予的生活待遇不高。食，读如“饲”。草具，粗劣的饭食。

【译文】

王稽向秦昭王汇报完出使情况，趁机进言道：“魏国有位张禄先生，是天下难得的能言善辩之士。他说：‘秦王的国家形势比堆起来的鸡蛋还危险，有了我就能转危为安。但个中缘由不能用书信来传达。’所以我用车带着他来了。”秦昭王不相信范雎的话，但还是把他留下来，让他住在客舍中吃些粗劣的饭食。范雎就这样等待了一年多。

当是时，昭王已立三十六年[①]。南拔楚之鄢、郢[②]，楚怀王幽死于秦[③]。秦东破齐[④]。湣王尝称帝，后去之[⑤]。数困三晋[⑥]。厌天下辩士，无所信。

【注释】

①昭王已立三十六年：秦昭王三十六年，前271年。

②南拔楚之鄢、郢：据《秦本纪》，取鄢、邓在秦昭王二十八年（前279）；取郢在秦昭王二十九年（前278）。鄢，楚邑名，在今湖北宜城东南。郢，楚国都城，即今湖北荆州之纪南城。

③楚怀王幽死于秦：楚怀王客死秦国事，详参《楚世家》。

④秦东破齐：据《秦本纪》，秦昭王二十三年（前284），秦派兵随燕将乐毅伐齐，在济西大破齐兵。

⑤湣王尝称帝，后去之：据《秦本纪》，秦昭王十九年（前288），秦昭王与齐湣王分别称“西帝”“东帝”，后来又都取消了帝号。湣王，指齐湣王，名地，齐宣王之子，前300—前284年在位。

⑥三晋：指韩、赵、魏三国，均系瓜分晋国而成，故称“三晋”。

【译文】

这时候，秦昭王已即位三十六年了。秦国向南攻占了楚国的鄢、郢，楚怀王被幽禁而死于秦国。秦国向东又打败了齐国。此前齐湣王曾经自称东帝，后来又取消了这个帝号。秦国还多次围困韩、赵、魏三国。秦国讨厌天下的舌辩之士，对他们谁都不相信。

穰侯、华阳君[①]，昭王母宣太后之弟也[②]；而泾阳君、高陵君皆昭王同母弟也[③]。穰侯相，三人者更将[④]，有封邑，以太后故，私家富重于王室。及穰侯为秦将，且欲越韩、魏而伐齐纲、寿[⑤]，欲以广其陶封[⑥]。范睢乃上书曰：

【注释】

①华阳君：姓芈名戎，原为楚人，最初的封地在华山之阳，故称。后又加封以攻韩所得之地新城，故也称新城君。

②宣太后之弟也：华阳君芈戎是宣太后同父异母的弟弟，穰侯魏冉是宣太后同母异父的弟弟。宣太后是秦惠王的妃子，原为楚国人，其子昭王即位，被尊为太后。

③泾阳君：名市，以封地泾阳（今陕西泾阳西北）而得称，后又加封以攻楚所得之宛县（今河南南阳）。高陵君：后来也称“叶阳君”，名悝。初封彭，后封高陵（今陕西高陵），后又加封以攻韩所得之邓（今河南郾城东南）。二人皆秦昭王之胞弟。有关此二人的事迹，参见《穰侯列传》。

④三人者更将：指芈戎与公子市、公子悝三人交替担任秦军统帅。

⑤纲、寿：均为齐邑。纲，也作“刚”，在今山东宁阳东北。寿，在今山东东平西南。

⑥广其陶封：拓展其原有封地陶邑的地界。陶，战国时原为齐邑，在今山东定陶西北。据《穰侯列传》，秦昭王十六年（前291）“乃封魏冉于穰，复益封陶”。

【译文】

穰侯、华阳君，是秦昭王母亲宣太后的弟弟；而泾阳君、高陵君都是秦昭王同母弟弟。穰侯做秦国的宰相，另外三人交替统率军队，有自己的封地，凭着太后的关系，他们的私人财富比秦国王室还多。等到穰侯担任秦军统帅，更想越过韩、魏去攻打齐国的纲邑、寿邑，以此扩大他的封地陶邑。范雎于是上书说：

臣闻明主立政[①]，有功者不得不赏，有能者不得不官，劳大者其禄厚，功多者其爵尊，能治众者其官大。故无能者不敢当职焉，有能者亦不得蔽隐[②]。使以臣之言为可，愿行而益利其道；以臣之言为不可，久留臣无为也。语曰："庸主赏所爱而罚所恶；明主则不然，赏必加于有功，而刑必断于有罪。"今臣之胸不足以当椹质，而要不足以待斧钺[3]，岂敢以疑事尝试于王哉[4]！虽以臣为贱人而轻辱[5]，独不重任臣者之无反复于王邪[6]？

【注释】

①立政：《索隐》曰："《战国策》'立'作'莅'也。"莅(lì)政，临朝理政。

②不得蔽隐：不被埋没、遮蔽。

③今臣之胸不足以当椹(zhēn)质，而要不足以待斧钺：意谓自己不是不怕趴在砧板上被斩杀。不足，经不住。椹质，腰斩人时用的垫板。椹，即砧，垫板。要，同"腰"。

④疑事：不能确定无疑的事。

⑤轻辱：轻视受辱，即不怕羞辱。

⑥任臣者：此指王稽。任，举荐担保人，即下文"任人而所任不善者，各以其罪罪之"之"任"。无反复于王：即没有背叛不忠于大王。

【译文】

我听说圣明的君主临朝理政，有功劳的不可不加以赏赐，有能力的不可不授予官职，功劳大的俸禄就优厚，功劳多的爵位就尊贵，能管理的人口多的官职就大。所以无能的人就不能任官，有才能的人也不会被埋没。如果认为我的话是对的，希望能采纳实行以期有利于治国；如果认为我说的不对，则让我久留于此也没有意义。俗话说："庸碌的君主奖赏他喜爱的人而惩罚他讨厌的人；圣明的君主就不是这样，奖赏一定施给有功的人，刑罚一定判在有罪人的身上。"如今我的胸膛比不了砧板，腰身也经不住斧钺，怎么敢拿没有把握的事在大王面前试探呢！即使您认为我是低贱的人而不怕羞辱，难道就不重视推荐我的人对您的忠诚吗？

且臣闻周有砥砨，宋有结绿，梁有县藜，楚有和朴[1]，此四宝者，土之所生，良工之所失也[2]，而为天下名器。然则圣王之所弃者[3]，独不足以厚国家乎[4]？

【注释】

①"且臣闻周有砥砨（dǐ è）"几句：砥砨、结绿、县藜、和朴，均为美玉名。

②良工之所失也：都曾被优秀的工匠误判为石头。《韩非子·和氏》记载了和朴（即和氏璧）被误判为石头的故事，其他三者被误判的故事，出处未详。

③圣王之所弃者：泷川引冈白驹曰："圣王，称秦王；所弃，雎自谓也。"

④厚：富强，此作动词，谓使国家富强。

【译文】

而且我听闻周王室有砥砨，宋国有结绿，魏国有县藜，楚国有和氏璞玉，这四件宝玉，产于土中，而优秀的工匠却误认为是石头，但它们最终成了天下的名贵器物。那么圣明君主所遗弃的人，难道就不能够使国家强大吗？

臣闻善厚家者取之于国，善厚国者取之于诸侯。天下有明主则诸侯不得擅厚者[1]，何也？为其割荣也[2]。良医知病人之死生，而圣主明于成败之事，利则行之，害则舍之，疑则少尝之[3]，虽舜禹复生[4]，弗能改已。语之至者[5]，臣不敢载之于书[6]，其浅者又不足听也。意者臣愚而不概于王心邪[7]？亡其言臣者贱而不可用乎[8]？自非然者，臣愿得少赐游观之间[9]，望见颜色。一语无效，请伏斧质[10]。

【注释】

①擅厚：专享富贵。

②割荣：分割了“明主”本当独享的富贵尊荣。中井积德曰：“恶其割荣，故不使其擅厚。”

③疑则少尝之：没有确切把握的事就稍微尝试一下。少，意思同“稍”。

④舜禹：均为古代的圣王，事详《五帝本纪》《夏本纪》。

⑤语之至者：此实指宣太后、穰侯魏冉等专权事。至，中肯，到位。

⑥不敢载之于书：意谓只能当面交谈。

⑦意者：表猜想，大概，也许。不概于王心：不能让大王心中满意。概，《集解》引徐广曰：“一作‘溉’。”李笠曰：“‘概’与‘溉’音同字通，‘溉’与‘沃’同义。‘溉于王心’者，亦即《尚书·说命》‘启乃心，沃朕心’之义也。”沃，润泽，慰藉。《索隐》曰：“《战国策》作‘关’，谓关涉于王心也。”

⑧亡其：转折语词，犹言“还是”。言臣者：此指王稽。言，进言推荐。

⑨少赐游观之间：意谓给我一点您游乐观览之余的空闲时间。间，缝隙，闲暇。

⑩请伏斧质：意谓甘愿受死。伏斧质，即趴在垫板上受斧刑。凌稚隆引董份曰：“睢此书，浅言之，则不足以感王；深言之，则立偾事，故其心最苦。”刘勰《文心雕龙·论说》曰：“夫说贵抚会，弛张相随，不专缓颊，亦在刀笔。范睢之言事，李斯之止逐客，并烦情入机，动言中务，虽批逆鳞，而功成计合，此上书之善说也。”

【译文】

我听闻善于使家族富裕的人要向国家盗取财富，善于使国家富足的人要向各诸侯国夺取财富。天下如果有英明的君主，就不允许诸侯独占利益，为什么呢？是因为那样诸侯就会分割天下的威权。高明的医生知道病人的生死，圣明的君主明了事情的成败，认为有利的就做，认为有害的就放弃，把握不大的就先试做一点儿，即使是舜、禹再生，也只能这样。最中肯的话，我不敢写在简册上，太肤浅的，又不值得说给您听。想来是我愚笨而不符合大王的心意吧？还是推荐我的人人微言轻而不值得听信呢？如果不是这样，我希望得到您的一点儿游玩之余的时间，让我见您一面。如果我说的有一句没有作用，情愿受死。

于是秦昭王大说，乃谢王稽，使以传车召范雎[①]。

于是范雎乃得见于离宫[②]，详为不知永巷而入其中[③]。王来，而宦者怒，逐之，曰："王至！"范雎缪为曰[④]："秦安得王？秦独有太后、穰侯耳[⑤]。"欲以感怒昭王[⑥]。昭王至，闻其与宦者争言[⑦]，遂延迎[⑧]，谢曰："寡人宜以身受命久矣[⑨]，会义渠之事急[⑩]，寡人旦暮自请太后[⑪]；今义渠之事已[⑫]，寡人乃得受命。窃闵然不敏[⑬]，敬执宾主之礼。"范雎辞让。是日观范雎之见者，群臣莫不洒然变色易容者[⑭]。

【注释】

①传（zhuàn）车：古代驿站的专用车辆。这时范雎正在咸阳，似不必用"传车"，《战国策》作"使人持车召之"，似更好。以上范雎上书求见秦昭王事，亦见《战国策·秦策三》。

②离宫：古代帝王正宫以外临时居住之宫室。关于此处之"离宫"，

《正义》曰:"长安故城本秦离宫,在雍州长安北十三里也。"

③详:通"佯",假装。永巷:此指通向内宫的长巷。

④缪为曰:故意说错,乱说。

⑤秦安得王?秦独有太后、穰侯耳:凌稚隆引董份曰:"动昭王处,唯此言最深,所谓危以激之也。"凌约言曰:"秦王国事之非在尊太后、穰侯,范雎说秦之要在废太后、穰侯,故未见秦王而先设此计以感之,预为进言地耳。"

⑥感怒:触动激怒。

⑦争言:争辩,吵架。

⑧延迎:邀请迎接。

⑨以身受命:即亲自当面领受教诲。

⑩义渠之事:当指秦昭王时诛灭义渠部族事。据《匈奴列传》,"秦昭王时,义渠戎王与宣太后乱,有二子,宣太后诈而杀义渠戎王于甘泉,遂起兵伐残义渠"。义渠是当时分布在今甘肃庆阳及泾川一带的一个少数民族。

⑪旦暮自请太后:指早晚要向太后请示汇报,商量事情。

⑫今义渠之事已:现在,义渠的事情已经处理完了。据《后汉书·西羌传》,秦灭义渠在秦昭王三十五年,前272年。

⑬窃闵然不敏:私下觉得自己糊涂愚钝。窃,谦辞。闵然,《索隐》曰:"闵,犹昏暗也。"

⑭洒(xiǎn)然:《索隐》引郑玄曰:"肃敬之貌也。"变色易容:变了脸色。

【译文】

读了这封书信,秦昭王心中大喜,便向王稽表示了歉意,派人用专车去接范雎。

这样范雎才得以在离宫觐见秦昭王,他假装不认识通向内宫的路而走了进去。这时秦昭王来了,宦官发怒,驱赶他,说:"大王驾到!"范雎故意乱说道："秦国哪里有王？秦国只有太后、穰侯罢了。"想以此激怒秦昭王。秦昭王到了，听到他正同宦官争吵，就走上去迎接他，道歉说："寡人早该亲自来听您教诲了，正碰上义渠之事紧急，寡人早早晚晚都得亲自向太后请示；现在义渠之事已了，寡人才得以领受教诲。寡人愚钝，请允许寡人行宾主之礼接待您。"范雎推辞。这天看到范雎觐见秦昭王的大臣们，没有一个不肃然起敬变换脸色的。

秦王屏左右①，宫中虚无人。秦王跽而请曰②："先生何以幸教寡人？"范雎曰："唯唯③。"有间，秦王复跽而请曰："先生何以幸教寡人？"范雎曰："唯唯。"若是者三④。秦王跽曰："先生卒不幸教寡人邪？"范雎曰："非敢然也。臣闻昔者吕尚之遇文王也⑤，身为渔父而钓于渭滨耳⑥。若是者，交疏也。已说而立为太师，载与俱归者⑦，其言深也⑧。故文王遂收功于吕尚而卒王天下⑨。乡使文王疏吕尚而不与深言⑩，是周无天子之德⑪，而文武无与成其王业也⑫。今臣羁旅之臣也⑬，交疏于王，而所愿陈者皆匡君之事⑭，处人骨肉之间⑮，愿效愚忠而未知王之心也。此所以王三问而不敢对者也。

【注释】

①屏左右：让左右的侍从人员退下。屏，通"摒"，使退避。

②跽（jì）：挺直身子跪着。泷川引顾炎武曰："古人之坐，皆以两膝著席，有所敬，引身而起，则为长跪。"

③唯唯：只应声而不置可否的样子。

④若是者三：茅坤曰："雎为欲言不言，且餂昭王之情，于以深入而固要之，可谓破天关手，而太史公与《国策》尽能摹写。"

⑤吕尚之遇文王：事详《齐太公世家》。吕尚，即姜子牙，姜姓，吕

氏，名尚，西周开国功臣。文王，周文王姬昌。

⑥渭滨：渭水河边。《正义佚文》引《括地志》："兹泉水，源出岐州岐山县西南凡谷，北流十二里，注于渭，太公钓此，所谓磻溪。"

⑦已说而立为太师，载与俱归者：据《齐太公世家》，文王遇到吕尚后，"与语大说，载与俱归，立为师"。已说，即一说。太师，官名，与太傅、太保合称"三公"，地位尊贵。

⑧其言深：谈得深入投机。

⑨卒王天下：至周武王灭商而统治天下。

⑩乡使：假使，假如。乡，同"向"。

⑪周无天子之德：周王就不能成为统治天下的天子。

⑫无与成其王业：无人可与共同开创周王朝的大业。

⑬羁旅之臣：客居别国的大臣。

⑭匡君：匡正君主的事。匡，匡正，辅助。

⑮处人骨肉之间：范雎要说的是秦昭王与其母宣太后、舅舅穰侯魏冉这些骨肉至亲的关系的问题，故称"处人骨肉之间"。

【译文】

秦昭王让左右的侍从都退下，宫中再没有其他人了。秦昭王挺直身子跪着请求说："先生有什么要指教寡人吗？"范雎只是"嗯嗯"地应着而没有回话。过了一会儿，秦昭王又挺直身子跪着向范雎请求说："先生有什么要指教寡人吗？"范雎还是"嗯嗯"地应着，并没有答话。一连三次都是这样。秦昭王挺直身子跪着说："先生终归是不肯指教寡人吗？"范雎说："我哪敢这样啊。我听说从前吕尚遇见周文王的时候，只是个在渭水边钓鱼的渔翁。这样看来，他与文王的交情并不深。但交谈一番之后就被任命为太师，文王用车载着他一同回去，就是因为他的那番话说到了文王的心坎里。于是文王就得力于任用吕尚而成功，终于一统天下。假如文王疏远吕尚而不跟他作深切长谈，那周王就做不了天子，而文王、武王也就无人辅佐他们来成就统一天下的大业了。如今我是旅居在这里的人,与大王关系疏远,但我想说的却是匡正君王的事,涉及人家骨肉至亲的关系,本愿进献我的一片愚诚的忠心,却不知大王心里是怎么想的。这就是大王连续三次询问而我不敢回答的原因。

“臣非有畏而不敢言也。臣知今日言之于前而明日伏诛于后,然臣不敢避也。大王信行臣之言[1],死不足以为臣患,亡不足以为臣忧[2],漆身为厉、被发为狂不足以为臣耻[3]。且以五帝之圣焉而死,三王之仁焉而死,五伯之贤焉而死,乌获、任鄙之力焉而死[4],成荆、孟贲、王庆忌、夏育之勇焉而死[5]。死者,人之所必不免也。处必然之势,可以少有补于秦,此臣之所大愿也,臣又何患哉!伍子胥橐载而出昭关[6],夜行昼伏,至于陵水[7],无以糊其口[8],膝行蒲伏[9],稽首肉袒[10],鼓腹吹篪[11],乞食于吴市[12],卒兴吴国,阖闾为伯[13]。使臣得尽谋如伍子胥,加之以幽囚[14],终身不复见,是臣之说行也,臣又何忧?箕子、接舆漆身为厉[15],被发为狂,无益于主。假使臣得同行于箕子,可以有补于所贤之主,是臣之大荣也,臣有何耻[16]?臣之所恐者,独恐臣死之后,天下见臣之尽忠而身死,因以是杜口裹足[17],莫肯乡秦耳[18]。足下上畏太后之严[19],下惑于奸臣之态[20],居深宫之中,不离阿保之手[21],终身迷惑,无与昭奸[22]。大者宗庙灭覆,小者身以孤危,此臣之所恐耳。若夫穷辱之事,死亡之患,臣不敢畏也。臣死而秦治,是臣死贤于生。”

【注释】

①信行:采纳听信而付诸实行。

②亡:逃亡,流亡。泷川曰:"'死''亡'伏伍子胥。"

③漆身为厉:将漆涂在身上,使身上长疮,好似癞疮患者。《刺客列传》之《索隐》曰:"凡漆有毒,近之多患疮肿,若赖病然。"厉,通"癞"。《刺客列传》载豫让有"漆身为厉"事,后文言"箕子、接舆漆身为厉,被发为狂"。被发为狂:披头散发装疯。《宋微子世家》载纣王叔父箕子"被发详狂为奴"。

④乌获、任鄙:均为秦武王时的大力士,事见《秦本纪》。

⑤成荆、孟贲:《集解》引许慎曰:"成荆,古勇士;孟贲,卫人。"王庆忌:春秋末年吴王僚之子,他未曾称王,似当称"王子庆忌"。事详东汉赵晔的《吴越春秋》。夏育:《集解》引《汉书音义》曰:"或云夏育,卫人,力举千钧。"

⑥伍子胥:本为楚国人,因父兄无辜被楚平王杀害,逃到吴国,辅佐吴王阖闾伐楚复仇。事详《伍子胥列传》。橐(tuó)载而出昭关:躲在口袋里,用车装着逃出了昭关。此处所叙出昭关的经过,与《伍子胥列传》"到昭关,昭关欲执之,伍子胥遂与胜独身步走,几不得脱"不同。昭关,春秋时楚关名,在今安徽含山县北小观山之西。地处楚国东部边境,当吴楚两国交通要冲。

⑦陵水:《索隐》引刘氏云:"陵水即栗水也。"亦作溧水、濑水。在今江苏溧阳西北。

⑧无以糊其口:没有东西吃。糊,粥,这里做动词,喝粥。

⑨膝行:跪着行走。蒲伏:即匍匐,伏地而行。

⑩稽(qǐ)首:古代最恭敬的跪拜礼,叩头至地。肉袒:脱去衣服,光着上身。

⑪篪(chí):古代竹制的管乐器之一。像笛,有八孔,横吹。

⑫乞食于吴市:《伍子胥列传》之《集解》引张勃《吴录》曰:"子胥乞食处在丹阳溧阳县。"《吴越春秋》亦载此事。溧阳,在今江苏溧阳西北,春秋时属吴。

⑬阖闾为伯:使吴王阖闾成为春秋末期的诸侯霸主。阖闾,春秋末年吴国君主,春秋五霸之一,名光,前514—前496年在位。

⑭幽囚:幽禁,囚禁。

⑮接舆:春秋末期楚国的“狂人”,事见《论语·微子》。

⑯臣有何耻:泷川曰:“《策》作‘臣又何耻乎?’‘有’,读为‘又’。”

⑰杜口:闭嘴不说。杜,封闭。裹足:指像脚被缠住了而不向前迈进,形容有所顾虑而止步不前。泷川曰:“谓足如有所裹而不前也。”

⑱乡秦:向秦,来到秦国。乡,同“向”。

⑲足下:古代下称上的敬词,战国时士人也用来称呼国君,如《战国策·燕策三》载乐毅报燕惠王书,即称燕惠王为“足下”。严:威严。

⑳态:巧言令色的姿态。

㉑阿保:鲍彪注:“女保女傅,非大臣也。”指照顾秦昭王生活的侍从人员,犹今保姆之类。

㉒昭奸:揭发看清奸人。

【译文】

“我不是有所惧怕而不敢讲。我明知今天向您陈述主张,明天就可能伏罪受死,可是我绝不想逃避。大王如果听信我的话并付诸实行,那么死不值得让我担心,流亡也不值得让我忧虑,用漆涂身,满身癞疮,披头散发,变成疯子,也不值得让我感到羞愧。况且五帝那样圣明也得死,三王那样仁义也得死,五霸那样贤能也得死,乌获、任鄙那样力大无比也得死,成荆、孟贲、王庆忌、夏育那样勇猛也得死。死是人必然逃脱不了的。在必然的死亡威胁面前,如果对秦国能稍有一些助益,这就是我最大的愿望了,我又忧虑什么呢! 伍子胥被装在袋子里混出了昭关,夜里赶路,白天躲起来,到达陵水时,没有吃的东西,伏在地上爬行,光着上身磕头行礼,鼓起肚皮吹篪,在吴国的集市上讨饭,最终却振兴了吴国,让阖闾称霸。假如能让我像伍子胥一样完全施展我的谋略,即使被关起来,终身不再相见,只要我的主张能够实行,我又忧虑什么呢? 箕子、接舆用漆涂身，满身癞疮，披头散发装成疯子，对他们的君主没有益处。假如让我能与箕子一样，可以对我认为贤能的君主有所帮助，那将是我最大的光荣，我又羞愧什么呢？我所担忧的，只是怕我死后，天下人看见我为君主尽忠反而给自己招来死罪，因此闭口停步，没有谁肯往秦国来罢了。您上畏太后的威严，下惑于奸臣的巧言令色，居住在深宫之中，离不开左右近侍的照料，终身被迷惑，没人帮您辨别看清奸佞。后果严重的话会导致国家覆灭，轻微的话也会威胁到自己的生命，这是我所害怕的事。至于困窘受辱的事变，死亡流放的灾难，我并不害怕。如果我死了而秦国得以大治，那么我死了比活着更有意义。”

秦王跽曰：“先生是何言也！夫秦国辟远[①]，寡人愚不肖[②]，先生乃幸辱至于此[③]，是天以寡人慁先生而存先王之宗庙也[④]。寡人得受命于先生，是天所以幸先王，而不弃其孤也[⑤]。先生奈何而言若是？事无小大，上及太后[⑥]，下至大臣，愿先生悉以教寡人，无疑寡人也。”范睢拜，秦王亦拜。

【注释】

①辟远：偏僻边远，相对于中原地区而言。

②不肖：不像样，不成材。

③幸辱：均为谦辞，意谓使我幸运，令你蒙辱。

④天以寡人慁（hùn）先生：上天拿我来给您添麻烦。慁，谦辞，打扰，扰乱。《索隐》曰：“犹‘汩乱’之意。”存：存，保存，保全。

⑤其孤：秦国先王留下的孤儿，此为秦昭王自指。

⑥上及太后：凌约言曰：“此时昭王之心唯恐范睢不言，秦国不保，故上及太后，且欲为之甘心，又何有于大臣哉？此其说得行，而相印终归之也。”中井积德曰：“昭王素厌苦于太后，故谗间易入，见

‘上及太后’句可观焉。不然，非人子所宜言。”

【译文】

秦昭王挺直身子跪着说：“先生这说的是什么话！秦国地处偏僻遥远的地方，寡人愚昧不才，有幸先生屈尊来到这里，这是上天让寡人麻烦先生来保存秦国先王的宗庙。寡人能得到先生的指教，是上天恩宠先王，不抛弃他们的遗孤。先生为什么要这样说呢？事情无论大小，上至太后，下到大臣，希望先生毫无保留地给我指教，不要怀疑寡人。”范雎行跪拜礼，秦昭王也回拜范雎。

范雎曰：“大王之国，四塞以为固①，北有甘泉、谷口②，南带泾、渭③，右陇、蜀④，左关、阪⑤，奋击百万⑥，战车千乘，利则出攻，不利则入守，此王者之地也⑦。民怯于私斗而勇于公战⑧，此王者之民也。王并此二者而有之。夫以秦卒之勇，车骑之众，以治诸侯⑨，譬若施韩卢而搏蹇兔也⑩，霸王之业可致也，而群臣莫当其位⑪。至今闭关十五年⑫，不敢窥兵于山东者，是穰侯为秦谋不忠，而大王之计有所失也。”秦王跽曰：“寡人愿闻失计。”

【注释】

①四塞：指四面边境皆有天险，可作屏障。

②甘泉：山名，在今陕西淳化西北。谷口：古邑名，即瓠口，在今陕西礼泉东北。地当泾水出山谷之口，故名。

③南带泾、渭：秦国南面有泾水、渭水流过，有如衣带。泾，即泾水，也称泾河，源出宁夏六盘山东麓，东南流经甘肃，至陕西高陵入渭河。渭，即渭水，也称渭河，源出甘肃渭源鸟鼠山，东流横贯陕西渭河平原，在潼关县入黄河。

④右陇、蜀：秦国西面有陇山、蜀山。陇指陇山，即今六盘山脉南段，纵贯于今陕西关中平原西缘，是今陕西、甘肃两省的界山。蜀，泛指蜀地山脉。

⑤左关、阪：秦国东面有函谷关、商坂。关，即函谷关，在今河南灵宝东北，是秦国东出的要塞。商坂，缪文远引张琦曰："即今商州之商洛山，秦、楚之险塞。"

⑥奋击：勇于作战的战士。陈直曰："《苏秦传》云：'魏有武士二十万，苍头二十万，奋击二十万，厮徒二十万。'此仅云'奋击'，则为秦兵概括之称。"

⑦王者：此谓统一天下而称王的人。

⑧民怯于私斗而勇于公战：商鞅变法时规定"有军功者，各以率受上爵；为私斗者，各以轻重被刑大小"，此时已养成此种民风。

⑨治：整治，对付。

⑩施韩卢而搏蹇（jiǎn）兔：放出迅猛的猎狗去追捕瘸腿的兔子。施，放出，《战国策》即作"放"。韩卢，韩国出产的黑色壮犬。蹇，瘸腿。

⑪莫当其位：不称职。当，对，相称。

⑫闭关十五年：钱大昕曰："范雎说秦，在昭王三十六年，是时秦用白起破赵、魏及楚者屡矣，而穰侯方出兵攻纲、寿，安有'闭关十五年'之事？"牛鸿恩曰："《战国策》无'十五年'三字，甚是。此乃史公据后人拟作之张仪说辞而误加。"

【译文】

范雎说："大王的国家，四方边塞坚固，北边有甘泉山、谷口，南边有泾水、渭水，西边有陇山、蜀山，东边有函谷关、商坂，雄师百万，战车千辆，形势有利就进攻，不利就退守，这是可以用来建立帝王大业的好地方啊。百姓不敢因私事而争斗，却勇于为国家去作战，这是可以用来建立帝王大业的好百姓啊。现在大王同时兼有地利、人和这两种有利条件。

凭着秦国士兵的勇猛，战车的众多，去对付诸侯，就如同放出韩国壮犬去捕捉跛脚的兔子那样容易，建立霸王的事业是完全能够办到的，可是您的臣子们却都不称职。秦国到现在闭关固守已经十五年，之所以不敢伺机向崤山以东进兵，都是因为穰侯为秦国出谋划策不肯竭尽忠心，而大王的计策也有失误之处啊。”秦昭王挺直身子跪着说：“我愿意听一听我的失策之处。”

然左右多窃听者，范雎恐，未敢言内，先言外事，以观秦王之俯仰①。因进曰：“夫穰侯越韩、魏而攻齐纲、寿，非计也。少出师则不足以伤齐，多出师则害于秦。臣意王之计②，欲少出师而悉韩、魏之兵也，则不义矣。今见与国之不亲也③，越人之国而攻，可乎？其于计疏矣④。且昔齐湣王南攻楚⑤，破军杀将，再辟地千里⑥，而齐尺寸之地无得焉者，岂不欲得地哉？形势不能有也⑦。诸侯见齐之罢弊⑧，君臣之不和也，兴兵而伐齐，大破之⑨。士辱兵顿⑩，皆咎其王，曰：‘谁为此计者乎？’王曰：‘文子为之⑪。’大臣作乱，文子出走⑫。故齐所以大破者，以其伐楚而肥韩、魏也⑬。此所谓借贼兵而赍盗粮者也⑭。王不如远交而近攻⑮，得寸则王之寸也，得尺亦王之尺也。今释此而远攻，不亦缪乎⑯！且昔者中山之国地方五百里⑰，赵独吞之⑱，功成名立而利附焉，天下莫之能害也⑲。今夫韩、魏，中国之处而天下之枢也⑳，王其欲霸，必亲中国以为天下枢㉑，以威楚、赵㉒。楚强则附赵，赵强则附楚，楚、赵皆附，齐必惧矣。齐惧，必卑辞重币以事秦㉓。齐附而韩、魏因可虏也㉔。”昭王曰：“吾欲亲魏久矣，而魏多变之国也，寡人不能亲。请问亲魏奈何㉕？”对曰：

"王卑词重币以事之；不可，则割地而赂之；不可，因举兵而伐之。"王曰："寡人敬闻命矣。"乃拜范雎为客卿㉖，谋兵事。卒听范雎谋，使五大夫绾伐魏㉗，拔怀㉘。后二岁，拔邢丘㉙。

【注释】

①俯仰：低头抬头，即观察秦昭王对自己意见的态度是认同抑或否定。

②意：估计，猜测。

③今见与国之不亲也：如今见到韩、魏等同盟国不亲附秦国。

④疏：疏陋，浅薄。

⑤昔齐湣王南攻楚：缪文远曰："此当指齐湣王十五年（前286）齐灭宋，举楚淮北而言。"牛鸿恩以为此非齐湣王时事，《战国策》作"齐人伐楚"，实为齐宣王十九年（前301）齐、韩、魏联合攻楚事。杨宽《战国史年表》于齐宣王十九年下系之云："齐派匡章，魏派公孙喜，韩派暴鸢共攻楚方城，杀楚将唐昧，韩、魏取得宛、叶以北地。"

⑥再辟地千里：缪文远曰："灭宋之役，辟地千里，取楚淮北，是'再辟地千里'也。"再，两次。辟，开辟，开疆拓土。

⑦形势不能有也：相距遥远的地理形势决定齐国不能占有楚国的土地。

⑧罢弊：同"疲敝"，此谓国力困乏。

⑨兴兵而伐齐，大破之：此指齐湣王十七年（前284），乐毅率领五国联军伐齐事，详参《乐毅列传》《田单列传》。

⑩士辱兵顿：将士受辱，兵器被毁。顿，毁坏。

⑪文子：《索隐》曰："谓田文，即孟尝君也。犹《战国策》谓田肦、田婴为'肦子''婴子'然也。"牛鸿恩曰："齐宣王联合韩、魏伐楚时，孟尝君正为齐相。《战国策》亦称孟尝君为齐相时'伐楚五岁，攻秦三年'。"

⑫大臣作乱，文子出走：此即《孟尝君列传》所记载的田甲劫持齐湣王事，杨宽等认为田甲是受孟尝君指使，事情失败后孟尝君出逃到魏国。事在齐湣王七年，前294年，《六国年表》误作湣王三十年。又，此二句不见于《战国策》，按时间顺序，当在“诸侯见齐之罢弊，君臣之不和也，兴兵而伐齐，大破之”几句之前，则于诸侯见齐“君臣之不和”方有交代。

⑬伐楚而肥韩、魏：齐国与韩国、魏国联合伐楚，齐国白忙一场，而韩国、魏国则得到了“宛、叶以北地”。

⑭借贼兵而赍盗粮：为盗贼提供了武器粮食。泷川曰：“《荀子·大略篇》：‘非其人而教之，赍盗粮而借贼兵也。’李斯《谏逐客》：‘此所谓借寇兵而赍盗粮也。’盖古有此语，诸人引之。”赍，带。

⑮远交而近攻：吴师道曰：“‘远交近攻’，秦卒用此术破诸侯，并天下。”林少颖曰：“秦之所以得天下，不外‘远交近攻’之策。是策出于司马错，成于范雎。秦取六国，谓之‘蚕食’，蚕之食叶，自近及远。”郭嵩焘曰：“范雎‘远交近攻’一语，实为秦并天下之基，而穰侯于是时专属意于齐，是以范雎之言入而穰侯遂罢，亦适会其时之足以相倾也。”

⑯缪（miù）：错误，荒谬。

⑰中山之国：春秋末年白狄的一支鲜虞人建立的小国，后一度被魏国所灭，战国中期复国。前期建都于顾（今河北定州），后来迁都于灵寿（今河北灵寿西北）。

⑱赵独吞之：赵惠文王三年（前296），赵灭中山国，事详《赵世家》。

⑲天下莫之能害：赵国与中山国距离近，所以赵灭中山之后，天下诸侯不能把赵国怎么样。以上，范雎用齐国远攻失败和赵国近攻成功正反两方面的历史证明“远交近攻”战略的正确性。

⑳中国之处：处于华夏的中心。之，此处其义同“是”。

㉑亲中国：与地处中心的韩国、魏国保持友好关系。胡三省曰：“强

者未易柔服，故先亲附弱者。”以为天下枢：把韩国、魏国作为控制天下的关键。李光缙引王应麟曰：“晋楚之争霸在郑，秦之争天下在韩、魏，林少颖谓‘六国卒并于秦，出于范雎远交近攻之策’，盖谓取韩、魏以执天下之枢也。”

㉒以威楚、赵：以威慑楚国、赵国。意谓先让韩国、魏国亲附秦国，然后再迫使南方的楚国或北方的赵国亲附秦国。

㉓卑辞重币：说好听的话，送厚重的礼。币，礼品。

㉔齐附而韩、魏因可虏也：齐国一旦亲附，秦国就可以吞并韩国、魏国了。虏，俘虏国王而灭其国。

㉕亲魏奈何：亲近魏国要怎么做呢？奈何，如何。

㉖客卿：官名。指出身别国而在该国任高级辅佐官的人。以其位同列卿，参与决政，而国君又往往待之如上宾，故称“客卿”。凌稚隆引凌登第曰：“太史公叙范雎见秦王一段始末，光景曲折，至今令人想象，宛然在目，当入画家神品。”

㉗五大夫：秦爵二十级中的第九级。绾（wǎn）：人名，史失其姓。

㉘怀：魏邑名，在今河南武陟西南。杨宽《战国史年表》系秦拔怀邑事于秦昭王三十九年，前268年。

㉙后二岁：秦昭王四十一年，前266年。邢丘：魏邑名，在今河南温县东北。据《魏世家》，秦拔怀邑在安釐王九年，即秦昭王三十九年；秦拔魏郪丘（今山东东阿）在安釐王十一年，即秦昭王四十一年。而据《秦本纪》，秦拔怀、邢丘均在秦昭王四十一年。以上范雎见秦王及言“远交近攻”事，见《战国策·秦策三》。

【译文】

可是当时左右有很多偷听的人，范雎害怕，不敢说国内事务，先说外部事务，借以观察秦王的态度。他趁机走上前道：“穰侯越过韩国、魏国而攻齐国的纲、寿二城，不是好主意。出动少量军队则不足以伤害齐国，出动大量军队又会伤害到秦国。我猜测大王的计划，是想出动少量军队而让韩国、魏国出动全部兵力，这是不合宜的。现在已经发现同盟国不亲附我们，越过他们的国家去进攻另一个国家，能行吗？这在计策上考虑太不周密了。况且从前齐湣王向南攻击楚国，打败楚军，杀死楚将，两次开拓了千里之地，可是最后齐国连尺寸之地也没得到，难道是齐国不想得到土地吗？是形势迫使它不可能占有啊。各诸侯国看到齐国已经疲惫困顿，国君与臣属又不和，便发兵进攻齐国，结果大败齐国。齐国将士受辱溃不成军，上下一片责怪齐王之声，说：'是谁提出这个攻打楚国的计划呢？'齐王说：'是田文提出的。'于是齐国大臣发动叛乱，田文被迫逃亡出走。由此可见齐国之所以大败，就是因为它耗尽兵力攻打远方的楚国反而使韩、魏两国从中获得厚利。这就叫作把兵器借给强盗，把粮食送给窃贼啊。大王不如结交远邦而攻伐近国，这样攻取一寸土地就成为您的一寸土地，攻取一尺土地也就成为您的一尺土地。如今放弃近国而攻打远邦，不也太荒谬了吗！况且从前中山国方圆五百里，赵国独自吞并了它，成就了功业，树立了威名，也得到了实际利益，诸侯对它也无可奈何。现在韩、魏地处中原，是控制天下的枢纽，大王想要称霸，一定要亲近中原地区的国家，以此作为控制天下的枢纽，来威胁楚国、赵国。楚国强大，就让赵国亲附，赵国强大，就让楚国亲附，楚国、赵国都亲附秦国，齐国一定会害怕。齐国一害怕，一定会低声下气，拿出丰厚财礼来事奉秦国。齐国一旦归附，韩国、魏国就可趁机收服了。"秦昭王说："我想亲近魏国已经很久了，但魏国是个变化多端的国家，我无法亲近它。请问怎么做才能亲近它呢？"范雎回答说："大王用谦卑的言辞与厚重的礼物去事奉它；不成，就割让土地去贿赂它；再不成，就顺势出兵攻打它。"秦昭王说："寡人敬听您的指教。"于是任命范雎为客卿，谋划军务。最终听取了范雎的计谋，派五大夫绾进攻魏国，攻克了怀邑。又过了两年，攻克了邢丘。

客卿范雎复说昭王曰："秦韩之地形，相错如绣[①]。秦之有韩也，譬如木之有蠹也[2]，人之有心腹之病也。天下无变则已，天下有变，其为秦患者孰大于韩乎？王不如收韩[3]。”昭王曰：“吾固欲收韩，韩不听，为之奈何？”对曰：“韩安得无听乎？王下兵而攻荥阳[4]，则巩、成皋之道不通[5]；北断太行之道[6]，则上党之师不下[7]。王一兴兵而攻荥阳，则其国断而为三[8]。夫韩见必亡，安得不听乎？若韩听，而霸事因可虑矣[9]。”王曰：“善。”且欲发使于韩。

【注释】

①相错如绣：国土犬牙交错，有如衣服上交叉的绣花纹。

②蠹（dù）：蛀虫。

③收韩：收服韩国。前面通过攻占怀、邢丘，迫使魏国归附，现在又讨论让韩国归附的办法。

④荥阳：韩邑名，在今河南荥阳东北。

⑤巩、成皋之道不通：切断韩国都城新郑与巩、成皋等地的联系。巩，周邑名，在今河南巩义西南。成皋，韩邑名，在今河南荥阳汜水镇。

⑥太行之道：即今山西晋城南部的羊肠坂，为山西东南通往河南新郑的太行山通道。中井积德曰：“断太行，亦因荥阳之师而为之，故此虽对说，而下文曰‘一兴断三’也。”

⑦上党：韩郡名，辖境约在山西沁河以东一带地区。不下：不能回到韩国都城新郑。

⑧其国断而为三：即新郑以南一段、新城（今河南伊川）一带一段、上党一段。

⑨霸事：称霸天下的事业。以上范雎劝秦昭王伐韩荥阳事，亦见《战国策·秦策三》。

【译文】

客卿范雎又游说秦昭王说："秦、韩两国的地形，犬牙交错简直就像交织的刺绣一样。秦国境内包含韩国的土地，就如同树干中生了蛀虫，人的心腹要地生了病一样。天下的形势没有变化就罢了，一旦发生变化，给秦国造成祸患的还有谁能比韩国大呢？大王不如收服韩国。"秦昭王说："我本来就想收服韩国，可是韩国不听话，怎么办呢？"范雎回答说："韩国怎么敢不听话呢？大王您出兵攻下荥阳，那么巩邑、成皋的道路就不通；向北切断太行山的通道，上党的军队就不能南下了。大王一旦兴兵攻打荥阳，韩国就会被分割成三段。韩国眼见必然要灭亡，怎敢不听话呢？如果韩国听话，就可以顺势谋划称霸大业了。"秦昭王说："好。"便要派使者前往韩国。

范雎日益亲，复说用数年矣①，因请间说曰："臣居山东时②，闻齐之有田单③，不闻其有王也；闻秦之有太后、穰侯、华阳、高陵、泾阳，不闻其有王也。夫擅国之谓王，能利害之谓王④，制杀生之威之谓王。今太后擅行不顾，穰侯出使不报，华阳、泾阳等击断无讳⑤，高陵进退不请⑥。四贵备而国不危者，未之有也。为此四贵者下，乃所谓无王也。然则权安得不倾⑦，令安得从王出乎？臣闻善治国者，乃内固其威而外重其权⑧。穰侯使者操王之重⑨，决制于诸侯⑩，剖符于天下⑪，政適伐国⑫，莫敢不听。战胜攻取则利归于陶国，弊御于诸侯⑬；战败则结怨于百姓，而祸归于社稷。《诗》曰⑭：'木实繁者披其枝⑮，披其枝者伤其心。大其都者危其国⑯，尊其臣者卑其主。'崔杼、淖齿管齐⑰，射王股⑱，擢王筋，县之于庙梁，宿昔而死⑲。李兑管赵，囚主父于沙丘，百日而饿死[20]。今臣闻秦太后、穰侯用事[21],高陵、华阳、泾阳佐之,卒无秦王[22],此亦淖齿、李兑之类也。且夫三代所以亡国者,君专授政[23],纵酒驰骋弋猎[24],不听政事。其所授者,妒贤嫉能,御下蔽上,以成其私,不为主计,而主不觉悟,故失其国。今自有秩以上至诸大吏[25],及王左右[26],无非相国之人者[27]。见王独立于朝[28],臣窃为王恐,万世之后[29],有秦国者非王子孙也。"昭王闻之大惧,曰:"善。"于是废太后[30],逐穰侯、高陵、华阳、泾阳君于关外[31]。秦王乃拜范雎为相,收穰侯之印[32],使归陶,因使县官给车牛以徙[33],千乘有余。到关,关阅其宝器[34],宝器珍怪多于王室。

秦封范雎以应[35],号为应侯。当是时,秦昭王四十一年也[36]。

【注释】

①说用数年:言听计从地过了好几年。

②山东:崤山以东,此当指范雎原先所居的魏国。

③田单:齐国名将,以火牛阵大败燕军,收复失地,重建齐国,被封为安平君。事详《田单列传》。

④能利害之谓王:牛鸿恩曰:"《战国策》作'能专利害之为王',此句应有'专'字,盖'擅国''专利害''制杀生'句式相同也。"

⑤击断:判罪定刑。鲍彪曰:"谓刑人。"无讳:无所顾忌。《索隐》曰:"无讳,犹无畏也。"

⑥进退不请:提拔或贬黜官员,不请示昭王。进退,泷川引横田惟孝曰:"进退人也。"

⑦权安得不倾:大权怎能不旁落?

⑧内固其威而外重其权:意谓要把内外一切威权牢牢掌握在君主自己手中。泷川引关修龄曰:"言是人主之事,而太后、穰侯自擅威

权，与‘善治国者’相反。”

⑨穰侯使者：穰侯魏冉派出的使者。操王之重：操弄借助秦王的权威。

⑩决制：决断，决定重大问题。

⑪剖符于天下：缪文远引横田惟孝曰：“言冉之使者分兵符于诸侯，征发其兵，以征伐敌国，而诸侯皆从其令也。”剖符，指剖分兵符。

⑫政：征伐。適：通“敌”，《战国策》正作“敌”。

⑬战胜攻取则利归于陶国，弊御于诸侯：意谓打了胜仗攻取了地盘，好处就归穰侯魏冉所有；有了弊病就推卸给其他国家。陶国，指穰侯的封国，在今山东定陶西北。御，通“卸”。

⑭《诗》曰：以下引文略见于《逸周书·周祝》，原文云：“叶之美也解其柯，柯之美也离其枝，枝之美也拔其本。”孙诒让曰：“古书引《书》，或通称《诗》。《战国策四》《史记·春申君传》引《诗》云‘大武远宅不涉’，即《周书·大武》篇之‘远宅不薄’，是其证也。”

⑮木实繁者披其枝：树木结的果实太多，树枝就会被压断。披，折断。

⑯大其都者危其国：国内封君的都邑过大，就会危害国家的安全。《左传·隐公元年》：“都城过百雉，国之害也。”

⑰崔杼：春秋中后期齐国的执政大臣。淖（zhuō）齿：战国后期楚国将领，奉命救援齐国，被齐湣公任命为齐相。管齐：管理齐国。

⑱射王股：齐庄公与崔杼的妻子私通，被堵在崔杼家里，齐庄公翻墙逃跑时，被射中大腿，摔了下来，随后被杀死。事详《左传·襄公二十五年》及《齐太公世家》。

⑲“擢王筋”几句：此谓淖齿杀害齐湣公事。据《田敬仲完世家》，燕将乐毅率领诸侯联军伐齐，攻破临淄，齐湣王逃到莒地。楚王派淖齿率军救齐，齐湣公任命他为齐相。淖齿与燕国勾结，想要共同瓜分齐国，便将齐湣王杀死。此处所云抽筋悬梁等细节，或系范雎夸大之词。擢，抽。宿昔，犹旦夕，形容时间短。

⑳“李兑管赵”几句：此谓赵武灵王被杀于沙丘事。据《赵世家》，

赵武灵王提前退位，自称“主父”，传位给少子何，即赵惠文王。赵惠文王四年（前295），赵武灵王长子公子章起兵叛乱，兵败，逃往沙丘宫投奔赵武灵王。赵国大臣李兑率军围困沙丘宫，公子章被杀，赵武灵王也被饿死。

㉑用事：掌权，主持国政。

㉒卒无秦王：眼中根本没有秦王。卒，终，根本。

㉓君专授政：国君将政务全权委托给某大臣打理。

㉔弋（yì）猎：射猎，狩猎。弋，指用带丝绳的箭来射。

㉕有秩：官名。陈直曰：“《汉书·百官公卿表》叙县制：‘大率十里一亭，亭有长；十亭一乡，乡有三老、有秩、啬夫、游徼，皆秦制也。’盖战国末期秦已有此制度。”此指最低级的官吏。

㉖及王左右：底本作“下及王左右”，《战国策》作“今邑中自斗食以上，至尉内史，及王左右，有非相国之人者乎？”无“下”字，据删。

㉗相国：指穰侯魏冉，时为秦相，范雎尊称其为相国。

㉘见王独立于朝：谓秦昭王在朝堂上孤立无援，没有自己的势力。

㉙臣窃为王恐，万世之后：泷川曰：“秘阁本、枫山、三条本，‘恐’下重‘恐’字，与《策》合。”万世之后，婉指秦昭王死后。

㉚于是废太后：吴师道曰：“雎相在昭王四十一年，《秦纪》：‘明年太后薨，葬芷阳骊山。九月穰侯出之陶。’是太后初未尝废，穰侯虽免相，而未就国。太后葬后，始出之陶。此辩士增饰，非实之辞。”

㉛逐穰侯、高陵、华阳、泾阳君于关外：杨宽以为“废太后、逐四贵”之事，多有游士夸大，被逐者仅穰侯魏冉与华阳君芈戎二人，穰侯出关之陶在秦昭王四十二年（前265）；芈戎出关之国在秦昭王四十五年（前262）。他引李斯《谏逐客书》“昭王得范雎，废穰侯，逐华阳，强公室，杜私门”为据，以为“所逐者确为华阳，高陵、泾阳则未逐也”。关外，函谷关外，穰侯魏冉的封地陶（今河北定陶）、华阳君芈戎的封地新城（今河南新密），均在关外。

㉜收穰侯之印：中井积德曰："是夺穰封也，使唯有陶邑。"一说指收其相印。

㉝县官给车牛以徙：指国家出车牛帮他搬家。县官，指国家、公家，有时也指帝王本人。

㉞关阅其宝器：守关者清点检阅其所载的珍宝。

㉟秦封范雎以应：杨宽曰："《韩非子·定法篇》云：'应侯攻韩八年，成其汝南之封。'汝南即应，在今河南鲁山县东，秦攻韩，北断太行之道，夺取上党之地，原出范雎之谋，疑范雎即因攻韩得胜之功而封于应。《范雎列传》谓范雎进说昭王废太后、逐四贵而拜相后即封于应而号为应侯，此亦游士夸大之辞耳。"应，古国名，西周时为武王子（一说武王弟）封国，在今河南鲁山东。

㊱秦昭王四十一年也：前266年。以上范雎劝说秦昭王驱逐穰侯魏冉而自取相位事，见《战国策·秦策三》。

【译文】

范雎日益受到秦昭王亲近，又被言听计从地宠信了好几年，于是就找机会对秦昭王说："我住在崤山以东时，只听说齐国有田单，不曾听说齐国还有齐王；只听说秦国有太后、穰侯、华阳君、高陵君、泾阳君，不曾听说秦国有大王。独揽国家大权才叫王，掌握利害大权才叫王，掌控生杀大权才叫王。如今太后独断专行无所顾虑，穰侯出使不向大王请示汇报，华阳君、泾阳君断罪判罚毫无顾忌，高陵君任免官吏也不向大王请示。这四类贵人存在而国家不危亡的，还从来没有过。屈居在这四位贵人之下，就算不上是王了。这样权力怎么可能不旁落呢？政令怎能从大王这发出呢？我听说善于治理国家的君主，对内要巩固自己的威信，对外要确立自己的权威。穰侯的使者操弄大王的威权，向各国发号施令，剖分兵符，调动兵马，征讨敌人侵伐他国，没有人敢不听。打了胜仗，攻占了土地，利益就归于陶国，损害则推卸给其他国家；打了败仗，老百姓就会怨声载道，灾祸则由国家来承担。古诗说：'果实太多就会压断树枝，压断树枝就会伤害树心。封国城邑过大就会危害国家，尊崇臣属就会使君主卑微。’从前崔杼、淖齿在齐国专权，崔杼射中齐庄公的大腿，淖齿抽了齐湣王的筋，把他悬吊在庙梁上，很快就吊死了。李兑在赵国专权，把赵武灵王囚禁在沙丘的离宫里，过了一百多天，将其活活饿死。如今我听说秦国太后、穰侯当权，高陵君、华阳君、泾阳君辅佐他们，眼里根本没有大王，这也是淖齿、李兑那一类人物啊。况且夏、商、周三代之所以亡国，就是因为君主把政务全权委托给信任的大臣，自己纵情喝酒，驰骋打猎，不处理国家政事。而那些被委托掌权的大臣，妒贤嫉能，欺压下属，蒙蔽主上，培植私人势力，不替君主着想，而君主还不觉悟，所以就丧失了他们的国家。现在从最低级的有秩到诸位重要大臣，乃至大王的左右近侍，没有不是相国的人。看到大王在朝廷上很孤立，我私下为大王感到担心，只怕万世之后，统治秦国的就不是大王的子孙了。”秦昭王听后十分恐惧，说：“你说得对。”于是就废黜了太后，把穰侯、高陵君、华阳君、泾阳君驱逐到关外。秦昭王任命范雎为宰相，收回穰侯的印信，让他回陶邑去，由公家供给他车和牛用来搬家，用了一千多辆车。走到函谷关时，守关的官吏检查魏冉的宝器，发现珍贵稀奇的器物比王室还多。

秦把应地封给范雎，号称应侯。这时是秦昭王四十一年。

范雎既相秦，秦号曰张禄[①]，而魏不知，以为范雎已死久矣。魏闻秦且东伐韩、魏，魏使须贾于秦。范雎闻之，为微行，敝衣间步之邸[②]，见须贾。须贾见之而惊曰：“范叔固无恙乎？”范雎曰：“然。”须贾笑曰：“范叔有说于秦邪[③]？”曰：“不也。雎前日得过于魏相，故亡逃至此，安敢说乎？”须贾曰：“今叔何事？”范雎曰：“臣为人庸赁[④]。”须贾意哀之[⑤]，留与坐饮食，曰：“范叔一寒如此哉！”乃取其一绨袍以赐之[⑥]。须贾因问曰：“秦相张君，公知之乎？吾闻幸于王，天下之事皆决于相君。今吾事之去留在张君⑦。孺子岂有客习于相君者哉⑧?”范雎曰:“主人翁习知之。唯雎亦得谒⑨,雎请为见君于张君。”须贾曰:“吾马病,车轴折,非大车驷马⑩,吾固不出。”范雎曰:“愿为君借大车驷马于主人翁。”

【注释】

①秦号曰张禄:牛鸿恩曰:“《编年纪》昭王五十二年载‘王稽、张禄死’,可知秦一直称范雎为‘张禄’。”

②间步:从小路步行。泷川引卢藏用曰:“从小路也。”邸:各国为其使臣在他国修建的居住馆舍,犹今之驻外使领馆。

③有说于秦邪:又来游说秦王吗?有,通“又”。说,游说。

④为人庸赁:给人打工。庸,后多作“佣”,受雇者。赁,受雇于人。

⑤哀:可怜,哀怜。

⑥绨(tì)袍:粗丝织品所做的袍服。绨,比绸子粗厚的纺织品。

⑦吾事之去留:我的事情办不办得成。

⑧孺子:犹小子、竖子,含藐视轻蔑意。《索隐》引刘氏云:“盖谓雎为小子也。”客:泛指相识之人。习:熟悉,认识。

⑨唯:连,即使。谒:谒见,拜见。

⑩大车驷马:指显贵者所乘的四匹马拉的高级车辆,表示地位显赫。

【译文】

范雎做了秦国宰相后,秦国人叫他张禄,而魏国人不知道,还以为范雎已经死了很久了。魏国听说秦国将要向东进攻韩国、魏国,就派须贾到秦国出使。范雎听说这事后,就私行出府,穿着破衣从偏僻的小路走到魏国使臣的馆舍,去见须贾。须贾一见到他,惊讶地说:“范叔原来安然无恙吗?”范雎说:“是啊。”须贾笑着说:“范叔又来游说秦王吗?”范雎说:“不是。我以前得罪了魏国宰相,所以逃亡到这里,哪还敢游说呢?”须贾说:“如今你在做什么事呢?”范睢说:“我给人家当雇工。”须贾心里怜悯他,留他坐下来一同喝酒吃饭,说:“范叔贫寒到这种地步啊!”于是拿出一件绨袍送给他。须贾乘机问道:“秦国宰相张先生,你认识么?我听说他特别受秦王宠爱,天下的事都由他决定。现在我的事情成败都取决于他。你小子可有朋友跟宰相先生熟悉的呢?”范睢说:“我家主人熟悉他。连我也能见到他,就让我将您引见给张先生吧。”须贾说:“我的马病了,车轴也折断了,没有四匹马拉的高级车辆,我是一定不出门的。”范睢说:“我愿意替您向我家主人借四匹马拉的高级车辆。”

范睢归取大车驷马,为须贾御之[①],入秦相府。府中望见[②],有识者皆避匿[③],须贾怪之。至相舍门[④],谓须贾曰:“待我,我为君先入通于相君。”须贾待门下,持车良久[⑤],问门下曰:“范叔不出,何也?”门下曰:“无范叔。”须贾曰:“乡者与我载而入者[⑥]。”门下曰:“乃吾相张君也。”须贾大惊,自知见卖[⑦],乃肉袒膝行,因门下人谢罪[⑧]。于是范睢盛帷帐[⑨],侍者甚众,见之。须贾顿首言死罪,曰:“贾不意君能自致于青云之上[⑩],贾不敢复读天下之书,不敢复与天下之事[⑪]。贾有汤镬之罪[⑫],请自屏于胡貉之地[⑬],唯君死生之[⑭]!”范睢曰:“汝罪有几?”曰:“擢贾之发以续贾之罪,尚未足[⑮]。”范睢曰:“汝罪有三耳。昔者楚昭王时而申包胥为楚却吴军[⑯],楚王封之以荆五千户[⑰],包胥辞不受,为丘墓之寄于荆也[⑱]。今睢之先人丘墓亦在魏,公前以睢为有外心于齐而恶睢于魏齐[⑲],公之罪一也。当魏齐辱我于厕中,公不止,罪二也。更醉而溺我,公其何忍乎?罪三矣。然公之所以得无死者,以绨袍恋恋[⑳],有故人之意,故释公。”乃谢罢。

入言之昭王，罢归须贾[21]。

【注释】

①御：此谓赶车。

②府中：此谓秦国宰相府中的人员。

③避匿：躲避，为尊者让路。

④相舍门：此当指秦国相府内宅的门口。前文已称“入秦相府”，故知此为内宅门。

⑤持车：守着车子。

⑥乡者：刚才。乡，通“向”。

⑦见卖：被出卖，被戏弄。

⑧因：通过。

⑨盛帷帐：摆出豪华的帷幕床帐。

⑩自致于青云之上：凭着自己的能力达到了这么高的职位。泷川曰：“‘青云’有数义。《伯夷传》‘闾巷之人欲砥行立名者，非附青云之士，恶能施于后世哉’，此有德而负盛名者也。《范雎传》‘不意君能自致于青云之上’，此喻在高位也……又喻隐逸者，《南史》‘身处朱门而情同江海，形入紫闼而意在青云’。”

⑪不敢复与天下之事：不敢再过问天下的事情。与，参与、过问。

⑫汤镬（huò）之罪：该用开水煮死的罪过。镬，大锅。

⑬自屏于胡貉（mò）之地：自我放逐到边远异族之地，不再露面。屏，同“摒”。胡貉，古代对北方少数民族的称呼。貉，此处同“貊”。

⑭唯君死生之：生死任由您来决定。唯，听凭，任由。

⑮擢贾之发以续贾之罪，尚未足：梁玉绳引方氏《补正》曰：“北音‘续’‘数’相近而误。或曰擢发而续之，尚不足以比其罪之长也。”即拔光头发也数不完罪过。

⑯楚昭王：名珍（一作“轸”），楚平王之子，前515—前489年在位。申包胥为楚却吴军：申包胥为楚国大臣，楚昭王时，伍子胥辅佐吴王阖闾率军攻入楚国郢都，申包胥向秦国求救，依靠秦军击退了吴军。事详《左传》及《楚世家》《伍子胥列传》。

⑰荆：即楚国。楚国商周时期在荆山一带，后来国土拓展又相当于古荆州地区，故也称“荆”或“荆楚”。

⑱包胥辞不受，为丘墓之寄于荆也：泷川引冈白驹曰：“却吴军者，本为己之先人丘墓寄于荆也，不必为楚，故不以为功。”丘墓，指祖先的坟墓。

⑲恶：说坏话。

⑳恋恋：顾念。

㉑罢归须贾：打发须贾回去。

【译文】

范雎回去取来四匹马拉的高级车辆，亲自为须贾赶车，进入秦国宰相府。府中人看见他们，认识范雎的都赶紧避让，须贾对此感到奇怪。到了相府内宅门口，范雎对须贾说：“等我一下，我先进去为您向宰相大人通报。”须贾在门口守着车子等着，等了很长时间，问守门人说：“范叔还不出来，是什么原因呢？”守门人说：“这里没有范叔。”须贾说：“就是刚才和我一起坐车进来的。”门房说：“那是我们的宰相张先生。”须贾大吃一惊，知道自己被戏弄了，于是就脱去上衣，跪着前行，通过守门人请求谢罪。于是范雎摆出豪华的帷幕床帐，周围站着众多侍者，接见了须贾。须贾磕头，自称死罪，说：“我没想到您能凭自己的力量飞黄腾达，我不敢再读天下书，也不敢再参与天下的政治活动了。我犯了该把我扔进汤锅烹煮的罪过，我请求将自己放逐到蛮夷居住的地方，我是死是活全凭您发落！”范雎说：“你的罪状有多少？”须贾说：“拔光我的头发，用来数我的罪过也不够。”范雎说：“你的罪有三桩。从前楚昭王的时候，申包胥替楚国击退了吴兵，楚王把楚地五千户赐封给他，申包胥辞谢不肯接受，因为他退吴兵是为了保护埋在楚地的祖先坟墓。如今我的祖坟也在魏国，而你从前却以为我有外心于齐国而在魏齐面前说我坏话，这是你的第一桩罪。当魏齐把我扔到厕所里侮辱我时，你没有阻止，这是你的第二桩罪。让喝醉了的人轮番往我身上小便，你怎么就那么忍心呢？这是你的第三桩罪。但是你之所以能够免除死罪，是因为你还能顾念我，赠给我一件绨袍，还有老朋友的情义，所以我放了你。”于是让须贾离开，结束了会见。随即范雎进宫把事情的原委报告给秦昭王，打发须贾回国。

须贾辞于范雎，范雎大供具①，尽请诸侯使，与坐堂上，食饮甚设②。而坐须贾于堂下，置莝豆其前③，令两黥徒夹而马食之④。数曰⑤：“为我告魏王，急持魏齐头来，不然者，我且屠大梁⑥！”须贾归，以告魏齐。魏齐恐，亡走赵，匿平原君所⑦。

【注释】

①大供具：大摆宴席。

②食饮甚设：酒菜很丰盛。设，丰盛，讲究。

③莝（cuò）豆：喂牲口的草料豆子。莝，铡碎的草。

④黥徒：受黥刑的囚徒。夹而马食之：一边一个奴隶押着他，像喂马一样让他吃那些草料豆子。

⑤数（shǔ）：数落，责骂。

⑥且：将要。屠：屠城，血洗。

⑦平原君：名赵胜，赵惠文王之弟，以养士闻名，事详《平原君虞卿列传》。

【译文】

须贾向范雎告辞，范雎大摆筵席，把各国使者都请来，和他们一起坐在正堂上，酒菜十分丰盛。而让须贾坐于堂下，在他面前摆上草料豆子，让两个刑徒一边一个地押着他像喂马那样喂他吃那些草料豆子。还数落他道："替我告诉魏王，赶紧把魏齐的头送来，不然的话，我就屠灭大梁城！"须贾回到魏国，把这些都告诉了魏齐。魏齐非常恐惧，逃跑到赵国，躲在平原君家里。

范雎既相，王稽谓范雎曰："事有不可知者三，有不可奈何者亦三①。宫车一日晏驾②，是事之不可知者一也。君卒然捐馆舍③，是事之不可知者二也。使臣卒然填沟壑④，是事之不可知者三也。宫车一日晏驾，君虽恨于臣⑤，无可奈何。君卒然捐馆舍，君虽恨于臣，亦无可奈何。使臣卒然填沟壑，君虽恨于臣，亦无可奈何。"范雎不怿⑥，乃入言于王曰："非王稽之忠，莫能内臣于函谷关；非大王之贤圣，莫能贵臣。今臣官至于相，爵在列侯，王稽之官尚止于谒者，非其内臣之意也。"昭王召王稽，拜为河东守⑦，三岁不上计⑧。又任郑安平⑨，昭王以为将军。范雎于是散家财物，尽以报所尝困厄者⑩。一饭之德必偿，睚眦之怨必报⑪。

【注释】

①不可奈何：即无可奈何，表示无法挽回补救的事。

②宫车一日晏驾：此谓秦昭王突然去世。晏驾，车驾晚出，古代称帝王死亡的讳辞。晏，晚。

③君卒然捐馆舍：此谓范雎突然去世。卒，同"猝"，突然。捐馆舍，即抛下馆舍而去，婉指去世。

④使臣卒然填沟壑：假使我突然死去。使，假使，假如。填沟壑，婉指死亡。贫贱之人死后，无人收葬，尸体被扔在沟里，故称"填沟

鏨"。此为王稽的谦辞。

⑤君虽恨于臣：此谓即使您对我未能得到提拔任用而深感遗憾。恨，遗憾，凌稚隆曰："恨其不及用也。"

⑥怿（yì）：喜悦，高兴。

⑦河东守：河东郡的郡守。河东，秦昭王所置郡，郡治安邑，在今山西夏县西北。

⑧三岁不上计：三年不用汇报考核施政情况。上计，战国时地方官于年终将境内户口、赋税、盗贼、狱讼等项编造计簿，遣吏逐级上报，奏呈朝廷，以资考核，称为上计。

⑨又任郑安平：又保举郑安平为官。任，举荐，担保，据秦法，被保举的人有罪过的话，举荐者也要同罪。

⑩尝困厄者：泷川曰："'尝'下，秘阁本有'与'字；枫山、三条本有'共'字。"即曾经跟范雎一起经历艰难困苦的人。

⑪睚眦（yá zì）之怨：喻指很小的矛盾。睚眦，瞪眼，怒目而视。按，以上范雎报复须贾事，今本《战国策》无。

【译文】

范雎做了秦国宰相后，王稽对范雎说："事情有三种不可预料的情形，有三种无可奈何的情形。大王说不定哪天就突然去世了，这是第一种不可预料的情形。您说不定哪天就突然去世了，这是第二种不可预料的情形。我说不定哪天就突然死了，这是第三种不可预料的情形。大王一旦去世，您即使为没早在大王面前举荐我而感到遗憾，就无可奈何了。您一旦去世，即使为没早在大王面前举荐我而感到遗憾，也无可奈何了。我一旦去世，您即使为没早在大王面前举荐我而感到遗憾，也无可奈何了。"范雎心里不高兴，于是进宫对秦昭王说："如果不是王稽忠心，没有谁能带我进函谷关；如果不是大王贤明，没有谁能使臣尊贵。如今我官至宰相，爵位列入列侯，而王稽的官职还只是个谒者，这恐怕不是他把我带进秦国的本意啊。"秦昭王召见王稽，任命他为河东郡郡守，三年不用汇报考核施政情况。范雎又保荐郑安平,秦昭王任命他做将军。范雎于是拿出家中财物,全部用来报答过去跟自己一起经历磨难的人。一顿饭的恩情也要报答,瞪过一眼的怨仇也要报复。

范雎相秦二年,秦昭王之四十二年①,东伐韩少曲、高平②,拔之③。

秦昭王闻魏齐在平原君所,欲为范雎必报其仇,乃详为好书遗平原君曰④:"寡人闻君之高义,愿与君为布衣之友⑤。君幸过寡人,寡人愿与君为十日之饮。"平原君畏秦,且以为然,而入秦见昭王。昭王与平原君饮数日,昭王谓平原君曰:"昔周文王得吕尚以为太公⑥,齐桓公得管夷吾以为仲父⑦,今范君亦寡人之叔父也⑧。范君之仇在君之家,愿使人归取其头来;不然,吾不出君于关。"平原君曰:"贵而为交者,为贱也;富而为交者,为贫也⑨。夫魏齐者,胜之友也,在,固不出也,今又不在臣所⑩。"昭王乃遗赵王书曰⑪:"王之弟在秦,范君之仇魏齐在平原君之家。王使人疾持其头来⑫;不然,吾举兵而伐赵,又不出王之弟于关⑬。"赵孝成王乃发卒围平原君家,急,魏齐夜亡出,见赵相虞卿⑭。虞卿度赵王终不可说,乃解其相印,与魏齐亡,间行。念诸侯莫可以急抵者⑮,乃复走大梁,欲因信陵君以走楚。信陵君闻之,畏秦,犹豫未肯见⑯,曰:"虞卿何如人也?"时侯嬴在旁⑰,曰:"人固未易知,知人亦未易也⑱。夫虞卿蹑屩檐簦⑲,一见赵王,赐白璧一双,黄金百镒⑳;再见,拜为上卿㉑;三见,卒受相印,封万户侯。当此之时,天下争知之。夫魏齐穷困过虞卿，虞卿不敢重爵禄之尊，解相印，捐万户侯而间行。急士之穷而归公子，公子曰‘何如人’。人固不易知，知人亦未易也！”信陵君大惭，驾如野迎之。魏齐闻信陵君之初难见之，怒而自刭㉒。赵王闻之，卒取其头予秦。秦昭王乃出平原君归赵。

【注释】

①秦昭王之四十二年：前265年。

②少曲：地名，即“少水（沁水）之曲”，在今河南济源西，其地正当太行山西南。高平：古邑名，也称作“向”，在今河南孟州西北。

③拔之：以上这一段，梁玉绳曰：“上文方叙雎偿德报怨，便当接入报魏齐仇一段，何得横插伐韩事？……疑此二十三字当衍。”崔适曰：“二十三字当移至下文‘秦昭王乃出平原君归赵’下。”

④详：通“佯”，假装。好书：表示友好的书信。遗：送给。

⑤布衣之友：地位平等、无拘无束的朋友。布衣，指平民。

⑥周文王得吕尚以为太公：据《齐太公世家》，周文王遇到吕尚（姜子牙）后，说先君“太公望子久矣”，故称其为“太公望”。梁玉绳曰：“‘太公’当作‘太师’。”

⑦齐桓公得管夷吾以为仲父：齐桓公称管仲为“仲父”。齐桓公，名小白，春秋五霸之首，前685—前643年在位，事见《左传》《齐太公世家》。管夷吾，字仲，名夷吾，春秋时期齐国名相，辅佐齐桓公称霸，事见《左传》《管晏列传》。仲父，《荀子·仲尼》杨倞注：“仲者，夷吾之字，父者，事之如父。”后来为帝王对尊贵大臣的尊称，如秦始皇称吕不韦为“仲父”，项羽称范增为“亚父”，亦与此相似。

⑧叔父：金正炜曰：“叔，雎之字也。”与杨倞对“仲父”的注释类似。

⑨“贵而为交者”几句：此谓富贵人之所以交朋友，是为自己日后可能也有贫贱的时候作准备。《索隐》曰：“富贵而结交情深者，为有贫贱之时，不可忘之也。”中井积德曰：“预虑后日之意。”

⑩在，固不出也，今又不在臣所：凌稚隆引王维桢曰：“平原君固不出魏齐，此所以得士。”姚苎田曰：“唐人咏史，有‘买丝绣出平原君’，又‘未知肝胆向谁是，令人却忆平原君’，独歆慕平原君不啻口出者，何也？……其附见于《范雎传》中者，平原之肝胆可以矢天地而泣鬼神。”此处所写平原君之事，可补平原君本传之不足。固，绝对。不出，不会把他交出来给你。

⑪赵王：此为赵孝成王，名丹，赵惠文王之子，前265—前245年在位。

⑫疾：立即，赶快。

⑬王之弟：此当作“王之叔”，因为平原君是赵惠文王的弟弟，即赵孝成王的叔叔。

⑭虞卿：时为赵相。曾游说赵孝成王，被任命为上卿，又以封邑在虞（今山西平陆），故号为“虞卿”。事见《平原君虞卿列传》。

⑮以急抵者：在困穷无路的情况下去投奔的。

⑯畏秦，犹豫未肯见：徐孚远曰：“魏齐，魏相；信陵君，魏公子。魏齐急不归信陵，而归平原，疑其当国时与信陵不合，故不敢以情告；及后复投信陵，信陵难见之，益可知也。”

⑰侯嬴：战国时魏国隐士，后为信陵君门客，事见《魏公子列传》。

⑱人固未易知，知人亦未易也：人固未易知，冈白驹曰：“未易被知，此以虞卿言。”知人亦未易也，泷川曰：“以信陵君言。”

⑲蹑屩（juē）：穿着草鞋。檐簦（dàn dēng）：背着雨伞。檐，举，负荷。簦，雨伞。

⑳镒：古代重量单位。合二十两，一说二十四两。

㉑上卿：官名，卿之居上位者。

㉒自刭：自刎而死。

【译文】

范雎担任秦国宰相的第二年，即秦昭王四十二年，秦国向东攻打韩国的少曲、高平，攻占了这些地方。

秦昭王听说魏齐在平原君家里，一定要为范雎报这个仇，于是虚情假意地写了一封友好的书信送给平原君，说："我听说您具有崇高的正义感，希望能与您结为彼此平等相待、无拘无束的朋友。希望您到我这里来，我愿意和您一起痛饮十天。"平原君害怕秦国，且又对秦王的话信以为真，便到秦国去见秦昭王。秦昭王和平原君喝了几天酒，对平原君说："从前周文王得到吕尚把他尊为'太公'，齐桓公得到管夷吾把他尊为'仲父'，如今范先生也是寡人的'叔父'。范先生的仇人在您家里，希望您派人回去拿他的头来，不然的话，我就不放您出关。"平原君说："地位尊贵的人之所以与人交朋友，是防备自己日后有卑贱的时候；家境富裕的人之所以与人交朋友，是防备自己日后有贫寒的时候。魏齐是我的朋友，如果他在我家里，我绝不会交出他，何况如今他并不在我家里。"秦昭王便又写了一封信给赵王说："您的弟弟在秦国，范先生的仇人魏齐在平原君家里。大王赶紧派人把魏齐的头送来；不然的话，我就出兵攻打赵国，并且不放您弟弟出关。"赵孝成王于便派兵包围了平原君家，情况紧急，魏齐连夜逃出，去见赵国宰相虞卿。虞卿估计终究无法说服赵王，就解下相印，与魏齐一道从小路逃跑。考虑到诸侯中没有可以在紧急情况下前去投奔的，便又逃回大梁，想通过信陵君的关系逃到楚国去。信陵君听说这事后，由于害怕秦国，犹犹豫豫地不肯接见他们，说："虞卿是个什么样的人？"当时侯嬴在他身边，说："人本来不容易了解，了解人也真不容易啊。虞卿穿着草鞋，打着雨伞，第一次去见赵王，赵王就赐他一双白璧，百镒黄金；第二次去见赵王，就被任命为上卿；第三次去见赵王，终于接受相印，被封为万户侯。这时候，全天下的人都争相结识他。魏齐在危难之时去找虞卿，虞卿不看重高官厚禄，解下相印，放弃万户侯而同魏齐一道从小路逃走。虞卿关切陷于困境的士人而来投奔公子，公子却问他‘是个什么样的人’。人本不容易了解，了解人也真不容易啊！”信陵君十分惭愧，驾车到郊外去迎接他们。魏齐听说信陵君当初不愿见他，一怒之下自刎而死。赵王听说这事后，最终还是拿了魏齐的头送给秦昭王。秦昭王这才放平原君出关返回赵国。

昭王四十三年[①]，秦攻韩汾陉[②]，拔之，因城河上广武[③]。

后五年[④]，昭王用应侯谋，纵反间卖赵[⑤]，赵以其故，令马服子代廉颇将[⑥]。秦大破赵于长平[⑦]，遂围邯郸[⑧]。已而与武安君白起有隙，言而杀之[⑨]。任郑安平，使击赵[⑩]。郑安平为赵所围，急，以兵二万人降赵[⑪]。应侯席稿请罪[⑫]。秦之法，任人而所任不善者，各以其罪罪之。于是应侯罪当收三族[⑬]。秦昭王恐伤应侯之意，乃下令国中：“有敢言郑安平事者，以其罪罪之。”而加赐相国应侯食物日益厚，以顺适其意[⑭]。后二岁[⑮]，王稽为河东守，与诸侯通，坐法诛[⑯]。而应侯日益以不怿。

【注释】

①昭王四十三年：前264年。

②汾陉（xíng）：韩国要塞名，在今河南许昌西南。杨宽曰：“盖指汾水两岸汾城、陉城一带。”录以备考。

③因：顺便，趁机。城河上广武：在黄河边上的广武（今河南荥阳西北）筑城。杨宽曰：“‘城河上广武’，‘河’疑‘汾’之误。”录以备考。

④后五年：梁玉绳曰：“秦拔韩陉后四年败赵长平，言‘五年’误。”后四年即秦昭王四十七年，前260年。

⑤纵反间卖赵：指秦国派间谍到赵国，扬言秦国只怕马服君赵奢的儿子赵括，赵王中计，用赵括换下老将廉颇，镇守长平。事见《廉

颇蔺相如列传》。

⑥马服子：赵括之号，《索隐》曰："马服子，赵括之号也。"泷川亦曰："《蔡泽传》'白起攻强赵，北坑马服'；《韩非子·显学》篇'赵任马服之辩而有长平之祸'，皆不言'马服子'，盖括袭父号也。子，男子之称，非'父子'之'子'。"也有人认为赵括称"马服子"是因为他是马服君赵奢之子。

⑦秦大破赵于长平：事详《廉颇蔺相如列传》《白起王翦列传》。

⑧遂围邯郸：事在秦昭王四十八年，前259年，从此邯郸被围近三年之久。邯郸，即今河北邯郸，时为赵国都城。

⑨与武安君白起有隙，言而杀之：范雎谗害白起事，详见《白起王翦列传》。

⑩任郑安平，使击赵：范雎举荐郑安平率秦军进攻邯郸，事在秦昭王四十九年，前258年。

⑪"郑安平为赵所围"几句：此事《六国年表》不载，杨宽系于秦昭王五十年，前257年。当时魏信陵君、楚春申君等率军救援赵国，大败秦军，邯郸之围遂解。

⑫应侯席稿请罪：因为郑安平系范雎举荐，故范雎跪在草席上请求治罪。稿，植物的秸秆。马非百曰："大抵当日秦国情形，每一执政当国时，必有其自己所最亲信之人为之将，如魏冉为相，则任举白起为将；范雎为相，亦任举郑安平为将。而将相之进退，又往往相互为转移，故范雎既说昭王罢穰侯，不久即杀白起；郑安平战败降敌，而范雎亦随之去位。张仪与魏章间之关系，殆亦全与此同。"

⑬当收三族：论罪应当拘捕三族。三族，父族、母族、妻族；一说指父母、兄弟、妻子。

⑭顺适其意：安慰范雎，让范雎心里顺遂。

⑮后二岁：秦昭王五十二年，前255年。

⑯坐法诛：因为犯法判罪被杀。

【译文】

秦昭王四十三年，秦国进攻韩国的汾陉，攻占了它，趁机在黄河边的广武山筑了城。

五年之后，秦昭王采用应侯范雎的计谋，行反间计欺骗赵国，赵国因为这个缘故，派马服子赵括代替廉颇为将。秦军在长平把赵军打得大败，进而围困了邯郸。不久范雎与武安君白起发生矛盾，于是他就向秦昭王进谗言，害死了白起。范雎保荐郑安平，派他率军攻打赵国。结果郑安平被赵军围困，情况危急时，带着两万秦兵投降了赵国。范雎自知罪责难逃，就跪在草席上请求惩处治罪。秦国的法律规定，举荐了人而被举荐的人犯了罪，举荐的人应处以同等的刑罚。照这样，应侯的罪应当收捕三族。秦昭王怕伤了范雎的心，就下令全国："有敢提郑安平事件的，就按郑安平的罪处治他。"同时赏赐给宰相范雎的饮食物品日益丰厚，以此来安慰范雎的心意。两年后，王稽做河东郡郡守，与诸侯私下互相勾结，犯法被杀。因此范雎越来越闷闷不乐。

昭王临朝叹息，应侯进曰："臣闻'主忧臣辱，主辱臣死'①。今大王中朝而忧，臣敢请其罪。"昭王曰："吾闻楚之铁剑利而倡优拙。夫铁剑利则士勇，倡优拙则思虑远②。夫以远思虑而御勇士，吾恐楚之图秦也。夫物不素具③，不可以应卒④。今武安君既死，而郑安平等畔⑤，内无良将而外多敌国，吾是以忧。"欲以激励应侯⑥。应侯惧，不知所出。蔡泽闻之，往入秦也。

【注释】

①主忧臣辱，主辱臣死：泷川曰："《国语·越语》'君忧臣劳，君辱臣

死',《越世家》同。此'臣'下'辱'字当作'劳'。"此盖当时俗语,不必尽同。

②倡优拙则思虑远:此谓倡优等娱乐表演者水平低劣,国君就能不沉迷声色,而专心考虑国家长远大计。拙,拙劣。

③素具:预先准备。素,预先。

④应卒:应付突发事件。卒,同"猝",突发。

⑤畔:通"叛",指郑安平叛国投降。

⑥激励:犹刺激。

【译文】

秦昭王在朝堂上唉声叹气,范雎走上前说:"我听说'国君忧虑,臣下就感到耻辱,国君受辱,臣下就该去死'。现在大王上朝时发愁,臣应当请罪。"秦昭王说:"我听说楚国的铁剑十分锋利而歌舞艺人却很笨拙。铁剑锋利那么将士就勇猛,歌舞艺人笨拙那么国君谋略就深远。楚王用深远的谋略来统率勇猛的将士,我恐怕楚国会图谋秦国。办事不早做准备,就不能应付突发情况。如今武安君已死,而郑安平等又叛变了,国内没有良将而国外却多敌国,我因此发愁啊。"秦昭王想用这话来刺激范雎。范雎内心恐惧,不知如何应对。蔡泽听说这种情况后,就前往秦国。

蔡泽者,燕人也[①]。游学干诸侯小大甚众[②],不遇。而从唐举相[③],曰:"吾闻先生相李兑,曰'百日之内持国秉'[④],有之乎?"曰:"有之。"曰:"若臣者何如?"唐举孰视而笑曰[⑤]:"先生曷鼻[⑥],巨肩[⑦],魋颜[⑧],蹙齃[⑨],膝挛[⑩]。吾闻圣人不相,殆先生乎[⑪]?"蔡泽知唐举戏之[⑫],乃曰:"富贵吾所自有,吾所不知者寿也,愿闻之。"唐举曰:"先生之寿,从今以往者四十三岁。"蔡泽笑谢而去,谓其御者曰:"吾持粱啮肥[⑬],跃马疾驱,怀黄金之印,结紫绶于要[⑭],揖让人主之前[15]，食肉富贵[16]，四十三年足矣。”去之赵[17]，见逐。之韩、魏，遇夺釜鬲于涂[18]。闻应侯任郑安平、王稽皆负重罪于秦，应侯内惭，蔡泽乃西入秦。

【注释】

①燕：古国名，始封君为西周初年的召公奭，建都于蓟，在今北京的西南部。

②干：干谒，求见。

③从唐举相：请唐举帮他看相。唐举，战国时著名的相士，《荀子·非相》中曾提及他。

④持国秉：把持国家政权。《绛侯周勃世家》：“侯八岁为将相，持国秉。”秉，通“柄”，权柄。

⑤孰视：认真仔细地察看。孰，同“熟”。

⑥曷鼻：王念孙曰：“‘曷’读为‘遏’，‘遏鼻’者，仰鼻也。”即鼻子向上翻。

⑦巨肩：王骏图曰：“盖言其肩之宽大，异于常人也。”

⑧魋（tuí）颜：盖谓上额突出。魋，大而突出。

⑨蹙齃（è）：鼻梁塌陷。蹙，缩。齃，鼻梁。

⑩膝挛：膝关节伸不直。

⑪吾闻圣人不相，殆先生乎：我听说圣人是不可貌相的，先生您大概就是这种情况吧。殆，大概。《正义佚文》曰：“蔡泽实不丑，而唐举戏之。”

⑫戏之：跟他开玩笑。

⑬持粱啮肥：底本作“持粱刺齿肥”，《索隐》曰：“持粱，谓做粱米饭而持其器以食也。‘刺齿’二字误，当作‘齧（啮）’字也。‘啮肥’，谓食肥肉也。”《集解》亦谓“‘刺齿’二字当作‘齧（啮）’”，据改。

⑭怀黄金之印，结紫绶于要：指担任高官。陈直曰：“《汉书·百官公

卿表》:‘相国、丞相皆秦官,金印紫绶。’”紫绶,紫色的绶带。要,同“腰”。

⑮揖让人主之前:指在君主面前受到礼遇。揖让,宾主相见的礼仪。

⑯食肉富贵:中井积德曰:“‘食肉’与上文‘啗肥’重复,疑其一属衍。”

⑰之:往。

⑱遇夺釜鬲(lì)于涂:在路上被人抢走了做饭的炊具。遇夺,泷川引冈白驹曰:“为所夺也。”釜鬲,泛指炊具。釜,锅。鬲,陶制,圆口,三空心足。涂,同“途”,道路。

【译文】

蔡泽是燕国人。他游学四方,向大大小小许多诸侯谋求官职,但都未曾得到赏识。他就去找唐举看相,说:“我听说先生给李兑看相,说‘一百天内就能掌握国家大政’,真有这回事吗?”唐举回答说:“有这回事。”蔡泽说:“你看像我这样的人怎么样?”唐举仔细端详了他,然后笑着说:“先生鼻子向上翻,肩膀宽大,上额突出,凹鼻梁,双膝蜷曲。我听说圣人是不可貌相的,说的就是先生您这样的人吧?”蔡泽知道唐举在跟他开玩笑,就说:“富贵是我本就有的,我所不知道的是我的寿命,希望听你说说这个。”唐举说:“先生的寿命,从现在算起往后还有四十三年。”蔡泽笑着感谢唐举而离开,对帮他驾车的人说:“我要能吃好饭嚼肥肉,跃马飞驰,怀揣黄金印,腰系紫绶带,受到人主的礼遇,享受荣华富贵,四十三年足够了。”他离开燕国前往赵国,被赶了出来。又前往韩国、魏国,在路上做饭的炊具都被人抢走了。他听说应侯范雎举荐的郑安平、王稽都犯了大罪,范雎内心惭愧,于是就向西来到秦国。

将见昭王,使人宣言以感怒应侯曰①:“燕客蔡泽,天下雄俊弘辩智士也。彼一见秦王,秦王必困君而夺君之位。”应侯闻,曰:“五帝三代之事,百家之说,吾既知之,众口之辩[②],吾皆摧之,是恶能困我而夺我位乎?”使人召蔡泽。蔡泽入,则揖应侯。应侯固不快[③],及见之,又倨[④],应侯因让之曰[⑤]:“子尝宣言欲代我相秦,宁有之乎?”对曰:“然[⑥]。”应侯曰:“请闻其说。”蔡泽曰:“吁,君何见之晚也!夫四时之序,成功者去。夫人生百体坚强[⑦],手足便利,耳目聪明而心圣智,岂非士之愿与?”应侯曰:“然。”蔡泽曰:“质仁秉义[⑧],行道施德,得志于天下,天下怀乐敬爱而尊慕之[⑨],皆愿以为君王,岂不辩智之期与?”应侯曰:“然。”蔡泽复曰:“富贵显荣,成理万物[⑩],使各得其所;性命寿长,终其天年而不夭伤;天下继其统,守其业,传之无穷;名实纯粹,泽流千里,世世称之而无绝[⑪],与天地终始:岂道德之符而圣人所谓吉祥善事者与[⑫]?”应侯曰:“然。”

【注释】

①宣言以感怒应侯:宣扬狂言来激怒应侯范雎。凌稚隆引董份曰:“范雎以亡囚而欲间骨肉,蔡泽以羁旅欲代相,行而无媒,犯天下所至难,其势非危言则不能以警动,故泽之宣言困雎者,即雎之缪言‘无王’也,皆危而激之之辞。”宣言,扬言。

②众口之辩:诸多能言善辩的人。

③固不快:本来就不高兴。盖因蔡泽之前口出狂言。

④倨:傲慢无礼,当指蔡泽见范雎时,只是作揖。

⑤让:责备。

⑥然:董份曰:“唯直答‘然’字最妙,词少缓、气少歉即挫矣。”

⑦百体:指身体的各个部位。

⑧质仁:以仁为本。秉义:坚持道义。

⑨怀乐:心怀其德,乐生其世。

⑩成理：成全调理。

⑪泽流千里，世世称之而无绝：梁玉绳曰："'千里'之泽何足言之？徐广谓一本无'里'字，《策》云'泽流千世，称之而毋绝'，当是也。"

⑫岂道德之符：难道不是修道积德的效果吗？

【译文】

蔡泽准备去见秦昭王，先派人扬言以激怒范雎说："燕国游客蔡泽，是天下见识超群、极富辩才的智谋之士。他一见到秦王，秦王一定会为难你、罢掉你的相位。"范雎听到后说："五帝三代的事迹，诸子百家的学说，我都已通晓，许多人的巧言雄辩，我都能折服他们，这个人怎么能使我难堪而夺取我的相位呢？"派人召来蔡泽。蔡泽进来后，只向范雎行了拱手礼。范雎本来就不高兴，等到召见蔡泽时，蔡泽态度又很傲慢，就责备蔡泽说："你曾扬言要取代我当秦国的宰相，真有这回事吗？"蔡泽回答说："是的。"范雎说："想听一听你的说法。"蔡泽说："唉，您看问题怎么这么迟钝呢！按照四季交替的自然规律，任务完成了就要离开。人活着，身体健壮，手脚灵便，耳聪目明，心灵聪慧，这难道不是士人的愿望吗？"范雎说："是的。"蔡泽说："以仁为本，坚持正义，推行正道，广施恩德，在天下实现自己的志向，天下人都拥护爱戴而尊敬仰慕他，都希望让他做君王，这难道不是善辩明智之士所期望的吗？"范雎说："是的。"蔡泽又说："富贵显荣，治理万物，使万事万物都能各得其所；自己长寿安康，能享尽天年而不夭折；天下能继承他的传统，守护他的基业，永远传承下去；名声和实际完全一致，恩泽流传于千里之外，世世代代不断地称颂他，与天地一样永存：这些难道不是修道积德的结果、也即圣人所说的吉祥善事吗？"范雎说："是的。"

蔡泽曰："若夫秦之商君①，楚之吴起②，越之大夫种③，其卒然亦可愿与④？"应侯知蔡泽之欲困己以说⑤，复谬曰⑥：

“何为不可？夫公孙鞅之事孝公也⑦，极身无贰虑⑧，尽公而不顾私；设刀锯以禁奸邪，信赏罚以致治⑨；披腹心，示情素⑩，蒙怨咎⑪，欺旧友，夺魏公子卬⑫，安秦社稷，利百姓，卒为秦禽将破敌，攘地千里。吴起之事悼王也⑬，使私不得害公，谗不得蔽忠，言不取苟合⑭，行不取苟容⑮，不为危易行⑯，行义不辟难⑰，然为霸主强国⑱，不辞祸凶。大夫种之事越王也⑲，主虽困辱⑳，悉忠而不解㉑，主虽绝亡㉒，尽能而弗离，成功而弗矜，贵富而不骄怠。若此三子者，固义之至也，忠之节也㉓。是故君子以义死难，视死如归；生而辱不如死而荣。士固有杀身以成名，唯义之所在，虽死无所恨。何为不可哉？”

【注释】

①秦之商君：即商鞅，辅佐秦孝公实施变法，使秦国富强，最后被处以车裂之刑，事见《商君列传》。

②楚之吴起：战国前期政治家、军事家，辅佐楚悼王实施变法，使楚国富强，最后死于楚国内乱，事见《孙子吴起列传》。

③越之大夫种：即文种，春秋末期越国大臣，与范蠡一起辅佐越王句践灭吴称霸，最终被句践杀害。事见《越王句践世家》。

④其卒然亦可愿与：他们的最终结局也是人们所羡慕的吗？泷川曰：“《秦策》无‘然’字，《史》‘然’字衍。”或谓“然”同“焉”，表句中停顿。

⑤欲困己以说：想用说辞困住自己。

⑥复谬曰：还是故意强词夺理地说。谬，假装，故意。

⑦公孙鞅：即商鞅，公孙氏，名鞅，后因被封于商，故习称商鞅。孝公：指秦孝公，名渠梁，秦献公之子，前361—前338年在位。

⑧极身:终身。

⑨信赏罚:谓赏罚必信,有功必赏,有罪必罚,说到做到。信,守信用,说到做到。致治:使秦国达到大治的境界。

⑩披腹心,示情素:犹今所谓推心置腹,披肝沥胆,为了秦国全身心投入。素,通“愫”,忠诚。

⑪蒙怨咎:甘愿冒受人怨恨的风险。蒙,冒着,鲍彪曰:“鞅尝刑太子之傅,知必见怨咎,犹冒为之。”

⑫欺旧友,夺魏公子卬:指商鞅在作战时,骗魏公子卬与其举行会盟,趁机将其俘虏。夺,《战国策》作“虏”。

⑬悼王:指楚悼王,名疑,楚声王之子,前401—前381年在位。

⑭言不取苟合:不说苟且迎合的话。

⑮行不取苟容:不做不讲原则以求容身的行为。

⑯不为危易行:不因为有危险而改变自己的行为。

⑰行义不辟难:实行道义而不怕艰难。

⑱然为霸主强国:为了让君主称霸,让国家富强。

⑲越王:指越王句践,春秋末期越国国君,前496—前465年在位。

⑳主虽困辱:指句践被吴国打败,被困于会稽山,后又忍辱到吴王宫中为奴,服侍吴王夫差。

㉑悉忠:全力尽忠。不解:不懈怠。解,通“懈”。

㉒主虽绝亡:《战国策》作“主虽亡绝”。金正炜曰:“‘主’字疑当用‘国’。”当指越国已经接近被吴国灭亡。

㉓节:何建章引《荀子·成相》杨倞注:“节,法度。”以为楷模、表率之意。一说,节,与前文“义之至”的“至”相同,都是极致的意思。

【译文】

蔡泽说:“像秦国的商鞅,楚国的吴起,越国的大夫种,他们的结局也值得羡慕的吗?”范雎知道蔡泽想用话把自己困住,就故意强词夺理地说:“有什么不值得呢?商鞅事奉秦孝公,终身没有二心,大公无私;设立刀锯等刑罚来禁绝奸邪，用严明赏罚来实现国家大治；披肝沥胆，一片赤诚，忍受怨恨，欺骗老友，活捉魏公子卬，安定秦国社稷，使百姓得利，最终为秦国抓获敌将，大败敌军，扩地千里。吴起事奉楚悼王，使私人不能损害公家，谗佞不能妨害忠良，不说随声附和的话，不做不讲原则的事，不因为危险而改变行动，实行道义而不怕困难，为了使君主称霸，国家富强，不回避灾祸凶险。大夫种事奉越王句践，即使国君处于困境，遭受凌辱，他也竭尽忠诚而不懈怠，即使君主将要绝代亡国，他也竭尽所能而不离开，事业成功了也不自夸自大；发富发贵了，也不骄傲懈怠。像这三个人，本来就是节义的标杆，忠贞的典范。因此君子因道义而死，视死如归；活着遭受侮辱不如光荣地牺牲。士人本来就有杀身成名的追求，只要是大义所在，虽死无憾。有什么不值得呢？”

蔡泽曰：“主圣臣贤，天下之盛福也；君明臣直，国之福也；父慈子孝，夫信妻贞，家之福也。故比干忠而不能存殷①，子胥智而不能完吴②，申生孝而晋国乱③。是皆有忠臣孝子，而国家灭乱者，何也？无明君贤父以听之，故天下以其君父为僇辱而怜其臣子④。今商君、吴起、大夫种之为人臣，是也；其君，非也。故世称三子致功而不见德⑤，岂慕不遇世死乎？夫待死而后可以立忠成名，是微子不足仁⑥，孔子不足圣⑦，管仲不足大也⑧。夫人之立功，岂不期于成全邪⑨？身与名俱全者，上也；名可法而身死者⑩，其次也；名在僇辱而身全者，下也。”于是应侯称善。

【注释】

①故：过去，从前。比干忠而不能存殷：比干虽然忠贞，却未能保存

殷商。比干是殷商末年的忠臣，因谏阻商纣王，被剖心而死，后来殷商为周武王所灭。事见《殷本纪》。

②子胥智而不能完吴：伍子胥虽然足智多谋，却未能保全吴国。伍子胥早就提醒吴王夫差提防越王句践，但吴王夫差不听，反而将伍子胥杀死，最终吴国为越国所灭。事见《吴太伯世家》《伍子胥列传》等。

③申生孝而晋国乱：申生是个孝子，而晋国却发生大乱。申生是晋献公的太子，为了孝顺父亲晋献公，不忍揭发其父宠妾骊姬的阴谋，结果自己被杀，晋国陷入多年动乱之中。事见《晋世家》。

④僇辱：可耻，令人羞耻。中井积德曰："'为僇辱'，以为污辱羞耻也，鄙贱之意。"僇，辱。怜：同情，怜悯。

⑤致功：建立了功勋。不见德：不被人感激、怀念。

⑥微子不足仁：微子的避祸全身就不应该称作仁人。微子，商纣王的庶兄，他见商纣王淫乱，无法劝谏，就逃走了。《论语》中孔子称微子、比干、箕子为殷之"三仁"。

⑦孔子不足圣：孔子在周游列国时逃离乱邦就算不上是圣人。孔子周游列国时，当其生命安全受到威胁，便率弟子离该国而去，事见《孔子世家》。但孔子却被后代称为"圣人"。

⑧管仲不足大：管仲不为公子纠殉身，反而苟活以辅佐齐桓公就不值得称赞。管仲本是公子纠的手下，公子纠与齐桓公争位失败被杀后，管仲没有像召忽一样为公子纠殉死，反而甘受囚禁之辱，最终辅佐齐桓公成就霸业。事见《齐太公世家》《管晏列传》。大，赞美，称颂。

⑨成全：功成名就，身体完好。

⑩名可法：功名流传，被人称道效法。

【译文】

蔡泽说："帝王圣明，臣子贤良，这是天下最大的幸福；国君英明，臣子正直，这是国家的幸福；父亲慈祥，儿子孝顺，丈夫诚信，妻子忠贞，这是家庭的幸福。从前比干虽然忠诚却未能保存殷商，子胥虽然明智却未能保全吴国，申生虽然孝顺而晋国还是发生大乱。这都有忠臣孝子，可国家与家庭要么灭亡要么变乱，这是为什么呢？是因为没有英明的君主和贤德的父亲听他们的话，所以天下人都认为这样的君主、父亲是可耻的，而怜悯那些忠臣孝子。如今商鞅、吴起、大夫种作为人臣，所作所为是对的；而他们的君主做得不对。所以世人都说这三个人为国家建立了功勋却没有得到君主的感念，难道是羡慕他们未遇明主而死吗？如果要等到死后才可以树立忠诚的名声，那么微子也不足以称为仁者，孔子也不足以称为圣贤，管仲也不值得赞美。人们建功立业，难道不希望功成名就而身体完好吗？性命与名声都能保全是上等，功名可供后代效法而性命不保的是次等，声名狼藉而只保全性命的，是下等。”这时范雎赞许蔡泽的看法。

蔡泽少得间①，因曰：“夫商君、吴起、大夫种，其为人臣尽忠致功则可愿矣，闳夭事文王②，周公辅成王也③，岂不亦忠圣乎④？以君臣论之⑤，商君、吴起、大夫种其可愿孰与闳夭、周公哉⑥？”应侯曰：“商君、吴起、大夫种弗若也。”蔡泽曰：“然则君之主慈仁任忠⑦，惇厚旧故，其贤智与有道之士为胶漆⑧，义不倍功臣⑨，孰与秦孝公、楚悼王、越王乎？”应侯曰：“未知何如也。”

【注释】

①少得间：意谓稍微抓到一点空子。

②闳夭：辅佐周文王的重臣，与散宜生等齐名，事见《周本纪》。

③周公辅成王：周武王死后，周公辅佐其幼子周成王，国家大治。事

见《周本纪》《鲁周公世家》。闳夭与文王、周公与成王是君臣相得的典范。

④忠圣：张照曰："一本无'圣'字。"《战国策》亦无"圣"字。

⑤以君臣论之：从君臣关系的角度而论。

⑥其可愿：其令人羡慕的程度。

⑦君之主：此谓秦昭王。

⑧胶漆：关系友好密切，如胶似漆。

⑨不倍功臣：不背弃功臣。倍，通"背"，背弃。

【译文】

蔡泽稍微抓到一点空子，顺势说："商君、吴起、大夫种，他们作为人臣尽忠立功当然值得羡慕，闳夭事奉文王，周公辅佐成王，不也忠诚而明智么？从君臣关系的角度来说，商君、吴起、大夫种与闳夭、周公相比，谁更值得羡慕呢？"范雎说："商君、吴起、大夫种比不上闳夭、周公。"蔡泽说："那么您的君主在慈爱仁厚，任用忠良，笃念旧情，聪明智慧，与有道德的人交情深厚，坚守道义，不背弃功臣等方面，与秦孝公、楚悼王、越王句践相比怎么样呢？"范雎说："不知道怎么样呢。"

蔡泽曰："今主亲忠臣，不过秦孝公、楚悼王、越王，君之设智[①]，能为主安危修政[②]，治乱强兵，批患折难[③]，广地殖谷，富国足家，强主，尊社稷，显宗庙，天下莫敢欺犯其主，主之威盖震海内[④]，功彰万里之外，声名光辉传于千世，君孰与商君、吴起、大夫种？"应侯曰："不若。"

【注释】

①设智：施展才智，出谋划策。设，施展。

②安危：使危险的局面得以安定。

③批患折难：犹所谓排忧解难。批、折，均为消除、解决的意思。

④主之威盖震海内:《战国策》作“威盖海内”。

【译文】

蔡泽说:“如今您的君主在亲近忠臣方面没有超过秦孝公、楚悼王和越王句践,而您出谋划策,替君主安定危局,修明政治,平定变乱,增强军力,排除祸患,克服困难,扩大疆土,增加粮食,使国家富强,百姓富足,加强君主权力,提高国家地位,显荣宗庙,使天下无人敢欺侮冒犯您的君主,使君主的威望震慑海内,功业远扬于万里之外,声名光辉传到千代之后,这些方面您与商君、吴起、大夫种相比怎么样?”范雎说:“我不如他们。”

蔡泽曰:“今主之亲忠臣不忘旧故不若孝公、悼王、句践,而君之功绩爱信亲幸又不若商君、吴起、大夫种,然而君之禄位贵盛,私家之富过于三子,而身不退者,恐患之甚于三子,窃为君危之。

【译文】

蔡泽说:“如今秦王亲近忠臣不忘旧情比不上秦孝公、楚悼王、越王句践,而您的功绩和受到的信任、宠爱又比不上商鞅、吴起、大夫种,可是您的俸禄多,地位高,家产的富有却超过他们三位,自己还不知隐退,恐怕您的祸患要比他们三位更惨重,我私下替您感到危险啊。

“语曰:‘日中则移,月满则亏[①]。’物盛则衰,天地之常数也[②]。进退盈缩,与时变化[③],圣人之常道也,故‘国有道则仕,国无道则隐’[④]。圣人曰‘飞龙在天,利见大人’[⑤],‘不义而富且贵,于我如浮云’[⑥]。今君之怨已雠而德已报[⑦],意欲至矣,而无变计,窃为君不取也。

【注释】

①日中则移,月满则亏:泷川曰:"《易·彖传》:'日中则昃,月盈则食',蔡泽或读《易传》乎?"

②物盛则衰,天地之常数也:帛书《经法·四度》:"极而反,盛而衰,天地之道也。"常数,常道,普遍规律。以上几句暗示范雎应当功成身退,见好就收。

③进退盈缩,与时变化:随着时势的发展变化而变化。盈缩,消长伸缩。

④国有道则仕,国无道则隐:《论语·泰伯》:"天下有道则仕,无道则隐。"以上几句暗示范雎应该看清形势,适时隐退。

⑤飞龙在天,利见大人:语出《周易·乾卦》。

⑥不义而富且贵,于我如浮云:语出《论语·述而》。以上几句谓有利则可求取功名,不利则应放弃富贵尊位。

⑦怨已雠:仇已经报了。雠,报复。

【译文】

"常言说:'太阳当顶就要偏斜,月亮满圆就会亏缺。'事物发展到鼎盛时期就会衰落,这是天地万物的普遍规律。进退伸缩,都要随着时势的变化而变化,这是圣人通常的准则,所以'国家政治清明就出仕,国家政治混乱就退隐'。圣人说'飞龙在天象征明君在位,利于去求见大人','用不正当的手段得到的富贵,在我看来就如同浮云一样'。现在您的仇怨已经报复了,恩德也已经报答了,愿望都实现了,但还不另做打算,我私下认为您不应该这样。

"且夫翠、鹄、犀、象①,其处势非不远死也,而所以死者,惑于饵也。苏秦、智伯之智②,非不足以辟辱远死也,而所以死者,惑于贪利不止也。是以圣人制礼节欲,取于民有度，使之以时，用之有止，故志不溢，行不骄，常与道俱而不失[③]，故天下承而不绝[④]。昔者齐桓公九合诸侯[⑤]，一匡天下[⑥]，至于葵丘之会[⑦]，有骄矜之志，畔者九国[⑧]。吴王夫差兵无敌于天下，勇强以轻诸侯，陵齐、晋[⑨]，故遂以杀身亡国。夏育、太史噭叱呼骇三军[⑩]，然而身死于庸夫[⑪]。此皆乘至盛而不返道理[⑫]，不居卑退处俭约之患也[⑬]。

【注释】

①翠、鹄、犀、象：翠鸟、鸿鹄、犀牛、大象，四种珍禽贵兽。

②苏秦：战国后期的纵横家，为燕国到齐国施行反间计，事情败露，被杀。事见《苏秦列传》。智伯：春秋末期晋国六卿之一，先灭了范氏、中行氏两家，后来又想消灭赵氏，结果反而被赵、韩、魏三家联合起来灭掉，事详《赵世家》。

③常与道俱而不失：总是遵循大道而不背离。

④承：继承，接续。

⑤九合诸侯：齐桓公曾九次召集诸侯会盟，即《齐太公世家》所谓“兵车之会三，乘车之会六”。一说，“九”为多数，指多次召集会盟。

⑥一匡天下：《齐太公世家》之《正义》曰：“谓定襄王为太子之位也。”

⑦葵丘之会：事在齐桓公三十五年，前651年。葵丘，地名，在今河南兰考东。

⑧畔者九国：据《齐太公世家》，因齐桓公有骄傲之态，诸侯有背叛之事。此谓“九国”，当系蔡泽夸饰之辞。畔，同“叛”。

⑨陵齐、晋：吴王夫差多次伐齐，并与晋国在黄池之会上争当盟主。

⑩夏育：战国时卫国人，力能举鼎，《索隐》引高诱云：“夏育为田搏所杀。”太史噭：《索隐》：“噭音皎。”其事不详，当非《田单列传》

之“太史嫩”。《战国策》作“太史启”，诸祖耿曰：“《策》文先举齐桓公，次举吴王夫差，再举夏育，均应以一人为说，不应连及太史启或太史嗷。”

⑪身死于庸夫：其事未详。

⑫乘至盛而不返道理：已经达到鼎盛还不见好就收。不返，不回归依循。《战国策》作“不及”，即“未达”“不懂”。道理，即“物盛则衰”之理。

⑬居卑退处俭约：皆谦谨、收敛之意。

【译文】

“再说了，翠鸟、鸿鹄、犀牛、大象这些动物，它们所处的形势位置，并非不远离死亡，可是它们之所以死亡，就是因为受饵料的诱惑。像苏秦、智伯那样的机智多谋，不是不能够避开耻辱远离死亡，可是他们之所以死于非命，就是因为贪恋利益而不知道满足。所以圣人才制定礼法来节制欲望，向百姓征收财物要有限度，使用百姓要遵循四季节令，并且也要有节制，所以心志不过分膨胀，行动不骄横无理，时时事事遵循大道而不违背它，因此天下才承继他们的事业而永不断绝。从前，齐桓公曾九次盟会诸侯，一次匡正天下，但到葵丘盟会时，他有骄傲自大之意，结果九个国家叛离了他。吴王夫差的军队无敌于天下，依仗勇猛强悍而轻视各国诸侯，欺凌齐国、晋国，结果自己被杀，国家灭亡。夏育、太史嗷勇猛异常，一声呼喊即可以吓退大军，但是最后死在平庸之辈的手下。这些都是因为达到鼎盛时却不愿意抽身而退，不懂得谦谨收敛的祸患。

“夫商君为秦孝公明法令，禁奸本①，尊爵必赏②，有罪必罚，平权衡③，正度量④，调轻重⑤，决裂阡陌⑥，以静生民之业而一其俗⑦，劝民耕农利土⑧，一室无二事⑨，力田稸积，习战陈之事⑩，是以兵动而地广，兵休而国富，故秦无敌于天下，立威诸侯，成秦国之业。功已成矣，而遂以车裂[11]。楚地方数千里，持戟百万[12]，白起率数万之师以与楚战，一战举鄢郢以烧夷陵[13]，再战南并蜀汉[14]。又越韩、魏而攻强赵，北坑马服[15]，诛屠四十余万之众，尽之于长平之下，流血成川，沸声若雷，遂入围邯郸[16]，使秦有帝业。楚、赵天下之强国而秦之仇敌也，自是之后，楚、赵皆慑伏不敢攻秦者，白起之势也。身所服者七十余城，功已成矣，而遂赐剑死于杜邮[17]。吴起为楚悼王立法，卑减大臣之威重，罢无能，废无用，损不急之官[18]，塞私门之请[19]，一楚国之俗，禁游客之民，精耕战之士[20]，南收杨越，北并陈、蔡[21]，破横散从，使驰说之士无所开其口[22]，禁朋党以励百姓，定楚国之政，兵震天下，威服诸侯。功已成矣，而卒枝解[23]。大夫种为越王深谋远计，免会稽之危[24]，以亡为存，因辱为荣，垦草入邑[25]，辟地殖谷，率四方之士，专上下之力[26]，辅句践之贤，报夫差之仇，卒擒劲吴，令越成霸。功已彰而信矣，句践终负而杀之。此四子者，功成不去，祸至于此。此所谓信而不能诎[27]，往而不能返者也。范蠡知之[28]，超然辟世[29]，长为陶朱公[30]。

【注释】

①禁奸本：禁绝奸邪产生的根源。

②尊爵必赏：当指尊贵的爵位，必当耕战有功者才予以赏赐。

③平权衡：统一全国的秤。权，秤砣。衡，秤杆。

④正度量：统一全国的丈尺与升斗。

⑤调轻重：牛鸿恩曰："调整赋税的轻重，如《商君列传》'民有二男以上不分异者倍其赋'等等。"

⑥决裂阡陌：突破原来的井田制度，实行新的土地政策。

⑦静生民之业：稳定平民的谋生之业。静，安定，稳定。一其俗：统一民众的风俗。

⑧劝民耕农利土：指鼓励农民精心耕种，充分利用土地。利土，泷川引庆长本标记引陆氏云："尽土宜之利也。"

⑨一室无二事：一家人不准干两种职业。

⑩力田稸积，习战陈之事：此即法家所谓"耕战"，一方面努力耕种，积蓄粮食；另一方面加强军事训练，积极备战。陈，通"阵"。

⑪车裂：古代的一种酷刑，俗称五马分尸。商鞅最终被处以车裂之刑，事详《商君列传》。

⑫持戟：此指拿着戟作战的士兵。戟，古代兵器名。合戈、矛为一体，略似戈，兼有戈之横击、矛之直刺两种作用，杀伤力比戈、矛为强。

⑬一战举鄢郢以烧夷陵：据《楚世家》，楚顷襄王二十一年，即秦昭王二十九年，前278年，"秦将白起遂拔我郢，烧先王墓夷陵"。鄢郢，此指楚国的郢都。夷陵，陵墓名，楚王祖先葬地，在今湖北宜昌东南。

⑭再战南并蜀汉：梁玉绳认为兼并蜀汉是张仪、司马错之事，与白起无关，然牛鸿恩曰："灭蜀取楚汉中，诚不关白起，然此'汉'非仅指汉中，实指全汉流域。据《秦本纪》《六国表》《楚世家》与睡虎地秦墓竹简《编年纪》所载，昭王二十七年秦攻邓，楚割上庸、汉北予秦。依当时情势，攻邓者必是白起；二十八年，白起攻楚鄢、邓、西陵；二十九年，拔郢，烧夷陵，东攻至竟陵、安陆，秦设南郡。全汉流域始与巴蜀连为一片。"

⑮北坑马服：即前文提及的白起在长平坑杀"马服子"赵括所率四十多万赵军事。

⑯遂入围邯郸：长平之战后，率军围困邯郸的是王龁、王陵等，非白起，此处所述有误。

⑰赐剑死于杜邮：秦昭王听信范雎的谗言，先将白起发配边地，等白起走到杜邮时，又赐剑命其自杀。事详《白起王翦列传》。杜邮，古邮驿名，又名杜邮亭。在今陕西咸阳东北。凌稚隆引陈沂曰："前言商君、吴起、大夫种，此特增一白起，不惟激以事，而且动其心尤切也。"

⑱损：削减。

⑲塞：堵塞，杜绝。

⑳精：精心训练。

㉑南收杨越，北并陈、蔡：《孙子吴起列传》云："于是是南平百越，北并陈、蔡。"然梁玉绳曰："陈灭于楚惠王十一年，蔡灭于惠王四十二年，何待悼王始并之？实误仍《秦策》也。"此盖策士演绎之辞。杨越，即今福建、两广一带的百越地区，因其地原属古之杨州，故称"杨越"。

㉒破横散从，使驰说之士无所开其口：《孙子吴起列传》亦云："要在强兵，破驰说之言从横者。"然泷川曰："吴起之时，从横之说未行。"此亦策士演绎之辞。从，同"纵"。

㉓枝解：梁玉绳曰："吴起以射死，此言'枝解'，仍《秦策》之误，犹《韩诗外传》一及高诱《吕览·执一》注言起'车裂'也。《韩子》之《难言》《问田》二篇亦云是'枝解'。"

㉔免会稽之危：越王句践被吴国打败后，一度被围困在会稽山上，大夫文种出面跟吴国谈判，才使吴国退兵解围。会稽，越王句践都城，即今浙江绍兴，会稽山在绍兴城南。

㉕垦草入邑：《战国策》"垦草创邑"，意谓在荒草中创建城市。一说，入邑指充实城中人口。《索隐》引刘氏曰："入犹充也，谓招携离散，充满城邑也。"

㉖专上下之力：凝聚全国上下的力量。专，同"抟"，凝聚，集中。

㉗信而不能诎：只知道伸而不懂得屈，意谓不懂功成身退之道。信，

通“伸”。诎,通“屈”。

㉘范蠡:春秋末年越国大夫。字少伯。楚国宛(今河南南阳)人。辅佐越王句践灭吴后,他及时隐退。后止于陶(今山东定陶西北),改名陶朱公,以经商致富,资累巨万。

㉙辟世:避世隐居。

㉚长为陶朱公:凌约言曰:“历叙四子不善居功以致奇祸,而陶朱公独以见几令终,一去一不去,得失判然,反复剧论,要不外‘成功者退’一语。”

【译文】

“商君替秦孝公修明法令,杜绝奸邪的根源,尊贵的爵位必须有功才赏,违法犯罪的必定严惩,统一权衡器具,校正度量工具,调整赋税轻重,废除井田制度,稳定百姓的职业,统一了民间的习俗,鼓励百姓种地,充分利用土地,一个家庭不得从事两种职业,努力种田,积蓄粮食,操练临阵作战之事,因此军队出动就能扩展领土,军队休整就可使国家富足,所以秦国无敌于天下,在诸侯中扬威,奠定了秦国的基业。大功告成之后,商鞅就被五马分尸。楚国国土方圆数千里,作战的士兵有上百万,白起率领几万士兵与楚国交战,一战便攻下了鄢郢,烧毁了夷陵,再战就向南吞并了巴蜀、汉中。又越过韩国、魏国去攻打强大的赵国,在北边坑杀了马服子赵括,诛杀了四十余万赵军,将他们全部消灭在长平一带,血流成河,惨叫声如同打雷,进而围攻邯郸,使秦国有了建立帝业的基础。楚国、赵国都是天下的强大国家,也是秦国的仇敌,从此之后,楚国、赵国都恐惧屈服,不敢再进攻秦国,这是白起杀出的威风啊。白起亲自征服了七十多座城邑,大功告成之后,却被赐剑在杜邮自杀。吴起为楚悼王制定法律,削弱大臣的权力,罢免无能的官员,废除无用的官职,裁减无关紧要的官职,杜绝徇私的请托,统一楚国的风俗,禁止百姓游手好闲,精心训练耕战的士兵,在南边收复了杨越,在北边吞并了陈、蔡,破散纵横家的游说,使四处奔走游说的人没法开口,并且禁止结党营私,以此鼓励百姓，安定了楚国的政局，军队威震天下，声威慑服诸侯。功业完成之后，最终被肢解而死。大夫种替越王深谋远虑，消解了会稽的危难，在危亡中求得生存，忍辱负重赢得荣光，铲除杂草建设都城，开辟田地来种植粮食，率领四方的士民，团结全国上下的力量，辅佐贤能的句践，向夫差报仇，终于打败了强大的吴国，使越国称霸天下。功业已经彰明昭著，可是句践最终却忘恩负义把他杀了。这四位先生，功业完成后却不及时离开，遭祸竟至于如此悲惨。这就是所说的能伸而不能屈，能往而不能返啊。范蠡明白这个道理，所以他超脱世俗远避世事，永做个悠然自乐的陶朱公。

"君独不观夫博者乎？或欲大投，或欲分功[①]，此皆君之所明知也。今君相秦，计不下席，谋不出廊庙[②]，坐制诸侯，利施三川，以实宜阳[③]，决羊肠之险，塞太行之道[④]，又斩范、中行之涂[⑤]，六国不得合从，栈道千里[⑥]，通于蜀汉[⑦]，使天下皆畏秦，秦之欲得矣，君之功极矣，此亦秦之分功之时也[⑧]。如是而不退，则商君、白公、吴起、大夫种是也[⑨]。吾闻之，'鉴于水者见面之容，鉴于人者知吉与凶'[⑩]。《书》曰：'成功之下，不可久处[⑪]。'四子之祸，君何居焉[⑫]？君何不以此时归相印，让贤者而授之，退而岩居川观[⑬]，必有伯夷之廉[⑭]，长为应侯，世世称孤[⑮]，而有许由、延陵季子之让[⑯]，乔、松之寿[⑰]，孰与以祸终哉？即君何居焉？忍不能自离，疑不能自决，必有四子之祸矣。《易》曰：'亢龙有悔[⑱]。'此言上而不能下，信而不能诎，往而不能自返者也。愿君孰计之[⑲]！"

【注释】

①或欲大投，或欲分功：中井积德曰："大投，盖孤注之类；分功，小胜，不求大胜也。大投每在输者，气急也；分功每在赢者，气泰也。"大投即下大赌注，正所谓"孤注一掷"；分功，即把钱分开来下小注。

②计不下席，谋不出廊庙：犹所谓"运筹帷幄"，即在朝堂之上谋划决策。

③利施三川，以实宜阳：大意是说扬威于三川地区，以充实在宜阳一带的力量。三川，地区名，即指今河南洛阳一带，当时属周。其地有黄河、伊水、洛水三条河流，故称"三川"。宜阳，古县名，在今河南宜阳西，原来属韩，后被秦国攻占。泷川曰："秘阁本、枫、三本无'利'字，无者是。《韩世家》云：'施三川而归'；《田完世家》云：'王以施三川'。"中井积德曰："施，扬威也。"

④决羊肠之险，塞太行之道：即切断太行山的险道羊肠坂。决，切断。羊肠之险，即羊肠坂，以其弯曲险要如羊肠而得名。在今山西东南部晋城市南的太行山上，是河南中部通往山西东南部的交通要道。塞，堵塞，截断。

⑤斩范、中行之涂：切断了范氏、中行氏逃亡的道路，约在朝歌（今河南淇县）一带。范氏、中行氏均为春秋末年晋国六卿中的两家，因与六卿中的另外四家智氏、赵氏、韩氏、魏氏斗争而被赶跑，先逃到朝歌，后又逃往齐国。事详《赵世家》。

⑥栈道：道路名，是在河岸崖壁上凿孔架桥连阁而成的一种两层建筑物，外形为一连串楼阁，可通行人马车辆，为当时通往蜀汉地区的交通道路。

⑦蜀汉：指蜀郡与汉中郡，蜀郡治所在今四川成都，汉中郡治所在今陕西汉中东。

⑧此亦秦之分功之时也：意思是说，现在也是秦国这个大赢家下小

赌注的时候了。

⑨白公：指白起。

⑩鉴于水者见面之容，鉴于人者知吉与凶：泷川曰："《墨子·非攻中》：'君子不镜于水，而镜于人。镜于水者，见面之容；镜于人，则知吉凶。'"

⑪成功之下，不可久处：此二句不见于今本《尚书》及《逸周书》，或系《尚书》佚文。

⑫四子之祸，君何居焉：商鞅、白起、吴起、大夫种四人那种灾祸，您为什么还要遭受一遍呢？居，处，即置身于那种灾祸中。

⑬岩居川观：隐居山中，观赏流水。

⑭伯夷之廉：伯夷是古代著名隐士，以"廉"著称，《孟子·万章下》："闻伯夷之风者，顽夫廉，懦夫有立志。"

⑮称孤：古代国君常自称"孤"或"寡人"，此谓长期保有应侯的爵位和封地。

⑯许由：据《庄子·让王》记载，许由是尧帝时的隐士，尧想将天下让给许由，许由不接受。延陵季子：即季札，被封于延陵，故称。季札是吴王寿梦的第四个儿子，吴王寿梦认为季札贤能，想传位给季札，季札不受；后来他三个哥哥以兄终弟及的方式相继为吴王，想传位给他，他始终未接受。事详《吴太伯世家》。

⑰乔、松：指传说中的仙人王子乔、赤松子。

⑱亢龙有悔：语出《周易·乾卦》。孔颖达疏："圣人有龙德，上居天位，久而亢极，物极则反，故有悔也。"亢，居高而骄。

⑲孰：同"熟"。

【译文】

"您没见过赌博的人吗？有的想孤注一掷，有的想下小注慢慢来，这些都是您所明确知道的。现在您身为秦国宰相，出谋划策不必离开坐席，不必走出朝廷，坐在那里就可以控制诸侯各国，扬威于三川之地，用以充实宜阳，截断羊肠坂的险塞，堵住太行的谷道，又封锁了当年范氏、中行氏逃跑的通道，使六国不能联合，修筑了千里栈道，通向蜀郡和汉中，使天下各国都畏惧秦国，秦国的欲望实现了，您的功业也达到顶点了，这也到了秦国小心一点儿分次下注的时候了。这时您还不退隐，您就会像商君、白起、吴起、大夫种那样了。我听说，'用水做镜子可以照见面容，用前人做镜子可以预知吉凶'。《尚书》说：'成功之下，不可久留。'这四个人的灾祸，您为什么还要遭受一遍呢？您为什么不在这时归还相印，让位给贤者，退隐到山川之中，那您一定会有伯夷廉让的美名，长久享有应侯的爵位，世世代代称孤道寡，既有许由、延陵季子让贤的美名，又有王子乔、赤松子那样的高寿，这跟那些最终遭遇灾祸的人相比哪个好呢？您选哪个呢？如果您下不了决心自己离开，犹犹豫豫不能决定，一定会有那四个人那样的灾祸。《周易》说：'龙飞到最高的地方，必然会后悔。'说的就是能上不能下，能伸不能屈，能进而不能退的人啊。希望您仔细考虑此事。"

应侯曰："善。吾闻'欲而不知足，失其所以欲；有而不知止，失其所以有'。先生幸教，雎敬受命。"于是乃延入坐，为上客。

【译文】

范雎说："说得对。我听说'有欲望而不知道满足，就会失去想要的东西；只知占有而不知停止，就会失去已有的东西'。幸蒙先生指教，范雎我恭敬地接受指教。"于是就请蔡泽入座，尊为上宾。

后数日，入朝，言于秦昭王曰："客新有从山东来者曰蔡泽，其人辩士，明于三王之事，五伯之业，世俗之变①，足以寄秦国之政[②]。臣之见人甚众，莫及[③]，臣不如也。臣敢以闻。”秦昭王召见，与语，大说之[④]，拜为客卿。应侯因谢病，请归相印。昭王强起应侯，应侯遂称病笃[⑤]。范雎免相[⑥]，昭王新说蔡泽计画[⑦]，遂拜为秦相[⑧]，东收周室[⑨]。

【注释】

①世俗之变：世间风俗民情的变化。

②寄秦国之政：可以把秦国的政务委托给他处理。寄，委托，托付。

③莫及：没有人比得上他。

④说：同“悦”，喜欢，赞赏。

⑤病笃（dǔ）：病势沉重。

⑥范雎免相：《秦集史·丞相表》系于秦昭王五十二年，前255年。关于范雎之死，杨宽曰：“前二年，魏、楚合纵救邯郸之围，大破秦军，秦将郑安平以二万人降赵，赵封为武阳君；魏、楚联军乘胜追击，又在河东郡治汾城一带大败秦军，秦军吏告发河东郡守王稽通敌谋反，是年王稽以‘与诸侯通’之罪坐法诛。郑安平、王稽皆范雎所任，秦法‘任人而所任不善者各以其罪罪之’，即有连坐之法。当郑安平降赵，范雎‘罪当收三族’，昭王未执行；及王稽通敌谋反之罪举发，昭王大怒而欲兼诛范雎，范雎‘愿请药赐死，而恩以相葬臣’，昭王又弗杀而善遇之，见于《秦策三》第十七章。是年王稽因定罪而弃市，范雎亦因而死。秦简《编年纪》称是年‘王稽、张禄死’，必范雎因王稽之罪连带而死，是否因药赐死则不得而知。”

⑦计画：计谋策划。

⑧遂拜为秦相：事在秦昭王五十二年，前255年。

⑨东收周室：当指《秦本纪》所载秦昭王五十二年（前255）灭西周君事。

【译文】

过后几天，范雎上朝，对秦昭王说："有位新从崤山以东来的客人名叫蔡泽，这人是个雄辩之士，明了三王五霸的事业，通晓世态人情的变化，足以托付秦国的国政。臣阅人无数，没有谁比得上他，我也不如他。我斗胆推荐他。"秦昭王召见了蔡泽，与他谈话，非常欣赏他，就任命他为客卿。范雎借机称病，请求归还相印。秦昭王勉强范雎出来理事，范雎就自称病重。范雎被免掉了宰相职务，秦昭王一开始就很赏识蔡泽的谋划，于是任命蔡泽为秦国宰相，向东灭掉了西周国。

蔡泽相秦数月，人或恶之①，惧诛，乃谢病，归相印②，号为纲成君③。居秦十余年④，事昭王、孝文王、庄襄王⑤。卒事始皇帝，为秦使于燕⑥，三年而燕使太子丹入质于秦⑦。

【注释】

①人或恶（wù）之：有人说他的坏话。

②乃谢病，归相印：即托病辞官。李光缙引张洲曰："蔡泽不难于夺雎之位，而难于数月去位，盖始终守'成功者去'之一言也。"

③纲成：古邑名，或谓在今河南许昌东北，钱穆认为不确，其地未详。

④居秦十余年：梁玉绳曰："'十'字必'廿'字之误。蔡泽代相在昭王五十二年，至始皇五年燕太子入质时，凡二十四年，泽为秦使燕，何云'十余年'乎？"

⑤孝文王：名柱，秦昭王之子，前250年在位，只一年。庄襄王：名子楚，秦孝文王之子，秦始皇之父，前249—前247年在位。

⑥为秦使于燕：《樗里子甘茂列传》亦言及此事，然具体年份未详。

⑦三年而燕使太子丹入质于秦：梁玉绳认为燕太子丹入秦国做人质在秦王政五年（前242）。以上蔡泽劝说范雎辞官及在秦任职事，见《战国策·秦策三》。

【译文】

蔡泽担任秦国宰相几个月，就有人恶语中伤他，蔡泽害怕被杀，就托病归还相印，号称纲成君。蔡泽在秦国十多年，事奉过秦昭王、孝文王、庄襄王。最后他事奉秦始皇，替秦出使燕国，三年后，燕国派太子丹到秦国做人质。

太史公曰：韩子称“长袖善舞，多钱善贾”①，信哉是言也！范雎、蔡泽，世所谓一切辩士②，然游说诸侯至白首无所遇者，非计策之拙，所为说力少也③。及二人羁旅入秦④，继踵取卿相⑤，垂功于天下者，固强弱之势异也⑥。然士亦有偶合⑦，贤者多如此二子，不得尽意⑧，岂可胜道哉！然二子不困戹，恶能激乎⑨？

【注释】

①韩子：即韩非子，战国时法家学派代表人物。唐以后，因尊称韩愈为韩子，故改称韩非为韩非子。著有《韩非子》。长袖善舞，多钱善贾：语出《韩非子·五蠹》。此喻秦国国力强盛，故范雎、蔡泽容易建立功业。

②一切辩士：张大可曰：“即出类拔萃的辩士。”一说，一切辩士，即一般的辩士。也有人认为“一切辩士”即一时辩士中的杰出者。

③所为说力少：所游说的国家实力不强。

④羁旅：客居他国。

⑤继踵：挨着脚跟，相继。

⑥固强弱之势异也：《韩非子·五蠹》云：“鄙谚曰：‘长袖善舞，多钱善贾’，此言多资之易为工也。故治强易为谋，弱乱难为计，故用于秦者十变而谋希失，用于燕者一变而计希得。非用于秦者必智，用

于燕者必愚也,盖治乱之资异也。”泷川曰:“史公全袭此意。”

⑦偶合:偶然碰上了机会。

⑧不得尽意:不能充分实现自己的志向。

⑨二子不困厄,恶(wū)能激乎:这两个人如果没有经历艰难困苦,怎么能激发出奋斗之志呢?泷川曰:“此史公暗言其罹刑著史。”《太史公自序》中有所谓发愤著书说,《苏秦列传》称“使我有洛阳负郭田二顷,吾岂能佩六国相印乎”,《虞卿列传》称“然虞卿非穷愁,亦不能著书以自见于后世云”,皆与此类似。

【译文】

太史公说:韩非子说“袖子长的人善于舞蹈,钱多的人善于做生意”,这话说得真对啊!范雎、蔡泽是人们所说的一代辩士,游说东方各国直到白发苍苍也没碰上机会,并不是他们计策谋略拙劣,而是所游说的国家实力不够强大。等到他们二人寄居秦国,相继取得卿相的地位,功名流传天下,原因在于国家的强弱形势本就不同啊。但是辩士也有偶然的机遇,许多像范雎、蔡泽一样贤能的人,由于没有机遇,未能完全施展自己的抱负,这些人哪能说得尽呢!然而他们二人如果不遭到困厄境遇,又怎能奋发有为呢?

【集评】

司马光曰:“穰侯援立昭王,除其灾害,荐白起为将,南取鄢郢,东属地于齐,使天下诸侯稽首而事秦,秦益强大者,穰侯之功也。虽其专恣骄贪足以贾祸,亦未至尽如范雎之言。若雎者,亦非能为秦忠谋,直欲得穰侯之处,故扼其吭而夺之耳。遂使秦王绝母子之义,失甥舅之恩,要之,雎真倾危之士哉!”(《资治通鉴》)

黄震曰:“范雎以口舌攘穰侯之位,而蔡泽复以口舌攘之雎,所谓螳螂捕蝉黄雀在后也。然穰侯以君臣骨肉之亲,则雎攘之也难;范雎当君臣疑阻之际,则泽攘之也易。雎远交近攻之策真有益于秦,泽特羁困之

余窃富贵耳。雎以离间昭王母子兄弟而得之,泽劝雎功成身退,其心虽私,而论则正矣。”(《黄氏日钞》)

罗大经曰:“范雎、蔡泽皆辩士,然雎倾危,泽明坦。雎幽险诡秘,危人骨肉,全是小人意态;泽方入关,便宣言代雎,至其所以告雎者,皆消息盈虚之正理。雎必俟泽反复以祸福晓之乃肯释位;泽为秦相数月即告老,为客卿以终,进退雍容,过雎远甚。虽然,后之君子固权吝宠,如狡兔之专窟,如猩猩之嗜酒,老死而不知止,受祸而不之觉者,是又在范雎下矣。”(《鹤林玉露》)

锺惺曰:“雎之夺秦相于穰侯手也,其时势难于蔡泽百倍,何者?穰侯戚而相,方有功,持其所有也甚坚;雎疏而相,方负罪,求释其所有也甚急。取所坚持者于戚而有功之人,与受所欲急释者于疏而负罪之人,顺逆固已不侔矣。故雎之于穰侯,上书不敢言而待见,见又不敢深言,待其进用有功于秦,至再至三,而后言之;泽面取相印于雎,授受立谈之间耳。故穰侯之相,雎真夺之;泽之相,雎自予之。予之自我者,身安而名全;夺之自人者,身危而名辱。识时知几,进退巧拙之际,雎不如泽,穰侯不如雎也。”(《史怀》)

【评论】

作为范雎、蔡泽的本传,司马迁在文中肯定了他们的才干,肯定了他们对秦国统一大业的贡献。范雎的主要贡献有三点:一是增强王室,杜绝私门;二是提出远交近攻之策;三是纵反间大破赵于长平,遂围邯郸。而其中最重要的是明确地指出了穰侯治国方略的荒谬,而一字千金地提出了“远交而近攻”的这一关键策略。“远交近攻”是对秦国“连衡”战略的具体化和系统化,其原则是先弱,后强,由近及远,先占据中枢之地,再向四周扩展,最后完成统一;其手段是通过一系列明确的步骤,采用军事与外交的有机配合,拆散合纵联盟,各个击灭关东诸侯统一天下。这一策略改变了穰侯魏冉“近交远攻”政策的用力大而成功小的局面,使秦国迅速攻占了大片地盘，"计不下席，谋不出廊庙，坐制诸侯，利施三川，以实宜阳，决羊肠之险，塞太行之道，又斩范、中行之涂，六国不得合从，栈道千里，通于蜀汉，使天下皆畏秦，秦之欲得矣"。范雎毫无疑问应该进入商鞅、张仪、魏冉、吕不韦、李斯等为秦国富强做出重大贡献的杰出政治家的行列。蔡泽为相时间很短，但也使秦"东收周室"。谢病归相印后，他还在秦国住了十余年，先后"事昭王、孝文王、庄襄王，卒事始皇帝，为秦使于燕，三年而燕使太子丹入质于秦。"

司马迁在《太史公自序》中说作此篇的原因是："能忍询于魏齐，而信威于强秦，推贤让位，二子有之。作《范雎蔡泽列传》第十九。"在本篇末的论赞中也说："然二子不困厄，恶能激乎？"可见司马迁写作此篇的一个重要立意是赞赏一种忍辱奋斗的精神。范雎、蔡泽都曾经遭遇过极大的挫折。他们都不为逆境而自暴自弃，而是凭借自己的才智，抓住机会，由白衣而卿相，实现了自己的人生理想。司马迁对这种忍辱奋斗的精神特别赞赏，对于能够把困辱变成动力，通过不懈努力，最终获得成功的人，即使此人在其他方面有所欠缺，他也总是大力表彰。《史记》中体现这种精神的篇章还有《越王句践世家》《孔子世家》《孙子吴起列传》《伍子胥列传》《淮阴侯列传》等。对这种精神的赞美是《史记》始终贯穿的重要主题之一。

本篇还用浓墨重彩渲染了范雎的复仇。范雎化名张禄当了秦国宰相后，攻魏甚急，而魏并不知张禄就是范雎，派须贾来求张禄放过魏国。范雎先是假装一副穷困潦倒模样戏弄须贾，而后在相府中历数他的三项大罪，最后"大供具，尽请诸侯使，与坐堂上，食饮甚设。而坐须贾于堂下，置莝豆其前，令两黥徒夹而马食之。数曰：'为我告魏王，急持魏齐头来，不然者，我且屠大梁！'"不仅极大侮辱了须贾，还逼得魏齐走投无路，只好自杀。"范雎于是散家财物，尽以报所尝困厄者。一饭之德必偿，睚眦之怨必报。"司马迁对范雎的复仇报恩表现出浓厚的兴趣，对于他这种痛快淋漓、彻彻底底的复仇津津乐道，大加赞赏。司马迁的这种情绪源于他自身的经历，在《史记》中表现得很突出，也很频繁，如《李将军列传》中李广报复杀霸陵尉、《伍子胥列传》中伍子胥掘墓鞭尸都是这样。

但是说到底，司马迁对范雎、蔡泽的人品是看不上的，对他们不择手段地追求功名利禄持批评态度。对范雎，他虽然如实记载了他的历史功绩，但对于他为了攫取个人最大利益而谗害穰侯和白起的做法极其反感。穰侯为秦国立有大功，范雎为了取而代之，利用秦王想要收回王权的心理，在秦王面前竭力强调穰侯权倾朝野，对秦王不利的一面，而对其功劳贡献只字不提。如果说穰侯之贬关键因素还是秦王收回王权的迫切愿望，范雎还只是推波助澜，并且王权的收回对历史发展还有一定好处的话，那么他只为白起与自己意见不合且"不听话"就将他谗害至死，就完全是为私而害公了。司马迁将他的不满用一种对比的手法表现出来。在《穰侯列传》中，他强调穰侯荐白起，而本篇写白起为将，"楚地方数千里，持戟百万，白起率数万之师以与楚战，一战举鄢郢以烧夷陵，再战南并蜀汉。又越韩、魏而攻强赵，北坑马服，诛屠四十余万之众，尽之于长平之下，流血成川，沸声若雷，遂入围邯郸，使秦有帝业"；而范雎杀白起，用对自己有恩的郑安平代之，使郑安平攻赵，结果"郑安平为赵所围，急，以兵二万人降赵"。在这种对比中司马迁完成了对范雎的批判。在文末的"太史公曰"中，司马迁更是直接表露了他对于范雎、蔡泽的不屑，揭示出他们政治投机家的本来面目。

秦昭王的王位是其母芈八子和其舅魏冉在秦武王猝然去世后采取雷霆手段迅速解决政敌而抢来的。芈八子就是后来的宣太后，魏冉即穰侯。宣太后与穰侯既与秦昭王是如此紧密的血缘之亲，又对秦昭王与秦国的贡献非常之大，并掌管秦国权力断断续续长达四十年之久，范雎协助秦昭王向他们夺权是相当困难的。从秦昭王三十七年上书游说，到秦昭王四十二年穰侯被逐，彻底扳到宣太后和穰侯，范雎前后用了五六年的时间。其间他究竟都用了什么手段，施展了什么样的智谋，史书上都没有记载，大概隐秘而不能向外人道的事情太多吧。明代凌稚隆说："范雎欲得相位，必倾太后、穰侯，但骨肉之间不能直指，故方未见王时即'感怒'之，以植其根；及其既见，则欲言不言，反复宛转，以待其自悟；至王自言'上至太后下至大臣'可以直指矣，却又先言外事，以待数年，始及其内，渐渍不骤如此，听者自不觉入于肝鬲矣。雎其深于术哉！"陈子龙说："昭王之倾心于范雎者，急在欲谋内事，而外事其次也。然不先立功效以自重，而欲倾国之权贵，岂易拔乎？雎所以须之数年之后也。后世人主有与羁旅之士骤谋大臣，每至于败者，坐国人之未信，根本之未立也。"凌稚隆与陈子龙对范雎谋略的缜密及其行动步骤之高超的提点，是很中肯的。封建王朝内部争权夺利斗争绝不仅如史书中所写出那样，其凶险惨烈程度即便是司马迁这样的史学天才也难以描绘其一二。

本文中所录范雎的上书和范雎、蔡泽的诸段说辞，都见于《战国策》，司马迁对其做了连缀加工，正是这些连缀加工之处，显露了司马迁的写作意图与思想情感。而范雎最初的倒霉受罪，和他得志后的酣畅淋漓的复仇，都不见于《战国策》，应是司马迁的发挥居多。

乐毅列传第二十

【释名】

本篇记述了战国时代大军事家乐毅的生平始末。全文可分为五个部分。第一部分写乐毅的家世及其到达燕国的始末；第二部分写乐毅为燕昭王大破强齐，以及因燕惠王罢免乐毅致使燕国前功尽弃的情景；第三部分写乐毅复书燕惠王，以表明自己“忠臣去国”的心迹；第四部分写乐毅后代的事迹。在篇末的“太史公曰”中，突出了乐毅人格对后世的影响，和乐毅的后代在传播黄老学说中的地位和作用。

乐毅者，其先祖曰乐羊①。乐羊为魏文侯将②，伐取中山③，魏文侯封乐羊以灵寿④。乐羊死，葬于灵寿，其后子孙因家焉⑤。中山复国⑥，至赵武灵王时复灭中山⑦。而乐氏后有乐毅。

【注释】

①乐羊：战国初年魏国将领，事见《魏世家》《樗里子甘茂列传》。

②魏文侯：名斯，战国初年魏国君主，前445—前396年在位。

③伐取中山：事在魏文侯三十八年（前408），至魏文侯四十年（前

406）灭之。《六国年表》《魏世家》系年有误。中山，古国名，春秋时我国北方少数民族白狄所建。本称鲜虞，春秋末期改称中山。战国初期建都于顾（今河北定州）。

④灵寿：古邑名，在今河北平山东北。

⑤家：安家定居。

⑥中山复国：其事不详，据《赵世家》，赵敬侯十年（前377）“与中山战于房子”，可知其复国当在公元前377年之前。

⑦赵武灵王：名雍，赵肃侯之子，前325—前299年在位。复灭中山：关于此事，《史记》各篇记载的时间不一致，《赵世家》载赵灭中山在赵惠文王三年（前296），而《六国年表》《田敬仲完世家》则载此事在赵惠文王四年（前295），此文则谓在赵武灵王时。梁玉绳曰：“赵灭中山之岁，吴师道断其在武灵二十五年（前301），自不可易，正与《乐毅传》所云‘武灵王时复灭中山’者合也。……而所书惠文三年灭中山，未可概指为误。盖以武灵二十五年灭者，以得其国为灭，言其实也。以惠文三年灭者，以得其君为灭，重在君也。至若武灵二十六年（前300）之攻攘，不过拓并余地，申画其疆界耳。”灭于赵惠文王四年之说，梁玉绳引吴师道曰：“攘地之时，中山已定，而未废其君，后四年始迁其君，如西周既灭，次年迁其君于畧狐之类。”

【译文】

乐毅，他的祖先叫乐羊。乐羊曾担任魏文侯的将领，为魏国攻取了中山国，魏文侯因而把灵寿县封给了他。乐羊死后，葬在灵寿，他的子孙后代于是在那里安了家。后来中山国又曾一度东山再起，重新建立了国家，等到赵武灵王即位后，又一次灭掉了中山国。乐家后代有一个人物叫乐毅。

乐毅贤，好兵①，赵人举之②。及武灵王有沙丘之乱③，乃去赵适魏。闻燕昭王以子之之乱而齐大败燕[④],燕昭王怨齐,未尝一日而忘报齐也[⑤]。燕国小,辟远[⑥],力不能制,于是屈身下士,先礼郭隗以招贤者[⑦]。乐毅于是为魏昭王使于燕[⑧],燕王以客礼待之。乐毅辞让,遂委质为臣[⑨]。燕昭王以为亚卿[⑩],久之。

【注释】

①好兵:喜欢军事。

②赵人举之:赵人举荐乐毅为官。杨宽曰:"此谓乐毅在赵武灵王灭中山之后,因贤而好兵,赵人举之,不确。赵灭中山在赵惠文王三年,即燕昭王十六年。据《赵策三》第三章,齐破燕,赵欲存之,乐毅建议赵王与楚、魏'伐齐而存燕',事在赵武灵王十二年,即燕王哙七年,乐毅已在赵用事,主谋'伐齐而存燕',赵武灵王因而使乐池送燕公子职入燕立以为王,即燕昭王。是时乐毅已为赵武灵王之大臣,毅去赵经魏而入燕,当因沙丘之乱、武灵王去世之后,即在燕昭王十七年以后。"

③沙丘之乱:事在赵惠文王年,因公子章叛乱,赵武灵王被围困饿死于沙丘离宫。事详《赵世家》。沙丘,古邑名,在今河北广宗西北大平台。

④燕昭王:名职,燕王哙之子,战国时燕国最杰出的君主,前311—前279年在位。或疑此处"昭王"二字为衍文。以子之之乱而齐大败燕:句中"昭王"二字疑衍。子之之乱,燕王哙(燕昭王之父)为图"禅让"美名,让位给其相子之,燕国大乱。燕王哙七年(前314),齐国出兵伐燕,大败燕国,燕王哙及子之皆死,事详《燕召公世家》。

⑤报:报复,复仇。

⑥辟远：地理位置偏僻边远。

⑦先礼郭隗（wěi）以招贤者：燕昭王即位后，励精图治，向郭隗请教招揽贤才的办法，郭隗曰："王必欲致士，先从隗始。况贤于隗者，岂远千里哉！"于是燕昭王为郭隗改建宫室，将其奉为老师。于是各国贤才纷纷前往燕国。事见《燕召公世家》《战国策·燕策一》。杨宽曰："昭王即位招贤而尊郭隗为师，当是事实，但是所说乐毅与邹衍、剧辛都因此入燕，燕因而得以破齐，是后来游士出身的纵横家为游士张目而虚构伪托的。剧辛为燕将在战国末年，邹衍和剧辛为同僚，都不可能于燕昭王即位时入燕。乐毅入燕在赵武灵王因内乱而饿死之后，已在燕昭王十七年以后。"

⑧魏昭王：名遬，魏襄王之子，前295—前277年在位。

⑨委质：向君主献礼，表示献身。

⑩亚卿：职位仅次于卿一等之官员，犹言次卿。凌稚隆曰："太史公详叙乐毅入燕始末，盖为毅他日遗燕惠王书张本。"

【译文】

乐毅很贤能，喜好军事，赵国人曾举荐他出来做官。等到赵国发生沙丘宫事变，武灵王被活活饿死后，乐毅就离开赵国到了魏国。乐毅在魏国听说燕国因子之之乱而被齐国打得大败，新即位的燕昭王非常怨恨齐国，没有一天忘记过要向齐国报仇雪恨。但是由于燕国是个弱小的国家，又地处偏僻，国力没有办法与齐国抗衡，于是燕昭王谦恭地礼贤下士，他先礼尊郭隗借以招揽天下贤士。正在这个时候，乐毅以魏昭王使者的身份来到燕国，燕昭王以接待贵客的礼节接待了他。乐毅推辞谦让，于是献礼请求留下来为燕国效力。燕昭王就任命他为亚卿，乐毅担任这个职务的时间很长。

当是时，齐湣王强①，南败楚相唐眜于重丘②，西摧三晋于观津③，遂与三晋击秦④，助赵灭中山⑤，破宋，广地千余里[⑥]。与秦昭王争重为帝，已而复归之[⑦]。诸侯皆欲背秦而服于齐。湣王自矜[⑧]，百姓弗堪。于是燕昭王问伐齐之事。乐毅对曰："齐，霸国之余业也[⑨]，地大人众，未易独攻也。王必欲伐之，莫如与赵及楚、魏。"于是使乐毅约赵惠文王[⑩]，别使连楚、魏，令赵啖说秦以伐齐之利[⑪]。

【注释】

①齐湣王：名地，齐宣王之子，前300—前284年在位。

②南败楚相唐眛于重丘：事在齐宣王十九年，楚怀王二十八年，前301年。此处误作齐湣王事。《楚世家》记此事曰："秦乃与齐、韩、魏共攻楚，杀楚将唐眛。"盖四国联合破楚。唐眛，也作"唐蔑"，事见《楚世家》。重丘，地名，在今河南泌阳东北。

③西摧三晋于观津：此事在齐宣王三年（前317），非齐湣王事。三晋，指瓜分晋国而建立起来韩、赵、魏三国，不过此战只有赵、魏两国，不包括韩。观津，据《六国年表》当作"观泽"。观泽，古邑名，在今河南清丰南。

④与三晋击秦：指齐湣王三年（前298），齐、韩、魏三国一起攻秦至函谷关事。

⑤助赵灭中山：事在齐湣王六年，赵惠文王四年，前295年。

⑥破宋，广地千余里：事在齐湣王十五年，前286年。宋，周初所建的诸侯国，始封君为微子启，至此为齐所灭。事详《宋微子世家》。

⑦与秦昭王争重为帝，已而复归之：事在秦昭王十九年，齐湣王十三年，前288年。时秦昭王自称"西帝"，而为联合齐国，又派人尊齐湣王为"东帝"。后来齐湣王接受苏秦劝说，取消帝号，于是秦昭王也放弃了帝号。秦昭王，名稷，秦惠文王之子，前306—前

251年在位。争重，犹争胜，追求压过诸侯王。复归，取消帝号，恢复称“王”。

⑧自矜：骄傲自大。

⑨霸国之余业：指霸主大国的后裔。余业，留下的事业。齐国早在春秋时就曾称霸，战国时齐威王、齐宣王时也一度国势强盛。

⑩赵惠文王：名何，武灵王之子，前298—前266年在位。

⑪啖（dàn）说：诱导劝说。啖，喂人食物，引申为引诱。

【译文】

这时，齐国齐湣王当权，国力强盛，他曾经向南在重丘打败了楚国国相唐眜，向西在观津打垮了赵、魏两国联军，接着又联合韩军、魏军一起进攻秦国，又帮着赵国灭掉了中山，又打败了宋国，使齐国的领土扩大了一千多里。接着齐湣王又和秦昭王争高下，分称为东帝、西帝，后来由于各国的反对只好仍旧称王。这时东方各诸侯国都准备脱离秦国而归附于齐国。但是齐湣王骄傲自大，齐国百姓都难以忍受他的暴政。燕昭王认为攻打齐国的机会来了，就向乐毅询问有关攻打齐国的事情。乐毅回答说：“齐国以前就是霸主，如今仍留着霸国的基业，它土地宽广，人口众多，可不能轻易地单独攻打它。您如果下定决心想要伐齐，最好是和赵国、魏国、楚国联合起来一起攻打它。”于是燕昭王就派乐毅去联合赵惠文王，同时又派其他使臣分别去联合楚国和魏国，接着又让赵国用联合伐齐的益处去诱劝秦国。

诸侯害齐湣王之骄暴[①]，皆争合从与燕伐齐。乐毅还报，燕昭王悉起兵，使乐毅为上将军[②]，赵惠文王以相国印授乐毅[③]。乐毅于是并护赵、楚、韩、魏、燕之兵以伐齐[④]，破之济西[⑤]。诸侯兵罢归，而燕军乐毅独追，至于临菑[⑥]。齐湣王之败济西，亡走，保于莒[⑦]。乐毅独留徇齐[⑧]，齐皆城守。乐毅攻入临菑，尽取齐宝财物祭器输之燕[9]。燕昭王大说，亲至济上劳军[10]，行赏飨士[11]，封乐毅于昌国[12]，号为昌国君。于是燕昭王收齐卤获以归[13]，而使乐毅复以兵平齐城之不下者。

【注释】

①害：憎恨。

②上将军：官名，将军之最高者。胡三省曰："上将军，犹春秋之元帅。"

③相国：相当于"丞相"，但比"丞相"位尊而权专。丞相多设左右二人，而"相国"则只有一人。

④并护赵、楚、韩、魏、燕之兵以伐齐：梁玉绳曰："六国破齐，此失书秦。"据《秦本纪》《赵世家》，此次联合伐齐，楚国并未参与。并护，总领，统一指挥。杨宽曰："一若合纵伐齐之举，全由乐毅计谋出使组合而成。此与当时合纵连横形势之变化以及合纵伐齐形势之形成，完全不合。""五国合纵伐齐，以秦、赵、燕三国为主，韩、魏之参与，乃为形势所驱使，而秦、赵、燕三国中，又以秦为首要，由秦入质子泾阳君、高陵君于赵、燕以为信，用作保证。"

⑤破之济西：事在燕昭王二十八年、齐湣王十七年，前284年。济西，古济水以西，即今山东之聊城、茌平、高唐一带，时为齐国西部国土。

⑥燕军乐毅独追，至于临菑：杨宽曰："乐毅破齐，主要经历两大战役，即济西之战与秦周之战。济西之战，齐将触子败走，齐兵因而退守秦周（当临淄西门雍门之西），以保卫临淄。秦周之战，齐将达子战死，于是临淄不能守，齐湣王出走。事见《吕氏春秋·权勋》及《齐策六》。"临菑，齐国都城，在今山东淄博之临淄城西北。

⑦保：固守。莒：齐邑名，在今山东莒县。

⑧徇齐：以兵扫平齐地之未降者。

⑨尽取齐宝财物祭器输之燕：穆文熙曰："伐齐诚为有功，然迁齐之重器于燕，则非仁义之师矣。"输，运输，运送。

⑩济上：济水边上。当时的济水在今河南荥阳北，从黄河分出，东流入山东，经今定陶、梁山、东阿、历城、博兴等地入渤海。

⑪飨（xiǎng）士：用酒食犒赏士兵。

⑫昌国：齐邑名，亦称昌城，在今山东淄博东南。

⑬卤获：俘获的战利品。卤，通"虏"。

【译文】

由于当时各诸侯国都遭受了齐湣王骄横暴虐的祸害，都争着跟燕国联合共同讨伐齐国。乐毅回国向燕昭王报告了出使情况后，燕昭王立即发动了全国的军队，任命乐毅为上将军，赵惠文王也把赵国的相印授予了乐毅。于是乐毅统一指挥着赵、楚、韩、魏、燕五国联军去讨伐齐国，在济水以西打败了齐军主力。这时各路诸侯的军队都停止攻击，撤回了军队，燕国军队在乐毅指挥下渡过济水继续追击败逃之敌，一直打到了齐国的都城临淄。这时，齐湣王在济水以西战败后，率众逃到莒城据城固守。乐毅这时仍在齐国指挥燕军继续攻占仍未占领的土地，齐国各地都据城坚守。乐毅攻下临淄以后，把齐国的宝物及齐王宗庙祭祀用的礼器等都运往燕国。燕昭王极为高兴，亲自到济水边慰劳部队，大加赏赐，并用酒肉犒劳军队将士，并把昌国封给乐毅作封邑，封乐毅为昌国君。然后燕昭王就带着缴获的那些齐国战利品回燕国去了，让乐毅留下来继续率兵攻打仍未攻克的那些齐国城邑。

乐毅留徇齐五岁，下齐七十余城，皆为郡县以属燕[①]，唯独莒、即墨未服[②]。会燕昭王死，子立为燕惠王[③]。惠王自为太子时尝不快于乐毅[④]，及即位，齐之田单闻之[⑤]，乃纵反间于燕[⑥]，曰："齐城不下者两城耳。然所以不早拔者，闻乐毅与燕新王有隙[7]，欲连兵且留齐，南面而王齐[8]。齐之所患，唯恐他将之来。”于是燕惠王固已疑乐毅[9]，得齐反间，乃使骑劫代将[10]，而召乐毅。乐毅知燕惠王之不善代之[11]，畏诛，遂西降赵[12]。赵封乐毅于观津[13]，号曰望诸君[14]。尊宠乐毅以警动于燕、齐[15]。

【注释】

①皆为郡县以属燕：都成为属于燕国的郡县。

②即墨：齐邑名，在今山东平度东南。

③燕昭王死，子立为燕惠王：事在燕昭王三十三年，前279年。燕惠王，前278—前272年在位。

④尝：曾经。一说通“常”，常常。不快：不满。

⑤田单：齐国名将，事见《田单列传》。

⑥反间：即反间计，《孙子兵法》：“反间者，因其敌间而用之。”

⑦有隙：有嫌隙，有矛盾。

⑧欲连兵且留齐，南面而王齐：《田单列传》作“实欲连兵南面而王齐”，即污蔑乐毅想在齐国称王。连兵，联合兵力，集结军队。

⑨于是：这个时候。固：本来。

⑩骑劫：燕将名。

⑪不善：不好，对乐毅不满。

⑫畏诛，遂西降赵：黄震曰：“乐毅为燕报齐，诚师出有名矣。而尽取宝物祭器输之燕，仁义之师不为也。徇齐五岁，下七十余城，而莒、即墨犹未下者。齐王保于莒，有困兽覆车之势。齐方愤发，而毅之师已老，强弩之末不能穿鲁缟，其势然也。夏侯玄许以汤武之事，何甚耶？然毅以谗去，适赵。赵，父母国也。《报燕惠王书》称‘忠臣去国，不洁其名’，不效战国反复，复为赵而仇燕，去就无

慊，传之子乐间亦然，乐毅非战国之士也。”苏轼曰：“论者以为燕惠王不肖，用反间，以骑劫代将，卒走乐生。此其所以无成者，出于不幸，而非用兵之罪。然当时使昭王尚在，反间不得行，乐毅终亦必败。何者？燕之并齐，非秦、楚、三晋之利。今以百万之师，攻两城之残寇，而数岁不决，师老于外，此必有乘其虚者矣。诸侯乘之于内，齐击之于外。当此时，虽太公、穰苴不能无败。”

⑬观津：赵邑名，在今河北武邑东南。

⑭望诸君：《索隐》曰：“望诸，泽名，在齐。盖赵有之，故号焉。”《正义佚文》曰：“诸，之也。言王起望君之日久矣，故曰‘望诸君’也。《太公世家》：‘吾望子久矣，故号曰太公望’。”

⑮警动：惊动震慑。警，通“惊”。

【译文】

乐毅留在齐国作战五年，攻下七十多座齐国城邑，都划为郡县归属燕国统辖，只剩下莒和即墨两座城邑没有攻克。恰逢此时燕昭王去世，儿子燕惠王继位。燕惠王从做太子时就曾对乐毅有所不满，等他即位后，齐国的田单了解到他与乐毅有矛盾，就派人到燕国使反间计，造谣说：“齐国没有被攻打下来的只不过两座城邑。为什么这两座城邑迟迟攻不下来呢？听说因为乐毅和燕国的新国君有矛盾，乐毅故意留着这两个城邑，使自己得以留在齐国，好伺机做齐国的国王。齐国现在担心的就是燕国派别的将领来。”当时燕惠王本就怀疑乐毅有异心，被齐国反间计这么一挑拨，就派骑劫代替乐毅任将领，并召乐毅回国。乐毅心里明白燕惠王派人代替自己是不怀好意的，害怕回国被杀，于是就西行投奔了赵国。赵国把观津县封给乐毅，称他为望诸君。赵国希望通过尊宠乐毅来威慑燕国和齐国。

齐田单后与骑劫战，果设诈诳燕军，遂破骑劫于即墨下①，而转战逐燕，北至河上②，尽复得齐城，而迎襄王于莒③，入于临菑。

【注释】

①果设诈诳(kuáng)燕军,遂破骑劫于即墨下:事详《田单列传》。诈诳,欺骗。

②北至河上:指追击到今德州、沧州一带,时为齐国北境。当时黄河至冠县进入山东,向北经山东德州、河北沧州,在今黄骅入海。

③襄王:指齐襄王,名法章,齐湣王之子,前283—前265年在位。齐襄王继位的经过,详见《田单列传》。

【译文】

齐国的田单后来与骑劫交战,果然设计迷惑燕军,结果在即墨把燕军打得落败而逃,接着转战追击,一直向北直追到黄河边上,收复了齐国的全部城邑,最后又把齐襄王从莒县迎回了都城临淄。

燕惠王后悔使骑劫代乐毅,以故破军亡将失齐[①];又怨乐毅之降赵,恐赵用乐毅而乘燕之弊以伐燕[②]。燕惠王乃使人让乐毅[③],且谢之曰[④]:“先王举国而委将军,将军为燕破齐,报先王之仇,天下莫不震动,寡人岂敢一日而忘将军之功哉!会先王弃群臣[⑤],寡人新即位,左右误寡人[⑥]。寡人之使骑劫代将军,为将军久暴露于外[⑦],故召将军且休,计事[⑧]。将军过听[⑨],以与寡人有隙,遂捐燕归赵。将军自为计则可矣[⑩],而亦何以报先王之所以遇将军之意乎[⑪]?”乐毅报遗燕惠王书曰[⑫]:

【注释】

①以故:因此。

②弊：通“敝”，疲敝。

③让：责备。

④谢：道歉。

⑤会：赶上。弃群臣：弃群臣而去，暗指帝王去世。

⑥误：误导，欺瞒。

⑦暴（pù）露：此谓在行军在外，日晒雨淋，非常辛苦。

⑧计事：商议事情。

⑨过听：错听，犹今所谓“误会”。

⑩自为计：为个人打算。

⑪遇：对待。

⑫报遗（wèi）：此谓答复、回信。遗，给。

【译文】

燕惠王后悔派骑劫代替乐毅，致使燕军损兵折将，并丧失了曾一度占领的齐国土地；但他又怨恨乐毅投奔赵国，担心赵国重用乐毅，让乐毅趁着燕国兵败疲困来攻打燕国。于是燕惠王就派人去赵国去责备乐毅，同时向他道歉说：“当初先王把整个国家都托付给将军，将军替燕国打败齐国，为先王报了深仇大恨，天下没有人不为之震动，我怎敢有一天忘记您的功劳呢！适逢先王辞世，我初登王位，左右近臣误导了我。我之所以派骑劫去代替您，是觉得您长年在外风餐露宿，所以想叫您回来暂且休整一下，也好共商朝政大计。不料将军误听传言，从而和我产生了矛盾，于是您就抛弃燕国投奔了赵国。为您个人合计，这么做当然可以，可又怎么报答先王待将军的情意呢？”乐毅听完，就给燕惠王写了一封回信说：

臣不佞[①]，不能奉承王命[②]，以顺左右之心，恐伤先王之明，有害足下之义[③]，故遁逃走赵。今足下使人数之以罪[④]，臣恐侍御者不察先王之所以畜幸臣之理[⑤]，又不白臣之所以事先王之心[6]，故敢以书对[7]。

【注释】

①不佞：谦辞，犹言“不才”“不肖”。

②奉承：奉命遵行。王命：此指燕惠王让乐毅回国的命令。

③恐伤先王之明，有害足下之义：意谓如果自己回到燕国被杀，则一方面说明先王无知人之明，也将陷燕惠王于杀先王功臣的不义之地。有，王念孙曰：“读为‘又’。”

④数：数落，责备。

⑤侍御者：犹言执事者，侍奉您的人，这里即指燕惠王。不察：不了解。畜幸：收留宠幸。

⑥不白：不明白。

⑦敢：胆敢，谦辞，犹今言“冒昧”。

【译文】

臣下不才，当时的确是没有遵命回国，来顺从您左右那些人的意愿，是因为我担心回国后被杀掉，这样既有损于先王的英明，也会使您落下滥杀大臣的污名，所以我逃到了赵国。现在您派人来责备我的罪过，我担心您不能体察先王为何收留、宠信我，不清楚我奉事先王的至诚之心，所以冒昧地给您写这封信。

臣闻贤圣之君不以禄私亲[1]，其功多者赏之，其能当者处之[2]。故察能而授官者，成功之君也；论行而结交者[3]，立名之士也。臣窃观先王之举也[4]，见有高世主之心[5]，故假节于魏[6]，以身得察于燕。先王过举[7]，厕之宾客之中[8]，立之群臣之上，不谋父兄[9]，以为亚卿。臣窃不自知[10]，自以为奉令承教[11]，可幸无罪，故受令而不辞。

【注释】

①不以禄私亲：不拿国家俸禄来偏私自己的亲信。私，偏私，偏心。

②能当者处之：才能适合某职位的就安排他担任该职位。处，安置。

③论行：考察品行。

④举：举措，行为。

⑤见：此字疑为衍文。高世主：超出当世其他君主之上。

⑥假节：此谓凭借魏国使臣符节。鲍彪曰："时诸侯不通，出关则以节传之。"

⑦过举：不当地提拔任用，此乐毅之谦词。

⑧厕之宾客之中：即前文所谓"燕王以客礼待之"。厕，安置，列入。

⑨不谋父兄：不跟父兄辈亲族商议，言燕昭王对乐毅宠信之重。

⑩窃：私下。不自知：犹言"不自量力""无自知之明"，此亦谦词。

⑪奉令承教：遵行命令。教，亦令也。

【译文】

我听说真正贤能圣明的君王不拿国家俸禄来偏私自己的亲信，必然是谁功劳多就赏赐谁，谁能力强就任用谁。所以凡是能根据能力授予官职的，都是能成就功业的君主；凡是能衡量对方的品行决定是否结交的，都是能够立身扬名的贤士。我暗中观察先王的举措，远超当世其他君主之上，所以才借着替魏国出使的机会，到燕国亲自察看。先王格外抬举我，先把我列入宾客之中，又把我选拔出来高居群臣之上，不同父兄宗亲大臣商议，就任命我为亚卿。我自己也缺乏自知之明，自认为只要执行命令接受教导，就不会有什么过错，所以没有推辞，接受了任命。

先王命之曰："我有积怨深怒于齐，不量轻弱，而欲以齐为事。”臣曰：“夫齐，霸国之余业而最胜之遗事也[1]，练于兵甲[2]，习于战攻。王若欲伐之，必与天下图之。与天下图之，莫若结于赵。且又淮北、宋地，楚、魏之所欲也[3]，赵若许而约四国攻之[4]，齐可大破也。”先王以为然，具符节南使臣于赵[5]。顾反[6]，命起兵击齐。以天之道，先王之灵，河北之地随先王而举之济上[7]。济上之军受命击齐[8]，大败齐人。轻卒锐兵，长驱至国[9]。齐王遁而走莒，仅以身免[10]；珠玉财宝车甲珍器尽收入于燕。齐器设于宁台[11]，大吕陈于元英[12]，故鼎反乎磿室[13]，蓟丘之植植于汶篁[14]，自五伯已来[15]，功未有及先王者也。先王以为慊于志[16]，故裂地而封之[17]，使得比小国诸侯[18]。臣窃不自知，自以为奉命承教，可幸无罪[19]，是以受命不辞。

【注释】

①最胜：常胜。最，《国策》作“骤”。王念孙曰：“‘最’，当为‘冣（jù）’字之误。‘冣’与‘骤’同。骤胜者，数胜也。”遗事：犹“余业”。

②练于兵甲：意同“习于战攻”，即熟习作战。练，熟练、熟习。兵甲，武器铠甲，此谓作战。

③淮北、宋地，楚、魏之所欲也：鲍彪曰：“楚欲得淮北，魏欲得宋，时皆属齐。”淮北，淮河以北地区，即今江苏涟水、沭阳一带，当时靠近楚国。宋地，原宋国之地，即今河南商丘、江苏徐州、安徽宿州一带，当时靠近楚国、魏国。

④赵若许而约四国攻之：泷川引中井积德曰：“此称赵、楚、魏，而下

称‘四国’，盖漏韩一条也。且云楚、魏所欲，而无予楚、魏之语，皆脱文耳。”金正炜曰：“四国者，并燕而计也。”

⑤具：准备。符节：使者奉命出使所持有的信物。

⑥顾反：返回。“顾”“反”二字同义连用，如《屈原贾生列传》言“（屈原）使于齐，顾反，谏怀王”。

⑦河北之地随先王而举之济上：杨宽以为此似谓“乐毅先攻克齐与燕接境的河北，接着攻占济上，再由济上长驱攻入齐的国都的。其实燕师并未直接南下攻取齐的河北，而是追随赵军经赵东边南下，会合五国之师大败齐的主力于济西”，故此处所述不合史实。

⑧济上之军受命击齐：即上文所谓五国破齐于济西后，“诸侯兵罢归，而燕军乐毅独追，至于临菑”。

⑨国：国都，此谓齐都临淄。

⑩仅以身免：谓只身逃脱。

⑪齐器：齐国的宗庙宝器。宁台：《索隐》曰：“燕台也。”

⑫大吕：钟名，此指齐国的庙堂乐器。陈：陈列。元英：燕宫名，在宁台附近。

⑬故鼎：指原为燕国所有，在子之之乱中被掠走的鼎。磿（lì）室：燕宫名，也作“历室”，在宁台附近。《正义》引《括地志》云：“元英、磿室二宫，皆燕宫，在幽州蓟县西四里宁台之下。”

⑭蓟丘之植植于汶篁：有两说，《索隐》曰：“言燕之蓟丘所植，皆植齐王汶上之竹也。”又吴师道曰：“此言燕蓟丘之所植，移植于汶上之竹田。”蓟丘，即燕国国都蓟城，在今北京西南部。《正义》谓其城“西北隅有丘”，故称蓟丘。汶，水名，源于今山东莱芜东北，流经泰安、东平南，至梁山附近入济水。篁，竹子。

⑮五伯：即“五霸”，即春秋五霸，谓齐桓公、晋文公、楚庄王、吴王阖庐、越王句践。凌稚隆曰：“毅不归功于己，而托之以‘天之道’，‘先王之灵’，最是宛曲处。”

⑯慊（qiè）于志：犹“称心”“惬意”，心满意足。慊，同“惬”。

⑰裂地而封之：指前文“封乐毅于昌国，号为昌国君”之事。

⑱比小国诸侯：相当于小国君主。比，相当。

⑲可幸无罪：凌稚隆引董份曰：“两言‘可幸无罪’，其词虽谦，而意难夺。”

【译文】

先王当时对我说：“我对齐国有积怨深仇，我不自量力，想打败齐国。”我说：“齐国曾经称霸，至今保留着霸国的基业，它曾打过无数胜仗，军队训练有素，谙熟攻战方略。您如果要攻打它，就必须与天下诸侯联合起来进行。要想与天下诸侯联合，最重要的是联合赵国。加上淮河以北地区和原宋地是楚、魏两国都觊觎的地方，如果赵国同意结盟，然后再联合上其他四个国家攻打齐国，那么大败齐国就没问题。”先王同意我的主张，就让我带着符节南下出使赵国。很快我就归国，紧跟着就命我发兵攻打齐国。倚仗苍天的眷顾和先王的威灵，黄河以北地区很快地都照着先王旨意占领了，诸侯的军队一直向前推进到济水边上。接着，济水边上的燕国军队又受命继续进攻，接连大破齐军。我们的精兵长驱直入，直抵齐国首都临淄。齐王狼狈逃窜到莒县，仅得只身逃脱；齐国的珠玉财宝、车辆兵器，全被缴获一空运回燕国。齐国的宗庙祭器被摆在燕国的宁台，齐国的庙堂乐器被陈列在蓟的元英殿里，被齐国抢走的宝鼎又被取回放在我们的磿室宫，甚至蓟丘的土地上都种植着齐国汶水水滨出产的竹子，春秋五霸以来的几百年间，还没有谁的功业能赶上先王的。先王也很满意，于是就划出一块土地封给我，让我的地位和一个小国诸侯相同。我当时也没有自知之明，以为只要完成先王交办的任务，就可以侥幸无错，也就没有推辞。

臣闻贤圣之君，功立而不废①，故著于春秋②；蚤知之士[3],名成而不毁,故称于后世。若先王之报怨雪耻,夷万乘之强国[4],收八百岁之蓄积[5],及至弃群臣之日[6],余教未衰[7],执政任事之臣,修法令[8],慎庶孽[9],施及乎萌隶[10],皆可以教后世。

【注释】

①功立而不废:功业建立后就不会被败坏,与燕惠王临阵换将,造成伐齐功业被毁相对照。

②著于春秋:记载在史书上。春秋,泛指历史书。

③蚤知之士:能早发现、预见事情的人。蚤,通"早"。

④夷万乘之强国:指打败强大的齐国。夷,铲平,推倒。万乘,万辆兵车,形容国家实力强大。

⑤收八百岁之蓄积:指搜罗齐国历代积蓄的财富运往燕国。八百岁,齐国自西周初年(约前1046)始建,至齐湣王济西兵败(前284)时,约八百年。

⑥及至弃群臣之日:等到先王去世时。

⑦余教未衰:先王的遗风余德尚未衰败。

⑧修法令:遵循先王的法令。

⑨慎庶孽:谨慎地对王室诸公子进行约束限制,以免内乱。庶孽,姬妾所生的孩子。

⑩施(yì)及乎萌隶:将国家的恩泽推及百姓身上。施,延续,推广。萌隶,黎民百姓。萌,通"氓",百姓。

【译文】

我听说贤能圣明的君主,能够保持所建立的功业而不至于毁掉,这样才能被记载在史书上;一个有远见的贤士,能够保护自己的威名而不至于被毁弃,这样才能被后人称颂。像先王那样既能报仇雪耻，又摧毁了强大的齐国，缴获了齐国积攒八百年的财富，等到他辞世之日，余风遗德尚未衰败，当时的执政大臣们遵循先王的法令，谨慎地对王室公子们进行约束限制，国家的恩泽能推及下层百姓身上，这些都可以用来教化后世。

臣闻之，善作者不必善成，善始者不必善终①。昔伍子胥说听于阖闾②，而吴王远迹至郢③；夫差弗是也④，赐之鸱夷而浮之江⑤。吴王不寤先论之可以立功⑥，故沉子胥而不悔；子胥不蚤见主之不同量⑦，是以至于入江而不化⑧。夫免身立功，以明先王之迹⑨，臣之上计也。离毁辱之诽谤⑩，堕先王之名⑪，臣之所大恐也。临不测之罪⑫，以幸为利⑬，义之所不敢出也⑭。

【注释】

①善作者不必善成，善始者不必善终：意谓开始做得好的，不一定能有好结局。作，开始兴作。不必，不一定。金圣叹《批才子古文》曰："谓是调笑可，谓是恸哭可，谓是愤辞可，谓是至理可。"

②伍子胥：春秋末年楚国人，因父兄被杀，逃往吴国，辅佐吴王阖闾伐楚复仇，后被吴王夫差赐死。事详《伍子胥列传》。说听：说辞被听取，建议被采纳。阖闾：名光，前514—前496年在位，春秋末年吴国国君，春秋五霸之一。

③远迹至郢：指吴王阖闾九年（前506），吴军攻入楚国郢都之事。郢，楚国都城，在今湖北荆州之纪南城。

④夫差：吴王阖闾之子，前495—前473年在位。弗是：不认为伍子胥的意见是对的。当指伍子胥反对吴王夫差同越国讲和及北伐齐国事。

⑤赐之鸱夷而浮之江：指伍子胥自杀后，吴王夫差下令将他的尸体用皮袋子装好，扔到江中，任其漂流。《伍子胥列传》：“（伍子胥）乃自刭死。吴王闻之大怒，乃取子胥尸盛以鸱夷革，浮之江中。”鸱夷，皮口袋。以上伍子胥事，详参《左传》及《伍子胥列传》《吴太伯世家》《越王句践世家》等。

⑥先论：有预见的言论，指伍子胥认定越国为吴国心腹大患，提醒吴王夫差不要与越国讲和，不要北上伐齐等事。

⑦主之不同量：指吴王阖闾与吴王夫差两位君主的度量不同。

⑧入江而不化：据《吴越春秋》记载，伍子胥被抛尸江中后，“随流扬波，依潮来往，激荡崩岸”，并在越军攻吴时显灵阻止，此“入江而不化”，或当时已有此伍子胥英魂不死之传说。

⑨明先王之迹：证明先王知人善任的心迹。

⑩离：同“罹”，遭受。

⑪堕先王之名：败坏先王的名声。如果自己遭受诬陷而被杀，会让燕昭王背上用错人的恶名。堕，同“隳（huī）”，败坏，废毁。

⑫临不测之罪：面临无法预测的罪过，指乐毅当时的处境。

⑬以幸为利：用侥幸的行动为个人谋利，指前文燕惠王所述“赵用乐毅而乘燕之弊以伐燕”。

⑭义之所不敢出也：这是恪守道义的人做不出来的。不敢，不会，此为谦词。

【译文】

我听说：会做事的人不一定就能取得成功，开端好不一定结局就好。以前阖闾对伍子胥言听计从，所以阖闾就能进驻楚国的郢都；后代的吴王夫差却不采纳伍子胥的意见，赐给他皮袋逼他自杀，把他的尸骨装起来抛到江中。吴王夫差不明白遵从伍子胥的预见能够建立功勋，所以他把伍子胥扔进江中一点都不后悔；而伍子胥没能早早认识到两个国君的度量不同，致使自己被沉江也没变心。

免遭杀身之祸而建功立业，彰明先王知人善任的心迹，这是我的理想。使自己遭受污辱诽谤，同时败坏先王的名声，这是我最担心的事。面临难以预测的罪过，还要以侥幸的举动为个人谋求私利，为赵伐燕，这是恪守道义的人所不敢做出的事情。

臣闻古之君子，交绝不出恶声①；忠臣去国②，不洁其名③。臣虽不佞，数奉教于君子矣④。恐侍御者之亲左右之说⑤，不察疏远之行⑥，故敢献书以闻，唯君王之留意焉⑦。

【注释】

①交绝不出恶声：断交时不说对方的坏话。

②去国：指离开国都。

③不洁其名：《索隐》曰："不自洁其名，云己无罪。"不洗白自己，声称自己无罪。

④数：屡次，多次。奉教于君子：受到君子的教诲。

⑤侍御者：此亦指燕惠王。亲左右之说：听信身边人的诬陷我的说辞。亲，亲近，听信。

⑥疏远：远离君主的人，即乐毅自己。

⑦唯君王之留意焉：希望君王您留心考虑啊！唯，语气语，这里表祈请。以上乐毅报燕惠王书，见《战国策·燕策二》。缪文远系之于燕惠王元年，前278年。金圣叹曰："善读此文者，必能知其为诸葛《出师》之蓝本也。其起首、结尾，比《出师》更自胜无数倍。"姚鼐曰："凡十四引'先王'，与诸葛武侯《前出师表》十三引'先帝'相同，皆欲因此以感动嗣主耳。"泷川曰："六国将相，有儒生气象者，惟望诸君一人。其答燕王书，理义明正，当世第一

文字。诸葛孔明以管、乐自比，而其《出师表》实得力于此文尤多。……彼此对看，必知其风貌气骨有相通者。”缪文远曰：“乐毅之报书，理明义正，反复言与昭王之相得，故受命而不辞，成破齐之功。其对燕惠王之责让，惟在表明心迹，不以恶声相加，委婉曲折，感人至深，故蒯通及主父偃读之无不废书而泣也。”

【译文】

我听说古代的君子即使与人绝交，也绝不说对方的坏话；真正的忠臣即使被迫离开国都，也绝不声称自己无罪。我虽然没有才干，但多次聆听过君子的教导。我是怕您听信左右近臣诬陷我的话，不体察我自甘疏远的做法，所以才大胆地给您写信，希望君王您留心考虑。

于是燕王复以乐毅子乐间为昌国君。而乐毅往来复通燕①，燕、赵以为客卿。乐毅卒于赵②。

乐间居燕三十余年③，燕王喜用其相栗腹之计④，欲攻赵，而问昌国君乐间。乐间曰：“赵，四战之国也⑤，其民习兵，伐之不可。”燕王不听，遂伐赵。赵使廉颇击之⑥，大破栗腹之军于鄗⑦，禽栗腹、乐乘⑧。乐乘者，乐间之宗也⑨，于是乐间奔赵⑩，赵遂围燕⑪。燕重割地以与赵和⑫，赵乃解而去。

【注释】

①往来复通燕：往来于燕、赵两国之间，与燕王通好。

②乐毅卒于赵：乐毅墓在今河北邯郸城东十公里的大乐堡村北，现存清代雍正十一年所立石碑，上书“战国望诸君乐毅之墓”。

③乐间居燕三十余年：梁玉绳曰：“乐间继封昌国，在燕惠王元年（前278）已后，则至栗腹攻赵时，安得三十余年哉？当作‘二十

余年’。”

④燕王喜：战国时燕国的亡国之君，前254—前222年在位。栗腹：战国末期燕国大臣。

⑤四战之国：中井曰：“四战以地形而言，四方受敌也。”《正义》曰：“东邻燕、齐，西边秦、楼烦，南界韩、魏，北迫匈奴。”因为四面都有强敌，故其民善战。

⑥廉颇：赵国名将，事见《廉颇蔺相如列传》。

⑦大破栗腹之军于鄗（hào）：事在赵孝成王十五年，燕王喜四年，前251年。鄗，赵邑名，在今河北高邑东南。

⑧禽栗腹、乐乘：杨宽曰：“今本‘乐乘’二字误连上文，乐乘为赵将，不能为赵所禽。”又曰：“‘乐乘’下当脱‘败庆秦于代’五字。”禽，同“擒”。

⑨乐乘者，乐间之宗也：梁玉绳曰：“此八字当在后文‘赵封乐乘为武襄君’之下，错简也。”宗，族，同族。乐乘事又见《廉颇蔺相如列传》。

⑩乐间奔赵：盖因燕王喜不采纳其建议。

⑪赵遂围燕：《廉颇蔺相如列传》：“大破燕军于鄗，杀栗腹，遂围燕。”

⑫重割地：此指大量割让土地。

【译文】

于是燕惠王又封乐毅的儿子乐间为昌国君。乐毅从此往来于燕、赵之间，燕、赵两国都任用乐毅为客卿。乐毅最后死在赵国。

乐间在燕国住了三十多年，后来燕王喜采用了国相栗腹之计，准备攻打赵国，询问昌国君乐间的意见。乐间说：“赵国是个四面受敌的国家，百姓都熟悉军事，不要攻打它。”燕王喜听不进去，坚持派栗腹率兵去攻打赵国。赵国派廉颇率军迎战，在鄗县大败燕军，擒获了栗腹、乐乘。乐乘和乐间同族，所以乐间也去投奔了赵国，赵国趁势包围了燕国首都。燕国被迫割让了许多土地向赵国求和，赵军这才解围而去。

燕王恨不用乐间[①]，乐间既在赵，乃遗乐间书曰："纣之时，箕子不用[②]，犯谏不怠[③]，以冀其听；商容不达[④]，身祇辱焉[⑤]，以冀其变[⑥]。及民志不入，狱囚自出[⑦]，然后二子退隐。故纣负桀暴之累[⑧]，二子不失忠圣之名。何者？其忧患之尽矣[⑨]。今寡人虽愚，不若纣之暴也；燕民虽乱，不若殷民之甚也。室有语，不相尽，以告邻里[⑩]。二者[⑪]，寡人不为君取也[⑫]。"

【注释】

①恨：后悔。

②箕子：商纣王的叔父，商纣王无道，箕子多次劝谏，商纣王不听，他便装疯为奴。不用：指箕子的劝谏不被采纳。

③犯谏不怠：犯颜直谏而不停息。《殷本纪》之《正义》引《括地志》云："箕子狂，乃叹曰：'主过不谏，非忠也。畏死不言，非勇也。过则谏，不用则死，忠之至也。'进谏不去者三日。"

④商容：商朝末年的贤臣，因进谏而被罢黜，遂隐不出。不达：不通达，不显达，指被罢职。

⑤身祇辱：自身遭遇困辱。祇，马瑞辰认为通"疷（zhī）"，病困。

⑥变：改变，改悔。

⑦民志不入，狱囚自出：《索隐》曰："民志不入谓国乱而人离心向外，故云'不入'。又狱囚自出，是政乱而士师不为守法也。"泷川曰："民志不入，民志不达于上也。狱囚自出，罪囚自囹圄脱出。政无纲纪至此。然后二子退隐。"民志，民意。

⑧桀暴：凶恶残暴。累：此指背负恶名。

⑨其忧患之尽矣：尽到了忧国忧民的义务。

⑩室有语，不相尽，以告邻里：家里人有纠纷，不跟对方说清楚，却去

告诉邻居。李笠曰:“《燕策》云‘室不能相和,出语邻家,未为通计也’。较《史》文更为显明。”王骏图曰:“室有分争,不于室内尽其言,乃以告之邻里,是谓家丑外扬。”

⑪二者:一为乐间未能像箕子、商容那样力谏,二为乐间跑到赵国,似“室有语,不相尽,以告邻里”。

⑫不为君取:婉指对方的做法是不对的。以上燕王喜致乐间书,见《战国策·燕策三》。有学者以为即燕惠王遗乐毅书,后世误分为二,或谓确系两封书信。杨宽曰:“乐毅《报燕惠王书》既出于后世策士拟托,……所谓燕惠王《让乐毅书》或《让乐间书》亦当出于后世拟托,更不可信。”

【译文】

燕王喜后悔当初没有听从乐间的意见,乐间到达赵国之后,燕王喜给他写信说:“殷纣王时,箕子的劝谏不被采纳,但他敢于冒犯君王持续进谏,希望殷纣王改悔听从;商容因劝谏殷纣王而被贬谪,身遭侮辱,但他还是冀望殷纣王有所改变。直到民心涣散,狱中囚犯纷纷逃出,然后这两人才辞官隐居。所以在历史上虽然殷纣王有残酷暴虐的恶名,两位先生却不失忠贞贤圣的美誉。这是为什么呢?因为他们完全尽到了忧国忧民的义务。现在我虽然愚钝,但还不至于像殷纣王那么残暴;燕国虽民心不定,但也还不至于像殷纣王时那么严重。俗话说,家庭内部有了纠纷,不跟家人说清楚,却去告诉邻居。这两种做法,我认为都是不可取的。”

乐间怨燕不听其计,卒留赵①。赵封乐乘为武襄君②。其明年,乐乘、廉颇为赵围燕,燕重礼以和,乃解③。后五岁,赵孝成王卒④。襄王使乐乘代廉颇⑤,廉颇攻乐乘,乐乘走,廉颇亡入魏。其后十六年而秦灭赵⑥。

【注释】

①乐间怨燕不听其计，卒留赵：底本作“乐间、乐乘怨燕不听其计，二人卒留赵”。梁玉绳曰：“乐间谏王不听，其怨燕宜也。若乘者，身为赵将，未尝入燕，何为亦怨燕王乎？‘乐乘’字、‘二人’字衍。”按，梁氏说是，今削“乐乘”“二人”四字。

②赵封乐乘为武襄君：杨宽曰：“据《赵世家》，乐乘于孝成王十年已为赵将，屡建战功，因而封为武襄君。”

③“乐乘、廉颇为赵围燕”几句：泷川引沈家本曰：“上文云‘赵遂围燕，燕重割地以与赵和，赵乃解而出。”又按：“此文复出而未删正者也。《燕世家》及《廉颇传》燕与赵和，止一事。”

④后五岁，赵孝成王卒：事在赵孝成王二十一年，燕王喜十年，前245年。赵孝成王，名丹，赵惠文王之子，前265—前245年在位。

⑤襄王：应为“悼襄王”，名偃，前244—前236年在位。

⑥其后十六年：赵王迁八年，秦王政十九年，前228年。秦灭赵：秦将王翦攻破邯郸，俘虏赵王迁，灭赵国。详参《赵世家》《白起王翦列传》。

【译文】

乐间怨恨燕王喜当初不听他们的计策，最终留在了赵国。赵国封乐乘为武襄君。第二年，乐乘和廉颇又率领赵军包围了燕国首都，燕国用厚礼向赵国求和，赵军才解围离去。又过了五年，赵孝成王去世。赵襄王派乐乘代替廉颇为将，廉颇带兵攻击乐乘，乐乘被打跑，廉颇也逃到了魏国。十六年后，赵国为秦国所灭。

其后二十余年，高帝过赵①，问：“乐毅有后世乎？”对曰：“有乐叔。”高帝封之乐乡②，号曰华成君。华成君，乐毅之孙也。而乐氏之族有乐瑕公、乐臣公③，赵且为秦所灭，亡之齐高密[4]。乐臣公善修黄帝、老子之言[5]，显闻于齐，称贤师。

【注释】

①其后二十余年，高帝过赵：汉高帝七年（前200）二月，刘邦北征韩王信，回军时路过赵都邯郸，时张耳之子张敖为赵王。

②乐乡：古邑名，在今河北深州东南。茅坤曰："汉高帝心所严事者，孔子而下，信陵、乐毅两人而已。"

③乐臣公：《集解》曰："一作巨公。"梁玉绳曰："'巨'字是，《田叔传》作'巨公'，《汉书》作'钜'，可证。"泷川曰："'巨公'是得道之名，犹墨家有'巨子'，非名字也。下文四'臣公'皆当作'巨公'。"

④亡之：逃亡到。高密：齐邑名，在今山东高密西。

⑤黄帝、老子之言：即道家学派的分支"黄老学派"，战国后期及秦汉时期盛行。

【译文】

赵国灭亡二十多年后，汉高祖经过赵地时，问当地人："乐毅的后人还在吗？"有人回答："还有个叫乐叔的后人。"于是汉高祖就把乐乡县赐给乐叔，封他为华成君。华成君是乐毅的孙子。乐氏家族中还有乐瑕公、乐臣公，他们在赵国被秦国消灭前，逃到了齐国的高密。乐臣公精通黄帝、老子之学，在齐国很有名气，被人称为贤师。

太史公曰：始齐之蒯通及主父偃读乐毅之《报燕王书》[1]，未尝不废书而泣也[2]。乐臣公学黄帝、老子，其本师号曰河上丈人[3]，不知其所出。河上丈人教安期生[4]，安期生教毛翕公，毛翕公教乐瑕公，乐瑕公教乐臣公，乐臣公教盖公[5]。盖公教于齐高密、胶西，为曹相国师[6]。

【注释】

①蒯通:秦楚之际辩士,本名蒯彻,汉人为避汉武帝刘彻讳而称其为“蒯通”。事见《张耳陈馀列传》《淮阴侯列传》,《汉书》有传。主父偃:姓主父,名偃,汉武帝时人,事见《平津侯主父列传》。

②废书而泣:谓深受感动,放下书本哭泣。废,放下。

③本师:犹祖师。河上丈人:亦称“河上公”,今传有河上公注《老子》。

④安期生:秦时方士,后被附会为古之仙人,参见《封禅书》。

⑤盖公:西汉初道家学派的代表人物,史失其名,曾在胶西授学,深受曹参推重。

⑥为曹相国师:据《曹相国世家》,曹参担任齐相时,感佩盖公“治道贵清静而民自定”的治国理论,奉以为师。

【译文】

太史公说:当初齐国蒯通和后来的主父偃读到乐毅《报燕王书》时,都曾经放下书本哭泣起来。乐臣公钻研的是黄帝、老子的学说,他的祖师称河上丈人,不知是哪里人。河上丈人将学问传给安期生,安期生传给毛翕公,毛翕公传给乐瑕公,乐瑕公传给乐臣公,乐臣公又传给盖公。盖公曾在齐国高密、胶西一带执教,被相国曹参尊为老师。

【集评】

董份曰:“乐毅徇齐,其势亦有不可遂拔者,然燕非有大德殊政以服齐人之心,不过连势借力,乘乱攻昧,欲并兼其国。虽攻拔二邑,而人未忘齐,其乱终作。……乐毅之智,必见其有难拔之形,欲困以岁月,然不知自古未有以力经营,可以并国灭姓善后而无事者。即其与二城为守,孰若劝燕王益施仁义,以服齐心;定国置君,反城与地,则恩浃于齐人、德著于天下,所谓乱而伐之,威莫大焉;服而舍之,仁莫厚焉。上可以成王业,而下亦不失为桓、文,惜不及此也。”(《史记评林》引)

朱熹曰:“乐毅亦战国之士,何尝是王者之师?毅初合秦、魏之师,又因齐人怨湣王之暴，故一举下齐七十余城。湣王死，人心之怒已解，恐三国分功，故急遣之。以燕之力，亦止于此。况田单忠义死节，坚守二城，自不可攻。非不欲取，盖力不能耳。毅在当时，亦恣意虏掠，正孟子所谓'毁其宗庙，迁其重器'者耳。"(《战国策集注汇考》引)

李景星曰："乐毅出处本末，尽在《报燕惠王》一书，故太史公之传乐毅，即以此书为主。前半叙事，步步为此书伏根；后半叙事，处处与此书照应；赞语引蒯通、主父偃事，又遥遥为此书证明。合观通篇，命意最高，章法亦最严，诚佳传也。盖乐毅在战国中另是一流人物，绝不染当时习气，史公爱其品、重其人，是以慎言其事……开首详其先代，末尾详其后世，是通传特笔，赞之后数句，于乐臣公等独留连不置，则尤见史公于乐毅爱慕之极致也。夫人于一器一物之可贵，尚备溯其源流，况贤人之世系与其遗族哉！况其遗族而为吾所亲见者哉！"(《史记评议》)

吴见思曰："此文于乐毅伐齐等事俱不实写，只就书词以抟挽前后，反将实事做点缀，如书词注脚，是史传之另一格也。书词是一篇大势，故前用燕昭一书引起，后复有乐间一书以为余波。书词宛转反复，写明先王畜幸臣之理，臣所以事先王之心，应还他'将军自为计'及'所以报先王之意'两句。而淋漓曲折，真可废书而泣也。一赵一齐一燕，是乐毅一生出处功名之地，故首末只以三国挽合。"(《史记论文》)

【评论】

本篇通过燕昭王与乐毅这两个历史人物，歌颂了一种理想的君臣关系。燕昭王"未尝一日"忘记齐国入侵之仇，能"屈身下士"，招纳贤能。乐毅为魏昭王出使燕国，燕昭王以客礼待之，乐毅接受了，并"委质为臣"；燕昭王还任命乐毅为亚卿，并听从乐毅的建议，联合了赵、楚、韩、魏四个国家。乐毅率领五国联军，大举伐齐，差点把整个齐国消灭掉。燕昭王亲自到齐国慰劳燕军，封乐毅为昌国君。燕昭王知人善任，礼遇、重用乐毅，而乐毅则感谢燕昭王的知遇之恩，忠心耿耿地为他效力。关于燕昭王、乐毅的这段故事,《战国策》有非常详细的描写,《燕世家》也有细致叙述。乐毅后来在《报燕惠王书》中回忆他与燕昭王的关系时说:"臣闻贤圣之君不以禄私亲,其功多者赏之,其能当者处之。故察能而授官者,成功之君也;论行而结交者,立名之士也。臣窃观先王之举也,见有高世主之心,故假节于魏,以身得察于燕。先王过举,厕之宾客之中,立之群臣之上,不谋父兄,以为亚卿。臣窃不自知,自以为奉令承教,可幸无罪,故受令而不辞。"他们彼此之间推心置腹、肝胆相照,故能携手建立彪炳青史的辉煌功业。宋代楼昉说:"燕昭王与乐毅君臣相与之际,略似蜀昭烈与诸葛武侯,书辞明白,洞见肺腑。"(《史记评林》引)燕昭王与乐毅的这种君臣关系,比之于刘备与诸葛亮,可谓毫不逊色,均为历史佳话。

燕昭王去世后,早与乐毅有矛盾的燕惠王中了齐国的反间计,罢免了乐毅,致使燕国破军丧将,尽丧其父创下的功业。燕惠王对此不但不自省,反而倒打一耙,指责乐毅对不起他,显示了一种既昏庸又狡诈的小人之态,与其父那种有为之君的胸襟格局恰成鲜明对照。燕惠王的罢弃乐毅,与《史记》中魏安釐王的罢弃信陵君、赵孝成王的罢弃廉颇、赵王迁的袭杀李牧等一样,都是自毁长城,他们自己最终也落得一个败亡的可耻下场。对此类史实,司马迁均感慨遥深。乐毅为报燕昭王的知遇之恩,尽管受到燕惠王的无情打击,却能遵循着"君子交绝,不出恶声;忠臣去国,不洁其名"的做人准则,至死不为他国所用,最后"卒于赵"。宋代黄震说:"毅以谗去适赵,赵,父母国也。《报燕惠王书》称:'忠臣去国,不洁其名',不效战国反复,复为赵而仇燕,去就无慊,传之子孙亦然,乐毅非战国之士也。"(《黄氏日钞》)近代李景星说:"盖乐毅在战国中另是一流人物,绝不染当时习气,史公爱其品、重其人,是以慎言其事。"(《史记评议》)这种思想品格,在战国时代只有廉颇、屈原可以与之相提并论。

本篇收录的乐毅的《报燕惠王书》,在思想内容、写作方法上与诸葛亮的《出师表》可谓处处相通,两者有明显的渊源继承关系。《三国志·诸葛亮传》说诸葛亮常“自比管仲乐毅”，管仲是大政治家，的确值得诸葛亮为之倾心；而乐毅在一般人的心目中只是一个军事家。军事家在战国时代多得很，乐毅究竟有什么特殊之处让诸葛亮也如此心折呢？这可从日本泷川资言对《报燕惠王书》和《出师表》的对比分析中看出端倪：“六国将相有儒生气象者，唯望诸君一人。其答燕王书理义明正，当世第一文字。诸葛孔明以管、乐自比，而其《出师表》实得力于此文尤多。乐书曰‘恐抵斧质之罪，以伤先王之明，而又害于足下之义’；诸葛则云‘受命以来，夙夜忧叹，恐付托不效，以伤先帝之明’。乐书曰‘先王过举，擢之乎宾客之中，而立之乎群臣之上，而使臣为亚卿。臣自以为奉令承教，可幸无罪矣，故受命而不辞’；诸葛则云‘先帝不以臣卑鄙，猥自枉屈，三顾臣于草庐之中，由是感激，许先帝以驰驱’。乐书曰‘免身全功，以明先王之迹者，臣之上计也’；诸葛则云‘庶竭驽钝，攘除奸凶，兴复汉室，还于旧都，此臣所以报先帝而忠陛下之职分也’。彼此对看，必知其风貌气骨有相通者。”（《史记会注考证》）两篇文章均反复陈说先王对待自己的知遇之情，恳切陈述自己义无反顾、死而后已的报先王之心。两位名臣为了报效先王的知遇之恩，在对待嗣王问题上都有一种不同寻常的表现：一个尽管后主昏妄，迫害自己，但自己逃出后，仍能始终不做与这个国家为敌的事；一个尽管后主不才，但仍为之尽忠输诚，鞠躬尽瘁。

史记卷八十一

廉颇蔺相如列传第二十一

【释名】

《廉颇蔺相如列传》可以看作廉颇、蔺相如、赵奢、李牧四人的合传，因为他们都身系赵国兴亡，所以将他们写在一起。所以本篇既是廉颇、蔺相如、赵奢、李牧四人的英烈传，同时也可看作是赵国的兴亡史。

全篇可分为三部分。第一部分主要人物是蔺相如与廉颇。通过"完璧归赵""渑池会""将相和"三个故事，歌颂了蔺相如在对敌斗争中的大智大勇，以及对内先公后私的优秀品质，同时也赞扬了廉颇勇于认错的磊落精神。第二部分的主要人物是赵奢。通过写进谏平原君与阏与之战大败秦军，表现了赵奢的政治与军事才干。这一部分还写了长平之战，赵罢廉颇而改用赵括导致惨败，在对比中写出了赵奢、廉颇为将之专注老成，赵括则轻浮不知兵。这一部分也交代了廉颇晚年被赵弃用的悲剧结局。第三部分的主要人物是李牧。写他的智败匈奴为国立功，以及因郭开谗言而被杀，而赵国也随之灭亡。篇末论赞，司马迁结合蔺相如的卓荦行为再次抒发了有关生死问题的深沉感慨。

廉颇者，赵之良将也。赵惠文王十六年①，廉颇为赵将伐齐，大破之，取阳晋②，拜为上卿③，以勇气闻于诸侯。蔺相如者，赵人也，为赵宦者令缪贤舍人④。

【注释】

①赵惠文王十六年：前283年。赵惠文王，名何，武灵王之子，前298—前266年在位。

②阳晋：古邑名，在今山东菏泽西北。《索隐》曰："卫地，后属齐，今赵取之。"

③上卿：官名，战国时最尊贵的大臣称上卿。

④宦者令：官名，是宫廷中宦者的最高长官。陈直曰："《汉书·百官公卿表》：少府属官有宦者令，汉因秦制，秦则兼采六国时官制。又宦者令为六百石官吏。"舍人：战国时王公贵人私门之官。

【译文】

廉颇是赵国的优秀将领。赵惠文王十六年，廉颇率领赵军征讨齐国，大败齐军，攻下了齐国的阳晋，被封为上卿，他以勇气闻名于诸侯各国。蔺相如也是赵国人，是赵国宦者令缪贤家的门客。

赵惠文王时，得楚和氏璧①。秦昭王闻之②，使人遗赵王书③，愿以十五城请易璧。赵王与大将军廉颇诸大臣谋④：欲予秦，秦城恐不可得，徒见欺⑤；欲勿予，即患秦兵之来。计未定，求人可使报秦者⑥，未得。宦者令缪贤曰："臣舍人蔺相如可使。"王问："何以知之？"对曰："臣尝有罪，窃计欲亡走燕⑦，臣舍人相如止臣，曰：'君何以知燕王？'臣语曰：'臣尝从大王与燕王会境上，燕王私握臣手，曰"愿结友"。以此知之，故欲往。'相如谓臣曰：'夫赵强而燕弱，而君幸于赵王⑧，故燕王欲结于君。今君乃亡赵走燕，燕畏赵，其势必不敢留君，而束君归赵矣。君不如肉袒伏斧质请罪⑨，则幸得脱矣。'臣从其计，大王亦幸赦臣。臣窃以为其人勇士，有智谋，宜可使⑩。"于是王召见，问蔺相如曰："秦王以十五城请易寡人之璧,可予不[11]?”相如曰:“秦强而赵弱,不可不许。”王曰:“取吾璧,不予我城,奈何?”相如曰:“秦以城求璧而赵不许,曲在赵[12]。赵予璧而秦不予赵城,曲在秦。均之二策[13],宁许以负秦曲[14]。”王曰:“谁可使者?”相如曰:“王必无人[15],臣愿奉璧往使。城入赵,而璧留秦;城不入,臣请完璧归赵[16]。”赵王于是遂遣相如奉璧西入秦。

【注释】

①和氏璧:楚人和氏所得的玉璧。《韩非子·和氏》云:“楚人和氏得玉璞楚山中,奉而献之厉王。厉王使玉人相之,玉人曰‘石也’。王以和为诳,而刖其左足。及厉王薨,武王即位,和又奉其璞而献之武王。武王使玉人相之,又曰‘石也’。王又以和为诳,而刖其右足。武王薨,文王即位,和乃抱其璞而哭于楚山之下,三日三夜,泣尽而继之以血。……王乃使玉人理其璞而得宝焉,遂命曰‘和氏之璧’。”

②秦昭王:即秦昭襄王,名稷,前306—前251年在位。

③遗(wèi):给,致。

④大将军:官名,国家的最高军事将领。

⑤徒见欺:白白被欺骗。

⑥报秦:出使秦国做出答复。

⑦亡走燕:潜逃到燕国。亡,逃亡,潜逃。

⑧幸于赵王:受赵王宠幸。

⑨肉袒伏斧质:脱去衣服,袒露身体,趴在执行斧刑的垫板上,以示听候治罪。质,椹,木砧。

⑩宜可使:徐孚远曰:“缪贤以荐人之故,不隐其奔燕之谋,使人主疑其有外心,盖亦人情所难及。”泷川曰:“(缪贤)不隐旧恶,却见真

情。”

⑪不(fǒu):不,通“否”。

⑫曲:理屈,理亏。

⑬均:权衡,比较。

⑭宁许以负秦曲:宁可答应秦国,让秦国背负理亏的恶名。负,背负,承担。姚苎田曰:“诸大臣但计利害,相如提出‘曲’‘直’来,此便得养勇根本,两言而决,真为善谋。”

⑮王必无人:大王如果没有合适人选。必,倘若,如果。

⑯完璧归赵:将和氏璧完好无损地带回赵国。

【译文】

赵惠文王在位时,得到了楚国的和氏璧。秦昭王听说此事,派人给赵王送来一封信,表示愿意用十五座城来交换和氏璧。赵王和大将军廉颇及大臣们商量:要是把宝玉给了秦国,又怕得不到秦国的城,白白受骗;要是不给秦国吧,又怕秦国派兵前来攻打。计议还没有结果,想找个合适的人出使回报秦国,但没能找到。这时宦者令缪贤说:“可以让我的门客蔺相如出使秦国。”赵王问:“你怎么知道他可以呢?”缪贤说:“有一次我犯了罪,私下打算逃亡到燕国去,门客蔺相如劝阻我说:‘您怎么知道燕王会收留您呢?’我告诉他说:‘有一次我跟随大王和燕王在边境会晤,燕王私下握着我的手说“希望和你交个朋友”。由此我知道燕王会收留我,所以我打算前去投奔。’相如对我说:‘当时赵强燕弱,您受宠于赵王,所以燕王才想和您结交。现在您是从赵国逃到燕国,燕国害怕赵国,在这种形势下燕王肯定不敢收留您,反而会立即把您捆起来送回赵国。您不如脱掉上衣,露出肩背,背着斧子板子去向大王请罪,说不定侥幸可以得到赦免。’我听从了他的主意,幸好大王您开恩免了我的罪。所以我认为蔺相如是个勇士,有智谋,派他出使很适合。”于是赵王召见蔺相如,问他道:“秦王要求用十五座城与我们的和氏璧做交换,你看可以给他吗?”蔺相如说:“秦国强大,赵国弱小,不能不答应。”赵王说:“如果秦王得到了我们的和氏璧，却不给我们城池，那怎么办呢？”蔺相如说：“秦王要求用城池来换我们的璧，如果我们不答应，是我们理亏。如果我们给了他璧而他不给我们城池，那就是他们理亏。两相权衡，我们宁可答应他，也要叫秦国来承担理亏的责任。”赵王说：“那么谁可以去出使呢？”蔺相如说：“大王如果找不到更合适的人，臣愿捧护宝璧前往。到那时秦王给我们城池，我就给他们璧；秦王不给我们城池，我保证完好无损地把和氏璧带回赵国。”赵王于是就派蔺相如带着和氏璧出使秦国去了。

秦王坐章台见相如①，相如奉璧奏秦王②。秦王大喜，传以示美人及左右，左右皆呼万岁。相如视秦王无意偿赵城③，乃前曰：“璧有瑕④，请指示王⑤。”王授璧，相如因持璧却立⑥，倚柱⑦，怒发上冲冠，谓秦王曰：“大王欲得璧，使人发书至赵王，赵王悉召群臣议，皆曰：‘秦贪，负其强⑧，以空言求璧，偿城恐不可得。’议不欲予秦璧。臣以为布衣之交尚不相欺，况大国乎？且以一璧之故逆强秦之欢⑨，不可。于是赵王乃斋戒五日⑩，使臣奉璧，拜送书于庭⑪。何者？严大国之威以修敬也⑫。今臣至，大王见臣列观⑬，礼节甚倨⑭；得璧，传之美人，以戏弄臣。臣观大王无意偿赵王城邑，故臣复取璧。大王必欲急臣⑮，臣头今与璧俱碎于柱矣！”相如持其璧睨柱⑯，欲以击柱。秦王恐其破璧，乃辞谢固请，召有司案图⑰，指从此以往十五都予赵⑱。相如度秦王特以诈详为予赵城⑲，实不可得，乃谓秦王曰：“和氏璧，天下所共传宝也，赵王恐，不敢不献。赵王送璧时，斋戒五日，今大王亦宜斋戒五日，设九宾于廷⑳，臣乃敢上璧。”秦王度之，终不可强夺，遂许斋五日，舍相如广成传[21]。相如度秦王虽斋，决负约不偿城，乃使其从者衣褐[22]，怀其璧，从径道亡，归璧于赵[23]。

【注释】

①章台：即章华台，秦离宫台名，在当时秦都咸阳渭河南。在离宫接见来使，有轻视之意。

②奉：捧。奏：进献，进呈。

③偿：补偿，抵偿。

④瑕：玉上的斑点或裂痕。

⑤请指示王：请求指出玉瑕给秦王看。

⑥却立：退后站立。

⑦倚柱：背靠柱子。一方面防止背后有人偷袭，另一方面靠近柱子方便发出碰碎玉璧的威胁。

⑧负：依仗。

⑨逆强秦之欢：得罪秦国，不讨秦国的欢心。逆，违背。

⑩斋戒：一般指古人在祭祀前为表虔诚而进行的沐浴、独居、吃素等活动，此形容赵王之郑重其事。

⑪拜送书于庭：此指赵王亲自拜送国书。《刺客列传》中荆轲称燕王“使臣奉璧，拜送书于庭”，与此相同。

⑫严大国之威以修敬：尊重大国的威严以示恭敬。严，尊重，敬畏。

⑬列观：普通的台观，此谓章华台，相对于正式的朝堂而言。

⑭倨：傲慢。

⑮急：逼迫。

⑯睨（nì）：斜着眼看。

⑰案图：查阅地图。

⑱都：都邑，城邑。

⑲特：只是。详：通“佯”，假装。

⑳设九宾：此礼亦见《刺客列传》，其仪不详，诸家说法不一，泷川资言云：“九宾，犹言具大礼耳，不必援古书为证。”

㉑舍相如广成传（zhuàn）：让蔺相如住在广成传舍。广成，《索隐》曰：“‘广成’是传舍之名。”传，传舍，犹今所谓招待所。

㉒衣褐：穿上贫贱者穿的粗布衣服。

㉓从径道亡，归璧于赵：从小路偷跑，将和氏璧送回赵国。姚苎田曰：“相如前既云‘宁许以负秦曲’，今秦斋宿按图，而赵已怀璧私逝，玩弄大国于掌股之上，曲仍在赵，不在秦也。”

【译文】

秦王在章台接见蔺相如，蔺相如双手捧着和氏璧进献给秦王。秦王很高兴，把和氏璧传给美人及左右观看，大家都高呼万岁以示祝贺。蔺相如看秦王没有用城邑给赵国抵偿的意思，于是上前说道：“璧上还有个斑点，让我指给您看。”秦王把璧交给蔺相如，蔺相如手持璧玉退后几步站定，背靠柱子，怒发冲冠，对秦王说：“大王想要我们的和氏璧，派人送信给我们赵王，赵王召集全部大臣商议，大家都说：‘秦国贪得无厌，仗着自己强大，想用空话来骗我们的璧，用十五座城抵偿恐怕是得不到的。’商议的结果是不能把和氏璧给秦国。但我觉得平民百姓的交往尚且不互相欺骗，更何况是个大国呢？再说因为一个小小的和氏璧使强大的秦国不开心，不应该这样。于是赵王沐浴斋戒五天，然后派我捧璧前来，临行时亲自下殿恭送国书。为什么这样做？正是为了尊重大国的威严以示敬意。可是我到了贵国，您只在一个偏殿上接见我，礼节何其傲慢；等您拿到和氏璧后，又传给姬妾观看，来耍弄我。看您的意思是根本不打算给赵国城池，所以我就设法把璧又要了回来。现在大王如果一定要逼我，我今天就连头带璧一起在柱子上撞碎！”说着，蔺相如举起璧，斜视庭柱，就要向庭柱撞过去。秦王怕把璧撞坏，赶紧连声致歉，请他千万别撞，并召来主管的官员查看地图，秦王指着地图说，从这里到这里的十五座城给赵国作为交换。蔺相如觉得秦王不过用诈假装给赵国城邑，实际上赵国是不可能得到城池的，于是就对秦王说："和氏璧是天下公认的宝贝，因为赵王害怕秦国，所以才不敢不进献给您。赵王送我带和氏璧来的时候，亲自斋戒五天，现在大王您也应该斋戒五天，然后在朝廷上安排九宾大典，那时我才能把璧正式献给您。"秦王估量终究不可强力夺取，于是就答应斋戒五天，安顿蔺相如住在广成传舍。蔺相如预料秦王尽管答应斋戒了，但肯定要违背盟约，不会给赵国城池，于是就派他的随从穿着粗麻布衣服，怀中藏好和氏璧，抄小路逃走，把和氏璧送回了赵国。

秦王斋五日后，乃设九宾礼于廷，引赵使者蔺相如。相如至，谓秦王曰："秦自缪公以来二十余君①，未尝有坚明约束者也②。臣诚恐见欺于王而负赵，故令人持璧归，间至赵矣③。且秦强而赵弱，大王遣一介之使至赵④，赵立奉璧来。今以秦之强而先割十五都予赵，赵岂敢留璧而得罪于大王乎？臣知欺大王之罪当诛，臣请就汤镬⑤，唯大王与群臣孰计议之⑥。"秦王与群臣相视而嘻⑦。左右或欲引相如去，秦王因曰："今杀相如，终不能得璧也，而绝秦赵之欢，不如因而厚遇之，使归赵，赵王岂以一璧之故欺秦邪！"卒廷见相如⑧，毕礼而归之⑨。

相如既归，赵王以为贤大夫⑩，使不辱于诸侯，拜相如为上大夫⑪。秦亦不以城予赵，赵亦终不予秦璧。

【注释】

①秦自缪公以来二十余君：据《秦始皇本纪》，自秦缪公至秦昭王，共二十一代。缪公，即秦穆公，名任好，前659—前621年在位，春秋五霸之一。

②坚明约束：坚定明确地遵守条约。

③间：从小路。

④一介之使：一个使者。

⑤汤镬（huò）：煮着滚水的大锅。古代常作刑具，用来烹煮罪人。

⑥唯：发语词，表祈请。孰计议之：仔细地合计合计这件事。孰，同“熟”。

⑦嘻：《索隐》曰：“音希。乃惊而怒之辞也。”中井积德曰：“嘻，只是惊怪之声，不必有怒意。”姚苎田曰：“想此时，真是哭不得，笑不得，只一‘嘻’字，传神极矣。”

⑧廷见相如：在朝堂上正式会见了蔺相如。

⑨毕礼：完成应有的礼仪活动。

⑩赵王以为贤大夫：李笠曰：“‘大夫’二字涉下文误衍，时相如未为大夫。”

⑪拜：授任。上大夫：官名，大夫中居于上位者，次于卿。

【译文】

秦王斋戒五天后，在大殿上举行了隆重的九宾大典，派人请来赵国使者蔺相如。蔺相如到达后，对秦王说：“秦国自缪公以来的二十多位国君，从没有坚定地遵守过盟约。我担心被您所骗而辜负赵国，所以已派人带着和氏璧先走，抄小路回到赵国去了。况且秦强赵弱，大王只要派一位使臣去赵国，赵国马上就会把璧送回来。如今凭秦国的强大，如果你们能够先把十五城割让给赵国，赵国怎敢不给您璧而故意得罪大王您呢？我知道欺骗大王罪该万死，我现在甘愿下锅被烹杀，请您和大臣们仔细考虑。”秦王和大臣们面面相觑发出惊怪之声。武士们过来想把蔺相如拉去处刑，秦王只好说道：“如果杀了蔺相如，终究得不到和氏璧，反倒会破坏秦国和赵国的友好关系，不如好好地招待他，让他回赵国，赵王怎么会因为一块和氏璧而欺骗我们秦国呢！”最终还是在大殿上依礼招待了蔺相如，礼毕就让蔺相如回国了。

蔺相如回来后，赵王赞许他是位贤能的大夫，出使不辱使命，在诸侯中维护了赵国的尊严，便任蔺相如为上大夫。此后，秦国还是没给赵国城池，赵国最终也没有把和氏璧给秦国。

其后秦伐赵，拔石城[①]。明年[②]，复攻赵，杀二万人[③]。

秦王使使者告赵王[④]，欲与王为好会于西河外渑池[⑤]。赵王畏秦，欲毋行。廉颇、蔺相如计曰："王不行，示赵弱且怯也。"赵王遂行，相如从。廉颇送至境，与王诀曰[⑥]："王行，度道里会遇之礼毕[⑦]，还，不过三十日。三十日不还，则请立太子为王，以绝秦望[⑧]。"王许之，遂与秦王会渑池。秦王饮酒酣，曰："寡人窃闻赵王好音，请奏瑟[⑨]。"赵王鼓瑟。秦御史前书曰[⑩]："某年月日，秦王与赵王会饮，令赵王鼓瑟。"蔺相如前曰："赵王窃闻秦王善为秦声，请奏盆缻秦王[⑪]，以相娱乐。"秦王怒，不许。于是相如前进缻，因跪请秦王。秦王不肯击缻。相如曰："五步之内，相如请得以颈血溅大王矣[⑫]！"左右欲刃相如[⑬]，相如张目叱之，左右皆靡[⑭]。于是秦王不怿，为一击缻。相如顾召赵御史书曰[⑮]："某年月日，秦王为赵王击缻。"秦之群臣曰："请以赵十五城为秦王寿[⑯]。"蔺相如亦曰："请以秦之咸阳为赵王寿。"秦王竟酒，终不能加胜于赵。赵亦盛设兵以待秦，秦不敢动[⑰]。

【注释】

①秦伐赵，拔石城：事在赵惠文王十八年，前281年。石城，赵邑名，在今河南林州西南。

②明年：即赵惠文王十九年，秦昭王二十七年，前280年。

③杀二万人：梁玉绳曰："《表》作三万。"据《秦本纪》《六国年表》，这一年，秦国大将白起攻占赵国的光狼城。

④秦王使使者告赵王：梁玉绳曰："'秦王'上疑缺'明年'二字。"梁说有理，下文所叙之渑池会，在赵惠文王二十年，秦昭王二十八年，前279年。

⑤好会：友好会见。西河外：河外地区的西部。春秋、战国以至汉代，人们通常称今河南的黄河以北叫"河内"，称黄河以南叫"河外"。渑池：古邑名，一作"黾池"，在今河南渑池西，因南有黾池而得名。原属韩，时已属秦。

⑥诀：诀别，告别。

⑦度道里会遇之礼毕：估算来回道路里程和完成会见礼仪活动的时间。

⑧则请立太子为王，以绝秦望：此议可见廉颇之大将风度，使秦国扣押赵王以威胁赵国的阴谋难以实现。姚苎田曰："相如二事皆争胜于口舌之间，而于相如传中特将'立太子，以绝秦望'一议属之廉颇，则廉将军之为社稷臣加于相如一等明矣。"

⑨瑟：一种拨弦乐器，形似古琴，但无徽位，有五十弦、二十五弦、十五弦等多种。每弦有一柱，上下移动，以定声音。

⑩御史：官名，春秋战国时期列国皆有御史，为国君亲近之职，掌文书及记事。

⑪请奏盆缻（fǒu）秦王：请求给秦王献上盆缻。奏，进献。盆缻，盛水的盆罐之类，秦人用作乐器。《集解》引《风俗通义》曰："缶者瓦器，所以盛酒浆，秦人鼓之以节歌也。"

⑫五步之内，相如请得以颈血溅大王：意谓要与秦王同归于尽。犹《战国策·魏策四》唐雎威胁秦王说："若士必怒，伏尸二人，流血五步，天下缟素，今日是也！"

⑬刃：这里作动词，指用刀刺杀。

⑭靡：倒退。

⑮顾召：回头招来。

⑯寿：祝福人健康长寿。

⑰赵亦盛设兵以待秦，秦不敢动：陈子龙曰："相如以赵有备，故以气陵秦；秦王亦知赵尚强，故因善相如也。"

【译文】

后来，秦国攻打赵国，夺取了赵国的石城。第二年，秦国再次攻打赵国，杀掉赵国两万多人。

秦王派使者告诉赵王，想在西河外的渑池与赵王举行和谈。赵王畏惧秦国，不想去。廉颇和蔺相如商议："大王不去的话，就更加显得赵国弱小怯懦。"赵王只好动身，蔺相如同行。廉颇送到国境线，和赵王告别说："大王这次出行，我估计加上会见和来回路上的时间，一共不会超过三十天。如果大王您三十天还回不来，我请求立太子为赵王，使秦国打消扣留您当人质的妄想。"赵王应允，便出发和秦王在渑池会晤。这天，秦王酒兴正浓时说："寡人听说赵王擅长音乐，请鼓瑟助兴吧。"赵王只好鼓瑟一曲。秦国史官就在竹简上写道："某年某月某日，秦王和赵王一起饮酒，秦王命赵王鼓瑟。"蔺相如上前说："我们赵王也早就听说秦王精通秦国音乐，现在请允许我给您献上盆缻，娱乐大家。"秦王发怒，不同意。于是蔺相如递上盆缻，双手捧到秦王面前，跪请秦王演奏。秦王还是不肯击缻。蔺相如说道："咱俩现在不出五步远，您若不敲，我将血溅大王！"这时秦王左右的卫士想要杀掉蔺相如，蔺相如圆瞪双眼大喝一声，吓得卫士们纷纷后退。秦王无奈，很不高兴地敲了一下。蔺相如回头招呼赵国的史官写道："某年某月某日，秦王为赵王击缻。"秦国大臣齐喊："请赵王用十五座城池来向秦王献礼。"蔺相如也说："请秦王把秦国的首都咸阳拿来向赵王献礼。"直到宴会结束，秦王始终没能占赵王什么便宜。赵国军队也严阵以待防备秦国，秦国自始至终不敢轻举妄动。

既罢归国，以相如功大，拜为上卿，位在廉颇之右[①]。廉颇曰："我为赵将，有攻城野战之大功，而蔺相如徒以口舌为劳，而位居我上，且相如素贱人[②]，吾羞，不忍为之下。"宣言曰："我见相如，必辱之。"相如闻，不肯与会。相如每朝时，常称病，不欲与廉颇争列[③]。已而相如出[④]，望见廉颇，相如引车避匿。于是舍人相与谏曰："臣所以去亲戚而事君者[⑤]，徒慕君之高义也。今君与廉颇同列[⑥]，廉君宣恶言而君畏匿之，恐惧殊甚，且庸人尚羞之，况于将相乎！臣等不肖[⑦]，请辞去。"蔺相如固止之，曰："公之视廉将军孰与秦王？"曰："不若也。"相如曰："夫以秦王之威，而相如廷叱之，辱其群臣，相如虽驽[⑧]，独畏廉将军哉？顾吾念之，强秦之所以不敢加兵于赵者，徒以吾两人在也[⑨]。今两虎共斗，其势不俱生。吾所以为此者，以先国家之急而后私仇也。"廉颇闻之，肉袒负荆[⑩]，因宾客至蔺相如门谢罪[⑪]。曰："鄙贱之人，不知将军宽之至此也。"卒相与欢，为刎颈之交[⑫]。

【注释】

①位在廉颇之右：位置在廉颇之上。右，这里指上位。

②相如素贱人：蔺相如原为宦者令缪贤的舍人，故廉颇说他地位低贱。素，平素，往日。

③争列：在上朝时争朝班位次高低。

④已而：不久。

⑤去亲戚：离开父母亲。王叔岷曰："亲戚，谓父母。《楚世家》记怀王卒，'楚人皆怜之，如悲亲戚'；《郑世家》记子产卒，'郑人皆哭泣悲之，如亡亲戚'，并同此例。"

⑥今君与廉颇同列：王念孙曰："'廉颇'当作'廉君'，下文作'廉君'即其证。……《文选》卢谌《览古诗》注、曹摅《感旧诗》注，引此并作'廉君'。"

⑦不肖：不才。

⑧驽：劣马，这里比喻才能低劣，是蔺相如的谦辞。

⑨强秦之所以不敢加兵于赵者，徒以吾两人在也：郭嵩焘曰："战国人才以蔺相如为首，其让廉颇可谓远矣，庶几与闻君子之道者也。"李景星曰："太史公以廉蔺合传，即本斯旨。"

⑩肉袒负荆：袒露上身，背着荆条，表示认错，愿受惩罚。

⑪因宾客：经由宾客引见。

⑫刎颈之交：指能够同生共死的朋友。《索隐》引崔浩曰："言要齐生死，而刎颈无悔也。"中井积德曰："谓患难相为死也。"

【译文】

渑池会晤结束回国，因为蔺相如功劳大，封为上卿，地位在廉颇之上。廉颇说："我是赵国大将，有攻城野战的大功，蔺相如不过靠着耍耍嘴皮，居然地位在我之上，而且蔺相如出身低贱，我感到羞耻，难以忍受屈尊在他之下。"扬言说："等我遇到蔺相如，一定要好好羞辱他一番。"蔺相如闻听后，故意地躲着不见廉颇。每到该上朝时，蔺相如总是推说有病，不想去和廉颇争朝班位次的高低。不久蔺相如出门时，远远看到廉颇，赶紧掉转车头回避。如此一来，蔺相如的门客都对蔺相如说："我们之所以离开亲人来侍奉您，就是仰慕您高尚的节义。如今您和廉颇同列，廉颇放出恶言要侮辱您，您却害怕回避，怕成这个样子，普通人都会为此感到羞耻的，何况是位居将相的人呢！我们没什么才干，请让我们告辞吧。"蔺相如坚决挽留道："诸位认为廉将军和秦王相比谁更厉害？"门客们说："廉将军当然不如秦王厉害。"蔺相如说："秦王威势那么大，我尚且敢在大庭广众喝斥他，羞辱他的大臣们，我蔺相如虽然无能，难道会害怕一个廉将军吗？我顾虑的是，强秦之所以不敢攻打赵国，正是因为有我们两个人在。现在如果我们两虎相争，势必不能共存。我之所以对廉颇一再忍让，就是因为以国家利益为先，个人恩怨在后。”廉颇听说后，袒露肩背，背着荆条，让门客领着到蔺相如门前请罪。廉颇说：“我这个狭隘浅陋的人，想不到您的胸怀宽广至此。”从此两人交好，结为生死之交。

是岁①，廉颇东攻齐，破其一军②。居二年③，廉颇复伐齐幾④，拔之。后三年⑤，廉颇攻魏之防陵、安阳⑥，拔之。后四年⑦，蔺相如将而攻齐，至平邑而罢⑧。其明年⑨，赵奢破秦军阏与下⑩。

【注释】

①是岁：赵惠文王二十年，齐襄王五年，前279年。

②廉颇东攻齐，破其一军：此时正值燕军攻打齐国，赵国派廉颇相助，见《赵世家》。

③居二年：应作“居三年”，即赵惠文王二十三年，前276年。

④廉颇复伐齐幾：梁玉绳曰：“幾是魏邑。《赵世家》言‘颇攻魏幾，取之’。《秦策》亦云‘秦败阏与，反攻魏幾，廉颇救幾’。此作‘齐幾’，误。裴骃谓‘或属齐’，非也。先是楼昌攻幾不能取，故云‘复伐’。”杨宽曰：“幾为魏邑，魏之布币有‘幾氏’‘幾城’‘幾’等种，即魏之幾邑所铸。”幾，古邑名，在今河北大名东南。

⑤后三年：梁玉绳曰：“当作后一年，乃惠文王二十四年也。”即前275年。

⑥防陵：魏邑名，在今河南安阳西南，因邑北有防水而得名。安阳：魏邑名，在今河南安阳西南。

⑦后四年：赵惠文王二十八年，齐襄王十三年，前271年。

⑧平邑：齐邑名，在今河南南乐东北。

⑨其明年：赵惠文王二十九年，秦昭王三十七年，前270年。

⑩阏与（yù yǔ）：赵邑名，在今山西和顺。

【译文】

这一年，廉颇率军向东攻打齐国，打败了齐国的一支军队。又过了两年，廉颇再次出兵攻打齐国的幾县，攻下了。又过了三年，廉颇率军攻打魏国的防陵、安阳，两城都被攻下。又过了四年，蔺相如率兵攻打齐国，一直打到平邑才收兵。第二年，赵奢在阏与大败秦军。

赵奢者①，赵之田部吏也②。收租税，而平原君家不肯出③。赵奢以法治之，杀平原君用事者九人④。平原君怒，将杀奢。奢因说曰："君于赵为贵公子，今纵君家而不奉公则法削⑤，法削则国弱，国弱则诸侯加兵，诸侯加兵是无赵也，君安得有此富乎？以君之贵，奉公如法则上下平⑥，上下平则国强，国强则赵固，而君为贵戚，岂轻于天下邪？"平原君以为贤，言之于王。王用之治国赋⑦，国赋大平，民富而府库实⑧。

【注释】

①赵奢：《新唐书·宰相世系表》："赵王子赵奢为惠文王将。"不知是哪位赵王之子。

②田部吏：征收田赋的官吏。胡三省注："田部吏，部收田之租税者也。"

③平原君：名赵胜，赵武灵王之子，赵惠文王之弟，战国四公子之一，时为赵相。

④杀平原君用事者九人：郭嵩焘曰："平原君，赵公子；赵奢，一田部

吏耳,何遽杀其用事者九人?此由史公好奇,取诸传闻之词而甚言之。”用事者,管事的人。

⑤纵:放纵,放任。奉公:奉行公事,按国家法度办事。法削:法制削弱,无法实行。

⑥如法:照法律规定办。上下平:全国上下都觉得公平。

⑦治国赋:管理国家的赋税。

⑧府库实:府库充实。

【译文】

赵奢本是赵国一个负责征收田赋的官吏。他征收租税时,平原君家不肯交租。赵奢依法处治,杀掉了平原君家的九个管家。平原君很愤怒,想要杀掉赵奢。赵奢对平原君说:“您是赵国的贵公子,现在纵容管家不奉公守法,法律就会削弱;法律削弱,国家就要衰落;国家衰落,各诸侯国就会来兵侵犯;诸侯国来兵侵犯,赵国就会灭亡,那时您还能保有这些财富吗?像您这样地位高贵的人,如能奉公守法,全国上下都会觉得公平,上下觉得公平国家就会强盛,国家强盛赵王的地位就稳固了,您作为赵国的贵戚,难道还担心被天下人轻视吗?”平原君觉得赵奢很贤能,就把他举荐给赵王。赵王任命赵奢掌管全国的赋税,结果整个国家的赋税工作非常公平合理,百姓富足,国库也充实起来。

秦伐赵军于阏与①。王召廉颇而问曰:“可救不?”对曰:“道远险狭②,难救。”又召乐乘而问焉③,乐乘对如廉颇言。又召问赵奢,奢对曰:“其道远险狭,譬之犹两鼠斗于穴中,将勇者胜④。”王乃令赵奢将,救之。

【注释】

①秦伐赵军于阏与:底本原作“秦伐韩,军于阏与”,是则以“军于阏

与”者为秦军，然下文云“遂解阏与之围而归”，则被围困于阏与者似当是韩军，故此句中间不宜点断。《赵世家》作“秦韩相攻，而围阏与”，正可与此相印证。又据下文秦将“阏与非赵地也”之语，则“阏与”实为赵地，此战实与韩国无关。且《太平御览》卷一六三引《史记》作“攻赵阏与”，卷二九二引《战国策》亦“秦师围赵阏与”，《资治通鉴》赧王四十五年云“秦伐赵，围阏与”，《秦本纪》亦曰“中更胡阳攻赵阏与”，故此句实当作“秦伐赵军于阏与”，今据改。据《赵世家》《六国年表》，事在赵惠文王二十九年，秦昭王三十七年，前270年；而据《秦本纪》，则在秦昭王三十八年，前269年。

②道远险狭：从赵国都城邯郸出发，去援救西北方向的阏与，需要穿越太行山，所以说“道远险狭”。

③乐乘：赵将名，乐毅族人，事见《赵世家》《乐毅列传》。

④譬之犹两鼠斗于穴中，将勇者胜：今语所谓“狭路相逢勇者胜”，当即源于此。

【译文】

后来，秦国攻打驻扎在阏与的赵国军队。赵王召见廉颇问他：“可以救援阏与的军队吗？”廉颇说：“路途险远又狭窄，很难救援。”赵王又召来乐乘询问，乐乘的说法和廉颇相同。赵王又召赵奢询问，赵奢回答说：“路途险远又狭窄，作战如同两只老鼠在洞里打斗，主将勇敢的一方能取胜。”赵王于是就任赵奢为主将，率兵前往救援阏与。

兵去邯郸三十里，而令军中曰：“有以军事谏者死①。”秦军军武安西②，秦军鼓噪勒兵③，武安屋瓦尽振④。军中候有一人言急救武安⑤，赵奢立斩之。坚壁⑥，留二十八日不行，复益增垒。秦间来入⑦，赵奢善食而遣之⑧。间以报秦将，秦将大喜曰："夫去国三十里而军不行[9]，乃增垒，阏与非赵地也。"赵奢既已遣秦间，乃卷甲而趋之[10]，二日一夜至，令善射者去阏与五十里而军[11]。军垒成，秦人闻之，悉甲而至[12]。军士许历请以军事谏[13]，赵奢曰："内之。"许历曰："秦人不意赵师至此，其来气盛，将军必厚集其阵以待之。不然，必败。"赵奢曰："请受令。"许历曰："请就铁质之诛[14]。"赵奢曰："胥后令邯郸[15]。"许历复请谏，曰："先据北山上者胜，后至者败。"赵奢许诺，即发万人趋之[16]。秦兵后至，争山，不得上[17]，赵奢纵兵击之，大破秦军。秦军解而走，遂解阏与之围而归[18]。

赵惠文王赐奢号为马服君[19]，以许历为国尉[20]。赵奢于是与廉颇、蔺相如同位[21]。

【注释】

①有以军事谏者死：有敢对这次军事行动提出异议的处死！茅坤曰："不欲人谏者，绝军中哗言也。"

②秦军军武安西：此指秦军驻扎在武安城西，以图阻击赵奢的部队。武安，赵邑名，在今河北武安西南，位于邯郸通往阏与的路上。

③鼓噪勒兵：指秦军击鼓呐喊操练军队，三军呐喊，以此向赵人示威。

④武安屋瓦尽振：极言秦军声势之大。

⑤候：军官名。古代军下分部，部下分曲，部的长官为"校尉"，曲的长官为"候"。又军中负责探听敌人情报的人员也叫"军候"。

⑥坚壁：固守营垒。

⑦秦间：秦国的间谍。

⑧善食（sì）而遣之：假装不知，好好款待秦国间谍，让他回去。此即反间计。

⑨国：此指赵国国都邯郸。

⑩卷甲而趋：语出《孙子兵法·军争》。即脱下铠甲，卷起来拿着，轻装急进。郭嵩焘曰："所以留军不行而诛谏者，蓄谋在此。"

⑪去：距离。

⑫悉甲：发动全军，披甲备战。

⑬许历：人名，《索隐》引王粲诗云："许历为完士，一言犹败秦。""完"为古代一种刑罚名，对情节轻微或年老年幼有罪当刑者，罚作劳役，而不残伤其肉体。王粲称许历为"完士"，盖其曾为刑徒。

⑭请就铁质之诛：前文谓"有以军事谏者死"，故许历称其愿意受刑就死。铁质，同前文之"斧质"，杀人的刑具。

⑮胥后令邯郸：等待日后邯郸（即赵王）的命令，即暂且不杀。梁玉绳引钱大昕曰："赵都邯郸，谓当待赵王之令也。"胥，通"须"，等待。

⑯趋：奔赴，迅速抢占北山。

⑰"秦兵后至"几句：郭嵩焘曰："秦军久至而不知据此山者，由赵奢留军不行，先示怯，是以秦军易之。直见赵军据此山，乃始与争利，此其所以败也。"

⑱遂解阏与之围而归：武国卿、慕中岳曰："赵奢在阏与之战中制造了种种假象，严密地隐蔽了奔袭阏与的企图，迷惑了秦军，偃旗息鼓，昼夜急驰，突然逼近敌人，一举解了阏与之围，其中巧妙地示敌以'佯'，起了很重要的作用。"马非百曰："阏与战争后，国际间所生影响实甚巨大。信陵君说魏王曰：'夫越山逾河，绝韩之上党，而攻强赵，则是复阏与之事也，秦必不为也。'当日秦在阏与战争所受创伤之深，盖可想见。又《秦策》言：'天下之士合从相聚于赵，而欲攻秦。'然则自阏与战争后，赵之邯郸且一跃为合从谋秦之国际政治中心矣。李斯有云：'秦四世有胜，兵强海内，威行诸侯，独阏与战争为赵所败。'"

⑲赐奢号为马服君：赐给赵奢“马服君”的封号。《赵世家》之《正义》曰：“因马服山为号也，虞喜《志林》云：‘马，兵之首也。号曰马服者，言能服马也。’《括地志》云：‘马服山，邯郸县西北十里也。’”杨宽曰：“马服应为封号，而非封地之名。《廉颇列传》之《集解》引张华曰：‘赵奢冢在邯郸界西山上，谓之马服山。’可知马服山因葬赵奢而得名，并非由于赵奢封于此地。”

⑳国尉：战国时武官名，位在将军之下，掌武事。

㉑赵奢于是与廉颇、蔺相如同位：姚苎田曰：“为将之品，有大将，有战将。廉颇识略高深，能持重而不利于剽疾，有大将之才，而或不足于战将之用。赵奢自是战将，至其纳许历之言，而又能表章出之，亦有大将之度者矣。凡事特患见不破耳，赵奢‘将勇者胜’一言，已看定阏与之战只在养气；然而矢石所交，风云变色；欢呼所及，屋瓦皆飞，己即不摇，能保此千万人之耳目心志不愦然而散乎？‘坚壁’二句，‘疾趋两日’，其心中、眼中不复有丝毫利害之惑，是真有得于‘持其志而无暴其气’之旨者也。战为圣人之所慎，岂细故哉？马服君于是不可及矣。”

【译文】

赵军离开国都邯郸后前行三十里，赵奢对全军下令：“有敢对这次军事行动提出异议的处死。”这时秦国军队驻扎在武安城西，击鼓呐喊操练的声音很大，武安城屋顶上的瓦都为之震动。赵奢部下有个军官劝赵奢赶紧援救武安，赵奢立即将他斩首。赵奢坚守营垒，驻扎了二十八天都没有行军，又增修加固营垒。有个秦国奸细潜入赵军营地，赵奢故意善加款待后放他回去。奸细回去向秦将报告了赵军的情况，秦将大喜，说：“赵奢的军队离开邯郸三十里就不敢前进，只顾在那里增修营垒，阏与不会再属于赵国了。”赵奢打发走秦国的奸细，立刻命全军把铠甲脱下来卷好，急行军直扑阏与，才两天一夜就到达，抽调善于射箭的军士到距离阏与五十里的地方扎营。营垒刚刚修好，秦军得讯，立即全军猛扑过来。

赵奢手下的军士许历想对军事行动提意见，赵奢说："让他进来。"许历说："秦军没料到赵军会这么快到达，现在他们扑来的士气旺盛，将军您应该严阵以待，不然必遭失败。"赵奢说："同意你的意见。"许历说："那就请按军令处死我吧。"赵奢说："等回到邯郸再说。"许历又建议说："能够抢先占领北山的就能获胜，晚到的就会失败。"赵奢赞同，立即派出一万人去抢占北山。秦国的军队后到，争夺北山，却攻不上去，这时赵奢纵兵猛烈还击秦军，大败秦军。秦军只好撤走了，于是阏与的围困解除，赵军胜利班师。

赵惠文王封赵奢为马服君，并任命许历为国尉。赵奢在国内的地位和廉颇、蔺相如相同。

后四年①，赵惠文王卒，子孝成王立。七年，秦与赵兵相距长平②，时赵奢已死，而蔺相如病笃③，赵使廉颇将攻秦，秦数败赵军，赵军固壁不战。秦数挑战，廉颇不肯。赵王信秦之间。秦之间言曰："秦之所恶，独畏马服君赵奢之子赵括为将耳④。"赵王因以括为将，代廉颇。蔺相如曰："王以名使括，若胶柱而鼓瑟耳⑤。括徒能读其父书传，不知合变也⑥。"赵王不听，遂将之⑦。

【注释】

①后四年：赵惠文王三十三年，前266年。

②七年，秦与赵兵相距长平：据《秦本纪》《赵世家》等，赵孝成王四年，秦昭王四十五年，前262年，韩国上党守将冯亭率部投降赵国，赵国封冯亭为华阳君，派廉颇驻守长平，秦军进攻长平，遂与赵军对峙。由于廉颇筑垒固守，双方相持三年，至赵孝成王六年，亦即秦昭王四十七年，前260年，赵乃有长平之败。长平，古邑

名，在今山西高平西北，原属韩，后归赵。

③病笃（dǔ）：病重。笃，深重。

④独畏马服君赵奢之子赵括为将耳：此乃秦相范雎之计，参见《范雎蔡泽列传》。

⑤胶柱而鼓瑟：鼓瑟时粘住瑟上的弦柱，就无法调节音的高低，这里比喻赵括固执拘泥，死守教条，不知变通。柱，琴、瑟上系弦的转轴。

⑥合变：随机应变。

⑦将之：以之为将，即任命赵括为将。

【译文】

四年之后，赵惠文王去世，太子孝成王即位。赵孝成王七年，秦军和赵军在长平对峙，此时赵奢已死，蔺相如病重，赵国派廉颇率军对抗秦军，秦军多次打败赵军，廉颇坚守营垒，拒不出战。秦军多次挑战，廉颇置之不理。赵王听信了秦国间谍的谣言。谣言说："秦国最害怕赵国改派马服君赵奢的儿子赵括为将军。"赵王于是真的让赵括代替廉颇为主将。蔺相如劝谏道："大王凭虚名任用赵括，实际上赵括就像用胶把系弦的柱子粘住再去弹瑟那样不知变通。赵括只会死读父亲传下来的兵书，完全不知道随机应变。"赵王听不进去，还是任命赵括去统率赵军。

赵括自少时学兵法，言兵事，以天下莫能当。尝与其父奢言兵事，奢不能难[①]，然不谓善。括母问奢其故，奢曰："兵，死地也[②]，而括易言之。使赵不将括即已，若必将之，破赵军者必括也。"及括将行，其母上书言于王曰："括不可使将。"王曰："何以？"对曰："始妾事其父，时为将，身所奉饭饮而进食者以十数[③]，所友者以百数，大王及宗室所赏赐者尽以予军吏士大夫[④]，受命之日，不问家事[⑤]。今括一旦为将，东向而朝，军吏无敢仰视之者[⑥]，王所赐金帛，归藏于家，而日视便利田宅可买者买之[⑦]。王以为何如其父？父子异心，愿王勿遣[⑧]。”王曰：“母置之，吾已决矣。”括母因曰：“王终遣之，即有如不称，妾得无随坐乎[⑨]？”王许诺。

【注释】

①不能难：即难不住他，辩不倒他。

②兵，死地也：《孙子兵法·始计》：“兵者，国之大事，死生之地。”死地，决定人生死的地方。

③身所奉饭饮而进食者：赵奢亲自捧着饭食献给他们吃的人，即赵奢视为尊长的人。

④军吏士大夫：指部下各级军官。

⑤受命之日，不问家事：一旦受命为将出征，便不再过问家事。《司马穰苴列传》：“将受命之日，则忘其家。”

⑥东向而朝，军吏无敢仰视之者：于此可见赵括妄自尊大，不似其父礼贤下士。

⑦日视便利田宅可买者买之：专顾一人之富贵，不似其父“不问家事”。

⑧父子异心，愿王勿遣：锺惺曰：“括母上书言括不可将，不单述括父之言，却将括临事举动占其成败，而以‘父子异心’自发一片议论。有母如此，亦可将也。”

⑨随坐：受别人牵连而判罪受罚。

【译文】

赵括自幼学习兵法，乐于谈论军事，以为天下没人赶得上自己。他曾经与父亲赵奢谈论军事，赵奢也论不过他，却不认为赵括有真本事。赵括的母亲问是什么缘故，赵奢说：“用兵打仗，是决定生死的大事，赵括说得太轻巧了。赵国不让赵括带兵也就罢了，假如一旦任他为将，使赵军失败的一定就是他。”等到赵括被任命为主将要起程的时候，他母亲上书赵王说："赵括不能担任主将。"赵王说："为什么这么说？"赵括的母亲回答说："当初我侍奉他父亲，他父亲正做赵国的将军，每天亲自捧着饮食、恭敬对待的有几十人，像朋友一样对待的有上百人，大王和王室贵族们赏赐的财物，也都被拿去分给各级军官，一旦受任，就不再过问家事。可是如今赵括刚做将军，就大大咧咧朝东坐着接受参见，军官们谁都不敢仰脸看他，大王您赏给他的金玉布帛，他都带回家藏起来，天天留意哪儿有良田美宅，发现合适就买下来。大王认为他与他父亲相比如何？父子截然不同，请您不要让他领兵。"赵王说："您做母亲的别管了，我已经决定了。"赵括的母亲只好请求说："您若一定要派他，如果日后他不称职，我可以不受株连吗？"赵王答应了。

赵括既代廉颇，悉更约束①，易置军吏。秦将白起闻之②，纵奇兵，详败走③，而绝其粮道，分断其军为二④，士卒离心。四十余日，军饿，赵括出锐卒自搏战，秦军射杀赵括。括军败，数十万之众遂降秦，秦悉坑之⑤。赵前后所亡凡四十五万。明年，秦兵遂围邯郸，岁余，几不得脱。赖楚、魏诸侯来救，乃得解邯郸之围⑥。赵王亦以括母先言，竟不诛也。

【注释】

①约束：法令，规章，此谓廉颇的军规。

②秦将白起闻之：赵括取代廉颇后，秦军也秘密撤下王龁，由名将白起出任主帅，事见《白起王翦列传》。

③详：通"佯"，假装。

④分断其军为二：《白起王翦列传》云："赵括至，则出兵击秦军。秦军详败而走，张二奇兵以劫之。赵军逐胜，追造秦壁。壁坚拒不得入，而秦奇兵二万五千人绝赵军后，又一军五千骑绝赵壁间，赵

军分而为二。”

⑤秦悉坑之：《白起王翦列传》曰：“括军败，卒四十万人降武安君。武安君计曰：‘前秦已拔上党，上党民不乐为秦而归赵。赵卒反覆，非尽杀之，恐为乱。’乃挟诈而尽坑杀之，遗其小者二百四十人归赵。”《水经注》曰：“长平城西有秦垒，秦坑赵卒，收头颅筑台于垒中，迄今犹号‘白起台’。”《括地志》曰：“头颅山在县西五里，白起台在其上。”又曰：“冤谷，在今高平城西二十里，旧称‘杀谷’。唐玄宗到潞州，路过致祭，又名‘省冤谷’。”今人靳生禾、谢鸿喜《长平古战场巡礼》对此有研究。

⑥赖楚、魏诸侯来救，乃得解邯郸之围：楚春申君、魏信陵君等率军救赵事，参见《魏公子列传》《平原君虞卿列传》《鲁仲连邹阳列传》。

【译文】

赵括代替廉颇担任主将之后，全部改变了廉颇原来的规定，撤换了军队里的军官。秦将白起听说后，调遣一支奇兵假装败逃，同时派另一支军队切断了赵军的粮道，把赵军分割成两半，赵军人心涣散。被困四十多天后，赵军饥饿难耐，赵括只好选拔精兵，亲自带领着去突围，秦军射死了赵括。赵军大败，几十万人被迫投降秦军，全部被秦军活埋。经此一战，赵国前后损失了四十五万人。第二年，秦军包围邯郸，围攻了一年多，弄得赵国几乎要亡国。幸亏楚国和魏国的援兵赶到，才解除了邯郸的围困局面。赵王也因为赵括的母亲约定在先，最终没有杀她。

自邯郸围解五年，而燕用栗腹之谋[①]，曰：“赵壮者尽于长平，其孤未壮[②]。”举兵击赵。赵使廉颇将，击，大破燕军于鄗[③]，杀栗腹，遂围燕。燕割五城请和，乃听之[④]。赵以尉文封廉颇为信平君[⑤]，为假相国[⑥]。

【注释】

①邯郸围解五年，而燕用栗腹之谋：据《赵世家》《六国年表》，燕将栗腹伐赵为廉颇所败之事，在赵孝成王十五年，燕王喜四年，前251年，实为邯郸解围第六年。栗腹，时为燕相。

②其孤：战死于长平者的孤儿。

③鄗（hào）：赵邑名，在今河北柏乡北。

④燕割五城请和，乃听之：《燕召公世家》曰："廉颇逐之五百余里，围其国。燕人请和，赵人不许，必令将渠处和。燕相将渠处和，赵听将渠，解燕围。"与此不同。

⑤尉文：地名，未详在何处，王骏图以为"在赵之西北境，蔚州属邑"。信平君：廉颇的封号。

⑥假相国：代理相国。此或为虚衔，吕祖谦《大事记解题》曰："假相国之名始于此。后二年，赵又有假相乐乘。楚、汉之际，是名盖纷纷矣。所谓假者，未必与闻国政，特借国相之名，以重其权而已。"后来韩信、樊哙等皆有此称。

【译文】

邯郸解围五年后，燕国听取了栗腹的建议，栗腹说："赵国的青壮年全都死在长平，他们的孩子都还没长大。"燕王趁机出兵攻打赵国。赵国派廉颇率兵迎战，在鄗县大败燕军，杀死栗腹，然后包围了燕国的国都。燕国只好割让五座城向赵国求和，赵国才答应停战。赵国把尉文县封给廉颇，封廉颇为信平君，并让他做代理相国。

廉颇之免长平归也，失势之时，故客尽去。及复用为将，客又复至。廉颇曰："客退矣！"客曰："吁！君何见之晚也[①]？夫天下以市道交[②]，君有势，我则从君，君无势则去，此固其理也，有何怨乎[③]？"居六年[④]，赵使廉颇伐魏之繁阳[⑤]，拔之。赵孝成王卒，子悼襄王立[⑥]，使乐乘代廉颇。廉颇怒，攻乐乘，乐乘走[⑦]。廉颇遂奔魏之大梁[⑧]。其明年[⑨]，赵乃以李牧为将而攻燕，拔武遂、方城。

【注释】

①何见之晚也：见事迟，发现晚。此语亦见《范雎蔡泽列传》《李斯列传》。

②以市道交：以市场交易的方式来交朋友，即有利则相交，无利则去。司马迁对此种人情冷暖、世态炎凉感触极深，于《孟尝君列传》《魏其武安侯列传》《汲郑列传》《平津侯主父列传》等篇中再三致意。柯维骐曰："'市道交'即冯谖所论'趋市'者也。孟尝唾面而翟公勒门，长平之吏移于冠军，魏其之客移于武安，汲郑废而其门益落，任昉逝而其后莫恤，古今交态尽然，不独廉颇也。"钱锺书曰："再三言此，感慨系之。"

③有：通"又"。

④居六年：赵孝成王二十一年，魏安釐王三十二年，前245年。

⑤繁阳：魏邑名，在今河南内黄西北，因在繁水之北而得名。

⑥赵孝成王卒，子悼襄王立：事在孝成王二十一年，秦王政二年，前245年。悼襄王，名偃，前244—前236年在位。

⑦"廉颇怒"几句：王应麟曰："'赵使乐乘代廉颇，廉颇怒，攻乐乘'；'赵使赵葱、颜聚代李牧，牧不受命'，此非为将之法，颇、牧特战国之将耳。"

⑧大梁：魏国都城，在今河南开封。

⑨其明年：梁玉绳曰："当作'后二年'。盖廉颇奔魏在孝成卒年，李牧攻燕在悼襄二年也。"据《六国年表》，李牧伐燕攻占武遂、方城，事在赵悼襄王二年，前243年，详见后文。

【译文】

起初廉颇在长平被免去将职回来，失掉权势之时，原来的门客都离开了他。等到重新起用廉颇为将，那些门客又回来了。廉颇说："你们走吧！"有个门客说："哟！您怎么就明白得这么晚呢？现在人们结交都像做生意，您有权有势，我们就来投奔，您大势已去，我们就离开，就是这么回事，又有什么好抱怨的呢？"又过了六年，赵国派廉颇攻打魏国的繁阳，把它攻克了。赵孝成王去世之后，太子悼襄王即位，派乐乘去接替廉颇。廉颇很气愤，挥师攻打乐乘，乐乘逃跑。廉颇只好投奔魏国来到大梁。第二年，赵国任李牧为将，攻打燕国，夺取了燕国的武遂和方城二县。

廉颇居梁久之，魏不能信用。赵以数困于秦兵，赵王思复得廉颇，廉颇亦思复用于赵。赵王使使者视廉颇尚可用否。廉颇之仇郭开多与使者金①，令毁之②。赵使者既见廉颇，廉颇为之一饭斗米，肉十斤③，被甲上马④，以示尚可用。赵使还报王曰："廉将军虽老，尚善饭，然与臣坐，顷之三遗矢矣⑤。"赵王以为老，遂不召。楚闻廉颇在魏，阴使人迎之⑥。廉颇一为楚将，无功⑦，曰："我思用赵人⑧。"廉颇卒死于寿春⑨。

【注释】

①郭开：赵悼襄王宠臣。此人下文尚有谗害李牧事。

②毁：败坏，破坏。

③一饭斗米，肉十斤：战国时的一斗约当现在的二升，战国时的一斤约当现在半市斤。

④被甲：穿上铠甲。被，同"披"。

⑤顷之三遗矢：《索隐》曰："谓数起便也。"遗矢，拉屎。矢，通"屎"。

⑥阴：暗中。

⑦廉颇一为楚将，无功：一为楚将，既为楚将之后。一，既已。无功，没有成效。郭嵩焘曰："廉颇入楚，在考烈王东迁寿春之后，其势亦不足以有为矣。"

⑧思用赵人：意即愿为赵国服务。姚苎田曰："钟仪既絷，犹鼓南音；范叔西游，无忘丘墓，廉将军于此遐哉不可及矣，而惜乎赵之不终其用也。"

⑨廉颇卒死于寿春：寿春，楚邑名，时为楚国都城，即今安徽寿县。今寿州八公山纪家郢放牛山的西南坡有廉颇墓。

【译文】

廉颇在大梁待了很久，魏国却不能信任他而加以重用。这时赵国因为经常受到秦国的围困，赵王很想再起用廉颇，廉颇也思量着再被赵国所用。赵王就派使者到大梁去探望廉颇，看他还能不能用为将军。廉颇的仇人郭开用重金贿赂使者，叫他设法坏掉此事。赵国的使者见到廉颇，廉颇当面一顿饭就吃了一斗米、十斤肉，然后披甲上马，表示自己身体完全可堪大任。使者回去对赵王说："廉颇将军虽然老了，饭量还很不错，但他和我谈话的那点时间，就出了三次恭。"赵王便认为廉颇确实老了，于是就不再召他回来。楚国听说廉颇住在魏国，暗地派人把他接到楚国。廉颇在楚国当了一阵子将军，没有立功，他说："我还是愿意为赵国所用啊。"廉颇后来死于楚国的国都寿春。

李牧者，赵之北边良将也，常居代、雁门[①]，备匈奴。以便宜置吏[②]，市租皆输入莫府，为士卒费[③]。日击数牛飨士[④]，习射骑，谨烽火，多间谍，厚遇战士[⑤]。为约曰："匈奴即入盗，急入收保[⑥]，有敢捕虏者斩。"匈奴每入，烽火谨，辄入收保，不敢战。如是数岁，亦不亡失。然匈奴以李牧为怯,虽赵边兵亦以为吾将怯。赵王让李牧⑦,李牧如故。赵王怒,召之,使他人代将。

【注释】

①代:赵郡名,赵武灵王所置,因原为代国而得名,治所在今河北蔚县东北的代王城。雁门:赵郡名,赵武灵王所置,治所在今山西右玉南。

②以便宜置吏:根据需要自行任命官员,是一种特权。便宜,谓不拘常规,自行决断处理。

③市租皆输入莫府,为士卒费:指商业税收都由将军支配,用于养兵。市租,商业税收。莫府,同"幕府",本指将帅在外的营帐,后也代指军政大员的府署。《张释之冯唐列传》:"李牧为赵将居边,军市之租,皆自用以飨士。"与此正相印证。

④日击数牛飨(xiǎng)士:每天都杀几头牛犒赏士兵。击,击杀,打死。飨,以酒食犒劳。

⑤厚遇:厚待。

⑥急入收保:迅速撤入城堡固守。

⑦赵王:此为赵孝成王。让:责备。

【译文】

李牧是为赵国守卫北部边境的名将,曾长期驻守代郡、雁门一带,防备匈奴。他在军队中根据实际需要任命军官,从市场收的税金全部送入李牧的幕府,作为军队的经费。他几乎每天都要宰杀几头牛劳军,他训练军士骑马射箭,留意烽火的讯息,多多选派侦察人员去打探敌情,非常爱护士兵。李牧和军士约定:"一旦有匈奴来犯,就赶快退入城堡固守,谁要是敢擅自出去捉敌人立即斩首。"匈奴每次进犯,因为有烽火台及时报警,士兵就可快速地撤入城堡坚守,决不贸然迎战。这样过了几年,赵军没有遭受损失。可是匈奴却认为李牧是胆小,就连赵国的边防军士也都认为自己的将军胆小怯战。赵王派人去谴责李牧，李牧却依然如故。赵王很气愤，召回李牧，派别人去代替他为将。

岁余，匈奴每来，出战。出战，数不利，失亡多，边不得田畜[①]。复请李牧。牧杜门不出[②]，固称疾[③]。赵王乃复强起使将兵。牧曰："王必用臣，臣如前，乃敢奉令。"王许之。李牧至，如故约。匈奴数岁无所得，终以为怯。边士日得赏赐而不用，皆愿一战。于是乃具选车得千三百乘[④]，选骑得万三千匹，百金之士五万人[⑤]，彀者十万人[⑥]，悉勒习战[⑦]。大纵畜牧、人民满野[⑧]。匈奴小入，详北不胜[⑨]，以数千人委之。单于闻之[⑩]，大率众来入。李牧多为奇陈[⑪]，张左右翼击之，大破杀匈奴十余万骑[⑫]。灭襜褴，破东胡，降林胡，单于奔走[⑬]。其后十余岁，匈奴不敢近赵边城。

【注释】

①不得田畜：无法种田、放牧。

②杜门：闭门。

③固：坚持。

④具：准备。选车：精选的战车，指车辆好，战士善战者。后文"选骑"、《魏公子列传》"选兵"，与此类似。

⑤百金之士：荣获过百金之赏的战士。裴骃引《管子》："能破敌擒将者赏百金。"

⑥彀（gòu）者：能拉满弓的射箭能手。《正义佚文》："彀，满弓张也，言能满弦而射。"

⑦悉勒习战：全部组织起来训练作战。勒，组织。

⑧大纵畜牧、人民满野：将大量的牲畜、百姓放到郊野中，用来诱敌。

⑨详北不胜：指李牧假装败退打不赢。详，通“佯”，假装。北，败逃。

⑩单（chán）于：古代匈奴族的首领。

⑪多为奇陈：布下了许多疑兵。陈，通“阵”。

⑫大破杀匈奴十余万骑：凌约言曰：“李牧日击数牛飨士，而不敢用，虽王让之如故。及使他人代之，再至亦如故约。兵法云：‘守如处女，距如脱兔。’牧其庶几。”

⑬“灭襜褴（dān lán）”几句：此数事，不见于《赵世家》《六国年表》，或系夸大其词。襜褴，古民族名，一作“澹林”，当时分布在今山西朔州以北至内蒙古自治区内一带。东胡，古民族名。因居匈奴之东，故名。当时分布于今内蒙古东部、辽宁西部一带。林胡，古民族名，亦作“林人”“儋林”。当时分布于今山西北边、内蒙古伊克昭盟东部地区。

【译文】

此后一年多，匈奴每次进犯，赵军就出兵交战。然而作战屡次失利，损失惨重，导致边境不安，百姓无法安心耕种、放牧。赵王没有办法，只好再请李牧出来领兵。李牧却闭门不出，推辞说自己有病。赵王一再地极力请他领兵。李牧说：“大王您如果非要用我，就允许我还和之前一样，这样我才敢受命。”赵王同意了。李牧到边地后，又恢复了原来的各项制度。匈奴人一连好几年都一无所获，始终认为李牧胆怯。李牧手下的士兵每天受到赏赐，却感觉无用武之地，都盼着打一仗。李牧于是精选一千三百乘战车、一万三千名骑兵、五万名获过百金之赏的勇士、十万名能拉满弓的射手，全部组织起来进行作战训练。故意把大批牛羊、百姓放在郊野。这时有小股匈奴人马进犯，李牧假装失败，故意把几千人丢弃给匈奴。单于听闻，就率领着大队人马来犯。李牧布下了许多疑兵来迷惑敌人，张开左右两翼包抄反击敌军，结果大败匈奴，杀死了十多万匈奴人马。接着又灭掉襜褴，打败东胡，降服林胡，匈奴单于远远奔逃。此后十多年里，匈奴人都不敢在靠近赵国的边城。

赵悼襄王元年[1]，廉颇既亡入魏，赵使李牧攻燕，拔武遂、方城[2]。居二年[3]，庞煖破燕军，杀剧辛[4]。后七年[5]，秦破杀赵将扈辄于武城[6]，斩首十万。赵乃以李牧为大将军[7]，击秦军于宜安[8]，大破秦军，走秦将桓齮[9]。封李牧为武安君[10]。居三年[11]，秦攻番吾[12]，李牧击破秦军，南距韩、魏[13]。

【注释】

①赵悼襄王元年：梁玉绳曰："当作'二年'。"

②拔武遂、方城：《赵世家》《六国年表》均载李牧攻占武遂、方城在赵悼襄王二年（前243年），杨宽认为系战事起于元年，至二年结束。

③居二年：梁玉绳曰："'二'当作'一'。"即赵悼襄王三年，燕王喜十三年，前242年。

④庞煖（xuān）破燕军，杀剧辛：《燕召公世家》云："剧辛故居赵，与庞煖善，已而亡走燕。燕见赵困于秦，而廉颇去，庞煖将也，欲因赵敝攻之。问剧辛，辛曰：'庞煖易与耳。'"结果燕军损兵两万，剧辛被杀。庞煖，赵将，事见《赵世家》。剧辛，赵人，时为燕将。

⑤后七年：梁玉绳曰："应作'后八年'。"即赵王迁三年，秦王政十四年，前233年。

⑥扈辄：赵将名。《索隐》曰："汉张耳时，别有扈辄。"武城：底本作"武遂"，钱大昕曰："《赵世家》作'武城'。'武遂'在燕、赵之交，秦兵未得至其地。"钱说是，据改。武城在今河北磁县西南。

⑦大将军：最高级武官，战国时非固定官名，临战时授予最高统帅。

⑧宜安：赵县名，在今河北藁城西南。

⑨走：打跑。桓齮（yǐ）：秦将名。据《秦始皇本纪》，前文杀扈辄者亦此人。

⑩武安君：李牧的封号。当时白起、苏秦之封号亦为武安君。

⑪居三年：梁玉绳曰："当作'居一年'。"即赵王迁四年，秦王政十五年，前232年。

⑫番（pó）吾：赵邑名，在今河北磁县。

⑬南距韩、魏：在南边抵御韩国、魏国的进攻。距，通"拒"，防守，抵抗。史珥曰："二年之间两纪战功，嘉牧也，亦惜牧也，言外有无限痛赵自毁长城意。"

【译文】

赵悼襄王元年，廉颇被迫逃到魏国后，赵国派李牧领军讨伐燕国，夺取了燕国的武遂、方城二县。过了两年，赵将庞煖打败燕国军队，杀了燕将剧辛。又过了七年，秦军在武城大败赵军，杀了赵将扈辄，斩杀十万赵国士兵。赵王于是任命李牧为大将军，率军在宜安与秦军交战，大败秦军，打跑了秦将桓齮。封李牧为武安君。三年后，秦军攻打赵国的番吾，李牧击败秦军，又在南边抵御韩国和魏国的进攻。

赵王迁七年[①]，秦使王翦攻赵[②]，赵使李牧、司马尚御之。秦多与赵王宠臣郭开金，为反间[③]，言李牧、司马尚欲反。赵王乃使赵葱及齐将颜聚代李牧[④]。李牧不受命，赵使人微捕得李牧，斩之[⑤]。废司马尚。后三月[⑥]，王翦因急击赵，大破杀赵葱，虏赵王迁及其将颜聚，遂灭赵[⑦]。

【注释】

①赵王迁七年：时当秦王政十八年，前229年。赵王迁，赵悼襄王之子，前235—前228年在位。

②王翦：秦国名将，事详《白起王翦列传》。

③秦多与赵王宠臣郭开金，为反间：《战国策·赵策四》："秦使王翦攻赵，赵使李牧、司马尚御之。李牧数破走秦军，杀秦将桓。王翦

恶之,乃多与赵王宠臣郭开金使为反间。”当系司马迁所本。

④赵葱:赵将名,赵王族人。齐将颜聚:原为齐将,后归赵国。

⑤“李牧不受命”几句:此处所述李牧死事与《战国策·赵策四》相同,而《秦策五》载李牧罢职回朝后,赵王“使韩仓数之曰:‘将军战胜,王觞将军,将军为寿于前而捍匕首,当死。’武安君曰:‘牧病钩,身大臂短,不能及地,起居不敬,恐获死罪于前,故使工人为木杖以接手,上若不信,牧请以出示。’出之袖中,以示韩仓,状如振捆,缠之以布。‘愿公入明之。’韩仓曰:‘受命于王,赐将军死不赦。臣不敢言。’武安君北面再拜,举剑将自刺,臂短不能及,衔剑征之于柱以自刺。”梁玉绳曰:“牧之死,《策》言其‘北面再拜,衔剑自刺’;《史》言其‘不受命,捕斩之’,二说迥异。《通鉴》主《史》,《大事纪》主《策》,鲍、吴注并以《史》为误也。史公于《赵世家》《冯唐传》俱言‘王迁信郭开,诛李牧’,乃此以为‘不受命’,岂非矛盾耶?盖郭开、韩仓比共陷牧,而《列女传》又谓迁母谮牧,使王诛之也。”方苞曰:“曰‘欲反’,则无实迹可知;曰‘使人微捕’,则非谋反迹见,此史迁之微指也。”微捕,暗中突袭抓捕。

⑥后三月:梁玉绳曰:“《策》作‘后五月’。”据《赵世家》“八年十月,邯郸为秦”,赵王迁八年,即秦王政十九年,前228年。

⑦遂灭赵:凌稚隆引余有丁曰:“此传叙赵之存亡系相如、颇、牧之去留死生,故言李牧诛及王迁虏以终之。”陈仁锡曰:“纪秦灭赵在斩牧之后,与纪魏亡在信陵死后一例。”

【译文】

赵王迁七年,秦国派王翦攻打赵国,赵国派李牧、司马尚迎战。秦国派人送给赵王的宠臣郭开很多金钱,行使反间计,让他散布谣言说李牧和司马尚将要谋反。赵王就派赵葱和齐将颜聚去取代李牧。李牧不接受命令,赵王便派人乘其不备逮捕并杀掉了他。同时罢免了司马尚的职务。三个月后,王翦趁机出兵猛攻赵国,大败赵军,杀死了赵葱,俘虏了赵王迁及其将领颜聚，灭亡了赵国。

太史公曰：知死必勇，非死者难也，处死者难[①]。方蔺相如引璧睨柱，及叱秦王左右，势不过诛，然士或怯懦而不敢发。相如一奋其气，威信敌国[②]，退而让颇，名重太山[③]。其处智勇[④]，可谓兼之矣！

【注释】

①处死者难：如何面对"死"，在生死之际如何选择。

②信：通"伸"，伸张，此处可理解为震慑。

③太山：同"泰山"。

④其处智勇：如何运用智勇。

【译文】

太史公说：一个人如果知道自己非死不可，就会勇气倍增，所以死并非难事，难的是选择生还是选择死。当蔺相如举着和氏璧斜视庭柱，以及厉声呵斥秦王侍卫之时，当时的形势最多就是一死，但是有些怯懦的人就不敢这么做。蔺相如勃然奋发其一腔正气，威势完全压倒了敌国；回来后对待廉颇却又非常谦虚忍让，声誉一度比泰山还重。蔺相如在处事中表现的智慧和勇气，可以说是兼而有之啊！

【集评】

黄震曰："蔺相如庭辱强秦之君，而引车避廉颇；廉颇以勇气闻诸侯，而肉袒谢相如。先公后私，分弃前憾，皆烈丈夫也，勇气各得其所矣。然先之者，相如也。赵奢治赋，不少贷平原之家，而平原君因荐之王而用之，君子不多赵奢之刑法自近，而多平原君之以公灭私也。括轻易取败，无足道；括母言父子异心之状，可谓得观人之法。李牧养威持重，战无不胜，与颇齐名，而颇、牧皆废于谗人郭开之口，赵之亡忽焉，悲夫！”又曰：“太史公作《廉颇蔺相如列传》，而附之赵奢、李牧，赵之兴亡著焉。一时烈丈夫英风伟概，令人千载兴起。而史笔之妙，开合变化，又足以曲尽形容。”（《黄氏日钞》）

李晚芳曰：“人徒以完璧归赵、渑池抗秦二事艳称相如，不知此一才辩之士所能耳，未足以尽相如。惟观其引避廉颇一段议论，只知有国，不知有己，深得古人公尔国尔之意，非大学问人见不到，亦道不出，宜廉将军闻而降心请罪也。人只知廉颇善用兵，能战胜攻取耳，亦未足以尽廉颇。观其与赵王诀，如期不还，请立太子以绝秦望之语，深得古人‘社稷为重’之旨，非大胆识不敢出此言，非大忠大勇不敢任此事。钟伯敬谓二人皆古大臣风，斯足以知廉、蔺者也。篇中写相如智勇，纯是道理烂熟胸中。其揣量秦王情事，无不切中者，理也；措辞以当秦王，令其无可置喙者，亦理也。卒礼而归之，非前倨而后恭，实理顺而人服耳。观其写‘持璧睨柱’处，须眉毕动；‘进缶、叱左右’处，声色如生。奇事偏得奇文以传之，遂成一段奇话，琅琅于汗青隃糜间，千古凛凛。廉将军居赵，事业甚多，《史》独记其与王诀及谢相如二事而已，非略之也。见此二事，皆非常事，足以概廉将军矣。读此可悟作史去取之法。”（《读史管见》）

李景星曰：“蔺相如之于廉颇也，尝曰：‘强秦之所以不敢加兵于赵者，徒以吾两人在也’，太史公以廉、蔺合传，即本斯旨。附传赵奢、赵括者，以奢与廉、蔺同位，而括为奢子，几于亡赵，正与廉、蔺之存赵相反也。并附李牧者，继廉、蔺之后，而为赵重，又与廉颇同受郭开之害者也。其事以照应生情，其文以参互见妙。断续离合，无牵连之迹，而有穿插之致，此传之变格，亦奇格也。至传以廉蔺标目，而赞语则以蔺为主，举其尤重，见爱慕之所在也。”（《史记评议》）

锺惺曰：“以廉颇、蔺相如主盟，中间赵奢、李牧周始穿插，断续无痕，而赵之兴亡节目，全在于此。数人共一传只如一人，贤才关系国家，从文字章法中写出，此史公之识也。观渑池之会，相如从而颇守，颇送王至境上,与王诀曰‘三十日不还,则请立太子以绝秦望’数语,已壮相如之胆矣。可见二人在赵缺一不可,二人皆有古大臣风。”(《史怀》)

王世贞曰:“蔺相如之完璧,人人亟称之,余未敢以为信也。夫秦以十五城之空名,诈赵而胁其璧,是时言取璧者,情也,非欲以窥赵也。赵得其情则弗予,不得其情则予;得其情而畏之则予,得其情而弗畏之则弗予。此两言决耳,奈之何既畏之而复挑其怒也?且夫秦欲璧,赵弗予璧,两无所曲直也。入璧而秦弗予城,曲在秦;秦城出而璧归,曲在赵。欲使曲在秦,则莫如弃璧;畏弃璧,则莫如弗予。夫秦王既按图以予城,又设九宾斋而受璧,奈何使舍人怀而逃之,而归直于秦?是时秦意未欲与赵绝耳,令秦王怒而戮相如于市,武安君十万众压邯郸而责璧与信,一胜而相如族,再胜而璧终入秦矣。”(《蔺相如完璧归赵论》)

【评论】

《廉颇蔺相如列传》是《史记》中的名篇之一,其中的“完璧归赵”“渑池会”“将相和”家喻户晓,由它们敷衍而成的戏曲一直胜演不衰,语文教材也一直将之选为课文,其主要原因就是蔺相如和廉颇所表现出来的高风亮节令人钦佩,而司马迁的描写也曲尽形容,妙不可言。

蔺相如在“完璧归赵”和“渑池会”中的表现可以用“大智大勇”来概括,为了维护国家的尊严与利益有一种“豁出性命”的果敢与决绝。当他看到秦王只想要和氏璧而不想给赵城时,他先是机智地用“璧有瑕,请指示王”要回了和氏璧,接着“相如因持璧却立,倚柱,怒发上冲冠”,数落秦王,最后表示:“大王必欲急臣,臣头今与璧俱碎于柱矣!”并做出了“持其璧睨柱,欲以击柱”的姿态。逼得秦王只好听从了他的要求。姚苎田对此评论说:“人臣谋国,只是‘致身’二字看得明白,即智勇皆从此生,而天下无难处之事矣。玩相如‘完璧归赵’一语,当奉使时已自分璧完而身碎,璧归赵而身不与之俱归矣。此时只身廷见,若有丝毫冀幸之情,即一字说不出。看其侃侃数言,有伦有脊,故知明于‘致身'之义者也。""渑池会"上,当面对秦国君臣的挑衅时,他针锋相对,捧着缶请秦王击缶,并说:"五步之内,相如请得以颈血溅大王矣!"使得秦王不得不再次低头服软。凌稚隆说:"相如渑池之会,如请秦王击缶,如召赵御史书,如请咸阳为寿,一一与之相匹,无纤毫挫于秦。一时勇敢之气,真足以褫秦人之魄者,太史公每于此等处,更著精神。"(《史记评林》)如果说这两件事表现的是蔺相如的气节风骨,"将相和"则表现了他的胸襟气度。他一再避让廉颇,说:"强秦之所以不敢加兵于赵者,徒以吾两人在也。今两虎共斗,其势不俱生。吾所以为此者,以先国家之急而后私仇也。"这种识大体、顾大局,先公后私的精神不仅感动了负气争胜的廉颇,使虎狼般的强秦为之却步,而且也一直感动着两千年以来的人们。故而明代李贽无比钦敬地说:"言有重于泰山,相如是也。相如真丈夫,真男子,真大圣人,真大阿罗汉,真菩萨,真佛祖,真令人千载如见也。"(《藏书》)

对于廉颇,他对蔺相如"负荆请罪",表现了他的知过必改、光明磊落;他"以勇气闻于诸侯",长平之战时又能坚守不战,表现了他为将的才能;而最能表现他的大将风度与精神气质的,则是在送赵王与蔺相如去渑池与秦王会谈时的临别之言:"王行,度道里会遇之礼毕,还,不过三十日。三十日不还,则请立太子为王,以绝秦望。"有此一举,则秦国扣留赵王为人质以要挟赵国的阴谋遂不得行。这种深谋远虑,不怕被猜忌,一切以社稷为重,充分展现了廉颇不仅能领兵作战,更是有头脑、有担当,堪称"社稷之臣"。

赵奢本来只是田部吏,独能以守法关系国之强弱说服平原君,可见其见识不凡。当秦围阏与之时,赵奢"将勇者胜"一言,便看出此战胜负关键;之后采取的各种手段,充分显示出他的军事修为。阏与之战给秦国以极大震撼,赵国则就此一跃而成合纵谋秦之中心。阏与之战后,秦军又发兵进攻幾(今河北大名东南),廉颇率领赵军再次大败秦军,秦军进攻东方六国的锋芒又一次受挫。赵惠文王时期,赵国依靠其强大的国力与廉颇、马服君等著名将领，两次大败秦军，削弱了秦国进攻东方的锐气。

在蔺相如、廉颇、赵奢、李牧身上，司马迁寄托了他对于理想大臣的设想。他们有着为国献身的英勇无畏，有着文能治国、武能安邦的卓越才干，能够团结一心，共襄国事。本篇中的赵惠文王也是作者所称赞的对象。他可能有点懦弱，但他知人善任，对大臣们信任而不猜忌。正是他的这些宝贵的品质，使得一时间赵国贤臣名将荟萃一时，赵国国力一时间也达到了巅峰。

本篇也抒发了得贤者昌，失贤者亡，人才之得失关乎邦国兴亡的无限感慨。赵惠文王任贤使能而国家昌盛；赵孝成王、赵悼襄王、赵王迁则不识贤愚，听信谗言，自毁长城，终致赵国覆灭。长平之战时，赵孝成王中了秦国的反间计而不自知，不听赵奢的遗言，不采纳蔺相如的劝告，不听赵括之母的劝阻，换下老成持重的廉颇而用只会纸上谈兵的赵括，结果四十五万人被灭于长平；赵悼襄王逼走廉颇，又偏听偏信奸臣郭开，致使廉颇最终未能再被起用，在寿春郁郁而终；在秦国施用反间计与郭开的挑拨下，赵王迁杀死了赵国最后一位名将李牧，赵国也随之而亡。陈仁锡说："秦、胡数十万人杀颇、牧而不足；一郭开，杀颇、牧而有余。"其愤慨无奈之情不正是司马迁所要表达的吗？凌稚隆引余有丁说："此传叙赵之存亡系相如、颇、牧之去留死生，故言李牧诛及王迁虏以终之。"陈仁锡说："纪秦灭赵在斩牧之后，与纪魏亡在信陵死后一例。"黄震说："太史公作《廉颇蔺相如列传》，而附之赵奢、李牧，赵之兴亡著焉。"(《黄氏日钞》)我们看这篇传记，不仅看这些人物的生平经历，更要理解司马迁是将赵国兴亡系于这些人物之身，他写的也是一篇赵国兴亡史。

本篇是《史记》中高度的思想性与高度的文学性完美结合的典范之作。其情节之曲折紧张、其人物之生动传神、其对话语言之贴合身份、其描写语言之设身处地，其招招式式、字字句句皆如精金美玉，且又极其流利晓畅，真是写人叙事之至文。《左传》《国语》《战国策》，皆战国以来之文章经典，但若访求如《史记》之《平原君列传》《魏公子列传》《廉颇蔺相如列传》《田单列传》等等者，尚无其比。但是话又说回来，这些故事多数不见于其他典籍记载，以致有人认为它们出自“赵人别记”，或者就是司马迁从赵地父老那里听来的传闻，再经过自己的天才创造而写成。如钱锺书所说：“此亦《史记》中迥出之篇，有声有色，或多本于马迁之增饰渲染，未必信实有征。写相如‘持璧却立倚柱，怒发上冲冠’，是何意态雄且杰！后世小说刻画精能处无以过之。赵王与秦王会于渑池一节，历世流传以为美谈，至谱入传奇。使情节果若所写，则樽俎折冲真同儿戏，抑岂人事原如逢场串剧耶？”（《管锥编》）对此，我们能本着一种“师其意不师其辞”的态度也就可以了。

田单列传第二十二

【释名】

田单是战国时期齐国的著名将领，本篇描写了田单善于出奇制胜，用火牛阵大破燕军于即墨，并乘势收复齐地七十余城的全过程，歌颂了田单的非凡智慧与卓越功勋。司马迁先是描述田单因有出众表现而被推为即墨守将；继而写田单在抗击燕军时善于极大限度地分化、麻痹敌人，极大限度地团结、激励自己，为大反攻准备条件；还写了田单以火牛阵大破燕军，重建齐国。在“太史公曰”中，司马迁引《孙子兵法》盛赞了田单的军事天才。本篇最后还附记了太史嬓之女与王蠋两人的事迹。

田单者，齐诸田疏属也[①]。湣王时[②]，单为临菑市掾[③]，不见知。及燕使乐毅伐破齐[④]，齐湣王出奔，已而保莒城[⑤]。燕师长驱平齐，而田单走安平[⑥]，令其宗人尽断其车轴末而傅铁笼[⑦]。已而燕军攻安平，城坏，齐人走，争涂[⑧]，以辖折车败[⑨]，为燕所虏，唯田单宗人以铁笼故得脱，东保即墨[⑩]。燕既尽降齐城，唯独莒、即墨不下[⑪]。

【注释】

①诸田疏属:齐国王族田氏宗室中的远房子弟。齐国田氏贵族很多,故称“诸田”。

②湣王:名地,齐宣王之子,前300—前284年在位。

③临菑:齐国都城,在今山东淄博临淄城北。菑,也写作“淄”。市掾(yuàn),管理市场的官吏。掾,官府中佐助官吏的统称。

④燕使乐毅伐破齐:事在燕昭王二十八年,齐湣王十七年,前284年,事详《燕召公世家》《乐毅列传》。

⑤齐湣王出奔,已而保莒城:事详《田敬仲完世家》。保,据守,固守。莒城,齐邑名,即今山东莒县。

⑥安平:齐邑名,在今山东淄博之临淄东北。

⑦宗人:同宗的族人。尽断其车轴末而傅铁笼:截掉车轴两头突出的末端,用铁箍包裹轴头。傅,此指包裹。铁笼,铁箍。

⑧争涂:争路。涂,通“途”。

⑨辖(wèi)折车败:由于车轴被撞断而车坏。辖,胡三省曰:“车轴头谓之辖。”

⑩即墨:齐邑名,在今山东平度东南。《山东风物志》:“即墨故城在今山东平度的古岘乡大朱毛村一带,俗名朱毛城。又因西汉胶东康王刘寄都此,故也称‘康王城’。故城分内外两城,东西约十里,南北约五里,现存城垣千余米,基四十米全为夯土版筑,十分坚固。直到东汉时期,才逐渐废弃。”

⑪唯独莒、即墨不下:《燕召公世家》作“齐城之不下者,独唯聊、莒、即墨”,而《乐毅列传》《齐策六》《燕策一》《燕策二》所说与此同。梁玉绳以为:“唯《燕策》又有三城未下之语,《史》或因此增加以实之,盖牵合燕将守聊城不下事而与莒、即墨乱也。”杨宽曰:“齐终战国之世未设郡,别有五都之制。盖齐都之未下者唯独莒、即墨,非齐城邑之未下者仅莒、即墨也。”

【译文】

田单是齐国田氏宗室的远亲。齐湣王时，田单担任首都临淄佐理市政的小官，不被人知晓。后来，燕国派大将乐毅攻破齐国，齐湣王被迫从临淄逃跑，后来退守莒城。燕国军队长驱直入征讨齐国时，田单也逃到安平，他让同族人把车轴两端的突出部位全部锯下，安上铁箍。不久，燕军攻打安平，城池被攻破，百姓争路逃亡，许多人因车轴过长拥挤冲撞时轴断车坏，被燕军俘虏，只有田单和族人因用铁箍包住了车轴的缘故，得以逃脱，向东退守即墨。后来，燕国军队攻下了齐国大小城市，只有莒和即墨两城未被攻下。

燕军闻齐王在莒，并兵攻之①。淖齿既杀湣王于莒②，因坚守，距燕军③，数年不下。燕引兵东围即墨，即墨大夫出与战，败死。城中相与推田单④，曰："安平之战，田单宗人以铁笼得全，习兵⑤。"立以为将军，以即墨距燕。

【注释】

①并兵：合并集中兵力。

②淖（nào）齿既杀湣王于莒：《田敬仲完世家》："楚使淖齿将兵救齐，因相齐湣王，淖齿遂杀湣王而与燕共分齐之侵地卤（虏）器。"淖齿，楚国将领。淖齿杀齐湣王事，参见《战国策·齐策六》。

③距：通"拒"，抵抗，抗拒。

④相与：共同，一起。

⑤习兵：熟习军事。

【译文】

燕军听说齐湣王在莒城，就集中兵力攻打。楚国派来大臣淖齿在莒城杀死了齐湣王，坚守城池，抗击燕军，燕军几年都不能攻破该城。燕军见莒城攻不下，便带兵向东围攻即墨，即墨大夫出城与燕军交战，战败被杀。即墨城中军民都推举田单作为首领，说："安平那一仗，田单家族因为田单教他们给车轴包铁箍而得以保全，可见他很会用兵。"于是，大家就拥立田单为将军，坚守即墨，抗击燕军。

顷之[①]，燕昭王卒，惠王立[②]，与乐毅有隙[③]。田单闻之，乃纵反间于燕，宣言曰："齐王已死，城之不拔者二耳。乐毅畏诛而不敢归，以伐齐为名，实欲连兵南面而王齐[④]。齐人未附，故且缓攻即墨以待其事。齐人所惧，唯恐他将之来，即墨残矣[⑤]。"燕王以为然，使骑劫代乐毅[⑥]。

【注释】

①顷之：不久。

②燕昭王卒，惠王立：事在燕昭王三十三年，齐襄王五年，前279年。燕昭王，名职，战国时燕国最杰出的君主，前311—前279年在位。燕惠王，燕昭王之子，前278—前272年在位。

③隙：嫌隙，矛盾。

④连兵：此谓联合齐国即墨、莒城的守军。南面而王齐：谓乐毅自己在齐地称王。

⑤残：破。

⑥骑劫：燕将名，姓骑名劫。

【译文】

过了不久，燕昭王去世，燕惠王即位，燕惠王和乐毅有些嫌隙。田单听讯后，就派人到燕国行使反间计，扬言说："齐王已死，齐国没被攻克的城池只有两座罢了。乐毅害怕被杀不敢回国，才以讨伐齐国为名，实际上是想联合即墨、莒城守军在齐地称王。齐国人心未附，所以他才放慢进攻等待时机。齐国人担心的是，只怕其他将领前来带兵，即墨城就必破无疑了。”燕惠王认为确实如此，就派大将骑劫去代替乐毅。

乐毅因归赵，燕人士卒忿[①]。而田单乃令城中人食必祭其先祖于庭，飞鸟悉翔舞城中下食。燕人怪之。田单因宣言曰：“神来下教我。”乃令城中人曰：“当有神人为我师。”有一卒曰：“臣可以为师乎？”因反走[②]。田单乃起，引还[③]，东乡坐[④]，师事之。卒曰：“臣欺君[⑤]，诚无能也[⑥]。”田单曰：“子勿言也！”因师之。每出约束，必称神师[⑦]。乃宣言曰：“吾唯惧燕军之劓所得齐卒[⑧]，置之前行[⑨]，与我战，即墨败矣。”燕人闻之，如其言。城中人见齐诸降者尽劓，皆怒，坚守，唯恐见得[⑩]。单又纵反间曰：“吾惧燕人掘吾城外冢墓，僇先人[⑪]，可为寒心。”燕军尽掘垄墓[⑫]，烧死人。即墨人从城上望见，皆涕泣，俱欲出战，怒自十倍[⑬]。

【注释】

①燕人士卒忿：为乐毅有功无罪反被罢黜而愤怒。

②因反走：说完转身就跑。

③引还：把那个士卒拉回来。

④东乡坐：面朝东坐。先秦两汉时，官府、朝堂以南向为尊，一般场合则以东向坐为尊位。乡，通“向”。

⑤欺：欺瞒，欺骗。

⑥诚：实在。

⑦每出约束，必称神师：胡三省曰：“田单恐众心未一，故假神以令其众。”苏轼曰：“田单使人食必祭，以致乌鸢；又设为神师，皆近儿戏，无益于事。盖先以疑似置人心腹中，则夜见火牛龙文足以骇

动，取一时之胜，此其本意也。”约束，此谓军事规章、法令。

⑧劓（yì）：割鼻子，古代的五种酷刑之一。

⑨前行：前列，前排。

⑩见得：被燕军俘虏。

⑪僇：侮辱。

⑫垄墓：坟墓。垄，坟堆。

⑬俱欲出战，怒自十倍：徐孚远曰：“乐毅攻两城数年不下，欲以德怀齐人；骑劫代将，悉更乐毅所为，故施虐于齐，而田单以为资也。”

【译文】

乐毅被免职后就逃到赵国，燕军官兵为此愤愤不平。田单又命城中军民吃饭前在庭院中祭祀祖先，许多飞鸟盘旋在即墨上空，时不时飞下去到城中啄食。城外的燕军看了都感到稀奇。田单又扬言说：“这是神仙要下界教我们克敌制胜。”又对城里人说：“一定会有神人来做我的老师。”有一个士兵说：“我可以当您的老师吗？”接着转身就跑。田单连忙站起来，把他拉回来，请他坐在面向东的上座，用侍奉老师的礼节来侍奉他。那个士兵说：“我欺骗了您，我真是一点儿本事也没有。”田单说：“您不必多说！”于是奉他为师。从此每次发号施令，总要称是神师的主意。接着又派人散布道：“我最怕的是燕军把俘虏的齐国士兵鼻子割掉，放在队伍前列，再和我们交战，那即墨就必然被攻克。”燕军听到这话，就照此施行。即墨城中军民见齐国俘虏都被削去了鼻子，人人义愤填膺，全力坚守城池，生怕当了俘虏。田单接着又行反间计道：“我很怕燕国人挖了我们城外的祖坟，侮辱我们的祖先，这可真是让人寒心的事。”燕军听说之后，又把齐国人的坟墓全部挖出，并将死尸焚烧殆尽。即墨军民从城上望见这些，都伤心痛哭，全都请求出城拼杀，愤怒的情绪成倍增长。

田单知士卒之可用，乃身操版插[①]，与士卒分功[②]，妻妾编于行伍之间，尽散饮食飨士[3]。令甲卒皆伏，使老弱女子乘城[4]，遣使约降于燕，燕军皆呼万岁。田单又收民金，得千溢[5]，令即墨富豪遗燕将[6]，曰："即墨即降，愿无虏掠吾族家妻妾，令安堵[7]。"燕将大喜，许之。燕军由此益懈[8]。

【注释】

①版：筑土墙用的夹板。插：通"锸"，锹，一种挖土工具。

②与士卒分功：跟士兵分领同样的劳动。功，工程，劳动。

③妻妾编于行伍之间，尽散饮食飨（xiǎng）士：《平原君列传》李同教平原君"令夫人以下编于士卒之间，分功而作，家之所有尽散以飨士"，做法与此类似。行伍，此指军队。飨，用酒食犒赏。

④乘城：登城防守。乘，登。

⑤溢：也作"镒"，古代重量单位，一镒为二十四两，或曰二十两。

⑥遗（wèi）：送给。

⑦安堵：犹安居。

⑧懈：松懈，放松警惕。

【译文】

田单知道出战时机已到，于是亲自拿着夹板铲锹与士兵们一起修筑工事，把自己的妻妾也都编入军队服役，把全部的食物拿出来犒劳士卒。然后又命令装备整齐的精锐部队都埋伏起来，让老弱妇儿登城防守，派使者去和燕军约定投降事宜，燕军官兵都高呼万岁。田单又从百姓手中收集了黄金千镒，让即墨城里的有钱人带去送给燕军将领，假意说道："即墨就要投降了，希望你们进城之后，不要掳掠我们的妻妾家人，让我们能平安地生活。"燕军将领非常高兴，答应了。燕军从此更加松懈。

田单乃收城中得千余牛，为绛缯衣[1]，画以五彩龙文，束兵刃于其角，而灌脂束苇于尾，烧其端。凿城数十穴，夜纵牛，壮士五千人随其后。牛尾热，怒而奔燕军，燕军夜大惊。牛尾炬火光明炫耀，燕军视之皆龙文，所触尽死伤。五千人因衔枚击之②，而城中鼓噪从之，老弱皆击铜器为声，声动天地。燕军大骇，败走。齐人遂夷杀其将骑劫③。燕军扰乱奔走，齐人追亡逐北④，所过城邑皆畔燕而归⑤。

田单兵日益多，乘胜，燕日败亡，卒至河上⑥，而齐七十余城皆复为齐⑦。乃迎襄王于莒⑧，入临菑而听政。襄王封田单，号曰安平君。

【注释】

①绛缯：红色丝绸。

②衔枚：横衔枚于口中，以防喧哗。枚，形如筷子，两端有带，可系于颈上。

③夷杀：诛杀。夷，诛杀，屠杀。

④追亡逐北：追击败逃的士兵。北，败。

⑤畔：通“叛”。

⑥卒至河上：齐军最终追击至黄河边上。卒，最终。河上，黄河边上，当时黄河自河南濮阳北行，经今山东德州、河北沧州，于黄骅入海。今沧州、黄骅一带的黄河在当时是齐、燕两国的国界线。

⑦齐七十余城皆复为齐：以上乐毅被免，田单复齐之事均在齐襄王五年，前279年。

⑧襄王：名法章，齐湣王之子，前283—前265年在位。

【译文】

田单于是收集了城里一千多头牛，给它们披上红绸，画上五颜六色的蛟龙图案，牛角上绑着尖刀，牛尾上绑着渍满油脂的芦苇，然后点燃其末端。又在城墙上凿开几十个洞,趁夜放牛出去,派五千精兵跟在牛后面。牛尾受热,疯狂冲向燕军,睡梦中的燕军大为惊恐。牛尾上的火把将夜间照得通明,燕军看到它们身上都是蛟龙的纹路,一旦碰到非死即伤。跟在牛后面的五千精兵口中衔枚攻击燕军,城里人也乘机呐喊着紧紧跟随,老弱妇孺都手持铜器,敲得震天动地。燕军非常害怕,大败而逃。于是齐国人在乱军之中杀死了燕国的主将骑劫。燕军大乱,纷纷溃散逃命,齐军紧紧追击溃逃的敌军,所经城邑都背叛燕军,归顺了田单。

田单的兵士日益增多,乘胜追击,燕军仓皇而逃,战斗力一天天减弱,一直退到了黄河岸边,齐国的七十多座城池都被收复。于是田单到莒城迎接齐襄王,回到临淄处理政务。齐襄王封赏田单,封号为安平君。

太史公曰:兵以正合,以奇胜[①]。善之者,出奇无穷[②]。奇正还相生,如环之无端[③]。夫始如处女,适人开户;后如脱兔,适不及距[④]:其田单之谓邪?

【注释】

①兵以正合,以奇胜:《孙子兵法·势篇》:“凡战者,以正合,以奇胜。”曹操注:“正者当敌,奇兵从傍击其不备也。”合,交战。

②善之者,出奇无穷:《孙子兵法·势篇》:“故善出奇者,无穷如天地,不竭如江河。终而复始,日月是也;死而复生,四时是也。声不过五,五声之变,不可胜听也;色不过五,五色之变,不可胜观也;味不过五,五味之变,不可胜尝也。”

③奇正还相生,如环之无端:《孙子兵法·势篇》:“战势不过奇正,奇正之变,不可胜穷也。奇正相生,如循环之无端,孰能穷之?”《索隐》曰:“言用兵之术,或用正法,或出奇计,使前敌不可测量,如寻环中不知端际也。”还相生,回环往复,相辅相成。

④“始如处女”几句:语出《孙子兵法·九地篇》。曹操注:“处女,

示弱；脱兔，往疾也。”即开始时向敌人示弱，使其懈怠，然后突然袭击，使其无法抵挡。适，通“敌”。脱兔，脱逃的兔子，形容行动迅速。距，通“拒”，抵挡。

【译文】

太史公说：作战当然要正面对阵交锋，但想取胜则必须出奇计用奇招。善用兵的人，总是能够奇兵迭出变化无穷。用奇和用正互相转化，就像圆环没有起止一般让人捉摸不定。用兵之初要像处女那样沉静、柔弱，诱使敌人敞开门户，放松戒备；然后在时机到来之时，要像狡兔脱逃一般快速、敏捷，使敌人来不及防御：这说的正是田单吧？

初，淖齿之杀湣王也，莒人求湣王子法章[①]，得之太史嬓之家[②]，为人灌园。嬓女怜而善遇之[③]。后法章私以情告女[④]，女遂与通[⑤]。及莒人共立法章为齐王，以莒距燕，而太史氏女遂为后，所谓“君王后”也[⑥]。

【注释】

①求：寻找。

②太史嬓（jiào）：姓太史，名嬓。杨宽曰：“‘太史’为姓氏，非官名，当为居于山中之农民。”

③善遇之：善待他。

④情：实情，真实情况。

⑤通：私通。

⑥太史氏女遂为后，所谓“君王后”也：《田敬仲完世家》：“襄王既立，立太史氏女为王后，是为‘君王后’。”按，以上法章与太史嬓女事，参见《战国策·齐策六》与《田敬仲完世家》，明代传奇剧本《灌园记》即源于此事。

【译文】

起初,淖齿杀掉齐湣王以后,莒城人访求齐湣王的儿子法章,在太史嬓的家里找到了,当时他正在替人家浇地。太史嬓的女儿因为同情而待他不错。后来法章把自己的情况告诉她,她就和法章私通了。等到莒城人共同拥立法章为齐王,坚守莒城抵抗燕军,太史嬓的女儿就被立为王后,这就是史称的"君王后"。

燕之初入齐,闻画邑人王蠋贤①,令军中曰:"环画邑三十里无入。"以王蠋之故。已而使人谓蠋曰:"齐人多高子之义②,吾以子为将,封子万家。"蠋固谢③。燕人曰:"子不听,吾引三军而屠画邑。"王蠋曰:"忠臣不事二君,贞女不更二夫④。齐王不听吾谏,故退而耕于野。国既破亡,吾不能存⑤;今又劫之以兵为君将⑥,是助桀为暴也⑦。与其生而无义,固不如烹⑧!"遂经其颈于树枝⑨,自奋绝脰而死⑩。齐亡大夫闻之⑪,曰:"王蠋,布衣也,义不北面于燕⑫,况在位食禄者乎!"乃相聚如莒,求诸子,立为襄王⑬。

【注释】

①画邑:齐邑名,在今山东淄博之临淄西。王蠋(zhú):钱穆曰:"《齐策》齐宣王见颜斶,吴师道曰:'《春秋后语》作王蠋。'又有先生王斗,吴师道曰:'一本标《文枢镜要》作王升。'今按《汉书·古今人表》有王升、颜斶。窃疑王升即王斶之脱讹,又误分颜、王为两姓。观颜斶对宣王曰'斶前为慕势,王前为趋士',而王升之对亦然,知为一事之两传矣……其人盖亦稷下先生之贤者,当湣王之末,诸儒散亡,彼殆以邦土未去,遂以死节也。"

②高:推崇。

③固谢：坚决拒绝。

④更：改嫁。

⑤存：不能保存齐国。

⑥劫：控制，威逼。

⑦助桀为暴：犹所谓“助纣为虐”。桀，夏朝末代君主，史上著名的暴君。

⑧烹：烹杀。

⑨经：《索隐》曰：“经，犹‘系’也。”

⑩绝脰：勒断脖子。此谓勒得气绝身死。《索隐》引何休曰：“脰，颈，齐语。”

⑪亡大夫：四散逃往的齐国大夫。

⑫北面：指臣服归降。古代帝王坐朝时面朝南方，群臣向北面叩拜，故“北面”指臣服。凌稚隆引王应麟曰：“安平之功，以画邑之王蠋；南阳之兴，以东郡之翟义，节行可以回人心。”

⑬求诸子，立为襄王：崔适曰：“‘诸子’应作‘其子’。”泷川曰：“‘立’下脱‘法章’二字。”程一枝曰：“此节当在上文‘号曰安平君’之下，今脱简在后。”

【译文】

燕国军队刚刚攻入齐国时，听说了画邑王蠋的贤名，对军队下令：“画邑周围三十里之内不许进入。”是因为王蠋的缘故。不久，燕国又派人对王蠋说：“齐国人大都称颂您的高尚品德，我们要任用您为将军，另外封赏给您一万户的食邑。”王蠋坚决推辞，不肯接受。燕人说：“您不接受的话，我们就要带领大军屠平画邑。”王蠋说：“忠臣不侍奉两个君主，烈女不改嫁二夫。齐王不听从我的劝谏，所以我才隐居在乡间种田。齐国已经破亡，我不能使它复存；现在你们又用武力劫持我当你们的将领，这是让我助桀为暴。干这种不义之事，还不如烹死了好！”于是就在一棵树上上吊，自己奋力勒断脖子死了。齐国那些奔逃在外的官员们听到后，说："王蠋只是个平民百姓，尚且不向燕人屈服称臣，更何况我们这些享受国家俸禄的在职官员呢！"于是他们就聚集在一起，赶赴莒城，寻求齐湣王的儿子法章，拥立他为齐襄王。

【集评】

方孝孺曰："彼乐毅之师岂出于救民行仁乎哉？特报仇图利之举耳。下齐之国，固不能施仁敷惠，以慰其兄弟父子之心；而迁其重器宝货于燕，齐之民固已怨毅入骨髓矣。幸而破七十余城，畏其兵威力强而服之耳，非心愿为燕之臣也。及兵威既振，所不下者莒与即墨，毅之心以为在吾腹中，可一指顾而取之矣。其心已肆，其气已怠，士卒之锐已挫；二城之怨方坚，齐人之心方奋，用坚奋之人而御怠肆已挫之众，虽百万之师固不能拔二城矣。"(《增评历史纲鉴补》)

李景星曰："《田单传》暗以'奇'字作骨，至赞语中始点明之。盖单之为人奇，破燕一节其事奇，太史公又好奇，遇此等奇人奇事，哪能不出奇摹写？前路以傅铁笼事小作渲染，已是奇想；随即接入破燕，而以十分传奇之笔尽力叙之。写田单出奇制胜，妙在全从作用处著手，如'乃纵反间于燕宣言曰'，'田单因宣言曰'，'单又纵反间曰'，'令即墨富豪遗燕将曰'，节次写来，见单之'奇功'纯是以'奇谋'济之。赞语曰：'兵以正合，以奇胜，善之者出奇无穷，奇正还相生，如环之无端。'连用三'奇'字将通篇之意醒出。'始如处女'四句，亦复奇语惊人。君王后，奇女；王蠋，奇士，不入传中，而附于赞后，若相应若不相应，细绎之，却有神无迹，是乃真奇格。合观通篇，出奇无穷，的为《史记》奇作。"(《史记评议》)

袁俊德曰："蕞尔小邑，被围已三年，其不至'析骸易子'者盖已几希，何得城中之牛尚有千余耶？火牛之事，当日谅或有之，史家过为文饰，反启后人之疑窦矣。"(《增评历史纲鉴补》)

钱大昕曰："史不叙(田单)其他事，考《赵世家》，孝成王元年，'齐安平君田单将赵师而攻燕中阳，拔之。'二年，'田单为相'，即齐王建之元年也。岂襄王已没,单遂去齐而入赵乎?"

【评论】

司马迁歌颂了田单在即墨之战所表现出来的高超的军事智慧和出色的作战指导原则。他巧施反间计,利用燕国君臣的矛盾,借燕惠王之手解除了乐毅的职务,除去了自己的心腹之患;他纵敌行暴,故意挑动燕军挖掘即墨人的坟墓,残害齐军俘虏,以激起即墨军民同仇敌忾、义无反顾的决心;他巧用火牛阵,趁黑夜猛烈地突袭燕军,出其不意地攻破了敌方。在齐国生死存亡之际,他以区区一城之兵力挽狂澜,使行将灭亡的齐国得以延续了下来。司马迁"太史公曰"中说:"兵以正合,以奇胜。善之者,出奇无穷。奇正还相生,如环之无端。夫始如处女,适人开户;后如脱兔,适不及距:其田单之谓邪?"字里行间洋溢着对田单的深深敬意。

通过即墨之战,司马迁揭示了"得道多助,失道寡助"的道理。燕昭王继位后,发奋图强,招贤纳士,立志要报当年齐国大肆侵略、掠夺燕国之仇,其他国家也希望狠狠教训一下肆意搞武力扩张的齐湣王,加之齐国的老百姓也对齐湣王的统治不满,乐毅正是基于这种历史背景,率领五国联军大破齐军于济西的。济西大捷之后,其他五国认为"教训"齐王的目的已经达到,于是一一撤军回国。唯有燕军长驱直入,想要灭掉齐国。他们在齐国境内倒行逆施,劓战俘、掘坟墓,把掠夺到的大批珍宝器物运回燕国。这种日暮途穷的侵略行径,激起了齐国人民的强烈憎恨,于是齐国人民开始起来坚决抵抗,而其他五国又渐渐反过来支持齐国抗燕了。莒与即墨两座孤城,为什么能长期抗击燕国侵略者,最后能成为反攻复国的根据地?为什么田单在即墨一开始反攻,齐人就能"追亡逐北,所过城邑,皆叛燕而归田单"?主要原因就在于他们的反抗侵略是正义的,故而能众志成城,不虑艰危,奋勇抗敌。本篇最后附记的两个小故事,一个是太史嬓之女掩护了逃难中的齐王的儿子法章,一个是隐士王蠋宁死不给占领军当傀儡，不给敌人为虎作伥。虽然只写了两个人，但从他们身上却能清晰看到整个齐国的人心所向。法章后来继位为齐王，太史嬓之女则成为“君王后”，他们的故事成为后世才子佳人小说中贵族小姐慧眼识英雄，搭救落难公子这一题材的开山师祖。

本篇描写了田单假托鬼神，以“神道设教”的手段鼓舞士气、恫吓敌人。司马迁写这些是为了歌颂田单的聪明才智，但在客观上却有揭破神道底细，向人们进行朴素唯物思想宣传的作用。这些描写，出现在天人感应、鬼神迷信盛行的汉代，无疑具有祛除迷信、解放思想的意义。钱锺书说：“古书载神道设教以愚民便用，无如此节之底蕴毕宣者。盖兵不厌诈，古兵法中初不废妆神捣鬼以为人定之佐也。”（《管锥编》）《史记》中有类似描写的还有《陈涉世家》，写了陈涉发动起义时所用的篝火狐鸣，以及在鱼肚子里塞进写着“陈胜王”的条子，而后再拿到集上去卖，这也应该属于钱锺书所说的“底蕴毕宣者”。

田单火牛阵的精彩故事，不见于今本《战国策》，而在《太平御览·兵部二十三》的《用间》中录有一段《战国策》佚文，叙述了田单行反间挑动燕惠王罢免了乐毅；在《太平御览·羽族部一》引《春秋后语》叙述了田单装神弄鬼地“令城中食者必祭先祖于庭中，飞鸟悉飞舞其上，或下啄其食。燕人皆怪之。”在《太平御览·兵部十三》的《机略一》中录有连续的三段《战国策》佚文，是叙述田单继续用间以挑动燕军作恶，以激起即墨士兵的仇恨气愤，以及派富豪假意向燕军约降，使燕军懈怠，最后突然发起火牛阵以大破燕军的神奇情景。如果将这三段佚文去掉其《太平御览》编辑者为说明各段文字的环境背景所加的开头与结尾的套语，只将其核心部分按次序连接起来，则从田单“乃宣言曰：‘吾唯惧燕军之劓所得齐卒”始，直到“老弱皆击铜器为声，声动天地，燕军大骇败走”的整个火牛阵过程的《战国策》佚文，竟与《田单列传》相应部分的文字完全相同。《战国策》通常重于记言，而叙述故事情节的文字相对较少。故而《燕策》中的《燕太子丹质于秦》，也就是通常所称的“荆轲刺秦王”那一章，人多以为乃刘向误抄《史记》以入《战国策》中。今“田单火牛阵事”与“荆轲刺秦王”同样曲折生动，以讲故事为主，因此很可能是宋人将这段文字抄入了《太平御览》，却误题为抄自《战国策》。

史记卷八十三

鲁仲连邹阳列传第二十三

【释名】

《鲁仲连邹阳列传》是鲁仲连与邹阳两人的合传。鲁仲连是战国时齐国人。本篇主要记述了他的两件事迹。一是在秦围邯郸时,对魏国派来游说赵王投降的使者晓以大义,动以利害,表明“义不帝秦”的决心,成功说服使者,增强赵国抗秦信念。二是在齐国要收复被燕占领的聊城时,写信劝说燕将放弃守城,事成之后逃赏而隐于海上。邹阳是西汉时齐国人。他初从吴王刘濞,后去为梁孝王客,因慷慨不苟合,受谗害被梁孝王下狱,在狱中上书,梁王深受感动,将其释放并待为上客。

两人时代不同,经历也没有什么共同点,司马迁将他们合传,是因为他们都有着不屈不挠的精神,而且“史公天性与鲁仲连同,其遭际复与邹阳同,史公之传二人,并有自为写照之意”(李景星《史记评议》)。

鲁仲连者,齐人也。好奇伟俶傥之画策[①],而不肯仕宦任职,好持高节。游于赵。

赵孝成王时[②],而秦王使白起破赵长平之军前后四十余万[③],秦兵遂东围邯郸[④]。赵王恐,诸侯之救兵莫敢击秦军。魏安釐王使将军晋鄙救赵[⑤],畏秦,止于荡阴不进[⑥]。魏王使客将军新垣衍间入邯郸[7]，因平原君谓赵王曰[8]："秦所为急围赵者，前与齐湣王争强为帝，已而复归帝[9]；今齐已益弱[10]，方今唯秦雄天下，此非必贪邯郸，其意欲复求为帝。赵诚发使尊秦昭王为帝[11]，秦必喜，罢兵去。"平原君犹预未有所决[12]。

【注释】

①俶傥（tì tǎng）：豪爽洒脱的样子。俶，通"倜"。画策：出谋划策。

②赵孝成王：名丹，赵惠文王之子，前265—前245年在位。

③秦王使白起破赵长平之军前后四十余万：事在赵孝成王六年，前260年，详见《廉颇蔺相如列传》《白起王翦列传》。秦王，此指秦昭王，前306—前251年在位。白起，秦国名将。长平，赵邑名，在今山西高平西北。

④邯郸：赵国都城，在今河北邯郸。

⑤魏安釐王：名圉（yǔ），魏昭王之子，前276—前243年在位。晋鄙：魏将名。

⑥荡阴：古邑名，在今河南汤阴。

⑦客将军：犹所谓"客卿"，别国人在魏为将军者。新垣衍：姓新垣，名衍。汉时有"新垣平"者。新，《战国策》作"辛"。间入：秘密进入，因有秦军围城。

⑧因：通过，经由。平原君：赵孝成王之叔赵胜，平原君为其封号，战国四公子之一，事见《平原君虞卿列传》。

⑨前与齐湣王争强为帝，已而复归帝：前288年，秦昭王、齐湣王相约称帝，秦为西帝，齐为东帝，后又相继取消帝号。事详《战国策·齐策四》。齐湣王，名地，前300—前284年在位。

⑩今齐已益弱：齐湣王十七年（前284），乐毅率五国联军伐齐，在济

西大败齐军;燕军又长驱直入,攻破临淄,齐湣王逃往莒地,为淖齿所杀,齐国由此大衰。事详《乐毅列传》《田单列传》。

⑪尊秦昭王为帝:鲍彪曰:"'昭'字衍。""昭"乃秦王死后之谥号,此时秦昭王尚在世,不得称谥号。

⑫犹预:犹豫。

【译文】

鲁仲连是齐国人。喜欢谋划出人意料的奇谋妙计,但不愿出仕做官,喜欢保持清高节操。他在赵国游历。

赵孝成王时,秦昭王派大将白起在长平之战前后消灭了四十多万赵军,不久秦军东进包围了赵国的都城邯郸。赵孝成王非常恐惧,其他诸侯的救兵也不敢与秦军作战。魏安釐王派将军晋鄙来救赵,但因为畏惧秦国,让魏军停在荡阴不再前进。魏安釐王派客将军新垣衍偷偷进入邯郸,经由平原君的引见对赵孝成王说:"秦国之所以急着围攻邯郸,是因为之前和齐湣王竞争一同称帝,但后来又放弃了帝号;如今齐国是越来越弱,只有秦国称雄天下,秦国未必真的想得到邯郸,真正的目的还是想称帝。赵国如能派使者去尊秦王为帝,秦昭王一定很高兴,也就撤兵离开了。"平原君很犹豫,一时拿不定主意。

此时鲁仲连适游赵,会秦围赵,闻魏将欲令赵尊秦为帝,乃见平原君曰:"事将奈何?"平原君曰:"胜也何敢言事①!前亡四十万之众于外,今又内围邯郸而不能去②。魏王使客将军新垣衍令赵帝秦,今其人在是。胜也何敢言事!"鲁仲连曰:"吾始以君为天下之贤公子也,吾乃今然后知君非天下之贤公子也③。梁客新垣衍安在④?吾请为君责而归之⑤。"平原君曰:"胜请为绍介而见之于先生⑥。"平原君遂见新垣衍曰:"东国有鲁仲连先生者⑦,今其人在此,胜请为绍介，交之于将军。”新垣衍曰：“吾闻鲁仲连先生，齐国之高士也。衍，人臣也，使事有职⑧，吾不愿见鲁仲连先生⑨。”平原君曰：“胜既已泄之矣⑩。”新垣衍许诺。

【注释】

①胜也何敢言事：平原君之前劝赵王接受韩上党郡守冯亭的投降，导致后来的长平惨败，赵国群臣指责平原君“利令智昏”，故此时平原君颇感内疚。事详《赵世家》。

②去：使秦军退去。

③乃今然后：钱锺书曰：“四字乍视尤若堆叠重复，实则曲传踌躇迟疑，非所愿而不获已之心思语气。”

④梁客：此指魏将新垣衍。魏国此时都城在大梁（今河南开封），故魏国亦称“梁国”。

⑤责而归之：叱责他，让他回去。

⑥绍介：介绍。古代宾主之间传话的人称介。古礼，宾至，须介传话，介不止一人，相继传辞，故称绍介。引申为引进。

⑦东国：此指齐国，因齐国在赵国的东边，故称其为“东国”。

⑧使事有职：我作为使者，有职责在身。职，职责。

⑨吾不愿见鲁仲连先生：凌稚隆曰：“衍既知仲连为‘高士’，而顾不愿见之，亦预知其不肯帝秦耳。”

⑩已泄之矣：鲍彪曰：“言已白之。”

【译文】

这时鲁仲连恰好游历到赵国，赶上秦军包围邯郸，他听说魏将想劝说赵孝成王尊秦为帝，于是去拜见平原君说：“这件事您准备怎么应对？”平原君说：“赵胜我怎么敢说话！之前赵国在外损失了四十万人，如今秦军又内侵围困邯郸而无法击退。魏王派客将军新垣衍来劝赵国尊秦王为帝，现在他人就在这里。赵胜我现在怎么敢说话！”鲁仲连说：“我本来以为您是天下的贤公子，现在我才认识到您不是天下的贤公子。梁国来客新垣衍在哪里？请让我替您谴责他，赶他回国。”平原君说：“请让我介绍他跟您见见。”平原君于是去见新垣衍，对他说：“东方齐国有位鲁仲连先生，如今他正在这里，请让我做个介绍，和您认识一下。”新垣衍说：“我耳闻鲁仲连先生是齐国高士。而我新垣衍是魏臣，奉命出使有职责在身，我不想见鲁仲连先生。”平原君说：“我已经把您的事告知他了。”新垣衍只好答应了。

鲁连见新垣衍而无言①。新垣衍曰：“吾视居此围城之中者，皆有求于平原君者也；今吾观先生之玉貌，非有求于平原君者也，曷为久居此围城之中而不去？”鲁仲连曰：“世以鲍焦为无从颂而死者②，皆非也。众人不知，则为一身③。彼秦者，弃礼义而上首功之国也④，权使其士⑤，虏使其民⑥。彼即肆然而为帝⑦，过而为政于天下⑧，则连有蹈东海而死耳，吾不忍为之民也。所为见将军者，欲以助赵也。”

【注释】

①鲁连见新垣衍而无言：按，此乃一种论辩策略，与范雎求见秦王而不言的情形相似，正见鲁连之老练深沉。鲁仲连请见而不开言，新垣衍一套话却披头浇下，见其骄满跋扈之状，以与后之丧气状态相对照。

②鲍焦：《正义》引《韩诗外传》曰：“周时隐者也，饰行非世，廉洁而守，荷担采樵，拾橡充食。子贡遇之，谓之曰：‘吾闻非其政者，不履其地；污其君者，不受其利。今子履其地而食其利，其可乎？’鲍焦曰：‘吾闻廉士重进而轻退，贤人易愧而轻死。’遂抱木立枯焉。”《庄子·盗跖》亦载此事。无从颂而死：《索隐》曰：“不能

自宽容而取死。”意谓鲍焦自己心胸狭隘，想不开，所以死了。从颂，同“从容”。这里，鲁仲连拿鲍焦自比，认为鲍焦并非因心胸狭隘而死，而是为了坚持大义而死。

③众人不知，则为一身：普通人不理解，以为鲍焦是为自己个人的面子而死。

④上首功：崇尚斩获敌人首级的功劳。秦法，斩敌首若干，即可提升爵位级别。上，通“尚”，尊崇。

⑤权使其士：用权术役使士人。

⑥虏使其民：把百姓当成奴隶来使用。

⑦即：若，如果。肆然：无所顾忌。

⑧过：甚至。王念孙曰：“过，犹甚也。”为政于天下：统治整个天下。

【译文】

鲁仲连见到新垣衍却不和他说话。新垣衍说：“我观察还留在这座围城中的，都是有求于平原君的；今天我观察先生您的尊容，并非有求于平原君，您为何久留在这座围城里不离开呢？”鲁仲连说：“世人以为鲍焦不能从容赴死，他们都搞错了。这些人不理解，认为鲍焦只是为了自己的面子。那个秦国，是个废弃礼义而崇尚杀敌立功的国家，依靠权术役使各级官员士人，驱使百姓就像驱使奴隶一样。秦王如果肆无忌惮地称帝，进而统治天下，那鲁仲连我宁可跳东海去死，也决不甘心做秦国子民。我见你的目的，是想告诉你我要帮助赵国。”

新垣衍曰：“先生助之将奈何？”鲁连曰：“吾将使梁及燕助之[①]，齐、楚则固助之矣[②]。”新垣衍曰：“燕则吾请以从矣[③]；若乃梁者，则吾乃梁人也，先生恶能使梁助之[④]？”鲁连曰：“梁未睹秦称帝之害故耳。使梁睹秦称帝之害，则必助赵矣。”

【注释】

①吾将使梁及燕助之：凌稚隆引董份曰："使梁助者，反言以发其端，最妙。"

②固：本来。

③请：谦词。从：听从，相信。

④恶（wū）能：怎么能。恶，疑问代词，如何。

【译文】

新垣衍说："先生打算怎样帮助赵国？"鲁仲连说："我准备让梁国、燕国帮助赵国，齐国、楚国本来就在帮助赵国了。"新垣衍说："就算相信您能请燕国帮助赵国；说到梁国，我就是梁国人，您有什么办法让梁国帮助赵国呢？"鲁仲连说："梁国还没看到秦国称帝的危害所以不帮赵国。如果它看到秦国称帝的危害，就一定会帮助赵国的。"

新垣衍曰："秦称帝之害何如？"鲁连曰："昔者齐威王尝为仁义矣，率天下诸侯而朝周[①]。周贫且微，诸侯莫朝，而齐独朝之。居岁余，周烈王崩[②]，齐后往，周怒，赴于齐曰[③]：'天崩地坼[④]，天子下席[⑤]。东藩之臣因齐后至[⑥]，则斫[⑦]。'齐威王勃然怒曰：'叱嗟[⑧]！而母婢也[⑨]！'卒为天下笑[⑩]。故生则朝周，死则叱之，诚不忍其求也。彼天子固然，其无足怪。"

【注释】

①昔者齐威王尝为仁义矣，率天下诸侯而朝周：缪文远曰："《史记》关于战国年代，错乱特甚，周烈王崩当在田齐桓公之时，与齐威王不相值，何得有齐威王朝见周烈王之事乎？据钱穆说，当为魏惠王于前344年召集逢泽之会，会后率诸侯朝周王于孟津一事之讹

传。”齐威王，名因齐，前356—前320年在位。都于洛阳（今河南洛阳东北）的东周王室，当时已没有权威。齐威王时，周天子为周显王，前368—前321年在位。

②周烈王：名喜，前375—前369年在位。此处周烈王疑当为“周显王”之误，杨宽曰：“《史记》误前威王年世，威王实不及周烈王。考周显王卒于齐威卒前一年，岂此周威王乃周显王之误与？”

③赴：后多作“讣”，前往通报丧事。

④天崩地坼（chè）：此指周天子去世是天崩地裂的大事。

⑤下席：《索隐》曰：“言其寝苫居庐。”指新天子守丧，离开寝宫，睡在草席上。

⑥东藩：此指齐国。古称诸侯国为天子藩篱，齐国在东方，故称“东藩”。因齐：齐威王名，古时直呼人名是很无礼的。

⑦则斫：意谓再不赶到，就杀了你。

⑧叱嗟：怒斥声。

⑨而母婢也：你妈是个婢女，是骂人的话。而，你，你的。

⑩为天下笑：因齐威王对周天子先尊后骂而嘲笑之。

【译文】

新垣衍说：“秦国称帝能有什么危害呢？”鲁仲连说：“从前齐威王曾经要行仁义，想率领天下诸侯去朝见周天子。周朝当时已经是又贫穷又衰弱了，诸侯们都不愿去朝拜，但齐国仍然独自去朝拜了。过了一年多，周烈王驾崩，齐国没能及时前往吊丧，周王室大怒，给齐国发去讣告说：‘现在周天子去世，新即位的天子在草席上守丧。东方藩国小臣田因齐竟然不按时前来吊丧，定斩不饶。’齐威王勃然大怒，骂道：‘呀呸！你个丫头养的！’最终受到天下人的嘲笑。所以说活着的时候可以去朝拜他，死了之后却骂他，实在是因为难以忍受那种苛求。实际上天子本来就是这样，你不能怪人家。”

新垣衍曰:“先生独不见夫仆乎?十人而从一人者,宁力不胜而智不若邪?畏之也。”鲁仲连曰:“呜呼!梁之比于秦若仆邪?”新垣衍曰:“然。”鲁仲连曰:“吾将使秦王烹醢梁王①。”新垣衍怏然不悦②,曰:“噫嘻③,亦太甚矣先生之言也!先生又恶能使秦王烹醢梁王?”鲁仲连曰:“固也,吾将言之。昔者九侯、鄂侯、文王④,纣之三公也⑤。九侯有子而好⑥,献之于纣,纣以为恶,醢九侯⑦。鄂侯争之强⑧,辩之疾⑨,故脯鄂侯⑩。文王闻之,喟然而叹,故拘之牖里之库百日⑪,欲令之死。曷为与人俱称王,卒就脯醢之地?齐湣王将之鲁⑫,夷维子为执策而从⑬,谓鲁人曰:‘子将何以待吾君?’鲁人曰:‘吾将以十太牢待子之君⑭。’夷维子曰:‘子安取礼而来待吾君?彼吾君者,天子也。天子巡狩,诸侯辟舍⑮,纳筦籥⑯,摄衽抱机,视膳于堂下⑰,天子已食,乃退而听朝也。’鲁人投其籥,不果纳⑱。不得入于鲁,将之薛⑲,假途于邹⑳。当是时,邹君死,湣王欲入吊,夷维子谓邹之孤曰㉑:‘天子吊,主人必将倍殡棺,设北面于南方㉒,然后天子南面吊也。’邹之群臣曰:‘必若此,吾将伏剑而死。’固不敢入于邹㉓。邹、鲁之臣,生则不得事养,死则不得赙襚㉔,然且欲行天子之礼于邹、鲁,邹、鲁之臣不果纳。今秦万乘之国也,梁亦万乘之国也。俱据万乘之国,各有称王之名,睹其一战而胜,欲从而帝之㉕,是使三晋之大臣不如邹、鲁之仆妾也㉖。且秦无已而帝㉗,则且变易诸侯之大臣。彼将夺其所不肖而与其所贤,夺其所憎而与其所爱。彼又将使其子女谗妾为诸侯妃姬㉘,处梁之宫㉙。梁王安得晏然而已乎[30]？而将军又何以得故宠乎？”

【注释】

①吾将使秦王烹醢（hǎi）梁王：我将让秦王将魏王烹杀，做成肉酱。凌稚隆引董份曰：“比之于仆，所以甚辱而激之。衍既甘处为仆，则义分不能激矣，故以生死而骇激之。”醢，肉酱。

②怏（yàng）然：郁郁不乐的样子。

③噫嘻：愤恨不平之声。《索隐》：“噫者，不平之声。……嘻者，惊恨之声。”

④九侯：商纣王时的诸侯，《殷本纪》之《集解》引徐广曰：“一作‘鬼侯’。”鄂侯：商纣王时的诸侯。文王：周国的君主，周武王之父。

⑤纣：商纣王，商代末年著名的暴君，事详《殷本纪》。三公：周代指司徒、司马、司空，这里代指位高权重者。

⑥九侯有子而好：此谓九侯的女儿貌美。《殷本纪》：“九侯有好女。”

⑦纣以为恶，醢九侯：纣王认为不好看，将九侯做成了肉酱。《殷本纪》云：“九侯女不喜淫，纣怒，杀之，而醢九侯。”与此不同。

⑧争之强：强烈劝阻。争，谏阻。

⑨辩之疾：极力为九侯辩护。

⑩脯（fǔ）鄂侯：把鄂侯做成了肉干。脯，肉干。

⑪拘：拘押，囚禁。牖（yǒu）里：古地名，亦作“羑里”，古邑名，在今河南汤阴北。

⑫齐湣王将之鲁：事在齐湣王十七年，前284年。鲁，此指鲁国都城曲阜（今山东曲阜）。乐毅率军攻占齐都临淄后，齐湣王曾一度逃到鲁国。

⑬夷维子：齐湣王近臣，史失其名。夷维，齐邑名，在今山东高密。策：马鞭。

⑭太牢：指牛、羊、豕各一头。十太牢是当时招待诸侯的正常礼数。

⑮天子巡狩，诸侯辟舍：天子巡视诸侯国时，诸侯要将自己的宫室让出来给天子住，自己住到外面。巡狩，也作“巡守”，《孟子·梁惠王下》：“天子适诸侯曰巡狩。巡狩者，巡所守也。”辟舍，泷川曰：“避正朝而外舍，不敢有其国也。”

⑯纳筦籥（guǎn yuè）：将本国城门、宫门的钥匙上交给天子。筦籥，即今所谓钥匙。

⑰摄衽抱机，视膳于堂下：卷起袖子，捧着托盘，跑上跑下地伺候天子吃饭。衽，衣袖。机，通“几”，案，运送食物的托盘。

⑱投其籥，不果纳：关门下锁，不让齐湣王进入。

⑲薛：古国名，在今山东枣庄西北，一度为齐孟尝君封地。

⑳假途：借道。邹：古国名，亦作“邾”，在今山东邹城东南，时为楚国附庸。

㉑邹之孤：已死邹君的儿子。父亲去世者为孤。

㉒倍殡棺，设北面于南方：古人以坐北朝南为尊，故正常灵堂也是朝南，因为齐湣王来吊丧，天子要坐北朝南，所以要邹人将灵堂改为坐南朝北，将停殡的棺木倒过来。倍，通“背”，倒过来。

㉓固：通“故”，因而。

㉔生则不得事养，死则不得赙襚（fù suì）：生时缺衣少食，死后也没钱送礼，形容鲁国、邹国贫困不堪。赙襚，送给丧家的礼物。《正义》曰：“衣服曰襚，货财曰赙，皆助生送死之礼。”

㉕帝之：尊之为帝，即尊秦王为帝。

㉖三晋：指瓜分晋国而成的韩、赵、魏三国，此处当指魏国。大臣：此处主要指新垣衍，因为他公开主张尊秦为帝。邹、鲁之仆妾：即上文所称之“邹、鲁之臣”，称之为“仆妾”，极言其地位之低微。仆妾，仆人奴婢。

㉗秦无已而帝：秦国不会因称帝而罢休。

㉘子女：泛指秦王室的女子。谗妾：善于进谗言挑拨是非的女人。

㉙处梁之宫:嫁入梁王宫中。

㉚晏然而已:安安心心地过下去。晏然,安然。晏,安。

【译文】

新垣衍说道:"先生您没有见过仆人吗?十个仆人服从一个主人,难道是力气比不过、智力比不上吗?主要是因为害怕啊。"鲁仲连说:"唉!梁国和秦国相比竟像仆人与主人一样吗?"新垣衍说:"是的。"鲁仲连说:"那么我将让秦王把梁王烹杀,做成肉酱。"新垣衍不高兴了,说:"哎,先生这话也太过分了!先生又怎么能让秦王把梁王烹杀,做成肉酱呢?"鲁仲连说:"这是明摆着的,我来给你说说。当初九侯、鄂侯、文王,是殷纣王的三公。九侯有个女儿长得漂亮,就把她献给了纣王,纣王却认为不漂亮,就把九侯剁成了肉酱。鄂侯极力劝谏,勉力为九侯分辩,纣王又把鄂侯做成了肉干。文王闻听后,只不过伤心地叹了口气,纣王就把他拘禁在牖里的仓库里,关了一百天,想要杀死他。为什么和殷纣一样都是'王',最终却让人家给剁成肉酱、做成肉干呢?齐湣王败逃到鲁国,夷维子拿着马鞭跟随着,对鲁国人说:'你们要用什么礼节招待我们国君?'鲁国人说:'我们准备用十太牢招待你们国君。'夷维子说:'你们这是根据什么礼节来招待我们国君呢?我们的国君,是天子。天子出行视察邦国,该国诸侯就应让出自己住的宫殿,交出城门、宫门的钥匙,亲自挽起衣袖、端着托盘,站在堂下伺候天子吃饭,天子用餐完毕,诸侯才能退下去处理国事。'鲁国人一听,气得把钥匙一摔,不放他们进来。齐湣王没能进入鲁国,便想到薛国去,中途向邹国借道。当时正赶上邹君刚刚去世,齐湣王想进城吊唁,夷维子对邹国太子说:'天子前来吊唁,丧家必须掉转死者棺木的方向,使之朝北,这样子接受坐北朝南的吊唁。'邹国群臣说:'一定要如此的话,我们宁可伏剑自杀。'所以齐湣王也没能进入邹国。邹、鲁这样的小国臣民,他们生时缺衣少食,死后没钱送礼,一旦有人想跟邹、鲁小国摆'天子'的谱儿,邹、鲁小国的臣子都能坚决拒绝。现在秦是万乘之国,梁也是万乘之国。都是万乘之国,都有王的名号，只看他打了场胜仗，就想服从他尊他为帝，这是让梁国的大臣还不如邹、鲁小国的那些奴仆啊。况且秦国也决不会因为被尊为帝就善罢甘休，他们必将撤换诸侯国的执政大臣。他们会撤掉他们觉得不好的换上他们认为好的，免去他们讨厌的任用他们喜欢的。他们还将强行把秦国善于搬弄是非的女人塞给梁王做妃嫔，住进你们梁国的宫廷。这样你们梁王还能安安稳稳地生活吗？将军你又怎么能保持原来的恩宠呢？”

于是新垣衍起，再拜，谢曰：“始以先生为庸人，吾乃今日知先生为天下之士也①。吾请出②，不敢复言帝秦。”秦将闻之，为却军五十里③。适会魏公子无忌夺晋鄙军以救赵④，击秦军，秦军遂引而去。

【注释】

①天下之士：天下的杰出人士。

②请出：请求离开邯郸。

③秦将闻之，为却军五十里：司马光《通鉴考异》曰：“仲连所言，不过论帝秦利害耳，故新垣衍惭怍而去则有之，秦军何预而退军五十里乎？此游谈者之夸大也。”缪文远引林春溥曰：“是时赵李同与三千人赴秦军，秦军为之却三十里，《策》盖因此而张大之。”按，李同事见《平原君虞卿列传》。

④魏公子无忌夺晋鄙军以救赵：事详《魏公子列传》。

【译文】

新垣衍起身，两拜之后谢罪说：“开始我认为先生是个平庸之人，现在才知道先生是天下最杰出的人才。我请求回去，再也不敢提尊秦为帝了。”秦将听说之后，为之退兵五十里之外。适逢魏公子无忌窃符夺得晋鄙的军队前来救赵，进击秦军，秦军于是撤退离开。

于是平原君欲封鲁连，鲁连辞让者三，终不肯受。平原君乃置酒，酒酣，起，前以千金为鲁连寿[①]。鲁连笑曰："所贵于天下之士者，为人排患释难解纷乱而无取也。即有取者[②]，是商贾之事也，而连不忍为也。"遂辞平原君而去，终身不复见[③]。

【注释】

①前：走上前。寿：敬酒祝福，这里即敬献礼品。

②即：若。

③终身不复见：以上鲁仲连义不帝秦事，见《战国策·赵策三》。吴师道曰："仲连事皆可颂，而不帝秦一节尤伟。战国之士皆以势为强弱，而连独以义为重轻，此其所以异耳。"杨潮观曰："战国策士纵横，干秦货楚，唯鲁连于世无求，独申大义于天下，其贤于人远矣。"

【译文】

于是平原君想要封授鲁仲连官爵，鲁仲连一再推辞，始终不肯接受。平原君于是设宴款待鲁仲连，酣饮中间，平原君起身来到鲁仲连面前，奉上千金之礼向鲁仲连祝福致谢。鲁仲连笑着说："天下杰出士人的可贵，就在于能为人排忧解难而分毫不取。如果事后有所取，那就成了商人做买卖，这是我鲁仲连不愿做的。"于是他辞别平原君走了，此后不曾再露过面。

其后二十余年，燕将攻下聊城[①]，聊城人或谗之燕，燕将惧诛，因保守聊城，不敢归。齐田单攻聊城岁余[②]，士卒多死而聊城不下。鲁连乃为书，约之矢以射城中[③]，遗燕将[④]。书曰：

【注释】

①其后二十余年,燕将攻下聊城:《集解》引徐广曰:"按年表,田单攻聊城在长平后十余年也。"钱大昕曰:"按《六国表》,无田单攻聊城事。细译徐氏文义,特以仲连有遗书栗腹事,推检时代,当在长平后十余年,以正史公云'二十年'之误,非谓年表有田单事也。仲连遗书之燕将,必非与乐毅同时。盖其事在燕王喜之世,则有以偏师下齐城,惧谗不敢归者,不用仲连之言,至身死城屠。史公所书,比《战国策》为得其实。"杨宽认为此事在齐王建十五年,燕王喜五年,前250年。聊城,齐邑名,在今山东聊城西北。

②田单:齐国名将,事详《田单列传》。

③约:捆束。

④遗(wèi):给。

【译文】

二十多年后,燕将攻下聊城,聊城有人向燕王进谗言,燕将担心被杀,于是坚守聊城,不敢回国。齐国田单攻打聊城一年多,死了很多士卒,聊城还是没攻下来。鲁仲连就写了封信,绑在箭上射进城,给燕将看。信上说:

吾闻之,智者不倍时而弃利①,勇士不却死而灭名②,忠臣不先身而后君③。今公行一朝之忿,不顾燕王之无臣④,非忠也;杀身亡聊城,而威不信于齐⑤,非勇也;功败名灭,后世无称焉,非智也。三者世主不臣⑥,说士不载,故智者不再计⑦,勇士不怯死。今死生荣辱,贵贱尊卑,此时不再至⑧,愿公详计而无与俗同⑨。

【注释】

①倍时:错失时机。倍,通"背",违。

②却死：犹怕死，面对死亡而退却。《索隐》曰："犹避死也。"

③先身：优先考虑自身的利益。

④不顾燕王之无臣：指其不奉行燕王的命令回国，对燕王无臣子之礼。

⑤信：通"伸"，伸张，传扬。

⑥世主不臣：当世的君主不会把他当成臣子。

⑦不再计：不必反复考虑。

⑧此时不再至：这样的时机不会再来。

⑨详计：仔细考虑。

【译文】

我听说，智者不背离时势而放弃利益，勇士不怕死亡而败坏名节，忠臣考虑利益不会先己后君。现在您为了一时的愤怒，不对燕王实施臣子之礼，是不忠；自己死了聊城也丢了，威名不能在齐国得到传扬，是不勇；功业失败名誉毁灭，后世不会称颂您，是不智。不忠、不勇、不智的人，国君不会用他为臣，游说之人也不会称颂他，所以智者不会犹豫不决，勇士不会恐惧死亡。现在死生荣辱，贵贱尊卑，在此一举，这样的机会不会再有了，希望您考虑清楚，不要与世上的俗人一样。

且楚攻齐之南阳[①]，魏攻平陆[②]，而齐无南面之心[③]，以为亡南阳之害小，不如得济北之利大[④]，故定计审处之。今秦人下兵[⑤]，魏不敢东面[⑥]；衡秦之势成[⑦]，楚国之形危；齐弃南阳，断右壤[⑧]，定济北，计犹且为之也。且夫齐之必决于聊城，公勿再计[⑨]。今楚、魏交退于齐[⑩]，而燕救不至。以全齐之兵，无天下之规[⑪]，与聊城共据期年之敝[⑫]，则臣见公之不能得也[⑬]。且燕国大乱，君臣失计，上下迷惑，栗腹以十万之众五折于外，以万乘之国被围于赵⑭，壤削主困，为天下僇笑⑮。国敝而祸多，民无所归心。今公又以敝聊之民距全齐之兵，是墨翟之守也⑯。食人炊骨⑰，士无反外之心⑱，是孙膑之兵也⑲。能见于天下。

【注释】

①齐之南阳：《索隐》曰："即齐之淮北，泗上之地也。"大约为今江苏西北部的沛县、徐州一带。顾炎武曰："南阳者，泰山之阳。"

②平陆：齐邑名，在今山东汶上北。

③齐无南面之心：《正义》曰："无南面攻楚、魏之心。"中井曰："南面，出军拒楚救南阳也。此未及西面拒魏，而意实包之耳。"

④济北：此谓在济水之北的聊城。

⑤秦人下兵：指秦国出兵攻打魏国。鲍彪曰："此时齐善秦，故下兵救之。"

⑥魏不敢东面：不敢向东方进攻齐国的平陆。

⑦衡秦之势成：指齐、秦连横结盟的局势形成。

⑧断右壤：放弃平陆。平陆属于齐国西部国土，故称为"右壤"。

⑨且夫齐之必决于聊城，公勿再计：泷川曰："《齐策》'且夫'以下十三字，在下文'公之不能得也'下。"《战国策·齐策》文意更顺。

⑩交退于齐：一起从齐国退兵。交，交相，一起。

⑪无天下之规：没有天下其他国家的威胁，谓齐国可全力进攻聊城。规，打算，算计。鲍彪曰："无谋齐者。"

⑫与聊城共据期年之敝：此句不太好理解，大意谓想凭借已经被围困一年的疲敝的聊城与齐国对抗。据，依靠。期年，一周年。

⑬得：取胜。

⑭栗腹以十万之众五折于外，以万乘之国被围于赵：事在燕王喜四年，前251年。《廉颇蔺相如列传》云："自邯郸解围五年，而燕用

栗腹之谋，举兵击赵。赵使廉颇将，击，大破燕军于鄗，杀栗腹，遂围燕。”五折，五次兵败。

⑮僇笑：耻笑，嘲笑。僇，辱。

⑯墨翟之守：此称赞燕将的防守像墨翟的防守一样难以攻破。墨家善于守城，《墨子·公输》记载墨子以防守器械模型挫败公输班进攻事，故后人称坚固的防守为“墨守”。

⑰食人炊骨：《左传·宣公十五年》言宋国被楚军长期围困，以致“易子而食，析骸以爨”，故后以“食人炊骨”形容守城之艰难。

⑱反外：泷川曰：“外，当依《齐策》作‘北’，‘北’‘背’通。”即反叛，背叛。

⑲孙膑之兵：《正义》曰：“言孙膑能抚士卒，士卒无二心也。”孙膑，战国时齐国军事家，著有《齐孙子》（即《孙膑兵法》）。

【译文】

况且楚国进攻齐国的南阳，魏国进攻平陆，但是齐国却没有南顾反击楚、魏的意思，认为丢失南阳的害处小，不如得到济北的好处大，因此打定主意这么办。现在秦国人出兵，魏国不敢向东攻齐，齐、秦连衡之势已然形成，楚国的形势危急；齐国放弃南阳，丢掉右边的平陆，全力平定济北，这个计划尚且可行。况且齐国是必定要得到聊城的，您就别再想什么了。现在楚、魏一起从齐国退兵，燕国的救兵却还到不了。凭着齐国全部兵力，没有其他国家的干预，争夺一个围困一年的残破聊城，我断定您守不住。况且燕国大乱，君臣无计可施，上下一片混乱，栗腹十万大军在外接连打了五次败仗，燕国作为万乘之国被赵围困，国土丧失、君主被困，被天下人耻笑。国家疲敝祸患多多，民心已经涣散了。如今您又凭着残破聊城的百姓抗拒全齐兵力，守城有方可比墨翟。以人为食，用人骨烧饭，士卒没有反叛之心，您确实是善于带兵有如孙膑。您的才能已经显扬于天下了。

虽然,为公计者,不如全车甲以报于燕[①]。车甲全而归燕,燕王必喜;身全而归于国,士民如见父母[②],交游攘臂而议于世[③],功业可明。上辅孤主以制群臣,下养百姓以资说士[④],矫国更俗[⑤],功名可立也。亡意亦捐燕弃世,东游于齐乎[⑥]?裂地定封[⑦],富比乎陶、卫[⑧],世世称孤[⑨],与齐久存,又一计也。此两计者,显名厚实也[⑩],愿公详计而审处一焉。

【注释】

①全车甲以报于燕:保全部队而退回燕国。

②如见父母:《战国策》作"士民见公如见父母",文意更明确。

③交游:朋友。攘臂:捋起衣袖,伸出胳膊,形容说话兴奋的样子。议于世:谈论你的事迹。

④资说士:为游说之士提供谈资。中井曰:"谓使以为话柄。"资,提供。说士,游说之士。与前文"说士不载"对应。

⑤矫国更俗:《索隐》曰:"矫正国事,更改弊俗也。"

⑥亡意亦捐燕弃世,东游于齐乎:《索隐》:"言若必无还燕意,则捐燕而东游于齐乎?"即如果不回燕国,就脱离燕国到齐国去。

⑦裂地定封:裂土封侯。

⑧陶、卫:说法较多,《索隐》引王劭说以为指封于陶地的魏冉与商君卫鞅,缪文远引杨宽说以为"陶、卫皆为当时的商业中心,此言其富比于受陶、卫之封者"。

⑨称孤:古代有封地的封君自称"孤"或"寡人"。

⑩显名:名声显赫。厚实:财富雄厚。

【译文】

即便如此,为您考虑,不如保全军队退回燕国。军队完整地回到燕国，燕王一定会很高兴；士兵保全性命返回燕国，百姓会将您看作父母，朋友会兴奋地到处宣扬，您的功业可为天下所知。对上辅助国君来制约群臣，对下扶养百姓成为游说之士的谈资，匡正国事，移风易俗，可以建立功名。如果不想这样做，不是也可以离开燕国舍弃世事，向东到齐国去吗？去了齐国分地加封，像魏冉、卫鞅一样富裕，世世代代做封君，与齐长久共存，这又是一种出路。这两种出路，都能使名声显赫、财富雄厚，希望您能详加考虑并审慎地选择一种。

且吾闻之，规小节者不能成荣名，恶小耻者不能立大功①。昔者管夷吾射桓公中其钩②，篡也；遗公子纠不能死③，怯也；束缚桎梏④，辱也。若此三行者，世主不臣而乡里不通⑤。乡使管子幽囚而不出⑥，身死而不反于齐，则亦名不免为辱人贱行矣⑦。臧获且羞与之同名矣⑧，况世俗乎！故管子不耻身在缧绁之中而耻天下之不治⑨，不耻不死公子纠而耻威之不信于诸侯⑩，故兼三行之过而为五霸首⑪，名高天下而光烛邻国⑫。曹子为鲁将⑬，三战三北，而亡地五百里⑭。乡使曹子计不反顾⑮，议不还踵⑯，刎颈而死⑰，则亦名不免为败军禽将矣⑱。曹子弃三北之耻⑲，而退与鲁君计。桓公朝天下，会诸侯⑳，曹子以一剑之任，枝桓公之心于坛坫之上㉑，颜色不变，辞气不悖㉒，三战之所亡一朝而复之，天下震动，诸侯惊骇，威加吴、越㉓。若此二士者，非不能成小廉而行小节也㉔，以为杀身亡躯，绝世灭后，功名不立，非智也。故去感忿之怨㉕，立终身之名；

弃忿悁之节[26]，定累世之功。是以业与三王争流[27]，而名与天壤相弊也[28]。愿公择一而行之[29]。

【注释】

①规小节者不能成荣名，恶小耻者不能成大功：《史记》中类似之说不少，如《项羽本纪》"大行不顾细谨，大礼不辞小让"，《李斯列传》"大行不小谨，盛德不辞让"，《郦生陆贾列传》"举大事不细谨，盛德不辞让"。规，拘泥。

②管夷吾射桓公中其钩：在公子纠与齐桓公争位的斗争中，管仲射中了齐桓公的衣带钩。事见《齐太公世家》。管夷吾，即管仲。桓公，即齐桓公，名小白，前685—前643年在位。

③遗公子纠不能死：公子纠争位失败后，管仲抛弃他而投靠了齐桓公，没有为公子纠殉死。谓管仲于公子纠失败后，遂弃公子纠而归事齐桓公。遗，遗弃，离开。公子纠，齐桓公之兄。

④束缚桎梏(zhì gù)：指管仲甘心戴上刑具，被押解回齐国去见齐桓公。桎梏，刑具，手铐脚镣。

⑤乡里不通：无法在乡里通行，即不为故乡所容。乡里，家乡，故里。

⑥乡使：即"向使"，假使，假如。乡，通"向"。

⑦辱人：不知羞耻的人。贱行：卑贱的行为。

⑧臧获：奴婢。《正义》引《方言》曰："荆、淮、海、岱、燕、齐之间，骂奴曰臧，骂婢曰获。"

⑨缧绁(léi xiè)：捆犯人的绳子，引申指牢狱。耻天下之不治：以天下未能大治为耻，意即以治国平天下为己任。

⑩耻威之不信于诸侯：以不能使齐国在诸侯中声威传扬为耻。信，通"伸"，传扬。

⑪三行之过：指前文所谓"篡""怯""辱"。而为五霸首：指管仲辅佐齐桓公成为春秋五霸之首。

⑫光烛:光照。

⑬曹子为鲁将:指曹沫。或谓即《左传·庄公十年》之曹刿。

⑭三战三北,而亡地五百里:曹沫败军丧地事,参见《刺客列传》。三战三北,梁玉绳曰:"庄公自九年败乾时,后至十三年盟柯,中间有长勺之胜,是鲁只一战而一胜,安得有'三败'之事?"北,通"背",败退。

⑮计不反顾:决心战死疆场而不回头。计,决心。顾,回头。

⑯议不还踵:绝不转身。议,通"义",决然之意。还踵,同"旋踵",意即回身。

⑰刎颈:割颈。

⑱败军禽将:败军被擒之将。禽,同"擒"。

⑲弃:抛开不顾。

⑳桓公朝天下,会诸侯:此指齐鲁两国在柯地(今山东阳谷东北)会盟事,在齐桓公五年,鲁庄公十三年,前681年。

㉑枝桓公之心:拿剑指着齐桓公的胸口。枝,《索隐》曰:"拟也。"即对着、指着。坛坫(diàn):即坛台。中井曰:"'坛坫'之'坫'字,以类带说耳,只是谓坛上也,'坫'字无意。《齐策》作'坛位之上'。"坫,古代廊庙内用于放酒器的土台。

㉒不悖:不乱。

㉓威加吴、越:史无记载,此盖夸诞之辞。

㉔成小廉而行小节:为了小节自杀。

㉕去感忿之怨:压制一时的怒气。

㉖弃忿悁(juàn)之节:不顾偏激狭隘的气节。悁,通"狷",狭隘。

㉗三王:夏商周三代的开国君王,即夏禹、商汤、周武王。争流:争相流传于世。

㉘与天壤相弊:功名与天地一起毁坏,即功名与天地相始终,像天地一样长久。天壤,天地。弊,坏。

㉙择一而行之：选择学习管仲或曹沫，不拘小节，忍辱立功。

【译文】

而且我听说，拘于小节的人不能声名赫赫，厌恶小耻的人不能建功立业。从前管夷吾射中齐桓公的衣带钩，是篡位；抛弃公子纠而不能为他而死，是胆怯；戴上刑具受到关押，是耻辱。有这三种情况的人，世上的君主不会用他为臣，乡里人不会与他结交。假如管子被囚禁而不出来为齐桓公做事，死在鲁国没有回齐国去，那么名声也就是卑贱可耻的。奴隶尚且羞于和他相提并论，何况一般的人呢！因此管子不以遭到囚禁为耻而以天下未能大治为耻，不以不能为公子纠死为耻而以不能使威名扬于诸侯为耻，因而不惜身负三种恶名辅佐齐桓公成为五霸之首，名扬天下而光照邻国。曹子为鲁将，三次作战三次被打败，丢掉土地五百里。假如曹子不肯再回头，坚决不退缩，自刎而死，那么名声也就只是个败军之将。曹子忽略三次兵败的耻辱，回来与鲁君一起谋划。齐桓公召集天下诸侯，与诸侯会盟，曹子手持利剑，在坛上抵住齐桓公的心口，面不改色，言辞清晰不乱，三次战败丢掉的土地和荣誉一个早上就回来了，天下震动，诸侯惊骇，威名远播吴、越。像管子、曹子二人，并非不能顾全小清白而注重小名节，而是认为自己身死，后代灭绝，不能建功立业，不是明智之选。因此他们压制一时的怒气，成就终身的名声；不顾偏激狭隘的气节，建立数世的功勋。因此他们的功业可与夏、商、周三代的开国君主相媲美，英名可与天地共存。希望您能选择一种去实施。

燕将见鲁连书，泣三日，犹豫不能自决。欲归燕，已有隙[①]，恐诛；欲降齐，所杀虏于齐甚众，恐已降而后见辱。喟然叹曰："与人刃我，宁自刃[②]。"乃自杀。聊城乱，田单遂屠聊城[③]。归而言鲁连，欲爵之。鲁连逃隐于海上，曰："吾与富贵而诎于人，宁贫贱而轻世肆志焉[④]。"

【注释】

①隙：嫌隙，矛盾。

②与人刃我，宁自刃：与其让人来杀我，不如自杀。刃，用刀剑杀。

③田单遂屠聊城：以上鲁仲连遗燕将书，见《战国策·齐策六》，文多不同。马非百曰："鲁仲连遗书燕将事，《史》《策》所载互有不同。《策》于遗书前，叙称燕攻齐，取七十余城，唯莒、即墨不下，齐田单以即墨破燕，杀骑劫。初，燕将下聊城，人或谗之，燕将惧诛，守聊城，田单攻之，而聊城不下云云。似燕将之攻下聊城乃乐毅攻齐时事。考乐毅攻齐，在秦昭王二十三年；田单攻燕杀骑劫，在昭王二十八年；而书中言及栗腹事，则在昭王五十六年，去骑劫之杀计二十八年。以齐之事势，田单之兵力，岂有全齐七十余城皆复，而聊城独能坚守至二十余年而不能下之理？《史》不录之是矣。然《史》于篇末有燕将得书自杀而单屠聊城之文，亦与事实不符。"鲍彪曰："盖好事者闻'约矢'之说，惜其书不存，拟为之以补亡。而其人意气横溢，肆笔而成，不假检校细处，太史公亦爱其千里，而略其牝牡骊黄，至于今二千岁，莫有知其非者也。"梁玉绳曰："《国策》'燕将曰：敬闻命矣。因罢兵倒椟而去'。吴注云：'史称燕将得书自杀，单屠聊城，非事实也。连之大意在于罢兵息民，而其料事之明，劝以归燕、降齐，亦度其计之必可者；迫之于穷而置之于死，岂其心哉？夫其劝之，正将以全聊城之民，而忍坐视屠之？《策》得其实，《史》不可信。'孙侍御云：'聊城，齐地；田单，齐将，何以反屠聊乎？'"缪文远曰："此文首尾横绝，乃习纵横者练习之作，故其于史事甚疏。"牛鸿恩《遗聊城燕将书史实考》曰："燕将攻聊城在前253或前252年，田单为齐攻聊城在

前250下半年或前249上半年，鲁连遗燕将书在前249下半年或前248上半年。说《遗燕将书》是‘拟托’‘依托’，还缺乏有说服力的理由。”(《语言文学论丛》1985年第一辑。北京师院出版社)泷川曰：“史公取其‘吾闻之’以下三百余言，暗以自比。”

④吾与富贵而诎于人，宁贫贱而轻世肆志焉：与其享有富贵而受人限制，宁可贫穷低贱而游戏人间。陈直曰：“商山四皓歌曰：‘富贵之畏人兮，不若贫贱之肆志’，伪托者盖本于此。”诎，委屈，受制。肆，放纵。

【译文】

燕将见到鲁仲连的信，一连哭了三天，犹豫无法拿定主意。想回燕国吧，却与燕国已有隔阂，害怕被诛杀；想投降齐国吧，自己又杀死、俘虏过太多齐国人，害怕投降后受辱。他喟然叹道：“与其被人杀掉，我宁愿自杀。”于是就自杀了。聊城大乱，田单趁此屠灭了聊城。田单回国后对齐王讲了鲁仲连之事，齐王想封他爵位。鲁仲连逃到海上隐居，他说：“我与其享受富贵而屈从人下，宁可贫穷低贱游戏人间。”

邹阳者，齐人也①。游于梁②，与故吴人庄忌夫子、淮阴枚生之徒交③。上书而介于羊胜、公孙诡之间④。胜等嫉邹阳，恶之梁孝王⑤。孝王怒，下之吏，将欲杀之。邹阳客游，以谗见禽⑥，恐死而负累⑦，乃从狱中上书曰：

【注释】

①齐：汉代诸侯国名，国都临淄，在今山东淄博临淄区北。

②梁：汉代诸侯国名，国都睢阳，在今河南商丘城南。

③故吴：指汉初吴王刘濞的封国，国都广陵，在今江苏扬州。庄忌：西汉文学家，东汉人避汉明帝刘庄讳，写作“严忌”，传世有《哀

时命》一篇。夫子：犹今曰“先生”。《索隐》：“忌字夫子。”录以备考。淮阴：汉县名，治所在今江苏淮阴西南。枚生：名乘(shèng)，字叔，西汉文学家，代表作为《七发》。生，亦“先生”之意。据《汉书·邹阳传》，邹阳与庄忌、枚乘先事吴王刘濞，因发现吴王阴谋叛乱，邹阳上书劝谏，吴王不听，遂与庄忌、枚乘等离开吴国来到梁国。

④上书而介于羊胜、公孙诡之间：指邹阳因上书受到梁孝王赏识，得以与梁孝王宠臣羊胜、公孙诡并列。介，居间，此即并列之意。师古曰：“谓间侧也。”羊胜、公孙诡，均为梁孝王宠臣，事详《梁孝王世家》。

⑤恶之梁孝王：在梁孝王面前说邹阳的坏话。梁孝王，名武，汉文帝之子，汉景帝同母弟，前168—前144年为梁王。“孝”为其谥号。

⑥以谗见禽：因为谗言而被擒。禽，同“擒”。

⑦死而负累：王骏图曰：“恐既死而负恶名，足以为累也。”即不仅身死，死后还要背负恶名。

【译文】

邹阳，是齐国人。到梁国游历，和原来的吴国人庄忌夫子、淮阴枚生之流来往。他上书梁孝王，得以与羊胜、公孙诡并列。羊胜等嫉妒邹阳，在梁孝王面前说他的坏话。梁孝王大怒，把他交给司法官吏审讯，想把他杀掉。邹阳客游到梁国，因为谗言被抓，害怕死后还要背负恶名，就从狱中上书说：

臣闻忠无不报，信不见疑，臣常以为然[①]，徒虚语耳。昔者荆轲慕燕丹之义，白虹贯日，太子畏之[②]；卫先生为秦画长平之事，太白蚀昴，而昭王疑之[③]。夫精变天地而信不喻两主[④]，岂不哀哉！今臣尽忠竭诚，毕议愿知⑤，左右不明⑥，卒从吏讯，为世所疑，是使荆轲、卫先生复起，而燕、秦不悟也。愿大王孰察之。

【注释】

①常：通“尝”，曾经。

②“荆轲慕燕丹之义”几句：谓荆轲仰慕燕太子丹待人义气，为其舍身刺秦，其精诚使天上出现“白虹贯日”的异象，但太子丹却认为荆轲胆怯。《索隐》引《烈士传》曰：“荆轲发后，太子自相气，白虹贯日不彻，曰：‘吾事不成。’后闻轲死，事不就，曰：‘吾知其然，是畏也。’”荆轲刺秦事，详见《刺客列传》，其中无“白虹贯日”之说。

③“卫先生为秦画长平之事”几句：卫先生为秦谋划长平战事，其精诚使天上出现了“太白蚀昴”的现象，秦昭王却怀疑他。《索隐》引服虔曰：“卫先生，秦人，白起攻赵军于长平，遣卫先生说昭王请益兵粮，为穰侯（当为“应侯”之误）所害。事不成，精诚感天，故太白食昴。昴，赵分也。”又引如淳曰：“太白主西方，秦在西，败赵之兆也。食，谓干历之也。”卫先生，不见于《战国策》《白起王翦列传》。太白蚀昴（mǎo），指太白星（金星）运行到昴星方位。昴是二十八宿之一，从星宿分野上对应赵国。太白主兵象，太白蚀昴，表示赵国危急。据齐藤国治、小泽贤二《中国古代天文记录检证》，公元前260年前后，太白与昴确为接近之时期，确有“太白食昴”之“天变”。

④精变天地而信不喻两主：精诚感动上天，忠信之心却不能为两位君主所了解。

⑤毕议愿知：《集解》引张晏曰：“尽其计议，愿王知之。”

⑥左右：梁王身边的侍从人员，这里代指梁王。

【译文】

臣下听说忠诚的人没有得不到报答的，守信的人不会被人猜疑,过去臣下常认为这话是对的,现在看,只是一句空话罢了。过去荆轲钦慕燕太子丹的义气,他的忠心使得上天呈现白虹横贯太阳的天象,太子却认为他因胆怯而行刺失败;卫先生替秦国谋划长平之事,他的忠心使得上天呈现太白星侵蚀昴宿的天象,但秦昭王还对他疑心重重。精诚已感应天地却不被两位主公明白,难道不是很可悲吗!现在臣下竭尽忠诚,知无不言,希望主公能了解我,而您却不明白,最终还是把我交给了司法官吏接受审讯,使我受到世人的怀疑,这是使荆轲、卫先生复现,可是燕太子丹、秦昭王仍未觉悟啊。希望大王仔细审察这些情况。

昔卞和献宝,楚王刖之[①];李斯竭忠,胡亥极刑[②]。是以箕子详狂[③],接舆辟世[④],恐遭此患也。愿大王孰察卞和、李斯之意[⑤],而后楚王、胡亥之听[⑥],无使臣为箕子、接舆所笑。臣闻比干剖心[⑦],子胥鸱夷[⑧],臣始不信,乃今知之。愿大王孰察,少加怜焉[⑨]。

【注释】

①卞和献宝,楚王刖之:《集解》引应劭曰:"卞和得玉璞,献之楚武王。武王示玉人,玉人曰'石也',刖右足。武王殁,复献文王,玉人复曰'石也',刖其左足。至成王时,卞和抱璞哭于郊。乃使玉尹攻之,果得宝玉。"此事又见于《国语》《吕氏春秋》《韩非子》等书。

②李斯竭忠,胡亥极刑:李斯为秦统一天下尽忠,最终却被秦二世胡亥杀害,事见《李斯列传》。

③箕子详狂:箕子为商纣王叔父,为避害而装疯。事见《宋微子世家》。详,通"佯",假装。

④接舆:楚国的隐士。《论语·微子》:"楚狂接舆歌而过孔子,曰:'凤兮凤兮,何德之衰!往者不可谏,来者犹可追。已而已而,今之从政者殆而!'孔子下,欲与之言。趋而避之,不得与之言。"辟世,避世隐居。

⑤孰察:认真体察。孰,同"熟"。

⑥后楚王、胡亥之听:不要像楚王、胡亥那样听信谗言。后,这里作动词,放在后面,就是不要的意思。

⑦比干剖心:比干为商朝末年贤臣,因劝谏纣王被剖心而死,事见《殷本纪》。

⑧子胥鸱夷:伍子胥为春秋末年吴国贤臣,因劝阻吴王夫差而被赐死,其尸体被装入皮袋,投于江中,事见《伍子胥列传》。鸱夷,皮口袋。

⑨少:同"稍",稍微。

【译文】

过去卞和进献宝玉,楚王却砍了他的脚;李斯竭尽忠诚,胡亥却用酷刑杀了他。因此箕子假装疯狂,接舆躲避乱世,就是害怕遭受这种祸患。希望大王明察卞和、李斯的心意,不要像楚王、胡亥那样听信谗言,不要让我被箕子、接舆嘲笑。臣下听说比干因忠心被挖出心脏,伍子胥因忠心被装入皮袋沉入江中,臣下起初不相信,至今才明白是实有其事。希望大王详细明察,对臣下稍加怜悯。

谚曰:"有白头如新①,倾盖如故②。"何则?知与不知也③。故昔樊於期逃秦之燕,借荆轲首以奉丹之事④;王奢去齐之魏,临城自刭以却齐而存魏⑤。夫王奢、樊於期非新于齐、秦而故于燕、魏也,所以去二国死两君者⑥,行合于志而慕义无穷也。是以苏秦不信于天下，而为燕尾生[⑦]；白圭战亡六城，为魏取中山[⑧]。何则？诚有以相知也。苏秦相燕[⑨]，燕人恶之于王，王按剑而怒，食以駃騠[⑩]；白圭显于中山[⑪]，中山人恶之魏文侯[⑫]，文侯投之以夜光之璧[⑬]。何则？两主二臣，剖心坼肝相信[⑭]，岂移于浮辞哉！

【注释】

①白头如新：意谓两人相交，到白头时，仍未能相知，像陌生人一样。

②倾盖如故：意谓两人在路上偶然相遇，停车交谈一会儿，就如同老友一样引为知己。倾盖，两车的车盖相互倾近。《索隐》引《志林》曰："道行相遇，并车对语，两盖相切，小欹之，故曰倾也。"《孔子家语》："孔子遇程子于途，倾盖而语。"

③知与不知也：关键在于是否心灵相通、志气相投。《集解》引桓谭《新论》曰："言内有以相知与否，不在新故也。"

④樊於期（wū jī）逃秦之燕，借荆轲首以奉丹之事：樊於期本为秦将，因得罪秦王而逃到燕国，后燕太子丹派荆轲入秦行刺，樊於期许诺将自己的人头借给荆轲，以骗取秦王信任。事见《刺客列传》。藉，资助。奉，奉行，落实。

⑤王奢去齐之魏，临城自刭以却齐而存魏：《集解》引《汉书音义》曰："王奢，齐人也，亡至魏。其后齐伐魏，奢登城谓齐将曰：'今君之来，不过以奢之故也，夫义不为生以为魏累。'遂自刭也。"

⑥去二国：指樊於期离开秦国，王奢离开齐国。死两君：指樊於期为燕太子丹而死，王奢为魏王而死。

⑦苏秦不信于天下，而为燕尾生：苏秦为燕昭王亲信，到齐国做燕国的间谍，最终事泄被杀，事详《苏秦列传》。苏秦在别国被视为骗子，在燕国则被视为像尾生一样守信的坚贞之士。尾生，古代一

个以守信著称的人,《庄子·盗跖》:“尾生与女子期于梁下,女子不来,水至不去,抱梁柱而死。”

⑧白圭战亡六城,为魏取中山:《集解》引张晏曰:“白圭为中山将,亡六城,君欲杀之,亡入魏。文侯厚遇之,还拔中山。”白圭,《货殖列传》亦有白圭,也是魏文侯时人,不知是否同一人。《六国年表》魏文侯十七年载“魏使太子伐中山”,无白圭事。中山,古国名。

⑨苏秦相燕:苏秦为燕昭王之相。

⑩食以駃騠(jué tí):《集解》引《汉书音义》曰:“言敬重苏秦,虽有谗谤,而更膳以珍奇之味。”駃騠,良马名。

⑪白圭显于中山:师古曰:“以拔中山之功而尊显也。”

⑫魏文侯:名斯,战国初期魏国国君,前445—前396年在位。

⑬投之以夜光之璧:谓魏文侯赐给白圭夜光之璧。投,赠送。《汉书》作“赐”。《诗·卫风·木瓜》:“投我以木瓜,报之以琼琚。”

⑭剖心坼(chè)肝:犹言“推心置腹”,形容真诚相待。坼,裂。

【译文】

谚语说:“有些人相处到老,仍然一如新交;有些人乘车路上相遇,交情犹如老友。”为什么呢?就是相知与不相知的缘故。所以过去樊於期离开秦国逃到燕国,把头颅借给荆轲以便完成太子丹的心愿;王奢离开齐国来到魏国,在城头自刎使齐兵退却以保存魏国。王奢、樊於期对齐、秦的君主来说并非新交,而对魏、燕的君主也并非旧交,离开齐、秦二国去为魏、燕两君效死,是因为这么做符合他们的志向,他们无限仰慕所谓的“义”。因此苏秦在别国被视为骗子,在燕国则被视为像尾生一样守信的坚贞之士;白圭作战丢了六座城,却为魏国攻下了中山。为什么呢?确实是因为得到深刻的理解。苏秦任燕相,燕人向燕王说他的坏话,燕君按剑怒视进谗者,并把宝马的肉送给苏秦吃;白圭在中山地位显赫之时,中山人向魏文侯说他的坏话,魏文侯却赐给白圭夜光宝璧。为什么呢?两位君主与两位臣子能推心置腹地互相信任，怎么会被流言蜚语所动摇呢！

故女无美恶，入宫见妒；士无贤不肖，入朝见嫉[①]。昔者司马喜髌脚于宋，卒相中山[②]；范雎摺胁折齿于魏，卒为应侯[③]。此二人者，皆信必然之画[④]，捐朋党之私[⑤]，挟孤独之位[⑥]，故不能自免于嫉妒之人也。是以申徒狄自沉于河[⑦]，徐衍负石入海[⑧]。不容于世，义不苟取比周于朝，以移主上之心[⑨]。故百里奚乞食于路，缪公委之以政[⑩]；甯戚饭牛车下，而桓公任之以国[⑪]。此二人者，岂借宦于朝，假誉于左右[⑫]，然后二主用之哉？感于心，合于行，亲于胶漆，昆弟不能离[⑬]，岂惑于众口哉？故偏听生奸，独任成乱。昔者鲁听季孙之说而逐孔子[⑭]，宋信子罕之计而囚墨翟[⑮]。夫以孔、墨之辩[⑯]，不能自免于谗谀，而二国以危[⑰]。何则？众口铄金，积毁销骨也[⑱]。是以秦用戎人由余而霸中国[⑲]，齐用越人蒙而强威、宣[⑳]。此二国，岂拘于俗，牵于世[㉑]，系阿偏之辞哉[㉒]？公听并观[㉓]，垂名当世[㉔]。故意合则胡越为昆弟[㉕]，由余、越人蒙是矣；不合，则骨肉出逐不收，朱、象、管、蔡是矣[㉖]。今人主诚能用齐、秦之义，后宋、鲁之听，则五伯不足称[㉗]，三王易为也。

【注释】

①“女无美恶”几句：《外戚世家》之褚先生引传曰“女无美恶，入室见妒；士无贤不肖，入朝见嫉”，《扁鹊仓公列传》太史公曰“女无美恶，居宫见妒；士无贤不肖，入朝见疑”，与此类似。

②司马喜髌(bìn)脚于宋,卒相中山:《集解》引晋灼曰:“司马喜三相中山。”髌脚,古代砍去膝盖骨及其以下部分的一种酷刑。

③范雎摺胁折齿于魏,卒为应侯:范雎在魏国时差点被打死,后来进入秦国,事秦昭王,被封为应侯,事见《范雎蔡泽列传》。摺胁,折断肋骨。摺,古通“拉”。

④信必然之画:严格照章办事,坚持原则。信,确守。画,规定。

⑤捐朋党之私:不结党营私。捐,抛开。

⑥挟孤独之位:独自一人,不拉帮结伙。挟,持,倚仗。

⑦申徒狄自沉于河:《庄子·盗跖》:“申徒狄谏而不听,负石自投于河,为鱼鳖所食。”

⑧徐衍负石入海:《集解》引《列士传》谓徐衍是周末人,《索隐》引张晏说谓其“负石欲沉”。

⑨“不容于世”几句:意谓他们虽不为世俗所容,但也绝不会不讲原则地索取,不会在朝堂上结党营私,以误导君主。比周,结党营私。

⑩百里奚乞食于路,缪公委之以政:百里奚受秦穆公重用事,此处与《秦本纪》所述不同。关于此事,自古传说歧异颇多,可参梁玉绳《史记志疑》、俞正燮《癸巳存稿》的相关考辨。缪公,也写作“穆公”,名任好,前659—前621年在位。

⑪甯戚饭牛车下,而桓公任之以国:《集解》引应劭曰:“齐桓公夜出迎客,而甯戚击其牛角商歌曰:‘南山矸,白石烂,生不逢尧与舜禅。短布单衣适至骭,从昏饭牛薄夜半,长夜曼曼何时旦。’公召与语,说之,以为大夫。”应劭所述见于《吕氏春秋·举难》。

⑫借宦于朝,假誉于左右:借助别人而入朝做官,靠君主身边亲信的赞誉。又此二句,《汉书》作“素宦于朝,借誉于左右”,文意更丰富。

⑬昆弟不能离:亲兄弟也不能离间他们君臣之间的亲密关系。昆弟,兄弟。

⑭鲁听季孙之说而逐孔子：据《孔子世家》，定公十四年（前496），孔子因鲁国君臣沉迷声色，遂离鲁适卫，非"听季孙之说而逐"，此盖邹阳之演绎。

⑮宋信子罕之计而囚墨翟：此事未详所出。子罕，战国宋昭公时权相。《韩非子·二柄》云："子罕谓宋君曰：'夫庆赏赐与者，民之所喜也，君自行之；杀戮刑罚者，民之所恶也，臣请行之。'于是宋君失刑，子罕用之，故宋君见劫。"《李斯列传》亦云："司城子罕相宋，身行刑罚，以威行之，期年遂劫其君。"又子罕，《汉书》《文选》均作"子冉"。

⑯辩：聪明，明智。

⑰二国以危：谓鲁国、宋国因不用孔子、墨翟而危险。

⑱众口铄金，积毁销骨：此盖当时俗语，《国语·周语》有"众志成城，众口销金"之说，《张仪列传》亦云"众口铄金，积毁销骨"。众口铄金，《索隐》引贾逵曰："铄，消也，众口所恶，虽金亦为消亡。"积毁销骨，言诽谤言辞多得可以摧毁人的骨骸。

⑲秦用戎人由余而霸中国：秦穆公用由余而称霸事，详见《秦本纪》。

⑳齐用越人蒙而强威、宣：其事不详。越人蒙，《汉书》《文选》均作"越人子臧"。《索隐》曰："子臧，越人，或'蒙'之字也。"《汉书补注》引沈钦韩曰："《盐铁论·相刺》篇：'越人夷吾，戎人由余，待译而后通，并显齐、秦'，则子臧又名夷吾。"又引沈曾植曰："《潜夫论·论荣》篇：'由余生于五狄，越象产于八蛮，而功显齐、秦，德立诸夏。''越象'与'由余'并举，疑即'子臧'。《史记》作'越人蒙'，'蒙'盖'象'字之误。"威、宣，指战国时齐威王、齐宣王，在位期间齐国国势强盛。

㉑拘于俗，牵于世：拘泥于世俗之见。

㉒系阿偏之辞：被偏私言论左右。阿，偏，私。

㉓公听：公正地听取言论，不带偏见。并观：多方考察，全面地观察。

㉔垂名当世：李笠曰："'名'读为'明'，'垂明'即'公听并观'之效，所谓'公生明'也，皆对'阿偏'而言。若以为'声名'，则当云'垂后世'，今云'当世'，是与'垂'字戾矣。《汉传》《文选》并作'明'。"中井曰："言'垂'则下当言'后世'；言'当世'则上宜言'立'，是必有一误。"

㉕胡越为昆弟：这里比喻原本毫无关系的可以变成关系亲密的人。胡，古代指北方的少数民族。越，古代指生活在今浙江、福建、两广一带的百越民族。

㉖朱、象：朱是尧帝的儿子丹朱，因其不肖，故尧帝不传位于他而传位于舜；象是舜的弟弟，多次害舜，《孟子》中有舜"放之"的说法。参见《五帝本纪》。管、蔡：指周初的管叔鲜和蔡叔度，均为周文王子、周武王弟。周武王死后，周成王年幼，周公辅政，管叔、蔡叔勾结武庚谋反，周公率兵平叛，杀死管叔，流放蔡叔，事见《周本纪》《管蔡世家》。

㉗五伯不足称：春秋五霸的功业不值得称赞，即不难做到的意思。五伯，即春秋五霸，齐桓公、晋文公、宋襄公、秦穆公、楚庄王。

【译文】

因此女子不论是美是丑，一进入宫中就会遭人嫉妒；士人不论有没有本事，一进入朝中就会被人嫉妒。过去司马喜在宋国被处以髌脚的刑罚，最终却当上了中山国的相；范雎在魏国肋骨被打断牙被打掉，最终却在秦国被封为应侯。这两人，都坚持原则，不结党营私，坚持身处孤立，所以不能避免被嫉妒者陷害。因此，申徒狄投身于雍水，徐衍负石自沉于大海。他们为时世不容，但仍坚持正义，不愿苟且，不肯在朝中结党营私以改变君王的心思。所以百里奚在路上乞讨，秦缪公将国政交给他；甯戚在车下喂牛，齐桓公把国政交给他。这两人，难道是借助别人而入朝做官，靠君主亲信的赞誉，才取得两位国君的信任和重用吗？这是因为他们和国君情投意合，行动一致，关系如胶漆一样牢固，亲兄弟也不能离间他们君臣之间的亲密关系，怎么会被众人的坏话所迷惑呢？因此听信一面之词就会产生奸佞，任用少数几个人就会乱套。过去鲁国轻信了季孙的话赶走了孔子，宋国偏信子罕的话囚禁了墨翟。凭着孔子、墨翟的明智，尚且不能使自己免遭谗毁，两个国家也因此遭受危难。为什么呢？众人的谗言能熔化金属，积久的毁谤能销蚀骨头啊。因此秦人任用戎人由余而称霸中国，齐国任用越人蒙而在威、宣二王之世得以强盛。秦、齐的这两位国君难道曾受到世俗的牵制，被阿谀偏颇的言辞束缚了吗？是因为他们公正地听取意见、全面地观察事物，于是贤声美名流传于世。所以心意相合则胡人、越人都能成为兄弟，由余、越人蒙就是如此；心意不合，即使是骨肉之亲也能被驱逐，丹朱、象、管叔、蔡叔就是这样。现在人主如果确实能够像齐王、秦王那样明察一切，不像宋、鲁两国国君那样听信谗言，那么五霸也不值得称赞，三王的功业也容易做到。

是以圣王觉寤，捐子之之心①，而能不说于田常之贤②；封比干之后③，修孕妇之墓④，故功业复就于天下⑤。何则？欲善无厌也⑥。夫晋文公亲其仇⑦，强霸诸侯；齐桓公用其仇⑧，而一匡天下。何则？慈仁殷勤，诚加于心，不可以虚辞借也⑨。

【注释】

①捐子之之心：看破子之之流的险恶用心而抛弃他们。子之，战国时燕王哙相，哄骗燕王哙搞出禅让闹剧，导致燕国大乱，几乎亡国。事详《燕召公世家》。

②说：同“悦”，赏识。田常：也作“田恒”“陈恒”，春秋末期齐国权臣，通过让利于民而收买人心，杀死齐简公而立齐平公，实际上掌控了齐国政权，为后来田氏篡齐奠定了基础。事见《田敬仲完世家》。

③封比干之后：谓周武王灭商后，封赏被纣王杀害的比干的后人。《殷本纪》《周本纪》均载周武王灭商后“封比干之墓”。

④修孕妇之墓：《尚书·泰誓》载周武王指责纣王“焚炙忠臣，刳剔孕妇”，孔颖达《正义》引皇甫谧《帝王世纪》云“纣剖比干妇以视其胎”，此处所言孕妇或即此事。

⑤功业复就于天下：此指周武王灭商兴周之功业。李笠曰：“‘就’字误衍，‘复’即‘覆’字之省，谓功业覆被于天下也。武王之创业非中兴之谓，不可云‘复’甚明也。《汉传》《新序》《文选》并作‘覆’，无‘就’字。”

⑥厌：倦怠。

⑦晋文公亲其仇：指晋文公重耳任用仇人寺人披事。骊姬之乱中，寺人披奉命抓捕重耳，重耳翻墙逃跑时，被寺人披斩掉了一条袖子。后来晋文公回国继位，寺人披前来求见，赦免了他，寺人披向他报告了国内敌对势力的阴谋，使晋文公幸免于难。事见《左传·僖公二十四年》及《晋世家》。

⑧齐桓公用其仇：指齐桓公用跟他有一箭之仇的管仲为相。一匡天下：《论语·宪问》马融注：“匡，正也。天子微弱，桓公率诸侯以尊周室，一正天下。”或谓指确立周襄王太子之位事。

⑨不可以虚辞借：不能靠说空话应付。借，应付。

【译文】

所以真正明智的君主，能够看破子之之流的险恶用心而抛弃他们，能够不赏识田常的贤能；能够封爵给比干的后代，重修被纣王杀死的孕妇的坟墓，因而能够成就天下瞩目的功业。为什么呢？因为他向善的愿望没有止境。晋文公亲近自己的仇人寺人披，所以能在诸侯中称霸；齐桓公任用他的仇人管仲，最终匡正天下。为什么呢？因为他们慈善仁爱，殷勤恳切，内心诚信有加，不被浮词虚言所转移。

至夫秦用商鞅之法[①]，东弱韩、魏，兵强天下，而卒车裂之；越用大夫种之谋[②]，禽劲吴，霸中国，而卒诛其身。是以孙叔敖三去相而不悔[③]，於陵子仲辞三公为人灌园[④]。今人主诚能去骄慠之心，怀可报之意[⑤]，披心腹，见情素[⑥]，堕肝胆[⑦]，施德厚[⑧]，终与之穷达，无爱于士[⑨]，则桀之狗可使吠尧，而跖之客可使刺由[⑩]；况因万乘之权，假圣王之资乎[⑪]？然则荆轲之湛七族[⑫]，要离之烧妻子[⑬]，岂足道哉！

【注释】

①商鞅：原为卫人，在秦孝公支持下主持变法，使秦国国富兵强，多次进攻魏国，拓展领土。秦孝公死后，商鞅被处以车裂之刑。事详《商君列传》。

②大夫种：即春秋末年越国大夫文种，辅佐句践灭了吴国，使越国称霸一时。后因功高被句践猜忌，惨遭杀害。事详《越王句践世家》。

③孙叔敖三去相而不悔：孙叔敖，楚庄王时任令尹，据说他曾三次出任令尹，面无喜色；三次被免去令尹之职，也面无忧色。事见《循吏列传》《庄子·田子方》《吕氏春秋·知分》。

④於（wū）陵子仲辞三公为人灌园：《集解》引《列士传》云："楚於陵子仲，楚王欲以为相，而不许，为人灌园。"於陵子仲，即陈仲

子,因居于於陵,故称,事亦见《孟子·滕文公》。於陵,古邑名,在今山东邹平。三公,周时指司徒、司马、司空,此代指国家重臣。

⑤怀可报之意:《文选》李善注:"言士有功可报者思必报。"《汉书补注》引王文彬曰:"'报'当属士言,豫让所谓'众人遇我,以众人报之;国士遇我,以国士报之'也。人主诚隆礼以待士,自为可报之地,阳欲梁王怀此意也。"

⑥见情素:袒露真情,真心待人。师古曰:"见,显示也。"情素,真情。

⑦堕肝胆:王先谦引王念孙曰:"'堕'应训'输'。"输肝胆,犹今言"推心置腹"。

⑧施德厚:施恩德。

⑨终与之穷达,无爱于士:始终与士人同甘共苦,不吝惜给他们钱财名位。穷,困窘。达,通达。

⑩桀之狗可使吠尧,而跖之客可使刺由:二句意谓只要给臣子待遇到位,想让他干什么都行。桀,夏朝的末代暴君。吠,狗叫。跖,传说中的大盗,事见《庄子·盗跖》等,后被视为坏人的代表。由,指许由,相传为尧时隐士,尧曾想将天下让给他,许由不受,后被视为高尚有德者的代表。

⑪因万乘之权,假圣王之资:二句意谓凭借梁孝王的权势地位,更易使人效死命。因,凭借。万乘之权,此谓梁孝王国大权重。假,借助。圣王之资,此言梁孝王地位崇高。中井曰:"'圣王'者,非所以称梁王也,邹阳失辞。"

⑫荆轲之湛七族:荆轲为燕太子丹舍身刺秦事,详见《刺客列传》,然无"湛七族"之事,《论衡·语增》有"秦王诛轲九族,复灭其一里"之说,盖汉时有此传说。湛,通"沉",没,被诛灭。七族,《集解》引张晏曰:"上至高祖,下至玄孙。"《索隐》曰:"父之族、姑之子、姐妹之子、女子之子、母之族、从子、妻父母。"

⑬要离之烧妻子:据《吕氏春秋·忠廉》,要离为帮助吴王阖庐刺杀

王子庆忌，让吴王阖庐故意加罪于他，抓捕他的妻儿，“焚之而扬其灰”，以此博得王子庆忌的信任，最终成功刺杀了王子庆忌。

【译文】

至于秦国采用商鞅之法，向东削弱韩国、魏国，军事力量天下最强，最后却车裂了商鞅；越国采用大夫文种的计谋，大败了强大的吴国，从而称霸中国，最后却杀了大夫文种。因此孙叔敖三次被免去相国之职却无悔意，於陵子仲辞去三公甘愿为人灌溉园地。现在君王如果确实能戒除骄傲之心，怀抱报答之情，推心置腹，袒露真情，披肝沥胆，多施恩德，始终与士人同甘共苦，对士人毫不吝啬，那么就可以使唤桀的狗对尧狂吠，驱使盗跖的门客去刺杀许由；何况手握国家大权、依靠圣王才智的人呢？这样荆轲刺秦王之前淹死亲戚，要离刺庆忌之前烧死妻子，又有什么值得说的呢！

臣闻明月之珠，夜光之璧，以暗投人于道路①，人无不按剑相眄者②。何则？无因而至前也③。蟠木根柢④，轮囷离诡⑤，而为万乘器者⑥。何则？以左右先为之容也⑦。故无因至前，虽出随侯之珠⑧，夜光之璧，犹结怨而不见德⑨。故有人先谈⑩，则以枯木朽株树功而不忘。今夫天下布衣穷居之士，身在贫贱，虽蒙尧、舜之术⑪，挟伊、管之辩⑫，怀龙逢、比干之意⑬，欲尽忠当世之君，而素无根柢之容，虽竭精思，欲开忠信，辅人主之治，则人主必有按剑相眄之迹，是使布衣不得为枯木朽株之资也。

【注释】

①以暗投人于道路：在黑暗的道路上，把东西扔向人家。投，投赠。

②按剑相眄（miǎn）：手按宝剑，怒目而视。眄，怒视，恨视。

③无因而至前：谓无端来到人面前。无因，无端，无故。

④蟠木：弯曲的木头。根柢（dǐ）：树根。柢，根。

⑤轮囷（qūn）离诡：指树根弯曲盘绕的样子。

⑥为万乘器：成为万乘之君的玩赏器物。

⑦容：颜师古曰："雕刻加饰。"

⑧随侯之珠：宝珠名。《淮南子·览冥训》注："隋侯，汉东之国，姬姓诸侯也。隋侯见大蛇伤断，以药傅之，后蛇于江中衔大珠以报之，因曰隋侯之珠，盖明月珠也。"

⑨不见德：不受人感激。

⑩故有人先谈：事先有人称扬赞许。泷川曰："《汉书》无'故'字，'谈'作'游'。"

⑪蒙尧、舜之术：具有尧、舜那样的治国本领。蒙，披，这里即怀有、具备的意思。

⑫挟伊、管之辩：具有伊尹、管仲那样的才智。辩，才智。

⑬怀龙逄、比干之意：具有龙逄、比干那样的忠心。龙逄，夏朝末年贤臣，因劝谏夏桀而被杀。

【译文】

臣下听闻明月珠、夜光璧，若在黑暗的夜里扔给路上的行人，没有人不按剑斜视的。为什么呢？因为这些东西无缘无故就突然出现在他面前。盘根错节的树根，离奇弯曲，却成为君主玩赏的器物。为什么呢？是因为左右的人先雕刻装饰了它。所以无缘无故出现在人面前，即使是随侯珠、夜光璧一类的宝物，也只能招怨而不会受到感谢。如果有人事先介绍宣扬过，那么枯朽的木头也会有功而不被忘记。现在天下生活困苦的布衣士人，身处贫贱，即使有尧、舜的本领，伊尹、管仲的才智，龙逄、比干的忠心，想为当世君主尽忠，若是平时没有君主左右人的推荐，即使殚精竭虑，想要尽忠，辅助人主治理国家，君主一定也会有按剑怒视的样子，这样就使得布衣之士就连枯朽木头那样的作用都无法发挥了。

是以圣王制世御俗①，独化于陶钧之上②，而不牵于卑乱之语，不夺于众多之口③。故秦皇帝任中庶子蒙嘉之言，以信荆轲之说，而匕首窃发④；周文王猎泾、渭，载吕尚而归，以王天下⑤。故秦信左右而杀⑥，周用乌集而王⑦。何则？以其能越挛拘之语⑧，驰域外之议⑨，独观于昭旷之道也⑩。今人主沉于谄谀之辞，牵于帷裳之制⑪，使不羁之士与牛骥同皂⑫，此鲍焦所以忿于世而不留富贵之乐也。

【注释】

①制世御俗：即指治理国家。御，驾驭，统治。

②独化于陶钧之上：乾纲独断地处理政务。陶钧，古代制作陶器的转轮，常用来比喻治理国家。颜师古曰："陶家名转者为'钧'，言圣王制驭天下，亦犹陶人转钧。"

③不夺于众多之口：不会因众人的话而改变。

④"秦皇帝任中庶子蒙嘉之言"几句：荆轲入秦后，贿赂秦王宠臣中庶子蒙嘉，获得晋见机会，遂有图穷匕现之事，事详《刺客列传》。中庶子，官名，掌诸侯卿大夫之庶子的教育。

⑤"周文王猎泾、渭"几句：周文王在渭水边打猎，遇到吕尚，相谈甚欢，与之同车载而归，任以为师，后来吕尚辅佐周武王灭商，建立周王朝，事详《周本纪》。泾、渭，二水名，泾水在今陕西高陵西南汇入渭水。文王遇吕尚相传是在渭水边的磻溪（今宝鸡东南），离泾水较远，此言"泾渭"，盖由"渭"而连及之也。

⑥秦信左右而杀：梁玉绳曰："荆轲刺秦不中，何得言'杀'？《汉书》《文选》作'亡'，尤非。"

⑦周用乌集而王：师古曰："文王之得太公非因旧故，若乌鸟之暴集。"王先谦曰："秦任蒙嘉，未为荆轲所杀，亦未以此亡国，是'信左右'不得指蒙嘉，则'用乌集'，亦不指太公也。秦二世信赵高，杀身亡国，是'信左右而杀亡'也；'乌集'犹言'乌合'，周武王伐纣至孟津，八百诸侯不期而会，若乌鸟之集然，是'用乌集而王'也。"

⑧挛拘：拘泥，拘束。

⑨驰域外之议：让从域外远道而来的人畅所欲言。

⑩昭旷：师古曰："昭，明；旷，广也。"

⑪帷裳：即帷帐，这里指贴身的臣妾。

⑫不羁之士：指才识卓尔不群的人。师古曰："不羁，言才识高远，不可羁系也。"与牛骥同皂：王叔岷曰："此处'与'字与'如'同义。谓'使不羁之士，如牛与骥同皂'。骥，良马。皂，《集解》引《汉书音义》：'食牛马器，以木做，如槽也。'"

【译文】

因此圣明的君主治理国家，应该像制陶器时自如地转动轮子那样，独立自主地运用治国大道，不受混乱话语的牵绊，不受众声喧哗的影响而改变自己的决定。因此秦始皇听信中庶子蒙嘉的话，相信荆轲的说辞，匕首就暗中刺了过来；周文王在泾、渭之滨打猎，把吕尚同车载回，结果称王天下。因此秦始皇相信左右的话而被刺，周文王任用偶然相逢的人而称王。为什么呢？因为周文王能够摆脱左右亲信拘泥的言论，让远道而来的人畅所欲言，能高瞻远瞩独自看清光明旷达的大道。现在的君主沉溺在阿谀奉承的言辞之中，受到近臣妻妾的牵制，使那些不受世俗约束、才识高远的人才与牛马的待遇一样，这就是鲍焦愤世嫉俗不留恋富贵之乐的原因。

臣闻盛饰入朝者不以利污义[①]，砥厉名号者不以欲伤行[②]，故县名胜母而曾子不入[③]，邑号朝歌而墨子回车[④]。今欲使天下寥廓之士[⑤]，摄于威重之权[⑥]，主于位势之贵[⑦]，故回面污行以事谄谀之人而求亲近于左右[⑧]，则士伏死堀穴岩薮之中耳[⑨]，安肯有尽忠信而趋阙下者哉[⑩]！

【注释】

①盛饰：指修养德行。不以利污义：意谓不为利益而有损道义。

②砥厉名号：注意打造声望的人。砥、厉，都是磨刀石，这里用如动词，即“磨炼”的意思。不以欲伤行：不为私欲而有伤德行。

③县名胜母而曾子不入：曾子是个大孝子，认为“胜母”之名不合孝道，故不入其地。《索隐》曰：“《淮南子》及《盐铁论》并云‘里名胜母，曾子不入’；《尸子》以为孔子至胜母县，暮而不宿，则不同也。”曾子，名参，孔子弟子，以孝闻名。

④邑号朝歌而墨子回车：据《淮南子·说山训》记载，墨翟路过朝歌时，因此地名不符合其“非乐”的主张，遂回车离去。朝歌，商纣王别都，在今河南淇县。《乐书》：“纣为朝歌北鄙之音，身死国亡。”

⑤寥廓之士：抱负远大，性情豪放的人。寥廓，广远宏阔。

⑥摄于威重之权：被威重的权势所挟制。

⑦主于位势之贵：被高贵的势位所主宰。主，主宰。《汉书》《文选》皆作“胁”，中井曰：“‘主’作‘胁’为长。”

⑧回面污行：改变自己的本来面目，玷污自己固有的德行。

⑨堀穴：洞穴。堀，通“窟”。岩薮：山野江湖之中。

⑩趋阙下：指投奔王侯府第，此指投奔梁孝王。阙，帝王宫门两侧的台观。

【译文】

臣下听说注重修身养性的人不会因为利益而玷污道义，修身立名的人不会因为私欲伤害品行，因此遇到县名叫“胜母”，讲究孝道的曾子就不进去；遇到城邑名叫“朝歌”，倡导“非乐”的墨子就掉头回车。现在想让天下胸怀宽广、气度恢宏的贤士被威重的权力慑服，被高贵的地位胁迫，让他们改头换面、污损品行来侍奉那些谄谀的小人而求得与君主亲近，那么他们就会老死在洞穴山林草泽之中，哪里还会有尽忠守信的人来到宫阙之下呢？

书奏梁孝王，孝王使人出之，卒为上客。

【译文】

这封信上奏给梁孝王，梁孝王派人把他放了出来，他终于成为上等门客。

太史公曰：鲁连其指意虽不合大义[①]，然余多其在布衣之位[②]，荡然肆志[③]，不诎于诸侯[④]，谈说于当世，折卿相之权。邹阳辞虽不逊[⑤]，然其比物连类[⑥]，有足悲者，亦可谓抗直不桡矣[⑦]，吾是以附之列传焉。

【注释】

①其指意虽不合大义：梁玉绳曰：“仲连不肯帝秦一节，正见大义，战国一人而已。史公此语殊未当。”或谓“不合大义”指鲁仲连隐身不仕，不合孔门积极入世之道。《论语·微子》：“子路曰：‘不仕无义。’长幼之节不可废也，君臣之义如之何其废之？欲洁其身，而乱大伦。君子之仕也，行其义也。”

②多：赞赏。

③荡然肆志：逍遥散荡，随心而行。

④诎：通“屈”。

⑤不逊：不驯顺，盖谓其上书中语多愤激。

⑥比物连类：钱锺书曰：“出《韩非子·难言》：‘多言繁称，连类比物，则见以为虚而无用。’‘连类’即词采，偶俪之词絺于单行，能使意寡而视之如多也。”

⑦抗直不桡：刚强正直而不卑屈。桡，通“挠”，屈。

【译文】

太史公说：鲁仲连隐身不仕的行为主旨虽然不符合大义，但我赞赏他作为一个普通平民，能够不受环境束缚而坚持自己的志向，不屈服于诸侯，纵横谈说闻名当世，使卿相折服。邹阳的言辞虽然过于愤激，但他写文章善用比喻，上下联系，有足以令人感慨之处，也可以称得上是刚强正直而不卑屈了，我因此把他们写入了列传。

【集评】

司马贞曰：“鲁连、屈原，当六国之时；贾谊、邹阳，在文、景之日，事迹虽复相类，年代甚为乖绝，其邹阳不可上同鲁连，屈平亦不可下同贾生。宜抽鲁连同田单为传，其屈原与宋玉等为一传，其邹阳与枚乘、贾生同传。”（《史记索隐》）

张文虎曰：“此史公合传之最不可解者。《自序》云：‘能设诡说，解患于围城，轻爵禄，乐肆志’，以论仲连似矣，何与于邹阳？阳之可取，在谏吴王，今反不载其书；班书载之，与贾山、枚乘、路温舒同传，斯胜史公矣。”（《舒艺室随笔》）

李景星曰：“鲁仲连、邹阳，中间相距百岁，时异代隔，绝无联络，而太史公合为一传，以其性情同也。观赞语，于鲁仲连则曰‘不诎于诸侯’，于邹阳则曰‘亦可谓抗直不桡矣’，不诎不桡，乃能独行其是，而为天地间不易多、不可少之人。虽所处之地位不同，要其不磨之志气俱在也。鲁仲连身为布衣，得以自主，故其志气可于径直中见之；邹阳处人宇下，不得自主，而其志气亦可于郁结中见之。……史公天性与鲁仲连同，其遭际复与邹阳同，史公之传二人，并有自为写照之意。不此之求，而但以围城之书与狱中之书两相牵合，以为得史公意，恐非史公之所任受也。”（《史记评议》）

吴师道曰：“仲连事皆可称，而不肯帝秦一节尤伟。战国之士皆以势为强弱，而连独以义为重轻，此其所以异耳。”（《战国策校注》）

曾国藩曰：“仲连高洁，似非邹阳可拟；上书梁王，亦拉杂无精义。子长特以书中所称有与己身相感触者，遂录存之。”（《求阙斋读书录》）

【评论】

《太史公自序》说：“能设诡说，解患于围城，轻爵禄，乐肆志，作《鲁仲连邹阳列传》第二十三。”这说的都是鲁仲连的事迹，也就是说本篇虽为合传，但以鲁仲连为主。司马迁为鲁仲连立传，因为他特别欣赏鲁仲连见义勇为，功成不受赏的侠义精神。秦军围困邯郸，魏国派新垣衍来鼓动赵国尊秦为帝，实际上是劝赵向秦国投降。鲁仲连此时正好路过赵国，他出于对秦国侵略行径的憎恶，对魏国投降派的义愤，为了与他毫不相干的赵国，他义正词严、有理有力地驳斥了新垣衍的投降论调，伸张了正气，维护了被侵略者的尊严，为东方抗秦联盟的形成奠定了舆论基础。他这种反抗强权、反抗侵略的决心与气概对后世影响极大，在“诸葛亮舌战群儒”中，我们不难看出鲁仲连的影子。事成之后，平原君要给他千金作为酬谢，他说：“所贵于天下之士者，为人排患释难解纷乱而无取也。即有取者，是商贾之事也，而连不忍为也。”遂辞平原君而去，终身不复见。如果抛开“侠以武犯禁”即侠需要有武功这一点，单从司马迁为侠总结的“其言必信，其行必果，已诺必诚，不爱其躯，赴士之厄困，既已存亡死生矣，而不矜其能，羞伐其德”的特征看，鲁仲连是完全符合侠的标准的。鲁仲连是我国古代最受人倾慕的人物形象之一。李白作《古风》一诗表示倾慕，苏辙更称赞他“连辩过秦、仪，气凌髡、衍，而纵衡之利，不入于口。因事放言，切中机会，排难解纷，如决溃堤，不终日而成功。逃避爵赏，脱屣而去，战国以来，一人而已”（《古史》）。

文末的“太史公曰”中有所谓“鲁连其指意虽不合大义”一句，这有些让人费解，鲁仲连的见义勇为，功成不受赏哪里不合大义呢？司马迁所说的大义指的是什么呢？司马迁所说的“大义”应是指“君臣之义”。《论语·微子》中说：“不仕无义。长幼之节，不可废也；君臣之义，如之何其废之？欲洁其身，而乱大伦。君子之仕也，行其义也。”司马迁不赞成遗世高蹈，他追求忍辱奋斗，是即时建立功名，是知其不可为而为之。他的这种追求自然与鲁仲连的处世方式不同。

本文写鲁仲连在燕将绝无出路地长期固守聊城，给聊城人民造成了无谓的生命财产伤害的情况下写了《遗燕将书》，劝他迅速做出决定，结束这种对双方都没好处的困兽之斗。《战国策》记载燕将看到信后就撤了兵，使双方都摆脱了困境，这是很好的结果；而本文则说燕将见信后痛哭自杀，而田单则乘乱率齐军进攻屠城，这等于说鲁仲连的信对聊城军民没起到好作用，反而是害了他们，这岂不是鲁仲连欺骗了聊城军民么？司马迁将《战国策》对鲁仲连的赞美改成这样，是否是因为《战国策》夸大了这封信的作用，而司马迁还原了历史的真相呢？只是这一来，鲁仲连的形象就受到一定程度的损害了。

邹阳全凭一篇《狱中上梁王书》而进入了《史记》，从而留名青史。单从他个人的事迹看，实在是微不足道，但司马迁何以如此看重这篇上书？除了因为其文采斐然，更因为邹阳在文中表达的“女无美恶，入宫见妒；士无贤不肖，入朝见嫉”，揭示的是人际关系中极其常见的问题，是人生存中的一种悲剧，或者说它揭示的是人类的劣根性，反映了一种人类普遍的困境。司马迁对此有着深刻的体认，在《扁鹊仓公列传》的“太史公曰”中他也说道：“女无美恶，居宫见妒；士无贤不肖，入朝见疑。故扁鹊以其伎见殃，仓公乃匿迹自隐而当刑。”另外，邹阳遭嫉被诬下狱的处境也让司马迁联想到自己的惨痛经历，司马迁看重这封上书，也因为其诉说了他自己的辛酸，抒发了他自己的悲愤。《汉书·邹阳传》里还录有邹阳的《上吴王书》，似为谏阻吴王濞谋逆事，应该说意义比《狱中上梁王书》重大，司马迁为了表达自己的意图而将其舍弃，这与《屈原贾生列传》中不录贾谊《治安策》而录《鹏鸟赋》是一个道理。

本篇收录了鲁仲连“义不帝秦”的大段议论和“遗燕将书”，收录邹阳的《狱中上梁王书》，也表现了司马迁对于好文章的偏爱。《史记》中司马迁尽可能多地收录了他认为好的文章，像《司马相如列传》就不厌其烦地收入《子虚赋》《上林赋》《悲二世赋》《谏猎疏》及《难蜀父老文》《喻巴蜀檄》等，立《三王世家》也有喜爱汉武帝策封三个儿子为王的诏令的因素。事实上，对于文人、对于好文章的格外关注，正是《史记》的一大特色，而且正是因为司马迁开了收录好文章的头，后来的正史传记也多重视收录宏文，并逐渐发展为能文之士单立类传。

至于学者们认为鲁仲连的“义不帝秦”与“遗燕将书”皆为后人依托，或认为“义不帝秦”为依托而“遗燕将书”是真的。我们认为它们确实存在矛盾错讹，但事件大体情节清晰可信。至于文章是出于鲁仲连之手还是后人的加工，不必深究。古代流传的文献，多经过众手加工，这一点看《左传》就很明白。钱穆认为此二事皆见于《战国策》，而《战国策》乃录自《史记》；而史公之为此文，大概是采自《鲁连子》。按，《鲁连子》成书于战国末年或秦、楚之际，其书可能托名鲁仲连所作，但其中事实当自有渊源，并非子虚乌有。

史记卷八十四

屈原贾生列传第二十四

【释名】

本篇是屈原与贾谊的合传。两人同是才调绝伦，又都因改革而得罪旧权贵遭到流放，最后抑郁而死。司马迁同情他们，也感慨自己的遭遇，因此这篇合传多抒情之笔，有人说可以看作是屈原、贾谊、司马迁三人的合传。

在“屈原传”部分，本篇大致交代了屈原初受楚怀王信任，后被上官大夫谗毁而遭疏远，又因劝怀王不要入秦而与司马子兰发生矛盾，于顷襄王继位后被流放，最后作《怀沙赋》悲愤投江自尽的人生经历。收录了屈原所做的《怀沙赋》。在“贾谊传”部分，本篇写了贾谊锐意改革，受到汉文帝赏识，也因此不为灌、绛等老臣所容，被排挤出朝廷，远放长沙，后来虽被召回，又拜梁怀王太傅，因梁怀王意外丧生而自责，不久抑郁而终。收录了贾谊的《吊屈原赋》和《鹏鸟赋》。

屈原者，名平[①]，楚之同姓也[②]。为楚怀王左徒[③]。博闻强志[④]，明于治乱，娴于辞令[⑤]。入则与王图议国事，以出号令；出则接遇宾客，应对诸侯。王甚任之。

上官大夫与之同列[⑥]，争宠而心害其能[⑦]。怀王使屈原造为宪令⑧。屈平属草稿未定⑨，上官大夫见而欲夺之⑩，屈平不与，因谗之曰："王使屈平为令，众莫不知，每一令出，平伐其功⑪，曰以为'非我莫能为'也。"王怒而疏屈平。

【注释】

①屈原者，名平：《离骚》："名余曰'正则'兮，字余曰'灵均'。"朱熹注："正，平也；则，法也；灵，神也；均，调也。高平曰'原'，故名'平'而字'原'也。"

②楚之同姓也：楚国王族为芈（mǐ）姓，屈原为前代楚王之后裔，其祖先屈瑕受封于屈地，故姓屈氏。屈、景、昭为楚国王族之三大姓。

③楚怀王：名槐，前328—前299年在位。左徒：《正义》曰："盖今之左右拾遗之类。"钱大昕曰："黄歇由左徒为楚令尹，则左徒亦楚之贵臣矣。"

④强志：记忆力好。志，记忆。

⑤娴（xián）：熟练，擅长。

⑥上官大夫：姓上官，史失其名。王逸《离骚经序》以为上官大夫名靳尚，梁玉绳曰："王逸《离骚经序》云'上官靳尚'盖仍《新序·节士》之误。考《楚策》靳尚为张旄所杀，在怀王世；而此言上官为子兰所使，当顷襄王时，必别一人。故《汉书·人表》列上官大夫五等，靳尚七等。"

⑦害：忧心，嫉妒。

⑧宪令：法令。《左传·襄公二十八年》："此君之宪令，而小国之望也。"杜预注："宪，法也。"

⑨属草稿未定：正当撰写草稿，尚未完成之时。属，泷川引曾国藩曰："适也，谓当此际也。"一说，属，为缀连写作之意。

⑩夺之：想要占为己有。陈子龙曰："欲预闻宪令，以与几事，非窃屈平之作以为己作也。王本命平，上官无由窃之也。"

⑪伐：夸耀。

【译文】

屈原名平，与楚王同为芈姓。他在楚怀王时官居左徒。他学识渊博，记忆超群，深明国家治乱兴衰的道理，擅长应对言辞。入朝就和楚怀王共同谋划国事，拟定发布政令；出朝就接待宾客，周旋于诸侯之间。楚怀王非常信任他。

上官大夫与屈原同朝为官，和屈原争宠而忌妒他的才能。楚怀王让屈原起草法令。在屈原写出草稿尚未最后确定的时候，上官大夫见了想要占为己有，屈原不给，上官大夫便在楚怀王面前进谗言说："大王命屈原起草法令，大家没有不知道的，但每一道法令颁布后，屈原总是自夸功劳，说'除了我谁也起草不了'。"楚怀王一怒之下疏远了屈原。

屈平疾王听之不聪也[①]，谗谄之蔽明也，邪曲之害公也，方正之不容也，故忧愁幽思而作《离骚》[②]。离骚者，犹离忧也[③]。夫天者，人之始也；父母者，人之本也。人穷则反本，故劳苦倦极[④]，未尝不呼天也；疾痛惨怛[⑤]，未尝不呼父母也。屈平正道直行，竭忠尽智以事其君，谗人间之[⑥]，可谓穷矣。信而见疑[⑦]，忠而被谤[⑧]，能无怨乎？屈平之作《离骚》，盖自怨生也。《国风》好色而不淫[⑨]，《小雅》怨诽而不乱[⑩]。若《离骚》者，可谓兼之矣。上称帝喾[⑪]，下道齐桓[⑫]，中述汤武[⑬]，以刺世事[⑭]。明道德之广崇[⑮]，治乱之条贯[⑯]，靡不毕见[⑰]。其文约[⑱]，其辞微[⑲]，其志洁，其行廉，其称文小而其指极大，举类迩而见义远[⑳]。其志洁，故其称物芳；其行廉，故死而不容。自疏濯淖污泥之中[㉑]，蝉蜕于浊秽[㉒]，以浮游尘埃之外，不获世之滋垢[㉓]，皭然泥而不滓者也[㉔]。推此志也，虽与日月争光可也㉕。

【注释】

①疾：忧虑，痛心。不聪：听觉不灵敏，谓楚王昏聩，不辨谗言。

②故忧愁幽思而作《离骚》：苏辙曰："太史公言《离骚》作自怀王之世，原始见疏而作。按，《离骚》之文斥刺子兰，宜在怀王末年，顷襄王世。"

③离骚者，犹离忧也：这个的解释很多。王逸《离骚经序》曰："离，别也；骚，愁也。"即离别的忧愁，此谓被君主疏离。又《索隐》引应劭曰："离，遭也；骚，忧也。"即陷入忧愁之意。王应麟引《国语·楚语》伍举曰："德义不行则迩者骚离，而远者距违。"以为"伍举所谓'骚离'，屈平所谓'离骚'，皆楚言也"，犹今所谓"牢骚"。

④劳苦倦极：北大《两汉文学史参考资料》："'极'字作'病'解，即'困惫'之意，与'劳''苦''倦'意义相近，不是副词。"

⑤疾痛惨怛（dá）：北大《两汉文学史参考资料》："'疾'与'痛'同义，指人生理上的疼痛感觉。……'惨怛'指人心理上的疼痛感觉。"惨怛，惨痛。怛，痛苦。

⑥间：非难，诽谤。

⑦见疑：被怀疑。

⑧被谤：受到谗害诽谤。

⑨《国风》：《诗经》的风诗部分，包括周南、召南、邶、鄘、卫、王、郑、齐、魏、唐、秦、陈、桧、曹、豳共十五国风，共一百六十篇。好色而不淫：语本《论语·八佾》："《关雎》乐而不淫。"《关雎》为《国风》第一篇。好色，即喜欢描写男女恋情，《国风》部分多有这类作品。淫，溢，过分。凌稚隆引余有丁曰："谓'好色'云者，以《离骚》有宓妃等事。然原特假借以思君耳，非如《国风》之思

也。”

⑩《小雅》:《诗经》中的一个部分,共一百零五篇。怨诽而不乱:《小雅》中多有忧国忧民、抨击现实的怨刺之作,故称其“怨诽”,这些诗中虽有怨刺,但非鼓动作乱,故称“不乱”。

⑪帝喾(kù):传说中的“五帝”之一,号高辛氏,事见《五帝本纪》。《离骚》:“凤凰既受诒兮,恐高辛之先我。”即所谓“上称帝喾”。

⑫齐桓:即春秋五霸之首齐桓公,前685—前643年在位,事见《左传》《齐太公世家》。《离骚》:“宁戚之讴歌兮,齐桓闻以该辅。”即所谓“下道齐桓”。

⑬汤武:商汤、周武王,商、周两代的开国之君。《离骚》中:“汤禹俨而祇敬兮,周论道而莫差。”即所谓“中述汤武”。

⑭以刺世事:讥刺楚国当时的政事。

⑮道德:此兼指治国之道及个人的品德修养。

⑯条贯:条理,规律。

⑰靡不毕见:没有一点不充分体现。见,同“现”。

⑱其文约:文辞简洁。约,简,少。

⑲其辞微:用语含蓄。微,隐晦。

⑳举类迩而见义远:列举的事例浅近,表现的意涵却极深远。

㉑自疏濯淖(zhuó nào)污泥之中:在污浊尘世中洁身自好。濯淖,意同“污泥”。王念孙曰:“《广雅》:‘濯,滫也。’《礼记》皇侃疏:‘濯,不净之汁也。’‘濯’‘淖’皆污浊之名,与‘污泥’同义。‘濯’‘淖’‘污’‘泥’四字同义。”

㉒蝉蜕(tuì):意谓像蝉蜕壳一样摆脱,脱离。

㉓不获世之滋垢:王念孙曰:“获者,辱也,言不为滋垢所辱也。”钱大昕曰:“‘滋’与‘兹’同。《说文》:‘兹,黑也。’”

㉔皭(jiǎo)然:洁净的样子。《集解》引徐广曰:“疏静之貌。”姜亮夫引《埤雅》曰:“皭,白也,皭与皎同。”泥而不滓(zǐ):虽被污泥

浸渍而不受秽染。泥,用如动词。滓,污染。

㉕虽与日月争光可也:班固《离骚序》云:“昔在孝武,博览古文,淮南王安叙《离骚传》,以‘《国风》好色而不淫,《小雅》怨诽而不乱,若《离骚》者可谓兼之。蝉蜕浊秽之中,浮游尘埃之外,皭然泥而不滓。推此志,虽与日月争光可也’。”刘勰《文心雕龙·辨骚》亦引“《国风》好色而不淫”以下五十字为淮南王语,则此段文字本于淮南王刘安《离骚传》。

【译文】

屈原痛心怀王偏听偏信,痛恨谗佞小人混淆视听,痛恨奸邪之徒妨害公正,而正直的人难以为世所容,便在愁闷中创作了《离骚》。离骚,就是指被疏离的痛苦。人类是上天创造的,每个人都是父母生养的。人在困窘时就会追本溯源,所以当人们劳累辛苦疲倦不堪时,没有不呼喊上天的;在疾病疼痛悲惨痛苦时,没有不呼喊父母的。屈原行为正直,竭尽忠诚和智慧去事奉他的国君,却遭到谗佞小人的诽谤,可以说是困窘到极点了。诚实守信却被猜疑,忠心耿耿却受诽谤,能没有怨愤吗?屈原创作《离骚》,大概就是想要抒发自己内心的怨愤吧。《诗经》中的《国风》虽写了男女之爱但不过分,《小雅》中虽有怨愤之言但没有作乱之心。像《离骚》,可以说是兼有《国风》和《小雅》的优点了。在《离骚》中,屈原向上称颂帝喾,向下提到齐桓公,中间讲述商汤、周武王,用来讽刺现实。其中阐明的治国大道与个人的品德修养,国家治乱兴衰的规律,没有不充分体现出来的。屈原的文字简洁,用语含蓄,志趣高洁,行为廉正,文章虽然简约但其中含义极为广大,列举的事例虽浅近但表现的涵意却非常深远。由于屈原志趣高洁,因此他的文章中就爱说到香草;由于他行为廉正,所以他到死也不求容于世。身处污泥之中却能持洁净,就像蝉脱掉外壳一样洁身高蹈,超然于尘埃之外,不沾染世俗的污垢,清白洁净出淤泥而不染。论到屈原的气节,即使说它能与日月争光也是可以的。

屈平既绌[①]，其后秦欲伐齐，齐与楚从亲[②]，惠王患之[③]，乃令张仪详去秦[④]，厚币委质事楚[⑤]，曰："秦甚憎齐，齐与楚从亲，楚诚能绝齐，秦愿献商、於之地六百里[⑥]。"楚怀王贪而信张仪，遂绝齐，使使如秦受地。张仪诈之曰："仪与王约六里，不闻六百里[⑦]。"楚使怒去，归告怀王。怀王怒，大兴师伐秦。秦发兵击之，大破楚师于丹、淅[⑧]，斩首八万，虏楚将屈匄[⑨]，遂取楚之汉中地[⑩]。怀王乃悉发国中兵以深入击秦，战于蓝田[⑪]。魏闻之，袭楚至邓[⑫]。楚兵惧，自秦归。而齐竟怒不救楚，楚大困。

【注释】

①绌：通"黜"，罢黜贬斥。

②从亲：合纵联盟的友好关系。从，同"纵"，合纵，指战国时期东方六国之间的南北向联盟。

③惠王：即秦惠文王，名驷，秦孝公之子，前337—前311年在位。

④张仪：战国时连横派的代表人物，秦惠文王时为秦相，事详《张仪列传》。详去秦：假装因故离开秦国。详，通"佯"，假装。

⑤厚币：献厚礼。币，礼品。委质事楚：谓张仪投身到楚国为臣。据《秦本纪》《楚世家》《张仪列传》，张仪于楚怀王十六年（前313）入楚为相。委质，犹今曰"委身投靠""献身"。质，通"贽"，向君主献礼以示献身。

⑥商、於（wū）之地：古地区名，指商（今陕西丹凤）、於（今河南内乡）两地及两地之间的地区。

⑦不闻六百里：以上张仪欺骗楚怀王事，详参《楚世家》《张仪列传》。

⑧丹、淅（xī）：二水名。丹水源于陕西商洛西北，东流入河南，在淅

川南与淅水合；淅水源于河南卢氏界，南流汇丹水，再南流入湖北，汇于汉水。这里当指丹水、淅水一带，即今河南西峡、淅川一带地区。

⑨屈匄（gài）：楚将名。

⑩楚之汉中：指楚国的汉中郡，因汉水而得名，辖境相当于今陕西东南角及湖北东北角。以上秦楚战事，在秦惠文王后元十三年、楚怀王十七年（前312），详参《楚世家》。

⑪蓝田：秦县名，也是关名，在今陕西蓝田西南。

⑫魏闻之，袭楚至邓：梁玉绳曰："'魏'当作'韩'。"《楚世家》作"韩、魏袭楚"。邓，楚县名，在今湖北襄阳。

【译文】

屈原被斥逐后，秦国想要攻打齐国，可齐国当时和楚国联盟，秦惠文王为此担心，于是便让张仪假装因事离开秦国，献上厚礼投靠楚国。张仪对楚怀王说："秦国非常憎恨齐国，齐国和楚国联盟，如果楚国能和齐国绝交，秦国情愿割让商、於一带六百里的地盘给楚国。"楚怀王贪图地盘而相信了张仪，就和齐国绝交，派使者到秦国去接受割让的土地。张仪耍赖说："我当初和楚王约定的是六里，没说过六百里。"楚国的使臣愤怒地离开秦国，回到楚国报告给怀王。怀王大怒，兴师动众讨伐秦国。秦国发兵迎战，在丹水和淅水一带大败楚军，斩首八万人，俘获了楚国的大将屈匄，顺势占有了楚国的整个汉中地区。怀王又征发全国的兵力深入攻击秦国，与秦军在蓝田会战。魏国听说这种情况，便趁机出兵袭击楚国，一直打到了邓县。楚军害怕了，只好从秦国撤回。而齐国因为恼怒楚怀王的绝交，所以自始至终不出兵救楚，楚国处境非常困窘。

明年[①]，秦割汉中地与楚以和[②]。楚王曰："不愿得地，愿得张仪而甘心焉[③]。"张仪闻，乃曰："以一仪而当汉中地，臣请往如楚[④]。"如楚，又因厚币用事者臣靳尚[⑤]，而设诡辩于怀王之宠姬郑袖[⑥]。怀王竟听郑袖，复释去张仪[⑦]。是时屈平既疏，不复在位，使于齐，顾反[⑧]，谏怀王曰："何不杀张仪？"怀王悔，追张仪不及。

【注释】

①明年：楚怀王十八年，前311年。

②秦割汉中地与楚以和：《楚世家》云"秦使使约复与楚亲，分汉中之半以和楚"，《张仪列传》云"秦要楚欲得黔中地，欲以武关外易之"，三处说法不一。王叔岷曰："汉中本楚地，楚大困之次年，秦反欲割汉中之半以与楚和者，盖一则坚怀王绝齐之心，一则息怀王见欺于张仪之怒耳。"

③甘心：快意。《左传·庄公九年》："管召，仇也，請受而甘心焉。"杜预注："甘心，言快意戮杀之。"即欲杀之以解心头之恨。

④如：前往。

⑤用事者臣靳尚：楚国的当权大臣靳尚。他后来与张仪一同离开楚国，被魏臣张旄杀害，事见《战国策·楚策》。

⑥设诡辩于怀王之宠姬郑袖：据《楚世家》，靳尚谓夫人郑袖曰："秦王甚爱张仪，而王欲杀之。今将以上庸之地六县赂楚，以美人聘楚王，以宫中善歌者为之媵。楚王重地，秦女必贵，而夫人必斥矣。夫人不若言而出之。"

⑦怀王竟听郑袖，复释去张仪：据《张仪列传》，郑袖听了靳尚的话以后，日夜言于楚怀王曰："人臣各为其主用，今地未入秦，秦使张仪来，至重王。王未有礼，而杀张仪，秦必大怒攻楚，妾请子母俱迁江南，毋为秦所鱼肉也。"楚怀王就放了张仪，"厚礼之如故"。

⑧顾反：同"顾返"，还返，返回。

【译文】

第二年，秦国声明愿意交出汉中地区与楚国讲和。楚怀王说："我不要汉中，只想得到张仪杀掉解恨。”张仪听说后，便说：“用我一个张仪就能换到汉中的土地，我请求前往楚国。”张仪到了楚国，又用厚礼贿赂了当权的大臣靳尚，让他设计用假话欺骗怀王宠姬郑袖说动怀王。楚怀王最终听信郑袖，又把张仪放了。这时屈原已经被疏远，不在朝中任职，而是奉命出使齐国，他回来后，向楚王进谏说：“为什么不杀张仪？”怀王后悔，可这时候派人去追张仪已经追不上了。

其后诸侯共击楚，大破之，杀其将唐眛①。时秦昭王与楚婚②，欲与怀王会。怀王欲行，屈平曰：“秦虎狼之国，不可信，不如毋行。”怀王稚子子兰劝王行：“奈何绝秦欢！”怀王卒行③。入武关④，秦伏兵绝其后，因留怀王，以求割地⑤。怀王怒，不听。亡走赵，赵不内⑥。复之秦，竟死于秦而归葬⑦。

【注释】

①“其后诸侯共击楚”几句：事在楚怀王二十八年（前301）。《楚世家》：“秦乃与齐、韩、魏共攻楚，杀楚将唐眛，取我重丘以去。”唐眛（mò），亦作“唐眜”，《吕氏春秋》《汉书·古今人表》作“唐蔑”，读音相近而写法不同。

②秦昭王：即秦昭襄王，名稷，秦惠文王之子，前306—前251年在位。其母宣太后为楚人。

③卒：最终。

④武关：关隘名，在今陕西商南东南丹水北岸。

⑤因留怀王，以求割地：事在楚怀王三十年（前299），事详《楚世家》。

⑥亡走赵，赵不内：事在楚顷襄王二年（前297）。《楚世家》：“二年，楚怀王亡逃归，秦觉之，遮楚道。怀王恐，乃从间道走赵以求归。

赵主父在代，其子惠王初立，行王事，恐，不敢入楚王。楚王欲走魏，秦追至，遂与秦使复之秦。”内，同“纳”，接纳。

⑦竟死于秦而归葬：事在顷襄王三年（前296）。《楚世家》：“怀王卒于秦，秦归其丧于楚。楚人皆怜之，如悲亲戚。诸侯由是不直秦。”竟，最终。

【译文】

此后几个诸侯国又联合起来攻打楚国，大败楚军，杀死了大将唐眛。当时秦昭王同楚国结亲，想请楚怀王去秦国和他相会。怀王想去，屈原说：“秦国是像虎狼一样凶残的国家，不可轻信，不如不去。”怀王的小儿子子兰则劝怀王去秦国，说：“怎么能断绝与秦国的友好关系呢！”怀王最终还是去了。他一进入武关，秦国埋伏的兵马就断了他的后路，把他扣留了，要求楚怀王割地才放他回去。怀王大怒，不答应。后来怀王曾寻机逃往赵国，赵国不敢接纳。怀王被迫又回到秦国，最终死在了那里，遗体被运回楚国安葬。

长子顷襄王立[①]，以其弟子兰为令尹[②]。楚人既咎子兰以劝怀王入秦而不反也[③]。

屈平既嫉之[④]，虽放流[⑤]，睠顾楚国，系心怀王，不忘欲反，冀幸君之一悟，俗之一改也。其存君兴国而欲反覆之[⑥]，一篇之中三致志焉[⑦]。然终无可奈何，故不可以反[⑧]，卒以此见怀王之终不悟也[⑨]。人君无愚智贤不肖[⑩]，莫不欲求忠以自为[⑪]，举贤以自佐，然亡国破家相随属[⑫]，而圣君治国累世而不见者[⑬]，其所谓忠者不忠，而所谓贤者不贤也。怀王以不知忠臣之分[⑭]，故内惑于郑袖，外欺于张仪，疏屈平而信上官大夫、令尹子兰，兵挫地削，亡其六郡[⑮]，身客死于秦，为天下笑。此不知人之祸也[⑯]。《易》曰：“井泄不食，为我心恻，可以汲。王明，并受其福[17]。”王之不明，岂足福哉[18]！

令尹子兰闻之大怒[19]，卒使上官大夫短屈原于顷襄王[20]，顷襄王怒而迁之[21]。

【注释】

①顷襄王立：即位当在楚怀王三十年（前299），改元则在次年。楚顷襄王，也称“楚顷王”“楚襄王”，名横，楚怀王长子，前298—前263年在位。

②令尹：楚官名，楚国最高执政官，掌管军政大权。

③楚人既咎子兰以劝怀王入秦而不反也：北大《两汉文学史参考资料》云：“此是倒装句，大意是：楚人既由于子兰劝怀王入秦而终于不归的缘故，而对子兰十分不满。”姜亮夫曰：“既，尽也。”牛鸿恩认为此句意谓“当子兰被其兄任命为令尹时，楚人就已经因为子兰劝楚王入秦致使楚王不返而对子兰不满了”。可供参考。

④既嫉之：谓痛恨子兰等当权误国。

⑤放流：王叔岷认为此即“疏远”。或据此谓屈原在楚怀王时第一次被流放，后文“顷襄王怒而迁之”为第二次流放。

⑥存君兴国：心怀国君，力求振兴国家。反覆之：指回到楚王身边。

⑦三致志：反复表达这种心志。三，多次。

⑧不可以反：王叔岷认为此谓“不可以反于君侧”。

⑨卒以此见怀王之终不悟也：中井曰：“屈原既疏，然犹在朝，此云‘放流’何也？怀王既入秦而不归，则虽悟无益也，乃言‘冀一悟’何哉？”

⑩无愚智贤不肖：无论愚蠢或者明智，贤能或者没出息。不肖，不成材，没出息。

⑪求忠以自为：希望求得忠诚为自己效力。

⑫亡国破家：此谓国破家亡之事。随属：接连，连续。属，连。

⑬治国：安定太平的国家。累世：接连几代。世，三十年。

⑭不知忠臣之分（fèn）：张文虎曰："'臣'字疑讹。"或谓当作"不知忠奸之分"，王叔岷曰："此即'所谓忠者不忠'也。"盖谓不知道忠臣的本分，犹言不知道什么是真正的忠臣。

⑮亡其六郡：如前文提及的汉中郡等，具体不详。据杨宽《战国史》，楚国先后设置过六个外郡，楚怀王虽然兵败，当不至全部丢失。疑此处夸大言之。

⑯此不知人之祸也：郭嵩焘曰："怀王之贪愚亦云极矣，史公反复沉吟，指咎其不知人。君昏国危，而犹有人焉枝拄于其间，则其国不至于亡。《诗》云：'人之云亡，邦国殄瘁。'是以君德又莫大于知人。"

⑰"井泄不食"几句：以上五句为《易·井卦》爻辞。大意谓，井已经掏干净了，却没人喝水，令人伤心。井里的水可以打上来喝了，国王如果贤明，那大家都跟着享福。此喻人臣修身洁行，不为人主所用，则令人伤心；如有明主起用，则可造福国人。泄，犹今曰"淘井"，取出井中的污泥浊水，以使井水清洁。为，王弼注："犹'使'也。"

⑱岂足福哉：中井曰："谓不能予福于人也。"余有丁曰："序事未毕，中间杂以论断，与《伯夷列传》略同。惟伯夷、屈原，太史公所重慕，故详论之。"

⑲令尹子兰闻之：承前文"屈原既嫉之"一事。

⑳短：指摘缺失，揭发过错。

㉑怒而迁之：王逸《离骚经序》曰："迁于江南。"以上自"屈平既嫉之"至"顷襄王怒而迁之"一段，意脉不太连贯。梁玉绳引《读史漫录》曰："论怀王事，引《易》断之曰'王之不明，岂足福哉'，即继之曰'令尹子兰闻之大怒'，何文意之不相蒙如此？"又引《日知录》二十六曰："'虽放流，眷顾楚国，系心怀王，不忘欲反，卒以

此见怀王之终不悟也。'似屈原放流于怀王时;又云'令尹子兰闻之大怒,使上官大夫短屈原于顷襄王,顷襄王怒而迁之。'则实在顷襄之时矣。放流一节,当在此文之下。太史公信笔书之,失其次序耳。"姜亮夫曰:"其赞骚之言既尽,复反入正文,其脉络直至'屈平既嫉之,虽放流'云云乃复显现,突兀为次,此盖古人文法未甚缜密之处;或史公杂采传记,未加调整,此固不容阿讳。"

【译文】

楚怀王的长子顷襄王即位,任用他的弟弟子兰当令尹。楚国人怪罪子兰,因为是他劝怀王去了秦国却最终没能活着回来。

屈原痛恨子兰等人专权误国,他虽然流放在外,但仍关注着楚国,挂念着怀王,念念不忘返回朝廷,希望怀王有朝一日能够醒悟,国家风俗能够改变。他牵念国君希望振兴楚国而想回到楚王身边,在作品中反复表达着这种心情。然而最终却无可奈何,没有被召回,这一切都表明楚怀王始终没有醒悟。君主们无论是愚蠢还是聪明,是有能力还是没出息,没有不想寻求忠臣来帮助自己成就一番事业,启用有才干的人来辅佐自己,但却一个接一个地亡国破家,而圣明君主与太平盛世却多少代都看不见,原因就在于所谓的"忠臣"实际上并不忠诚,所谓的"贤人"实际上并不贤良。楚怀王因为不知道忠臣与奸臣的分别,所以在内被郑袖迷惑,在外受张仪欺骗,疏远屈原而宠信上官大夫与令尹子兰,以至于军事上被挫败,领土被侵占,丢了六个郡,自己也客死秦国,被天下人所耻笑。这都是不能分辨忠奸而导致的灾祸。《周易》里说:"井已经掏干净了,却没人喝水,令人伤心。井里的水可以打上来喝了,国王如果贤明,那大家都跟着享福。"如果君王不贤明,人们还有享受声明福分呢!

令尹子兰听说屈原对他心怀不满,大为恼怒,便让上官大夫在顷襄王面前说屈原的坏话,顷襄王一怒之下把屈原再次流放了。

屈原至于江滨①,被发行吟泽畔②。颜色憔悴③,形容枯槁。渔父见而问之曰:“子非三闾大夫欤[4]?何故而至此?”屈原曰:“举世混浊而我独清,众人皆醉而我独醒,是以见放[5]。”渔父曰:“夫圣人者,不凝滞于物而能与世推移[6]。举世混浊,何不随其流而扬其波[7]?众人皆醉,何不餔其糟而啜其醨[8]?何故怀瑾握瑜而自令见放为[9]?”屈原曰:“吾闻之,新沐者必弹冠,新浴者必振衣[10],人又谁能以身之察察[11],受物之汶汶者乎[12]!宁赴常流而葬乎江鱼腹中耳[13],又安能以晧晧之白而蒙世俗之温蠖乎[14]!”乃作《怀沙》之赋[15]。其辞曰:

【注释】

①江滨:据王逸《楚辞·渔父》章句,指“江、湘之间”;而蒋骥《山带阁楚辞》谓指“沅江”。

②被发:披散着头发。被,同“披”。泽畔:当即指湘江或沅水岸边。

③颜色:面容气色。

④三闾大夫:楚官名,掌管王室宗族事务。王逸《离骚经序》曰:“三闾之职,掌王族三姓,曰昭、屈、景,屈原序其谱属,率其贤良,以厉国士。”

⑤见放:被放逐。

⑥凝滞:停滞,拘泥。与世推移:顺着时世环境的变化而变化。

⑦随其流而扬其波:即随波逐流之意。随其流,《楚辞·渔父》作“淈其泥”。扬其波,犹今所谓“推波助澜”。

⑧餔(bū)其糟而啜(chuò)其醨(lí):意即喝酒吃糟,跟众人一起沉醉。餔,吃。啜,饮。醨,薄酒。

⑨怀瑾握瑜:比喻人具有美德良才。怀、握,在衣曰怀,在手曰握。瑾、瑜,均为美玉名。

⑩新沐者必弹冠，新浴者必振衣：刚洗头的人，戴帽子前必定会先弹掉帽子上灰尘；刚洗澡的人，穿衣服前必定会先抖掉衣服上的尘土。这里用日常生活习惯来说明人们爱干净的心理。沐，洗头。浴，洗澡。

⑪察察：清洁，洁白。此喻人品行高洁。

⑫汶汶（mén）：玷辱，污染。《荀子·不苟篇》："新浴者振其衣，新沐者弹其冠，人之情也。其谁能以己之僬僬，受人之掝掝者哉？"与此类似。

⑬常流：江流。

⑭温蠖（huò）：方以智《通雅》曰："言尘滓深曲之状也。"《楚辞·渔父》作"安能以晧晧之白，而蒙世之尘埃乎"，亦可证《通雅》说。汤炳正认为"温蠖"通"混污"。以上屈原与渔父问答之词，系据《楚辞·渔父》改写。王逸《渔父序》云："《渔父》者，屈原之所作也。屈原既放，在江湘之间，忧愁叹吟，仪容变易。而渔父避世隐身，钓鱼江滨，欣然自乐，时遇屈原川泽之域，怪而问之，遂相应答。"洪兴祖《楚辞补注》曰："《卜居》《渔父》，皆假设问答以寄意耳，而太史公《屈原传》或采以为实录，非也。"郭嵩焘曰："《卜居》《渔父》，并屈原之设辞，非事实，史公引入传，盖屈原事迹先秦古籍少记载耳。"

⑮《怀沙》之赋：怀沙，据后文"于是怀石遂自沉于汨罗以死"，意谓怀抱沙石。东方朔《七谏·沉江》云："怀沙砾以自沉兮，不忍见君之蔽塞。"朱熹《楚辞集注》亦谓"言怀抱沙石以自沉也"。一说指怀念长沙。

【译文】

屈原被放逐到江边，披散着头发在江边一边走一边吟唱。他脸色憔悴，形容枯槁。一个渔翁见到他这个样子就问道："您不是三闾大夫吗？为什么到了这个地步？"屈原说："整个世道都混浊了而我独自清白，众人都迷醉了而我独自清醒，因此我就被放逐了。”渔翁说：“所谓圣人，就是不要固执而应该能够随世事变化而变化。整个世道都是混浊的，您何不随波逐流、推波助澜呢？众人都迷醉了，您何不也吃糟喝酒一起迷醉呢？为什么要守着节操美德而让自己落得被放逐的下场呢？”屈原说：“我听说，刚洗过头的人一定会掸掉帽子上的灰尘，刚洗完澡的人一定会抖掉衣服上的尘土，又有谁愿意让自己的清白之身，去沾染外物的污浊呢！我宁愿投身江流葬身鱼腹，怎肯让自己洁白的品格蒙受世俗的污垢呢！”于是写了《怀沙》赋。文章写道：

陶陶孟夏兮①，草木莽莽。伤怀永哀兮②，汩徂南土③。眴兮窈窈④，孔静幽墨⑤。冤结纡轸兮⑥，离愍之长鞠⑦。抚情效志兮⑧，俯诎以自抑⑨。

【注释】

①陶陶：王逸曰：“盛阳貌。”指天气和暖。孟夏：夏天的第一个月，即今农历四月。

②永哀：长久的悲哀。

③汩徂（yù cú）南土：匆匆地走向南方。汩，水流湍急貌，这里指人行色匆匆。徂，往，走向。

④眴：同“瞬”，转眼四望。窈窈（yǎo）：《楚辞》作“杳杳（yǎo）”，都指深远幽暗的样子。

⑤孔：甚，非常。幽墨：《楚辞》做“幽默”，寂静。墨，通“默”。

⑥冤结：《楚辞》作“郁结”，指忧思烦冤纠结不解。纡轸：委屈而痛苦。

⑦离愍（mǐn）之长鞠：意谓身遭忧患而长期困窘。离，同“罹”，遭遇。愍，忧患。鞠，困窘王逸曰：“鞠，穷也。”

⑧抚情效志：犹今言“扪心自问”，体察自己的心情。抚，循。效，考核。

⑨俯诎：强忍着委屈。诎，同“屈”。

【译文】

和暖的孟夏啊，草木繁茂。心怀无尽的哀伤啊，急急地奔向南方。转目四望辽远而昏暗，一片沉寂如死一般。我的心中郁结着委屈与痛苦啊，长久地深陷忧伤与困顿。遵循自己的情感和心志啊，我努力克制自己强忍冤屈。

刓方以为圜兮①，常度未替②；易初本由兮③，君子所鄙。章画职墨兮④，前度未改；内直质重兮⑤，大人所盛⑥。巧匠不斫兮⑦，孰察其揆正⑧？玄文幽处兮⑨，矇谓之不章⑩；离娄微睇兮⑪，瞽以为无明⑫。变白而为黑兮，倒上以为下。凤皇在笯兮⑬，鸡雉翔舞⑭。同糅玉石兮⑮，一概而相量⑯。夫党人之鄙妒兮，羌不知吾所臧⑰。

【注释】

①刓（wán）方以为圜：把方木头削成圆的，以喻恶势力摧折贤士，欲使其变节。刓，削，磨。

②常度未替：原有的思想志节不变。常度，固态。替，废，改变。

③易初本由：改变初心，道路。易初，改变初心。本，聂石樵引闻一多《楚辞校补》曰："'本'疑当作'卞'，'卞''变'古通。"由，《楚辞》作"迪"，义同。王逸曰："道也。"

④章画职墨：明确规划，谨记绳墨，意谓按照原则规矩办事。章，明。画，规划。职，通"识"，记。墨，绳墨，准则。

⑤内直质重：内心正直，品质厚重。

⑥大人：指所谓贤人君子。盛：盛赞，赞赏。

⑦斫：砍削。

⑧揆正：估量得准确。揆，估量。

⑨玄文幽处：黑色的花纹放在幽暗的地方。玄，黑色。

⑩矇：盲者。有眼珠而看不见叫矇。不章：不鲜明，不明显。

⑪离娄：也叫离朱，古代传说中视力很强的人，相传能于百步外见秋毫之末。说见《孟子》赵岐注。微睇：眯着眼看。

⑫瞽：盲者。旧说“无目曰瞽”。

⑬凤皇在笯（nú）：凤凰被关在竹笼。笯，竹笼。

⑭鸡雉：家鸡与野鸡。《楚辞》作“鸡鹜”，《楚辞·卜居》：“将与鸡鹜争食。”

⑮同糅玉石：将美玉和石头混在一起。糅，杂糅，混合。

⑯一概而相量：一律用斗斛来量，意谓等量齐观，同等对待。概，量谷物时刮平斗斛的丁字形木器。

⑰羌：《广雅·释诂》：“乃也。”竟然。吾所臧：我的善美。臧，善，指品行优秀。

【译文】

他们虽能把方形削成圆形啊，但我的志气节操不会改变；轻易改变初心啊，君子必将鄙弃。坚持正道牢记准则啊，以前的理想从未放弃；内心正直品德端方啊，君子定会赞美有加。巧匠不动手砍削，谁知道他能估量得那样准确？黑色的纹饰放在暗处，盲人说那没有文采；离娄眯眼都看见了，盲人却认为啥也没有。把白的变成黑的，把上面颠倒成下面。把凤凰关进竹笼，让家鸡与野鸡混在一起舞蹈。把美玉和石头掺在一起，同用升斗来量。结党营私的小人那么鄙劣，怎能知道我的美善？

任重载盛兮，陷滞而不济①；怀瑾握瑜兮，穷不得余所示②。邑犬群吠兮③，吠所怪也；诽骏疑桀兮④，固庸态也⑤。文质疏内兮⑥，众不知吾之异采；材朴委积兮[7]，莫知余之所有。重仁袭义兮[8]，谨厚以为丰[9]。重华不可牾兮[10]，孰知余之从容[11]！古固有不并兮[12]，岂知其故也？汤、禹久远兮[13]，邈不可慕也。惩违改忿兮，抑心而自强[14]；离湣而不迁兮[15]，愿志之有象[16]。进路北次兮[17]，日昧昧其将暮。含忧虞哀兮[18]，限之以大故[19]。

【注释】

①任重载盛兮，陷滞而不济：王逸曰："言己才力盛壮，可任重载；而身放弃，陷没沉滞，不得成其本志。"聂石樵曰："埋没沉滞，不能成就自己的志愿。"盛，多。济，成就，实现。

②穷不得余所示：因处境穷困，无法展示才干。

③邑：邑里，乡村。

④诽骏疑桀：诽谤猜忌俊杰之士。骏，通"俊"。桀，通"杰"。王逸曰："千人才为俊，一国高为杰也。"洪兴祖曰："《淮南》云：'知过万人谓之英，千人谓之俊，百人谓之豪，十人谓之杰。'"

⑤庸态：庸人的常态。王逸曰："德高者不合于众，行异者不合于俗，故为犬之所吠，众人之所讪也。"

⑥文质疏内：王逸曰："言己能文能质，内以疏达。"文质，文质彬彬，犹言德才兼备。《论语·雍也》："质胜文则野，文胜质则史，文质彬彬，然后君子。"疏内，内心通达。一说，内通"讷"，"文质疏内"即"文疏质讷"，外表粗疏而内心质朴刚毅。

⑦材朴：未经雕饰的木材，此喻人的才德。朴，未经加工的木材原料。委积：堆积，这里指多。

⑧重（chóng）仁袭义：谓修养仁义的品德。重，累积。袭，王逸注："及也。"

⑨谨厚以为丰：恭谨厚道以丰富自己的德行修养。王逸注："修行谨

善，以自广大也。"

⑩重华：即舜帝，名重华。事见《五帝本纪》。不可牾：不可遇。牾，遇，逢。

⑪从容：蒋骥《山带阁楚辞注》："道足于己，而安舒自得之貌。"

⑫不并：不能同在一个时代，此指明主贤臣不得遇合。

⑬汤、禹：商朝、夏朝的开国之君。汤见《殷本纪》，禹见《五帝本纪》《夏本纪》。

⑭惩违改忿兮，抑心而自强：王念孙曰："惩，止也；违，恨也。言止其恨，改其忿，抑其心而自勉强也。"

⑮离湣（mǐn）：遭遇忧伤。湣，《楚辞》作"慜"，同"愍"，忧患。

⑯愿志之有象：王逸曰："愿志行流于后世，为人法也。"朱熹《楚辞集注》曰："不以忧患改其节，欲其志之可为法也。"象，法则，此谓为人所效法。

⑰北次：郭沫若《屈原赋今译》曰："北次，错过了宿头。北，背也；次，舍，止。"

⑱含忧虞哀：王念孙曰："含，当为'舍'。'舍'即'舒'字也。王注《楚辞》曰：'言己自知不遇，聊作词赋以舒展忧思，乐己悲愁。'是'舒忧''娱哀'义本相承；若云'含忧'，则'娱哀'异义矣。"《楚辞》作"舒忧娱哀"，聂石樵曰："舒忧，暂舒忧愁。娱哀，稍快悲怀。指作《怀沙》之赋。"虞，通"娱"。

⑲限之以大故：到死为止，犹言"死而后已"。王逸曰："限，度也；大故，死亡也。自度以死亡而已，终无他志也。"

【译文】

才能可堪重任啊，却埋没沉滞不能成就志愿；拥有美玉一样的品德和才能啊，但身陷困顿我无法向人展示。乡村里的狗一起叫起来，叫的是它们认为奇怪的事情；诋毁怀疑人中的俊杰，是庸人的姿态中所常见的。文质彬彬，内心通达，众人却不了解我独具异禀；才德像堆积如山的木材那么多，却没人了解我具有的才能。用仁义来充实自己的品德，用恭谨厚道来丰富自己的修养。帝舜重华是再也遇不到了，又有谁能知道我的安舒自得呢！自古就有明君贤臣异时而生的遗憾，可谁知其中的缘故呢？商汤、夏禹已很久远，悠远渺茫不能思慕了！停止怨恨改变忿怒，努力勉励自己发愤图强；陷入忧伤而志节不改，希望能给后人树立榜样。我一路前行错过了宿头，日色暗淡时将入暮。舍弃忧愁舒解哀思，就这样一直到物故。

乱曰[①]：浩浩沅、湘兮[②]，分流汩兮[③]。修路幽拂兮[④]，道远忽兮。曾吟恒悲兮[⑤]，永叹慨兮。世既莫吾知兮，人心不可谓兮[⑥]。怀情抱质兮[⑦]，独无匹兮[⑧]。伯乐既殁兮[⑨]，骥将焉程兮[⑩]？人生禀命兮[⑪]，各有所错兮[⑫]。定心广志[⑬]，余何畏惧兮？曾伤爰哀，永叹喟兮。世溷不吾知，心不可谓兮[⑭]。知死不可让兮[⑮]，愿勿爱兮[⑯]。明以告君子兮，吾将以为类兮[⑰]。

【注释】

①乱：尾声。王逸曰："乱，理也。所以发理词旨，总撮其要也。"洪兴祖曰："乱者，总理一赋之终。"

②沅、湘：二水名。沅，即今湖南沅江。湘，即今湖南湘江。时屈原流放于沅水、湘水一带。

③分流：姜亮夫曰："应作'纷流'，纷涌而流。"聂石樵曰："分，洪兴祖《补注》本作汾，汾读作溢，《前汉书·沟洫志》颜师古注：'溢，涌也。'水汹涌的样子。"

④修：长。幽拂：《楚辞》作"幽蔽"，指道路被草木掩蔽。拂，通"蔽"。王叔岷曰："拂、蔽古通，《刺客荆轲传》：'跪而蔽席。'《燕

策三》蔽作拂，即其证。”

⑤曾吟：反复咏叹。曾，通“层”，重重。

⑥不可谓：王叔岷曰：“言不可奈何也。”“曾吟恒悲兮”以下至此四句，今本《楚辞》无。

⑦怀情抱质：意谓坚守自己的思想操守。

⑧无匹：没有朋友，即没有志同道合者。匹，朱熹《楚辞集注》：“匹，当为正字之误。”以与下句“程”押韵。

⑨伯乐：据说为春秋秦穆公时人，姓孙，名阳，以善相马著称。事见《吕氏春秋》《庄子》《战国策》等。

⑩程：衡量，品评。

⑪人生禀命：人生来就有上天赋予的命数。

⑫各有所错：意即各有所好、各有所安。错，通“措”，安放。《离骚》有所谓“民生各有所乐兮，余独好修以为常”，即此意。

⑬定心广志：安定心神，扩大气量。

⑭“曾伤爰哀”几句：王引之曰：“‘曾伤爰哀’四句，乃后人援《楚辞》增入，非《史记》原文也。‘曾吟恒悲’四句即‘曾伤爰哀’四句之异文。”可备一说。溷（hùn），混乱。

⑮知死不可让：知道死亡不可避免。让，避让，避免。

⑯勿爱：不必再吝惜。

⑰吾将以为类：意同前文“原志之有象”，指自己愿为后人做榜样。类，法则，王逸注：“类，法也。”王逸曰：“此章言己虽放逐，不以穷困易其行；小人蔽贤，举世之人无知我者，思古人而不得见，仗义死节而已。”

【译文】

尾声：浩浩荡荡的沅水、湘水，汹涌奔腾水流湍急。漫长的道路草木掩蔽，路途辽远昏暗无际。无尽地咏唱恒久的悲哀，抒发感慨没有休止。世上已无人懂得我，我对世人也就无话可说。坚守自己的节操，宁可没有志同道合的人。伯乐已经死去了，谁又能识别千里马呢？人生来就有命数，各自有所安排。稳定情绪放宽气量，我还怕什么呢？哀伤不已，永远叹息啊。世间混乱无心将我了解，我的心思没法诉说。已知死亡不可避免，也就不必吝惜一死了。这里明确地告知君子，我愿为后人做个榜样。

于是怀石遂自投汨罗以死①。

屈原既死之后，楚有宋玉、唐勒、景差之徒者②，皆好辞而以赋见称③；然皆祖屈原之从容辞令④，终莫敢直谏。其后楚日以削，数十年竟为秦所灭⑤。

自屈原沉汨罗后百有余年，汉有贾生⑥，为长沙王太傅⑦，过湘水，投书以吊屈原⑧。

【注释】

①汨(mì)罗：水名，湘江支流，在湖南省东北部。《正义》曰："县北有汨水及屈原庙。《续齐谐记》云：'屈原以五月五日投汨罗以死，楚人哀之，每于此日以竹筒贮米投水祭之。汉建武中长沙区回白日忽见一人，自称三闾大夫。谓回曰：闻君常见祭，甚善。但常年所遗，并为蛟龙所窃。今若有惠，可以练树叶塞上，以五色丝转缚之，此物蛟龙所惮。'回依其言，世人五月五日作粽，并带五色丝及练叶，皆汨罗之遗风。"今湖南汨罗玉笥山上有屈子祠，屈原墓在离屈子祠不到两公里的汨罗山上。

②宋玉：战国楚顷襄王时的著名辞赋家，作品有《九辩》(见《楚辞》)、《风赋》《高唐赋》《神女赋》《登徒子好色赋》(以上四篇见《文选》)等。唐勒：《汉书·艺文志》著录其有赋四篇。景差：或谓今本《楚辞》的《大招》篇为景差作品。

③好辞：喜欢写作文辞。

④祖：继承，效法。从容辞令：王叔岷谓当指屈原“娴于辞令”事，即文学水平高。

⑤数十年竟为秦所灭：屈原死于顷襄王二十一年（前278），距前223年秦灭楚尚有五十多年。史珥曰：“系楚之削灭于传，见原为宗臣，关社稷存亡，非寻常文士比。”

⑥贾生：贾谊，汉文帝时人，事详下。生，“先生”的省称，指有才学的人。《史记·儒林列传》：“言《礼》自鲁高堂生。”《索隐》：“云‘生’者，自汉已来儒者皆号‘生’，亦‘先生’省字呼之耳。”

⑦长沙王太傅：长沙王吴著的太傅。长沙，西汉诸侯国名，都城临湘（今湖南长沙），始封之君为刘邦功臣吴芮，吴著为吴芮之孙。太傅，官名。

⑧投书以吊屈原：指贾谊写《吊屈原赋》事。

【译文】

写完之后，屈原便抱着石头投入汨罗江中自杀了。

屈原死后，楚国又有宋玉、唐勒、景差等人，也都以好作辞赋出名；但他们都只是效法屈原的言辞曼妙，始终不敢像屈原那样直言敢谏。从此楚国日渐衰落，几十年后终究还是被秦国所灭。

自从屈原投汨罗江死后一百多年，汉朝有个贾谊，任长沙王太傅，他在去赴任路经湘水时，写过一篇文章凭吊屈原。

贾生名谊，雒阳人也①。年十八，以能诵诗属书闻于郡中②。吴廷尉为河南守③，闻其秀才④，召置门下，甚幸爱。孝文皇帝初立⑤，闻河南守吴公治平为天下第一⑥，故与李斯同邑而常学事焉⑦，乃征为廷尉⑧。廷尉乃言贾生年少，颇通诸子百家之书。文帝召以为博士⑨。

是时贾生年二十余，最为少[⑩]。每诏令议下[⑪]，诸老先生不能言，贾生尽为之对，人人各如其意所欲出。诸生于是乃以为能不及也。孝文帝说之[⑫]，超迁[⑬]，一岁中至太中大夫[⑭]。

【注释】

①雒阳：同“洛阳”，在今河南洛阳东北，时为河南郡的郡治。

②诵诗：吟诵诗。属（zhǔ）书：写作文章。属，撰写。

③吴廷尉：姓吴，后官至廷尉，史失其名。廷尉，汉代九卿之一，主管全国刑狱。河南守：河南郡太守。

④秀才：才能优秀。“秀才”跟“孝廉”一样，也是汉时举荐人才的科目名，东汉后为避光武帝刘秀讳，改称“茂才”。

⑤孝文皇帝：即汉文帝，名恒，刘邦之子，前179—前157年在位，事见《孝文本纪》。

⑥河南守吴公：梁玉绳曰：“《史》于人之名字每不尽著，恐是疏缺，未必当时已失其传，故凡称‘公’、称‘君’、称‘生’之类甚夥。史公何吝此一字乎？统观全《史》，其中.最可惜者：河南守吴公，为汉循吏之冠；朱建子，以骂单于死节；枞公，以守荥阳见杀；董公，说高帝为义帝发丧。四人皆当时英杰，不容失名，安得略而不书？”治平：师古曰：“言其政治和平也。”

⑦故与李斯同邑：与李斯同为上蔡（今河南上蔡西南）人。故，原先。李斯，秦相，事详《李斯列传》。同邑，同县。常学事：曾经跟李斯学习，事以为师。常，通“尝”，曾经。事，事奉。

⑧征为廷尉：事在文帝元年（前179）。征，征召。

⑨博士：官名，为太常属官，职掌议论顾问。

⑩少：年少，年纪小。

⑪诏令议下：皇帝下诏让群臣讨论问题。

⑫说：同“悦”，喜欢，欣赏。

⑬超迁：破格越级提拔。

⑭太中大夫：官名，为郎中令属官，掌论议及顾问应对，无常事，唯诏令所使。秩比千石。

【译文】

贾生名谊，是洛阳人。他十八岁时，就因能诵诗会写文章闻名郡中。吴廷尉任河南太守，听说贾谊才能优秀，就把他招致门下，特别欣赏喜欢他。孝文帝刚即位时，听说河南太守吴公治理政绩是全国第一，过去和李斯同乡并且常常跟随李斯学习，就征召吴公进朝做廷尉。吴廷尉于是向文帝推荐说贾谊年纪轻轻，通晓诸子百家之学。文帝征召贾谊做了博士。

这时贾谊只有二十多岁，在所有博士中年纪最小。每当下诏令让大家讨论，各位老先生不能应对，贾谊都能应对得非常完满，人人都感到正是自己想要说的。大家于是认为自己的能力不如贾谊。孝文帝很高兴，破格越级提拔他，一年之内贾谊就做到了太中大夫。

贾生以为汉兴至孝文二十余年①，天下和洽②，而固当改正朔③，易服色④，法制度⑤，定官名⑥，兴礼乐⑦，乃悉草具其事仪法⑧，色尚黄⑨，数用五⑩，为官名，悉更秦之法⑪。孝文帝初即位，谦让未遑也⑫。诸律令所更定，及列侯悉就国，其说皆自贾生发之⑬。于是天子议以为贾生任公卿之位⑭。绛、灌、东阳侯、冯敬之属尽害之⑮，乃短贾生曰："雒阳之人，年少初学，专欲擅权，纷乱诸事。"于是天子后亦疏之，不用其议，乃以贾生为长沙王太傅⑯。

贾生既辞往行，闻长沙卑湿，自以寿不得长，又以適去⑰，意不自得。及渡湘水，为赋以吊屈原⑱。其辞曰：

【注释】

①汉兴至孝文二十余年:刘邦灭秦称汉王在前206年,至汉文帝元年(前179),已有二十多年。

②和洽:太平,和乐。

③改正朔:即改换历法。正朔,正月初一。据说夏、商、周以来,改朝换代后,都会变更历法,即确定不同的月份为“正月”,故称“改正朔”。西汉建国后,仍延续秦制。

④易服色:改变各种典礼服饰器物的颜色。秦尚黑。

⑤法制度:改定各种典章制度。法,调整,改正。王先谦曰:“法,正也。”

⑥定官名:更改确定官名。

⑦兴礼乐:制定各种礼乐。

⑧悉:全,都。草具:起草完成。其事仪法:前述各项仪式法度。

⑨色尚黄:以黄色为上。据当时方士的理论,秦朝为“水德”,故色尚黑;汉代秦为“土德”,故色当尚黄。

⑩数用五:《汉书·武帝纪》颜师古注引张晏曰:“汉据土德,土数五,故用五。”

⑪更:更改。

⑫谦让未遑:汉文帝谦称德薄,还顾不上更改制度。未遑,顾不上。

⑬“诸律令所更定”几句:律令更定事见《张丞相列传》;列侯离开京城回到各自封国事,见《绛侯世家》。这些事项,都是贾谊率先提出的。

⑭议:谋划,考虑。任公卿之位:担任公卿之职。公卿,即所谓“三公九卿”,“三公”指丞相、太尉、御史大夫;“九卿”指太常、郎中令、卫尉、太仆、廷尉、典客、宗正、大司农、少府。

⑮绛、灌:指绛侯周勃与颍阴侯灌婴,均为西汉开国功臣,于汉文帝有拥立之功。汉文帝即位后,周勃为丞相,灌婴为太尉。二人事

见《绛侯世家》《樊郦滕灌列传》。东阳侯：西汉初大臣张相如，汉高祖时封东阳侯，汉文帝即位后任太子太傅。后曾任大将军，率军抵抗匈奴。见于《孝文本纪》《张释之冯唐列传》。冯敬：西汉初大臣。秦将冯毋择之子，楚汉战争时，为魏骑将。韩信定魏地，归汉。文帝时为典客，后迁御史大夫。尽害之：全都嫉恨他。害，妒忌，嫉恨。又，《文选》李善注引《风俗通》谓贾谊"自伤为邓通所愬也"，则谗害者为汉文帝宠臣邓通（见《佞幸列传》），与此不同。

⑯以贾生为长沙王太傅：事在汉文帝四年，前176年。

⑰適：通"谪"，贬官。王先谦引周寿昌曰："太中大夫秩比千石，诸侯王太傅秩尚在内史、中尉（秩二千石）之上，以秩而较，初非左官；其曰'適去'者，以其去天子之侧而官王国也。"

⑱及渡湘水，为赋以吊屈原：从长安到长沙，途中不经过汨罗江，因湘江与汨罗江相通，故投书湘江以吊屈原。

【译文】

贾谊认为汉朝开国至文帝二十多年，天下安定融洽，就应当改变正朔历法，变更车马服饰所崇尚的颜色，更正确立新的法律制度，确定官职名称，大兴礼乐，于是详细草拟了各种礼仪法式，颜色崇尚黄色，数目用五，确定官名，全部变更了秦朝的法度。孝文帝刚继位，谦恭谨慎还顾不上更改制度。各种法律条令的更改定立，以及让列侯全部去封地，这些建议都是贾谊率先提出的。于是天子提议任命贾谊为公卿。绛侯周勃、颍阴侯灌婴、东阳侯张相如、御史大夫冯敬等都嫉妒贾谊，就诋毁说："洛阳那个人，年纪轻学问浅，一心只想独擅大权，所有的事都被扰乱了。"于是文帝后来也就疏远了他，不采用他的提议，让贾谊去做长沙王太傅。

贾谊离开朝廷前往长沙，听说长沙地势低洼潮湿，自认为寿命不长，又因为遭贬谪离开朝廷，心情抑郁。在渡过湘水的时候，他作了一篇赋凭吊屈原。文章是这样的：

共承嘉惠兮[1]，俟罪长沙[2]。侧闻屈原兮[3]，自沉汨罗。造托湘流兮[4]，敬吊先生。遭世罔极兮[5]，乃陨厥身[6]。呜呼哀哉，逢时不祥！鸾凤伏窜兮，鸱枭翱翔[7]。阘茸尊显兮[8]，谗谀得志；贤圣逆曳兮[9]，方正倒植[10]。世谓伯夷贪兮[11]，谓盗跖廉[12]；莫邪为顿兮[13]，铅刀为铦[14]。于嗟嚜嚜兮[15]，生之无故[16]！斡弃周鼎兮宝康瓠[17]，腾驾罢牛兮骖蹇驴[18]，骥垂两耳兮服盐车[19]。章甫荐屦兮[20]，渐不可久[21]；嗟苦先生兮，独离此咎[22]！

【注释】

①共承嘉惠：此言承蒙皇恩。共，通“恭”。嘉惠，对别人所给予的恩惠的敬称，此指汉文帝让他担任长沙王太傅。

②俟罪：即“待罪”，古代官吏任职的谦称，意谓不胜其职而将获罪。

③侧闻：从旁听说。林云铭曰：“曰‘侧闻’，似前此俱未之闻。盖前此所闻，不过以故事置之，虽闻如不闻也。至今日方觉旷世相感，千百年来只求得此副知己，即谓‘始闻’可矣。”或谓自贾谊之后，屈原之名才为中原人所知。

④造：到，谓到湘江边。

⑤遭世罔极：遭逢混乱的世道。罔极，颜师古曰：“极，中也，无中正之道。”即混乱。

⑥陨：落，此指丧命。

⑦鸱（chī）枭：猫头鹰，古人认为是不祥之鸟。

⑧阘茸（tà róng）：颜师古曰：“下材不肖之人也。”章炳麟《新方言·释言》：“阘为小户，茸为小草，故并举以喻微贱也。”

⑨逆曳：《文选》李善注：“不得顺道而行也。”

⑩倒植：倒置。植，放置。

⑪伯夷：殷商末年孤竹君长子，先让位于其弟叔齐，后又因不食周粟而饿死于首阳山，后被视为廉者的代表，事见《吕氏春秋·诚廉》《伯夷列传》。

⑫盗跖：古代传说中的大盗，事见《庄子·盗跖》。

⑬莫邪（yé）：本为春秋末年吴国一位铸剑师的名字，后又用来指称他所铸的宝剑，后来也代指好剑。事见《吴越春秋》。顿：通“钝”。

⑭铦（xiān）：锋利。

⑮于嗟：同“吁嗟”，叹息声。嚜嚜：《集解》引应劭曰：“不自得意。”似指无话可说，无可奈何之意。

⑯生：颜师古曰：“生，先生也。”此谓屈原。无故：谓无故遭祸。

⑰斡（wò）弃：抛弃。斡，转，这里指甩出。周鼎：即指九鼎。相传为大禹所造，后遂成为历代帝王的传国之宝。康瓠：薄脆无用的大葫芦，如《庄子·逍遥游》所云者。王先谦引《说文》以为指“瓦壶之毁裂者也”。按，王氏说与本篇上下文似更贴切。

⑱腾驾：意即“驾驭”。罢：疲惫。骖蹇驴：让瘸腿的驴子充当骖马。骖，驾车时位于两边的马，这里用作动词。

⑲骥垂两耳兮服盐车：《战国策·楚策四》：“夫骥服盐车上太行，蹄申膝折，白汗交流，中阪迁延，负辕不能上，伯乐遭之，下车攀而哭之也。”服，承担，此即“拉”。

⑳章甫荐屦：帽子垫在鞋子底下。章甫，《集解》引应劭曰：“殷冠也。”荐，王先谦引刘奉世曰：“荐之言藉也。”垫的意思。

㉑渐不可久：势必不能长久。渐，指贤愚倒植、贵贱颠倒的趋势。

㉒离：同“罹”，遭受。咎：灾祸。

【译文】

恭敬地承受皇恩啊，去往长沙任职。听说那屈原啊，自沉于汨罗江底。我到达了湘江啊，托江水带去我对先生的敬意与哀悼。遭遇不公正的世道啊，丧失了性命。可悲可叹啊，你遭遇了不好的时机！凤凰隐伏啊，猫头鹰翱翔在天上。卑贱者尊显啊，谗谀者得志；贤圣颠倒啊，方正倒置。世人说伯夷贪婪啊，说盗跖廉洁；说莫邪剑钝啊，铅刀锋利。默默叹息啊，先生无故遭祸！抛弃了贵重的周鼎啊，却把破瓦罐视为宝器，让疲惫的牛去驾辕啊，让瘸腿的驴骖驾，千里马却低垂两耳拉着盐车。用礼帽垫鞋底啊，势必不能长久；先生命苦啊，单单遭遇这样的灾祸！

讯曰①：已矣，国其莫我知②，独堙郁兮其谁语③？凤漂漂其高遰兮④，夫固自缩而远去⑤。袭九渊之神龙兮⑥，沕深潜以自珍⑦。弥融爚以隐处兮⑧，夫岂从蚁与蛭螾⑨？所贵圣人之神德兮，远浊世而自藏。使骐骥可得系羁兮，岂云异夫犬羊！般纷纷其离此尤兮⑩，亦夫子之辜也⑪！瞝九州而相君兮，何必怀此都也⑫？凤皇翔于千仞之上兮⑬，览德辉而下之；见细德之险征兮⑭，摇增翮逝而去之⑮。彼寻常之污渎兮⑯，岂能容吞舟之鱼⑰！横江湖之鳣鲟兮⑱，固将制于蚁蝼⑲。

【注释】

①讯：告，宣告。《汉书》作“谇”，义同。犹《楚辞》结尾之“乱”。

②国其莫我知：国中没人理解我。

③堙（yīn）郁：抑郁。

④高遰（shì）：同“高逝”，高高远去。

⑤自缩：自己退走。

⑥袭九渊：深藏于九渊之下。王先谦曰：“袭，深藏也。”师古曰：“九渊，九旋之渊，言至深也。”

⑦沕（mì）深潜：深深地潜伏。沕，深冥的样子。
⑧弥融爚（yuè）：远离亮光。弥，远也。融爚，亮光。此三字，《汉书》作“偭獭”，梁玉绳认为当作“偭獭”，以与下句“岂从蚁与蛭螾”相应。偭，背，远离。獭，应劭曰：“水虫，害鱼者也。”
⑨蚁：《汉书》作“虾”，似应作“虾”，与蛭螾皆水虫。蛭（zhì）：水蛭，即蚂蝗。螾（yǐn）：同“蚓”，蚯蚓。孟康谓二句意为：“龙自绝于獭，况从虾与蛭螾耶？”
⑩般纷纷：乱纷纷。王先谦曰：“般，乱貌。”离此尤：遭此罪。
⑪夫子：犹“先生”，此谓屈原。辜：过错。
⑫瞝（chī）九州而相君兮，何必怀此都也：意谓应放眼天下，另择明主，何必怀念楚都呢？瞝，遍视，历观。九州，古代中国分九州，此代指整个中国。相，观察。
⑬千仞：极言其高。仞，八尺。
⑭细德：小人，少德之人。险征：危险的征兆。
⑮增翮：层翮，即大翅膀。增，通“层”。
⑯寻常：极言其小。颜师古引应劭曰：“八尺曰寻，倍寻曰常。”污渎：小水沟。
⑰吞舟之鱼：可以吞下舟船的鱼，极言其大。
⑱鳣鲟（zhān xún）：两种大鱼名。
⑲固将制于蚁蝼：颜师古引晋灼曰：“小水不容大鱼，而横鳣鲸于污渎，必为蝼蚁所制。”

【译文】

尾声：算了吧，全国没人懂得我，我独自抑郁啊向谁陈说？凤鸟飘飘高飞啊，本来就是自行引退远去。要效仿九渊中的神龙啊，深深地潜伏自我珍惜。远离亮光而隐居啊，怎能跟随蚂蚁与蚯蚓？我珍视的是圣人的神德啊，远离这浊世而自我珍藏。假如千里马能被拘禁系羁啊，那又和犬羊有什么不同！乱纷纷地遭此灾祸啊，也是夫子的过错呀！环视天下选择君主啊，何必留恋此地？凤凰翱翔于千仞高空啊，看到道德之光辉就飞下；望见道德上的细微险兆啊，就扇动翅膀远远飞离。那狭窄的小河道啊，怎能容下吞舟的大鱼！横绝江湖的大鱼一旦放进小河道里，必将受制于小小蝼蚁。

贾生为长沙王太傅三年①，有鸮飞入贾生舍②，止于坐隅③。楚人命鸮曰“服”④。贾生既以適居长沙，长沙卑湿，自以为寿不得长，伤悼之⑤，乃为赋以自广⑥。其辞曰：

【注释】

①为长沙王太傅三年：时为汉文帝六年，前174年。

②鸮（xiāo）：猫头鹰。

③坐隅：座位边。隅，边侧。

④楚人命鸮曰“服”：服，俗又写作“鹏”。

⑤伤悼之：《汉书补注》引《西京杂记》曰：“长沙俗以服鸟至人家，主人死。”故贾谊为之伤悼。

⑥自广：自我宽慰。

【译文】

贾谊任长沙王太傅三年，有猫头鹰飞进贾谊的住所，落在座位旁边。楚人称猫头鹰为“服”。贾谊本来已经因贬谪住在长沙，长沙低洼潮湿，他自认为寿命不长，总是为之神伤，就作赋宽慰自己。文章写道：

单阏之岁兮①，四月孟夏，庚子日施兮②，服集予舍③，止于坐隅，貌甚闲暇。异物来集兮，私怪其故，发书占之兮④，策言其度⑤。曰“野鸟入处兮⑥，主人将去”。请问于服兮：“予去何之⑦？吉乎告我，凶言其菑[8]。淹数之度兮[9]，语予其期[10]。”服乃叹息，举首奋翼[11]，口不能言，请对以意[12]。

【注释】

①单阏（chán è）之岁：《集解》引徐广曰：“岁在卯曰单阏，文帝六年，岁在丁卯。”卯是十二地支之一，“单阏”是卯年的别称。

②庚子：这年农历四月二十三。日施（yí）：太阳西斜。《索隐》曰：“施，音移，犹西斜也。”

③集：本指鸟停于木，此处即落，飞止。

④发书：翻开书，当指预测吉凶的卦书。

⑤策言其度：卦书讲明了其中的定数。策，简策，书籍，此即指卦书。

⑥入处（chǔ）：入居。处，居，止。

⑦何之：到哪去。

⑧菑：同“灾”。

⑨淹数：《正义佚文》曰：“淹，迟滞也；数，速也。”此谓死期的快慢。

⑩语：告诉。

⑪奋翼：振动翅膀。

⑫请对以意：此句代服鸟说话，意谓服鸟说，把我的心思告诉你。意，同“臆”，胸臆，内心的想法。

【译文】

岁在丁卯啊，四月孟夏，庚子日的傍晚啊，太阳西斜，服鸟飞到我的住所，停在座位旁，看似闲暇。奇怪的鸟儿飞来啊，我私下里很感惊奇，翻书占卜啊，卜辞讲明定数。说是“野鸟进门啊，主人将会离去”。我请教服鸟说：“我会去哪里？如果吉利请告诉我，如果凶险请告诉我是何灾祸。寿命是长是短啊，请告诉我临终的日期。”服鸟于是叹息，抬头振动翅膀，它口中不能说话，我就猜测它的意思。

万物变化兮，固无休息。斡流而迁兮[1]，或推而还[2]。形气转续兮[3]，变化而嬗[4]。沕穆无穷兮[5]，胡可胜言[6]！祸兮福所倚，福兮祸所伏[7]；忧喜聚门兮[8]，吉凶同域。彼吴强大兮，夫差以败[9]；越栖会稽兮，句践霸世[10]。斯游遂成兮，卒被五刑[11]；傅说胥靡兮，乃相武丁[12]。夫祸之与福兮，何异纠纆[13]。命不可说兮，孰知其极？水激则旱兮，矢激则远[14]。万物回薄兮[15]，振荡相转。云蒸雨降兮，错缪相纷。大专槃物兮[16]，坱轧无垠[17]。天不可与虑兮，道不可与谋[18]。迟数有命兮[19]，恶识其时[20]？

【注释】

①斡（wò）流而迁：谓天地万物都在流转变化之中。斡流，流转，运转。迁，变化。

②或推而还：时而推开而又复回。

③形气转续：据道家的说法，万物都由气构成，气聚则为物，物散而化为气，如此转化相续，永无休止。形，形体，物体。

④嬗（shàn）：嬗变，演变。

⑤沕（mì）穆：颜师古曰："深微貌。"

⑥胡可胜言：颜师古曰："胡，何也。言其理深微，不可尽言。"

⑦祸兮福所倚，福兮祸所伏：语本《老子》第五十八章。中井曰："谓有祸则福亦与此相依，有福则祸亦潜伏于其中也。"

⑧忧喜聚门：谓喜中有忧，忧中有喜。

⑨彼吴强大兮，夫差以败：吴国曾称霸一时，最终吴王夫差身死国灭，详见《吴太伯世家》《伍子胥列传》。

⑩越栖会稽兮，句践霸世：越王句践被吴国打败，困守会稽山，后来卧薪尝胆，灭吴称霸，详见《越王句践世家》。

⑪斯游遂成兮，卒被五刑：李斯到秦国游说成功，官至宰相，最终却受五刑，详见《李斯列传》。遂，也是成的意思。五刑，《秦始皇本纪》："斯卒囚，受五刑。"秦汉时五刑指黥、劓、斩左右趾、枭首、菹其骨肉。

⑫傅说（yuè）胥靡兮，乃相武丁：傅说最初是服劳役的刑徒，后来被商王武丁发现，任以为相。事见《殷本纪》。胥靡，服劳役的奴隶或刑徒。

⑬夫祸之与福兮，何异纠纆：两句意谓"祸"与"福"就像绳子般扭结在一起。纠纆，都是绳索，《文选》注引《字林》："纠，两合绳；纆，三合绳。"

⑭水激则旱兮，矢激则远：王先谦引刘攽曰："旱，读为'悍'，猛疾也。"《索隐》曰："'旱'与'悍'同音，以言水矢流飞，遇物触之则激怒，更劲疾而远悍。犹人或因祸致福，倚伏无常也。"《吕氏春秋·去宥》《淮南子·兵略训》亦有类似成语。

⑮回薄：谓循环相迫，变化无常。

⑯大专槃物：《汉书》作"大钧播物"，此以陶钧（制作陶器所用的转轮）制陶器喻天地化成万物。专，《索隐》曰："此'专'读为'钧'。陶家名模下圆转者为'钧'，言其能制器大小，以比之于天。"槃，泷川曰："'槃''盘'通用，旋也。"

⑰坱（yǎng）轧无垠：迷蒙而无边无际。《楚辞》王逸注："坱轧，云雾气昧也。"

⑱天不可与虑兮，道不可与谋：意谓天与道，均不可思议之事，人是无法参与，无可奈何的。

⑲迟数：指人之死期的或迟或早。数，通"速"。

⑳恶识其时：谁能知道在什么时刻？恶，也作"乌"，怎么，如何。

【译文】

万物变化啊，本无休止。流转变化啊，时去时还。形气转化相传啊，不时变更。无限精微深远啊，怎能说得完！灾祸啊是福运的依托，福运啊有灾祸潜伏；忧与喜聚集一家啊，吉与凶同在一处。那固然吴国强大啊，夫差却因此失败；越王被困会稽啊，句践却称霸当世。李斯西游于秦国而成就功业啊，最终遭五刑而死；傅说被捆绑为奴啊，终成武丁的宰相。那灾祸与福运啊，和缠绕而成的绳子有何区别？命运无法说清啊，谁知它的终极？水受外力冲击奔流迅捷啊，箭受外力推动就会飞得很远。万物循环相迫啊，互相震荡转换。云蒸雨降啊，现象错杂纷纭。造化推动万物啊，弥漫没有边际。上天不可思虑啊，大道无法设想。生命的长短是命运决定的，又怎能知道你离去的日期？

且夫天地为炉兮，造化为工[①]；阴阳为炭兮，万物为铜[②]。合散消息兮，安有常则[③]；千变万化兮，未始有极[④]。忽然为人兮，何足控抟[⑤]；化为异物兮[⑥]，又何足患！小知自私兮，贱彼贵我[⑦]；通人大观兮，物无不可[⑧]。贪夫徇财兮[⑨]，烈士徇名[⑩]；夸者死权兮[⑪]，品庶冯生[⑫]。怵迫之徒兮[⑬]，或趋西东[⑭]；大人不曲兮[⑮]，亿变齐同[⑯]。拘士系俗兮[⑰]，攌如囚拘[⑱]；至人遗物兮[⑲]，独与道俱[⑳]。众人或或兮[㉑]，好恶积意[㉒]；真人淡漠兮[㉓]，独与道息[㉔]。释知遗形兮[㉕]，超然自丧[㉖]；寥廓忽荒兮[㉗]，与道翱翔[㉘]。乘流则逝兮[㉙]，得坻则止[㉚]；纵躯委命兮[㉛]，不私与己[㉜]。其生若浮兮，其死若休[㉝]；澹乎若深渊之静[㉞]，泛乎若不系之舟[㉟]。不以生故自宝兮[㊱]，养空而浮[㊲]；德人无累兮[㊳]，知命不忧。细故蒂芥兮[㊴]，何足以疑！

【注释】

①天地为炉兮,造化为工:语本《庄子·大宗师》:“今一以天地为大炉,以造化为大冶。”意谓天地就像一个熔铸万物的大熔炉,而造物者就像一个工匠。造化,自然界的创造者。

②万物为铜:以铜喻被冶炼熔铸之物。

③合散消息兮,安有常则:《庄子·知北游》:“人之生,气之聚也,聚则为生,散则为死。”消息,消长,盛衰。常则,常规,规律。

④千变万化兮,未始有极:《庄子·大宗师》:“人之形者,万化而未始有极也。”极,尽头。

⑤控抟:《索隐》:“控抟,谓引持而自玩弄,贵生之意也。”意谓为爱惜生命而把持、团弄。

⑥化为异物:此指人之死亡。

⑦小知自私兮,贱彼贵我:《庄子·秋水》:“以道观之,无贵无贱;以物观之,自贵而相贱。”小知,同“小智”,此指没有大智慧的人。

⑧通人大观兮,物无不可:《庄子·齐物论》:“物固有所然,物固有所可,无物不然,无物不可。”通人,通晓一切的人。

⑨徇财:为求财利而搭上性命。徇,通“殉”,为所求而不惜身。《索隐》曰:“亡身从物。”

⑩烈士:讲气节的人。《庄子·骈拇》:“小人则以身徇利,士则以身徇名,大夫则以身徇家,圣人则以身徇天下,故此数子者,事业不同,名声异号,其于伤性而以身为徇,一也。”

⑪夸者:喜欢炫耀、贪慕虚荣的人。死权:为追求权势而死。

⑫品庶:众人,百姓。冯生:指望活着,即贪生。冯,同“凭”,靠着,依托,指望。

⑬怵迫之徒:受利益驱使的人。怵迫,《文选》李善注引孟康曰:“怵,为利所诱怵也;迫,迫贫贱,东西趋利也。”

⑭或趋西东:指东奔西走,趋利避害。

⑮大人不曲:《正义佚文》:“大人,圣人也,德无不包,体达性命,故不曲忧生死。”不曲,不拘泥于小节。

⑯亿变齐同:把各种变化都看成一样。《庄子·秋水》:“万物一齐,孰短孰长。”

⑰拘士:拘泥固执不知变通的人。系俗:受世俗习惯牵制。

⑱攌(huán)如囚拘:如同困在囚笼里。攌,拘束,束缚。

⑲至人:义同“大人”“圣人”。遗物:忘记万事万物。

⑳独与道俱:只与“大道”同在,顺其自然。

㉑或或:同“惑惑”,糊涂愚昧的样子。

㉒好恶(wù)积意:心中充满了对事物的好恶。意,同“臆”,心胸。

㉓真人:义同“大人”“至人”。

㉔独与道息:与上文“独与道俱”同意。息,栖息,存在。

㉕释知遗形:放下智慧,遗忘形体。

㉖自丧:进入忘我之境,犹《庄子·齐物论》所谓“吾丧我”。

㉗寥廓:广远貌。忽荒:同“恍忽”,迷离,难以捉摸的样子。

㉘翱翔:飞翔。

㉙乘流则逝:指随着水流漂走。逝,去,

㉚得坻(chí)则止:遇到小洲就停下。坻,水中小洲。

㉛纵躯委命:将身体性命交付给自然。陶渊明《形影神三首》“纵浪大化中,不喜亦不惧”即此意。

㉜不私与己:对自己不偏私。

㉝其生若浮兮,其死若休:语出《庄子·刻意》。浮,顺水漂流。休,止。

㉞澹:静泊的样子。

㉟泛乎若不系之舟:《庄子·列御寇》:“泛若不系之舟,虚而遨游者也。”泛,顺水漂浮的样子。

㊱不以生故自宝:不因活着而珍爱自我。

㊲养空而浮：颐养天性，与世浮沉。养空，修养不拘泥于物的空灵虚静之性。

㊳德人：得"道"之人。无累：没有任何累赘、牵挂。《庄子·刻意》："圣人循天之理，故无天灾，无物累。"

㊴细故：小事。蔕葪（dì jiè）：也写作"蔕芥"。王先谦引张揖曰："鲠刺也。"即小骨头、小鱼刺。泷川曰："芥，以喻细故也。"关于以上贾谊的《鹏鸟赋》，朱熹曰："凡谊所称，皆列御寇、庄周之常言，又为悼伤无聊之故，而藉以自诳者，夫岂真能原始反终，而得夫朝闻夕死之实哉？谊有经世之才，文章盖其余事，其奇伟卓绝，亦非司马相如辈所能仿佛。"陈螺渚曰："此赋一生死，齐得丧，正是打不破生死得丧关头，依托老庄，强为排遣耳。厥后因长沙王坠马，自伤夭没，何能亹亹言之于前，不能坦坦由之于后耶？赋则抑扬反复，自是可传。"

【译文】

况且天地为炉灶啊，造化为工匠；阴阳为炭啊，万物为铜。聚散生灭啊，哪里有什么常规；千变万化啊，从来就没有什么终极。偶然做了人啊，有什么值得爱惜；死后化为其他啊，又有什么值得忧虑！浅见者自私啊，贬低他人抬高自己；通达者达观啊，万物都无不同。贪婪者求财搭上性命啊，烈士为名而亡；贪慕虚荣者为权势而死啊，普通人贪恋求生。受利益驱使的人啊，东奔西走；通达的人不为物欲而约束啊，各种变化都视为相同。愚人系于世俗啊，像囚徒一样窘迫；至人放下一切，只与大道同在。众人迷惑啊，好恶存在胸中；真人淡漠啊，只与大道同存。放弃智慧和形体啊，超然忘我；精神虚无恍惚啊，与大道同翱翔。顺水时就漂流啊，遇到阻碍就停下；把身体交付给命运啊，别把它看作一己私有。活着就像漂浮啊，死亡就像休止；淡泊无为就像静止的深潭，逍遥飘逸就像没有系绳的小舟。不因活着而自我珍爱啊，涵养空虚之性而忘我浮游；得道之人没有拖累啊，知晓天命就没有忧患。琐屑小事啊，有什么值得犹疑！

后岁余[①]，贾生征见。孝文帝方受釐[②]，坐宣室[③]。上因感鬼神事，而问鬼神之本。贾生因具道所以然之状。至夜半[④]，文帝前席[⑤]。既罢，曰："吾久不见贾生，自以为过之，今不及也。"居顷之[⑥]，拜贾生为梁怀王太傅[⑦]。梁怀王，文帝之少子，爱，而好书，故令贾生傅之[⑧]。

文帝复封淮南厉王子四人皆为列侯[⑨]。贾生谏[⑩]，以为患之兴自此起矣[⑪]。贾生数上疏，言诸侯或连数郡[⑫]，非古之制，可稍削之[⑬]。文帝不听。

【注释】

①后岁余：汉文帝七年，前173年。

②受釐（xī）：接受祭祀用过的肉，以求鬼神赐福。颜师古引应劭曰："釐，祭余肉也。《汉仪注》：'祭天地五時，皇帝不自行，祠还致福。'"

③宣室：宫殿名，在长安未央宫中。《索隐》引《三辅故事》曰："在未央殿北。"

④至夜半：足见谈话的时间之长。

⑤前席：在坐席上往前凑近，可见很爱听。《商君列传》："公与（鞅）语，不自知膝之前于席也。"与此类似。

⑥居顷之：过了不久。

⑦梁怀王：名揖，汉文帝少子，汉文帝二年（前178）封梁王，国都定陶（今山东定陶西北）。

⑧傅之：做他的太傅。

⑨复封淮南厉王子四人皆为列侯：事在汉文帝八年（前172）。淮南

厉王，名长，刘邦之子，汉文帝异母弟。事详《淮南衡山列传》。

⑩贾生谏：贾谊的谏阻奏疏见《汉书·贾谊传》。徐孚远曰："时梁王未之国，居京师，故贾生为傅得上书献替。"

⑪以为患之兴自此起：至汉武帝时，刘长之子刘安等又有谋反事。

⑫或连数郡：指西汉初，诸侯国的封地占据数郡之地。

⑬可稍削之：逐步削弱诸侯国。贾谊主张削藩事，见其《陈政事疏》（又名《治安策》），见《汉书·贾谊传》。赵翼曰："《治安策》所言，皆有关治道，经事综物，兼切于当日时事，文帝亦多用其言，《贾谊传》何得遗之？《汉书》全载。"

【译文】

此后一年多，贾谊被征召入京见驾。孝文帝刚刚接受祭祀余肉受福，正坐在宣室。文帝因为有感于鬼神之事，就向贾谊询问鬼神的根本。贾谊于是详细讲述了鬼神之所以如此的道理。谈论到半夜，文帝听得入神不知不觉地在座席上向前移向贾谊。贾谊讲完后，文帝说："我很久没见到贾生，自以为超过他了，现在看来还是赶不上他啊。"过了不久，就拜贾生为梁怀王太傅。梁怀王是文帝的小儿子，文帝喜爱他，他又爱好读书，因此让贾生做他的太傅。

文帝又封淮南厉王的四个儿子都为列侯。贾谊劝谏，认为祸患的兴起将从此开始。贾谊几次上疏，指出有的诸侯拥有好几个郡，不符合古时的制度，可以逐步削弱。文帝听不进去。

居数年，怀王骑，堕马而死[①]，无后[②]。贾生自伤为傅无状[③]，哭泣岁余，亦死[④]。贾生之死时年三十三矣。及孝文崩，孝武皇帝立[⑤]，举贾生之孙二人至郡守[⑥]，而贾嘉最好学，世其家[⑦]，与余通书[⑧]。至孝昭时，列为九卿[⑨]。

【注释】

①怀王骑,堕马而死:事在汉文帝十一年,前169年。

②无后:谓梁怀王刘揖没有子嗣。

③无状:不像样,没有尽到责任。

④哭泣岁余,亦死:时在汉文帝十二年,前168年。

⑤及孝文崩,孝武皇帝立:梁玉绳曰:“此文为后人增改。‘孝武’当作‘今上’,而中隔景帝,似不必言‘孝文崩’,宜云‘及今上皇帝立’也。”

⑥举贾生之孙二人:梁玉绳曰:“《唐书》:‘谊子名番,番二子嘉、恽。’”

⑦世其家:意为继承了先世的传统。

⑧余:太史公自指。通书:通书信。

⑨至孝昭时,列为九卿:徐孚远曰:“‘与余通书’,史公本文;‘至孝昭’句,则后人所增也。”梁玉绳曰:“‘至孝昭时’二句,当删之。”列为九卿,指虽未担任“九卿”,但又比一般的二千石官员地位靠前,即担任《汉书·百官公卿表》中列于“九卿”(太常、郎中令、卫尉、太仆、廷尉、大鸿胪、宗正、大司农、少府)之后的中尉、太子太傅、将作少府、詹事、将行、典属国、水衡都尉、内史、主爵都尉等职务。

【译文】

过了几年,怀王骑马,从马上摔下来死了,没有留下后代。贾谊痛心自己做太傅没做好,哭了一年多,也死了。贾谊死时年仅三十三岁。等到孝文帝去世,孝武帝继位,提举贾谊的两个孙子做官,他们都做到了郡守,其中贾嘉最为好学,承续了贾谊的家风,跟我有书信往来。到孝昭帝时,他位列九卿。

太史公曰:余读《离骚》《天问》《招魂》《哀郢》①,悲其志。适长沙，观屈原所自沉渊[②]，未尝不垂涕，想见其为人[③]。及见贾生吊之，又怪屈原以彼其材，游诸侯，何国不容？而自令若是[④]。读《服鸟赋》，同死生[⑤]，轻去就[⑥]，又爽然自失矣[⑦]。

【注释】

①《离骚》《天问》《招魂》《哀郢》：都是屈原作品，见于《楚辞》。《离骚》是屈原的代表作，是一篇自传性质的政治抒情诗。《天问》中屈原对自然和历史的一系列传统观念提出了疑问。《哀郢》为《九章》组诗中的一篇，主旨为怀念楚国郢都。《招魂》，司马迁认为是屈原所作，为招楚怀王之魂；王逸则认为是宋玉所作，乃招屈原之魂。

②屈原所自沉渊：《索隐》引《荆州记》云："长沙罗县（今湖南汨罗西北）北带汨水，去县四十里，是屈原自沉处，北岸有庙也。"

③未尝不垂涕，想见其为人：《孔子世家》亦云："余读孔氏书，想见其为人。"

④"以彼其材"几句：贾谊《吊屈原赋》："般纷纷而离此尤兮，亦夫子之辜也。瞝九州而相君兮，何必怀此都也？"与此意同。

⑤同死生：把生死看成一样。

⑥轻去就：把当官或不当官看得很轻。

⑦爽然自失：一下子烦恼都消失了。爽然，豁然，了然。凌稚隆引赵恒曰："读其词而悲之；见所自沉渊，又悲之；及观贾生吊之之文，又怪'以彼之材游诸侯'云云，自令若是，又悲之；及读《鹏鸟赋》，则其意广矣，所以爽然自失其悲也。'以彼其材'句重，二公同传，以材相似，论屈平即所以论贾生。"

【译文】

太史公说：我读《离骚》《天问》《招魂》《哀郢》等赋时，对屈原的遭遇深感悲痛。我到过长沙，亲眼看到屈原投江的地方，未尝不伤心流泪，思慕屈原的为人。等到我读了贾谊的《吊屈原赋》，又奇怪屈原以他那样的才华，如果到其他国家去，哪个国家不容纳他呢？却让自己落得这样的下场。当我又读了《服鸟赋》，读到其中的把生与死看成一样，把当官与不当官同样看淡时，我的苦恼又全都消失了。

【集评】

王逸曰："屈原膺忠贞之质，体清洁之性，直若砥矢，言若丹青，进不隐其谋，退不顾其命，此诚绝世之行，俊彦之英也。而论者谓其'露才扬己，怨刺其上，强非其人'，殆失其中矣。屈原之辞，诚博远矣，自终没以来，名儒博达之士，著造辞赋，莫不拟则其仪表，祖式其模范，取其要妙，窃其华藻，所谓金相玉质，百世无匹，名垂罔极，永不刊灭者矣。"（《离骚章句序》）

苏轼曰："非才之难，所以自用者难。惜乎，贾生王者之佐，而不能自用其才也。夫君子之所取者远，则必有所待；所就者大，则必有所忍，若贾生者，非汉文之不能用生，生之不能用汉文也。夫绛侯亲握天子玺而授之文帝，灌婴连兵数十万，以决刘吕之雌雄，又皆高帝之旧将，此其君臣相得之分，岂特父子骨肉手足哉？贾生洛阳之少年，欲使其一朝之间尽去其旧而谋其新，亦以难矣。为贾生者，上得其君，下得其大臣，如绛灌之属，优游浸渍而深交之，使天子不疑，大臣不忌，然后举天下而惟吾之所欲为，不过十年，可以得志，安有立谈之间而遽为人痛哭哉！观其过湘为赋以吊屈原，萦纡郁闷，趴然有远举之志；其后以自伤哭泣，至于夭绝，是亦不善处穷者也。夫谋之一不见用，则安知终不复用也？不知默默以待其变，而自残至此，呜呼，贾生志大而量小，才有余而识不足也。"（《贾谊论》）

何良俊曰："太史公以贾谊与屈原同传，故但载其《吊屈原文》与《服鸟赋》二篇而已。然谊所上政事书，先儒称其通达国体，以为终汉之世，其言皆见施用；又其所论积贮与铸钱诸事，皆大有关于政理，是何可以不传？班固取入《汉书》传中，最是。或者太史公未及整齐汉事，故但取其似屈原者附入耳。”（《四友斋丛说》）

梁玉绳曰：“贾、屈同传，以渡江一赋耳；不载《陈政事疏》，与《董仲舒传》不载《贤良策对》同，几等贾、董于马卿（司马相如）矣。舍经济而登辞赋，得毋失去取之义乎？”（《史记志疑》）

【评论】

明代陈仁锡说：“屈、贾俱被谤，俱工辞赋，其事迹相似，故二人同传。”（《史记考》）近代李景星说：“通篇多用虚笔，以抑郁难遏之气，写怀才不遇之感，岂独屈、贾二人合传，直作屈、贾、司马三人合传读可也。”（《史记评议》）相比之下，李说更胜，揭示出了司马迁创作此篇的真正用意。司马迁写天下不得志、被迫害的人才的悲剧，为他们而悲哀、而愤慨，同时也是在抒发自己的身世之悲，诉自己无处可诉之痛。

对于屈原，司马迁同情他的悲剧人生，称赞他的坚持操守，绝不与恶势力同流合污的高贵品质，他在“太史公曰”中说：“余读《离骚》《天问》《招魂》《哀郢》，悲其志。适长沙，观屈原所自沉渊，未尝不垂涕，想见其为人。”其心驰神往、咏叹不绝，与他在《孔子世家》中追慕孔子正自相同；但他又接着说：“又怪屈原以彼其材，游诸侯，何国不容，而自令若是。”似乎又觉得屈原不应该这么“死心眼”。其实，司马迁在这里真正想说的是：“那些昏庸的楚国统治者，根本不值得为他们做这种牺牲。”屈原用自己的生命与世间的恶势力相对抗，用一死证明世间还有正义，还有纯洁，还有理想，屈原已不再只是一个名字，而成为千千万万为正义而奋斗、为理想而献身的人的代名词，成为中华民族的一种为理想、为正义而斗争到底的精神的写照。司马迁写《屈原列传》的意义不仅是使屈原其人得以永生，更是揭示出一种精神，使其世世代代传承不止，为塑造中华民族之魂做出了贡献。需要特别说明的是，屈原其人其事，不见于先秦任何古书。入汉以来，第一个提到屈原的是贾谊，第二个是淮南王刘安，第三个是司马迁，这三个人恰恰都是到过南方的。贾谊到了南方，始“侧闻”屈原之事，说明在贾谊未到长沙之前，中原地区一直不知屈原其人其事。自贾谊而后，屈原之名始播于中土；自司马迁为之立传，屈原才得以流传千古。

贾谊在司马迁心目中也是个怀才不遇的人物，是个被人排挤而淹没了不世之才的悲剧主人公，但在班固时，就有了不同的论调：“追观孝文玄默躬行以移风俗，谊之所陈略施行矣。及欲改定制度，以汉为土德，色上黄，数用五，及欲试属国，施五饵三表以系单于，其术固以疏矣。谊亦天年早终，虽不至公卿，未为不遇也。”明代茅坤也说：“贾谊本汉才臣，与屈原异指，而史迁特以谊尝为书以吊屈原，故并为一传，而其叙本末处尤略。《汉书》特载《治安》诸疏，所区画汉得失，三代以下罕见者，于今千载之间种种若几上事也，兹则《汉书》之功为多。”《汉书》侧重写贾谊的才能，而《史记》侧重写他的命运，各有所长，亦各有所短。司马迁从“人”的角度去表现贾谊，而班固则站在社会的立场上去看待贾谊，司马迁写的是贾谊内在的“心”，班固则写的是贾谊外在的“功”。从人物传记角度说，写人物要写出其精神实质，写出其内心世界，这一点《史记》做得更好。

通过写屈原、贾谊的怀才不遇，司马迁还表达了人才是国家兴衰之本的思想。《伍子胥列传》在伍子胥被冤杀后写道：“后九年，越王勾践遂灭吴，杀王夫差。”《廉颇蔺相如列传》在李牧被冤杀后写道：“后三月，王翦因急击赵，大破杀赵葱，虏赵王迁及其将颜聚，遂灭赵。”本篇则在屈原怀石沉江后接着写道：“其后楚日以削，数十年竟为秦所灭。”明代茅坤曰：“太史公以屈贾同传，岂徒悼志业未遂，寿命之不长哉？楚之亡也，以不听屈原；而汉事之缺，以谊之夭，二子之存亡，所系何如哉！”（《史记钞》）

《屈原贾生列传》与《伯夷列传》《游侠列传》一样，是《史记》中抒情性最强的篇章，特别是“屈原传”部分，其中议论抒情的部分占到全篇的二分之一。文中将屈原的事迹与对他的评价相结合，夹叙夹议，不仅写出了屈原之人，更写出了屈原之神。如他评《离骚》一段，将强烈的情感贯注其中，同时把屈原的人格与其文章推到了登峰造极的地步，读之有一唱三叹、哀婉难禁之感。明代杨慎说：“太史公作《屈原传》，其文便似《离骚》，其论作《骚》一节，婉雅凄怆，真得《骚》之旨趣也。”（《史记题评》）司马迁之所以这样写，一方面是因为屈原在史书中保留下来的资料太少，以一般的人物传记的写法来写，很可能是吃力不讨好；另一方面，只有这样写才可以写出屈原本人的神韵；同时这样写也才能与下面所引屈原赋形成风格的一贯，使人阅读时不致产生分割断裂之感。

这段文字可以说是本篇中最精彩的一段，关于它的来源，有人说其中“《国风》好色而不淫，《小雅》怨诽而不乱，若《离骚》者可谓兼之矣。……蝉蜕于浊秽，以浮游尘埃之外，皭然泥而不滓者也。推此志也，虽与日月争光可也”来自刘安的《离骚传》，后来有人进而认为从“离骚者，犹离忧也”到“虽与日月争光可也”的二百多字，全是来自刘安的《离骚传》，就是后面的“虽放流”到“岂足福哉”这一大段，也是刘安《离骚传》的内容。说法也许有理，但这段文章从头到尾的三百多字是一气呵成，滚滚而下的，中间绝不带任何拼凑的痕迹，这样从中抽出几十个字说它是来自刘安的旧文，于是又进一步推衍，说还有更多的文字是来自刘安，而刘安的旧文我们又看不到，这样辗转凿空的说法，未免难以令人信服。

史记卷八十五

吕不韦列传第二十五

【释名】

吕不韦原本是韩国阳翟富商，后成为秦相，最后被秦王政逼死，本篇记述了他一生的行迹。全篇可分为三部分。第一部分写吕不韦凭借着灵活的商人头脑和钻营手段，把秦昭王太子在赵国做人质的不起眼的儿子子楚，运作成了太子宠姬华阳夫人的嫡子，使他成了秦国王位的继承人。然后又把怀了自己孩子的宠姬送给子楚，“欲以钓奇”，意欲篡取秦国政权。计划成功，子楚继位为秦庄襄王，吕不韦得为秦相。第二部分写吕不韦为相期间煊赫一时，招揽宾客，著成《吕氏春秋》。第三部分写吕不韦进嫪毐与太后，嫪毐作乱，吕不韦受牵连而被罢相，继而被逼自杀。篇末论赞，补叙了嫪毐作乱的过程，对吕不韦予以嘲讽。

本篇并未涉及吕不韦为相期间的政绩，不提他对秦国统一六国的贡献，这是有失公允的。本篇可与《秦始皇本纪》等参照阅读。

吕不韦者，阳翟大贾人也[①]。往来贩贱卖贵，家累千金[②]。

秦昭王四十年[③]，太子死[④]。其四十二年[⑤]，以其次子安国君为太子[⑥]。安国君有子二十余人。安国君有所甚爱姬，立以为正夫人，号曰华阳夫人[⑦]。华阳夫人无子。安国君中男名子楚[⑧]，子楚母曰夏姬，毋爱[⑨]，子楚为秦质子于赵[⑩]。秦数攻赵，赵不甚礼子楚。

【注释】

①阳翟（dí）：古邑名，在今河南禹州。《索隐》曰："《战国策》以不韦为濮阳人，又记其事迹亦多与此传不同。"大贾（gǔ）人：大商人。贾，《索隐》引郑玄曰："行曰商，处曰贾。"

②千金：秦时以一镒（二十两，或说二十四两）为一金。

③秦昭王四十年：前267年。秦昭王，即秦昭襄王，名稷，前306—前251年在位。

④太子死：《秦本纪》"悼太子死于魏"，《魏世家》"秦太子外质于魏死"，具体不详。

⑤四十二年：前265年。

⑥安国君：名柱，即后来的秦孝文王。

⑦号曰华阳夫人：胡三省曰："盖食汤沐邑于华阳，因以为号。"华阳，地名，牛鸿恩引《禹贡锥指》曰："今商州之地也。秦宣太后弟芈戎封'华阳君'，昭王立太子爱姬为'华阳夫人'，皆此地。在华山之阳，正《禹贡》之华阳也。"

⑧中男：兄弟间排行居中的儿子。子楚：即后来的秦庄襄王。据《战国策》，子楚本名"异人"，从赵国回国后，吕不韦让他穿楚服去见华阳夫人，华阳夫人高兴地说："吾楚人也。"遂认其为子，给他改名为"子楚"。

⑨毋爱：不受宠爱。

⑩质子：即人质，当时常由国君的儿子或兄弟到别国做人质，以取信于别国。

【译文】

吕不韦，是韩国阳翟的大商人。他往来各地贱买贵卖地做买卖，家中积蓄了上千金的财富。

秦昭王四十年，太子去世。秦昭王四十二年，立次子安国君做了太子。安国君有二十多个儿子。他有个最宠爱的姬妾，便立她为正夫人，号称华阳夫人。华阳夫人没有儿子。安国君有个排行中间的儿子名叫子楚，子楚的母亲叫夏姬，不受安国君宠爱，因此子楚被秦国送到赵国做人质。由于秦国几次攻打赵国，赵国对子楚很不客气。

子楚，秦诸庶孽孙[①]，质于诸侯，车乘进用不饶[②]，居处困[③]，不得意。吕不韦贾邯郸[④]，见而怜之，曰："此奇货可居[⑤]！"乃往见子楚，说曰："吾能大子之门[⑥]。"子楚笑曰："且自大君之门，而乃大吾门！"吕不韦曰："子不知也，吾门待子门而大。"子楚心知所谓，乃引与坐，深语[⑦]。吕不韦曰："秦王老矣，安国君得为太子。窃闻安国君爱幸华阳夫人，华阳夫人无子，能立適嗣者独华阳夫人耳[⑧]。今子兄弟二十余人，子又居中，不甚见幸[⑨]，久质诸侯。即大王薨[⑩]，安国君立为王，则子毋几得与长子及诸子旦暮在前者争为太子矣[⑪]。"子楚曰："然。为之奈何？"吕不韦曰："子贫，客于此，非有以奉献于亲及结宾客也。不韦虽贫，请以千金为子西游，事安国君及华阳夫人，立子为適嗣。"子楚乃顿首曰[⑫]："必如君策，请得分秦国与君共之。"

【注释】

①诸庶孽孙：非嫡系的王孙。诸，泷川曰："枫、三本无'诸'字。"王叔岷曰："《通鉴》亦无'诸'字。"庶孽，庶出的孩子。

②进用：钱财费用。进，《汉书·高帝纪》颜师古注："进者，会礼之财也。字本作'賮'，又作'赆'，音皆同耳。古字假借，故转而为

‘进’。”不饶：不多，不宽裕。

③居处：日常生活。

④贾邯郸：在邯郸做生意。邯郸，时为赵国都城，在今河北邯郸。

⑤此奇货可居：这是将子楚比作值得投资囤积的货物。胡三省曰：“贾人居积滞货，伺时以牟利，以异人方财货也。”居，囤积。

⑥大子之门：光大你的门庭，意谓提高子楚的权势地位。

⑦深语：深入交谈。

⑧能立適嗣：能确立嫡系继承人。適，同“嫡”。

⑨幸：宠幸，宠爱。

⑩即：假使，假如。

⑪毋几：无望，没希望。《索隐》：“毋，音无；几，音冀。几，望也。”《正义》曰：“言子楚无望得为太子。”

⑫顿首：叩拜，头触地即起。

【译文】

子楚是秦王室庶出的子孙，又在国外做人质，车马用度不丰饶，日常生活困窘不堪，因此闷闷不乐。吕不韦在邯郸做生意，见到子楚很是可怜他，心说：“这倒是件稀奇的宝贝，存起来可以卖个好价钱！”他于是去见子楚，说：“我能光大您的门庭。”子楚笑着说：“你先去光大你自己的门庭吧，说什么光大我的门庭！”吕不韦说：“您不明白，我的门庭得靠您的门庭光大才能光大。”子楚明白了吕不韦暗含的意思，就请他进来共坐，深入交谈。吕不韦说：“秦王已经老了，安国君现在是太子。我私下里听说安国君宠爱华阳夫人，华阳夫人没有儿子，而能够决定立谁为嫡子继承人的只有华阳夫人。如今您兄弟有二十多人，您的排行又居中，不怎么受宠，长期在赵国做人质。一旦秦王去世，安国君即位为王，那时您还有什么机会同您的长兄和那些朝夕侍奉安国君的弟兄们去争太子之位呢？”子楚说：“是这样。那该怎么办呢？”吕不韦说：“您缺少钱财，又客居赵国，没什么可以拿来献给父母和结交宾客的。我虽算不上富有，请让我带上千金替您西去秦国，孝敬安国君和华阳夫人，设法让他们立您为嫡子继承人吧。”子楚立即对吕不韦叩头说：“如果真能实现您谋划的，我愿意与你共同分享秦国。”

吕不韦乃以五百金与子楚，为进用，结宾客；而复以五百金买奇物玩好，自奉而西游秦[①]，求见华阳夫人姊，而皆以其物献华阳夫人。因言子楚贤智，结诸侯宾客遍天下，常曰“楚也以夫人为天[②]，日夜泣思太子及夫人”。夫人大喜。不韦因使其姊说夫人曰[③]：“吾闻之，以色事人者[④]，色衰而爱弛。今夫人事太子，甚爱而无子，不以此时蚤自结于诸子中贤孝者[⑤]，举立以为适而子之[⑥]，夫在则重尊[⑦]，夫百岁之后[⑧]，所子者为王，终不失势，此所谓一言而万世之利也。不以繁华时树本[⑨]，即色衰爱弛，后虽欲开一语，尚可得乎？今子楚贤，而自知中男也，次不得为适[⑩]，其母又不得幸，自附夫人[⑪]。夫人诚以此时拔以为适[⑫]，夫人则竟世有宠于秦矣[⑬]。”华阳夫人以为然，承太子间[⑭]，从容言子楚质于赵者绝贤[⑮]，来往者皆称誉之。乃因涕泣曰：“妾幸得充后宫，不幸无子，愿得子楚立以为适嗣，以托妾身[⑯]。”安国君许之，乃与夫人刻玉符，约以为适嗣[⑰]。安国君及夫人因厚馈遗子楚[⑱]，而请吕不韦傅之[⑲]，子楚以此名誉益盛于诸侯。

【注释】

①自奉：自己带着。奉，持。

②以夫人为天：古有“天覆地载”之说，此即谓视夫人为庇护者。

③因使其姊说夫人：据《战国策》，吕不韦借以劝说华阳夫人者为其

弟阳泉君，与此不同。

④色：美色，美貌。

⑤不以此时：郭嵩焘曰："'不以此时'，谓'何不以此时'也。"中井曰："'不'上脱'何'字。"蚤：同"早"。

⑥举立以为適而子之：《索隐》曰："子，谓养以为子也。"王骏图曰："举为嫡而以为己子，不以为己子，则举为嫡无益也。"

⑦夫：夫君，此谓安国君。重尊：势大位尊。

⑧百岁之后：婉指去世。

⑨繁华时：花朵盛开时，此喻女子年轻貌美时。树本：树立根本，奠定根基。

⑩次不得为適：依照次序轮不到他做继承人。

⑪附：依附。

⑫拔：提拔，提携。

⑬竟世：终生。

⑭承太子间：指在侍奉太子时找了个机会。

⑮绝：非常。

⑯以托妾身：古人说"子以母贵"，又说"母以子贵"，华阳夫人扶立子楚为太子，就是要寻求后半生的托付。

⑰约以为適嗣：约定立子楚为嫡系继承人。中井积德曰："时昭王在焉，故太子不能显定计议，立名号，故阴刻符为约耳。"高仪曰："不韦说子楚及说华阳夫人，句句刺骨语，以故得行其策，然则不韦乃说客之雄，非直'大贾'也。"

⑱馈遗（kuì wèi）：馈赠。

⑲傅之：担任辅佐教导子楚的师、傅之职。

【译文】

吕不韦于是拿出五百金送给子楚，作为日常开销及结交宾客之用；又用五百金买了些珍奇的宝贝，随身带着西去秦国，求见华阳夫人的姐姐，请她把那些珍宝送给华阳夫人。并借机说子楚如何贤能聪明，结交诸侯宾客遍布天下，常常说“我把华阳夫人当作上天一样敬爱，日夜哭泣着思念太子和夫人”。华阳夫人非常高兴。吕不韦又请华阳夫人的姐姐劝华阳夫人说：“我听说，靠着美貌侍候人的，容颜衰老就会失宠。现在夫人侍奉太子，太子虽然非常宠爱你，可你没有儿子，不如在这时趁早在那诸公子中挑个贤能孝顺的，抬举他做嫡子而把他认作儿子，这样丈夫在世时你权重位尊；丈夫去世后，你所认的儿子继位为王，你始终不会失势，这就是所谓一句话就可以得到万世的利益啊。你不趁着年轻貌美的时候为自己立下根基，等到容颜衰老失宠之时，即使想开口说一句话，还有机会吗？现在子楚贤能，又自己知道排行居中，按次序也轮不到他做嫡子，他的母亲又不受宠，自愿来依附你。你如果能趁此时抬举他做嫡子，那么夫人这辈子就会在秦国一直受宠了。”华阳夫人深以为然，于是趁太子方便时，假装随意地讲起了在赵国当人质的子楚非常贤能，往返各国的人们都赞赏他。随即哭着说：“我很幸运能够进到您的后宫，却不幸没有儿子，希望能把子楚认作儿子立为嫡子，让我终身有靠。”安国君同意了，于是给华阳夫人刻了玉符，约定将子楚立为嫡子继承人。安国君和华阳夫人派人送给子楚丰厚的礼物，并请吕不韦去调护辅导他，子楚的名誉声望因此在诸侯中越来越大。

吕不韦取邯郸诸姬绝好善舞者与居①，知有身②。子楚从不韦饮，见而说之③，因起为寿④，请之。吕不韦怒⑤，念业已破家为子楚，欲以钓奇⑥，乃遂献其姬。姬自匿有身⑦，至大期时⑧，生子政。子楚遂立姬为夫人。

【注释】

①邯郸诸姬：邯郸城中娱乐场所的歌舞伎。绝好善舞：《索隐》曰：

“言其姿容绝美，而又善舞也。”

②有身：怀孕。

③说：同“悦”，喜欢。

④为寿：敬酒，祝人健康长寿。

⑤吕不韦怒：此假装发怒，《通鉴》即作“佯怒”。

⑥欲以钓奇：《索隐》曰：“钓者，以鱼为喻也。奇，即上云‘此奇货可居’也。”锺惺曰：“曰‘知有身’，曰‘自匿有身’，则不韦与姬定计久矣，‘怒’何为哉？妙用在此，真贾人狡猾也。”董份曰：“‘念’者，非真念也，不韦知有身而佯怒以念耳。”泷川曰：“言不韦初无意于献姬，既而以为我已以子楚为奇，今又献姬，以我子为秦嗣，更奇。《通鉴》‘怒’上补‘佯’字，非是。”按，泷川之说贴近史文，盖谓吕不韦之献姬非预谋也。而后世诸人之说，乃更贴近世态人情。今有以女人为诱饵，引男人上钩，而后其夫乃出面以勒索人者，谓之“放鹰”“钓鱼”，《三国演义》之王允盖亦以此法钓吕布也。

⑦匿：隐瞒。

⑧大期：《集解》曰：“十二月也。”《索隐》引谯周曰：“人十月生，此过二月，故云‘大期’。”梁玉绳曰：“《左传·僖十七年》‘孕过期’，疏云：‘十月而产，妇人大期。’乃十月之期，不做十二月解。即如《史记》注十二月曰‘大期’，夫不及期，可疑也；过期，尚何疑？只缘秦犯众怒，恶尽归之，遂有‘吕政’之讥。”张照曰：“‘大期’犹《诗》言‘诞弥厥月’也。史以此明始皇之为不韦子，言及大期而非期，子楚犹不悟也。若如徐广言期十二月，则又何以信为不韦子邪？”梁、张说是。郭嵩焘曰：“此与《春申君传》楚幽王为春申君子同一传疑之辞，当时亦恶秦、楚之王，知其所幸姬入自吕不韦及为春申君所献，因以讥刺之，不必果有其事也。”

【译文】

吕不韦在邯郸选了个美貌善舞的女子同居，不久知道这个女子怀了孕。有一天，子楚到吕不韦家喝酒，看到这个女子很喜欢她，于是起身向吕不韦敬酒祝寿，请吕不韦把这个女子送给他。吕不韦很生气，但一想到自己已经为子楚花光了家财，就是想借子楚获得希世富贵，于是就把这个女子献给了子楚。这个女子也隐瞒了怀孕的事，到足月时，生了个儿子，取名政。子楚于是就把这个女子立为夫人。

秦昭王五十年①，使王齮围邯郸②，急③，赵欲杀子楚。子楚与吕不韦谋，行金六百斤予守者吏④，得脱，亡赴秦军⑤，遂以得归。赵欲杀子楚妻子，子楚夫人，赵豪家女也⑥，得匿⑦，以故母子竟得活。秦昭王五十六年⑧，薨⑨，太子安国君立为王，华阳夫人为王后，子楚为太子。赵亦奉子楚夫人及子政归秦。

【注释】

①秦昭王五十年：前257年。

②王齮围邯郸：即长平之战后秦国进一步围困赵国都城邯郸。王齮，即《秦本纪》《白起王翦列传》所载攻邯郸之王龁。

③急：形势危急。

④守者吏：指赵国负责看守子楚的官吏。

⑤亡赴秦军：潜逃到城外秦军之中。

⑥子楚夫人，赵豪家女也：此于前文所谓“邯郸诸姬”似相矛盾。郭嵩焘曰：“吕不韦所献子楚姬，史不详其姓氏，何知其为豪家女？下云‘赵亦奉子楚夫人及子政归秦’，则是子楚夫人及子政留赵未匿也。史公前后所叙，均未能符合。”

⑦匿：藏匿，隐藏。

⑧秦昭王五十六年：前251年。

⑨薨(hōng):古代诸侯去世称“薨”,《礼记·曲礼下》:“天子死曰崩,诸侯曰薨。”

【译文】

秦昭王五十年,派王齮领兵包围了邯郸,赵国形势危急,想杀掉子楚。子楚和吕不韦谋划,用六百斤黄金贿赂监守他的小吏,得以脱身,逃到秦国的军队中,回到秦国。赵国想杀掉子楚的夫人和儿子,子楚夫人本来是赵国豪门的女儿,得以藏匿在娘家,所以最后母子俩都脱险了。秦昭王五十六年,秦昭王去世了,太子安国君继位为王,华阳夫人做了王后,子楚为太子。赵国也只好把子楚夫人和她的儿子政送回秦国。

秦王立一年,薨,谥为孝文王①。太子子楚代立,是为庄襄王。庄襄王所母华阳后为华阳太后②,真母夏姬尊以为夏太后。庄襄王元年③,以吕不韦为丞相,封为文信侯④,食河南雒阳十万户⑤。

【注释】

①“秦王立一年”几句:秦孝文王在位一年,前250年去世。

②所母:认为嫡母者。

③庄襄王元年:前249年。

④文信侯:“文信”为封号。

⑤食河南雒阳十万户:梁玉绳引金耀辰曰:“《周策》曰‘食蓝田十二县’,岂河南雒阳为封国,而蓝田其采地与?”杨宽曰:“据《秦策》,庄襄王初立,即以吕不韦为相,食蓝田十二县。其食河南洛阳十万户,当在吕不韦取东周以后。洛阳原为东周都邑。”雒阳,古邑名,在今河南洛阳东北。以上吕不韦助子楚当上秦王事,亦见《战国策·秦策五》。钱穆曰:“史谓不韦入秦当昭王时,孝文

王尚为太子，而《秦策》吕不韦为子楚游秦已当孝文王世，此一异也；史谓不韦先说华阳夫人姊，而《秦策》不韦所说乃秦王后弟阳泉君，此二异也；史谓子楚于邯郸之围脱亡赴秦军，而《秦策》乃王后请之赵，而赵自遣之，则三异矣。果如《秦策》所言，不韦游秦，始皇之生已及十年（始皇生于昭王四十八年正月，见《秦本纪》），不韦安得预为'钓奇'如此？"

【译文】

安国君只做了一年秦王就去世了，谥为孝文王。太子子楚继位，这就是庄襄王。庄襄王所认的母亲华阳王后被称为华阳太后，亲生母亲夏姬被尊为夏太后。庄襄王元年，任吕不韦为丞相，封为文信侯，河南洛阳十万户封给他作为封地。

庄襄王即位三年，薨①，太子政立为王②，尊吕不韦为相国③，号称"仲父"④。秦王年少，太后时时窃私通吕不韦。不韦家僮万人⑤。当是时，魏有信陵君⑥，楚有春申君⑦，赵有平原君⑧，齐有孟尝君⑨，皆下士喜宾客以相倾⑩。吕不韦以秦之强，羞不如，亦招致士，厚遇之，至食客三千人。是时诸侯多辩士⑪，如荀卿之徒⑫，著书布天下。吕不韦乃使其客人人著所闻，集论以为八览、六论、十二纪⑬，二十余万言⑭。以为备天地万物古今之事，号曰《吕氏春秋》⑮。布咸阳市门⑯，悬千金其上，延诸侯游士宾客有能增损一字者予千金⑰。

【注释】

①庄襄王即位三年，薨：事在前247年。

②太子政立为王：《集解》曰："时年十三。"

③相国：秦时称"相邦"，《小校经阁金文》有吕不韦戈，上有铭文云

"五年相邦吕不韦造"。汉人避刘邦讳,改称"相国"。

④仲父:其意大体有两说,一说谓意同"亚父",《正义》曰:"仲,中也,次父也。"犹如齐桓公称管仲为"仲父",项羽称范增为"亚父"。另一说谓意同"叔父",泷川曰:"昭襄称范雎为'叔父',始皇称不韦为'仲父',盖由其例也。"

⑤家僮:家奴。僮,奴婢。

⑥信陵君:名无忌,魏安釐王之弟,事详《魏公子列传》。

⑦春申君:黄歇,楚考烈王时为楚相,事详《春申君列传》。

⑧平原君:赵胜,赵惠文王之弟,事详《平原君虞卿列传》。

⑨孟尝君:田文,齐湣王时权臣,以养士闻名,事详《孟尝君列传》。

⑩皆下士喜宾客以相倾:靠礼贤下士招揽门客来争胜负,比高低。相倾,即比高低,盖以天平做比喻,使形势倾向自己。《正义》曰:"年表云:秦昭王五十六年,平原君卒;始皇四年,信陵君死;始皇九年,李园杀春申君。孟尝君当秦昭王二十四年已后而卒,最早。"郭嵩焘曰:"四君自有声名,吕不韦自慕之,不必同时争胜也。而吕不韦因之以成《吕氏春秋》,其巧于取名又非四君所能及也。"

⑪诸侯多辩士:诸侯,指东方各国。辩士,明辨事理,善口辩、善为文的人,不似后世专指纵横家。

⑫荀卿:即荀子,名况,战国末年儒家学派的代表人物,事见《孟子荀卿列传》。

⑬集论:统编裁订。八览、六论、十二纪:今传本《吕氏春秋》依次为十二纪、八览、六论。八览,《有始览》《孝行览》《慎大览》《先识览》《审分览》《审应览》《离俗览》《恃君览》。六论,《开春论》《慎行论》《贵直论》《不苟论》《似顺论》《士容论》。十二纪,《孟春纪》《仲春纪》《季春纪》《孟夏纪》《仲夏纪》《季夏纪》《孟秋纪》《仲秋纪》《季秋纪》《孟冬纪》《仲冬纪》《季冬纪》。

⑭二十余万言：张照引高诱序曰："凡十七万三千五十四言。"

⑮《吕氏春秋》：后世将其视为杂家，《四库全书总目》云："殆所谓'纪'者犹内篇，而'览'与'论'者为外篇、杂篇与。大抵以儒为主，而参以道家、墨家。……是书较诸子之言，独为醇正。"

⑯布：陈列。

⑰延诸侯游士宾客有能增损一字者予千金：吴见思曰："增损千金，亦一时传言耳，其书具在，岂皆字字金玉乎？"梁玉绳引高诱《吕氏春秋》序曰："时人非不能也，盖惮相国，畏其势耳。"杨慎曰："悬金市门，无能增损一字者，盖畏秦势然耳。扬雄乃谓'恨不生其时，手载其金而归'，子云'老不晓事'如此！"

【译文】

庄襄王在位三年后去世，太子政继位当王，尊吕不韦为相国，称他为"仲父"。当时秦王年幼，太后常常与吕不韦私通。吕不韦家里的奴仆有上万人之多。这个时候，魏国有信陵君，楚国有春申君，赵国有平原君，齐国有孟尝君，都靠着礼贤下士招揽门客来争胜负，比高低。吕不韦认为以秦国的强大，在这方面不能比别国差，于是也招贤纳士，优礼厚待，以致门下食客达三千多人。当时各诸侯国有许多辩士，如荀况等人，他们的著作传遍天下。吕不韦于是让门客分别写下自己所知之事，把这些论著合起来编成八览、六论、十二纪，共二十多万字。他认为书中已经包括了天地间、自古至今的万事万物，称其为《吕氏春秋》。他把这部书陈列在咸阳市场的大门外，并悬赏千金，邀请各诸侯国的游士宾客来挑错，如果谁能增加或删掉其中的一个字，就把这千金都送给他。

始皇帝益壮①，太后淫不止。吕不韦恐觉祸及己，乃私求大阴人嫪毐以为舍人②，时纵倡乐③，使毐以其阴关桐轮而行④，令太后闻之，以啖太后⑤。太后闻，果欲私得之。吕不韦乃进嫪毐，诈令人以腐罪告之⑥。不韦又阴谓太后曰⑦：

“可事诈腐[⑧]，则得给事中[⑨]。”太后乃阴厚赐主腐者吏，诈论之[⑩]，拔其须眉为宦者[⑪]，遂得侍太后。太后私与通，绝爱之。有身[⑫]，太后恐人知之，诈卜当避时[⑬]，徙宫居雍[⑭]。嫪毐常从，赏赐甚厚，事皆决于嫪毐[⑮]。嫪毐家僮数千人，诸客求宦为嫪毐舍人千余人[⑯]。

【注释】

①益壮：日渐长大。

②大阴人：阴茎大的男人。嫪毐（lào ǎi）：人名。钱穆曰：“《南越传》婴齐取邯郸摎氏女，《索隐》云：‘摎姓出邯郸。’‘摎’‘嫪’古文通用，据此嫪毐乃邯郸人。”舍人：王公贵族私门之官。

③时纵倡乐（yuè）：时常表演歌舞杂技节目。

④以其阴关桐轮而行：让嫪毐用其阴茎挑着一个小桐木轮子行走。关，穿，此谓挑着。《正义》曰：“桐轮，以桐木为小车轮。”有井范平曰：“极写闺房猥亵之事。”

⑤啖（dàn）：此谓诱惑，引诱。钱穆曰：“疑始皇母在邯郸本识毐，不俟于不韦之进显，而史传所称‘私求大阴人，使以其阴关桐轮而行，令太后闻之，以啖太后’者，皆故为丑语，非事实也。”杨宽曰：“所谓‘使毐以其阴关桐轮而行’，其事妄谬，难以置信；至于始皇母是否本识嫪毐，亦无确证。”

⑥腐罪：要处以宫刑的罪。

⑦阴：暗中，偷偷。

⑧诈腐：假装处以宫刑。

⑨给（jǐ）事中：在宫中侍候服务。给事，供职，侍候。后来“给事中”遂成为官名。

⑩诈论之：假装对嫪毐判罪行刑。论，判处。

⑪须眉：此处偏指须。崔适曰："宦者无须，非无眉也。此'拔其须眉'，非并其眉拔之也。特以修词之例，因'须'而及'眉'耳。"王叔岷曰："宦者美容，亦须拔眉，但非尽拔之也。"

⑫有身：有身孕。

⑬避时：当为一种迷信风俗，谓在某些时段要躲起来以避灾祸。

⑭雍：秦邑名，在今陕西凤翔西南，春秋时曾为秦都，此时尚有秦国离宫。

⑮事皆决于嫪毐：盖因秦王政年少，国事多由太后裁决，而太后宠信嫪毐，故事遂决于嫪毐。

⑯求宦：求官，请求任职。

【译文】

秦始皇日渐长大，而太后还是跟吕不韦私通不断。吕不韦害怕事发自己遭殃，就暗中找到一个生殖器特别粗大的男人嫪毐做门客，家里聚集倡优纵情取乐时，就让嫪毐用阴茎挑着桐木车轮当众行走，有意地让太后听说这件事，以引诱太后。太后听说后，果然想暗中得到嫪毐。吕不韦于是就把嫪毐送给太后，同时假意让人以应受宫刑的罪行控告嫪毐。吕不韦又暗中对太后说："可以假装给他处以宫刑，之后就可以让他在宫内做事了。"太后就暗中给执行宫刑的人丰厚的赏赐，让他们假装给嫪毐施了刑，拔去嫪毐的胡子、眉毛，让他做了宦官，嫪毐于是得以伺候太后。太后和嫪毐私通后，喜爱非常。不久太后怀了孕，怕人发现，假称占卜得知应到宫外躲避一阵子，于是搬到雍县离宫中去住。嫪毐经常跟着太后，赏赐非常丰厚，国事多由嫪毐决定。嫪毐家中奴仆多达几千人，那些为谋官而当嫪毐舍人的宾客也有一千多人。

始皇七年①，庄襄王母夏太后薨。孝文王后曰华阳太后，与孝文王会葬寿陵②。夏太后子庄襄王葬芷阳③，故夏太后独别葬杜东④，曰："东望吾子，西望吾夫⑤。后百年，旁当有万家邑[⑥]。”

【注释】

①始皇七年:前240年。

②会葬:合葬。寿陵:《正义》曰:“秦孝文王陵,在雍州万年县东北二十五里。”万年,汉县名,治所在今陕西临潼东北。

③芷阳:秦县名,治所在今西安东北。

④杜:秦县名,治所在今西安东南。

⑤东望吾子,西望吾夫:此疑有误。秦孝文王墓所在的万年、秦庄襄王墓所在的芷阳,位置均在夏太后墓所在的杜县的北边,相较而言,夏太后之夫秦孝文王墓偏东,其子秦庄襄王墓偏西,与此所谓“东望吾子,西望吾夫”正相反。

⑥后百年,旁当有万家邑:梁玉绳曰:“始皇七年夏太后薨,至起杜陵凡百七十六年。”泷川曰:“《樗里子传》云:‘昭王七年,樗里子卒,葬于渭南章台之东。曰:后百岁,是当有天子之宫夹我墓。’词气略同。盖风水之说,自秦始也。”方苞曰:“夏太后、华阳夫人薨葬,本不应载不韦传,以夏太后有‘后百年,旁当有万家邑’语,史公好奇欲传之,而入《秦本纪》则无关体例,故因庄襄王之葬牵连书之。”

【译文】

秦始皇七年,庄襄王母亲夏太后去世。孝文王的王后是华阳太后,和孝文王合葬在寿陵。夏太后的儿子庄襄王葬在芷阳,因此夏太后要单独埋葬在杜县城东,她说:“向东看到我儿子,向西看到我丈夫。百年以后,旁边一定会形成一个万户人口的城邑。”

始皇九年[①],有告嫪毐实非宦者[②],常与太后私乱,生子二人,皆匿之[③]。与太后谋曰“王即薨,以子为后”[④]。于是秦王下吏治[5]，具得情实，事连相国吕不韦。九月[6]，夷嫪毐三族[7]，杀太后所生两子，而遂迁太后于雍[8]。诸嫪毐舍人皆没其家而迁之蜀[9]。王欲诛相国，为其奉先王功大[10]，及宾客辩士为游说者众，王不忍致法。

【注释】

①始皇九年：前238年。

②有告嫪毐实非宦者：《集解》引《说苑·正谏》曰："毐与侍中左右贵臣博奕饮酒，醉，争言而斗，瞋目大叱曰：'吾乃皇帝假父也，人子，何敢乃与我亢！'所与斗者走，行白始皇。"

③匿：藏匿，隐藏。

④王即薨，以子为后：若今后秦王去世，就立我们的儿子为继承人。

⑤下吏治：将嫪毐交给司法官员拷问。

⑥九月：梁玉绳曰："按《始皇纪》，诛毐在四月，此误。"

⑦夷：诛杀。三族：一说指父族、母族、妻族，一说指父母、兄弟、妻子。

⑧迁太后于雍：《说苑·正谏》："始皇乃取毐四肢，车裂之；取其两弟，囊扑杀之；取皇太后，迁之于棫阳宫。"《正义》曰："雍县有棫阳宫，秦昭王所起也。"杨宽曰："今陕西凤翔南古城村东北发现有'棫阳'残瓦，可证棫阳宫确实在雍。"

⑨没其家而迁之蜀：《索隐》曰："谓家产资物并没入官，人口则迁之蜀也。"

⑩奉：拥戴。

【译文】

秦始皇九年，有人告发嫪毐不是真正的宦官，经常跟太后私通，已经生了两个儿子，都藏匿起来。还说嫪毐已经和太后商定说"等到大王死后，就让这孩子为继承人"。于是秦王把此案交付有关官吏办理，得知了全部实情，事情牵连到相国吕不韦。当年九月，诛灭了嫪毐的三族，杀掉了他和太后生的两个儿子，把太后迁逐到雍县的离宫去。所有嫪毐的门客都被抄没家产放逐到蜀地。秦王想杀掉吕不韦，但因为他拥立先王的功劳大，还有许多宾客辩士为他说情，秦王也就不忍心再杀他了。

秦王十年十月[①]，免相国吕不韦。及齐人茅焦说秦王[②]，秦王乃迎太后于雍，归复咸阳[③]，而出文信侯就国河南[④]。岁余，诸侯宾客使者相望于道[⑤]，请文信侯[⑥]。秦王恐其为变，乃赐文信侯书曰："君何功于秦？秦封君河南，食十万户。君何亲于秦？号称仲父。其与家属徙处蜀[⑦]！"吕不韦自度稍侵[⑧]，恐诛，乃饮鸩而死[⑨]。秦王所加怒吕不韦、嫪毐皆已死[⑩]，乃皆复归嫪毐舍人迁蜀者。

始皇十九年[⑪]，太后薨，谥为帝太后[⑫]，与庄襄王会葬茝阳[⑬]。

【注释】

①秦王十年：前237年。

②齐人茅焦说秦王：《秦始皇本纪》载茅焦谏秦王曰："秦方以天下为事，而大王有迁母太后之名，恐诸侯闻之由此倍秦也。"《说苑·正谏》亦载茅焦谏秦王曰："陛下车裂假父，有妒忌之心；囊扑两弟，有不慈之名；迁母萯阳宫，有不孝之行；从蒺藜于谏士，有桀纣之治，令天下闻之，尽瓦解无向秦者。"语甚狂悖。

③乃迎太后于雍，归复咸阳：《秦始皇本纪》："迎太后于雍而入咸阳，复居甘泉宫。"

④出文信侯就国河南：令吕不韦离开都城咸阳，到其洛阳的封地居住。就国，前往自己的封地。

⑤诸侯宾客使者:谓来自各国的宾客与使者。相望于道:路上络绎不绝。

⑥请文信侯:拜会问候吕不韦。郭嵩焘曰:"'请'者,问遗之意。吕不韦相秦权重矣,虽退居而诸侯问遗者不绝。"泷川曰:"请,谒也。"

⑦其:此处表命令语气。徙处蜀:迁徙到蜀地去,实即发配到蜀地。

⑧自度:自己估计。稍侵:谓凌辱惩罚会逐渐加重。稍,渐。侵,凌辱。

⑨乃饮鸩(zhèn)而死:事在秦王政十二年,前235年。鸩,传说中的一种毒鸟,相传用其羽毛浸酒,饮者立死。常用以代指毒酒。《集解》引《皇览》曰:"吕不韦冢在河南洛阳北邙道西大冢是也,民传言'吕母冢'。不韦妻先葬,故其冢名'吕母'也。"吕不韦墓在今河南偃师的大冢头村。

⑩加怒:特别痛恨。

⑪始皇十九年:前228年。

⑫谥为帝太后:《索隐》曰:"王劭云:'秦不用谥法,此盖号耳。'其义亦当然也。始皇称帝之后,故其母号为'帝太后'。"梁玉绳曰:"谥者,号也。"并引《孟尝君列传》之"文卒,谥为孟尝君"、司马相如《喻巴蜀檄》之"谥为至愚"之"谥"皆为"号"意为证。

⑬茝阳:当同前文作"芷阳"。

【译文】

秦始皇十年十月,罢免了相国吕不韦。后来齐国人茅焦劝说秦王,秦王才到雍县去接回太后,返回咸阳,又下令让吕不韦到他河南的封地去。此后一年多,各诸侯的宾客使者们络绎不绝地去河南拜会问候吕不韦。秦王怕吕不韦叛乱,于是写了封信给他说:"你对秦国有什么功劳?秦封给你河南地,让你享受十万户的食邑。你跟秦国有什么亲?却号称仲父。你和家属搬到蜀地去吧!"吕不韦自己估计受到的逼迫越来越紧,害怕被杀,于是喝毒酒自杀了。秦王特别痛恨的吕不韦和嫪毐都已死了，于是就下令把那些被流放到蜀地的嫪毐门客放回来。

秦始皇十九年，太后去世，谥为帝太后，与庄襄王一同合葬在芷阳。

太史公曰：不韦及嫪毐贵，封号文信侯①。人之告嫪毐②，毐闻之。秦王验左右③，未发④。上之雍郊⑤，毐恐祸起，乃与党谋矫太后玺发卒以反蕲年宫⑥。发吏攻毐⑦，毐败亡走，追斩之好畤⑧，遂灭其宗。而吕不韦由此绌矣⑨。孔子之所谓“闻”者⑩，其吕子乎！

【注释】

①不韦及嫪毐贵，封号文信侯：此二句语意不明。中井曰：“此盖有错文。”《索隐》曰：“此赞中言嫪毐得宠贵，由不韦耳，今此合作‘长信侯’也。”崔适认为应作“嫪毐以不韦贵，封号长信侯”。

②人之告嫪毐：即前文“有告嫪毐实非宦者”于秦王事。

③验左右：对太后、嫪毐身边的人员进行调查取证。

④未发：未公开声张。

⑤上之雍郊：秦王到雍邑去祭天。上，当作“王”，梁玉绳曰：“‘上’者，见在之称，或以称本朝尚可，若此乃误仍秦史旧文。”《秦始皇本纪》“上宿雍”亦有此病。郊，古代帝王祭天的典礼，详见《封禅书》。杨宽曰：“《秦始皇本纪》谓是年‘四月上宿雍，己酉王冠，带剑’，而此云‘上之雍郊’，盖是时秦王政‘宿雍’，先郊见，而后行冠礼。”

⑥矫太后玺：盗盖太后的印玺，以太后之命调兵。蕲年宫：在雍城西，当时秦王政住在这里。

⑦发吏攻毐：此句前，崔适谓当据《秦始皇本纪》增“王知之”三字，使语意更明晰。

⑧好畤(zhì):秦县名,治所在今陕西乾县东北。因其境内有祭祀上帝的"好畤"(祭台)而得名。以上赞语中所叙嫪毐作乱事,与前文所叙略有不同,其事又见《秦始皇本纪》,时为秦王政九年,前238年。

⑨吕不韦由此绌矣:吕不韦的权势下降就是由此开始的。绌,同"黜",废免,垮台。

⑩孔子之所谓"闻"者:徒有虚名而实无才德的"闻人"。《论语·颜渊》:"夫闻也者,色取仁而行违,居之不疑,在邦必闻,在家必闻。"马融注:"此言佞人也。"梁玉绳曰:"不韦,乱民也,而以'闻'许之,岂因其著书乎?《黄氏日钞》《经史问答》并言其误。《法言·渊骞》篇以不韦为'穿窬之雄',谅哉!"

【译文】

太史公说:吕不韦和嫪毐显贵时,吕不韦被封为文信侯。当有人告发嫪毐,嫪毐听说了此事。秦王只是审问了太后和嫪毐左右的人,并没有立刻动手。秦王去雍县祭天,嫪毐害怕大祸降临,于是就和自己的党羽商量盗用了太后的印玺命令发兵在蕲年宫造反。秦王派兵攻击嫪毐,嫪毐战败逃走,秦王的人马在好畤追上并杀掉了嫪毐,于是诛灭了他整个宗族。吕不韦的失势就是由此开始的。孔子所说的徒有虚名而实无才德的所谓"闻人",大概就是吕不韦这一类吧!

【集评】

司马贞曰:"按《战国策》,不韦为濮阳人,又记其事迹亦多与此传不同。班固虽云'太史公采《战国策》',然为此传当别有闻见,故不全依彼说。或者刘向定《战国策》时,以己闻见改彼书,遂令不与《史记》合也?"(《史记索隐》)

袁黄曰:"吕不韦以大贾客赵,一见异人,目为'奇货',遂以千金为异人结客要誉,计必为立后于秦。秦之立子,尚贤而不尚亲,立爱而不拘长，度华阳夫人必能得之于王也，度夫人必能以爱结也。西游致款，而以贤孝自托。不韦之为异人计不失一筹，何其算之明也！”（《增评历史纲鉴》）

罗大经曰：“巨贾吕不韦见秦子异人质于赵，曰‘此奇货可居’，遂不吝千金为之经营于秦，异人卒有秦国，而不韦为相，此事固不足道，而其以予为取，则亦商贾之权也。汉高帝捐四万金与陈平，不问其出入；裂数千里地封韩、彭，无爱惜心，遂能灭项有天下，是皆以予为取之术也。东坡曰：‘天下之事成于大度，而败于寒陋之小人。’”（《鹤林玉露》）

牛运震曰：“吕不韦者，阳翟大贾人也，开端‘大贾人’三字，一篇之纲。不韦一生，全是贾贩作用：篇中点其见子楚而曰‘奇货可居’；以千金为子楚西游，又云‘念业已破家为子楚，欲以钓奇’；又行金六百斤于守者吏；又‘悬《吕氏春秋》咸阳市门，延诸侯客有能增损一字者予千金’，孰非以利钓天下哉？”（《史记评注》）

陈仁锡曰：“传不韦而附嫪毐，传李斯而附赵高，以其同恶相济也。”（《史诠》）

【评论】

本篇所写的吕不韦是以一个眼光独到的投机商人的形象出场的，他见到子楚就想到了“奇货可居”，心里已经谋划好了一整套扶植子楚做秦王的计划。于是他倾全部家产，一半为子楚“结宾客”，一半“买奇物玩好”贿赂秦昭王太子的宠姬——不能生育的华阳夫人。他以世代“有宠于秦”打动华阳夫人认子楚为嫡嗣之后，又进而把自己已经怀孕的美姬献给子楚，想要暗中篡取秦国政权。而最终他的计划全部实现了。这些事情，原型应是《战国策·秦策五》里的故事，但这里所记又与《战国策》有较大差别。其一是吕不韦见到子楚的惊喜之状，《史记》说吕不韦是“见而怜之，曰‘此奇货可居。’”进而是吕不韦对子楚说：“我能大子之门。”子楚说：“且自大君之门，而乃大吾门？”吕不韦说：“子不知也，吾门待子门而大。”两个人机锋相对，透辟精警。而《战国策》则是另一幅景象：说是吕不韦见到子楚后，“归而谓父曰：‘耕田之利几倍？’曰：‘十倍。’‘珠玉之赢几倍？’曰：‘百倍。’‘立国家之主赢几倍？’曰：‘无数。’曰：‘今力田疾作，不得暖衣余食。今建国立君，泽可以遗世，愿往事之。’”其二是吕不韦入秦游说的时间不同。《史记》说他入秦时是孝文王还是太子；《战国策》说他入秦时孝文王已经登基继位。其三是吕不韦游说的对象不同。《史记》说吕不韦游说的是华阳夫人的姐姐；《战国策》说吕不韦游说的是秦王后（即史所谓华阳夫人）之弟，具体游说内容相应变化，但收养子楚为子并立其为嫡嗣以保长久贵宠的宗旨未变。其四，子楚归赵，《史记》说是邯郸之围时吕不韦帮他逃离赵国回到秦国；《战国策》则说是吕不韦游说赵国后遣子楚回秦。其五，《战国策》说这时的秦王此前已立了太子，故而当王后收异人（即子楚）为嫡子后，吕不韦与王后又策划让他向秦王献计，从而赢得秦王的欢心，从而得立为太子。这么大的不同，可以说只剩下了吕不韦助子楚入秦为嫡的大框架，具体内容似乎司马迁另有所本。而据后世学者考证，多认为《史记》所言不近情。马非百《秦集史》就说：“就不韦入秦之年代言之，如果确在昭王时，则孝文王自身尚为太子，虽为王仅一岁而死，然不韦非神人，岂能知其必不永年而预为此‘钓奇’之谋？”即如本篇，既说子楚夫人是吕不韦所献之舞女，又说她是“赵豪家女”，自身就前后矛盾。

吕不韦在秦为相的十几年，秦国大举向东方进军，攻城略地，正是统一六国的前夕，他的入秦对秦的影响是很深远的。从他主持编著的《吕氏春秋》中可以看出，书中包含了儒家、墨家、法家、农家、兵家、阴阳家、道家、名家各派的言论，可见他的三千门客中汇集了各派学者，无形中已经形成了“智囊团”。他们把《吕氏春秋》公布出来，说有人能增损一字即赏千金，这实际是表明此书所写为不刊之论。而事实上，吕不韦前后执政十余年，即宣称奉行此书之政纲，秦国确实也在此期间完成了多方面建设，为统一六国做好了准备，所以后代学者认为吕不韦的功劳不在商鞅、张仪、范雎等人之下。而本篇不提吕不韦的作为与功绩，却大谈进嫪毐给太后等宫廷秽迹，其偏颇在《史记》各篇中是相当少见的。

造成这种现象的原因，很大可能是本篇是根据了一些不可靠的传言写成的，这些传言一部分出于嫪毐等吕不韦的政敌的抹黑，一部分可能出于秦末汉初丑化秦朝历代帝王的民间传说。马非百总结说："吕不韦游秦时，子政年已十岁，献姬事之不可信，不辨自明。则所谓'太后时时窃通吕不韦'者，亦属毫无根据。……嫪毐与太后私通生子，容或有之，然因此遂并谓始皇帝亦为吕不韦子，则亦为无稽之丑诋而已。大抵吕、嫪当日曾发生极剧烈之权力斗争，而太后且袒于毐，《战国策·魏策》有极详细之描述，《孔丛子》中亦有同样的记载。……据此，则嫪毐在秦国政治上之地位，几欲驾吕不韦而上之。因此造谣中伤，捏故告密，致有始皇九年大战咸阳之惨剧。嫪毐以此败死，而吕氏亦不能幸免，两方牵连受累者各数千家，党争之祸亦烈矣哉！《吕不韦列传》即根据此项谣言而写成者，与《战国策》所言完全不合。"（《秦集史》）

司马迁对吕不韦究竟是怎样看呢？首先他憎恶吕不韦的为人。吕不韦见子楚即曰"奇货可居"，献孕姬"欲以钓奇"，悬巨赏修正《吕氏春秋》以沽名，一生的主要活动都明显带有赤裸裸的奸商习气。故李景星说："吕不韦是千古第一奸商，尊莫尊于帝王，而帝王被其贩卖；荣莫荣于著作，而著作被其贩卖。"（《史记评议》）牛震运也说："不韦一生，全是贾贩作用"，"阴钓人国，显盗圣言，真大贾人矣。太史公处处点逗，眼目分明，意思贯串，亦奇传也。"（《史记评注》）司马迁在"太史公曰"中说吕不韦是"闻人"。所谓"闻人"，即"佞人"。《论语·颜渊》："夫闻也者，色取仁而行违，居之不疑，在邦必闻，在家必闻。"一篇《吕不韦列传》就写了这样一个处心积虑，既要谋取普天下至高无上的实利，又要骗取流传千古美名的人。如果说司马迁是以"奸商"对吕不韦进行客观描写的话，那么"闻人"，就是司马迁对吕不韦人品的主观评价了，前者富于形象而后者更具概括性。但是司马迁对那些传说将信将疑，所以他只在

《吕不韦列传》中写到这些事，而且整部《史记》除《吕不韦列传》外很少提到吕不韦，竟似有意隔断《吕不韦列传》与其他篇章的关联，这似乎也表明了司马迁对这一传言的态度。

最后要讨论一下秦王政与吕不韦的斗争。他们之间的斗争不全是由于吕不韦进嫪毐，引发嫪毐秽乱宫廷，把持朝政，起兵作乱，篡夺王位，更主要的是秦王政要夺回吕不韦手中的大权，这是每一位成年帝王都要做的。权臣不论是不是主动放手，最后大都逃不脱被消灭的结局。另外，吕不韦推行的政策以《吕氏春秋》为纲，而它的理论与秦王后来的政见与作风是冲突的，秦王要除掉吕不韦也是势所必然的。

史记卷八十六

刺客列传第二十六

【释名】

《刺客列传》记载了曹沫、专诸、豫让、聂政、荆轲五个人的事迹，所以全篇也可依次分为曹沫劫齐桓公、专诸刺王僚、豫让刺赵襄子、聂政刺侠累、荆轲刺秦王五部分。其中写荆轲的部分是最多的，明显是本篇的重点。篇末论赞补充说明了荆轲故事的材料来源，并对刺客们的“立意较然，不欺其志”表达了敬佩赞美之情。

曹沫者[①]，鲁人也，以勇力事鲁庄公[②]。庄公好力[③]。曹沫为鲁将，与齐战，三败北[④]。鲁庄公惧，乃献遂邑之地以和[⑤]。犹复以为将。

齐桓公许与鲁会于柯而盟[⑥]。桓公与庄公既盟于坛上，曹沫执匕首劫齐桓公，桓公左右莫敢动，而问曰[⑦]：“子将何欲？”曹沫曰：“齐强鲁弱，而大国侵鲁亦以甚矣。今鲁城坏即压齐境[⑧]，君其图之[⑨]。”桓公乃许尽归鲁之侵地。既已言，曹沫投其匕首，下坛，北面就群臣之位[⑩]，颜色不变，辞令如故。桓公怒，欲倍其约[⑪]。管仲曰[⑫]：“不可。夫贪小利以自快，弃信于诸侯，失天下之援，不如与之。”于是桓公乃遂割鲁侵地，曹沫三战所亡地尽复予鲁⑬。

其后百六十有七年而吴有专诸之事⑭。

【注释】

①曹沫：梁玉绳曰："曹子之名，《左》《榖》及《人表》《管子·大匡》皆作'刿'，《吕览·贵信》作'翙'，齐、燕《策》作'沫'，盖声近而字异耳。"牛鸿恩曰："'沫'有一音为huì，与'刿'同音，以古音考似应作'沬'。"曹刿论战事见《左传·庄公十年》与《齐太公世家》。

②以勇力事鲁庄公：梁玉绳曰："《史通·人物》篇称曹子为'命世大才，挺生杰出'；《困学纪闻》七谓其问战、谏观社，'蔼然儒者之言'，而目为'勇士'，列于'刺客'之首，何其卑视曹子也？"鲁庄公，名同，前693—前662年在位。

③好力：好勇。

④与齐战，三败北：梁玉绳曰："庄公自九年败乾时，后至十三年盟柯，中间有长勺之胜，是鲁只一战而一胜，安得有三败之事？"北，通"背"，败逃则背对敌人。

⑤遂邑：原古国名，在今山东肥城南，后被齐所灭。梁玉绳曰："齐桓会北杏，遂人不至，故灭之。'遂'非鲁地，何烦鲁献？此皆妄也。"齐桓公灭遂事见《左传·庄公十三年》。

⑥齐桓公：名小白，齐国国君，前685—前643年在位，春秋五霸之首。柯：齐邑名，在今山东阳谷东北。盟：盟誓定约。

⑦而问曰：《公羊传》云："管子进曰：'君何求乎？'"

⑧鲁城坏即压齐境：鲁国城墙一倒塌就倒到齐国的土地上了，即齐国地盘都扩张到鲁国家门口了。

⑨图：思考，考虑。

⑩"投其匕首"几句：凌稚隆引茅坤曰："既许归地，遂北面就群臣之

位,此其不可及处。”闵如霖曰:“非‘投匕首’数句,则沫直一粗勇人耳。”

⑪倍:通“背”。

⑫管仲:春秋时齐国大臣,辅佐齐桓公称霸,事见《左传》及《齐太公世家》《管晏列传》等。

⑬曹沫三战所亡地尽复予鲁:亡,丢失。按,以上曹沫劫齐桓公于柯事,不见于《春秋》《左传》,而见于《公羊传·庄公十三年》。梁玉绳曰:“劫桓归地一节,年表,齐、鲁世家,管仲、鲁连、自序传皆述之,此传尤详。《荆轲传》载燕丹语,仍《战国策》并及其事,盖本《公羊》也。《公羊》汉始著竹帛,不足尽信。即如归汶阳田,在齐顷公时,当鲁成二年,乃《公羊》以为桓公盟柯,因曹子劫而归之,其妄可见。况鲁未尝战败失地,何用要劫?曹子非操匕首之人,春秋初亦无操匕首之习,前贤谓战国好事者为之耳。仲连遗燕将书云‘亡地五百里’,《吕览·贵信》云‘封以汶南四百里’,《齐策》及《淮南·氾论》云‘丧地千里’,鲁地安得如此之广,汶阳安得如此之大?不辨而知其诬诞矣。”

⑭其后百六十有七年:曹沫劫齐桓公在鲁庄公十三年(前681),专诸刺王僚在鲁昭公二十七年(前515),相差一百六十七年。有,通“又”。

【译文】

曹沫是鲁国人,靠着勇力侍奉鲁庄公。鲁庄公喜欢勇武有力的人。曹沫作为鲁国的将军,领兵与齐军作战,三次作战,三次都是溃败。鲁庄公害怕了,就把遂邑献给齐国求和。曹沫仍然当鲁国的将军。

后来齐桓公应允和鲁庄公在齐国的柯邑盟会。齐桓公和鲁庄公在坛台上宣誓定盟,曹沫突然持匕首跳上台劫持了齐桓公,齐桓公的左右没人敢动手,问曹沫说:“你想干什么?”曹沫说:“齐国强鲁国弱,你们大国对我们鲁国的侵略太过了。如今鲁国城墙一倒塌就倒到齐国的土地上了,请你考虑考虑怎么办吧。”齐桓公只好同意把侵占的鲁国土地都归还鲁国。谈妥以后,曹沫立刻扔掉匕首,下了坛台,仍然回到自己该站的地方,面不改色,言谈就像什么都没发生。齐桓公很生气,想要废掉他刚才许下的诺言。管仲说:“不可以。如果只顾贪小便宜图个痛快,就会失信于诸侯,失去各国的援手,不如给他的好。”于是齐桓公就归还了从鲁国割来的全部土地,曹沫三次败仗丢失的土地全还给了鲁国。

曹沫之后过了一百六十七年,专诸的故事发生在吴国。

专诸者①,吴堂邑人也②。伍子胥之亡楚而如吴也③,知专诸之能。伍子胥既见吴王僚④,说以伐楚之利,吴公子光曰⑤:“彼伍员父兄皆死于楚而员言伐楚,欲自为报私仇也,非能为吴。”吴王乃止。伍子胥知公子光之欲杀吴王僚,乃曰⑥:“彼光将有内志,未可说以外事。”乃进专诸于公子光。

【注释】

①专诸:《左传》作“鱄设诸”,“专”“鱄”音同。

②堂邑:吴邑名,在今江苏六合北。

③伍子胥之亡楚而如吴:伍子胥,名员,因父兄被楚平王杀害,逃到吴国。事详《伍子胥列传》。

④吴王僚:吴王夷眛之子,前526—前515年在位。

⑤公子光:吴王僚的堂兄,吴王诸樊之子,即后来的吴王阖闾。

⑥乃曰:此为伍子胥心中暗想。

【译文】

专诸,是吴国堂邑人。伍子胥逃离楚国来到吴国后,了解到专诸的能力。伍子胥见到吴王僚,陈述讨伐楚国的好处,吴国的公子光说:“伍子胥的父亲伍奢和哥哥伍尚都被楚国杀害了,他劝我们讨伐楚国,是为了给他自己报私仇，不是为我们吴国。”吴王僚这才没答应伍子胥。伍子胥明白公子光的心思是杀掉吴王而自立，心中暗想：“公子光急于在国内动手，现在没法劝他对外用兵。”于是就把专诸推荐给了公子光。

光之父曰吴王诸樊[①]。诸樊弟三人：次曰馀祭[②]，次曰夷眛[③]，次曰季子札[④]。诸樊知季子札贤而不立太子，以次传三弟，欲卒致国于季子札。诸樊既死，传馀祭。馀祭死，传夷眛。夷眛死，当传季子札，季子札逃不肯立。吴人乃立夷眛之子僚为王。公子光曰：“使以兄弟次邪，季子当立；必以子乎[⑤]，则光真適嗣[⑥]，当立。”故尝阴养谋臣以求立[⑦]。

【注释】

①诸樊：吴王寿梦之子，前560—前548年在位。

②馀祭（zhài）：继诸樊之后为吴王，前547—前531年在位。

③夷眛（mò）：继馀祭之后为吴王，前530—前527年在位。

④季子札：即“季札”，也称“延陵季子”，春秋末年的著名贤人，以廉让、博雅闻名，事见《左传》《吴太伯世家》。

⑤必以子乎：如果能传给儿子。

⑥適嗣：嫡长子。適，同“嫡”。

⑦尝：通“常”。

【译文】

公子光的父亲是吴王诸樊。诸樊有三个弟弟：一个叫馀祭，一个叫夷眛，一个叫季札。诸樊知道季札贤能，于是就故意不立太子，计划兄弟四人依次传位，最后把王位传给季札。诸樊死后，王位传给馀祭。馀祭死后，王位传给夷眛。夷眛死后，应该传位给季札了，但季札逃避不肯接受。吴人只好立了夷眛的儿子僚为吴王。公子光说：“如果按照兄弟相传的次序，就该立季札；如果要传给儿子，那么只有我才是王位继承人，应该被立。”因此就悄悄地养谋臣，伺机夺取王位。

光既得专诸，善客待之。九年而楚平王死[①]。春[②]，吴王僚欲因楚丧，使其二弟公子盖馀、属庸将兵围楚之灊[③]；使延陵季子于晋[④]，以观诸侯之变。楚发兵绝吴将盖馀、属庸路，吴兵不得还。于是公子光谓专诸曰：“此时不可失，不求何获！且光真王嗣，当立，季子虽来，不吾废也。”专诸曰：“王僚可杀也。母老子弱[⑤]，而两弟将兵伐楚，楚绝其后。方今吴外困于楚，而内空无骨鲠之臣[⑥]，是无如我何。”公子光顿首曰：“光之身，子之身也[⑦]。”

【注释】

①九年：谓公子光得专诸之后的第九年，即吴王僚十一年，前516年。楚平王：名弃疾，后改名居，前528—前516年在位。

②春：指吴王僚十二年、楚昭王元年（前515）春。

③盖馀、属庸：《左传》作“掩馀”“烛庸”。灊（qián）：楚邑名，在今安徽霍山东北。

④延陵季子：即季子札，其封地在延陵（今江苏常州），故称。

⑤母老子弱：指吴王僚的母亲年老，儿子年幼，孤立无援。《索隐》曰：“言其少援救，故云无奈我何。”

⑥骨鲠之臣：中正刚直的大臣。

⑦光之身，子之身也：意谓我就是你，可以帮你照顾妻儿。

【译文】

公子光得到专诸以后，以客礼善待他。吴王僚九年，楚平王去世。这年春天，吴王僚乘着楚国办丧事的时机，派他的两个弟弟盖馀和属庸率兵包围了楚国的灊县；同时派他的叔叔延陵季子出使晋国，观察各国的动态。楚国突然出兵截断盖馀和属庸的归路，吴兵没法撤回。于是公子光对专诸说："这个时机不能错过，自己不去把握怎能如愿？况且只有我才是真正的王位继承人，应当被立，就算日后季札回来，他也废不掉我。"专诸说："可以杀掉王僚。他母亲年老，儿子尚幼，两个弟弟正带兵攻打楚国，被楚国截断归路。如今吴国在外受到楚国牵制，在内又没有中正刚直的大臣，谁也拿我们没办法。"公子光磕头致谢："你放心去办，我的身子，今后就是你的身子了。"

四月丙子[①]，光伏甲士于窟室中[②]，而具酒请王僚[③]。王僚使兵陈自宫至光之家，门户阶陛左右[④]，皆王僚之亲戚也[⑤]。夹立侍，皆持长铍[⑥]。酒既酣，公子光详为足疾[⑦]，入窟室中，使专诸置匕首鱼炙之腹中而进之[⑧]。既至王前，专诸擘鱼[⑨]，因以匕首刺王僚，王僚立死[⑩]。左右亦杀专诸，王人扰乱[⑪]。公子光出其伏甲以攻王僚之徒，尽灭之，遂自立为王，是为阖闾[⑫]。阖闾乃封专诸之子以为上卿[⑬]。

其后七十余年而晋有豫让之事[⑭]。

【注释】

①四月丙子：吴王僚十二年（前515）四月无"丙子"日，"丙子"日为三月二十九。

②窟室：地下室。一曰，窟室犹言"空屋"。

③具酒：准备酒宴。

④阶陛：宫殿的台阶。

⑤亲戚：亲信。中井曰："《左传》云：'门阶户席，皆王亲也。''王亲'者，谓亲信之人也，不必戚属。史迁添一'戚'字，害文意不小。

《吴世家》作‘门阶户席，皆王僚之亲也’。亦无戚字。”

⑥铍（pī）：一种兵器，形状像刀，两边都有锋刃。

⑦详：通“佯”，假装。

⑧鱼炙：烧好的整鱼。

⑨擘（bò）：分开，剖裂。

⑩王僚立死：王叔岷曰：“《战国策·魏策四》唐且曰‘夫专诸之刺王僚也，彗星袭月’；《博物志》八‘专诸刺吴王僚，鹰击殿上’，并傅会之说。”

⑪王人：吴王僚的侍从亲信等。

⑫阖闾：吴国国君，前514—前496年在位。以上专诸刺王僚事，见《左传·昭公二十七年》。

⑬上卿：诸侯国大臣的最高爵位，为丞相、大将者往往享有此爵。

⑭其后七十余年：《集解》引徐广曰：“阖闾元年（前514）至三晋灭智伯（前453），六十二年。”梁玉绳曰：“‘七’乃‘六’之误”。

【译文】

四月丙子日，公子光把武士埋伏在地下室，然后准备酒席宴请吴王僚。吴王僚在王宫到公子光家的路上，及公子光的庭院里、台阶上，全都安置好亲信。他们都手持长铍，站在两边。饮酒酣畅之时，公子光假装脚疼，离席走进地下室，让专诸把匕首藏在一条烤鱼肚中，给吴王僚送了去。专诸走到吴王僚跟前，突然剖开鱼，抓起匕首猛刺吴王僚，吴王僚当即身亡。周围侍立的卫士立刻杀掉专诸，吴王僚带来的部下们乱作一团。公子光下令埋伏的武士把吴王僚的部下全部消灭，接着就自立为王，这就是阖闾。阖闾封专诸的儿子做吴国上卿。

这件事后过了七十多年，晋国又出了豫让的故事。

豫让者[①]，晋人也。故尝事范氏及中行氏[②]，而无所知名。去而事智伯[③]，智伯甚尊宠之。及智伯伐赵襄子[④]，赵襄子与韩、魏合谋灭智伯[⑤]，灭智伯之后而三分其地。赵襄子最怨智伯[⑥]，漆其头以为饮器[⑦]。豫让遁逃山中，曰："嗟乎！士为知己者死，女为说己者容[⑧]。今智伯知我，我必为报仇而死，以报智伯[⑨]，则吾魂魄不愧矣！"乃变名姓为刑人[⑩]，入宫涂厕[⑪]，中挟匕首，欲以刺襄子。襄子如厕，心动，执问涂厕之刑人，则豫让，内持刀兵，曰："欲为智伯报仇！"左右欲诛之。襄子曰："彼义人也，吾谨避之耳。且智伯亡无后，而其臣欲为报仇，此天下之贤人也。"卒醳去之[⑫]。

【注释】

①豫让：吴师道曰："《晋语》伯宗索士庇州犁，得毕阳。及栾弗忌之难，诸大夫害伯宗，毕阳送州犁于荆。让乃其孙，义烈有自来矣。"梁玉绳曰："祖孙皆以义烈著，而史公不书于传，何也？其叙豫让事亦与《策》小异。"

②范氏：春秋晚期晋国六大家族之一，晋国名臣士会之后。士会被封于范，故后人姓范氏。豫让所事奉的"范氏"为范吉射。中行氏：春秋晚期晋国六大家族之一，晋国名臣荀林父之后。荀林父曾将中行（晋国中军），故后人姓中行氏。豫让所事奉的"中行氏"为荀寅。

③智伯：指智瑶，晋国大臣荀首之后。荀首与荀林父是兄弟，荀林父之后姓中行氏，荀首之后姓智氏（也写作"知氏"）。春秋中期以后，晋国政事渐被范氏、中行氏、智氏、赵氏、韩氏、魏氏六家大臣把持，后来范氏、中行氏被其他四家所灭，剩下的四家中，智氏最强。

④赵襄子：名毋恤，晋国名臣赵衰（cuī）、赵盾之后。

⑤赵襄子与韩、魏合谋灭智伯：事详《赵世家》。

⑥赵襄子最怨智伯：赵襄子是赵简子之子，据《赵世家》，赵襄子曾

随智伯伐郑，智伯醉，曾以酒灌赵襄子；智伯回来后，又劝赵简子废掉赵襄子；后来又将赵襄子围困于晋阳，故赵襄子非常恨他。

⑦饮器：《正义》曰："酒器也，每宾会设之，示恨深也。"

⑧士为知己者死，女为说己者容：二语见于《战国策·赵策一》，亦见于《报任安书》。说，同"悦"。

⑨以：通"已"。

⑩刑人：被罚服劳役的刑徒。诸祖耿引金正炜曰："'刑'疑当为'圬'。古文'刑'与'圬'近似而误。'圬人'，涂者；'刑人'非可变姓名而为也。"

⑪入宫涂厕：到赵襄子宫中涂抹厕所的墙。涂，以泥抹墙。

⑫醳：通"释"，放。

【译文】

豫让，是晋国人。过去曾经奉侍过范氏和中行氏两个大贵族，但始终也没有得到重用。后来豫让便离开了范氏和中行氏去投奔智伯，智伯对他特别尊宠。等到智伯讨伐晋国的赵襄子，赵襄子和韩康子、魏桓子联合把智伯灭了，又瓜分了他的领地。因为赵襄子特别痛恨智伯，就把他的头砍下来漆好，做成了饮酒器。豫让逃到了山中，立誓说："唉！士子要为懂得自己的人献身，女子要为欣赏自己的人而打扮。智伯懂得我信任我，我一定要为他复仇，如果我为他复仇死了，魂魄到了九泉也不会感到惭愧的！"于是改名换姓，装作服役的刑徒，到赵襄子宫中去涂抹厕所的墙，身上暗藏匕首，伺机刺杀赵襄子。赵襄子来上厕所，突然心里一动，就派人把抹厕所墙的刑徒抓起来审问，结果发现了豫让藏在身上的匕首，豫让扬言："我要为智伯复仇！"赵襄子的左右想杀豫让。赵襄子说："他是义士，我且让他三分。再说智伯被灭，没有后人，他的臣民有为他复仇的，这是天下难得的贤人。"最终还是释放了他。

居顷之[①]，豫让又漆身为厉[②]，吞炭为哑[③]，使形状不可知，行乞于市，其妻不识也。行见其友，其友识之[4]，曰："汝非豫让邪？"曰："我是也。"其友为泣曰："以子之才，委质而臣事襄子[5]，襄子必近幸子[6]。近幸子，乃为所欲，顾不易邪[7]？何乃残身苦形，欲以求报襄子，不亦难乎！"豫让曰："既已委质臣事人，而求杀之，是怀二心以事其君也。且吾所为者极难耳[8]！然所以为此者，将以愧天下后世之为人臣怀二心以事其君者也[9]。"

【注释】

①居顷之：过了不久。

②漆身为厉：以漆涂身，使皮肤生疮，像得了癞疮。厉，通"癞"，癞疮。

③吞炭为哑：吞炭伤喉，让声音变嘶哑。

④其友识之：董份曰："妻不识而友识者，妻熟其形，友知其心耳。然此非心知之友，则让亦必不以谋告之。"

⑤委质：犹言"委身"。质，身体。一说，"质"通"贽"，即见面礼。

⑥近幸：亲近宠爱。

⑦顾不易邪：难道还不容易吗？顾，岂，难道。茅坤曰："借友人摹写豫让苦心处。"

⑧吾所为者：指通过"漆身吞炭"这种方式以谋刺赵襄子。

⑨将以愧天下后世之为人臣怀二心以事其君者也：《索隐》曰："言宁为厉而自刑，不可求事襄子而行杀，恐伤人臣之义而近贼非忠也。"《正义》曰："吾为极难者，令天下后代为人臣怀二心者愧之，故漆身吞炭，所以不事赵襄子也。"陈子龙曰："豫让明知不能杀襄子，特欲存己之志耳，此刺客中守经之士也。"

【译文】

过了一阵子，豫让又把全身抹上漆，使皮肤生疮，像是长了癞疮的样子；又故意吞炭搞坏声带，让声音变得嘶哑，样子谁也认不出来，他在街上讨饭，连他妻子也认不出他来。豫让在路上遇见一位朋友，朋友认出是他，说："你不是豫让吗？"豫让说："是我。"朋友难过落泪，说："凭着你的才能，如果假装去服事赵襄子，赵襄子定会亲近宠爱你。一旦他亲近宠爱你，你再下手还不容易吗？何必像这样毁坏身体，让自己遭罪，通过这种方法来向赵襄子复仇，也太难了吧！"豫让说："已经投身给人效力了，又去杀人家，这就是怀着二心去服事人。我知道现在这个做法极难！但我之所以如此，就是要让后世那些怀着二心服事主子的人感到惭愧。"

既去[①]，顷之，襄子当出，豫让伏于所当过之桥下。襄子至桥，马惊，襄子曰："此必是豫让也。"使人问之，果豫让也。于是襄子乃数豫让曰[②]："子不尝事范、中行氏乎？智伯尽灭之，而子不为报仇，而反委质臣于智伯。智伯亦已死矣，而子独何以为之报仇之深也？"豫让曰："臣事范、中行氏，范、中行氏皆众人遇我[③]，我故众人报之。至于智伯，国士遇我[④]，我故国士报之。"襄子喟然叹息而泣曰："嗟乎豫子！子之为智伯，名既成矣，而寡人赦子，亦已足矣。子其自为计[⑤]，寡人不复释子[⑥]！"使兵围之。豫让曰："臣闻明主不掩人之美，而忠臣有死名之义[⑦]。前君已宽赦臣，天下莫不称君之贤。今日之事，臣固伏诛，然愿请君之衣而击之，焉以致报仇之意[⑧]，则虽死不恨[⑨]。非所敢望也[⑩]，敢布腹心！"于是襄子大义之，乃使使持衣与豫让。豫让拔剑三跃而击之，曰："吾可以下报智伯矣！"遂伏剑自杀。死之日，赵国志士闻之，皆为涕泣[⑪]。

其后四十余年而轵有聂政之事⑫。

【注释】

①既去：中井曰："二字冗。"泷川曰："《治要》无'既去'二字。"

②数（shǔ）：列举其罪状而责备之。

③众人遇我：把我当普通人对待。

④国士遇我：把我当成国士对待。国士，一国中才能最优秀的人物。鲍彪曰："名盖一国者。"

⑤子其自为计：你自己考虑该怎么办，实即令其自杀。

⑥寡人不复释子：泷川曰："襄子不为诸侯，不当称'寡人'，盖袭《赵策》。"

⑦死名之义：为名节而死的道义。

⑧焉：于是。

⑨虽死不恨：即死而无憾。恨，遗憾。

⑩非所敢望也：谦词，鲍彪曰："言有此心，望不及此。"

⑪赵国志士闻之，皆为涕泣：《李将军列传》记李广死时"广军士大夫一军皆哭；百姓闻之，知与不知，无老壮皆为垂涕"，与此类似。以上豫让谋刺赵襄子事，见《战国策·赵策一》。

⑫其后四十余年：《集解》曰："自三晋灭智伯至杀侠累共五十七年。"此云"四十余年"，不确。轵（zhǐ）：魏邑名，在今河南济源东南。

【译文】

豫让离开了，不久，赵襄子正要出门，豫让藏在赵襄子即将经过的桥下。等到赵襄子来到桥头，马忽然受惊，赵襄子心有所感地说："桥下一定是豫让。"派人下去查问，果然就是豫让。赵襄子就斥责豫让道："你不是曾经服事范氏和中行氏吗？当智伯灭掉他们时，你没有为他们复仇，却去投靠了智伯。现在智伯也死了，你为什么却单单这么卖力地为智伯复仇呢？"豫让说："我服事范氏、中行氏时，范氏、中行氏都把我当普通人对待,所以我也像对普通人那样对待他们。至于智伯,他是把我当成国士对待的,所以我也就像个国士该做的那样对待他。”赵襄子听了喟然叹息,流泪说:“豫让先生!你为智伯所做的这些,已经可以留名后世了,我宽恕过你,也算做得可以了。现在你自己考虑怎么办吧,我不能再放过你了!”命令士兵把豫让围了起来。豫让说:“我听说明主不埋没别人的好,忠臣应该为道义献身。之前您宽恕了我,天下没人不称赞您的贤明。今天的事,我本该死,但最后我请求对您衣服刺几刀,也算是让我尽了报仇的心意,我虽死无憾。不敢奢望您能答应,但我就是这么想的!”赵襄子听了非常感动,就脱下衣服让人递给他。豫让拔出剑,跳着脚一连向衣服刺了好几下,说:“我可以到地下向智伯复命去了!”说罢自刎而死。豫让死的那天,赵国志士们听了,都为他感慨流泪。

这件事过了四十多年,魏国的轵县又出了聂政的事。

聂政者,轵深井里人也。杀人避仇,与母、姊如齐①,以屠为事。

久之,濮阳严仲子事韩哀侯②,与韩相侠累有郤③。严仲子恐诛,亡去,游求人可以报侠累者④。至齐,齐人或言聂政勇敢士也,避仇隐于屠者之间。严仲子至门请⑤,数反⑥,然后具酒自畅聂政母前⑦。酒酣,严仲子奉黄金百溢⑧,前为聂政母寿⑨。聂政惊怪其厚,固谢严仲子⑩。严仲子固进,而聂政谢曰:“臣幸有老母,家贫,客游以为狗屠⑪,可以旦夕得甘毳以养亲⑫。亲供养备,不敢当仲子之赐。”严仲子辟人⑬,因为聂政言曰:“臣有仇,而行游诸侯众矣;然至齐,窃闻足下义甚高,故进百金者,将用为大人粗粝之费⑭,得以交足下之欢⑮,岂敢以有求望邪!”聂政曰:“臣所以降志辱身居市井屠者[16]，徒幸以养老母[17]；老母在，政身未敢以许人也[18]。”严仲子固让，聂政竟不肯受也。然严仲子卒备宾主之礼而去[19]。

【注释】

①如：往，至。

②濮阳：卫国的都城，在今河南濮阳西南。严仲子：名遂，韩国贵族，因当时逃亡居于濮阳，故称“濮阳严仲子”。韩哀侯：韩文侯之子，前376—前374年在位。

③与韩相侠累有郤（xì）：《战国策·韩策二》：“韩傀相韩，严遂重于君，二人相害也。严遂举韩傀之过，韩傀叱之于朝，严遂拔剑趋之，以救解。”此二人结仇缘由。韩相侠累，名傀，韩哀侯之叔。郤，通“隙”，嫌隙，仇怨。

④游：游历四方。

⑤请：求见，拜见。

⑥数反：多次往返。

⑦具酒自畅聂政母前：准备酒席，亲自端着酒杯到聂政母亲面前。《战国策·韩策二》作“具酒觞聂政母前”。

⑧溢：也作“镒”，古代的重量单位，一镒为二十四两。一说为二十两。

⑨寿：祝福，此为送礼祝福长寿。

⑩固谢：坚决谢绝。

⑪客游：客居他乡，指避仇居齐事。

⑫甘毳：甘甜软脆的食品。毳，通“脆”。

⑬辟人：避开他人，即跟聂政单独交谈。辟，同“避”。

⑭用为大人粗粝（lì）之费：以此作为老人的生活费用。大人，长辈，此谓聂政的母亲。粗粝，粗糙的粮米。此为谦辞，指钱不多，仅供日常粗茶淡饭之用。粝，粗米。

⑮交足下之欢：讨你欢心，跟你交个朋友。

⑯降志辱身：《索隐》曰："言其心志与身本应高洁，今乃卑下其志，屈辱其身。《论语》孔子谓'柳下惠降志辱身'是也。"

⑰徒幸以养老母：只是幸运地奉养老母。幸，以能奉养母亲为幸事，以示对母亲的敬爱。

⑱老母在，政身未敢以许人也：《礼记·曲礼上》："父母存，不许友以死。"

⑲卒备宾主之礼：宾主双方各自完成了应有的礼数。凌稚隆引王鏊曰："'卒备宾主之礼而去'，政固已心许之。"

【译文】

聂政是魏国轵邑深井里人。杀人后为了躲避仇家，和他母亲、姐姐一起逃到齐国，以屠宰为业。

过了好久，濮阳的严仲子服事韩哀侯，与丞相侠累有过节。严仲子担心侠累杀他，就逃走了，游历四方，想找个可替他向侠累报仇的人。严仲子到了齐国，齐国有人告诉他聂政是个勇士，因为躲避仇家而隐藏在屠夫堆里。严仲子到聂政家登门求见，多次往返，又准备了酒席，亲自端着酒杯到聂政的母亲跟前。酒酣饭饱之时，严仲子拿出黄金百镒，上前献给聂政的母亲作为寿礼。聂政惊讶于这么丰厚的赠礼，坚决谢绝不受。严仲子坚持要给，聂政拒绝道："我庆幸老母健在，虽然家里穷，但客居此地，靠着屠狗卖肉，还做得到早晚买点甘甜软脆的食品孝敬母亲。现在奉养母亲的用度全都有，不能接受您的赏赐。"严仲子避开别人，对聂政说："我有个仇人，我周游各国找过很多人替我报仇；只是到了齐国，才听说你很讲义气，我拿出百金的原因，是想让它作为老人的一点生活费，跟你交个朋友，怎敢奢望更多呢！"聂政说："我之所以降低志向、屈辱自身混在市井屠夫堆里，就是因为幸有老母要供养；老母在世，我聂政的身子是不能许给别人的。"严仲子坚持要留下黄金，聂政终究没有接受。不过这次见面宾主双方各自完成了应有的礼数。

久之，聂政母死。既已葬，除服[①]，聂政曰：“嗟乎！政乃市井之人[②]，鼓刀以屠[③]；而严仲子乃诸侯之卿相也，不远千里，枉车骑而交臣[④]。臣之所以待之，至浅鲜矣[⑤]，未有大功可以称者，而严仲子奉百金为亲寿，我虽不受，然是者徒深知政也[⑥]。夫贤者以感忿睚眦之意而亲信穷僻之人[⑦]，而政独安得嘿然而已乎[⑧]！且前日要政[⑨]，政徒以老母；老母今以天年终[⑩]，政将为知己者用。”乃遂西至濮阳，见严仲子曰：“前日所以不许仲子者，徒以亲在；今不幸而母以天年终。仲子所欲报仇者为谁？请得从事焉[⑪]！”严仲子具告曰：“臣之仇韩相侠累，侠累又韩君之季父也[⑫]，宗族盛多，居处兵卫甚设[⑬]，臣欲使人刺之，终莫能就。今足下幸而不弃，请益其车骑壮士可为足下辅翼者。”聂政曰：“韩之与卫，相去中间不甚远[⑭]，今杀人之相，相又国君之亲，此其势不可以多人，多人不能无生得失[⑮]，生得失则语泄，语泄是韩举国而与仲子为仇，岂不殆哉[⑯]！”遂谢车骑人徒。

【注释】

①除服：指因服丧期满而脱掉丧服。古代父母死后，要服丧三年。

②市井之人：此谓普通百姓。市井，《正义》曰：“古者相聚汲水，有物便卖，因成市，故曰‘市井’。”中井曰：“邑居如井画，故曰‘市井’。”

③鼓刀：谓摆弄刀子发出响声。宰杀牲畜时敲击其刀，使之发声，故曰鼓刀。

④枉车骑：犹言“屈尊”。枉，谦辞，让对方受屈。

⑤至浅鲜（xiǎn）：极为微薄。鲜，稀少。

⑥我虽不受,然是者徒深知政也:郭嵩焘曰:"《战国策》云:'我义不受,然是深知政也'。'者徒'二字恐亦传写者误入。"徒,独,特别。

⑦贤者:此指严仲子。以感忿睚眦(yá zì)之意:指严仲子因与侠累结仇而欲复仇事。睚眦,瞪眼看人,借指微小的怨恨。

⑧嘿:同"默"。

⑨要:约请,邀请。

⑩以天年终:即终其天年,老病而死,相对于其他非正常死亡而言。天年,自然的寿命。

⑪从事:着手做这事。

⑫季父:叔父。

⑬甚设:指安排极为完备,即防卫严密。

⑭韩之与卫,相去中间不甚远:当时严遂在卫都濮阳,距离韩都新郑(今河南新郑)不到四百里,故曰"相去不甚远"。

⑮不能无生得失:不能不发生闪失。得失,偏义复词,这里指失。犹今言"万一有个好歹",也实指"歹"而言。

⑯殆:危险。

【译文】

又过了很久,聂政的母亲去世了。安葬之后,三年服丧期满,聂政说:"唉!我不过是个操刀屠狗卖肉的市井小民;而严仲子作为诸侯国的卿相,不远千里屈尊驾车来和我结交。我对待他太淡薄了,什么功劳都没有,严仲子竟拿出黄金百镒来为我母亲做寿,我虽然没有接受,但这件事能够看出他赏识我。严仲子因为与侠累有过节而想报仇,来结交我这个穷乡僻壤之人,我聂政怎么能够永远这么默不作声呢!况且严仲子那次来请我,我只是因为老母健在才没有答应;如今老母天年已尽,我也该去报效知己了。"于是离开齐国向西来到濮阳,找到了严仲子说:"以前我没有应承您,只是因为我母亲健在;现在我母亲百年了。您的仇人是哪个?我现在可以着手了!"严仲子告诉他说:"我的仇人是韩国的丞相侠累，侠累又是韩国国君的叔父，家族人口多势力大，住所周围防卫严密，我曾想让人去行刺，终究都没能成功。如今你愿意帮我，我会多多派些车马勇士协助你。”聂政说：“韩国和卫国相距不远，现在又是要去杀他们的丞相，丞相又是韩国国君的亲戚，这种情况势必不能带很多人，人多免不了有闪失，一有闪失就会泄密，一泄密，整个韩国就会和您一人为敌，岂不是太危险了！”于是他谢绝了一切车马人众。

聂政乃辞，独行杖剑至韩，韩相侠累方坐府上，持兵戟而卫侍者甚众。聂政直入，上阶刺杀侠累，左右大乱。聂政大呼，所击杀者数十人，因自皮面决眼①，自屠出肠，遂以死。韩取聂政尸暴于市②，购问莫知谁子。于是韩县购之③，有能言杀相侠累者予千金。久之莫知也。

【注释】

①皮面决眼：《索隐》曰：“‘皮面’谓以刀割其面皮，欲令人不识；‘决眼’谓出其眼睛。《战国策》作‘抉眼’，此‘决’亦通。”皮，剥去皮。

②暴（pù）：暴露，公开展示。

③县购：悬赏招募认识他的人。县，同“悬”。

【译文】

聂政于是辞别严仲子，独自一人仗剑来到韩国，丞相侠累正坐在府里，手持刀枪护卫的人很多。聂政长驱直入，登上台阶，飞速出手刺杀了侠累，卫兵大乱。聂政大吼，一连杀死了几十人，用刀划破自己的面孔，剜出自己的眼睛，剖开肚皮肠子也流了出来，最后死在现场。韩国把聂政的尸体在市场上展示，出钱寻找认识他的人，没有一个人认识。于是韩国又悬赏说，如果谁能认出杀死丞相侠累的凶手，就赏给他千金。过了好久，仍然没人认识。

政姊荣闻人有刺杀韩相者[①]，贼不得[②]，国不知其名姓，暴其尸而县之千金，乃於邑曰[③]："其是吾弟与[④]？嗟乎，严仲子知吾弟！"立起，如韩，之市，而死者果政也。伏尸哭，极哀，曰："是轵深井里所谓聂政者也！"市行者诸众人皆曰："此人暴虐吾国相[⑤]，王县购其名姓千金，夫人不闻与？何敢来识之也？"荣应之曰："闻之。然政所以蒙污辱自弃于市贩之间者，为老母幸无恙，妾未嫁也。亲既以天年下世，妾已嫁夫，严仲子乃察举吾弟困污之中而交之，泽厚矣，可奈何！士固为知己者死，今乃以妾尚在之故，重自刑以绝从[⑥]；妾其奈何畏殁身之诛，终灭贤弟之名！"大惊韩市人。乃大呼天者三，卒於邑悲哀而死政之旁。

【注释】

①政姊荣：《集解》曰："一作'荌'。"

②贼不得：此"不"字疑衍，凶手聂政尸体已得。

③於邑：犹呜咽，低声哭泣。

④其：表推测，大概。

⑤暴虐：这里作动词，指残酷杀害。

⑥重自刑：指前文"皮面决目，自屠出肠"等自残行为。绝从：以免亲友受连累。从，连坐。《集解》引徐广曰："恐其姊从坐而死。"凌稚隆曰："政一刺客之流，然知爱亲敬姊，故太史公次其事首以'母''姊'二字作骨。始辞仲子者，以老母在也；继从仲子者，以老母亡也；终皮面决眼者，虑祸及姊也。通篇只以母姊缠绵著其孝友，末归仲子知人，极得要领。非太史公笔力，政之心事孰能表暴如此。"一说，"从"通"踪"，"绝从"即"绝踪"，即切断追踪调

查的线索。锺惺曰:“聂政报严仲子不在刺一侠累,在一段善后之虑,不以刺累之故祸及仲子,是为难耳。政自刑以绝从,其意故在此。”中井曰:“政之自刑,以护仲子也。姊已误认矣,又显仲子之踪,是大失政之意。”陈子龙曰:“政重在报严之德,而姊重在扬弟之名,不能兼顾也。”

【译文】

聂政的姐姐聂荣听说有刺客杀了韩国丞相,凶手已死,韩国人都不知道凶手姓名,把他的尸体展示在市场上悬赏千金看有谁认识他,聂荣伤心痛哭:“可能是我弟弟吧?唉,严仲子曾经欣赏过我弟弟!”她立刻起身来到韩国,到市场上一看,死去的刺客果然是聂政。聂荣趴在他身上痛哭,极其哀痛,她说:“这是魏国轵邑深井里的聂政啊!”街上行人都说:“这人杀了我国的丞相,大王正悬赏千金找人指认他姓名,你没听说吗?怎么还敢来指认呢?”聂荣说:“听说了。聂政之所以忍辱自弃混迹在市井小贩当中,是因为老母健在,我还没有出嫁。到后来老母天年已尽去世了,我也出嫁了,严仲子把我弟弟从贫困卑污的处境中抬举起来,和他结交,恩情这么深,我弟弟能怎样呢!士本来就应该为知己者赴死,如今我弟弟为了我的缘故,才这样严重地自残,免得被人认出来牵连到我;我怎么能害怕被杀而埋没弟弟的英名呢!”韩国市场上的人们听了大为震惊。聂荣说完,大喊了三声苍天,也在聂政身边哀痛而死。

晋、楚、齐、卫闻之,皆曰:“非独政能也,乃其姊亦烈女也。乡使政诚知其姊无濡忍之志①,不重暴骸之难②,必绝险千里以列其名③,姊弟俱僇于韩市者④,亦未必敢以身许严仲子也。严仲子亦可谓知人能得士矣⑤!”

其后二百二十余年秦有荆轲之事⑥。

【注释】

①乡使:假如,假使。乡,通“向”,当初。濡忍:忍耐。《索隐》曰:“濡,润也。人性润湿,则能含忍;若勇躁,则必轻死也。”王叔岷曰:“‘濡忍’犹‘柔忍’。‘濡’借为‘儒’,《说文》:‘儒,柔也。’”

②不重:不惜,不顾。暴骸:犹暴尸,这里指被杀害。

③绝险千里:犹言“跋涉千里”。绝险,穿越崎岖险阻。绝,越过,横度。

④僇:通“戮”,杀戮。

⑤严仲子亦可谓知人能得士矣:鲍彪曰:“人之居世不可不知人,亦不可妄为人知也。遂惟知政,故得行其志。惜乎,遂褊褊狷细人耳,政不幸谬为所知,故死于是。使其受知明主贤将相,则其所成就岂不又万万于此者乎?哀哉!”按,以上聂政刺韩相事,见《战国策·韩策二》。梁玉绳曰:“《御览》琴部载《琴操》,谓政之刺韩王,因政父为王治剑不成见杀,政入泰山,遇仙人学琴,琴成入韩,王召使琴,遂出刀刺韩王以报仇,非为仲子。抱政尸而哭者,政之母,亦非政之姊。与《策》《史》大异。《绎史》云:‘牵合聂政、豫让、高渐离等事为一,附会明矣。’”据《韩世家》《六国年表》,聂政刺韩相侠累在韩列侯三年(前397),韩哀侯六年(前371),又有“韩严弑其君哀侯”事。缪文远、牛鸿恩均认为此二事系一事,发生在韩哀侯三年(前374)。牛鸿恩曰:“聂政刺韩傀,亦即严遂弑韩哀侯,二者为一事。今人均据《竹书纪年》定于魏武侯二十二年,亦即韩哀侯三年,前374年。《韩策二》《韩非子·内储下》均为韩哀侯,与《纪年》所载相符。平势隆郎即亦以为在前374年。”按,聂政墓在今河南济源轵城乡之泗涧村西。

⑥其后二百二十余年秦有荆轲之事:自韩懿侯元年(前374)至秦王政二十年(前227),仅相距一百四十六年,此云“二百二十余年”,疑误。

【译文】

晋、楚、齐、卫各国听闻此事，都说："不只聂政刚烈，他姐姐也是一位刚烈女子啊。之前假如聂政早就知道姐姐这么果决，毫不怕死跋涉千里来为他扬名，姐弟一起死在韩国的市场上，也许就不一定敢轻易许身严仲子了。严仲子也确实说得上是个能知人、能得人相助的人了！"

这事过去二百二十多年，秦国又发生了荆轲刺秦王的事。

荆轲者，卫人也。其先乃齐人，徙于卫，卫人谓之庆卿[①]。而之燕，燕人谓之荆卿。荆卿好读书击剑，以术说卫元君[②]，卫元君不用。其后秦伐魏，置东郡[③]，徙卫元君之支属于野王[④]。荆轲尝游过榆次[⑤]，与盖聂论剑[⑥]，盖聂怒而目之。荆轲出，人或言复召荆卿。盖聂曰："曩者吾与论剑有不称者[⑦]，吾目之；试往，是宜去，不敢留。"使使往之主人[⑧]，荆卿则已驾而去榆次矣[⑨]。使者还报，盖聂曰："固去也，吾曩者目摄之[⑩]！"荆轲游于邯郸[⑪]，鲁句践与荆轲博[⑫]，争道[⑬]，鲁句践怒而叱之，荆轲嘿而逃去[⑭]，遂不复会。

【注释】

①庆卿：《索隐》："轲先齐人，齐有庆氏，则或本姓庆。春秋庆封，其后改姓贺。此下亦至卫而改姓荆。荆、庆声相近，故随在国而异其号耳。卿者，时人尊重之号，犹如相尊美亦称'子'然也。"

②卫元君：卫国国君，前251—前230年在位。此时卫国早已是魏国的附庸。

③秦伐魏，置东郡：事在秦王政五年，魏景湣王元年，前242年。东郡，秦郡名，郡治濮阳（今河南濮阳西南）。

④徙卫元君之支属于野王：事在秦王政六年，前241年。梁玉绳曰：

"徙野王者即元君，岂惟'支属'哉？"而《秦始皇本纪》称"其君角率其支属徙于野王"，则率众徙野王者为卫元君之子卫君角。野王，古邑名，即今河南沁阳。或谓，此处记载此事，一见卫君不听荆轲之言的结果，二亦点明荆轲离开卫国的原因。

⑤榆次：赵邑名，即今山西榆次。

⑥论剑：讨论剑术，此或亦有比试切磋之意。

⑦曩（nǎng）者：刚才，之前。不称（chèn）：不合适、不合格。或谓此为后文刺秦不成之伏笔。

⑧主人：荆轲在榆次所住的那家主人。

⑨去榆次：离开榆次。姚苎田曰："极写荆轲摧刚为柔，又似重之，又似惜之，其妙乃在笔墨之外。"

⑩目摄之：用眼睛瞪过他。摄，通"慑（shè）"，威慑，吓唬。

⑪邯郸：时为赵国都城，在今河北邯郸。或谓，卫君被迁，荆轲游诸国，盖欲寻求向秦复仇的机会。

⑫博：古代一种棋类游戏。对博的双方各有六根博箸和六枚棋子，棋子布在博局（相当于棋盘）上，博局上有TLV形的格道，行棋之前先要投箸（犹今掷骰子），根据投的结果来决定行棋的步子。参见孙机《汉代物质文化资料图说》。

⑬争道：因争夺棋盘上的格道而发生争执。道，棋盘上的格道。

⑭嘿而逃去：一声不吭就逃走了。嘿，通"默"。凌稚隆引赵恒曰："'目之而去'，'叱之而逃去'，此可见'深沉'也。"姚苎田曰："士不遇知己，徒死无益，两番逃去，直与淮阴'俯出胯下'同意。"

【译文】

荆轲是卫国人。他的祖先是齐国人，后来荆轲移家到卫国，卫国人叫他"庆卿"。到了燕国，燕国人又叫他"荆卿"。荆卿喜好读书、击剑，曾以治国之术游说过卫元君，卫元君没有采纳。后来秦国讨伐魏国，在占领区设置了东郡，接着把魏国的附庸君主卫元君及其支属迁到野王。

这时荆轲先到达赵国的榆次，和盖聂谈论过剑术，盖聂看到荆轲的剑术有问题就瞪了一眼。荆轲一言不发就走出门去，有人问是否把荆轲找回来。盖聂说："刚才我和他较量剑术，有些地方他做得不对，我瞪了他一下；你看看吧，估计他离开榆次了，不会留在这里。"结果派人到荆轲的房东那一问，荆轲已经驾车离开榆次了。派去的人回来汇报，盖聂说："本来我就算着他走了，因为刚才我瞪了他一下。"荆轲又到了邯郸，鲁句践和他一起下棋，两人争执该谁走，鲁句践生气地呵斥了一声，荆轲又是一言不发就悄悄走了，两人此后再也没见过面。

荆轲既至燕，爱燕之狗屠及善击筑者高渐离①。荆轲嗜酒，日与狗屠及高渐离饮于燕市。酒酣以往，高渐离击筑，荆轲和而歌于市中，相乐也。已而相泣，旁若无人者②。荆轲虽游于酒人乎③，然其为人沉深好书④。其所游诸侯，尽与其贤豪长者相结。其之燕，燕之处士田光先生亦善待之⑤，知其非庸人也。

【注释】

①狗屠：杀狗的屠夫，史失其名。筑：《索隐》曰："似琴有弦，以竹击之，取以为名。"

②已而相泣，旁若无人者：姚苎田曰："一生慷慨，发泄殆尽。"凌稚隆曰："此传叙燕多慷慨之士，因荆轲而波及田光、樊於期、高渐离，其一时意气所激而成风与？"

③荆轲虽游于酒人乎：此"乎"字为语气助词，起提顿作用。

④然其为人沉深好书：吴见思曰："酣酒高歌，固才人悲愤故态，然太过便是市井无赖矣。故即借前好读书事，一句带转。"

⑤处士：有才德而隐居不仕者。

【译文】

荆轲到了燕国后，与燕国一个杀狗的屠夫和擅长击筑的高渐离很是要好。荆轲嗜好喝酒，天天与那个屠夫和高渐离在燕国市场上酣饮。喝到酣畅之时，高渐离击筑，荆轲和着筑声在市场上引吭高歌，三人以此为乐。唱罢相对落泪，旁若无人。荆轲虽然喜欢和那班酒徒厮混，但为人却深沉稳重好读书。他不论到什么国家，总是跟那些贤良豪迈的人物结交。他到燕国之后，燕国处士田光也对他很不错，知道他不是平庸之人。

居顷之，会燕太子丹质秦亡归燕①。燕太子丹者，故尝质于赵，而秦王政生于赵②，其少时与丹欢。及政立为秦王③，而丹质于秦。秦王之遇燕太子丹不善，故丹怨而亡归。归而求为报秦王者，国小，力不能。其后秦日出兵山东以伐齐、楚、三晋④，稍蚕食诸侯⑤，且至于燕⑥，燕君臣皆恐祸之至。太子丹患之，问其傅鞠武⑦。武对曰："秦地遍天下，威胁韩、魏、赵氏，北有甘泉、谷口之固⑧，南有泾、渭之沃⑨，擅巴、汉之饶⑩，右陇、蜀之山⑪，左关、殽之险⑫，民众而士厉⑬，兵革有余。意有所出⑭，则长城之南，易水以北⑮，未有所定也。奈何以见陵之怨⑯，欲批其逆鳞哉⑰！"丹曰："然则何由？"对曰："请入图之⑱。"

【注释】

①燕太子丹质秦亡归燕：事在秦王政十五年，燕王喜二十三年，前232年。《正义佚文》引《燕丹子》："太子丹质于秦，秦王遇之无礼，不得意，欲归。秦王不听，谬言曰：'令乌头白、马生角，乃可。'丹仰天叹焉，即为之乌头白，马生角。王不得已遣之，为机发桥欲陷，丹过之，为不发。"

②秦王政生于赵:秦王政即后来的秦始皇,生于秦昭王四十八年(前259),系其父异人在赵国邯郸做人质时与赵姬所生,事详《秦始皇本纪》《吕不韦列传》。

③政立为秦王:事在燕王喜九年,前246年。

④山东:崤山(今河南灵宝东南)以东。三晋:指瓜分晋国而成的赵、魏、韩三国。

⑤稍:渐渐,慢慢。

⑥且至于燕:就快要打到燕国了。且,即将。

⑦傅:此当为"太傅"的省称,辅佐太子之官。

⑧甘泉:山名,在今陕西淳化西北。谷口:古邑名,即瓠口,在今陕西礼泉东北。地当泾水出山谷之口,故名。

⑨泾、渭之沃:指泾水、渭水流域的沃土。泾水,也称泾河,源出宁夏六盘山东麓,东南流经甘肃,至陕西高陵入渭河。渭水,也称渭河,源出甘肃渭源鸟鼠山,东流横贯陕西渭河平原,在潼关县入黄河。

⑩擅:专有,独享。巴、汉之饶:巴郡、汉中郡的富饶物资。巴郡,原为古巴国,秦灭之而设郡,郡治江州(今重庆嘉陵江北)。汉中郡,郡治南郑(今陕西汉中东)。

⑪右陇、蜀之山:秦国西边有陇山、蜀山。右,古人坐北朝南,故右为西边。陇山,即今六盘山脉南段,纵贯于今陕西关中平原西缘,是今陕西、甘肃两省的界山。蜀山,指今陕西与四川交界的群山,如大巴山、米仓山等。

⑫左关、殽之险:秦国东面有函谷关、崤山天险。函谷关在今河南灵宝东北,崤山在今灵宝东南。殽,同"崤"。

⑬民众:人口众多。士厉:军士勇猛。厉,威猛。

⑭意有所出:犹言"心眼一动"。

⑮长城之南,易水以北:此即指燕国全境。长城,时为燕国北部边境,燕国所筑长城西起今张家口,经赤峰、阜新、铁岭北,而后南

折，经抚顺、丹东之东，进入朝鲜境内。易水，时为燕国南部边境，源于今河北易县，东流入大清河。

⑯见陵之怨：被凌辱的怨恨，即前文“秦王遇太子丹不善”事。

⑰批其逆鳞哉：意谓冒犯触怒秦国。批，鲍彪注：“击也。”逆鳞，倒生的鳞片。《韩非子·说难》：“夫龙之为虫也，柔可狎而骑也；然其喉下有逆鳞径尺，若人有婴（触动）之者，则必杀人。”后人常以“批逆鳞”指触帝王之怒。

⑱请入图之：请让我深入考虑下这事。入，深入，进一步。

【译文】

不久，去秦国当人质的燕太子丹从秦国逃了回来。太子丹之前曾在赵国当人质，秦王政在赵国出生，小时候和太子丹关系不错。等到秦王政回国即位，太子丹又到秦国去当人质，这时秦王政对待太子丹不怎么样，因此太子丹心生怨恨逃了回来。太子丹想伺机向秦王报仇，但由于燕国弱小，力量微弱做不到。后来秦国接连出兵山东，讨伐齐国、楚国和韩、赵、魏三国，渐渐向东蚕食各国领土，就要打到燕国来了，燕国君臣都害怕灾难到来。太子丹忧心忡忡，向太傅鞠武请教。鞠武说：“秦国土地遍及天下，威胁着韩国、魏国和赵国。秦国北有坚固的要塞甘泉、谷口，南有肥沃的泾水、渭水流域，兼有资源富饶的巴郡、汉中，西有陇山、岷山，东有函谷关、崤山，人口众多，兵士勇猛，武器充足。只要他们心眼一动，那么长城以南、易水以北的燕国就安定不了了。您何苦为受了点儿凌辱，就去冒犯他们呢？”太子丹说：“那我们能怎么办？”鞠武说：“让我再好好考虑考虑。”

居有间①，秦将樊於期得罪于秦王②，亡之燕，太子受而舍之③。鞠武谏曰：“不可。夫以秦王之暴而积怒于燕，足为寒心，又况闻樊将军之所在乎？是谓‘委肉当饿虎之蹊’

也[④]，祸必不振矣[⑤]！虽有管、晏[⑥]，不能为之谋也。愿太子疾遣樊将军入匈奴以灭口[⑦]，请西约三晋，南连齐、楚，北购于单于[⑧]，其后乃可图也。”太子曰：“太傅之计，旷日弥久，心惛然[⑨]，恐不能须臾[⑩]。且非独于此也，夫樊将军穷困于天下，归身于丹，丹终不以迫于强秦而弃所哀怜之交，置之匈奴，是固丹命卒之时也。愿太傅更虑之。”鞠武曰：“夫行危欲求安，造祸而求福，计浅而怨深，连结一人之后交[⑪]，不顾国家之大害，此所谓‘资怨而助祸’矣[⑫]。夫以鸿毛燎于炉炭之上，必无事矣[⑬]。且以雕鸷之秦[⑭]，行怨暴之怒，岂足道哉！燕有田光先生，其为人智深而勇沉[⑮]，可与谋。”太子曰：“愿因太傅而得交于田先生[⑯]，可乎？”鞠武曰：“敬诺。”出见田先生，道“太子愿图国事于先生也”。田光曰：“敬奉教。”乃造焉。

【注释】

①居有间（jiàn）：过了一段时间。间，空隙。

②樊於期（wū jī）得罪于秦王：杨宽曰：“据《燕世家》，‘太子丹质于秦，亡归燕’在燕王喜二十三年，当秦王政十五年，即在桓齮败走之明年。《秦始皇本纪》详载历次出战秦将之名，独不见樊於期，盖樊於期即桓齮。因荆轲刺秦王之故事出于后人转相传述，传述者但凭口语相传，而记录者未能核对史料，但凭语音记录，因而秦将桓齮写作同音的樊於期。”依杨说，则樊於期即桓齮，而据《秦始皇本纪》《廉颇蔺相如列传》，桓齮曾被赵将李牧击败，即其“得罪秦王”之事。

③舍之：安排他住下。

④委肉当饿虎之蹊：将肉扔在饿虎经过的路上。蹊，小路。

⑤不振：无法挽救。振，挽救。

⑥管、晏：春秋时齐国名相管仲、晏婴，事见《管晏列传》。

⑦疾：赶快。灭口：消除秦国进攻我们的借口。

⑧北购于单于（chán yú）：北边联合匈奴人。购，通“媾”，讲和，此谓结成联盟。单于，匈奴君长的称号。徐孚远曰：“战国时未有用胡骑为援者，燕国弱而近匈奴，故欲媾之。”

⑨心惛（hūn）然：何建章《战国策注释》曰：“惛，‘闷’之错字，忧闷烦乱。”

⑩恐不能须臾：恐怕一刻也不能等了。须臾，片刻。鲍彪曰：“言己忧思昏瞀且死，须臾不可待。”

⑪连结一人之后交：为了个人新交的朋友，此谓樊於期。

⑫资怨而助祸：助力仇怨灾祸的发展。资，助。

⑬必无事矣：肯定没什么难的。泷川曰：“谓其轻易也。”

⑭雕鸷（zhì）：猛禽。此喻秦国强盛。

⑮智深而勇沉：凌稚隆引王世贞曰：“凡智不深则非智，勇不沉则非勇。深所以藏智，而出之使不测；沉所以养勇，而发之使必遂也。”

⑯因：通过。

【译文】

又过了一段时间，秦国的将领樊於期得罪秦王，逃到燕国，太子丹接纳了他，安排他住了下来。鞠武劝道：“不可以。凭着秦王的残暴和他对我们燕国的积怨，已经够让人心寒了，何况再让他得知樊将军到我们这里了呢？这就叫‘把肉扔在饿虎经过的路上’，灾祸一定没救了！到那个地步，哪怕有管仲、晏婴辅佐，也替您出不了什么好主意了。希望您赶紧送樊将军去匈奴，消除秦国进攻的借口，然后我们西边联合韩、赵、魏三国，南边联合齐国、楚国，北边联合匈奴人，如此才能考虑与秦国作战的问题。”太子丹说：“照太傅所谋，可能没完没了拖下去，现在我心里昏昏然，恐怕一刻也不能等了。不仅如此，樊将军走投无路来投奔我，我总不能迫于强秦的施压抛弃可怜的朋友，把他丢到匈奴去吧，也许到了我该死的时候了。请太傅再想想别的办法。”鞠武说：“边冒险边求太平，边制造祸端边求福分，谋虑浅薄却又不断结怨，为了个人新交的朋友，不顾国家的大害，这就是俗话所说的‘助力仇怨灾祸的发展’。这就像是拿鸿毛在炉火上烧，肯定一下就烧没了。况且像雕鸷一样凶狠的秦国，来发泄积蓄已久的怒气，后果用得着说吗！燕国有位田光先生，此人有勇有谋，可以找他谋划谋划。”太子丹说：“希望通过您认识田先生，可以吗？”鞠武说：“可以。”鞠武出去找到田光，对他说“太子希望和你一起谋划国家大事”。田光说：“遵命。”就到太子那里去了。

太子逢迎[①]，却行为导[②]，跪而蔽席[③]。田光坐定，左右无人，太子避席而请曰[④]：“燕、秦不两立，愿先生留意也。”田光曰：“臣闻骐骥盛壮之时，一日而驰千里；至其衰老，驽马先之。今太子闻光盛壮之时，不知臣精已消亡矣。虽然，光不敢以图国事，所善荆卿可使也。”太子曰：“愿因先生得结交于荆卿，可乎？”田光曰：“敬诺。”即起，趋出[⑤]。太子送至门，戒曰[⑥]：“丹所报，先生所言者，国之大事也，愿先生勿泄也！”田光俯而笑曰：“诺。”偻行见荆卿[⑦]，曰：“光与子相善，燕国莫不知。今太子闻光壮盛之时，不知吾形已不逮也，幸而教之曰：‘燕、秦不两立，愿先生留意也。’光窃不自外，言足下于太子也，愿足下过太子于宫。”荆轲曰：“谨奉教。”田光曰：“吾闻之，长者为行，不使人疑之。今太子告光曰‘所言者，国之大事也，愿先生勿泄’，是太子疑光也。夫为行而使人疑之，非节侠也[⑧]。”欲自杀以激荆卿[⑨]，曰：

“愿足下急过太子，言光已死，明不言也。”因遂自刎而死[⑩]。

【注释】

①逢迎：迎接。

②却行为导：在前面倒退着走，为客人引路。《高祖本纪》：“高祖朝，太公拥彗，迎门却行。”与此类似，盖当时有此礼俗。

③蔽席：拂拭坐席。蔽，通“拂”，拂拭。

④避席：即离开座位，以示恭敬。

⑤趋：小步快走。

⑥戒：告诫，叮嘱。

⑦偻（lǚ）：驼背，可见其年老。吴见思曰：“先出一鞠武，鞠武束手无策，方脱出一田光；田光不敢图，然后脱出荆轲。逐节写来，决不一气写出，可想笔墨之妙。”

⑧节侠：有节操的侠士。

⑨欲自杀以激荆卿：鲍彪注：“言其死非为泄，欲励勉荆轲，使死之耳。”

⑩因遂自刎而死：锺惺曰：“光自知力不能为，而进荆轲自代，偿以一死，明己之所以辞太子者非惜其死，而虑事之不成也。”

【译文】

太子丹亲自到门外迎接田光，在前面倒退着引路，进屋后又跪下为田光拂拭坐席。等田光坐定，左右的人都退出后，太子丹离开坐席，恭请道：“燕国和秦国势不两立，请先生留意当前的形势。”田光说：“我听说骏马在健壮时，一天能跑一千里；到它衰老时，劣马都能跑在它前头。现在太子您听说的是我年轻能干时候的本事，却不知我现在已经精力不济了。尽管如此，我已经不能和您共谋大事，幸而我的朋友荆卿却可以派上用场。”太子丹说：“我想通过您结识荆卿，可以吗？”田光说：“遵命。”起身小步快走出门。太子丹送到门口，嘱咐道：“刚才我跟您说的话，以及您所说的事，都是国家大事，希望先生不要泄露出去。”田光弯腰笑道：“当然。”他佝偻着找到荆卿，说：“咱俩交好，燕国无人不知。如今太子只知道我年轻能干时的本事，却不知道我现在已经老朽做不成事了，他对我说：‘燕国和秦国势不两立，希望您留意当前的形势。’我没有见外，把你推荐给太子了，希望你这就到宫里去见他。”荆轲说：“愿意遵命。”田光又说：“我听说，有德性的人办事，不该让人生疑。刚才太子叮嘱我说‘我们所说的都是国家大事，希望您不要泄露出去’，说明太子对我没底。一个人办事让别人生疑，那就不算有节操的侠士。”他实际上是想自杀来激励荆轲，就说：“请你赶紧去拜访太子，就说我已经死了，让他知道我没有泄密。”说罢就自刎而死。

荆轲遂见太子，言田光已死，致光之言。太子再拜而跪，膝行流涕，有顷而后言曰：“丹所以诫田先生毋言者，欲以成大事之谋也。今田先生以死明不言，岂丹之心哉！”荆轲坐定，太子避席顿首曰[①]：“田先生不知丹之不肖，使得至前，敢有所道，此天之所以哀燕而不弃其孤也[②]。今秦有贪利之心，而欲不可足也。非尽天下之地、臣海内之王者[③]，其意不厌[④]。今秦已虏韩王，尽纳其地[⑤]。又举兵南伐楚[⑥]，北临赵[⑦]。王翦将数十万之众距漳、邺[⑧]，而李信出太原、云中[⑨]。赵不能支秦，必入臣[⑩]，入臣则祸至燕[⑪]。燕小弱，数困于兵[⑫]，今计举国不足以当秦。诸侯服秦，莫敢合从。丹之私计，愚以为诚得天下之勇士使于秦，窥以重利[⑬]；秦王贪，其势必得所愿矣[⑭]。诚得劫秦王，使悉反诸侯侵地，若曹沫之与齐桓公[⑮]，则大善矣；则不可[⑯]，因而刺杀之。彼秦大将擅兵于外而内有乱[⑰]，则君臣相疑[⑱]，以其间诸侯得合从，其破秦必矣。此丹之上愿，而不知所委命[19]，唯荆卿留意焉！”久之，荆轲曰：“此国之大事也，臣驽下，恐不足任使。”太子前顿首，固请毋让，然后许诺。于是尊荆卿为上卿，舍上舍。太子日造门下，供太牢具[20]，异物间进[21]，车骑美女恣荆轲所欲[22]，以顺适其意。

【注释】

①顿首：磕头。以头叩地即举而不停留。

②天之所以哀燕而不弃其孤也：《范雎蔡泽列传》载秦昭王曰：“寡人得受命于先生，是天所以幸先王而不弃其孤也。”与此语类似。孤，此为太子丹自称。《索隐》曰：“无父称孤，时燕王尚在，而丹称‘孤’者，或记者失辞。”

③臣海内之王者：让海内的诸侯王们都臣服。

④厌：满足。

⑤虏韩王，尽纳其地：事在秦王政十七年，燕王喜二十五年，前230年。是年，韩亡，秦设三川郡。

⑥南伐楚：据《秦始皇本纪》，此时无“南伐楚”之记载。

⑦北临赵：即指下文所叙王翦、李信攻赵事。

⑧王翦：秦国名将，在灭赵、燕、楚三国的战争中立有大功，事见《白起王翦列传》。距：到，抵达。漳、邺：漳水、邺县，时为赵国南部边境。漳水流经今河北与河南的交界处；邺县在今河北临漳西南。

⑨李信：秦将名，汉代名将李广的祖先。太原：秦郡名，原为赵地，秦国攻占后，秦王政二年（前245）于此设太原郡。云中：郡名，郡治在今内蒙古鄂尔多斯东北，原为赵地，秦王政十三年（前234）为秦所占。

⑩入臣：指向秦国投降。

⑪入臣则祸至燕：赵国投降，则秦国与燕国接壤，燕国便面临亡国之祸。

⑫数困于兵：多次受战祸困扰。此前燕赵之间多次发生战争，燕国多次战败，详参《燕召公世家》《赵世家》。

⑬窥以重利：让人看到重大利益而诱惑之。

⑭必得所愿：即获得行刺的机会。

⑮使悉反诸侯侵地，若曹沫之与齐桓公：梁玉绳曰："以齐桓望始皇，丹之愚也。"

⑯则不可：如果不行。则，若，如果。

⑰擅兵：掌握军队。擅，专断。

⑱君臣相疑：新国君与老将领互不信任，互相猜忌。

⑲不知所委命：不知道该把这个使命交给谁。委，交托，托付。命，使命，任务。

⑳太牢：古代祭祀时，牛、羊、豕三牲俱备称为太牢。此指牛、羊、豕三牲齐备的宴席。具：本为装食物的器具，此指饭食。

㉑间进：隔一段时间送一次。

㉒恣：纵任。

【译文】

荆轲便去拜见太子，说田光已经死了，并把田光临死前说的话告诉了太子。太子丹拜了两拜，跪地流泪，好一会儿才说出话来，他说："我当时叮嘱田先生不要说出去，是为了保证谋划的大事能成。如今田先生竟然以死表明不泄密，哪里是我的本意呢！"荆轲坐定，太子丹又离开坐席，对荆轲叩头说道："田先生不知道我没出息，让我到您面前，向您坦诚心事，这真是老天爷哀怜燕国不想抛弃我们啊。如今秦国有贪婪之心，他们的欲望永远满足不了。不吞并所有国家的土地，不把各诸侯国王都变成他们的臣子，他们是不会满足的。现在他们已俘获韩王，吞并了韩国的土地。又发兵向南讨伐楚国，向北逼邻赵国。王翦率领几十万大兵抵达了赵国的漳水、邺城，李信又从太原、云中出兵攻击赵国。赵国支持不住，必然要向秦国称臣，赵国称臣那么灾祸就会降临燕国。燕国弱小，又多次受到战祸困扰，估计就算动员整个燕国之力也抵挡不了秦国。现在各国都惧怕秦国，谁也不敢再跟我们联合。我私下里合计，如果能找到一位勇士派到秦国，拿重大的利益诱惑秦王；秦王贪婪，势必能够找到接近他行刺的机会。一旦劫持了他，逼他退还吞并的诸侯土地，就像当年曹沫劫持齐桓公那样，这就再好不过了；万一劫持不成，就乘机把他杀死。秦国大将领兵在外，国内此时引发动乱，他们君臣必然互相猜疑，乘此机会，我们东方各国联合起来，也就有望打败秦国了。这是我最理想的愿望，只是不知这个使命可以交付给谁，请您多加留意！"过了很久，荆轲说："这可是国家大事，我本领有限，恐怕当不起。"太子丹进前叩头，恳请他不要推辞，荆轲这才应允。于是尊荆轲为上卿，让他住进最好的客馆。太子丹还每天都到客馆问候，给他送去牛、羊、猪三牲齐备的宴食，各种奇珍异宝也不时送去，其他车马、美女等等，更是让荆轲随心所欲地享用，全都顺着他的心。

久之，荆轲未有行意。秦将王翦破赵，虏赵王①，尽收入其地，进兵北略地至燕南界。太子丹恐惧，乃请荆轲曰："秦兵旦暮渡易水②，则虽欲长侍足下，岂可得哉③！"荆轲曰："微太子言，臣愿谒之④。今行而毋信⑤，则秦未可亲也。夫樊将军，秦王购之金千斤，邑万家⑥。诚得樊将军首与燕督亢之地图⑦，奉献秦王，秦王必说见臣⑧，臣乃得有以报。"太子曰："樊将军穷困来归丹，丹不忍以己之私而伤长者之意⑨，愿足下更虑之！"

【注释】

①王翦破赵，虏赵王：事在秦王政十九年，燕王喜二十七年，前228年。

②易水：源于今河北之易县西，东流，下游即今之大清河。易水上游即燕国的西南境。

③虽欲长侍足下，岂可得哉：意即催促荆轲动身赴秦。

④微太子言，臣愿谒之：即使太子您不说，我也想去拜见您。微，没有。谒，请见。

⑤毋信：没有让秦王信任的东西。

⑥秦王购之金千斤，邑万家：意谓秦王悬赏千金、封万户侯来买樊於期的人头。邑万家，以万家之地为其食邑。

⑦督亢（gāng）：古地区名，在今河北涿州东，地跨涿州、固安、新城等县界。

⑧说：同“悦”。

⑨长者：此指樊於期。

【译文】

过了很久，荆轲还没有动身的意思。这时秦将王翦已经灭掉赵国，俘获了赵王，吞并了全部赵国土地，大兵向北挺进到燕国南部边界。太子丹感到害怕，去对荆轲说：“秦兵很快就要渡过易水了，就算我愿意一直这么伺候您，又怎能做得到呢！”荆轲说：“太子就算您不讲，我也早想去拜见您了。如今我们去了秦国却没有取信的东西，还是接近不了秦王的。樊将军从秦国逃过来，秦王正悬赏千金捉拿他。如果我们能带着樊将军的人头和燕国督亢地区的地图，去进献给秦王，秦王一定很高兴愿意接见我，那时我才能有机会为您效劳。”太子丹说：“樊将军走投无路才投奔我，我不忍用私事去伤人家的心，还请您再想想别的办法。”

荆轲知太子不忍，乃遂私见樊於期，曰：“秦之遇将军可谓深矣[①]，父母宗族皆为戮没[②]。今闻购将军首金千斤，邑万家，将奈何？”於期仰天太息流涕曰：“於期每念之，常痛于骨髓，顾计不知所出耳[③]！”荆轲曰：“今有一言可以解燕国之患，报将军之仇者，何如？”於期乃前曰：“为之奈何？”荆轲曰：“愿得将军之首以献秦王，秦王必喜而见臣，臣左手把其袖，右手揕其匈[④]，然则将军之仇报而燕见陵之愧除矣[⑤]。将军岂有意乎[⑥]？”樊於期偏袒扼捥而进曰[⑦]：“此臣之日夜切齿腐心也[⑧]，乃今得闻教！”遂自刭[⑨]。太子闻之，驰往，伏尸而哭，极哀。既已不可奈何，乃遂盛樊於期首函封之[⑩]。

【注释】

①遇：对待。深：严酷，苛刻。

②戮没：杀死。

③顾：只是。

④揕（zhèn）：刺。匈：同“胸”。

⑤见陵：被欺压凌辱。

⑥将军岂有意乎：诸祖耿引王引之曰：“岂，犹其也。”金正炜曰：“《秦策》‘子常宣言代我相秦，岂有此乎？’‘岂’亦犹‘其’也。”

⑦偏袒扼捥：脱下衣服，露出一只胳膊，这只手握住另一只手的腕子，写其激动之情态。捥，通“腕”。

⑧腐心：《战国策》作“拊心”。王引之云：“腐读为拊，《尔雅》曰：‘辟，拊心也。’郭注：‘谓椎胸也。’”犹“椎心泣血”，形容极度痛苦。

⑨自刭（jǐng）：自刎。

⑩函封：用盒子装好封起来。函，盒子。茅坤曰：“荆轲请樊於期头一节，愚窃谓非人情也。当时必荆轲与太子阴取之，而好事者饰奇，或战国慕节侠者为之也。”

【译文】

荆轲知道太子不忍心，就私下去见樊於期，他说：“秦国对待将军可以说是残酷到极点了,您的父母宗族全都被杀。现在他们又悬赏千斤金和万户要您的人头,您准备怎么应对呢?”樊於期仰天长叹,流泪道:“我每每念及此事,常常痛彻骨髓,只是不知如何是好!”荆轲说:“我有个办法可以解除燕国的忧患,又可以为您报仇,想听吗?”樊於期凑近问道:“有什么办法?”荆轲说:“希望得到您的人头去进献给秦王,秦王一定很高兴愿意接见我,那时我左手揪住他的袖子,右手拿刀直刺他的胸膛,这样既能为您报仇,又能洗刷燕国的耻辱。您愿意这么做吗?”樊於期脱下衣服,露出了一只胳臂,一只手握着另一只手的手腕,近前说道:“这正是我日思夜想的事啊,到今天才从你这里听到解决办法!”说罢立刻自刎而死。太子丹得知,赶紧坐车飞驰过来,趴在樊於期的身上放声大哭,极尽哀痛。但已经无可奈何,于是就把樊於期的人头用盒子装好封了起来。

于是太子豫求天下之利匕首①,得赵人徐夫人匕首②,取之百金,使工以药焠之③,以试人,血濡缕,人无不立死者④。乃装为遣荆卿⑤。燕国有勇士秦舞阳⑥,年十三,杀人,人不敢忤视⑦。乃令秦舞阳为副。荆轲有所待,欲与俱;其人居远未来,而为治行⑧。顷之,未发,太子迟之,疑其改悔,乃复请曰:“日已尽矣,荆卿岂有意哉?丹请得先遣秦舞阳。”荆轲怒,叱太子曰:“何太子之遣?往而不返者,竖子也⑨!且提一匕首入不测之强秦,仆所以留者,待吾客与俱。今太子迟之,请辞决矣⑩!”遂发。

【注释】

①于是:在这个时候。豫求:事先搜罗到。

②徐夫人:《索隐》:“徐姓,夫人名,谓男也。”中井曰:“徐夫人非女

子，未可知也。且其命匕首，非必工名，或所贮之人名盛，则亦以命焉。”王叔岷曰：“窃疑‘徐’姓，‘夫人’乃字，犹‘疏受’字‘公子’之比也。”

③以药焠之：用毒药蘸。吴师道注：“此谓以毒药染锷而淬之也。”焠，浸染，蘸。

④血濡缕，人无不立死者：《集解》曰：“人血出，足以沾濡丝缕，便立死也。”

⑤乃装为遣荆卿：牛鸿恩曰：“《国策》作‘乃为装，遣荆卿’。为装，治装。疑《史》文淆乱，当据《策》乙正。”

⑥秦舞阳：燕将秦开之孙。《匈奴列传》云：“燕有贤将秦开，袭破走东胡，东胡却千余里。与荆轲刺秦王者秦舞阳，开之孙也。”梁玉绳曰：“《国策》《燕丹子》《人表》《隶续》《武梁画》并作‘武阳’，而《史》独作‘舞阳’，古字通用。”

⑦忤（wǔ）视：正面看，面对面地看。

⑧为治行：荆轲为他等待的朋友准备行装。

⑨往而不返者，竖子也：荆轲意谓去秦国就要成功劫持秦王，使其返还六国失地，如果一去不回，不过是个没出息的竖子。竖子，犹言“小子”，对人的鄙称。

⑩今太子迟之，请辞决矣：吴见思曰：“极其勉强，荆轲已将性命付之太子，亦不能必其事之成也。正写此行不万全，本荆轲意中事。”辞决，即告辞，诀别。决，通“诀”。

【译文】

此时太子丹事先已在各地搜罗锋利的匕首，从赵国徐夫人那得到一把，太子丹花费百金买过来，又让工匠以毒药蘸过，用它试着刺人，只要流出只能渗透一根布丝那么点血，人就没一个不即刻死亡的。于是太子丹收拾停当，催促荆轲动身。燕国有个勇士秦舞阳，十三岁就敢杀人，谁都不敢和他对眼相看。太子丹安排秦舞阳给荆轲当助手。荆轲像是还在等什么人，想要和那人一起出发；此人离得远还没来，荆轲已经为他准备好了行装。又过了一阵子还没动身，太子丹觉得行动太慢，怀疑荆轲要变卦，又去催促他说："时间快不够了，您还想去吗？不然就让秦舞阳先去吧。"荆轲听罢很是生气，呵斥太子道："太子犯得着这么催吗？去了回不来，就是个窝囊废！再说就这么拿着匕首去往变化莫测的秦国，不准备充分怎么行呢？我停留不走是在等一个朋友同去。现在您嫌我太慢，那我马上告辞！"于是就出发了。

太子及宾客知其事者，皆白衣冠以送之。至易水之上，既祖①，取道②，高渐离击筑③，荆轲和而歌，为变徵之声④，士皆垂泪涕泣。又前而为歌曰："风萧萧兮易水寒，壮士一去兮不复还⑤！"复为羽声慷慨⑥，士皆瞋目，发尽上指冠。于是荆轲就车而去，终已不顾⑦。

【注释】

①祖：出行时祭祀路神。颜师古曰："祖者，送行之祭，因设宴饮焉。"

②取道：车马已摆上路。

③高渐离击筑：梁玉绳曰："《艺文类聚》四十四、《初学记》十六引宋玉《笛赋》云'宋意将送荆卿于易水之上'；《文选》二十八《杂歌序》云'荆轲歌，宋如意和之'；《淮南·泰族》云'高渐离、宋意为击筑而歌于易水之上'；《水经注》十一云'高渐离击筑，宋如意和之'；《新论·辨乐》云'荆轲入秦，宋意击筑'；陶潜《咏荆轲》诗云'宋意唱高声'，《策》《史》俱不及'宋如意'何也？"

④变徵（zhǐ）之声：我国古代宫、商、角、变徵、徵、羽、变宫七声声阶中的第四个音级。比徵低半音。相当于今之F调。鲍彪曰："变徵为商，盖悲音。"

⑤风萧萧兮易水寒，壮士一去兮不复还：孙月峰曰："只此两句，却无不慷慨激烈，写得壮士心出，气盖一世。"

⑥羽声：相当于今之A调。鲍彪曰："羽声，其音怒。"

⑦于是荆轲就车而去，终已不顾：董份曰："荆轲歌易水之上，就车不顾，只此时，懦士生色。"

【译文】

太子丹及那些知情的宾客们，都穿白衣服，戴白帽子，前来送行。送到易水边，祭过路神，把车马摆在路上，高渐离击筑，荆轲应和着引吭高歌，先用悲怆的"变徵"音调，人们一个个都流泪哭泣。荆轲又进前唱道："风萧萧兮易水寒，壮士一去兮不复还！"随后又把曲调变成了慷慨激昂的"羽调"，人们听了一个个都激动得眼睛圆瞪，头发直竖。荆轲歌罢上车驰去，再也没有回头。

遂至秦，持千金之资币物[①]，厚遗秦王宠臣中庶子蒙嘉[②]。嘉为先言于秦王曰："燕王诚振怖大王之威，不敢举兵以逆军吏[③]，愿举国为内臣[④]，比诸侯之列[⑤]，给贡职如郡县[⑥]，而得奉守先王之宗庙。恐惧不敢自陈，谨斩樊於期之头，及献燕督亢之地图，函封，燕王拜送于庭[⑦]，使使以闻大王，唯大王命之。"

【注释】

①币物：礼品。

②中庶子：官名，职掌诸侯卿大夫之庶子的教育。蒙嘉：其他事迹不详。

③逆：此指迎击。

④举国为内臣：带着国家投降臣服我们。

⑤比：相当，等于。

⑥给贡职如郡县：像秦国国内的郡县一样交纳贡赋。给，供给。贡职，贡品，贡赋。

⑦燕王拜送于庭：谓燕王在庭中拜送荆轲等，以示对秦王之敬畏。

【译文】

荆轲到了秦国后，用千金之礼买通秦王的宠臣中庶子蒙嘉。蒙嘉向秦王介绍说："燕王确实害怕大王的雄威，已经不敢再兴兵抵抗我军，愿意带整个国家投降给我们做臣仆，置身秦国治下的诸侯国，和我们秦国郡县一样进贡中央，只求让他们能继续守着先王的宗庙。燕王惧怕大王不敢自己来说，因此派人带着樊於期的人头和燕国督亢地区的地图先来，人头、地图装进匣子，出发的时候，燕王亲自在院子里叩拜恭送，嘱咐使者来告诉大王，正在等大王的指示。"

秦王闻之，大喜，乃朝服，设九宾[①]，见燕使者咸阳宫[②]。荆轲奉樊於期头函[③]，而秦舞阳奉地图柙[④]，以次进。至陛[⑤]，秦舞阳色变振恐[⑥]，群臣怪之。荆轲顾笑舞阳[⑦]，前谢曰[⑧]："北蕃蛮夷之鄙人[⑨]，未尝见天子[⑩]，故振慑[⑪]。愿大王少假借之[⑫]，使得毕使于前[⑬]。"秦王谓轲曰："取舞阳所持地图。"轲既取图奏之秦王[⑭]，发图，图穷而匕首见[⑮]。因左手把秦王之袖，而右手持匕首揕之。未至身，秦王惊，自引而起[⑯]，袖绝。拔剑，剑长[⑰]，操其室[⑱]。时惶急，剑坚，故不可立拔。荆轲逐秦王，秦王环柱而走。群臣皆愕，卒起不意[⑲]，尽失其度[⑳]。而秦法，群臣侍殿上者不得持尺寸之兵；诸郎中执兵皆陈殿下[㉑]，非有诏召不得上。方急时，不及召下兵，以故荆轲乃逐秦王。而卒惶急，无以击轲，而以手共搏之[㉒]。是时侍医夏无且以其所奉药囊提荆轲也[㉓]。秦王方环柱走，卒惶急，不知所为，左右乃曰："王负剑[24]！"负剑，遂拔以击荆轲，断其左股。荆轲废[25]，乃引其匕首以擿秦王[26]，不中，中桐柱。秦王复击轲，轲被八创。轲自知事不就，倚柱而笑，箕踞以骂曰[27]："事所以不成者，以欲生劫之，必得约契以报太子也[28]。"于是左右既前杀轲[29]，秦王不怡者良久。已而论功，赏群臣及当坐者各有差[30]，而赐夏无且黄金二百溢[31]，曰："无且爱我，乃以药囊提荆轲也。"

【注释】

①设九宾：此礼亦见于《廉颇蔺相如列传》，其仪不详，诸家说法不一，泷川资言云："设九宾，犹言'具大礼'，不必援古书为证。"

②咸阳宫：秦宫名。《三辅黄图》云："始皇穷极奢侈，筑咸阳宫，因北陵营殿，端门四达，以则紫宫，象帝居。"

③奉：捧。

④柙：匣子，柜子。

⑤陛：宫殿的台阶。

⑥舞阳色变振恐：吴见思曰："借舞阳反衬荆轲神勇。"

⑦顾：回首，回视。

⑧谢：谢罪。

⑨北蕃蛮夷之鄙人：北方藩国蛮夷般的野人。蕃，通"藩"，诸侯为天子之藩屏，故亦称藩国。

⑩未尝见天子：以"天子"称秦王，讨秦王欢心。

⑪振慑：震慑，恐惧。

⑫少假借之：略微宽容他一下。少，略。假借，宽假，宽容。

⑬毕使：完成出使任务。

⑭既：即，便。奏：进献。

⑮图穷而匕首见:图卷展开到最后,匕首露了出来。见,同“现”。

⑯引:向后扯。

⑰剑长:《集解》引《盐铁论》曰:“荆轲怀数年之谋而事不就者,尺八匕首不足恃也。秦王操于不意,裂断贲、育者,介七尺之利也。”则秦王剑长七尺,秦时一尺约当今23.1厘米,则其剑确实很长。

⑱室:剑鞘。

⑲卒:通“猝”,突然。

⑳尽失其度:全都乱了章法。度,常法,常态。

㉑郎中:官名。皇帝侍卫近臣,供事于禁中者称中郎。

㉒“而卒惶急”几句:吴见思曰:“此时正忙,作者笔不及转,观者眼不及眨之时也,乃偏写‘剑长’‘操室’,又写群臣及殿下诸郎及夏无且,然偏不觉累坠,而一时惶急神情如见。”

㉓夏无且以其所奉药囊提(dǐ)荆轲:史珥曰:“连下三‘惶急’字,令人应接不暇。第此时夏无且犹能以药囊提荆轲,秦舞阳何以不奋一臂之力?岂至陛色变,止于阶下故耶?”马非百曰:“春秋战国间,医之良者大抵在秦。扁鹊本鄚人,最后亦至于秦。夏无且之医术如何,史未详载,然其以药囊提荆轲,救秦王于万死一生之中,亦智勇之士哉!”提,投击。

㉔负剑:背剑,指把剑推到背上再拔。

㉕废:指因伤残而失去作用,此处可理解为瘫坐在地。

㉖擿:《索隐》曰:“‘擿’与‘掷’同,古字耳。”投刺。

㉗箕踞:一种轻慢无礼的坐姿,即随意伸开两腿坐着,形似簸箕。

㉘以欲生劫之,必得约契以报太子也:顾炎武《菰中随笔》曰:“荆轲‘生劫’一语乃解嘲之辞,其实轲剑术疏耳,错处只在‘未及身’三字之间。荆轲所以为神勇者,全在临事时一毫不动,此孟贲辈所不及也。”

㉙左右既前杀轲:茅坤曰:“不见秦舞阳下落,亦太史公疏略处。”泷

川曰："史公不言秦舞阳此时作何状，盖在阶下为卫士之所执耳。"既，即，便。

㉚当坐者：应当判罪受罚者。徐孚远曰："荆轲之见秦王也因蒙嘉，所当坐在嘉也。"

㉛溢：古代重要单位，也作"镒"，一溢为二十四两，一说二十两。

【译文】

秦王听了，大为高兴，于是更换礼服，设九宾大礼，森严隆重地在咸阳宫接见燕国使者。荆轲捧着装樊於期人头的盒子，秦舞阳捧着地图匣，两人依次进来。刚走到宫殿台阶下面，秦舞阳就吓得面如土色，群臣见此很是奇怪。荆轲回过头来带笑看着秦舞阳，对秦王谢罪道："北方藩国蛮夷般的野人，没见过天子的威仪，因此害怕。希望大王略微宽恕他一下，让他完成出使任务。"秦王对荆轲说："把舞阳手里的地图拿过来。"荆轲就从秦舞阳手里拿过地图进献到秦王面前，秦王接过地图慢慢展开，图卷展开到最后，藏在里边的匕首就露出来了。荆轲左手一把抓住秦王的袖子，右手拿起匕首就向秦王刺过去。匕首还没刺到秦王身上，秦王吓得往后一扯，袖子被扯断。秦王赶紧伸手拔剑，可是剑太长拔不出来，秦王慌乱地抓着剑鞘。因为过于紧张急切，佩剑就越是拔不出来。荆轲急赶过来，秦王只好围着柱子乱转。殿上群臣先是惊愕呆住没有反应，之后就全都慌做一团没有办法。秦国法律规定，殿上群臣不许携带任何兵器；手持兵器的卫士只能列队站在台阶下面，秦王不下令，谁也不能上来。秦王急着躲避，来不及给下面的卫士下令，荆轲才得以追赶秦王。事情仓促，殿上群臣没有什么东西在手，只好空手与荆轲搏斗。这时侍医夏无且，急中生智把手里的药囊投向荆轲。秦王正围着柱子乱跑，慌乱中正不知如何是好，只听到左右大喊："大王把剑推到背后去拔！"秦王听后把佩剑向后一推，从背后拔出来刺向荆轲，先是砍断了他的左腿。荆轲瘫坐在地，把手中的匕首狠狠地投向秦王，又没投中，投在了一根铜柱上。秦王猛地砍向荆轲，中了八处。荆轲知道事情办不成了，靠着柱子朗声大笑，伸开两腿坐在地上，骂秦王道："今天的事没办成，是因为我想活捉你跟我们签订条约，回报燕太子。"于是秦王左右上前把荆轲杀掉了，秦王为此郁闷好久。过后秦王论功行赏，有功者各行不同的奖赏，有罪者给以不同的惩罚，赏赐给夏无且黄金二百镒，说："夏无且爱我，他才用药囊打荆轲。"

于是秦王大怒，益发兵诣赵，诏王翦军以伐燕。十月而拔蓟城[①]。燕王喜、太子丹等尽率其精兵东保于辽东[②]。秦将李信追击燕王急，代王嘉乃遗燕王喜书曰[③]："秦所以尤追燕急者，以太子丹故也。今王诚杀丹献之秦王，秦王必解，而社稷幸得血食[④]。"其后李信追丹，丹匿衍水中[⑤]，燕王乃使使斩太子丹，欲献之秦。秦复进兵攻之。后五年[⑥]，秦卒灭燕[⑦]，虏燕王喜。

【注释】

①十月：秦王政二十一年，燕王喜二十九年（前226）的十月，即荆轲刺秦王的第二年。蓟城：即今北京，时为燕国国都。

②东保于辽东：向东退守辽东郡。保，据守。辽东，燕郡名，郡治在今辽阳。战国燕将秦开破东胡后所置，因在辽水以东，故名。

③代王嘉：即赵公子嘉，赵悼襄王之子，赵国灭亡后，他逃到代，被拥立为代王。

④社稷幸得血食：土地神、谷神还能享受祭祀，意即国家还能得到保存。血食，指享受祭品，古代祭祀要杀牲取血。

⑤衍水：据《索隐》，在辽东一带，具体不详。

⑥后五年：秦王政二十五年，燕王喜三十三年，前222年。

⑦秦卒灭燕：燕国自西周初年建立，历经八百余年，至此为秦所灭。

【译文】

这事让秦王极其愤怒，他立即增派部队去赵国，诏令王翦军攻打燕国。十月，攻下了燕国国都蓟城。燕王喜和太子丹等率领精锐部队退到辽东地区。秦国将领李信追击燕王喜追得很急，代王嘉给燕王喜写信说："秦军之所以追击燕国追得急，是因为太子丹的缘故。你现在如能杀死太子丹交给秦王，秦王一定会停止追击，燕国或许就能保存下来。"后来李信追赶太子丹，太子丹逃到了衍水一带，燕王喜派人去杀掉太子丹，想要献给秦王。结果秦国依旧进兵。五年之后，秦国终于把燕国灭掉了，俘虏了燕王喜。

其明年[①]，秦并天下，立号为皇帝[②]。于是秦逐太子丹、荆轲之客[③]，皆亡[④]。高渐离变名姓为人庸保[⑤]，匿作于宋子[⑥]。久之，作苦[⑦]，闻其家堂上客击筑，傍偟不能去[⑧]，每出言曰："彼有善有不善。"从者以告其主[⑨]，曰："彼庸乃知音，窃言是非。"家丈人召使前击筑[⑩]，一坐称善，赐酒。而高渐离念久隐畏约无穷时[⑪]，乃退，出其装匣中筑与其善衣，更容貌而前。举坐客皆惊，下与抗礼[⑫]，以为上客。使击筑而歌，客无不流涕而去者。宋子传客之[⑬]，闻于秦始皇。秦始皇召见，人有识者，乃曰："高渐离也。"秦皇帝惜其善击筑，重赦之[⑭]，乃矐其目[⑮]，使击筑，未尝不称善。稍益近之，高渐离乃以铅置筑中，复进得近，举筑朴秦皇帝[⑯]，不中。于是遂诛高渐离，终身不复近诸侯之人[⑰]。

鲁句践已闻荆轲之刺秦王，私曰："嗟乎，惜哉其不讲于刺剑之术也[⑱]！甚矣吾不知人也！曩者吾叱之[⑲]，彼乃以我为非人也[⑳]！"

【注释】

①其明年:秦王政二十六年,前221年。

②立号为皇帝:指秦王政改号称“皇帝”,事详《秦始皇本纪》。

③逐:追查,追捕。

④亡:逃亡,藏匿。

⑤庸保:受雇充任杂役的人。《索隐》曰:“庸作于酒家,言可保信,故曰‘庸保’。”泷川引冈白驹曰:“卖佣定限期,故云‘保’。”

⑥匿作:隐姓埋名地做工。宋子:古邑名,在今河北赵县东北。

⑦作苦:劳作疲乏。作,劳作。

⑧傍偟:犹“彷徨”,徘徊。

⑨从者:《索隐》曰:“主人家之左右也。”

⑩家丈人:主人。

⑪久隐畏约无穷时:长期这样躲藏畏惧下去,没有尽头。约,穷困。

⑫与抗礼:同他以平等的礼数相见。抗,对等,相等。

⑬传:依次。

⑭惜其善击筑,重赦之:爱惜他擅长击筑的技艺,但难以轻易赦免他的罪过。

⑮矐(huò)其目:熏瞎他的眼睛。《索隐》曰:“以马屎熏,令失明。”

⑯朴:击打。《索隐》:“朴,击也。”

⑰诸侯之人:指原来东方六国的人。姚苎田曰:“荆卿之有高渐离,犹聂政之有姊荌也。大丈夫为知己死,一腔热血,本不求表露于天下,而无如荆卿之于太子丹疏莽猜嫌,实算不得知己,七尺之躯浪付竖子,殊为可惜,故当时若不得高生一番奇烈,荆之减价良不少也。酒酣歌泣,托以千秋,岂徒然哉!”

⑱不讲:不讲求,不注重。董份曰:“以句践之言结传末,见轲之剑术未尽。”

⑲曩(nǎng)者:从前,前些时候。

⑳非人：王叔岷曰："'人'犹'偶'也。'非人'犹'非偶'，亦即非同类者耳。"按，以上荆轲刺秦王事，见《战国策·燕策三》。顾炎武曰："古人作史，有不待论断，而于叙事之中即见其指者，惟太史公能之，如《平准书》载卜式语，《王翦传》末载客语，《荆轲传》末载鲁句践语，《晁错传》末载邓公与景帝语，《武安侯田蚡传》末载武帝语，皆于叙事中寓论断法也。"

【译文】

灭燕后第二年，秦国统一了天下，秦王政改号称"皇帝"。接着下令追查太子丹和荆轲的余党，这些余党都藏了起来。高渐离改名换姓给人当雇工，躲在宋子县。过了很久，有一天他干活累了，听到主家有客人在堂上击筑，高渐离听了半天不舍得走，说道："这位先生击筑，有的地方好有的不好。"主家的侍从把这话告诉主人，说："那个伙计懂得音乐，刚才偷偷在那里议论。"主人把高渐离叫过来让他击筑，表演过后满座叫绝，主人很高兴，立即斟酒给他喝。高渐离心想，这么长期躲下去没个尽头呀，于是回屋取出匣中的筑并换上体面衣裳，来到主人跟前。满座客人大惊，赶紧与高渐离平等见礼，把他推到了上座。请他击筑唱歌，客人们无不激动下泪。宋子城的人都依次请高渐离去做客，消息传到秦始皇那里。秦始皇下令召见，高渐离一进宫就有人认出了他，说："这是荆轲的朋友高渐离。"秦始皇爱惜高渐离击筑的本领，但也实在难以轻饶他，就熏瞎了他的眼睛，让他击筑，秦始皇每次听都觉得很好。渐渐地与高渐离接近起来，高渐离在筑里偷偷灌满了铅，后来接近秦王时，突然举筑砸向秦始皇，没有砸中。于是秦始皇即刻处死了高渐离，再也不让东方六国的人接近了。

鲁句践听闻荆轲刺秦王的事情后，私下慨叹道："可惜呀，荆轲失误在于不讲究剑术！我起初确实太不了解人了！以前我呵斥过他，他就没把我当成同类啊！"

太史公曰：世言荆轲，其称太子丹之命，“天雨粟，马生角”也①，太过。又言荆轲伤秦王②，皆非也。始公孙季功、董生与夏无且游③，具知其事，为余道之如是④。自曹沫至荆轲五人，此其义或成或不成⑤，然其立意较然⑥，不欺其志⑦，名垂后世，岂妄也哉！

【注释】

①天雨粟，马生角：关于燕太子故事的神奇传说。《燕丹子》曰：“太子丹质于秦，秦王遇之无礼。不得意，欲归。秦王不听，谬曰：‘乌头白，马生角，乃可。’丹仰天而叹，乃为之乌头白，马生角。”《论衡·感虚》云：“传书言：燕太子丹朝于秦，不得去，从秦求归，秦王执留之，与之誓曰：‘使日再中，天雨粟，令乌白头，马生角，厨门木象生肉足，乃得归。’当此之时天地佑之，日为再中，天雨粟，乌白头，马生角，厨门木象生肉足。秦王以为圣，乃归之。”

②又言荆轲伤秦王：《正义》引《燕丹子》曰：“荆轲拔匕首掷秦王，决耳，入铜柱，火出。”

③公孙季功：事迹不详。董生：事迹不详。或谓系董仲舒，从年代推算，董仲舒不可能跟夏无且交往。

④为余道之如是：此处“余”，王国维、顾颉刚、赵生群都认为当指司马谈，而不是司马迁。王国维曰：“公孙季功、董生（自注：非董仲舒）曾与夏无且游，考荆轲刺秦王之岁下距史公之生凡八十有三年，二人未必能及见史公道荆轲事。又樊他广及平原君子辈行亦远在史公前，然则此三传（指《刺客列传》《樊郦滕灌列传》《郦生陆贾列传》）所纪，史公或追记父谈语也。”顾颉刚曰：“此非或然，乃必然也。谈于赞中自称‘余’，《荆轲传》曰‘为余道之如是’，《朱建传》曰‘平原君子与余善’，《樊哙传》曰‘余与他广通’，著

传文之来源，作一篇之总结，则此三传成于谈手无疑。”

⑤义：义举，指刺杀活动。

⑥较（jiào）然：明显。

⑦欺：欺骗，违背。

【译文】

太史公说：世上流传的荆轲的故事中，号称太子丹在秦国当人质时，感动得“天上降下粮食，马头上长出犄角”，说得太过了。又说荆轲刺伤了秦王，这些都不对。从前公孙季功、董生与夏无且来往过，清楚地知道这些事情，他们后来对我讲过这些。从曹沫到荆轲这五个人，他们的义举有的办成了有的没成，但他们的初衷都很明确，决不违背自己的意志，名声传扬后世，难道是偶然的吗！

【集评】

吴见思曰：“世之论人者，绝未曾设身处地，便轻易立言，不知读书心不可不细，尤不可不虚。如世尝言荆轲行刺反促燕亡，而不知此日之燕已具必亡之势。故史公预先序明燕、秦不两立之势，于鞠武言之，鞠武再言之，太子自言之，荆轲未行之前又提明之，盖万万计无复之，而后出行刺一著耳，岂得已哉！篇中已明，吾愿天下读书人虚心细心，取古人之文，再三以读之也。”（《史记论文》）

郭嵩焘曰：“史公之传刺客，为荆卿也，而深惜其事不成。其文迷离开合，寄意无穷。荆卿胸中尽有抱负，尽有感发，与游侠者不同。又杂出盖聂、鲁勾践、田光先生、高渐离，备极一时之奇士，又有狗屠一人。而终惜荆卿之不知剑术，借鲁勾践之言以发之，为传末波澜。”（《史记札记》）

牛运震曰：“荆轲逐秦王一段，本可整齐叙之，偏用极历乱之笔；亦本可简约叙之，偏用极详细之笔。盖不历乱则情景之仓皇扰乱不见，不详细则事迹之节次曲折不出，节次曲折出则情景之仓遽见矣。极详细处正其极历乱处，极历乱处正其极整齐处也。此中摹画叙次有绝大神通，太

史公出力写来,后人当悉意求之。”(《史记评注》)

李慈铭曰:“《史》叙荆卿事较《国策》为详,卿与渐离皆具本末。其论曰:‘始公孙季功、董生与夏无且游,具知其事,为余道之如是。’则《史记》此传非取之《国策》,《国策》本杂掇而成,疑《燕策》此篇即取之《史记》而芟其首尾,以《国策》之体非纪一人之事,故删去荆卿始事,而径以‘燕太子丹质于秦亡归’句起耳。《史记索隐》谓此传‘虽约《战国策》而亦别记异文’,非也。”

【评论】

吴见思曰:“刺客是天壤间第一种激烈人,《刺客传》是《史记》中第一种激烈文字,故至今浅读之而须眉四照,深读之则刻骨十分。史公遇一种题,便成一种文字,所以独雄千古。”《刺客列传》是司马迁精心结撰而成的名篇,凝聚着司马迁的深厚情感。

首先,本篇歌颂了“士为知己者死”。专诸为公子光而刺王僚,豫让为智伯而刺赵襄子,聂政为严仲子而刺侠累,都是刺客为报恩主的“知遇之恩”而不计代价、不惜生命地去行刺,以遂恩主之愿。虽然他们的报恩报仇都不出私人恩怨,但在当时却是含有某种“平等”的“双向选择”意味的,刺客不再是恩主的奴仆,他们自愿为恩主牺牲生命,是因为他们认为得到了足够的理解和尊重。这种对独立人格的向往带有浓厚的时代特色,是战国时代士的自我意识与自尊意识觉醒的体现。

其次,本篇表彰一种为维护国家利益不惜牺牲,为挽救国家危亡而不惜付出一切的英勇无畏的精神。从这个角度看,曹沫与荆轲的行为都与一个国家的安危兴亡紧密结合了起来,具有鲜明的政治色彩而异常光辉。曹沫的故事前人已经论证了它的不足信,司马迁之所以还要书之于史,这表明了司马迁对曹沫其人的高度崇敬。至于荆轲,他的见义勇为,急人之难,扶助弱小,不畏强暴,慷慨磊落,不怕牺牲,则表现了一种崇高的侠义精神。荆轲与燕国本无关系,在秦国大军压境的情况下,田光把他推荐给了燕太子丹，而荆轲也没有任何推辞，立即挺身而出。他之所以会这样做，是出于反抗秦国入侵者的正义感，和他对被侵害的六国人民的同情。这正体现了司马迁在《游侠列传》中所说的“其言必信，其行必果，已诺必诚，不爱其躯，赴士之厄困”。荆轲在这里首先表现的是一种侠义之雄。难能可贵的是荆轲不同于那些轻举妄动的一般游侠；他深沉干练，明大义，识大体，类似侯嬴与鲁仲连。他们的义愤都是为国难而发。他们临危不惧，在强大敌人的进攻面前表现了一种不可侵犯、不可折侮的崇高人格。他们在危急关头不气馁，敢于破釜沉舟，背水一战，其浩然正气感染着一代又一代国人。荆轲的行动虽然失败了，但其顽强抗争的精神是极其感人的。战国后期，秦国最强，秦国版图日益扩大，“非尽亡天下之国而臣海内，必不休矣”（信陵君语）的形势，是当时有识者都已经看清了的。问题是在这种形势下，作为东方的有志者，面对秦国日甚一日的蚕食、进攻、屠杀，是振奋自己，壮大自己，从斗争中求独立、求生存呢，还是自暴自弃，自甘失败，束手投降，任人宰割呢？这后者不论从理论上，还是从实践上，恐怕都是不应该的。有人说：秦国代表着先进的生产力、生产关系，荆轲之流反对秦国，简直是“小丑跳梁”，企图螳臂当车。按照这种说法，那对屈原、蔺相如、信陵君、鲁仲连等一大批历史人物的评论就将失去标准。也有人说：当时秦国的胜利已成定局，荆轲的行刺即使成功了，杀一个秦王，再换一个秦王，燕国照样灭亡。这样说也不好。当一个国家、一个民族到了山穷水尽、灭亡在即之时，一群勇士不肯甘心为虏，起而做最后的抗争，尽管他们无法挽救危局，但其气节是感人的，是可歌可泣的。明代黄洪宪说：“当燕丹时，内无强力，外无奥援，而以孱国当枭鸷之秦，此所谓卵抵泰山者也。故刺秦亦亡，不刺亦亡，故刺秦王非失计也。夫乌附、五石，非长生之药也，若有寒欲之疾中于关窍，则乌附用；诡痈诡疽起，则五石用。等死耳，冀万一其效之。故人有死疾，则乌附、五石不可废；当丹之时，垂绝之国，则荆轲未可非也。”清代吴见思说：“此时之燕，刺秦王亦亡，不刺秦王亦亡，太子丹所以刺秦王也。"(《史记论文》)司马迁正是从这个角度肯定太子丹,而批判燕王喜、代王嘉;歌颂荆轲、高渐离、田光、樊於期等这一批勇烈之士,而蔑视鞠武那种表面像是老成周详,而其实是一根软骨头的投降派。

荆轲的行动虽然失败了,但它对于秦王朝的震动是巨大的。先是荆轲,再加上后来高渐离的后续行动,遂使秦王吓得"终身不复近诸侯之人",使他在此后的十几年里每天都在疑神疑鬼怕遭暗算的惶恐中过日子。荆轲以他的行动向一切专横者、征服者表明:一个国家的版图尽管小,它的人口尽管少,但是它的人心不可欺,它的尊严不可侮,谁要想进攻它,征服它,谁就必将遭到被压迫人民的坚决抵抗。荆轲故事的客观影响、客观意义,已经远远地超出了它的本身,它已经化作一种强大的精神力量,融入中华民族的英雄气质与光荣传统之中。

荆轲刺秦王是《史记》中最激动人心的作品之一。它有一个完整而严密的艺术结构,层次分明,首尾呼应,具有后世小说所要求的结构特点。它成功地塑造了荆轲这个人物的形象,他勇毅深沉,有为正义事业奋不顾身的精神;他急人之难,有把天大困难独力承担的气概;他从容自若,有临危不惧的大智和机勇。清代顾炎武说:"荆轲所以为神勇者,全在临时一毫不动,此孟贲辈所不及也。"(《菰中随笔》)作品非常巧妙地运用了多角度、多层次的衬托对比,而尤其卓绝的更是在渲染气氛与描写场面上。明代董份称赞易水送别一段的描写说:"荆轲歌易水之上,就车不顾,只此时,懦士生色。"(《史记评林》引)孙月峰说:"(风萧萧兮易水寒,壮士一去兮不复还)只此两句,却无不慷慨激烈,写得壮士心出,气盖一世。"(《评注昭明文选》)清代吴见思称赞秦庭惊变一段的描写说:"二十九字,为十句,作急语,然又详尽如此。"又说:"此时正忙,作者笔不及转,观者眼不及眨之时也,乃偏写'剑长''操室',又写群臣及殿下诸郎及夏无且,然偏不觉累坠,而一时惶急神情如见。"(《史记论文》)这些写作技巧都对后世的传记文学乃至小说创作产生了深远影响。

关于豫让,他为智伯向赵襄子复仇的行为本身并没有荆轲刺秦王那样的意义，但是司马迁在《太史公自序》讲本篇写作宗旨时特意提出“豫让义不为二心”，对他加以表彰，首先是因为豫让的行为在当时深受世人赞叹钦敬。《淮南子·道应训》就记载说：“魏文侯觞诸大夫于曲阳。饮酒酣，文侯喟然叹曰：‘吾独无豫让以为臣乎！’”司马迁则主要是想借此批判为人不忠、待友不义的行为。《史记》中有些地方表现了司马迁对一些已经成为过去的道德准则表示出深深的倾慕与怀恋。其一是伯夷、叔齐反对武王伐纣，伯夷指责武王的行为是“以暴易暴”，因为他违背了古代禅让的道德与礼仪，尽管文王、武王已经被孔子称为是“伐罪吊民”的圣人了，但伯夷、叔齐仍是不食周粟而饿死于首阳山。其二是宋襄公，他追念并体行古代的军事规则，坚持不对半渡的敌军中流而击之；而且还坚持“不鼓不成列”，“不杀二毛”等等，于是很轻易地被强大的楚军打败，而司马迁在《宋微子世家》中却一反常情地对被后人骂作“蠢猪”的宋襄公充满敬意与同情，说：“襄公既败于泓，而君子或以为多，伤中国阙礼义，褒之也，宋襄之有礼让也。”第三个就是本文所讲的豫让。他坚持奉行“既已委质臣事人，而求杀之，是怀二心以事其君”。这样的道德操守，早就被战国时人抛弃了，那遍地游走的说客们，有几个不是朝秦暮楚，怀二心事君的呢？

李斯列传第二十七

【释名】

本篇描写了李斯颇具戏剧性的一生：他由郡小吏起步，后青云直上，辅佐秦始皇吞并六国，创建制度，贵为丞相；始皇死后，因畏祸贪权而与赵高同流合污，杀扶苏，立胡亥，并助纣为虐，为虎作伥，从而导致民变蜂起、四海鼎沸，最后不免身首异处，被赵高、胡亥所杀。全文可分为七个部分。第一部分写李斯不堪地位卑下，从荀卿学帝王之术，后赴秦国，先是被吕不韦任为郎，继而被秦始皇拜为客卿；第二部分写李斯辅佐秦始皇统一天下，以及在统一后实行的种种政策措施。第三部分写秦始皇死后胡亥、赵高对李斯进行拉拢，李斯经过一番思想斗争后决定与之同流合污，合谋诈为始皇诏书，逼扶苏自杀，助胡亥上位；第四部分写李斯卖身投靠，曲意迎合，与赵高一同鼓动胡亥肆行残虐的情形；第五部分写李斯被赵高所害的经过；第六部分写赵高杀二世、子婴杀赵高，刘邦入关，秦朝灭亡的情景。在篇末的"太史公曰"中，司马迁对李斯的功过与其为人进行了评述，对其可悲下场与造成如此结局的原因表达了深深的感慨。

李斯者[①]，楚上蔡人也[②]。年少时，为郡小吏[③]，见吏舍厕中鼠食不絜[④]，近人犬，数惊恐之。斯入仓，观仓中鼠，食积粟，居大庑之下[⑤]，不见人犬之忧。于是李斯乃叹曰："人之贤不肖譬如鼠矣，在所自处耳[⑥]！"

【注释】

①李斯：梁玉绳引吾丘衍《学古篇》云："斯字通古。"

②上蔡：楚邑名，在今河南上蔡西南。

③郡小吏：泷川曰："《索隐》本、枫本'郡'作'乡'。《类聚》兽部、《御览》百八十八引《史》亦作'乡'。"王念孙曰："上蔡之乡也。"《索隐》引刘氏曰："掌乡文书。"

④絜：通"洁"。

⑤大庑（wǔ）：大屋子。庑，《释名·释宫室》："大屋曰庑。"

⑥人之贤不肖譬如鼠矣，在所自处耳：叶玉麟曰："斯毕生得丧，在入仓观鼠一段，全罩通篇。"

【译文】

李斯是楚国上蔡人。他年轻的时候，曾在郡里当小吏，看见吏舍厕所中的老鼠在吃脏东西，每逢有人或狗走来时，就受惊逃跑。后来他到了粮仓，看见粮仓里的老鼠，吃的是囤积的粟米，住在大屋子之下，更不用担心人或狗惊扰。于是李斯就感慨地说："一个人有没有出息，就像这老鼠一样，是由自己所处的环境决定的！"

乃从荀卿学帝王之术[①]。学已成，度楚王不足事[②]，而六国皆弱，无可为建功者，欲西入秦。辞于荀卿曰："斯闻得时无怠[③]，今万乘方争时[④]，游者主事[⑤]。今秦王欲吞天下，称帝而治，此布衣驰骛之时而游说者之秋也[⑥]。处卑贱之位而计不为者[⑦]，此禽鹿视肉[⑧]，人面而能强行者耳[⑨]。故诟莫大于卑贱，而悲莫甚于穷困[⑩]。久处卑贱之位，困苦之地，非世而恶利，自托于无为，此非士之情也[⑪]。故斯将西说秦王矣[⑫]。"

【注释】

①荀卿:即荀子,名况,战国末期儒家学派的代表人物,事见《孟子荀卿列传》。帝王之术:帝王治理天下的道术。

②度:估计。楚王:此指楚考烈王,顷襄王之子,前262—前238年在位。

③得时无怠:遇上时机就不要放过。《国语·越语》:"范蠡曰:'得时无怠,时不再来。'"

④万乘(shèng):一万辆兵车,这里代指大国。

⑤游者:指当时游说诸侯、出谋划策的策士。

⑥布衣:平民,此指未任职的游士。驰骛:奔走。

⑦计不为:不想着改变,此谓不追求功名富贵。

⑧禽鹿视肉:意谓抓到鹿只知道看着而不知道吃。王叔岷曰:"谓获鹿但视其肉而不食,以喻不知享受荣贵也。"禽,同"擒"。

⑨人面而能强行:意谓就像空有一副人类面皮的行尸走肉。

⑩诟莫大于卑贱,而悲莫甚于穷困:凌稚隆引余有丁曰:"斯志在富贵,故卒以败,使其知足,当不为赵高所愚矣。"

⑪"久处卑贱之位"几句:史珥曰:"语意忿激,直与'五鼎食''五鼎烹'口角不相上下。斯之平生具此,子长笔之,是为全传纲领。"非世,批判世事。无为,无所作为,这里既指道家的清静无为与世无争,也指儒家的"君子固穷"。情,真情,真实思想。

⑫斯将西说秦王矣:吴见思曰:"一篇议论,只此一句掉转,决绝而行,义不反顾,是李斯神情。"

【译文】

于是他便跟随荀子学习帝王治理天下的学问。学成之后,李斯估量楚王是不值得侍奉的,而六国国势都已衰弱,没有一个能让他建功立业,于是就想西行到秦国去。他向荀子告辞说:"我听说一个人如果遇上时机,千万不可错过,如今正是大国争雄的时候,游说之士掌握实权。如今秦王想要吞并天下，称帝治理天下，这正是平民出身的士人奔走四方而游说之士大展身手的时代啊。一个人地位卑贱而不想着追求功名富贵，那就像是捉住了鹿而只看着它的肉却不知道吃，白长了一副人的面孔勉强自立行走。所以最大的耻辱莫过于卑贱，最大的悲哀莫过于贫穷。一个人长期处于卑贱困苦的境地，还要唱高调批判世俗，厌恶功名利禄，标榜自己与世无争，这不是士子的本愿。所以现在我要西去游说秦王了。”

至秦，会庄襄王卒①，李斯乃求为秦相文信侯吕不韦舍人②；不韦贤之，任以为郎③。李斯因以得说，说秦王曰④：“胥人者，去其几也；成大功者，在因瑕衅而遂忍之⑤。昔者秦穆公之霸⑥，终不东并六国者⑦，何也？诸侯尚众，周德未衰⑧，故五伯迭兴⑨，更尊周室⑩。自秦孝公以来⑪，周室卑微，诸侯相兼，关东为六国，秦之乘胜役诸侯，盖六世矣⑫。今诸侯服秦，譬若郡县⑬。夫以秦之强，大王之贤，由灶上骚除⑭，足以灭诸侯，成帝业，为天下一统，此万世之一时也。今怠而不急就⑮，诸侯复强，相聚约从，虽有黄帝之贤⑯，不能并也。”秦王乃拜斯为长史⑰，听其计，阴遣谋士赍持金玉以游说诸侯。诸侯名士可下以财者⑱，厚遗结之⑲；不肯者，利剑刺之。离其君臣之计⑳，秦王乃使其良将随其后㉑。秦王拜斯为客卿㉒。

【注释】

①庄襄王：名楚，秦始皇之父，前249—前247年在位。

②秦相文信侯吕不韦：吕不韦原为大商人，倾力帮助秦庄襄王继位为王。秦庄襄王即位后，任命他为丞相，封文信侯。事见《吕不

韦列传》。舍人:王公贵族私门之官。

③任以为郎:保荐他担任秦王的侍从人员。任,保荐,举荐。郎,官名,帝王身边的侍从人员,有议郎郎中、中郎、侍郎诸名目,上属郎中令。

④秦王:即后来的秦始皇,名政,前246年继位为秦王。

⑤“胥人者”几句:意谓一味等待,就会错过良机,成大功的人,要在有机可乘时出手。胥,等待。去,错失。几,良机。瑕衅,空隙,可乘之机。忍,忍心,狠心。

⑥秦穆公:名任好,春秋五霸之一,前659—前621年在位。事详《秦本纪》。

⑦不东并六国:意即没有吞并东方诸国。春秋时东方非仅六国,这里是以战国时的东方六国代指春秋时东方各国。

⑧周德未衰:意谓周王室还有一定号召力。

⑨五伯:即五霸。指齐桓公、晋文公、秦穆公、宋襄公、楚庄王。一说指齐桓公、晋文公、楚庄王、吴王阖庐、越王句践。

⑩更尊周室:以尊奉周天子维持天下秩序为口号。更,更相,相继。

⑪秦孝公:名渠梁,秦献公之子,前361—前338年在位,任用商鞅变法强秦。事见《秦本纪》《商君列传》。

⑫六世:指秦孝公、惠文王、武王、昭王、孝文王、庄襄王六代。

⑬譬若郡县:谓诸侯如秦国的郡守、县令般对秦王唯命是从。

⑭由灶上骚除:犹如打扫灶台般轻松,极言其易。《正义》曰:“言秦欲东并六国,若炊妇除灶上尘垢。”由,同“犹”,如同。骚,通“扫”。

⑮怠而不急就:凌稚隆曰:“即前‘得时无怠’意,李斯之自为与为秦谋皆不外此一句。”

⑯黄帝:传说中的古代帝王,“五帝”之一,事见《五帝本纪》。黄帝曾击败炎帝、蚩尤,被奉为兵家祖师。

⑰长（zhǎng）史：官名，秦始置，以其为诸史之长，故称“长史”。

⑱诸侯名士：谓东方各国的声名卓著之人。

⑲遗（wèi）结：送礼收买、结交。遗，馈赠。

⑳离其君臣之计：破坏东方诸侯君臣之间的谋略。秦一贯善于用离间之计，事见《田敬仲完世家》《魏公子列传》《廉颇蔺相如列传》《范雎蔡泽列传》等篇。

㉑乃使其良将随其后：《陈丞相世家》写陈平向刘邦献计云：“大王诚能出捐数万斤金行反间，间其君臣，以疑其心，项王为人意忌信谗，必内相诛，汉因举兵而攻之，破楚必矣。”与此正相类似。

㉒客卿：其他诸侯国的人到秦国做官，其位为卿，待以客礼，故称“客卿”。

【译文】

到秦国后，正赶上庄襄王去世，李斯就请求充当秦相国文信侯吕不韦的舍人；吕不韦很赏识他，举荐他做了郎官。李斯于是有了游说秦王的机会，他对秦王说：“一味等待往往失去时机，而成就大功业的人就在于他能利用机会并能下狠心。当年秦穆公一度称霸，但最终没有东进吞并东方各国，是什么原因呢？原因在于当时诸侯国还比较多，周王室的德望也还未衰落，因此五霸交替兴起，相继推尊周朝。自从秦孝公以来，周王室卑微衰弱，诸侯之间互相兼并，函谷关以东地区化为六国，秦国乘胜奴役诸侯已经六代。现在诸侯服从秦国就如同郡县服从朝廷一样。以秦国的强大，大王的贤明，就像扫除灶上的灰尘一样，足以消灭各国，成就帝业，使天下统一，这是万世难逢的良机。倘若现在稍有懈怠而不抓紧，让诸侯再强大起来，订立合纵的盟约，届时即使有黄帝的贤明，也不能再吞并它们了。”于是，秦王任命李斯为长史，听从他的计谋，暗中派遣谋士带着黄金珠宝去游说东方各国。对于东方各国的著名人物，能够用钱财收买的，就送重礼加以收买；对不能用钱收买的，就刺杀掉他们。扰乱东方各国君臣的谋略，随后秦王再派出良将征讨。秦王任命李斯为客卿。

会韩人郑国来间秦，以作注溉渠[①]，已而觉[②]。秦宗室大臣皆言秦王曰："诸侯人来事秦者，大抵为其主游间于秦耳，请一切逐客[③]。"李斯议亦在逐中。斯乃上书曰[④]：

【注释】

①会韩人郑国来间秦，以作注溉渠：《河渠书》记此事云："韩闻秦之好兴事，欲罢之，毋令东伐，乃使水工郑国间说秦，令凿泾水自中山西邸瓠口为渠，并北山东注洛三百余里，欲以溉田。"郑国，人名，韩国的水利技术人员。注溉渠，即著名的"郑国渠"，沟通今陕西东部的泾、洛二水。所谓"注溉"，当指《河渠书》所云"注洛""溉田"（运输与灌溉）两项功能而言。据《中国文物地图集》郑国渠首遗址在今陕西泾阳上然村北，渠首位于泾河出山口东南三公里，在这里发现东西向拦河大坝一座，原坝长2650米，除长约450米的河谷部分被冲毁外，其余阶地部分基本保存。坝体夯筑，断面呈梯形，高6—8米，基宽150米，顶宽20米，在大坝东侧发现引水口及渠道遗迹。

②已而觉：不久郑国的意图被发觉。《河渠书》曰："中作而觉，秦欲杀郑国，郑国曰：'始臣为间，然渠成亦秦之利也。'秦以为然，卒使就渠……因名曰'郑国渠'。"

③一切逐客：梁玉绳曰："孙侍讲曰：'逐客之议因嫪毐，不因郑国，郑国事在始皇初年。'《大事纪》云：'是时不韦专国，亦客也，孰敢言'逐客'乎？《本纪》载于不韦免相后，得之矣。'"据《六国年表》，修郑国渠在秦王政元年（前246）；而据《秦始皇本纪》，逐客事在秦王政十年（前237）平定嫪毐之乱后，《河渠书》亦不载郑国事觉后有逐客之举。一切，所有。《汉书·平帝纪》颜师古注："如以

刀切物，苟取整齐，不顾长短纵横。”

④斯乃上书曰：《秦始皇本纪》载秦王政十年，“大索逐客，李斯上书说，乃止逐客令”。

【译文】

恰在此时韩国人郑国以修筑渠道为名，来到秦国做间谍，不久被发觉。于是，秦国的宗室大臣对秦王说：“从各诸侯国来奉事秦王的人，大都是为他们的国君游说，以离间秦国而已，请求大王把客卿一概驱逐。”经讨论之后，李斯也列在被驱逐的名单之内。于是李斯上书说：

臣闻吏议逐客，窃以为过矣。昔缪公求士[①]，西取由余于戎[②]，东得百里奚于宛[③]，迎蹇叔于宋[④]，来丕豹、公孙支于晋[⑤]。此五子者，不产于秦，而缪公用之，并国二十，遂霸西戎[⑥]。孝公用商鞅之法[⑦]，移风易俗，民以殷盛，国以富强，百姓乐用，诸侯亲服，获楚、魏之师，举地千里[⑧]，至今治强[⑨]。惠王用张仪之计[⑩]，拔三川之地[⑪]，西并巴、蜀[⑫]，北收上郡[⑬]，南取汉中[⑭]，包九夷[⑮]，制鄢、郢[⑯]，东据成皋之险[⑰]，割膏腴之壤[⑱]，遂散六国之从[⑲]，使之西面事秦，功施到今[⑳]。昭王得范雎[㉑]，废穰侯，逐华阳[㉒]，强公室，杜私门[㉓]，蚕食诸侯，使秦成帝业。此四君者，皆以客之功。由此观之，客何负于秦哉！向使四君却客而不内[㉔]，疏士而不用，是使国无富利之实而秦无强大之名也[㉕]。

【注释】

①缪公：即秦穆公。缪，通“穆”。

②西取由余于戎：由余本为晋国人，流寓在戎地，秦穆公时，来秦国访问，秦穆公很赏识他，便用计，使由余归秦。据《秦本纪》，“秦用由余谋伐戎王，益国十二，开地千里，遂霸西戎”。

③东得百里奚于宛：据《秦本纪》，百里奚本为虞国大夫，晋献公假道灭虢后，顺手灭了虞国。百里奚被俘后，作为晋女的陪嫁奴仆被送至秦国。百里奚从秦国南逃至宛，被楚人捉住。秦缪公知其贤，以五张黑羊皮将其赎回秦国，任命他主持国政，百里奚遂佐秦穆公称霸，人称“五羖大夫”。按，关于百里奚归于秦缪公的过程，说法不同。据《商君列传》，百里奚是楚国人，因家贫，欲往见秦穆公而无由，遂卖身为人养牛，他用养牛的道理说秦穆公治理国家，受到秦穆公的赏识，被任为大臣。今河南南阳市区西部尚有地名曰“百里奚”，其处有百里奚故里。李斯所用以为典故者，也是用的后一种说法。

④迎蹇叔于宋：据《秦本纪》，百里奚在秦国主政后，向秦穆公推荐了他的好友蹇叔，秦穆公任命为上大夫。《正义》引《括地志》曰：“蹇叔，岐州人也。时游宋，故迎之于宋。”

⑤来：同“徕”，招纳。丕豹：据《晋世家》丕豹在其父丕郑被晋惠公杀死后，逃奔秦国。公孙支：《正义》曰：“岐州人，游晋，后归秦。”

⑥并国二十，遂霸西戎：前引《秦本纪》称秦用由余谋伐戎王，“益国十二，开地千里，遂霸西戎”。泷川引中井积德曰：“‘并国二十’，或是有所据，或是夸张耳。”

⑦孝公：名渠梁，秦献公之子，前361—前338年在位。商鞅：原为卫人，佐秦孝公实施变法，事详《商君列传》。

⑧获楚、魏之师，举地千里：据《秦本纪》，孝公十年（前352），围魏都安邑，降之；二十二年（前340），破魏军，虏其将公子卬，使秦之东境延展至河，又南侵楚；二十四年（前338），与魏战于岸门，虏其将魏错等等。

⑨治强：国家大治而强盛。

⑩惠王：也称“惠文王”，名驷，孝公之子，前337—前311年在位，秦国从他开始称“王”。张仪：战国时纵横家的代表人物，事见《张仪列传》。

⑪拔三川之地：梁玉绳引李善《文选注》曰：“通三川是武王，张仪已死，此误也。”三川，古地区名，约当今河南洛阳一带，因其地有黄河、伊水、洛水而得名，后来秦于此设三川郡。

⑫西并巴、蜀：事在秦惠王后元九年（前316）。巴、蜀均为古国名，巴国都城在今重庆北，蜀国都城在今四川成都。《秦本纪》载“司马错伐蜀，灭之”，但《华阳国志》谓张仪与司马错一起伐灭巴蜀，则李斯之说亦不无根据。

⑬上郡：魏郡名，郡治肤施（今陕西榆林东南），秦惠王十年（前328）被秦国攻占。

⑭汉中：楚郡名，约当今陕西东南部与湖北西北部地区，秦惠王后元十三年（前312）被秦国攻占。

⑮包：包有，囊括，亦“占取”之意。九夷：《索隐》曰：“即属楚之夷也。”指楚国境内的少数民族地区。九，泛指多数。

⑯制鄢、郢：指攻克、控制楚国都城。鄢，楚邑名，在今湖北宜城东南；郢，楚邑名，在今湖北荆州，都曾为楚国都城。

⑰成皋：古邑名，在今河南荥阳西北的大邳山上，系军事要地，当时属韩。

⑱膏腴：指土地肥沃。

⑲散六国之从：破坏六国的合纵联盟关系。从，合纵。

⑳功施（yì）到今：此谓秦惠王依靠张仪所建的功绩一直持续影响到如今。施，延续。

㉑昭王：即秦昭襄王，名稷，秦惠王之子，秦武王之弟，前306—前251年在位。范雎（jū）：原为魏人，后为秦相，提出“远交近攻”

之策，事详《范雎蔡泽列传》。

㉒废穰侯，逐华阳：事详见《战国策·秦策五》与《穰侯列传》《范雎蔡泽列传》。穰侯，即魏冉，宣太后同母异父弟，秦昭王之舅，事详《穰侯列传》。华阳君，即芈戎，宣太后同父异母弟，亦秦昭王之舅。

㉓强公室，杜私门：意即加强秦王对国家大权的掌握，消除贵族、权臣专权的现象。杜，杜绝，堵塞。

㉔内：同“纳”，吸纳，接收。

㉕是使国无富利之实而秦无强大之名也：凌约言曰：“不引前代他国事，只以秦之先为言，切实动听。”

【译文】

我听说官员们议论要驱逐客卿，私下认为这是不对的。当初秦穆公为了招揽贤才，从西戎找来由余，从楚国的宛地找到百里奚，从宋国迎来了蹇叔，从晋国招来了丕豹、公孙支。这五个人都不是出生在秦国，秦穆公重用他们，吞并了二十来个小国，得以在西戎称霸。秦孝公采用商鞅的新法，移风易俗，人民因此殷实兴盛，国家因此富足强大，百姓们乐意为国家效力，其他国家也诚心归顺，击败了楚国、魏国的军队，攻取了千里土地，至今政治安定，国家强盛。秦惠王采纳张仪的计策，攻取了三川地区，在西边吞并了巴、蜀，在北边攻占了上郡，在南边夺取了汉中，占领了楚国境内的许多少数民族地区，控制鄢、郢要地，又东出占据了险要的成皋，割占了附近的肥沃土地，瓦解了东方六国的合纵联盟，使它们向西边听命于秦国，张仪的功业一直持续影响到今天。秦昭王得到范雎，废黜穰侯魏冉，驱逐华阳君芈戎，从而使公室强大，杜绝了贵戚专权，同时逐渐向东吞并诸侯的土地，为秦国奠定了统一天下的基础。这四位君主，都是依靠了别国客卿的力量。由此看来，客卿有哪一点对不起秦国呢？假使这四位君主拒绝客卿而不接纳他们，疏远士人而不重用，这就使秦国既无富足之实，又无强大之名。

今陛下致昆山之玉[①]，有随、和之宝[②]，垂明月之珠[③]，服太阿之剑[④]，乘纤离之马[⑤]，建翠凤之旗[⑥]，树灵鼍之鼓[⑦]。此数宝者，秦不生一焉，而陛下说之[⑧]，何也？必秦国之所生然后可，则是夜光之璧不饰朝廷[⑨]，犀象之器不为玩好[⑩]，郑、卫之女不充后宫[⑪]，而骏良駃騠不实外厩[⑫]，江南金锡不为用[⑬]，西蜀丹青不为采[⑭]。所以饰后宫、充下陈、娱心意、说耳目者[⑮]，必出于秦然后可，则是宛珠之簪、傅玑之珥、阿缟之衣、锦绣之饰不进于前[⑯]，而随俗雅化佳冶窈窕赵女不立于侧也[⑰]。夫击瓮叩缶弹筝搏髀，而歌呼呜呜快耳者，真秦之声也[⑱]；《郑》《卫》《桑间》《昭》《虞》《武》《象》者[⑲]，异国之乐也。今弃击瓮叩缶而就《郑》《卫》，退弹筝而取《昭》《虞》，若是者何也？快意当前，适观而已矣[⑳]。今取人则不然。不问可否，不论曲直，非秦者去，为客者逐。然则是所重者在乎色乐珠玉[㉑]，而所轻者在乎人民也[㉒]。此非所以跨海内制诸侯之术也[㉓]。

【注释】

①致：求得。昆山之玉：昆仑山产的宝玉。《正义》曰："昆冈在于阗国东北四百里，其冈出玉。"古于阗国即今新疆和阗一带，在昆仑山北麓，自古以产玉闻名。

②随、和之宝：指随侯之珠与和氏璧。据《说苑》春秋时随侯曾救过一条蛇，后来此蛇衔来一颗宝珠相报。据《韩非子·和氏》，楚人

卞和发现一块玉璞，初不为人所识，后来制成了著名的和氏璧。

③明月之珠：一种宝珠。

④太阿之剑：古代的宝剑，《索隐》引《越绝书》云："楚王召欧冶子、干将做铁剑三：一曰干将，二曰莫邪，三曰太阿也。"

⑤纤离之马：《集解》引徐广曰："纤离、蒲梢，皆骏马名。"

⑥翠凤之旗：用翠凤羽毛装饰的旗子。

⑦灵鼍（tuó）：形似鳄鱼，亦称"猪婆龙"，其皮可以制鼓。

⑧说：通"悦"，喜爱。

⑨夜光之璧：能在夜里发光的玉璧。

⑩犀象之器：犀角、象牙所制的宝器。

⑪郑、卫之女：古代郑、卫之地的美女以能歌善舞闻名，此代指各国美女。郑、卫，均为春秋时诸侯国，郑都城在今河南新郑，卫都在今河南濮阳西南。

⑫骏良：良马，好马。駃騠（jué tí）：良马名。

⑬江南金锡：指江南产的贵重金属。《货殖列传》："江南多竹木，豫章出黄金，长沙出连锡。"

⑭西蜀丹青：指西蜀产的各色颜料。丹青，丹砂、青雘。《货殖列传》："巴蜀亦沃野，地饶栀姜丹砂。"

⑮下陈：下列，指陪侍秦王的姬妾。

⑯宛珠之簪：以宛地产的珍珠装饰的簪子。宛，楚邑名，即今河南南阳。傅玑之珥：珍珠装饰的耳饰。傅，粘贴。玑，小珠。珥，珠玉做的耳饰，也叫瑱、珰。阿缟：齐地东阿产的白色生绢。《集解》引徐广曰："齐之东阿县，缯帛所出。"东阿在今山东东阿西南。

⑰随俗雅化：娴雅变化应时随俗，谓其时尚而又高雅。赵女：古代认为"燕赵多佳人"，故以赵女代称美女。

⑱"夫击瓮叩缶弹筝搏髀（bì）"几句：杨恽《报孙会宗书》云："家本秦也，能为秦声，酒酣耳热，仰天击缶而呼乌乌。"正可与此参证。

瓮，瓦器。缶，《索隐》引《说文》云："缶，瓦器也，秦人鼓之以节乐。"亦见于《廉颇蔺相如列传》。搏，拍。髀，大腿。

⑲《郑》《卫》：指郑、卫两国的民间乐曲。《桑间》：桑间本为地名，在今河南濮阳县南，即所谓"桑间濮上"，是男女欢会之地，此指当地的乐曲。《昭》《虞》《武》《象》：此谓庙堂之乐。《昭》《虞》，相传为舜时乐曲。《昭》，一作《韶》。《武》《象》，相传为周武王时的舞乐。王鏊曰："以《韶》《虞》与《郑》《卫》并说，此战国之习。"

⑳快意当前，适观而已矣：凌稚隆引董份曰："秦王性好侈大，故历以纷华进御声色之美启其心，此善说之术也。斯之阴诡逢迎二世之欲，已兆于此矣。"

㉑所重者在乎色乐珠玉：泷川曰："枫、三本无'珠玉'二字。"

㉒人民：此指人才。

㉓跨海内：统一全国。跨，据有，统一。

【译文】

如今大王您罗致昆山的宝玉，拥有随侯珠、和氏璧，挂着明月珠，佩着太阿剑，驾着纤离马，竖着翠凤旗，摆着灵鼍鼓。这几种宝物，没有一样是秦国出产的，但陛下您非常喜爱它们，这是为什么呢？若是一定要秦国所产然后才使用的话，那么夜光之璧就不能用来装饰朝廷，犀角象牙制品就不能为您所赏玩，郑国、卫国的美女也不能列于您的后宫之中，駃騠良马也不能填满您的马厩，您也就不该再用江南的金锡和西蜀的丹青颜料。如果您用来装饰后宫、充当姬妾、赏心乐意、怡目悦耳的，都一定要出自秦国才可用的话，那么，用宛地珍珠装饰的簪子、玑珠镶嵌的耳坠、东阿白绢缝制的衣服、刺绣华美的装饰品，就不能进献在您的面前，那时髦而又高雅、漂亮而又文静的赵国女子就不能侍立在您身边。敲瓮击缶、弹着筝、拍着腿、呜呜吟咏以求娱悦耳朵，才是正宗的秦国音乐；而像《郑》《卫》《桑间》《昭》《虞》《武》《象》这些乐曲，都是来自异国的。如今您不欣赏敲瓮击缶，而爱听郑、卫之音；不欣赏弹筝拍腿，而爱听《昭》《虞》《武》《象》，这是什么原因呢？只不过是图眼前快乐，以满足耳目观赏需求罢了。而现在您用人却不是这样。不问此人能用不能用，也不问是非曲直，只要不是秦国人就一律辞退，只要是客卿就一律驱逐。这样看来，陛下所看重的是美女、音乐、珍珠、宝玉，所轻视的是人才了。这并不是统一天下、制服诸侯的方法啊。

臣闻地广者粟多，国大者人众，兵强则士勇①。是以太山不让土壤，故能成其大；河海不择细流，故能就其深；王者不却众庶，故能明其德②。是以地无四方③，民无异国④，四时充美⑤，鬼神降福，此五帝、三王之所以无敌也⑥。今乃弃黔首以资敌国⑦，却宾客以业诸侯⑧，使天下之士退而不敢西向，裹足不入秦，此所谓"藉寇兵而赍盗粮"者也⑨。

夫物不产于秦，可宝者多；士不产于秦，而愿忠者众。今逐客以资敌国，损民以益仇，内自虚而外树怨于诸侯，求国无危，不可得也⑩。

【注释】

①兵强则士勇：整体军力强大，士兵便更勇敢。

②"太山不让土壤"几句：《管子·形势解》："海不辞水，故能成其大；山不辞土石，故能成其高。"《墨子·亲士》："江河不恶小谷之满己也，故能大；圣人者事无辞也，物无遗也，故能为天下器。"与此类似。太山，即泰山，在今山东泰安北。让，辞让，拒绝。不择，不挑剔，此谓不拒绝。明其德，彰显他的大德。

③地无四方：意谓无论何地都一视同仁。

④民无异国:对百姓不分本国、外国,一视同仁。

⑤四时充美:一年四季都很美好。

⑥五帝:指黄帝、颛顼、帝喾、尧、舜。三王:指夏禹、商汤、周武王。

⑦黔首:指黎民百姓。黔,黑色。人发黑,故用黔首指百姓。资:支持,资助。

⑧业:成就,造就。

⑨藉寇兵而赍盗粮:张照曰:"此必当时习语,故范雎用之,李斯再用之,荀子亦曰:'非其人而教之,赍盗粮借寇兵也。'"藉,同"借",借给。兵,武器。赍,送给。

⑩求国无危,不可得也:凌稚隆引李涂曰:"李斯上秦始皇书论逐客,起句便见事实,最妙。中间论物不出于秦而秦用之,独人才不出于秦而秦不用,反复议论痛快,深得作文之法,未易以人废言也。"何焯曰:"只'昔'字、'今'字对照两大段文字,前举先世之典以事证,后就秦王一身以物喻,即小见大,于人情尤易通晓也。战国之文,楚人颇工为辞。李斯楚人,故其文章亦华艳,而《文选》录之为祖师云。"徐孚远曰:"李斯前谏逐客,后建议坑儒,皆以自便也,使逐客时独议留斯,当无是书也。"

【译文】

我听说过土地广阔所产粮食就丰富,国家广大人口就众多,军队强盛士兵就勇敢。因此泰山不排斥泥土,才能那么高大;黄河大海不拒绝细小的溪流,才能那么深广;做帝王的能不排斥任何民众,才能表现出他的盛德。所以地无论东南西北,民众不分这国那国,一年四季风调雨顺,鬼神赐予福泽,这就是五帝、三王无敌于天下的原因所在。可现在您却拒绝来投奔您的人士,而把他们推到敌国去,排斥宾客而使他们为其他诸侯国建立功业,使天下有才之士后退不敢西行,停住脚步不敢进入秦国,这正是人们所说的"借武器给敌人,送粮食给盗贼"啊。

不产于秦国而又值得珍视的东西很多,不生在秦国而又愿意为秦国效忠的人也很多。现在您驱逐客卿来资助敌国,损害百姓以帮助仇人,在内部削弱自己而在外面又和诸侯结下怨恨,这样下去,要想国家没有危险,那是不可能的。

秦王乃除逐客之令,复李斯官①,卒用其计谋。官至廷尉②。二十余年,竟并天下③,尊主为皇帝④,以斯为丞相⑤。夷郡县城⑥,销其兵刃⑦,示不复用。使秦无尺土之封⑧,不立子弟为王、功臣为诸侯者,使后无战攻之患。

【注释】

①乃除逐客之令,复李斯官:《集解》引《新序》曰:“斯在逐中,道上谏书,达始皇,始皇使人逐至骊邑,得还。”杨宽曰:“据此可知李斯为客卿当在秦王政十年前,其为长史或在初年。”

②廷尉:官名,九卿之一,主管司法。

③二十余年,竟并天下:梁玉绳曰:“始皇十年有逐客令,至并天下才十七年也。”王叔岷曰:“本传逐客之议载在郑国为渠后,郑国为渠在始皇初年,至并天下,正二十余年也。”

④尊主为皇帝:秦始皇于前221年统一六国,始称“皇帝”。

⑤以斯为丞相:据马非百《秦集史》考证,李斯拜相应在秦始皇二十八年(前219)以后,三十四年(前213)之前。因为秦始皇二十八年的刻石尚称李斯为“廷尉”,三十四年则已称其为“丞相”。

⑥夷郡县城:拆毁东方新设郡县的城墙,以防其据以为乱。夷,铲平。

⑦销其兵刃:销毁统一战争中收缴的东方各国的兵器。《秦始皇本纪》:“收天下兵,聚之咸阳,销以为钟鐻,金人十二,重各千石,置廷宫中。”

⑧使秦无尺土之封：即不再搞分封，即后文所云既“不立子弟为王”，也不封“功臣为侯”。

【译文】

于是，秦王就废除了逐客令，恢复了李斯的官职，终于采用了他的计谋。后来李斯官至廷尉。二十多年后，秦国终于统一天下，秦王成了皇帝，任命李斯为丞相。然后拆毁了东方各郡县的城墙，销毁了旧时六国的兵器，表示不再使用。使秦国没有一寸分封的土地，也不立皇帝的儿子、兄弟为王，更不把功臣封为诸侯，以便使国家从此之后再也没有战争的祸患。

始皇三十四年[①]，置酒咸阳宫，博士仆射周青臣等颂称始皇威德[②]。齐人淳于越进谏曰[③]：“臣闻之，殷、周之王千余岁[④]，封子弟功臣自为支辅[⑤]。今陛下有海内，而子弟为匹夫[⑥]，卒有田常、六卿之患[⑦]，臣无辅弼，何以相救哉？事不师古而能长久者，非所闻也。今青臣等又面谀以重陛下过[⑧]，非忠臣也。”始皇下其议丞相。丞相谬其说，绌其辞[⑨]，乃上书曰：“古者天下散乱，莫能相一[⑩]，是以诸侯并作[⑪]，语皆道古以害今[⑫]，饰虚言以乱实，人善其所私学，以非上所建立。今陛下并有天下，别白黑而定一尊[⑬]；而私学乃相与非法教之制[⑭]，闻令下，即各以其私学议之，入则心非，出则巷议，非主以为名，异趣以为高[⑮]，率群下以造谤。如此不禁，则主势降乎上，党与成乎下[⑯]。禁之便。臣请诸有文学《诗》《书》百家语者[⑰]，蠲除去之[⑱]。令到满三十日弗去，黥为城旦[⑲]。所不去者，医药、卜筮、种树之书[⑳]。若有欲学者，以吏为师[㉑]。”始皇可其议，收去《诗》《书》百家之语以愚百姓[22]，使天下无以古非今。明法度，定律令[23]，皆以始皇起。同文书[24]。治离宫别馆[25]，周遍天下。明年，又巡狩，外攘四夷[26]，斯皆有力焉[27]。

【注释】

①始皇三十四年：前213年。

②博士仆射（yè）周青臣等颂称始皇威德：《秦始皇本纪》载，时有博士七十余人向秦始皇敬酒称颂，仆射周青臣称始皇功德“自上古不及”。博士仆射，秦设博士官，职掌议论顾问，充当君主参谋，博士仆射当系博士官之首领。

③淳于越：姓淳于，名越，时为秦朝博士。又见后文所言，当系儒家一派。

④殷、周之王千余岁：梁玉绳曰：“商六百四十余祀，周八百七十余年，何言‘千余岁’乎？”此盖夸大其辞。

⑤支辅：辅助根本的枝叶，此指分封诸侯以拱卫王室。

⑥子弟为匹夫：谓始皇的子弟未得分封为侯王，仍是平头百姓。匹夫，平民百姓。

⑦卒：同“猝”，突然。田常、六卿之患：借指权臣图谋篡位之事。田常，也叫“田恒”“陈恒”，春秋末期齐国权臣，曾弑杀齐简公，另立齐平公，使姜齐名存实亡，后遂有田氏伐齐之事。事详《田敬仲完世家》。六卿，春秋末期晋国掌权的六大家族，即范氏、中行氏、知氏、赵氏、韩氏、魏氏。后来六家又火并为赵、韩、魏三家，最终有三家分晋之事。事详《晋世家》《赵世家》。

⑧以重陛下过：加重陛下的过错。

⑨谬其说，绌其辞：认为其说荒谬，废弃这种说辞。绌，通“黜”，废弃。凌稚隆引董份曰：“‘谬’‘绌’二字，乃太史公指摘李斯心病处。”

⑩天下散乱，莫能相一：指分封制造成天下分裂，无法统一。

⑪诸侯并作：指大国纷纷崛起称霸。

⑫语皆道古以害今：指各家学说者称颂古代，非议当今。害，指责，非议。

⑬别白黑：分清是非。《索隐》引刘氏曰："前时国异政，家殊俗，人造私语，莫辨其真，今乃分别白黑也。"定一尊：《索隐》曰："谓始皇并六国、定天下，海内共尊立一帝，故云。"

⑭非法教之制：非议国家的法制教令。

⑮异趣：故意唱反调。趣，趋向，旨趣。

⑯党与：同党。

⑰文学：泛指文化学术作品，如后文所谓"《诗》《书》百家语"等。

⑱蠲（juān）除去之：即一概不要。"蠲""除""去"三字义同。蠲，除去。

⑲黥（qíng）为城旦：处以黥刑，罚其修筑守卫长城。黥，古代一种在犯人脸上刺字的刑罚。城旦，《秦始皇本纪》之《集解》引如淳曰："昼日伺寇虏，夜暮筑长城也。"《汉书·惠帝纪》颜师古注："城旦者，旦起行治城。"

⑳卜筮（shì）：此谓占卜算卦的书。

㉑若有欲学者，以吏为师：以上李斯奏议与《秦始皇本纪》所载大体相同。

㉒收去：收集而销毁之。

㉓明法度，定律令：《正义》曰："六国制令不同，今令同之。"

㉔同文书：即统一文字。《秦始皇本纪》作"书同文字"，意同。书，书写。

㉕离宫别馆：指京城皇宫以外供皇帝住宿的宫馆。据《秦始皇本纪》，当时"关中计宫三百，关外四百余"。

㉖"明年"几句：梁玉绳曰："始皇三十五年无巡狩事，攘四夷亦不在是年。"据《秦始皇本纪》，秦伐南越、征匈奴在秦始皇三十三年（前214）。明年，秦始皇三十五年，前212年。巡狩，指天子到天

下各地巡视。狩，通“守”。外攘四夷，指伐匈奴、伐南越等事。

㉗斯皆有力焉：茅坤曰：“斯之佐秦功业，数言总尽于此。”

【译文】

秦始皇三十四年，在咸阳宫设宴招待群臣，博士仆射周青臣等人称颂秦始皇的武威盛德。这时齐国人淳于越劝谏说：“我听说，商朝和周朝都维持了上千年的统治，都分封子弟功臣作为王室的辅助力量。您一统天下，您的子弟却还是平头百姓，一旦突然出现齐国的田常、晋国的六卿那样的人物造反，没有辅弼的藩臣，谁来救助您呢？办事不效法古人而能维持长久的，我从没听说过。如今周青臣等人当面奉承您，以加重您的过错，这不是忠臣的做法。”秦始皇把这个意见转给丞相李斯裁断。李斯认为这种论点是荒谬的，因此废弃不用，就上书给皇帝说：“古代由于四海分散混乱，无法统一，诸侯纷纷崛起斗争，各家学说颂古非今，以虚夸不实的言论来扰乱社会现实，吹捧自己一派的学说，非议国家确定的政策法令。如今您一统天下，明确了黑白是非，使海内同尊皇帝一人；而民间的各家学者却诽谤国家的法制教令，听说国家有法令下发，他们就根据自己学派的观点评头论足，回家便心中不满，出门则在街头巷尾纷纷议论，以批评君主来博取名声，认为和朝廷唱反调便是高明，并带领下层群众来制造诽谤。这样下去而不加以禁止的话，上面君主的权力威望就要下降，下面私人的帮派也要形成。还是严禁为好。我请求让那些藏有《诗》《书》以及诸子百家典籍的人，将这些书一律销毁。如果命令下达满三十天还不销毁，就处以黥刑，发配去修筑守卫长城。不销毁的只有医药、算卦和有关种植的一些书。以后谁要是想学习，让他们拜官吏为师就行了。”秦始皇批准了他的建议，下令没收销毁了《诗》《书》和诸子百家的著作，目的是使人民愚昧无知，使天下人无法用古代之事来批评当今朝廷。修明法制，制定律令，都从秦始皇开始。统一了文字。在全国各地修建离宫别馆。第二年，始皇又四出巡视，平定了四方少数民族，在这些方面，李斯都出了不少力。

斯长男由为三川守①，诸男皆尚秦公主②，女悉嫁秦诸公子③。三川守李由告归咸阳④，李斯置酒于家，百官长皆前为寿，门廷车骑以千数。李斯喟然而叹曰⑤："嗟乎！吾闻之荀卿曰：'物禁大盛⑥。'夫斯乃上蔡布衣，闾巷之黔首，上不知其驽下⑦，遂擢至此。当今人臣之位无居臣上者，可谓富贵极矣。物极则衰，吾未知所税驾也⑧！"

【注释】

①长男由：长子李由。三川守：三川郡郡守。三川，秦郡名，郡治洛阳，在今河南洛阳东北。

②诸男皆尚秦公主：儿子们都娶秦朝公主为妻。尚，专指娶公主为妻。

③女悉嫁秦诸公子：女儿们都嫁给秦始皇的儿子。诸公子，除太子以外的国君的其他儿子。

④告归：请假归家。咸阳：秦朝都城，在今陕西咸阳东北。

⑤喟（kuì）然：感慨叹息的样子。

⑥物禁大盛：犹所谓"物盛则衰"。大，同"太"。

⑦驽下：谦称自己才能低劣。驽，劣等马。

⑧未知所税驾：不知自己这辆车今后停于何处，盖谓不知今后是何结局。税驾，停车。《正义》曰："税，舍车也，止也。"《索隐》曰："李斯言己今日富贵已极，然未知向后吉凶，止泊在何处也。"董份曰："既知为害，何忍甘之？此猩猩嗜酒，明知人欲杀而复饮之就擒者也。古今人陷此辙多矣，读之感叹。"凌稚隆曰："此处与观鼠、临刑二处，暗相首尾。"

【译文】

李斯的长子李由为三川郡郡守，儿子们娶的都是秦朝的公主，女儿们嫁的都是秦朝的皇族子弟。三川郡守李由请假回咸阳时，李斯在家中

设下酒宴，文武百官都前去给李斯敬酒祝贺，门前的车马数以千计。李斯慨然长叹道："唉！我曾听荀卿说过：'什么事都不能太过分。'我本是楚国上蔡的一介平民，街巷里的普通人，皇上不嫌我才能低劣，把我提拔到这么高的位置。现如今做臣子的没有比我职位更高的，可以说是富贵荣华到了极点。然而物极必反，我不知道我的下场会是怎样啊！"

始皇三十七年十月[①]，行出游会稽[②]，并海上[③]，北抵琅邪[④]。丞相斯、中车府令赵高兼行符玺令事[⑤]，皆从。始皇有二十余子，长子扶苏以数直谏上，上使监兵上郡[⑥]，蒙恬为将[⑦]。少子胡亥爱[⑧]，请从，上许之。余子莫从。

【注释】

①始皇三十七年：前210年。

②会稽：山名，在今浙江绍兴南。

③并海上：沿着海边北上。并，通"傍"，沿着。

④琅邪：秦郡名，郡治在今山东胶南东南。

⑤中车府令：官名，掌管皇帝车驾。兼行符玺令事：同时代理"符玺令"的职责。行，代理。符玺令，掌管帝王印信的官员。

⑥监兵上郡：到上郡的驻军中担任监军。上郡，秦郡名，时蒙恬驻兵于此。

⑦蒙恬：秦始皇时名将，蒙骜之孙，蒙武之子，事见《蒙恬列传》。

⑧少子胡亥爱：谓胡亥受秦始皇宠爱。《集解》曰："辩士隐姓名，遗秦将章邯书曰：'李斯为秦王死，废十七兄而立今王也。'然则二世是秦始皇第十八子，此书在《善文》中。"《善文》是晋人杜预所撰，有五十卷。

【译文】

秦始皇三十七年十月，秦始皇出巡到会稽山，然后沿海北上，到达琅

邪。这时丞相李斯、中车府令兼符玺令赵高都随同前往。秦始皇有二十多个儿子，长子扶苏因多次直言劝谏皇帝，被秦始皇派到上郡做监军，蒙恬任将军。秦始皇的小儿子胡亥很受宠爱，请求跟着始皇帝一起出巡，秦始皇答应了。其他的儿子们都没能跟着去。

其年七月，始皇帝至沙丘①，病甚，令赵高为书赐公子扶苏曰："以兵属蒙恬，与丧会咸阳而葬②。"书已封，未授使者，始皇崩。书及玺皆在赵高所，独子胡亥、丞相李斯、赵高及幸宦者五六人知始皇崩，余群臣皆莫知也。李斯以为上在外崩，无真太子③，故秘之④。置始皇居辒辌车中⑤，百官奏事、上食如故，宦者辄从辒辌车中可诸奏事。

【注释】

①沙丘：古地名，在今河北广宗西北。

②丧：指秦始皇的灵柩。茅坤曰："始皇病且笃，当召大臣顾命，而私令赵高为书授太子以酿乱，此天所以亡秦也。"

③无真太子：没有正式册立的太子。凌稚隆引高仪曰："'真'字下得感切，可为人主暮年继嗣不定之戒。"

④秘之：封锁秦始皇去世的消息。

⑤辒辌（wēn liáng）车：古代的卧车。《集解》引孟康曰："如衣车，有窗牖，闭之则温，开之则凉，故名之'辒辌车'也。"

【译文】

这一年七月，秦始皇到达沙丘，病得非常严重，命令赵高写好诏书给公子扶苏说："把军队交给蒙恬，赶快到咸阳参加葬礼，然后安葬。"书信封好了，还没交给使者送走，秦始皇就去世了。书信和皇帝的印玺都在赵高手中，只有公子胡亥、李斯、赵高和五六个亲信的宦官知道秦始皇去世了，其余百官都不知道。李斯认为皇帝在外地去世，又没正式确立太子，所以封锁消息。把秦始皇的尸体安放在一辆既能保温又能通风凉爽的车子中，百官奏事及进献饮食还像往常一样，宦官就假托皇帝在车中批准百官上奏的事。

赵高因留所赐扶苏玺书[①]，而谓公子胡亥曰："上崩，无诏封王诸子而独赐长子书。长子至，即立为皇帝，而子无尺寸之地，为之奈何？"胡亥曰："固也。吾闻之，明君知臣，明父知子。父捐命[②]，不封诸子，何可言者！"赵高曰："不然。方今天下之权，存亡在子与高及丞相耳，愿子图之。且夫臣人与见臣于人，制人与见制于人，岂可同日道哉！"胡亥曰："废兄而立弟，是不义也；不奉父诏而畏死[③]，是不孝也；能薄而材谫[④]，强因人之功[⑤]，是不能也[⑥]。三者逆德[⑦]，天下不服，身殆倾危[⑧]，社稷不血食[⑨]。"高曰："臣闻汤、武杀其主[⑩]，天下称义焉，不为不忠。卫君杀其父[⑪]，而卫国载其德，孔子著之，不为不孝[⑫]。夫大行不小谨，盛德不辞让[⑬]，乡曲各有宜而百官不同功[⑭]。故顾小而忘大，后必有害；狐疑犹豫，后必有悔。断而敢行，鬼神避之[⑮]，后有成功。愿子遂之[⑯]！"胡亥喟然叹曰："今大行未发[⑰]，丧礼未终，岂宜以此事干丞相哉！"赵高曰："时乎时乎，间不及谋[⑱]！赢粮跃马[⑲]，唯恐后时[⑳]！"

【注释】

①玺书：盖了皇帝印玺的文书。

②捐命：去世。

③畏死：害怕扶苏即位后自己被杀。

④能薄而材谫（jiǎn）：能力低而才干差。谫，浅陋。

⑤强因人之功：勉强地去抢夺别人的功业。因，袭，劫取。

⑥不能：犹言“不智”，没有自知之明。

⑦逆德：犹言“大逆不道”，恶劣行为。

⑧身殆倾危：自己将遭遇危险。殆，将要。倾危，危险。

⑨社稷不血食：国家覆灭，宗庙无人祭祀。血食，古代杀牲取血祭祀，故享受祭祀称为“血食”。董份曰：“观二世此言，犹似有人心者，而卒以暴为亡国之主，皆一宦官误之也，辅导幼主可不择人哉！”

⑩汤、武杀其主：商汤伐夏，将夏桀流放至鸣条；周武王伐商，商纣王兵败后自焚而死。赵高谓“汤、武杀其主”，改动史实以蛊惑胡亥。

⑪卫君杀其父：当指卫出公辄击败其父蒯聩事。蒯聩为太子时，因欲谋杀其父卫灵公之夫人，事觉被逐。卫灵公去世后，国人立蒯聩之子辄为君，是为卫出公。这时蒯聩又借助晋国赵氏的力量回国争位，被卫人击败。事在前492年，详见《卫康叔世家》。

⑫“卫国载其德”几句：钱大昕曰：“《春秋·哀公三年》卫石曼姑帅师围戚（蒯聩居此），《公羊》以为‘伯讨’，《孟子》书卫辄为‘孝公’，故赵高为此言。然蒯聩未尝死乎辄，辄亦无‘德’可载也。”载，中井积德曰：“疑当作‘戴’。”王叔岷曰：“二字古通用。”戴，爱戴，感荷。

⑬大行不小谨，盛德不辞让：犹言“成大事者不拘小节”。《项羽本纪》“大行不顾细谨，大礼不辞小让”，《郦生陆贾列传》“举大事不细谨，盛德不辞让”，与此类似，盖当时俗语。不辞让，不怕责备。

⑭乡曲各有宜：意谓各个地方风俗不同。乡曲，犹言“乡里”，古代二十五家为一里，十里为一乡。百官不同功：意谓百官做法各有不同。

⑮断而敢行，鬼神避之：犹俗语所云“神鬼怕恶人”。

⑯愿子遂之：希望你就这么干吧！遂，顺依，就这样。

⑰大行未发：谓皇帝刚死，尚未发丧。大行，指刚去世的皇帝。《风俗通》曰："天子新崩未有谥号，故总其名曰'大行皇帝'也。"《正字通》引韦昭曰："大行者，不返之辞也。"未发，尚未发丧。

⑱间不及谋：极言时间紧迫，不容商量。间，空隙。

⑲赢粮：背着粮食。赢，负，裹。

⑳后时：迟到，错过时间。陈仁锡曰："'争时'学术，高与斯同。"

【译文】

赵高便扣留了秦始皇赐给扶苏的诏书，而对公子胡亥说："皇帝去世了，没有诏书赐封诸子为王而只赐给长子扶苏一封诏书。长子到后，就登位做皇帝，而你却连尺寸的封地也没有，这怎么办呢？"胡亥说："本来就是这样。我听说：圣明的国君了解臣子，英明的父亲了解儿子。父亲临终既未下命令分封诸子，那还有什么可说的呢？"赵高说："并非如此。当今天下的大权，无论谁的生死存亡，都在你、我和李斯手里掌握着啊！希望你能好好考虑考虑。更何况让别人臣服和向别人称臣，控制别人和被别人控制，难道可以同日而语吗！"胡亥说："废掉兄长而立弟弟，这是不义；不服从父亲的诏命而惧怕死亡，这是不孝；自己才能浅薄，还勉强去抢夺别人的功业，这是无能。这三件事都是大逆不道的，天下人也不服从，我自身遭受祸殃，国家也会灭亡。"赵高说："我听说商汤、周武王杀掉了他们的君主，天下人反而还称之为义举，并不认为是不忠。卫君辄杀了他的父亲，卫国人还感戴他的恩德，孔子也在《春秋》中记载此事，并不认为是不孝。成大事者不能顾忌小节，行大德不要怕细微的指责，乡间的习俗各有所宜，百官的工作方式也各不一样。所以顾忌小事而忘了大事，日后必生祸害；关键时刻犹豫不决，将来一定要后悔。果断而大胆地去做，连鬼神都要回避，将来一定会成功。希望您按我说的办吧！"胡亥叹息一声说："现在大行皇帝尚未发丧，一切丧事都还没办，怎么能拿这些事情去麻烦丞相呢！"赵高说："时光啊时光，短暂得来不及谋划！就像携带干粮赶着快马赶路一样，唯恐耽误了时机！”

胡亥既然高之言，高曰：“不与丞相谋，恐事不能成[①]，臣请为子与丞相谋之。”高乃谓丞相斯曰：“上崩，赐长子书，与丧会咸阳而立为嗣。书未行，今上崩，未有知者也。所赐长子书及符玺皆在胡亥所[②]，定太子在君侯与高之口耳[③]。事将何如？”斯曰：“安得亡国之言！此非人臣所当议也！”

【注释】

①不与丞相谋，恐事不能成：史珥曰：“载高此语，所以著丞相成乱之罪。”

②所赐长子书及符玺皆在胡亥所：徐孚远曰：“符玺及书本在高所，而云胡亥者，亦以劫斯也。”

③君侯：此谓李斯。李斯时为丞相，爵为通侯，故赵高尊之为“君侯”。

【译文】

胡亥同意了赵高的话以后，赵高说：“不和丞相商议，恐怕事情还不能成功，我请求替您去和丞相商议这事。”赵高就对丞相李斯说：“皇上去世前，赐给长子扶苏诏书，命他到咸阳参加丧礼，并立为继承人。诏书未送出，如今皇帝去世，没人知道此事。皇帝赐给长子的诏书和符玺都在胡亥那里，立谁为太子只在您和我一句话而已。您看这事该怎么办？”李斯说：“你怎能说出这种祸国殃民的话！这种事绝不是我们当臣子的所该议论的！”

高曰：“君侯自料能孰与蒙恬？功高孰与蒙恬[①]？谋远不失孰与蒙恬？无怨于天下孰与蒙恬？长子旧而信之孰与蒙恬[②]？”斯曰：“此五者皆不及蒙恬，而君责之何深也[③]？”

高曰："高固内官之厮役也[④]，幸得以刀笔之文进入秦宫[⑤]，管事二十余年，未尝见秦免罢丞相功臣有封及二世者也[⑥]，卒皆以诛亡[⑦]。皇帝二十余子，皆君之所知。长子刚毅而武勇，信人而奋士[⑧]，即位必用蒙恬为丞相，君侯终不怀通侯之印归于乡里[⑨]，明矣。高受诏教习胡亥，使学以法事数年矣，未尝见过失。慈仁笃厚，轻财重士，辩于心而诎于口[⑩]，尽礼敬士，秦之诸子未有及此者，可以为嗣。君计而定之。"斯曰："君其反位[⑪]！斯奉主之诏，听天之命，何虑之可定也？"

【注释】

①功高孰与蒙恬：泷川曰："枫、三本无'高'字，以上下文推之，无者是。"

②长子旧而信之：与扶苏是故交关系好，受到信任。茅坤曰："高必以蒙恬之隙，才能倾动李斯而使之叛。"

③责：指斥，要求。

④内官之厮役：谦称自己是在宫中服务的宦官。内官，指宦官，因服务于内廷，故云。厮役，犹言仆役。

⑤刀笔之文：指狱律文书。古人用笔将事写在简牍上，有错误就用刀削掉，所以人们称掌管刀笔、处理刑狱文书的官吏为"刀笔吏"，称狱律文书曰"刀笔之文"。

⑥封及二世：将爵禄传给第二代即儿子辈。

⑦卒皆以诛亡：史珥曰："此虽劫制之言，亦见秦之少恩，人人自危。"

⑧奋士：能激励人发挥才干。

⑨终不怀通侯之印归于乡里：终究不可能平安地告老还乡家，盖谓终将被诛。通侯，亦称"彻侯""列侯"。

⑩辩于心而诎（qū）于口：言内心明辨是非而拙于言辞。辩，有分辨

能力，此引申为聪明。诎，屈，不能伸张，引申为笨拙。

⑪君其反位：犹言“您请回去吧”。反位，回到自己的职所。

【译文】

赵高说：“您自己估计一下，跟蒙恬相比，谁更有才能？谁的功劳更高？谁更谋略长远而无失误？谁更不受天下人怨恨？谁跟扶苏的关系好而更受扶苏信任？”李斯说：“这五方面我都比不了蒙恬，但您为什么这样苛求于我呢？”赵高说：“我本来就是一个宦官奴仆，有幸能凭熟悉刑狱文书进入秦宫，管事二十多年，还未曾见过被秦王罢免的丞相功臣有封爵而能传给下一代的，结果都是以被杀告终。皇帝有二十多个儿子，这些都是您所知道的。长子扶苏刚毅而且勇武，信任人而又善于激励士人，即位之后一定会用蒙恬担任丞相，您最终不能怀揣通侯之印告老还乡，是明摆着的。我曾经受命教导胡亥读书，让他学习法律好几年了，从未见他有什么过失。胡亥仁慈厚道，轻钱财而重人才，内心聪慧而不善言辞，礼贤下士，皇帝的其他儿子没有一个能比得上他，可以立为继承人。您考虑一下再决定吧。”李斯说：“您还是该干嘛就去干嘛吧！我只能遵照皇帝的遗诏行事，听天由命，有什么考虑决定的呢？”

高曰：“安可危也，危可安也。安危不定，何以贵圣[①]？”斯曰：“斯，上蔡闾巷布衣也，上幸擢为丞相，封为通侯，子孙皆至尊位重禄者，故将以存亡安危属臣也。岂可负哉！夫忠臣不避死而庶几[②]，孝子不勤劳而见危[③]，人臣各守其职而已矣。君其勿复言，将令斯得罪[④]。”

【注释】

①安危不定，何以贵圣：一个人如果把握不了自己的安危，那要聪明智慧做什么呢？圣，明智。

②不避死而庶几：不因怕死而侥幸行事。庶几，史珥曰："庶几，谓几幸不可必之事，犹徼幸也。"泷川曰："谓徼幸于万一也。"

③不勤劳而见危：不过分劳碌而致伤身。

④将令斯得罪：史珥曰："李斯前此语言尽自当理，然任高之邪说漫衍，不直折其奸谋而诛之，便是心动；至'将令斯得罪'，则患失之情毕见矣。"

【译文】

赵高说："平安可能会变得危险，危险也可能转化为平安。连安危问题都把握不定，还要聪明才智做什么呢？"李斯说："我本是上蔡街巷里的一个平民百姓，幸蒙皇上提拔为丞相，封为侯爵，子孙都得到尊贵的地位和优厚的待遇，所以皇帝才把国家安危存亡的重任交给了我。我又怎么能辜负了他的重托呢？忠臣不因怕死而侥幸行事，孝子不因过分操劳而损害健康，做臣子的各守各的职分而已。请您不要再说了，那将让我李斯也跟着犯罪。"

高曰："盖闻圣人迁徙无常[①]，就变而从时，见末而知本，观指而睹归[②]。物固有之，安得常法哉！方今天下之权命悬于胡亥[③]，高能得志焉[④]。且夫从外制中谓之惑[⑤]，从下制上谓之贼[⑥]。故秋霜降者草花落，水摇动者万物作[⑦]，此必然之效也。君何见之晚？"斯曰："吾闻晋易太子，三世不安[⑧]；齐桓兄弟争位，身死为戮[⑨]；纣杀亲戚，不听谏者[⑩]，国为丘墟，遂危社稷：三者逆天[⑪]，宗庙不血食。斯其犹人哉，安足为谋[⑫]！"

【注释】

①迁徙无常：指随机应变，没有一定之规。迁徙，这里指改变策略。

②观指而睹归：看现在的动向就可预知结局。指，向，动向。归，归宿，结局。

③天下之权命：谓国家的权力和命运。

④高能得志焉：意谓我在胡亥那里能说话算话。得志，得意，能顺着自己的意愿行事。

⑤从外制中谓之惑：外面的人要控制朝廷，那叫“妄想”。惑，昏妄。

⑥从下制上谓之贼：下面的人要控制上头，那叫“造反”。贼，害，叛乱。

⑦秋霜降者草花落，水摇动者万物作：秋霜降落则花草凋零，春冰融解则万物生长。王骏图曰：“水摇动者，谓冰泮之时也。上句言秋，此句言春。”

⑧晋易太子，三世不安：春秋时，晋献公因宠幸骊姬而废杀太子申生，另立骊姬子奚齐为太子。晋献公死后，大臣里克先后杀死奚齐及骊姬妹妹之子卓子，迎立晋惠公。晋惠公立十四年而死，其子晋怀公继立。秦人送公子重耳回国，杀晋怀公而自立，是为晋文公。晋国历几代国君，一直混乱，至此始安。事详《左传》《晋世家》。三世，王叔岷曰：“‘三世’盖‘五世’之误。《赵世家》：‘晋国大乱，五世不安。’（又见《扁鹊传》《论衡·纪妖篇》《风俗通·皇霸篇》。）谓晋献公、奚齐、卓子、惠公、怀公五世也。”此“三世”盖不计奚齐、卓子。

⑨齐桓兄弟争位，身死为戮：春秋时，齐襄公被其堂弟公孙无知所杀，后公孙无知又被杀。齐襄公弟公子纠和公子小白回国争位，公子小白先到一步，继位为君，是为齐桓公。随后发兵攻鲁，杀公子纠。事见《左传》《齐太公世家》。

⑩纣杀亲戚，不听谏者：指商纣王不听劝谏而杀比干、囚箕子事。比干是纣王的叔叔，因劝谏纣王被剖心；箕子是纣王的弟弟，因劝谏纣王而被囚，事详《殷本纪》。

⑪三者：指上述晋国、齐国以及殷纣三事。

⑫斯其犹人哉，安足为谋：意谓我也跟他们一样是人，怎能搞这种阴谋呢？王骏图曰："'犹人'，谓我亦犹以上诸人耳，彼既逆天得祸，我安足为谋哉！"

【译文】

赵高说："我听说圣人善于变通而不循规蹈矩，总是适应变化而顺应时势，看见苗头能看到本质，看见动向能预知结局。而事物本来就是如此，哪里有什么一成不变的道理呢！如今天下的权力和命运，都掌握在胡亥的手中，而我在胡亥面前可以让他按着我的意志行事。更何况从外部来控制内部那叫妄想，从下面来制服上面那叫造反。所以秋霜一降花草随之凋落，冰消雪化就万物复生，这是自然界必然的结果。您怎么连这些都没看到呢？"李斯说："我听说从前晋国由于改立太子，三世不得安宁；齐桓公兄弟争夺君位，哥哥被杀死；商纣王杀死亲戚，不听劝告，京城变为废墟，随之国破家亡：这三件事都违背天意，所以才落得宗庙没人祭祀。我李斯也一样是人啊，怎么能参与这种阴谋呢！"

高曰："上下合同①，可以长久；中外若一②，事无表里③。君听臣之计，即长有封侯，世世称孤④，必有乔、松之寿⑤，孔、墨之智⑥。今释此而不从，祸及子孙，足为寒心⑦。善者因祸为福，君何处焉⑧？"斯乃仰天而叹，垂泪太息曰："嗟乎！独遭乱世，既以不能死，安托命哉⑨！"于是斯乃听高。高乃报胡亥曰："臣请奉太子之明命以报丞相⑩，丞相斯敢不奉令！"

【注释】

①上下合同：此指赵高、李斯与胡亥通力合作。合同，合力同心。

②中外若一：指宫外的李斯与宫内的胡亥、赵高配合一致。

③事无表里:犹言“事无差池”。表里,内外,这里引申为歧异,差错。

④称孤:即保有侯爵。当时列侯亦可自称“孤”。

⑤乔、松之寿:像王子乔、赤松子那样长寿。王子乔、赤松子均为古代传说中的仙人。《战国策·秦策三》载蔡泽谓范雎云:“君何不以此时归相印,让贤者授之,必有伯夷之廉,长为应侯,世世称孤,而有乔、松之寿。”与此类似。

⑥孔、墨之智:孔丘、墨翟一样的智慧。

⑦足为寒心:底本作“足以为寒心”。王念孙曰:“‘以’字衍,《文选·报任安书》注引作‘足为寒心’;《燕策》云:‘夫以秦王之暴,而积怨于燕,足为寒心’,又其一证。”据改。意谓实在令人胆寒。

⑧何处:何以自处,怎么办。吴见思曰:“李斯奸雄,赵高亦奸雄也,两奸相对,政如两虎相争,一往一来,一进一退,多少机权,默默相照。”

⑨既以不能死,安托命哉:意谓我既然不能守节而死,又能依靠谁呢?意即只好唯命是听,托命于您了。以,通“已”。吴见思曰:“盖贪位慕禄,无可奈何,不得不就赵高之缠索,而李斯之为李斯,已为赵高窥破矣。”凌稚隆引屠隆曰:“李斯诈立胡亥,阴弑扶苏,虽由赵高之奸,实其私心之肯也。盖焚书坑儒,斯议也,扶苏谏坑儒而居外,斯必深念之;以吏为师,斯议也,胡亥傅之以高,学习法事数年,斯必深欲之,则斯心欲立亥,不欲立苏,亦彰明较著也。彼其初难之,不过饰说以欺高与天下耳,其后扶苏死而斯大喜,真情其微露矣。”

⑩请奉太子之明命:泷川曰:“枫、三本‘请’作‘谨’。”

【译文】

赵高说:“上下齐心协力,就可以长治久安;只要宫内宫外协调一致,就不会出什么差错。您只要听我的话,就能长保封侯,世世代代称孤道寡,一定会有仙人王子乔、赤松子那样的长寿,有孔子、墨子那样的智慧。现在放弃这个机会而不听从我的意见,一定会祸及子孙,其后果是令人胆寒的。善于处世的人是能够转祸为福的,您想怎么办呢?”李斯仰天长叹,挥泪叹息道:“哎呀!偏偏遭逢乱世,既然已经不能以死尽忠了,将向谁寄托我的命运呢!”于是李斯就依从了赵高。赵高便回报胡亥说:“我是奉太子您的命令去通知丞相李斯的,他怎么敢不服从命令呢!”

于是乃相与谋,诈为受始皇诏丞相立子胡亥为太子[①]。更为书赐长子扶苏曰:“朕巡天下,祷祠名山诸神以延寿命。今扶苏与将军蒙恬将师数十万以屯边,十有余年矣,不能进而前,士卒多秏[②],无尺寸之功,乃反数上书直言诽谤我所为,以不得罢归为太子[③],日夜怨望。扶苏为人子不孝,其赐剑以自裁!将军恬与扶苏居外,不匡正,宜知其谋[④]。为人臣不忠,其赐死,以兵属裨将王离[⑤]。”封其书以皇帝玺,遣胡亥客奉书赐扶苏于上郡。

【注释】

①诈为受始皇诏丞相立子胡亥为太子:崔适曰:“‘丞相’上当重‘诏’字。”

②秏:同“耗”,损失。

③罢归:谓免去监军之职,回到咸阳。

④谋:此指心思。

⑤以兵属裨(pí)将王离:将军队移交给副将王离。属,托,移交。裨将,偏将,副将。王离,秦国名将王翦之孙。

【译文】

于是他们几个人就一起商量,诈称接受了秦始皇的诏书,让丞相李斯立公子胡亥为太子。又另行伪造了一份赐给长子扶苏的诏书说:“我巡视天下,祈祷祭祀各地名山的神灵以求长寿。现在扶苏和将军蒙恬带领几十万军队驻守边疆，已经十几年了，不能向前进军，而士兵伤亡很多，没有立下半点功劳，反而多次上书直言诽谤我的所作所为，因不能解职回京当太子，日夜怨恨不满。扶苏作为人子而不孝顺，赐剑自杀！将军蒙恬和扶苏一同在外，不纠正他的错误，也应知道他的谋划。作为人臣而不尽忠，一同赐死，把军队移交给副将王离。"用皇帝的玉玺把诏书封好，让胡亥的门客捧着诏书到上郡交给扶苏。

使者至，发书，扶苏泣，入内舍，欲自杀。蒙恬止扶苏曰："陛下居外，未立太子，使臣将三十万众守边，公子为监，此天下重任也。今一使者来，即自杀，安知其非诈？请复请，复请而后死①，未暮也。"使者数趣之②。扶苏为人仁，谓蒙恬曰："父而赐子死③，尚安复请④！"即自杀⑤。蒙恬不肯死，使者即以属吏⑥，系于阳周⑦。使者还报，胡亥、斯、高大喜。至咸阳，发丧，太子立为二世皇帝。以赵高为郎中令⑧，常侍中用事⑨。

【注释】

①复请而后死：王叔岷曰："《春秋后语》'而'上有'信'字，当据补。信，谓果有赐剑自裁事也。复请如不信，则不必死矣。"

②数趣（cù）之：多次催促扶苏自杀。趣，督促，催促。

③而：此处无义。或谓"而"读为"如"，可备一说。

④尚安复请：苏轼曰："以法毒天下者，未有不反中其身及其子孙。汉武、始皇皆果于杀者也，故其子如扶苏之仁，则宁死而不请；如戾太子之悍，则宁反而不诉，故为二君之子者，有死与反而已。李斯之智，盖足以知扶苏之必不反也。"

⑤即自杀：扶苏墓在今陕西绥德县城内疏属山巅。城东三里有呜咽

泉，相传为扶苏自杀之处。

⑥即以属吏：将其交给有关官员看管。

⑦系：囚禁。阳周：秦县名，治所在今陕西子长西北。

⑧郎中令：官名，"九卿"之一，职掌顾问参议、宿卫侍从，掌管宫殿门户，总管宫殿内一切事务。

⑨侍中：在宫中侍奉皇帝，后来成为官名。用事：当权。

【译文】

使者到达上郡，打开诏书，扶苏就哭泣起来，进入内室想自杀。蒙恬阻止扶苏说："陛下巡游在外，事先确立太子，他派我率军三十万镇守边疆，让公子担任监军，这是天下的重任啊。如今只有一个使者前来，您就立即自杀，怎么断定其中没有诡诈？请您再请示一下，得到答复后再死也不算晚。"使者再三催促扶苏自杀。扶苏为人仁爱，对蒙恬说："父亲赐儿子死，还再请示什么呢？"立即自杀而死。蒙恬不肯自杀，使者将他交给有关官员看管，关押在阳周。使者回来报告处理的结果，胡亥、李斯、赵高非常高兴。他们回到咸阳，发布秦始皇的死讯，立胡亥做了二世皇帝。秦二世任命赵高担任郎中令，常在宫中服侍皇帝，掌握大权。

二世燕居①，乃召高与谋事，谓曰："夫人生居世间也，譬犹骋六骥过决隙也②。吾既已临天下矣，欲悉耳目之所好③，穷心志之所乐，以安宗庙而乐万姓④，长有天下，终吾年寿，其道可乎？"高曰："此贤主之所能行也，而昏乱主之所禁也⑤。臣请言之，不敢避斧钺之诛，愿陛下少留意焉。夫沙丘之谋，诸公子及大臣皆疑焉，而诸公子尽帝兄⑥，大臣又先帝之所置也。今陛下初立，此其属意怏怏皆不服，恐为变。且蒙恬已死，蒙毅将兵居外⑦，臣战战栗栗，唯恐不终。且陛下安得为此乐乎⑧？"二世曰："为之奈何？"赵高曰："严法而刻刑，令有罪者相坐诛[9]，至收族；灭大臣而远骨肉[10]；贫者富之，贱者贵之[11]。尽除去先帝之故臣，更置陛下之所亲信者近之[12]。此则阴德归陛下[13]，害除而奸谋塞，群臣莫不被润泽[14]，蒙厚德，陛下则高枕肆志宠乐矣[15]。计莫出于此。”二世然高之言，乃更为法律[16]。于是群臣诸公子有罪，辄下高，令鞫治之[17]。杀大臣蒙毅等，公子十二人僇死咸阳市[18]，十公主矺死于杜[19]，财物入于县官[20]，相连坐者不可胜数。

【注释】

①燕居：闲居无事时。燕，安闲，闲居。

②骋六骥过决隙：犹言“白驹过隙”极言时光短暂。六骥，此谓六匹马所拉的车。决隙，裂缝。胡三省曰：“决，裂也。裂开之隙，其间不能以寸，喻狭小也。”《留侯世家》：“人生一世间，犹白驹过隙。”《魏豹列传》云：“人生一世间，如白驹过隙耳。”均与此言类似。

③悉耳目之所好：最大限度地满足耳目等感官享受的欲望。悉，尽，全部。

④以安宗庙而乐万姓：意谓既要让自己尽情享乐，又要保持国家安定，万民安乐。

⑤所禁：所不敢做的。

⑥诸公子尽帝兄：其他公子都是您的哥哥。帝，指秦二世。梁玉绳曰：“此言疑不然，始皇二十余子，二世是始皇第十八子，尚有弟也。故李斯云‘夷其兄弟而自立’，又云‘行逆于昆弟’。”王叔岷曰：“此文‘兄’下盖脱‘弟’字。”

⑦蒙恬已死，蒙毅将兵居外：梁玉绳曰：“按《始皇纪》及《蒙恬传》，将兵在外者，恬也；而为内谋者，毅也。又，胡亥先杀毅，后杀恬，此言俱自相驳。当云‘蒙毅未死，蒙恬将兵在外’，乃合耳。”蒙毅

为蒙恬之弟。

⑧且陛下安得为此乐乎：王叔岷曰："'且'犹'则'也。'为'犹'有'也。"

⑨相坐：犹言"连坐"，株连、牵连。

⑩灭大臣而远骨肉：诛灭重臣，并疏远骨肉至亲。

⑪贫者富之，贱者贵之：以富贵收买人心，培植势力。

⑫更置：重新安排。

⑬阴德归陛下：暗中感恩戴德而归附于您。德，用作动词，感激。

⑭被：同"披"，沾受，蒙受。润泽，本指雨露浸润，此喻指皇帝恩泽。

⑮肆志宠乐：随心所欲地享受尊荣快乐。泷川引中井曰："宠，荣也。"

⑯更为法律：修订法律条文。

⑰鞠治：审讯处置。

⑱公子：指秦始皇的儿子。僇：通"戮"，斩杀。

⑲矺：同"磔（zhé）"，古代的一种酷刑。《索隐》曰："磔，谓裂其支体而杀之。"杜：秦县名，在当时长安城东南，今陕西西安东南。据秦俑考古队简报综述，始皇陵的陪葬墓有两处，一处在陵园东门外，另一处在始皇陵坟丘北边。东门外已发掘的八座，葬具皆一棺一椁。尸骨经鉴定，死者为五男二女，年龄都在二十至三十岁左右，皆肢解入葬。推测被葬者可能是被胡亥处死的秦公子、公主，可能还有秦始皇原来的近臣。

⑳财物入于县官：财产被没收充公。入，没收。县官，指国家。

【译文】

秦二世闲居无事，就把赵高叫来一同商议，对赵高说："人活在世上，就如同驾驭着六匹骏马从缝隙中飞过一样短暂。我既然已经统治天下了，就想尽量满足耳目的一切欲望，享受尽我所能想到的一切乐趣，使国家安宁，百姓安乐，永保江山，以享天年，这种想法行得通吗？"赵高说："对贤明的君主来说是能做到的，对昏乱的君主来说就是禁忌。现在我冒昧地说一句不怕杀头的话，请您稍加留意。对于沙丘的密谋策划，各位公子和大臣都有怀疑，而公子们都是您的兄长，大臣们都是先帝所任命的。现在陛下您刚刚登上皇位，这些人心中都怨恨不服，我担心他们要发动变乱。况且蒙恬虽已死去，蒙毅还在外面带兵，我成天战战兢兢唯恐不得善终。陛下您又怎么能享受这种快乐呢?”秦二世说：“那该怎么办?”赵高说：“推行严刑峻法，谁犯罪就株连他的亲朋一起处死，直至灭族；消灭朝廷重臣，疏远您的骨肉亲人；让原本贫穷的人富起来，让原本低贱的人高贵起来。全部铲除先帝的旧臣，重新安排您的亲信并让他们在您的身边。这样就使他们在心中暗暗对您感恩戴德，根除了祸害而杜绝了奸谋，群臣上下没有人不蒙受您的恩泽，承受您的厚德，陛下您就可以高枕无忧，纵情享乐了。没有比这更好的主意了。”秦二世赞同赵高的说法，便修订法律。于是朝廷大臣和公子们犯了罪，就把他们交给赵高审讯处置。于是大臣蒙毅等被杀，十二位公子在咸阳街头被斩首示众，十位公主在杜县被分裂肢体处死，他们的财物被没收充公，而由此被牵连的人不计其数。

公子高欲奔，恐收族，乃上书曰：“先帝无恙时，臣入则赐食，出则乘舆①。御府之衣②，臣得赐之；中厩之宝马③，臣得赐之。臣当从死而不能，为人子不孝，为人臣不忠。不忠者无名以立于世，臣请从死，愿葬郦山之足④。唯上幸哀怜之。”书上，胡亥大说，召赵高而示之，曰：“此可谓急乎⑤?”赵高曰：“人臣当忧死而不暇，何变之得谋!”胡亥可其书，赐钱十万以葬。

【注释】

①乘舆：乘坐皇帝御赐的车子。

②御府：犹言“内府”，皇帝宫中的府库。

③中厩（jiù）：皇帝宫中的马棚。

④郦山：又作“骊山”，在今陕西临潼东南，秦始皇陵墓所在地。

⑤急：急迫，困窘，走投无路。

【译文】

公子高想出逃，怕被满门抄斩，于是向秦二世上书说：“先帝活着的时候，我进宫就赐给吃的东西，出宫就赐我乘车。皇帝内府中的衣服，先帝曾赐给过我；宫中马厩里的宝马，先帝也曾赐给过我。我本该与先帝一起死去而没做到，这是我做人子的不孝，做人臣的不忠。而不忠的人没有理由活在世上，请允许我随先帝死去，希望能把我埋在骊山脚下。只求皇上哀怜答应我。”奏书呈上去后，胡亥非常高兴，他把赵高喊来，把公子高的奏书给他看，说：“这大概就叫走投无路了吧？”赵高说：“当臣子就应该叫他们像这样担心死都来不及，哪里还能图谋造反呢？”胡亥批准了公子高的请求，赐给他十万钱予以安葬。

法令诛罚日益刻深，群臣人人自危，欲畔者众[①]。又作阿房之宫[②]，治直道、驰道[③]，赋敛愈重，戍徭无已。于是楚戍卒陈胜、吴广等乃作乱[④]，起于山东，杰俊相立，自置为侯王，叛秦，兵至鸿门而却[⑤]。李斯数欲请间谏，二世不许，而二世责问李斯曰：“吾有私议而有所闻于韩子也[⑥]，曰：‘尧之有天下也，堂高三尺[⑦]，采椽不斫[⑧]，茅茨不翦[⑨]，虽逆旅之宿不勤于此矣[⑩]。冬日鹿裘，夏日葛衣[⑪]，粢粝之食[⑫]，藜藿之羹[⑬]，饭土匦，啜土铏[⑭]，虽监门之养不觳于此矣[⑮]。禹凿龙门[⑯]，通大夏[⑰]，疏九河[⑱]，曲九防[⑲]，决渟水致之海[⑳]，而股无胈，胫无毛，手足胼胝，面目黎黑[㉑]，遂以死于外，葬于会稽[㉒]，臣虏之劳不烈于此矣[㉓]。’然则夫所贵于有天下者，岂欲苦形劳神，身处逆旅之宿，口食监门之养，手持臣虏之作哉？此不肖人之所勉也，非贤者之所务也。彼贤人之有天下也，专用天下适己而已矣[24]，此所以贵于有天下也。夫所谓贤人者，必能安天下而治万民，今身且不能利，将恶能治天下哉！故吾愿赐志广欲[25]，长享天下而无害，为之奈何[26]？”李斯子由为三川守，群盗吴广等西略地，过去弗能禁[27]。章邯以破逐广等兵[28]，使者覆案三川相属[29]，诮让斯居三公位[30]，如何令盗如此。李斯恐惧，重爵禄[31]，不知所出，乃阿二世意[32]，欲求容[33]，以书对曰：

【注释】

①畔：通“叛”，叛乱。

②阿房（ē páng）之宫：即阿房宫，当时尚在修建，没有正式命名，因其建于山阿之旁，故称“阿房宫”。旧址在今陕西西安西。秦始皇时开始兴建，二世即位继续修建。

③直道：秦朝为联结关中平原和河套地区而修建的一条通道。《蒙恬列传》：“蒙恬为秦堑山堙谷通直道。”即自甘泉直通九原（今内蒙古包头西）之道。驰道：《集解》引应劭曰：“天子道也，若今之‘中道’也。”

④陈胜、吴广等乃作乱：事在秦二世元年（前209）七月，事详《陈涉世家》。

⑤兵至鸿门而却：陈涉起兵后，派大将周文率军进攻咸阳，兵至戏亭（今陕西临潼东北），被秦将章邯击败退走，事在秦二世元年九月，见《陈涉世家》。鸿门，地名，在今陕西临潼东北，戏亭之西南。

⑥私议：个人看法。韩子：即韩非子，法家学派的集大成者。唐以后因尊韩愈为韩子，故称其为“韩非子”。

⑦堂高三尺：堂基只有三尺高，言其居室俭朴。

⑧采椽不斫（zhuó）：采来木料直接用作屋椽，不加砍削修饰。胡三省曰："采椽者，盖自山采来之椽因而用之，不施斧斤，示朴也。"斫，砍削，修饰。

⑨茅茨不翦：用茅草盖屋顶，不加修剪以求整齐。茨，用茅草盖屋顶。

⑩逆旅：客店，旅店。宿：居住，此指居住条件。勤：艰苦。

⑪冬日鹿裘，夏日葛衣：冬天穿鹿皮大衣，夏天穿葛布制成的衣服。鹿裘、葛衣均非贵重服饰。

⑫粢粝（zī lì）之食：用粗粮做的饭食。粢，谷物总称。粝，粗米。

⑬藜藿之羹：用野菜做的汤。藜，草本植物名，其叶嫩时可吃。藿，豆叶。

⑭饭土匦（guǐ），啜土铏（xíng）：用粗糙的陶器吃饭喝汤。土匦，陶制食器。匦，同"簋"。啜，饮。土铏，陶制饮器。土，指未上釉彩的陶器。

⑮监门：守门者。养：给养，此谓生活水平。觳（què）：薄，劣。

⑯龙门：山名，在今山西河津西北，陕西韩城东北，分跨黄河两岸。

⑰通大夏：谓使黄河通过龙门流入今山西西南部。《正义》引《括地志》云："大夏，今并州、晋阳及汾、绛等州是。"

⑱疏九河：疏浚了中原的各条大河。九河，泷川引中井积德曰："是九州之河。"一说指徒骇河、太史河、马颊河、覆釜河、胡苏河、简河、絜河、钩盘河、鬲津河。

⑲曲九防：为各个湖泽筑起堤防。曲，用如动词。九防，泷川引中井积德曰："即九州泽之堤，是语本于《尚书》'九泽既防'。"

⑳决：开通，疏导。渟（tíng）水：积水。

㉑"股无胈（bá）"几句：极言艰苦劳碌之状。股，大腿。胈，人身上的细毛。《文选》司马相如《难蜀父老》"躬腠胝无胈"，李善注引韦昭曰："胈，身中小毛也。"胫，小腿。胼胝（pián zhǐ），手脚掌上

的厚皮,俗称“老茧”。

㉒葬于会稽:今浙江绍兴会稽山上有禹陵,相传即禹之坟墓。关于禹的事迹,参见《夏本纪》。以上所引韩非语见《韩非子·五蠹》,文字略有异同。

㉓臣虏:奴仆。烈:剧烈,苦痛。

㉔彼贤人之有天下也,专用天下适己而已矣:盖谓贤人统治天下,只图自己快活而已。郭嵩焘曰:“此一语说尽秦、汉以来争夺天下者之心,二世慨然言之,亦是一快。”

㉕赐志广欲:尽情纵欲。赐,《方言》:“尽也。”尽情。广,纵也。

㉖为之奈何:以上秦二世的话亦见《秦始皇本纪》,文字大体相同。

㉗群盗吴广等西略地,过去弗能禁:当指《陈涉世家》所载陈涉的部将周文率军过洛阳西进攻入关中之事。当时吴广率兵攻打洛阳东面的荥阳,尚未及攻下,吴广即被其部下杀死。

㉘章邯以破逐广等兵:秦二世二年十一月(时以十月为岁首),章邯在渑池破杀周文后,又东进于敖仓及荥阳破杀吴广部将田臧、李归等。

㉙使者覆案三川相属:谓朝廷多次派使者到三川郡审察李由的情况。覆案,审察、查究。相属,相连,连续不断。

㉚诮让:责备。居三公位:秦朝以丞相、太尉、御史大夫为“三公”,李斯为丞相,位居“三公”之列。

㉛李斯恐惧,重爵禄:李斯很害怕,又舍不得高官厚禄。史珥曰:“‘恐惧’‘重爵禄’二语,诛心。”

㉜阿二世意:迎合秦二世的心意。阿,迎合,讨好。

㉝求容:求得宽容,求有容身之地。

【译文】

秦朝的法令刑罚越来越严苛残酷,群臣上下人人自危,想造反的很多。秦二世又修建阿房宫,修筑直道与驰道,赋税越来越重,兵役劳役没完没了。于是从楚地征来戍边的士卒陈胜、吴广等人就起来造反，起兵于崤山以东，各地英雄豪杰蜂拥而起，自立为侯王，反叛秦朝，他们的军队一直攻到鸿门才兵败退去。李斯多次想找机会进谏，但秦二世不允许，反而责备李斯说："我有个看法，是从韩非子那儿听来的，他说：'尧统治天下时，殿堂的台基只有三尺高，用作椽子的木料都不加砍削，盖在屋顶上的茅草也不加修剪，即使客店的住宿也不比这更艰苦。冬天穿鹿皮袄，夏天穿葛布衣，用粗米做饭，用野菜做汤，用土钵吃饭，用土罐喝水，即使是看门人的生活也不会比这更清寒了。夏禹凿开龙门，引导黄河流入大夏地区，又疏通多条河流，曲折地筑起多道堤防，疏导积水流入大海，由于长年劳作，他的大腿上已经没有细毛，小腿上也没了汗毛，手掌脚底都结了厚厚的老茧，面颊晒得黝黑，最后累死在外地，埋葬在会稽山上，即便是奴仆的劳苦也不会比这更厉害。'然而一个把统治天下看得无比尊贵的人，其目的难道就是想劳心费力，住旅店一样的住所，吃看门人吃的食物，干奴隶干的活计吗？这些事都是才能低下的人才努力去干的，不是贤明的人所追求的。贤明的人统治天下，就是专门用天下的一切来满足自己的欲望，这才能表现出统治天下的无尚尊贵。一个人能称为贤明，就必须能安定天下，治理万民，如果连自己都不能过得好，那又怎么能治理好天下呢？我希望能尽情纵欲，长久地享有天下而没有祸害，该怎么办呢？"李斯的儿子李由任三川郡守，群起造反的吴广等人向西攻占地盘，通过了三川郡，李由不能阻止。等到章邯打败赶走吴广等人的叛军后，秦二世便接连派使者去三川郡追究责任，并责怪李斯身居三公之位，怎么让造反的人猖狂到这种地步。李斯害怕了，又看重自己的爵位俸禄，不知如何是好，就迎合秦二世的心意，想求得宽容，便上书回答秦二世说：

夫贤主者，必且能全道而行督责之术者也[①]。督责之，则臣不敢不竭能以徇其主矣[②]。此臣主之分定，上下之义明，则天下贤不肖莫敢不尽力竭任以徇其君矣。是故主独制于天下而无所制也[③]，能穷乐之极矣[④]。贤明之主也，可不察焉！

【注释】

①全道：全面掌握为君之道。督责之术：《索隐》曰："督者，察也。察其罪，责之以刑罚也。"王叔岷以为"督责"犹言"督过"，不可分开解说。

②竭能以徇其主：竭尽所能为君主效力。徇，通"殉"，为满足君主而不惜身。

③独制于天下而无所制：君主专权统御天下而不受任何约束。

④能穷乐之极矣：穷奢极欲，享尽一切乐事。穷，尽。

【译文】

凡是贤明的君主，必将是能够全面掌握为君之道，又对下推行督责之术的君主。一旦推行督责，当臣子的就不敢不竭尽所能来为君主效力了。这样，君主和臣子的职分一经确定，上下关系的准则也明确了，那么天下不论是有才德的还是没有才德的，都不敢不竭尽全力、恪尽职守为君主效命了。因此君主才能专制天下而不受任何约束，这样他就可以享尽一切乐趣了。作为一个贤明的君主，又怎能看不清这一点呢！

故申子曰"有天下而不恣睢，命之曰以天下为桎梏"者[①]，无他焉，不能督责，而顾以其身劳于天下之民，若尧、禹然，故谓之"桎梏"也。夫不能修申、韩之明术[②]，行督责之道，专以天下自适也[③]，而徒务苦形劳神，以身徇百姓，则是黔首之役，非畜天下者也[④]，何足贵哉！夫以人徇己，则己贵而人贱；以己徇人，则己贱而人贵。故徇人者贱，而人所徇者贵，自古及今，未有不然者也。凡古之所为尊贤者[⑤]，为其贵也；而所为恶不肖者，为其贱也。而尧、禹以身徇天下者也，因随而尊之[⑥]，则亦失所为尊贤之心矣！夫可谓大缪矣[⑦]。谓之为“桎梏”，不亦宜乎？不能督责之过也。

【注释】

①申子：指申不害，战国前期法家代表人物，曾相韩昭侯，事见《老子韩非列传》。恣睢（suī）：放纵暴戾。桎梏（zhì gù）：刑具，脚镣手铐。

②修申、韩之明术：奉行申不害、韩非所讲的驭人之术。

③专以天下自适：让整个天下满足自己的欲求。

④非畜天下者也：意即非占有天下者所该做的。畜，占有，统治。

⑤古之所为尊贤者：古人之所以尊敬“贤者”。所为，所以。

⑥因随而尊之：指顺着世俗观念去尊崇尧舜那种“以身徇天下”的错误做法。

⑦缪（miù）：荒谬。

【译文】

所以申不害先生说“占有天下却不懂得纵情恣欲，那就叫把天下当成了镣铐”这话，没有别的意思，只是说不督责臣下，而自己反而辛辛苦苦为天下百姓操劳，像尧和禹那样，所以称之为“镣铐”。不能学习申不害、韩非的高明权术，推行督责措施，一心让天下来使自己舒服快活，反而劳心费力去为百姓干事，那就成了百姓的奴仆，而不是占有天下的帝王了，这还有什么尊贵可言呢？让别人为自己献身，自己就尊贵，别人就低贱；让自己为别人献身，那自己就低贱，别人就尊贵了。为别人献身的人低贱，让别人为之献身的人尊贵，从古到今,没有不是这样的。自古以来之所以尊崇贤人,就是因为他尊贵;之所以讨厌不肖的人,就是因为他低贱。尧、禹是让自己为天下百姓献身的人,如果因袭世俗的评价尊崇他们,那就不算尊贤了,可以说是大错特错了。说尧、禹把天下当作自己的"镣铐",不也是很合适的吗?这是不能推行督责的过错。

故韩子曰"慈母有败子而严家无格虏"者[①],何也?则能罚之加焉必也[②]。故商君之法,刑弃灰于道者[③]。夫弃灰,薄罪也,而被刑,重罚也。彼唯明主为能深督轻罪。夫罪轻且督深,而况有重罪乎?故民不敢犯也。是故韩子曰"布帛寻常,庸人不释,铄金百溢,盗跖不搏"者[④],非庸人之心重,寻常之利深,而盗跖之欲浅也;又不以盗跖之行,为轻百镒之重也。搏必随手刑,则盗跖不搏百镒;而罚不必行也,则庸人不释寻常[⑤]。是故城高五丈,而楼季不轻犯也;泰山之高百仞,而跛牂牧其上[⑥]。夫楼季也而难五丈之限,岂跛牂也而易百仞之高哉?峭堑之势异也[⑦]。明主圣王之所以能久处尊位,长执重势,而独擅天下之利者,非有异道也,能独断而审督责,必深罚,故天下不敢犯也。今不务所以不犯[⑧],而事慈母之所以败子也,则亦不察于圣人之论矣。夫不能行圣人之术[⑨],则舍为天下役何事哉[⑩]?可不哀邪!

【注释】

①慈母有败子而严家无格虏:语本《韩非子·显学》。谓慈母会养

出败家子，而管教严厉的家庭不会有强悍不驯的奴仆。格，强悍，顶撞。

②则能罚之加焉必也：意谓能做到有过必罚。

③刑弃灰于道：弃灰于道也要受刑罚。盖轻罪重罚，法家"以刑去刑"之术。

④"布帛寻常"几句：语出《韩非子·五蠹》。寻常，一寻八尺，二寻为常，此谓数量不多。不释，不放过，谓一定要拿。铄金，熔化的金子。溢，也作"镒"，重量单位，合二十两，一说二十四两。盗跖，传说中的古代大盗，事见《庄子·盗跖》。搏，抓取。

⑤"搏必随手刑"几句：《韩非子·五蠹》作"不必害，则不释寻常；必害手，则不掇百溢"。搏必随手刑，只要抓取，手必会受伤。刑，泷川曰："言铄金伤手也。"罚不必行，惩罚不一定实行。

⑥"是故城高五丈"几句：《韩非子·五蠹》"十仞之城，楼季弗能逾者，峭也；千仞之山，跛牂易牧者，夷也。"李斯袭用其语。陈直曰："此事屡见于《韩非子》《韩诗外传》《盐铁论》《论衡》等书，似皆本于《韩非子》。《荀子·宥坐》云'数仞之墙，而民不逾也；百仞之山，而竖子凭而游焉'，知韩非、李斯之言又皆本于荀子。"按，《韩诗外传》卷三"一仞之墙，民不能逾；百仞之山，童子登焉"，《盐铁论·诏圣》"严墙三刃，楼季难之；山高干云，牧竖登焉"。楼季，《集解》引许慎曰："楼季，魏文侯之弟。"当系善于攀爬跳跃者。百仞，一仞八尺，百仞极言其高。跛牂，瘸腿羊。牂，母羊。

⑦峭堑之势异也：陡峭与逐渐增高的形势不同。《索隐》曰："峭，峻也。堑，音'渐'。"

⑧不务所以不犯：不致力于让人不敢犯罪，指实行严刑峻法。

⑨圣人之术：即行督责。

⑩则舍为天下役何事哉：那么除了给天下百姓当奴仆，还能做什么呢。舍，杨树达曰："释也，今言'除却'。"

【译文】

所以韩非先生曾说过“慈爱的母亲会养出败家的儿子，而严厉的主人家中没有强悍的奴仆”这种话，为什么呢？这是由于能做到有过必罚。所以商鞅的法律规定，在道路上撒灰的人就要判刑。撒灰于道是轻罪，而加之以刑是重罚。只有贤明的君主才能严厉地督责轻罪。轻罪尚且严厉督责，何况犯有重罪呢？所以百姓不敢犯法。因此韩非先生说“几尺布头，平常人见了也不会放过；而烧红的百镒金子，盗跖也不会拿”，这并不是说平常人的贪心重，几尺布的利益大，而盗跖的欲望小；也不是因为盗跖有高尚品行，不看重百镒之金。如果伸手一抓，手就会烫伤，那么盗跖也不敢去拿百镒之金；而如果不一定会受到刑罚，那么平常人也不会放过几尺布头。所以五丈高的城墙，楼季不敢轻易冒犯；泰山高达百仞，而跛脚的母羊却能在山上吃草。难道是楼季把攀越五丈高的城墙看得很难，而跛脚的母羊觉得爬上百仞高的泰山很容易吗？这是因为陡峭和逐渐增高，两者形势不同。圣明的君主之所以能久居尊位，长掌大权，独自垄断天下之利，并非他们有什么特殊的办法，而是在于他们能够独揽大权，严格实行督责，对犯法者必定严加惩处，所以天下人不敢犯法。如今不致力于采取让人不敢犯罪的措施，而去推行慈母养成败家子的做法，那就太不了解前代圣哲的高论了。如果不能采用圣人的办法，那么除了给天下百姓当奴仆，还能干什么呢？这能不令人伤悲吗！

且夫俭节仁义之人立于朝，则荒肆之乐辍矣①；谏说论理之臣间于侧②，则流漫之志诎矣③；烈士死节之行显于世④，则淫康之虞废矣⑤。故明主能外此三者，而独操主术以制听从之臣⑥，而修其明法，故身尊而势重也。凡贤主者，必将能拂世磨俗[7]，而废其所恶，立其所欲，故生则有尊重之势，死则有贤明之谥也[8]。是以明君独断，故权不在臣也。然后能灭仁义之涂[9]，掩驰说之口[10]，困烈士之行[11]，塞聪掩明[12]，内独视听[13]，故外不可倾以仁义烈士之行[14]，而内不可夺以谏说忿争之辩。故能荦然独行恣睢之心而莫之敢逆[15]。若此然后可谓能明申、韩之术，而修商君之法。法修术明而天下乱者[16]，未之闻也。故曰"王道约而易操"也。唯明主为能行之。若此则谓督责成，督责成则臣无邪[17]，臣无邪则天下安，天下安则主严尊，主严尊则督责必[18]，督责必则所求得，所求得则国家富，国家富则君乐丰[19]。故督责之术设，则所欲无不得矣。群臣百姓救过不给，何变之敢图？若此则帝道备[20]，而可谓能明君臣之术矣。虽申、韩复生，不能加也[21]。

【注释】

①荒肆之乐：过度放纵的享乐。荒，逸乐过度。辍（chuò）：停止，中断。

②谏说论理：喜欢进谏讲道理。间于侧：指站在身边。间，插入，参与。

③流漫：放荡不羁。诎：通"屈"，此谓受压抑。

④烈士：有气节的人。死节：为保持气节而牺牲。

⑤淫康之虞：纵情享受的娱乐。虞，通"娱"，娱乐。

⑥主术：君主驾驭群臣之术。

⑦拂世磨俗：《索隐》曰："拂世，盖言与世情乖戾；磨俗，言磨砺于俗使从己。"盖谓所行拂逆世风，扭转民俗。拂，违背。

⑧贤明之谥：贤良英明的谥号。梁玉绳曰："'死亡'之言非臣子所

宜语于君父，乃直陈无隐，虽暴秦之多忌不以是为罪。盖秦汉时近质，讳犹少，故贾谊告孝文曰‘生为明帝，没为明神，顾成之庙，称为太宗’，此与端木氏言‘夫子其死也哀’同。”

⑨灭仁义之涂：斩断宣扬仁义学说的途径。涂，同“途”，途径，机会。

⑩掩驰说之口：堵上奔走游说者的嘴。掩，盖，堵。

⑪困烈士之行：让那些讲究气节的人处境困窘。

⑫塞聪掩明：塞住耳朵，蒙住眼睛。意谓对群臣意见一概不理。

⑬内独视听：即内视独听，即全由个人独断专行。

⑭倾：倾斜，动摇。

⑮荦（luò）然：卓绝貌。

⑯法修术明：指商君之法、申韩之术都得到切实贯彻实施。

⑰若此则谓督责成，督责成则臣无邪：底本“督责成”作“督责之诚”，且不重出，而“成”字又误作“诚”，遂使文意晦涩。泷川曰：“各本不重‘督责之诚’四字，今从枫、三本。”按，泷川说是，“督责成”应重出。而“诚”亦应作“成”。今据改。

⑱督责必：督责之法严格实施。必，犹所谓“信赏必罚”之“必”，谓严格执行。

⑲君乐丰：君主心情愉悦、财富丰裕。

⑳帝道备：帝王之道齐备。

㉑虽申、韩复生，不能加也：郭嵩焘曰：“李斯此书贬斥尧、禹而灭仁义，绝谏说，困烈士，舛谬极矣。自秦汉以来操主术以制听从之臣，必由于是，莫之或易者也。李斯以其意务纵君之欲，一言而定万世之程。”

【译文】

更何况节俭仁义的人在朝中任职，那放纵无度的快乐就得中止；规劝陈说、高谈道理的臣子在身边干预，那放荡不羁的念头就受压制；烈士死节的行为受到世人的推崇，那纵情享受的娱乐就要放弃。所以圣明的君主能排斥这三种人，而独掌统治大权以驾驭言听计从的臣子，建立严明的法制，所以自身尊贵而权势威重。所有的贤明君主，都能拂逆世风、扭转民俗，废弃他所厌恶的，树立他所喜欢的，因此他活着时就有尊贵的威势，他死后也有贤明的谥号。所以，明君总是独裁专断，使权力不落入大臣手中。只有这样，才能斩断鼓吹仁义的途径，堵住游说之士的嘴巴，压制烈士死节的行为，闭目塞听，任凭自己的心意独断专行，这样他在外就不会被仁义节烈的行为所动摇，在内也不会被劝谏争论的言辞所迷惑。这样他才能够独断专行地为所欲为，没有人敢违抗他。像这样，才可以说他是学懂了申不害、韩非的帝王权术，修明了商鞅的法度。学会了法度权术，而天下还会大乱的，我从没听说过。所以说“帝王之道简单而容易掌握”。只有贤明的君王才能做到这些。像这样，才可以说是真正实行了督责，真正实行督责；那么臣下就没有离异之心；臣下没有离异之心，那么天下就能安定；天下安定，那么君主就有尊严；君主有了尊严，那么督责就能严格执行，督责严格执行，那么君主想要就能得到；君主想要的能够得到，那么国家就能富强，国家富强了，那么君主就能更加快乐富有。所以说，只要督责之术一确立，那么君主想要的就没有得不到的。群臣百姓连补救他们的罪过都忙不过来，哪还敢图谋造反呢？这样帝王之道就齐备了，可以说是弄懂了驾驭群臣的权术。即使是申不害、韩非复生，也不能超过了。

书奏，二世悦。于是行督责益严，税民深者为明吏①。二世曰：“若此则可谓能督责矣。”刑者相半于道，而死人日成积于市。杀人众者为忠臣。二世曰：“若此则可谓能督责矣②。”

【注释】

①税民：向百姓征税。

②若此则可谓能督责矣：凌稚隆引余有丁曰："两载二世语，见用斯说以亡秦，不独赵高也。"

【译文】

这封答书上奏之后，秦二世非常高兴。于是更加严厉地实行督责，向百姓收税多的被认为是贤明的官吏。秦二世说："像这样才可称得上善于实行督责。"当时，路上的行人有一半是受过刑的，街上每天都堆积着被处死者的尸体。杀人多的被认为是忠臣。秦二世说："像这样才可称得上善于实行督责。"

初，赵高为郎中令，所杀及报私怨众多，恐大臣入朝奏事毁恶之，乃说二世曰："天子所以贵者，但以闻声，群臣莫得见其面，故号曰'朕'①。且陛下富于春秋，未必尽通诸事，今坐朝廷，谴举有不当者②，则见短于大臣，非所以示神明于天下也③。且陛下深拱禁中④，与臣及侍中习法者待事⑤，事来有以揆之⑥。如此则大臣不敢奏疑事⑦，天下称圣主矣。"二世用其计，乃不坐朝廷见大臣，居禁中。赵高常侍中用事，事皆决于赵高。

【注释】

①故号曰"朕"："朕"的本义为朕兆，指事物发生前的征兆，是看不见的，赵高从字义上附会、欺骗秦二世，使群臣见不到皇帝，以便他弄权。实则先秦时人不分贵贱都自称"朕"，如屈原《离骚》"朕皇考曰伯庸"，至秦始皇规定"朕"为皇帝专用自称。

②谴举：谴责与提拔。

③示神明于天下：向天下人显示皇帝的神圣英明。

④且：若，假如。深拱禁中：意谓深居宫中，不理政事。拱，拱手，此

谓闲坐无事。禁中，宫中。蔡邕《独断》卷上："禁中者，门户有禁，非侍御者不得入，故曰禁中。"

⑤侍中：官名，在宫中侍奉帝王者。待事：等事来了再处理。

⑥揆（kuí）：考虑，参议。

⑦不敢奏疑事：不敢上奏有疑问不真实的事情来蒙骗皇帝。

【译文】

当初，赵高在担任郎中令时，杀死的人和为了报私仇而陷害的人非常多，唯恐大臣们在入朝奏事时向秦二世诋毁攻击他，就劝说秦二世道："天子之所以尊贵，就在于大臣只能听到他的声音，而不能看到他的面容，所以才自称为'朕'。况且陛下还很年轻，未必各种事情都懂，现在坐在朝廷上，若惩罚和奖励有不妥当的地方，就会把自己的短处暴露给大臣，这样就不能向天下人显示您的圣明了。假如您深居宫中，常与我及熟悉法令的侍中在一起，等着大臣奏报公事，奏书呈上来后，我们可以商量着处理。这样，大臣就不敢上报不真实的情况，天下人也会称您为圣明之主了。"秦二世听从了赵高的主意，便不再坐在朝廷上接见大臣，而是深居在宫禁之中。赵高常在皇帝身边侍奉办事，政事都由赵高决定。

高闻李斯以为言①，乃见丞相曰："关东群盗多，今上急益发繇治阿房宫②，聚狗马无用之物。臣欲谏，为位贱。此真君侯之事，君何不谏？"李斯曰："固也，吾欲言之久矣。今时上不坐朝廷，上居深宫，吾有所言者，不可传也，欲见无间。"赵高谓曰："君诚能谏，请为君候上间语君③。"于是赵高待二世方燕乐④，妇女居前，使人告丞相："上方间，可奏事。"丞相至宫门上谒⑤，如此者三。二世怒曰："吾常多闲日，丞相不来。吾方燕私⑥，丞相辄来请事。丞相岂少我哉[7]？且固我哉[8]？”赵高因曰：“如此殆矣[9]！夫沙丘之谋，丞相与焉。今陛下已立为帝，而丞相贵不益[10]，此其意亦望裂地而王矣。且陛下不问臣，臣不敢言。丞相长男李由为三川守，楚盗陈胜等皆丞相傍县之子[11]，以故楚盗公行，过三川[12]，城守不肯击[13]。高闻其文书相往来，未得其审，故未敢以闻。且丞相居外，权重于陛下[14]。”二世以为然。欲案丞相，恐其不审，乃使人案验三川守与盗通状[15]。李斯闻之。

【注释】

①李斯以为言：当指李斯对秦二世不上朝有非议。

②急益发繇：更加急地征调民工。繇，同“徭”，徭役，劳工。

③候上间语君：等发现皇上有空时告诉你。候，伺察，观察。

④燕乐：宴饮欢乐。

⑤上谒：呈上名帖求见皇上。谒，犹今所谓“名片”。

⑥燕私：宴饮。

⑦少我：《索隐》曰：“以我幼故轻我也。”

⑧固我：认为我浅陋而鄙视我。固，陋，这里用作动词。

⑨如此殆（dài）矣：这样就很危险啦。殆，危险。吴见思曰：“此一折恶极，初投斯心，此投亥忌，写赵高权术，十分骇人。”

⑩丞相贵不益：丞相的地位没有升高。

⑪皆丞相傍县之子：李斯为上蔡人，陈胜为阳城（今河南方城东）人，阳城在上蔡之西，两县相邻。傍县，邻县。

⑫过三川：谓陈胜部将周文等率军通过三川郡西进关中。

⑬城守不肯击：李由只是据城而守，不肯出击。

⑭丞相居外，权重于陛下：吴见思曰：“结二语以威劫之，写赵高之恶至此，不意天地之中有此毒物！”

⑮案验：调查核实。

【译文】

赵高听说李斯对此有不满的言论，就找到李斯说："函谷关以东地区盗贼很多，而现在皇上却加紧征调劳工修建阿房宫，搜集狗马等没用的玩物。我想劝谏，但我的地位卑贱。这正是您的职责所在，您为什么不进谏呢？"李斯说："确实如此，我早就想说话了。可是现在皇帝不临朝听政，常居深宫之中，我虽然有话想说，又不便让别人传达，想见皇帝却又没有机会。"赵高对他说："您若真能劝谏的话，请允许我替您打听，等皇上一有空闲，我就通知您。"于是赵高趁秦二世在宴饮娱乐、美女在前的时候，派人告诉丞相说："皇上正有空闲，可以进宫奏事。"丞相李斯就到宫门递名帖求见，一连三次都是这样。秦二世非常生气地说："我平时空闲的日子很多，丞相都不来。我正在宴饮休息的时候，丞相就来请示奏事。丞相是瞧不起我呢？还是认为我鄙陋？"赵高乘机对秦二世说："这可太危险啦！沙丘的密谋，丞相是参与了的。如今陛下做了皇帝，而丞相的地位却没有提高，这样看来他的意思也是想割地封王。而且有些情况您不问我，我也不敢说。丞相的长子李由担任三川郡郡守，楚地乱贼陈胜等人都是丞相故乡邻县的人，因此他们才敢公开横行，经过三川郡时，李由只是据守城池而不出击。我听说他和盗贼之间还有书信来往，还未调查清楚，所以没敢向您报告。更何况丞相在外处理朝政，权力比陛下还大。"秦二世认为赵高说得对。想逮捕李斯，又怕问题不确实，于是就派人去调查三川郡守李由与盗贼勾结的情况。李斯听说了这个消息。

是时二世在甘泉[①]，方作觳抵优俳之观[②]。李斯不得见，因上书言赵高之短曰："臣闻之，臣疑其君[③]，无不危国；妾疑其夫[④]，无不危家。今有大臣于陛下擅利擅害，与陛下无异，此甚不便。昔者司城子罕相宋，身行刑罚，以威行之，期年遂劫其君[⑤]。田常为简公臣[⑥]，爵列无敌于国，私家之富与公家均[⑦]，布惠施德[⑧]，下得百姓，上得群臣，阴取齐国[⑨]，杀宰予于庭，即弑简公于朝[⑩]，遂有齐国。此天下所明知也。今高有邪佚之志[⑪]，危反之行[⑫]，如子罕相宋也；私家之富，若田氏之于齐也。兼行田常、子罕之逆道而劫陛下之威信[⑬]，其志若韩玘为韩安相也[⑭]。陛下不图，臣恐其为变也[⑮]。”二世曰：“何哉？夫高，故宦人也[⑯]，然不为安肆志，不以危易心，絜行修善[⑰]，自使至此，以忠得进，以信守位，朕实贤之，而君疑之，何也？且朕少失先人，无所识知，不习治民，而君又老，恐与天下绝矣[⑱]。朕非属赵君[⑲]，当谁任哉？且赵君为人精廉强力[⑳]，下知人情，上能适朕，君其勿疑。”李斯曰：“不然。夫高，故贱人也，无识于理，贪欲无厌，求利不止，列势次主[㉑]，求欲无穷，臣故曰殆。”二世已前信赵高，恐李斯杀之，乃私告赵高。高曰：“丞相所患者独高，高已死，丞相即欲为田常所为[㉒]。”于是二世曰：“其以李斯属郎中令[㉓]！”

【注释】

①甘泉：山名，在今陕西淳化西北，其地建有离宫。

②觳（jué）抵：同“角抵”，古代的摔跤表演。《梦粱录》：“角抵者，‘相扑’之异名也，又谓之‘争交’。”优俳：犹今之“滑稽表演”。

③臣疑其君：臣子的权势与君主相当。疑，通“拟”，类似，相当。

④妾疑其夫：小妾的权势与丈夫相当。泷川曰：“不曰‘妇’曰‘妾’，措词不苟。”

⑤“司城子罕相宋”几句:《韩非子·二柄》:“子罕谓宋君曰:‘夫庆赏赐予者,民之所喜也,君自行之;杀戮刑罚者,民之所恶也,臣请当之。’于是宋君失刑而子罕用之,故宋君见劫。”当即此处所言之事。然据陈奇猷等考证,《韩非子》此处指“子罕”非《左传》所载春秋时之宋国司城子罕,乃战国中期人戴喜(字子罕),亦即所谓“剔成君”,弑其君宋桓侯(前372—前370年在位),从此子姓之宋亡,而戴氏之宋起。劫,劫持,此谓篡权。

⑥田常:春秋晚期齐国权臣,原称田恒,汉人避汉文帝刘恒讳,改称田常。简公:齐简公,春秋末年齐国国君,前484—前481年在位。

⑦公家:国家,此指国库。

⑧布惠施德:据《田敬仲完世家》载,田常之父田乞为收买人心,在借粮给百姓时,用大斗借出,用小斗收回,齐人都感激田氏。至田常时,又按照他父亲的做法收买人心。

⑨阴取齐国:暗中窃取齐国大权。

⑩杀宰予于庭,即弑简公于朝:据《左传·哀公十四年》,齐简公宠臣阚止欲灭田氏,事泄,田常杀死阚止,并弑齐简公。因阚止与孔子弟子宰予都字“子我”,故司马迁将阚止误当作宰予。此处及《田敬仲完世家》《仲尼弟子列传》均误。

⑪邪佚之志:邪恶的心思。

⑫危反:谋反篡权。王念孙曰:“危,读为‘诡’。诡,亦‘反’也。”

⑬劫陛下之威信:依仗您的权势控制群臣,犹所谓“狐假虎威”。劫,劫持,倚仗。

⑭韩玘(qǐ)为韩安相:韩玘,未见史籍。韩安,战国时韩国的亡国国君(前238—前230年在位)。梁玉绳引胡三省曰:“韩安之臣必有韩玘者,特史逸其事耳。李斯与韩安同时,而韩安亡国之事接乎胡亥之耳目,所谓‘殷鉴不远’也。”

⑮臣恐其为变也:陈子龙曰:“丞相子方得罪,而欲上书以除君侧之

恶,此必无之事也,何斯之智而出此?知其无聊矣。"

⑯故宦人也:泷川引中井积德曰:"'故宦人'者,对今尊官而言,谓内宦贱役也。"

⑰絜:同"洁",这里用作动词,使品行高洁。

⑱恐与天下绝:害怕失去对天下的控制。

⑲非属赵君:不倚靠赵高。属,托,倚靠。

⑳精廉强力:精明勤奋。强力,努力。

㉑列势次主:凌稚隆曰:"威势亚于人主。"列势,威猛之势。列,读为"烈"。泷川曰:"《治要》'列势'作'烈势'。"

㉒丞相即欲为田常所为:吴见思曰:"即以李斯田常事反用之,只一句,毒甚,李斯一篇文章反为赵高所用。何物文心,体贴至此!"

㉓郎中令:即赵高。

【译文】

这时秦二世正在甘泉宫观看摔跤和滑稽戏表演。李斯不能觐见,就上书揭发赵高的短处说:"我听说,臣子的权势如果和君主相当,那就必然要危害国家;小妾的权势如果和丈夫相当,那就必然要危害家庭。现在有的大臣在陛下身边擅自掌握赏罚大权,和您没有什么不同,这是非常不合适的。从前司城子罕当宋国宰相,亲自掌握刑罚大权,用威权行事,一年之后就劫持了宋国国君,篡夺了君位。田常当齐简公的臣子,爵位高到国内无人能与他相匹敌,自家的财富和公家的一样多,他广施恩惠,下得百姓爱戴,上得群臣拥护,暗中窃取了齐国的权力,后来在庭中杀死宰予,又在朝堂上杀死齐简公,这样,就完全控制了齐国。这些是天下人都知道的事。现在赵高有邪恶之心,又有篡权谋反的行为,正像当年子罕做宋国宰相时一样;赵高家里的财产,也像当年田常在齐国时一样。他兼有田常和子罕两个人的罪恶,而又借着您的威信发号施令,他的野心就像韩玘给韩安当宰相时一样。如果您不及早除掉他,我担心他会发动变乱的。"秦二世说:"为何这么说呢?赵高原本是个宦官,但他不因处境安逸就为所欲为，也不因处境危险就改变忠心，一直修身行善，靠自己的努力才得到今天的地位，因忠心耿耿才被提拔，因讲信义才保住禄位，我确实认为他是贤才，可你怀疑他，这是为什么呢？而且我年纪轻轻父亲就去世了，没什么见识，不熟悉管理百姓的事，而你年纪又大了，我担心失去对天下的控制。我不把国事托付给赵高，又该用谁呢？况且赵先生为人精明勤奋，下能了解民情，上能顺适我的心意，请你不要怀疑他。”李斯说：“并非如此。赵高从前是卑贱的人，不明事理，贪得无厌，求利不止，威势仅次于陛下，但他追求权势地位的欲望没有止境，所以我说很危险。”秦二世之前已相信了赵高，担心李斯杀掉他，就私下把这些话告诉了赵高。赵高说：“丞相所害怕的只有我赵高，如果我死了，丞相立即就会做田常所做的那种事情。”于是秦二世下令说：“把李斯交给郎中令查办！”

赵高案治李斯。李斯拘执束缚，居囹圄中[①]，仰天而叹曰：“嗟乎，悲夫！不道之君，何可为计哉[②]！昔者桀杀关龙逢[③]，纣杀王子比干[④]，吴王夫差杀伍子胥[⑤]。此三臣者，岂不忠哉，然而不免于死，身死而所忠者非也[⑥]。今吾智不及三子，而二世之无道过于桀、纣、夫差，吾以忠死，宜矣。且二世之治岂不乱哉！日者夷其兄弟而自立也[⑦]，杀忠臣而贵贱人，作为阿房之宫[⑧]，赋敛天下。吾非不谏也，而不吾听也。凡古圣王，饮食有节，车器有数，宫室有度，出令造事[⑨]，加费而无益于民利者禁，故能长久治安。今行逆于昆弟，不顾其咎[⑩]；侵杀忠臣，不思其殃；大为宫室，厚赋天下[⑪]，不爱其费[⑫]：三者已行[⑬]，天下不听[⑭]。今反者已有天下之半矣，而心尚未寤也，而以赵高为佐，吾必见寇至咸阳，麋鹿游于朝也⑮。”

【注释】

①囹圄(líng yǔ):监狱。

②何可为计哉:还能替他谋划什么呢。王叔岷曰:“‘为’犹‘与’也。”

③桀杀关龙逢:相传关龙逢是夏朝末年贤臣,因向夏桀进谏而被杀,其事不见于《夏本纪》《殷本纪》。

④纣杀王子比干:比干因进谏纣王而被剖心事,见《殷本纪》。

⑤吴王夫差杀伍子胥:事见《伍子胥列传》《吴太伯世家》。

⑥所忠者非也:泷川曰:“言三子所忠非其君也。”所忠者,效忠的君主,即桀、纣、夫差。

⑦日者:之前。夷:杀。

⑧作为:修建。

⑨造事:兴作事端。

⑩不顾其咎:不顾恶果。咎,罪孽,恶果。

⑪厚赋天下:向天下征收重税。

⑫不爱其费:不吝惜费用。爱,吝惜。

⑬三者:指“行逆于昆弟”“侵杀大臣”“大为宫室”。

⑭天下不听:天下人都不听命,谓造反。

⑮吾必见寇至咸阳,麋鹿游于朝也:伍子胥亦有类似之语。《伍子胥列传》载伍子胥临终前曰:“抉吾眼县吴东门之上,以观越寇之入灭吴也。”《淮南衡山列传》又载伍子胥曰:“臣今见麋鹿游姑苏之台也。”吴见思曰:“此一段固是正论,然妙在与《督责书》句句相反,所谓孽镜火珠,神识自首。”

【译文】

赵高查办李斯。李斯被逮捕后,关在监狱中,他仰天长叹道:“唉,可悲啊!无道的昏君,怎么可以替他出谋划策呢!昔日夏桀杀死关龙逢,商纣杀死王子比干，吴王夫差杀死伍子胥。这三个大臣，难道不忠吗？然而免不了一死，他们尽忠而死，可惜效忠的对象不是正确的人选。现在我的智慧比不上这三个人，而二世的暴虐无道超过了夏桀、商纣、夫差，我因尽忠而死，也是应该的呀。而且二世治国难道不是乱来吗？目前杀死他的兄弟而自立为皇帝，又残害忠臣，重用低贱的人，建造阿房宫，对天下百姓横征暴敛。我并不是没有劝谏过，而是他不听我的。大凡古代的圣明帝王，饮食都有一定的节制，车驾器物都有一定的数量，宫殿都有一定的法度，发布命令和办事情，增加费用而不利于百姓的一律禁止，所以才能长治久安。现在二世对自己的兄弟，施加违背伦常的残暴手段，不顾忌会有什么灾祸；迫害残杀忠臣，也不想想会有什么灾殃；大肆修建宫殿，对天下百姓征收重税，不吝惜花费：这三种事情做了之后，天下百姓都不服从。现在造反的人已占天下人的一半了，但二世心中还未觉悟，居然任用赵高为辅臣，将来我一定会看到盗贼攻入咸阳，麋鹿在朝堂嬉游的景象。"

于是二世乃使高案丞相狱，治罪①，责斯与子由谋反状，皆收捕宗族宾客。赵高治斯，榜掠千余②，不胜痛，自诬服③。斯所以不死者，自负其辩，有功④，实无反心，幸得上书自陈，幸二世之寤而赦之。李斯乃从狱中上书曰："臣为丞相，治民三十余年矣⑤，逮秦地之陕隘⑥。先王之时秦地不过千里，兵数十万。臣尽薄材⑦，谨奉法令，阴行谋臣，资之金玉，使游说诸侯⑧，阴修甲兵，饰政教，官斗士，尊功臣，盛其爵禄⑨，故终以胁韩弱魏，破燕、赵，夷齐、楚，卒兼六国，虏其王，立秦为天子⑩。罪一矣。地非不广，又北逐胡貉⑪，南定百越⑫，以见秦之强。罪二矣。尊大臣，盛其爵位，以固其亲⑬。罪三矣。立社稷，修宗庙，以明主之贤。罪四矣。更克画文章，平斗斛度量，布之天下[14]，以树秦之名。罪五矣。治驰道，兴游观[15]，以见主之得意。罪六矣。缓刑罚，薄赋敛，以遂主得众之心，万民戴主，死而不忘[16]。罪七矣。若斯之为臣者，罪足以死固久矣。上幸尽其能力，乃得至今，愿陛下察之[17]！”书上，赵高使吏弃去不奏，曰：“囚安得上书！”

【注释】

①案丞相狱，治罪：审李斯的案子，给其定罪。

②榜掠：拷打。

③不胜痛，自诬服：钱锺书曰：“屈打成招，严刑逼供，见诸吾国记载始此。”

④自负其辩，有功：自认为自己善辩，又有大功。泷川曰：“《治要》无‘其辩’二字。”

⑤臣为丞相，治民三十余年矣：梁玉绳曰：“始皇二十八年李斯尚为卿，本纪可据。疑三十四年始为丞相，是相秦仅六年。若以始皇十年斯用事数之，是二十九年，亦无‘三十余年’也。”王叔岷曰：“盖自始皇拜斯为长史时计之，其事当始皇初年，李斯自计年数应不致误也。”

⑥逮秦地之陕隘：赶上当时秦国疆土狭隘。逮，碰上，赶上。陕，同“狭”，狭隘。

⑦臣尽薄材：我尽了微薄才能。薄材，此为谦辞。

⑧“阴行谋臣”几句：即前文所谓“于是秦王拜斯为长史，听其计，阴遣谋士赍持金玉以游说诸侯，诸侯名士可下以财者，厚遗结之；不肯者，利剑刺之，离其君臣之计”。

⑨“阴修甲兵”几句：均言内政，与前文所述外交相对。饰，通“饬”，整饬，整顿。盛其爵禄，赏给战士功臣高官厚禄。爵，爵位。禄，

俸禄。

⑩“卒兼六国”几句：东方六国被灭次第，详见《秦始皇本纪》。至秦王政二十六年（前221），统一全国，自称“皇帝”。

⑪北逐胡貉（mò）：当指北逐匈奴事，事详《蒙恬列传》。胡貉，古代称北方各民族。貉，亦作“貊”。

⑫南定百越：《南越列传》：“秦时已并天下，略定扬越，置桂林、南海、象郡。”百越，分布于今浙、闽、粤、桂等地，以其部族众多，故称“百越”。

⑬固其亲：巩固他们与朝廷的密切关系。

⑭“更克画文章”几句：泷川曰：“‘文章’二字，疑当移‘克画’下。”泷川说是，今据改。更，改。克画文章，指文字，谓秦朝的小篆。陈直曰：“‘克画’即‘刻画’，谓铸刻其款识也。”可备一说。平斗斛（hú）度量，即指统一度量衡。斛，容器，一斛为十斗。

⑮兴游观：兴造便于皇帝巡游观赏的道路及离宫别馆等设施。

⑯“缓刑罚”几句：梁玉绳曰：“以秦之嗜杀深税，而曰‘缓刑薄敛’；天下共欲亡秦，而云‘万民不忘’，可笑也。”泷川引中井积德曰：“唯第七条为虚饰非实。”遂，完成，成就。戴，拥戴。

⑰愿陛下察之：凌稚隆曰：“李斯所谓‘七罪’，乃自侈言极忠，反言以激二世耳。岂知矫杀扶苏、蒙恬，以酿其君之暴，其罪更有浮于此者。”泷川曰：“此与白起、蒙恬临死‘自罪’者相似，盖秦人之语。”

【译文】

于是二世就派赵高审理丞相李斯一案，治他的罪，审问李斯和儿子李由谋反的情况，将其宾客和家族全部逮捕。赵高惩治李斯，拷打他一千多下，李斯不堪忍受痛苦的折磨，含冤招认了。李斯之所以忍辱不自杀，是因为他自负能言善辩，又立过大功，而且确实没有谋反之心，希望能通过上书为自己辩护，使秦二世醒悟过来而赦免他。于是李斯在监狱中上书说：“我当丞相，治理百姓已经三十多年了，赶上过当年秦国疆土狭小的时候。先王的时候，秦国的土地不过千里，士兵不过几十万。我用尽自己微薄的才能，谨慎地执行法令，暗中派遣谋臣，资助他们金玉财宝，让他们游说各国，暗中修整武装，整顿政治和教化，任用善战的人为官，提高功臣的地位，给他们很高的爵位和俸禄，最终得以胁迫韩国，削弱魏国，击败了燕国、赵国，铲平了齐国、楚国，最后兼并六国，俘虏了他们的国王，拥立秦王为天子。这是我的第一条罪状。这时我们的疆域已经不算不广阔了，可又在北边驱逐了各民族，在南边平定了百越，以显示我们秦朝的强大。这是我的第二条罪状。尊重大臣，提高他们的爵位，以巩固他们与朝廷的亲密关系。这是我的第三条罪状。建立社稷坛，修筑宗庙，彰显示了皇帝的贤明。这是我的第四条罪状。改革文字，统一度量衡，将其公布于天下，以树立秦朝的威名。这是我的第五条罪状。修建驰道，兴建游观的离宫别馆，以显示君主的志得意满。这是我的第六条罪状。减轻刑罚，减少赋税，满足皇上得民心的心愿，万民拥戴皇帝，至死也不忘皇帝的恩情。这是我的第七条罪状。像我李斯这样做臣子的，所犯罪状本来早就该处死了。皇上希望我尽忠效力，才得以活到如今，希望皇上明察。”奏书呈上后，赵高让狱吏扔在一边，不上奏，说："囚犯哪能上书！"

赵高使其客十余辈诈为御史、谒者、侍中①，更往覆讯斯②。斯更以其实对③，辄使人复榜之④。后二世使人验斯，斯以为如前，终不敢更言⑤，辞服⑥。奏当上⑦，二世喜曰："微赵君，几为丞相所卖。"及二世所使案三川之守至⑧，则项梁已击杀之⑨。使者来，会丞相下吏，赵高皆妄为反辞⑩。

【注释】

①御史：官名，为国君近侍人员，掌文书及记事。谒者：官名，属郎中

令，掌宾赞受事，为国君上传下达。

②往覆：反复，轮番交替。

③斯更以其实对：即翻供，照实情回答。

④辄使人复榜之：陈子龙曰："高知二世必遣人更讯，故先为之地也。"

⑤不敢更言：不敢再翻供。

⑥辞服：招供认罪。

⑦奏当上：将李斯的判决书上奏皇帝。奏，进呈。当，判决。胡三省曰："奏当者，狱具而奏。当，处其罪也。"

⑧二世所使案三川之守至：秦二世所派前往调查三川郡守李由的使者到达三川。

⑨项梁已击杀之：项梁击杀李由在秦二世二年（前208）八月，见《项羽本纪》。

⑩妄为反辞：胡乱给李由编造谋反之辞。茅坤曰："自古以谗贼之言杀功臣，未有不诬以谋反者。"

【译文】

赵高派他的门客十多人假扮成御史、谒者、侍中，反复前去审问李斯。李斯翻供，按实情回答，赵高就让人再次拷打李斯。后来秦二世真的派人验证李斯，李斯以为跟之前那些人一样，终于不再翻供了，在供词中认罪了。赵高把对李斯的判决上呈秦二世，秦二世高兴地说："没有赵先生，我几乎被丞相出卖了。"等秦二世派去调查李由的使者到达三川郡时，项梁已经杀死李由了。使者返回时，正赶上李斯已被交付狱吏看押，赵高就胡乱编了李由谋反的罪状。

二世二年七月①，具斯五刑②，论腰斩咸阳市③。斯出狱，与其中子俱执④，顾谓其中子曰："吾欲与若复牵黄犬俱出上蔡东门逐狡兔，岂可得乎⑤？"遂父子相哭，而夷三族。

【注释】

①二世二年七月：梁玉绳曰："杀李斯，《通鉴》依此传在二年；然《始皇纪》斯具五刑在二年，论杀在三年冬，似纪为是。"王叔岷曰："《六国年表》二世二年书'诛丞相斯'，与此合。"

②具斯五刑：判处李斯要遍受五种刑罚。《汉书·刑法志》云："当三族者，皆先黥、劓，斩左右趾，笞杀之，枭其首，菹其骨肉于市；其诽谤詈诅者，又先断舌，故谓之具五刑。"古代不同时期"五刑"的具体情况不一致。相传舜时的五刑为墨、劓、刖、宫、大辟；汉代则为黥、劓、斩趾、笞杀、菹骨肉。又，此处所谓"具斯五刑"者，疑指根据刑法对李斯判罪，故下接"论腰斩咸阳市"；若真已遍受五种刑罚，不必腰斩矣。

③论：判处。

④执：捆绑，押解。

⑤吾欲与若复牵黄犬俱出上蔡东门逐狡兔，岂可得乎：《晋书·陆机传》载陆机临死曰："华亭鹤唳，岂可复闻乎？"与此类似。

【译文】

秦二世二年七月，李斯被判处五刑，判在咸阳街市上腰斩。李斯出监狱时，跟他的次子一起被押解，李斯回头对次子说："我想和你再牵着黄狗一同出上蔡东门去打猎追逐狡兔，又怎能办得到呢！"于是父子二人相对痛哭，三族的人都被处死了。

李斯已死，二世拜赵高为中丞相①，事无大小辄决于高。高自知权重，乃献鹿，谓之马。二世问左右："此乃鹿也？"左右皆曰"马也"②。二世惊，自以为惑③，乃召太卜④，令卦之。太卜曰："陛下春秋郊祀⑤，奉宗庙鬼神，斋戒不明⑥，故至于此。可依盛德而明斋戒⑦。"于是乃入上林斋戒[8]。日游弋猎[9]，有行人入上林中，二世自射杀之。赵高教其女婿咸阳令阎乐劾不知何人贼杀人[10]，移上林[11]。高乃谏二世曰："天子无故贼杀不辜人，此上帝之禁也，鬼神不享，天且降殃，当远避宫以禳之[12]。"二世乃出居望夷之宫[13]。

【注释】

①中丞相：居宫中理政的丞相。陈直曰："秦有'相国''丞相'，无'中丞相'之名，或二世因赵高为中人，特设'中丞相'，与赵高初官'中车府令'正同。"

②左右皆曰"马也"：凌稚隆引高仪曰："世乱，大臣持禄，欲有幸免，情状毕露。"

③自以为惑：认为自己糊涂了。

④太卜：官名，掌管卜筮。

⑤春秋郊祀：春秋两季到郊外祭祀天地。郊祀，古代帝王于郊外祭祀天地。

⑥不明：不分明，不恭敬。

⑦依盛德：效法有德之君。

⑧上林：苑囿名，即上林苑，为皇帝射猎、游乐之处，旧址在今陕西西安西及鄠邑区、周至界。

⑨日游弋（yì）猎：整天以射猎为事。弋，射鸟。

⑩女婿咸阳令阎乐：赵高是宦官，其女当系做宦官之前所生。关于赵高的出身，参见《蒙恬列传》。咸阳令，咸阳县令，管辖咸阳城外村野，咸阳城归中尉管辖。劾：弹劾，揭发。贼杀：残杀。贼，残，害。

⑪移上林：谓咸阳令发文到上林苑，要求缉捕凶手，借此威吓秦二世。《正义佚文》曰："移牒勘问。"犹所谓"行文""发函"。

⑫当远避宫以禳（ráng）之：当远离京城及上林苑中的宫殿以求免灾。禳，祭祀以求免灾。吴见思曰："二世一路看来，似狠戾自用之人，乃为赵高愚弄如木偶，何也？盖木偶无知，有物凭之则灵矣。未杀李斯，赵高凭之；已杀李斯，赵高愚之，二世一木偶而已。"

⑬望夷之宫：即望夷宫，在当时的咸阳城北，今陕西泾阳东南。田静《秦宫廷文化》引《三辅黄图》谓："秦始皇时代为保卫咸阳的安全，在泾河南岸的高地上建造该宫。宫中有楼，高五十丈，以瞭望北夷动静，故名望夷宫。"

【译文】

李斯死后，秦二世任命赵高为中丞相，事无大小都由赵高决定。赵高自知权重，就向秦二世献上一头鹿，称它为马。秦二世问左右侍从说："这是鹿吧？"左右侍从都说"是马"。二世惊慌起来，以为自己糊涂了，就把太卜召来，让他算了一卦。太卜说："陛下春秋两季到郊外祭祀，供奉宗庙鬼神，斋戒时不虔诚，所以才到这种地步。可效仿圣明君主的做法，虔诚地斋戒一次。"于是秦二世就到上林苑中斋戒。他整天都在上林苑中游玩射猎，有个路人进了上林苑，秦二世亲手将他射死了。赵高让他的女婿咸阳令阎乐上奏弹劾，说不知什么人残杀了人，还发文到上林苑要求缉拿凶手。赵高就劝谏秦二世说："天子无缘无故杀死无辜的人，这是上帝所禁止的，鬼神也不会接受您的祭祀，上天将会降下灾祸，应该远离皇宫以祈祷消灾。"秦二世就出京到望夷宫去居住。

留三日，赵高诈诏卫士[①]，令士皆素服持兵内乡[②]，入告二世曰[③]："山东群盗兵大至！"二世上观而见之[④]，恐惧，高即因劫令自杀[⑤]。引玺而佩之[⑥]，左右百官莫从；上殿，殿欲坏者三[⑦]。高自知天弗与，群臣弗许，乃召始皇弟，授之玺[⑧]。

【注释】

①诈诏卫士：假传秦二世命令，诏卫士进宫。

②令士皆素服：让卫士都穿素服。素服，白色服装，吊民伐罪者的衣着。持兵内乡：手持兵器，杀向宫内。内乡，向内。乡，通“向”。

③入告二世曰：此谓赵高进宫告诉秦二世。

④观（guàn）：楼台。

⑤高即因劫令自杀：意即逼秦二世自杀。凌稚隆引林伯桐曰：“《始皇本纪》：‘二世曰：丞相可得见否？阎乐曰：不可。’则是二世之死，不得见赵高也。《李斯列传》则曰：‘赵高入告二世曰：山东兵大至。二世恐惧，高即因劫令自杀。’则是赵高见二世之死也。此秦之大事，纪与传自相矛盾如此。”王叔岷曰：“彼时情势甚乱，故传闻有二，史公并载之，正见其不轻于取舍也。《春秋后语》《通鉴》皆从《始皇纪》。”据《秦楚之际月表》，秦二世死在二世三年（前207）八月。凌稚隆引陈仁子曰：“宦者以废立之事持其君者鲜不为患，赵高立二世，而卒挟其恩以杀二世。他日孙程以策立欺顺帝，王守澄以策立误文宗，皆自高始矣。”

⑥引玺而佩之：谓赵高将玉玺佩在身上，想自己当皇帝。

⑦上殿，殿欲坏者三：此当系民间传说，司马迁此以示对赵高之鄙夷厌恶。郭嵩焘曰：“史公传李斯，历载赵高所以愚弄二世及李斯者，多近于故事传说，故于此叙二世斋上林，居望夷宫，射行人，及自杀事；又赵高上殿，殿欲毁者三，皆如小说家言，汉代或有此传说，史公以所闻而附之《李斯传》，亦疑以传疑之意也。”（《史记札记》）

⑧乃召始皇弟，授之玺：据《秦始皇本纪》，子婴乃“二世之兄子”，故《索隐》引刘氏云：“‘弟’字误，当为‘孙’。子婴，二世兄子。”王叔岷曰：“《汉书·高帝纪》《汉纪一》《春秋后语》皆以子婴为二世之兄子。”

【译文】

待了三天，赵高假托秦二世的命令召卫士进宫，让卫士们都穿白色衣服，手持兵器朝向望夷宫，赵高自己进宫告诉秦二世说："东方的反贼杀进来了！"秦二世爬上楼台观望，看见卫士拿着兵器朝向宫内，非常害怕，赵高就逼二世自杀。然后拿过玉玺佩带在自己身上，身边的文武百官无人跟从；他登上大殿时，大殿好几次都像要崩塌似的。赵高自知上天不同意他做皇帝，群臣也不会允许，就把秦始皇的弟弟子婴叫来，把玉玺交给了他。

子婴即位，患之[①]，乃称疾不听事，与宦者韩谈及其子谋杀高[②]。高上谒，请病[③]，因召入，令韩谈刺杀之，夷其三族[④]。子婴立三月[⑤]，沛公兵从武关入[⑥]，至咸阳，群臣百官皆畔，不適[⑦]。子婴与妻子自系其颈以组[⑧]，降轵道旁[⑨]。沛公因以属吏。项王至而斩之[⑩]。遂以亡天下。

【注释】

①患之：谓担心赵高专权弑逆。

②与宦者韩谈及其子谋杀高：《秦始皇本纪》："子婴与其子二人谋。"盖事须隐秘。

③上谒，请病：递名帖请求进宫探病。

④令韩谈刺杀之，夷其三族：据《秦楚之际月表》，子婴杀赵高在秦二世三年（前207）九月。子婴之才识，参见《蒙恬列传》。凌稚隆引杨慎曰："子婴知蒙恬之冤而能进谏，后卒能烛赵高之奸而讨贼，亦可谓贤矣。生逢末世不幸，盖与刘谌、曹髦同，哀哉！"

⑤子婴立三月：据《秦楚之际月表》，子婴九月为王，十月刘邦入关，则未"立三月"。《秦始皇本纪》载"子婴为秦王四十六日"，与表合。

⑥沛公兵从武关入：事在汉元年（前206）十月。武关，古关名，在今陕西商南东南丹江北岸，是当时河南南部通往关中的要道。

⑦不適：不抵抗。適，通“敌”。《集解》引徐广曰：“‘適’音‘敌’。”

⑧自系其颈以组：古代帝王向人投降的礼节，表示服罪以请处置。

⑨轵道：古亭名，时在咸阳城东南，在今陕西西安东北。

⑩项王至而斩之：事见《项羽本纪》。

【译文】

子婴即位之后，担心赵高再作乱，就托病不理政事，与宦官韩谈和他的儿子商量杀死赵高。赵高前来求见，请求探望子婴的病情，子婴趁机召他进宫，命令韩谈刺杀了他，诛灭赵高的三族。子婴即位三个月，沛公刘邦的军队就从武关打了进来，抵达咸阳，秦朝的百官都叛变了，没有人抵抗。子婴便和妻儿一起自己将丝带系在脖子上，在轵道旁边向沛公投降。沛公把他们交给有关官员看管。项羽到达咸阳后，便杀掉了子婴。秦朝遂宣告灭亡。

太史公曰：李斯以闾阎历诸侯[①]，入事秦，因瑕衅，以辅始皇[②]，卒成帝业，斯为三公，可谓尊用矣。斯知六艺之归[③]，不务明政以补主上之缺，持爵禄之重[④]，阿顺苟合，严威酷刑，听高邪说，废適立庶[⑤]。诸侯已畔，斯乃欲谏争，不亦末乎[⑥]！人皆以斯极忠而被五刑死[⑦]，察其本，乃与俗议之异[⑧]。不然，斯之功且与周、召列矣[⑨]。

【注释】

①历诸侯：游历诸侯。

②因瑕衅，以辅始皇：底本作“因以瑕衅，以辅始皇”。泷川曰：“枫、三本‘因’下无‘以’字。”中井积德曰：“衍。”今据删。意谓不失

时机地入秦辅佐秦始皇。因瑕衅，前文李斯有“成大功者，在因瑕衅而遂忍之”之语，此用之。

③斯知六艺之归：李斯师从荀子，当知儒学之宗旨。六艺，指《诗》《书》《礼》《乐》《易》《春秋》。归，宗旨、旨趣。

④持爵禄之重：李景星曰：“‘持爵禄之重’五字，说透李斯病根。”

⑤废適立庶：指废扶苏改立胡亥事。

⑥不亦末乎：不是太晚了吗。

⑦人皆以斯极忠而被五刑死：世人都认为李斯为秦尽忠，反受酷刑而死。梁玉绳曰：“《法言·重黎》篇有答或人‘李斯尽忠’之问，当时盖有以为‘忠’者，故邹阳曰‘李斯竭忠’。”

⑧察其本，乃与俗议之异：考察其事实的本真面貌，才知道情况与众人所说不同。李笠曰：“‘之’字疑衍。俗议者，上言‘人皆以斯极忠’也。谓察其本，咎由自取，与俗说异。”王叔岷曰：“‘之’犹‘为’也，非衍。”

⑨不然，斯之功且与周、召（shào）列矣：否则，李斯的功劳可与周初辅助周武王、周成王的周公旦、召公奭并列。茅坤曰：“《李斯传》传斯本末，特佐始皇定天下、变法诸事仅十之一二；传高所以乱天下而亡秦，特十之七八，太史公恁地看得亡秦者高，所以酿高之乱者并由斯为之。此是太史公极用意文，极得大体处。学者读《李斯传》，不必读《秦纪》矣。”

【译文】

太史公说：李斯以里巷平民的身份游历诸侯，入关奉事秦国，抓住时机，辅佐秦始皇，最终完成统一大业而李斯也位居三公之职，可以称得上是很受重用了。李斯是懂得儒家六经要旨的，但他不致力于修明政治来弥补君主的过失，反而为了保住高官厚禄，阿谀奉承，迎合皇帝。施行严刑酷法，又听信赵高的邪说，废掉嫡子扶苏而立庶子胡亥。等到各地都已发动叛乱，李斯才想要直言劝谏，不也太晚了吗？世人都认为李斯是忠心耿耿，反受五刑而死，但我考察事情的真相，和世俗的看法有所不同。否则的话，李斯的功劳真的要和周公、召公相提并论了。

【集评】

锺惺曰："李斯古今第一热中富贵人也，其学问功业佐秦兼天下者，皆其取富贵之资；而其种种罪过，能使秦亡天下者，即其守富贵之道。究竟斯之富贵仅足以致族灭，盖其起念结想，尽于仓鼠一叹。太史公言'秦用李斯，二十年竟并天下'，而于秦亡关目紧要处皆系之《李斯传》，若作《秦本纪》者。而结之曰'遂以亡天下'，见人重富贵之念，其效足以亡天下。罪斯已极，而垂戒亦深矣。尝合《李斯传》始末，自富贵至族灭总看一过，想孔子所云'苟患失之，无所不至矣'，二语之确早看破此一类人。"（《史怀》）

林伯桐曰："李斯外似刚愎而内实游移，其于李由告归咸阳而置酒，既曰'物极则衰，吾未知所税驾'，似乎知退矣；及李由为三川守，群盗西略也，则李斯恐惧，重爵禄，不知所出。其于赵高谋废立，既曰'忠臣不避死而庶几'，似乎以身殉国矣；及赵高以祸福动之，则又曰'既已不能死，安托命哉？'其于二世无道，既'数欲请间谏'，似乎能犯颜矣；及二世责问，则又劝之督责，欲以求容。其胸中惶惑瞀乱，进退无据，安得不见制于赵高哉！当其辞于荀卿，曰'诟莫大于卑贱，而悲莫甚于困穷'，自言其所见也。只此二语，便足断送一生。"（《史记蠡测》）

方苞曰："赵高谋乱入《李斯传》，以高之恶，斯成之；秦之亡，斯主之也。其始迹入《蒙恬传》，以蒙毅曾治高，当其罪死，而高因此有贼心也。"（《评点史记》）

李晚芳曰："太史公之传李斯也，不惟传其事迹，并其结念之隐亦传之。盖斯乃热中富贵人也，始形于仓鼠一叹，太史肖其神，轻轻描出，令热中者全身俱动，用笔何等超妙！辞师一段议论，千回百转，语语皆从富贵结念中流出，自知其才足以致之，至今犹可想其对师抵掌神情，须眉毕见。其画策为秦并天下,即其专心为己取富贵;及富贵极矣,身为相,子为守,又虑把持富贵不牢,阴若有人扼其吭而攫夺之者,正写其无时无处而不兢兢于此也。惟小人能知小人,早被赵高冷眼看透,既以富贵动之,又以失富贵劫之,曰‘不得怀通侯之印’,曰‘长有封侯’,曰‘祸及子孙’,重富贵者,乌能不听?太史一笔结出曰‘于是斯乃听高’。仰天一叹,而秦亡矣。究其所以为保富贵者,即其所以亡人之天下者也。至于上《督责书》,亦为富贵耳。太史公以覆案诮让,点明于前,而曰‘恐惧’‘重爵禄’‘阿意’‘欲求容’,竟从斯处心积虑中曲曲抉出,似毒笔,实真笔也。是后翻翻覆覆,在高掌上愚弄,直至腰斩夷族,无非为重富贵而然。结局一哭,应前三叹,为篇中眼目。其要害不过在‘重爵禄’三字,幻出天翻地覆世界。太史以劲笔达之,有余慨焉。尝读《论语》‘鄙夫’章,圣人前数百年,早为斯辈绘出一副肺肠矣,曰‘无所不至’。斯果何所至哉?至亡人天下耳,至具五刑耳,至夷三族而父子腰斩耳,所谓‘爵禄’者安在?故表而出之,为世之患得患失者警,俾知末路不过如此耳,吁!”(《读史管见》)

李景星曰:“《李斯传》以‘竟并天下’‘遂以亡天下’二句为前后关锁。‘竟并天下’是写其前之所以盛;‘遂以亡天下’是写其后之所以衰。盛衰在秦,所以盛衰之故,则皆由于斯。行文以五叹为筋节,以六说当实叙。‘于是李斯乃叹曰:人之贤不肖’云云,是其未遇时而叹不得富贵也;‘李斯喟然而叹曰嗟乎’云云,是其志满时而叹物极将衰也;‘斯乃仰天而叹,垂泪太息曰’云云,是已坠赵高计中不能自主而叹也;‘仰天而叹曰:嗟乎悲夫’云云,是已居囹圄之中不胜怨悔而叹也;‘顾谓其中子曰’云云,是临死时无奈何以不叹为叹也。以上所谓‘五叹’也。记说秦王,著斯入秦之始也;记谏逐客,著斯留秦之故也;记议焚书,著斯佐始皇行恶也;记劝督责,著斯导二世行恶也;记短赵高语,著斯之所以受病,藉其自相攻击,以示痛快人意也;记上狱中书,著斯之所以结局,令其自定功罪,以作通篇收拾也。以上所谓‘六说’也。洋洋洒洒,几及万言,似秦外纪，又似斯、高合传，而其实全为传李斯作用。文至此，酣畅之至，亦刻毒之至，则谓太史公为古今文人中第一辣手可也。”（《史记评议》）

【评论】

《史记》中有关秦王朝的建立与灭亡的文章共有三篇，即《始皇本纪》《李斯列传》《蒙恬列传》。《蒙恬列传》涉及的问题不多，因此最重要的就是《始皇本纪》和《李斯列传》。《始皇本纪》虽标明“始皇”，但其实是始皇、二世、子婴的合纪，是整个秦王朝由统一到覆灭的兴亡史，是纲领性的。李斯是秦朝的丞相，是秦始皇的左右手，秦朝的许多章程措施都是由李斯制订并付诸实行的，于秦王朝的兴衰关系重大，因此《李斯列传》与《始皇本纪》相互补充，相辅相成，是研究秦王朝成败兴亡的最珍贵的资料。只是这方面的内容，都是从李斯个人的角度出发去呈现的。

司马迁揭示了李斯作为秦始皇思想政治制度的总设计师，对秦政的罪恶应负有重责。在李斯的生命历程中，不能忽略他与荀子、吕不韦的人生交集。荀子是李斯的授业老师；而吕不韦则是第一个赏识他的秦国政要。李斯到秦国时，庄襄王刚去世，即位的秦王嬴政还只是一个不谙世事的少年。鉴于当时掌握秦国大权的是吕不韦，善于审时度势的李斯“乃求为秦相文信侯吕不韦舍人，不韦贤之，任以为郎。”他因此也有了接近秦始皇的机会，并找准时机向其陈述己见，获得了青睐。随着吕不韦与秦始皇的矛盾激化，随着吕不韦的被免职，后被迫自杀，李斯面临着两种政治路线的抉择。显然，他选择了秦始皇，不仅将荀子的礼治学说弃之脑后，更遗弃了吕不韦思想中的儒学要素，成为秦始皇全面贯彻韩非子法家思想的最得力的干将。秦始皇在思想文化方面最为人诟病的非“焚书坑儒”莫属，这两项反文化的暴行，其中“焚书”一项便来自李斯的建议。“焚书坑儒”之后，秦廷虽仍有博士编制，但这些秦博士们已完全屈服于秦政，丢弃了先秦学者议政大胆、思想独立的可贵传统。比如博士叔孙通便是一名儒生，号称“汉家儒宗”，身边还有百余名弟子追随。但是叔孙通已不具备先秦儒家的人格魅力与思想风采，只懂得如何见风使舵、明哲保身，完全是一个反复无常的冯道式的人物。秦朝思想界的可悲状况由此可见一斑。秦始皇不行仁政而大搞严刑峻法、思想专制，这种统治策略既来自于李斯的出谋划策与贯彻执行，那么关于秦政罪恶的历史账单就不应只让嬴政一人承担，身为丞相的李斯也难辞其咎，难逃罪责。

本篇描述了李斯一生所经历的三次重大转型。年少时李斯为上蔡的县小吏。他由厕中鼠与仓中鼠的不同境遇，悟出一个道理：“人之贤不肖譬如鼠矣，在所自处耳。”他因此走出家乡，拜大儒荀卿为师，得以呼吸当时思想前沿的最新空气，从而实现了人生道路上的第一次转型。然而，在了解了荀卿的儒学体系之后，他深感儒者“王道”“仁义”的高论满足不了他改变低贱地位的欲望。于是，他决定完成第二次转型，抛弃荀卿教义，改奉法家学说，西赴秦国以谋求功业。临行前他向荀卿发表了一个告别宣言，声称：“诟莫大于卑贱，而悲莫甚于穷困。久处卑贱之位，困苦之地，非世而恶利，自托于无为，此非士之情也。”秦始皇死后，李斯与赵高经过长谈之后，决定废弃始皇遗诏，加入胡亥、赵高阵营，完成了第三次人生转型。如果说李斯的前两次转型促使他迈向人生顶峰的话，那么第三次转型却将他骤然抛入万劫不复的深渊。死前他悲叹道：“吾欲与若复牵黄犬俱出上蔡东门逐狡兔，岂可得乎？”曾几何时，莎士比亚笔下的苏格兰国王麦克白，在意识到个人败亡的命运已经无可逆转时，不禁感慨人生就像“一个愚人所讲的故事，充满着喧哗和骚动，却找不到一点意义。”（《麦克白》第五幕第五场）时空的隔绝与国别的差异，没有影响李斯与麦克白的殊途同归，都对以往的奋斗经历表现出引人深思的后悔与悲慨。他们两个，一个是秦朝的开国丞相，宣称“诟莫大于卑贱，而悲莫甚于穷困”；一个曾是苏格兰的大将，“希望做一个伟大的人物”；他们野心勃勃，对功名富贵充满着强烈的攫取欲望，却没料到正是这种欲望引领他们走向罪恶与覆亡。

司马迁塑造了诸多悲剧英雄形象，李斯是其中很特殊的一个。在接受了西方悲剧理念的现代学者看来，中国古人原本就缺乏悲剧意识；在“善善恶恶”的儒学传统支配下，一个恶人岂能成为悲剧主角而获得世人的同情与怜悯？于是，善恶对立、忠奸分明的人物关系模式，便成为文学史上长盛不衰的写作定律。古典小说、戏曲中的恶人往往就像京剧舞台上的白脸奸臣，一出场就被观众蔑视，无论如何也无法赢得像莎士比亚笔下麦克白那样的悲剧英雄的地位。但司马迁笔下的李斯，却成为一个罕见的例外。李斯曾接受大儒荀卿的教诲，后又成为韩非子法家理论的实践者，儒、法两种思想在他身上都曾打下烙印。司马迁虚构的李斯与赵高的密谈，展现了李斯内心善、恶交战的情形。他以“安得亡国之言”“君其反位”等大义凛然的话语呵斥赵高，并前后援引儒家道德律令与历史教训，作为抗拒赵高引诱的盾牌。然而在患得患失、保官保位的思想情绪支配下，他最终还是跳上了赵高的贼船。他抵御赵高引诱时的内心振荡，便是儒法双重人格相互斗争的体现。儒家出于“性善论”的仁义道德，与法家出于“性恶论”的“皆挟自为心”(《韩非子·外储说左上》)，构成李斯双重人格的两大伦理实体。司马迁能从李斯精神世界两个互不相容的伦理实体入手，通过人物灵魂的痛苦挣扎，通过“善”的退却与“恶”的得势，证明了“恶”是毁灭的同义语。如果《史记》没有勾勒李斯内心世界善恶斗争的过程与结果，那么他就会因形象干瘪而无以存活于悲剧文学园地，无以成为该园地的“恶之花”。司马迁以对人类复杂天性的深刻洞察为基础，清楚地看到儒、法两家价值体系的对立，认为应当高扬儒家仁爱的旗帜，抑制并抗击法家对自私功利的鼓吹。同时，他也突破了儒家义利观的局限，没有一味否定人对名利富贵的追求。他将自己的这些思考凝聚在本篇之中，使李斯成为一个一度挣扎在儒、法之间、充满了丰富文化内涵的悲剧人物。

本篇也是研究秦代文学的基本材料。鲁迅曾说：“秦之文章，李斯一人而已。”(《汉文学史纲要》)而李斯的文章,除了他随秦始皇巡游中所写的刻石铭文载于《始皇本纪》外,其他文章全部都在《李斯列传》中了。《谏逐客》《论督责》《狱中上二世书》等,都是作为表现李斯每个时期心理性格的典型材料而被收入传记的,这就给我们研究秦代文学提供了极大的方便。

蒙恬列传第二十八

【释名】

本篇写了蒙氏家族几代人的兴衰，着重写了蒙恬、蒙毅兄弟二人的悲剧命运。作者先是简要叙述了蒙恬的先辈为秦国统一所做出的杰出贡献；接着写了蒙恬佐助秦王统一六国称帝，以及他在伐匈奴、筑长城、修驰道等诸项活动中的巨大作用；还写了赵高、李斯政变后，蒙氏兄弟被叛乱分子所杀。在篇末的“太史公曰”中，司马迁批评了蒙恬在协助秦始皇统一六国后未能及时地辅佐秦始皇改行仁政，致使国破身亡，言外无限感慨。

蒙恬者，其先齐人也[①]。恬大父蒙骜[②]，自齐事秦昭王[③]，官至上卿[④]。秦庄襄王元年[⑤]，蒙骜为秦将，伐韩，取成皋、荥阳[⑥]，作置三川郡[⑦]。二年[⑧]，蒙骜攻赵，取三十七城。始皇三年[⑨]，蒙骜攻韩，取十三城。五年[⑩]，蒙骜攻魏，取二十城，作置东郡[⑪]。始皇七年[⑫]，蒙骜卒。骜子曰武，武子曰恬。恬尝书狱典文学[⑬]。始皇二十三年[⑭]，蒙武为秦裨将军[⑮]，与王翦攻楚[⑯]，大破之，杀项燕[⑰]。二十四年[⑱]，蒙武攻楚，虏楚王[⑲]。蒙恬弟毅[⑳]。

【注释】

①先：祖先。

②大父：祖父。

③秦昭王：即秦昭襄王，名稷，前306—前251年在位。

④上卿：官名，卿之居上位者。

⑤庄襄王元年：前249年。庄襄王，名楚，秦始皇之父，前249—前247年在位。

⑥成皋：韩邑名，素为军事重镇，故址在今河南荥阳西北的大邳山上。荥阳：韩邑名，在今荥阳东北古荥镇。

⑦作置：设立。三川郡：秦郡名，郡治洛阳（今河南洛阳）。

⑧二年：前248年。

⑨始皇三年：当作“秦王政三年”，前244年。始皇，名政，庄襄王之子，前246年继位为秦王，统一天下后称秦始皇。

⑩五年：前242年。

⑪东郡：秦郡名，郡治濮阳（今河南濮阳）。杨宽曰：“是年秦攻取魏二十余城，不在同一地区。秦初置东郡不过数城，其后秦继续向东进攻，使东郡逐步扩大。”

⑫始皇七年：前240年。

⑬书狱典文学：《索隐》曰：“谓恬尝学狱法，遂作狱官，典文学。”中井积德曰：“谓作狱辞文书。旧本及《索隐》无‘典’字。”大意谓在司法机构做文字工作。茅坤曰：“秦法以吏为师，名臣往往从‘书狱’出。”

⑭始皇二十三年：前224年。

⑮裨将军：副将。

⑯王翦：秦国名将，其灭楚事详见《白起王翦列传》及《秦始皇本纪》《楚世家》。

⑰项燕：楚国名将，项羽祖父。

⑱二十四年：前223年。

⑲虏楚王：张照曰："此与年表同。《本纪》二十三年，虏荆王；二十四年，项燕自杀。"楚王，即楚王负刍，楚考烈王之子，楚哀王庶兄，前227—前223年在位。

⑳蒙恬弟毅：事亦见《李斯列传》。

【译文】

蒙恬，他的祖先是齐国人。蒙恬的祖父蒙骜，自齐国来到秦国事奉秦昭王，其官位达到上卿。秦庄襄王元年，蒙骜担任秦国将领，攻伐韩国，夺取了成皋、荥阳两地，秦设立三川郡。秦庄襄王二年，蒙骜攻打赵国，夺取了三十七座城池。秦始皇三年，蒙骜攻打韩国，夺取了十三座城池。秦始皇五年，蒙骜攻打魏国，夺取了二十座城池，秦设立东郡。秦始皇七年，蒙骜去世。蒙骜的儿子叫蒙武，蒙武的儿子叫蒙恬。蒙恬曾学习狱法，后来做刑狱官掌管文书。秦始皇二十三年，蒙武担任秦国的副将，与王翦一起攻打楚国，大败楚军，杀死楚将项燕。秦始皇二十四年，蒙武又攻打楚国，俘获了楚王。蒙恬的弟弟叫蒙毅。

始皇二十六年[①]，蒙恬因家世得为秦将，攻齐，大破之[②]，拜为内史[③]。秦已并天下，乃使蒙恬将三十万众北逐戎狄[④]，收河南[⑤]。筑长城，因地形，用制险塞，起临洮[⑥]，至辽东[⑦]，延袤万余里[⑧]。于是渡河[⑨]，据阳山[⑩]，逶蛇而北[⑪]。暴师于外十余年[⑫]，居上郡[⑬]。是时蒙恬威振匈奴[⑭]。始皇甚尊宠蒙氏，信任贤之。而亲近蒙毅，位至上卿，出则参乘[⑮]，入则御前[⑯]。恬任外事而毅常为内谋，名为忠信，故虽诸将相莫敢与之争焉。

【注释】

①始皇二十六年:前221年。

②攻齐,大破之:张照曰:"《纪》《表》攻齐者,将军王贲,皆不言有蒙恬。或恬此时亦从军,非大将。"灭齐事详《秦始皇本纪》《田敬仲完世家》。

③内史:秦官名,秦都咸阳地区的行政长官,犹后世的京兆尹。

④戎狄:此指匈奴,详见《匈奴列传》。

⑤收河南:将今内蒙古境内的黄河以南地区(即"河套")收归秦朝。

⑥临洮:秦县名,治所在今甘肃岷县。

⑦辽东:秦郡名,郡治襄平,即今辽宁辽阳。

⑧延袤(mào)万余里:连绵长达万余里。延袤,绵亘,连绵伸展。按,此即通常所说的万里长城。此长城是在战国秦、赵、燕三国长城旧址上发展起来的,全长万余里。其西南段,人们通常说它西起甘肃岷县,东北行经临洮、渭源、宁夏固原、甘肃环县、陕西吴起、靖边、榆林,北上内蒙古的准格尔旗,再向北至黄河南岸。其实这是秦灭六国以前所筑的长城,汉代也还延续使用。但蒙恬当时所筑的西段长城似乎还在这道长城之西。它自今甘肃兰州西南筑起,沿黄河东北行,经靖远入宁夏,至贺兰山一带,再北行穿乌兰布和沙漠进入内蒙古,大体是沿着黄河的走向修筑的,今谭其骧《中国历史地图集》尚标着这段"秦始皇长城",似少有人提及。中段大体即旧日之赵长城,它西起乌兰布和沙漠,东北行至高阙,沿黄河后套东行,再经由固阳县北、呼和浩特市北,复东北行,至今集宁以东;其东段大体即旧时之燕长城,自今内蒙古化德东行,经河北之围场、内蒙古之赤峰,东行入辽宁,至阜新之东北,继续东行经新民至沈阳之东北,复东南折,入朝鲜境内,至平壤北之今清川江入海处。

⑨渡河:指在今内蒙古河套一带渡过黄河北进。

⑩阳山：即今内蒙古河套以北的狼山。因其在黄河以北，故称“阳”。

⑪逶蛇（wēi yí）而北：指引兵北进。逶蛇，同“逶迤”，曲折行进的样子。

⑫暴师于外：谓率军在外征战。暴，谓暴露于风吹日晒之中。

⑬上郡：秦郡名，郡治肤施，在今陕西榆林东南，米脂西北。

⑭蒙恬威振匈奴：蒙恬伐匈奴、筑长城、修直道、驰道等事，可参看《秦始皇本纪》《匈奴列传》。

⑮参乘（shèng）：陪皇帝同乘一辆车，兼充警卫之用。

⑯御前：皇帝座位之前，即在皇帝身边。

【译文】

秦始皇二十六年，蒙恬因出身将门世家得以成为秦国将军，攻打齐国，大败齐军，被任命为内史。秦国已兼并天下，便派蒙恬统率三十万军士向北驱逐匈奴，收复了黄河以南地区。修筑长城，依据地形，设置要塞，西起临洮，东至辽东，绵延一万余里。于是又渡过黄河，占据阳山，蜿蜒向北行进。蒙恬领兵在外十余年，驻守上郡。当时蒙恬的声名震慑了匈奴。秦始皇非常尊宠蒙氏家族，相信他们，任用他们，认为他们贤能。他亲近蒙恬的弟弟蒙毅，使其官位达至上卿，外出则与皇帝同乘车子，居内则侍奉在皇帝身边。蒙恬负责对外作战而蒙毅则常在朝内出谋划策，有忠信之名，所以即使是诸位将相也不敢与之相争。

赵高者，诸赵疏远属也[①]。赵高昆弟数人[②]，皆生隐宫[③]，其母被刑僇[④]，世世卑贱。秦王闻高强力[⑤]，通于狱法，举以为中车府令[⑥]。高即私事公子胡亥[⑦]，喻之决狱[⑧]。高有大罪，秦王令蒙毅法治之[⑨]。毅不敢阿法[⑩]，当高罪死[⑪]，除其宦籍[⑫]。帝以高之敦于事也[⑬]，赦之，复其官爵。

【注释】

①诸赵疏远属：谓赵高是赵国王室的远房宗族。诸赵，赵国的宗室诸家族。

②昆弟：兄弟。

③皆生隐宫：都在隐宫生活长大。隐宫，旧说以为指关押宫刑犯人的地方，陈直据《云梦秦简·军爵律》认为“隐宫”为“隐官”之讹，马非百《秦集史》认为“所谓隐官，乃是一个收容受过刑罚而因立功被赦之罪人的机关。处在隐官之罪人，必须从事劳动，其性质约与后世之劳动教养所大致相同。‘赵高兄弟数人，皆生隐官，其母被刑戮，世世卑贱’，是说高母曾受刑戮，后因获释，得处隐官，故高兄弟皆能相继生于隐官。由于隐官是属于劳动教养所性质，是罚罪犯之所，而赵高兄弟皆生于此，此其所以称之为‘世世卑贱’也与。”

④刑僇：同“刑戮”，指受刑罚。

⑤秦王：即秦王嬴政，也即后来的秦始皇。强力：《李斯列传》中秦二世称赵高“精廉强力”，指办事勤勉。

⑥中车府令：官名。太仆之属官，掌管皇帝车驾。

⑦私事：暗中事奉结交。公子胡亥：即后来的秦二世，《李斯列传》称其为秦始皇“少子”，《秦始皇本纪》之《集解》称其为秦始皇第十八子。

⑧喻：教。决狱：断案。

⑨法治之：依法处置。

⑩阿法：犹枉法，违法。

⑪当：判定。

⑫除其宦籍：取消做官资格。宦籍，记录官员名位的簿册文书。凌稚隆曰：“此突然插入赵高起家及其有罪一段，所以著蒙氏之祸，实本于此。”

⑬敦于事：王念孙曰："勉于事也。《尔雅》曰：'敦：勉也。'"即办事勤勉。

【译文】

赵高是赵国王室的远房宗亲。赵高兄弟数人都生长于惩治并关押犯人的隐宫，他们的母亲曾受刑戮，所以世代地位卑贱。秦始皇听闻赵高精明能干，精通狱法，便提拔他担任中车府令。赵高便暗中为公子胡亥做事，教他断决讼案。有一次，赵高犯了大罪，秦始皇令蒙毅依法审理。蒙毅不敢枉法，判定赵高死罪，取消了他的做官资格。秦始皇因赵高平日勤于政事，赦免了他，给他恢复了官爵。

始皇欲游天下①，道九原，直抵甘泉②，乃使蒙恬通道③，自九原抵甘泉，堑山堙谷④，千八百里。道未就⑤。

始皇三十七年冬⑥，行出游会稽⑦，并海上⑧，北走琅邪⑨。道病⑩，使蒙毅还祷山川⑪，未反⑫。始皇至沙丘崩⑬，秘之⑭，群臣莫知。是时丞相李斯、公子胡亥、中车府令赵高常从⑮。高雅得幸于胡亥⑯，欲立之，又怨蒙毅法治之而不为己也⑰，因有贼心⑱，乃与丞相李斯、公子胡亥阴谋，立胡亥为太子。太子已立，遣使者以罪赐公子扶苏、蒙恬死⑲。扶苏已死，蒙恬疑而复请之⑳。使者以蒙恬属吏㉑，更置㉒。胡亥以李斯舍人为护军㉓。使者还报，胡亥已闻扶苏死，即欲释蒙恬。赵高恐蒙氏复贵而用事，怨之㉔。

【注释】

①始皇欲游天下：此叙秦始皇修直道之动机。郭嵩焘曰："按《匈奴传》：'使蒙恬击胡，悉收河南地，因河为塞，通直道，自九原至云阳。因边山险，堑溪谷，起临洮至辽东万余里。'云阳即甘泉宫所

在也。盖始皇西起临洮以达辽东,横截万余里,为长城;又从九原除道至云阳为巡边之计,所谓‘通直道’者是也。而于此云‘欲游天下’,非事实也。”

②道九原,直抵甘泉:从九原直达甘泉。道,取道,经由。九原,秦郡名,郡治在今内蒙古包头西。甘泉,山名,在今陕西淳化西北。山上有秦离宫。

③通道:修通道路,即所谓“修直道”。

④堑(qiàn)山:挖山开路。堑,挖掘。堙(yīn)谷:填谷铺路。堙,填。

⑤道未就:意谓此道尚未修完,即发生下文所叙巨变。

⑥始皇三十七年冬:前210年的年初,当时以“十月”为岁首。

⑦会稽:山名,也是秦郡名。会稽郡的郡治在吴县(今江苏苏州),辖区包括今浙江北部。会稽山在今浙江绍兴东南。

⑧并(bàng)海上:沿着海边往北走。并,挨着,沿着。

⑨琅邪:山名,也是秦郡名。琅邪郡的郡治在今山东胶南西南;其地有琅邪山,在琅邪郡城东南十余里。

⑩道病:途中生病。

⑪还祷山川:回到内地祭祀各地的名山大川,以祈为秦始皇消灾。

⑫未反:尚未返回。反,同“返”。

⑬始皇至沙丘崩:事在秦始皇三十七年阴历七月。沙丘,沙丘宫,战国时为赵离宫,在今河北广宗西北之大平台。以下所叙赵高、李斯等阴谋支持胡亥篡位事,参见《李斯列传》。

⑭秘之:封锁秦始皇死讯之事,详见《李斯列传》。

⑮丞相李斯:原为楚国人,仕秦,官至丞相,事详《李斯列传》。

⑯雅:素来,向来。

⑰不为己:没有偏袒自己(指赵高)。

⑱贼心:害人之心。贼,害。

⑲公子扶苏:秦始皇长子。因谏阻秦始皇坑杀儒生,被派往上郡监

蒙恬军。

⑳复请之：再向朝廷叩问赐死之由。

㉑属（zhǔ）吏：交由有关官员看管。属，交管。

㉒更置：指更换将军，即《李斯列传》所云“以兵属裨将王离”。

㉓舍人：王公贵族私门之官。护军：官名，护即督统之意，职掌协助主将督率全军。郭嵩焘曰：“《李斯传》：‘为书赐扶苏，以兵属裨将王离。’此云‘护军’，盖亦‘监军’之意。”

㉔怨之：此谓赵高担心蒙氏再度掌权会怨恨自己。

【译文】

秦始皇想要巡游天下，取道九原郡，直达甘泉离宫，便命蒙恬修建直道，从九原至甘泉，挖山填谷，全长一千八百余里。道路尚未完工。

秦始皇三十七年冬天，始皇出巡会稽，沿海北上，前往琅邪。秦始皇半路上生了病，便派蒙毅回去祭祀山川神灵，蒙毅没来得及返回。秦始皇走到沙丘就病逝了，消息被封锁起来，群臣都不知道。当时丞相李斯、公子胡亥、中车府令赵高日常跟随侍奉秦始皇。赵高一向得胡亥赏识，想要拥立胡亥，又怨恨蒙毅依法惩治他而不替他开脱，因此动了杀心，便与丞相李斯、公子胡亥密谋，立胡亥为太子。立太子的事确定以后，他们派使者罗织罪名让公子扶苏、蒙恬自杀。公子扶苏死后，蒙恬觉得事有可疑，请求申诉。使者把蒙恬交给有关官员看管，更换了将军。胡亥用李斯的舍人担任护军。使者回来报告消息，胡亥听闻公子扶苏的死讯后，就想释放蒙恬。赵高担忧蒙氏兄弟再度显贵掌权，会怨恨自己。

毅还至，赵高因为胡亥忠计①，欲以灭蒙氏，乃言曰：“臣闻先帝欲举贤立太子久矣②，而毅谏曰‘不可’。若知贤而俞弗立③，则是不忠而惑主也。以臣愚意，不若诛之。”胡亥听而系蒙毅于代④。前已囚蒙恬于阳周⑤。丧至咸阳，已葬，太子立为二世皇帝⑥，而赵高亲近，日夜毁恶蒙氏⑦，求其罪过，举劾之⑧。

【注释】

①忠计：尽忠献计。泷川引屠隆曰："太史公恶之之词，看上文'因有贼心'句可见。"

②欲举贤立太子久矣：赵高此处所谓"贤"，暗指胡亥。

③知贤而俞弗立：《索隐》曰："谓知太子贤而逾久不立，是不忠也。"俞，通"逾"，过。

④系蒙毅于代：《正义》曰："因祷山川，至代而系之。"泷川引中井积德曰："上文云'毅还至'，是道中会胡亥也。乃系于代者，亦以道路之便，管事之要耳。"代，秦郡名，郡治代县，在今河北蔚县东北之代王城。据《秦始皇本纪》，秦始皇死后，赵高、李斯等并未直接回咸阳，而是载着秦始皇的尸体西行至井陉（今河北石家庄西），北折经过代郡到九原（今内蒙古包头西），然后再由九原往南回到咸阳。蒙毅不知秦始皇已死，祭祀完后想回到秦始皇身边，故与赵高、李斯等相会于代郡。

⑤阳周：秦县名，治所在今陕西子长西北。

⑥已葬，太子立为二世皇帝：事在始皇三十七年（前210）九月。

⑦毁恶（wù）：诋毁中伤。毁，诽谤。

⑧举劾（hé）：检举，弹劾。

【译文】

蒙毅祭祀山川回来，赵高假借为胡亥献策尽忠之名，想就此消灭蒙氏，就说："我听闻先帝想举贤立您为太子已经很久了，但是蒙毅劝谏说'不可以'。如果他知晓您贤能而拖延着不拥立您，那就是不忠，而且还蒙蔽先帝啊。以我的愚见，不如杀了他。"胡亥听从赵高的意见，把蒙毅囚禁于代郡。此前蒙恬已被囚禁于阳周县。等秦始皇的丧驾行至咸阳，安葬完毕，太子即位为二世皇帝，而赵高受到秦二世亲近，日夜诋毁攻击蒙氏，搜集他们的罪证，检举弹劾他们。

子婴进谏曰[①]："臣闻故赵王迁杀其良臣李牧而用颜聚[②]，燕王喜阴用荆轲之谋而倍秦之约[③]，齐王建杀其故世忠臣而用后胜之议[④]。此三君者，皆各以变古者失其国而殃及其身[⑤]。今蒙氏，秦之大臣谋士也，而主欲一旦弃去之，臣窃以为不可。臣闻轻虑者不可以治国，独智者不可以存君[⑥]。诛杀忠臣而立无节行之人，是内使群臣不相信而外使斗士之意离也，臣窃以为不可[⑦]。"

【注释】

①子婴：《李斯列传》说是"始皇之弟"，而《秦始皇本纪》则说是"二世之兄子"，也即秦始皇之孙，纪传自相矛盾。

②赵王迁：赵悼襄王之子，前235—前228年在位。李牧：赵国名将。颜聚：原为齐将，后又为赵将。关于李牧被杀事，详见《廉颇蔺相如列传》。

③燕王喜：战国时燕国的亡国之君，前254—前222年在位。荆轲之谋：荆轲刺秦王事，详见《刺客列传》。倍秦之约：违背向秦求和之约。倍，通"背"。

④齐王建：战国时齐国的亡国之君，前264—前221年在位。后胜：齐王建之相，任职期间多受秦国贿赂，不备战，促使齐王朝秦。齐王建听信后胜之劝以断送齐国事，详见《田敬仲完世家》。

⑤变古者：改变旧办法。古，此处意思同"故"。

⑥独智：即刚愎自用，自以为是。

⑦臣窃以为不可：凌稚隆引杨慎曰："子婴知蒙恬之枉而能进谏，后

卒能烛赵高之奸而讨贼,亦可谓贤矣。生逢末世,不幸盖与刘谌、曹髦同,哀哉!”

【译文】

子婴于是进言劝谏说:“我听闻从前赵王迁杀死他的良臣李牧而任用颜聚,燕王喜暗中采用荆轲的计谋而背弃与秦国的盟约,齐王建杀了前代忠臣而听信后胜的建议。这三位君王,都是因为改变旧规而丧失国家,灾祸也降临他们自身。现在蒙氏兄弟,是秦国的大臣和谋士,而主上却想要一下子舍弃他们,我私下认为不能这么做。我听闻考虑事情轻率的人不能治理国家,刚愎自用、独断专行的人不能保全君主。诛杀忠臣而任用没有节操品行的人,这样对内会使群臣不信任帝王,对外会使军士离心离德,我私下认为不能这么做。”

胡亥不听。而遣御史曲宫乘传之代[1],令蒙毅曰:“先主欲立太子而卿难之[2]。今丞相以卿为不忠[3],罪及其宗。朕不忍,乃赐卿死,亦甚幸矣。卿其图之[4]!”毅对曰:“以臣不能得先主之意[5],则臣少宦,顺幸没世,可谓知意矣[6]。以臣不知太子之能,则太子独从,周旋天下[7],去诸公子绝远[8],臣无所疑矣[9]。夫先主之举用太子,数年之积也,臣乃何言之敢谏[10],何虑之敢谋[11]!非敢饰辞以避死也,为羞累先主之名[12],愿大夫为虑焉[13],使臣得死情实[14]。且夫顺成全者[15],道之所贵也;刑杀者,道之所卒也[16]。昔者秦穆公杀三良而死[17],罪百里奚而非其罪也[18],故立号曰缪[19]。昭襄王杀武安君白起[20]。楚平王杀伍奢[21]。吴王夫差杀伍子胥[22]。此四君者,皆为大失,而天下非之,以其君为不明,以是籍于诸侯[23]。故曰‘用道治者不杀无罪,而罚不加于无辜’。唯大夫留心！”使者知胡亥之意，不听蒙毅之言，遂杀之。

【注释】

①御史曲宫：御史姓曲名宫。御史，也称“侍御史”，御史大夫的属官，职主监察等，或奉使出外执行专事。传（zhuàn）：驿车。

②难：非难，反对。

③丞相：指李斯。盖谓此系以丞相为代表的百官之意见，非皇帝一人之言。

④图：考虑。

⑤以臣不能得先主之意：如果我不懂得先帝的心思。

⑥“则臣少宦”几句：谓自己是懂先王心思的。《索隐》曰：“言己少事始皇，顺旨蒙恩，幸至始皇没世，可谓知上意。”

⑦周旋：周游。

⑧去诸公子绝远：谓胡亥所受宠爱远超其他公子。

⑨臣无所疑矣：说明我对您是没有任何怀疑的。

⑩乃：王叔岷曰：“‘乃’犹‘尚’也。”谏：劝阻，拦阻。

⑪虑：指反对的想法。

⑫羞累先主之名：害怕因自己承认没有的罪过，而给先帝带来用人不当的名声。此处措辞，与乐毅《报燕惠王书》“离毁辱之诽谤，堕先王之名，臣之所大恐也”相似。

⑬愿大夫为虑焉：希望您为我想一下。大夫，对曲宫的敬称。

⑭得死情实：即因实际罪过而死。

⑮顺成全：顺着规律，让事物自然生长发展。《庄子·马蹄》“至德之世，其行填填，其视颠颠。禽兽成群，草木遂长”云云，即此意。

⑯刑杀者，道之所卒也：泷川曰：“枫、三本‘卒’作‘末’。”“道之所末”与上句“道之所贵”相对文。《老子》第三十一章“兵者，不祥之器，物或恶之，有道者不处。夫乐杀人者，则不可得志于天

下矣”云云，即此意。王叔岷曰：“吴曾《能改斋漫录》五引此无‘全’字，‘卒’作‘弃’。”

⑰秦穆公：名任好，前659—前621年在位，春秋五霸之一。杀三良而死：指秦穆公用奄息、仲行、虎三良为自己殉葬。事见《诗·秦风·黄鸟》与《秦本纪》。

⑱罪百里奚而非其罪也：疑指百里奚、蹇叔谏阻秦穆公偷袭郑国而对二人恶语辱骂之事，后秦军全军覆灭，事详《左传·僖公三十三年》《秦本纪》。又《风俗通义·皇霸》有“缪公杀贤臣百里奚”之说，不知何据。

⑲立号曰缪：即死后谥曰“缪公”。《谥法解》：“名与实爽曰缪。”

⑳昭襄王：秦昭王，秦始皇之曾祖。白起：秦国名将，因战功赫赫被封为武安君。因受范雎谗害，为秦昭王所杀。事见《白起王翦列传》。

㉑楚平王：春秋后期楚国国君，名居，前528—前516年在位。伍奢：伍子胥之父因受费无极谗害，为楚平王所杀。事详《伍子胥列传》。

㉒吴王夫差：春秋末期吴国国君，前494—前473年在位。伍子胥：因父兄被楚平王所杀，逃到吴国。先后辅佐吴王阖庐、吴王夫差称霸一时，最后因受伯嚭谗害，为夫差所杀，事详《吴太伯世家》《伍子胥列传》。

㉓以是籍于诸侯：《索隐》引刘氏曰：“诸侯皆记其恶于史籍。”籍，书写，记录。

【译文】

胡亥没有听从子婴的规劝。他反而派御史曲宫坐驿车前往代郡，对蒙毅下令说：“先帝想要立我为太子而你却加以阻挠。如今丞相认为你不忠，罪责株连你的宗族。我不忍心，只赐死你一人，这已经是很幸运的了。你自己认真考虑吧！”蒙毅回答说：“如果认为我不能理解先帝的心意，那么我从小在先帝身边为官，一直顺利，受到宠幸，直到先帝去世，可以说我是了解先帝的。如果认为我不知晓太子的贤能，那么太子独自跟随先帝，周游天下，受宠程度远超其他公子，这说明我对太子是没有任何怀疑的。先帝选立太子，是数年考虑的结果，我敢说什么话去劝谏，敢动什么反对的念头呢！我并不敢粉饰言辞来逃脱死罪，我是怕羞辱牵累了先帝的威名，希望大夫予以考虑，使我死于真实的罪名。况且保全人的生命是道义所推崇的，动用刑法杀人是道义所不提倡的。从前秦穆公杀死三位忠良为他殉葬，怪罪百里奚所没有的罪行，所以他的谥号是缪。昭襄王杀死了武安君白起。楚平王杀死了伍奢。吴王夫差杀死了伍子胥。这四位君主，都犯下大错，因而天下人都非议他们，认为他们是不贤明的国君，因此记载在诸侯的史籍中。所以说‘用道治国的君主不杀害无罪的人，也不会把刑罚施加给无辜的人’。希望您留意啊！”使者知道胡亥的意图，不听蒙毅的申诉，便把他杀了。

二世又遣使者之阳周，令蒙恬曰：“君之过多矣，而卿弟毅有大罪，法及内史[①]。”恬曰：“自吾先人，及至子孙[②]，积功信于秦三世矣[③]。今臣将兵三十余万，身虽囚系，其势足以倍畔[④]，然自知必死而守义者，不敢辱先人之教[⑤]，以不忘先主也。昔周成王初立，未离襁褓[⑥]，周公旦负王以朝[⑦]，卒定天下。及成王有病甚殆[⑧]，公旦自揃其爪以沉于河[⑨]，曰：‘王未有识[⑩]，是旦执事。有罪殃，旦受其不祥。’乃书而藏之记府[⑪]，可谓信矣。及王能治国，有贼臣言[⑫]：‘周公旦欲为乱久矣，王若不备，必有大事。’王乃大怒，周公旦走而奔于楚[⑬]。成王观于记府，得周公旦沉书[⑭]，乃流涕曰：‘孰谓周公旦欲为乱乎！’杀言之者而反周公旦[⑮]。故《周书》曰

‘必参而伍之’[16]。今恬之宗，世无二心，而事卒如此，是必孽臣逆乱[17]，内陵之道也[18]。夫成王失而复振则卒昌；桀杀关龙逢[19]，纣杀王子比干而不悔[20]，身死则国亡。臣故曰过可振而谏可觉也[21]。察于参伍[22]，上圣之法也。凡臣之言，非以求免于咎也，将以谏而死[23]，愿陛下为万民思从道也。”使者曰：“臣受诏行法于将军，不敢以将军言闻于上也[24]。”蒙恬喟然太息曰：“我何罪于天，无过而死乎？”良久，徐曰：“恬罪固当死矣。起临洮属之辽东[25]，城堑万余里[26]，此其中不能无绝地脉哉？此乃恬之罪也[27]。”乃吞药自杀[28]。

【注释】

①法及内史：意谓他犯罪牵连到你。凌稚隆曰：“一遣曲宫乘传之代令蒙毅，一遣使者之阳周令蒙恬，此两大扇法。”

②自吾先人，及至子孙：指自蒙骜开始，到其子蒙武，及其孙蒙恬、蒙毅兄弟。

③功信：功劳信义。

④倍畔：通“背叛”。

⑤辱：辱没。

⑥周成王初立，未离襁褓：谓周成王即位时幼弱。周成王，名诵，周武王之子，前1042—前1021年在位。襁褓，背负婴儿用的宽带和包裹婴儿的被子。

⑦周公旦：武王之弟，名旦，被封为周公。事详《周本纪》《鲁周公世家》。负王以朝：背着周成王临朝理政。

⑧有病甚殆（dài）：病势危重。殆，危险。

⑨自揃其爪以沉于河：剪掉指甲沉于河中，向鬼神表示愿意以身相代。揃，同“剪”。

⑩王未有识：周成王还懵懂无知。

⑪记府：保存文献档案的地方。

⑫贼臣：指管叔鲜、蔡叔度等。管叔、蔡叔流言污蔑周公事，参见《周本纪》《鲁周公世家》《管蔡世家》等篇。

⑬周公旦走而奔于楚：《鲁周公世家》："人或谮周公，周公奔楚。"与此相同。梁玉绳引徐文靖《竹书统笺》云："世家'周公奔楚'；《国策》惠施曰'王季葬于楚山之尾'；季郧《鼎铭》曰'王在成周，王徙于楚麓'；《左传·成十三年》'迓晋侯于新楚'。杜注：'新楚，秦地。'《括地志》：'终南山，一名楚山，在雍州万年县南。'武王墓在万年县西南，周公当因流言出居，依于王季、武王之墓地。"

⑭得周公旦沉书：泷川引中井积德曰："周公'剪爪''奔楚'，谬传耳，不足辩。'沉书'，世家作'祷书'。盖沉者，爪也，非书，世家为优。"

⑮杀言之者而反周公旦：杀掉进谗言的人而将周公旦请回来。反，回，请回。以上周公佐成王及遭疑出奔事，参见《周本纪》《鲁周公世家》。

⑯《周书》：记载周朝政迹、文告与言论的书，包括今本《尚书》中的"周书"及《逸周书》等。参而伍之：《太史公自序》："控名责实，参伍不失。"《集解》曰："引名责实，参错交互，明知事情。"《韩非子·八经》："参伍之道，行参以谋多，揆伍以责失。"盖谓错综比较，加以验证，以求准确。

⑰孽臣：奸邪嬖幸之臣，此处暗指赵高、李斯等。

⑱内陵：内部自行削弱。

⑲桀：夏代的亡国之君，史上著名的暴君。关龙逢：夏代末年的贤臣，因劝阻夏桀而被杀，事见《庄子·人间世》《荀子·解蔽》《吕氏春秋·必己》及《夏本纪》。

⑳纣：商代的亡国之君，名受，前1075—前1046年在位。王子比干：商代末年贤臣，纣王之弟，因劝谏纣王，被剖心而死，事见《殷本纪》。

㉑故曰过可振而谏可觉也：《索隐》曰："此'故曰'，必先志有此言，蒙恬引之以成说也，今不知出何书耳。'振'者，救也。然语亦倒，以言前人受谏可觉，而其过乃可救。"

㉒察于参伍：通过核查比较查清事实真相。察，清楚，明白。

㉓将以谏而死：即一谏而死。

㉔闻于上：报告给皇帝。

㉕起临洮属之辽东：指修筑万里长城事。属，连，连接。

㉖城堑：挖山筑城。堑，挖沟。

㉗此其中不能无绝地脉哉？此乃恬之罪也：凌稚隆引凌约言曰："白起之引剑自裁也，曰：'我何罪乎天而至此哉？'良久曰：'我固当死，长平之战，赵卒降者数十万人，我诈而尽坑之，是足以死。'与蒙恬之咎地脉同，然实以叙其功耳。"吴见思曰："终以不了了语竟收，以明蒙恬之无罪也。"

㉘乃吞药自杀：今陕西绥德城西南之大理河北有蒙恬墓。

【译文】

秦二世又派使者到阳周县，对蒙恬下令说："你的过错太多了，并且你的弟弟蒙毅也有大罪，依法追究也牵连到你。"蒙恬说："自我的祖父，到他的子孙，在秦国建功立业、积累信义已经有三代了。如今我领兵三十余万，虽然身陷囹圄，但我的势力仍足以造反，然而我之所以自知必死却还坚守信义，是因为不敢辱没先人的教诲，以表示不敢忘记先帝的恩德。从前周成王刚刚即位时，还是个没有离开襁褓的婴儿，周公旦背着年幼的周成王上朝，最终平定天下。到周成王病势危重时，周公旦剪下自己的指甲沉到黄河中，说：'君王还年幼无知，是我在管理国事。如果有罪过，就由我来承受灾祸。'他把这些祈祷的话写下来收藏在档案府里，可以说是守信义了。等到周成王长大可以治理国家了，有奸臣说：'周公旦想要叛乱很久了，如果大王不提防，必然会出大事。'周成王于是大怒，周公旦逃跑到楚地。周成王到档案府查看时，看到了周公旦的祷书，就流着眼泪说：'谁说周公旦想要叛乱呢！'他杀了造谣的人，并且请回了周公旦。所以《周书》上说'一定要多方比较、反复验证'。如今我们蒙氏宗族，世世代代忠心不二，然而事情最终却成了这样，必定是奸臣倒行逆施、内部自行削弱的结果。周成王虽有过失却能重新补救，最终国家昌盛；夏桀杀死关龙逄，商纣杀死王子比干而不改悔，结果身死国灭。我听古训说犯了错可以补救，接受劝谏可以觉悟。通过多方反复核查弄清事实真相，是圣明君主的治国之法啊。我说这些，并非祈求免罪，而是要进谏而死，希望陛下为了天下百姓，考虑遵循正道。"使者说："我奉命对将军执行刑罚，不敢把您的话报告给皇上听。"蒙恬听了深深叹气道："我究竟如何得罪了上天，没有任何过错就要死去呢？"过了好久，他慢慢地说道："我蒙恬的罪过本就该死。长城西起临洮连接到辽东，挖山筑城一万余里，中间不可能没有切断地脉啊！这就是我蒙恬的罪过吧。"于是就吞下毒药自杀了。

太史公曰：吾适北边[①]，自直道归[②]，行观蒙恬所为秦筑长城亭障[③]，堑山堙谷，通直道，固轻百姓力矣[④]。夫秦之初灭诸侯，天下之心未定，痍伤者未瘳[⑤]，而恬为名将，不以此时强谏[⑥]，振百姓之急[⑦]，养老存孤[⑧]，务修众庶之和[⑨]，而阿意兴功[⑩]，此其兄弟遇诛，不亦宜乎[⑪]？何乃罪地脉哉？

【注释】

①适北边：到北部边防前线。

②自直道归：经由九原至甘泉的"直道"而回长安。

③亭障：古代边塞要地设置的堡垒。

④轻百姓力：轻贱百姓的劳动。轻，不重视，肆意消耗。

⑤痍伤者：深受战争创伤的百姓。瘳（chōu）：痊愈，康复。

⑥强（qiǎng）谏：极力进谏。

⑦振：救济，赈济。

⑧存：抚恤，慰问。孤：《孟子·梁惠王下》："幼而无父曰孤。"

⑨修众庶之和：促进百姓的和睦相处。

⑩阿意：迎合秦始皇的心意。阿，曲，曲从。兴功：指建长城、修直道、伐匈奴等劳民伤财之事。锺惺曰："轻百姓力易见也，阿意兴功难见也。深文定案，使贤者不能以才与功自解其罪，此史家眼力高处。"

⑪此其兄弟遇诛，不亦宜乎：《白起王翦列传》云："王翦为秦将，夷六国，当是时，翦为宿将，始皇师之，然不能辅秦建德，固其根本，偷合取容，以至殁身，及孙王离为项羽所虏，不亦宜乎？"与此类同。尚镕曰："迁责王翦不能辅秦建德，固其根本；责李斯不补主阙，严威酷刑；责蒙恬不能强谏，振急修和。且责翦以偷合取容，责斯以阿顺苟合，责恬以阿意兴功。真古之良史，可为万世驭将相之明鉴矣。"

【译文】

太史公说：我到北边的边防前线去，经由直道返回长安，沿路看到蒙恬为秦朝修筑的长城堡垒，他凿山填谷，修建直道，确实太轻贱百姓的劳动了啊。当时秦国刚刚剿灭诸侯，民心未定，蒙受战争创伤的黎民百姓尚未痊愈，然而蒙恬作为名将，此时不极力劝谏，救助百姓的急难，赡养老人，抚慰孤儿，致力于促进百姓的和睦，反而是迎合秦始皇的心意大兴劳作，这样看来这两兄弟被诛杀，不是应当的吗？何必归罪于斩断地脉呢？

【集评】

李景星曰:“《蒙恬传》极写其兄弟权势之盛,故篇中于恬、毅之事,不用并提,即用对叙,看似恬、毅合传,实则以恬为主。开首详叙先世,即为权势之盛伏根;以下曰‘因家世得为秦将’,曰‘始皇尊宠蒙氏’,曰‘诸将相莫敢与之争’,曰‘蒙氏,秦之大臣谋士也’,曰‘积功信于秦三世矣’,皆为‘权势’二字极力提动,而又以子婴之谏与恬、毅临死之言相映成文,遂觉权势之盛与权势之穷一齐俱出。赞语谓蒙氏兄弟之诛为宜,而一篇所写之权势又皆化成两人之罪案。用笔之妙,何可思议!至赵高为李斯、蒙恬之对头,故于《李斯传》中备记其终,于《蒙恬传》内又详其始。且李斯、蒙恬之受祸处写得圆足,而赵高之出身本末亦写得圆足。以一人之事附记两传之中,斯又附传之创格也。”(《史记评议》)

郭嵩焘曰:“蒙氏有功而无几微过差,其北备匈奴,方秦并天下时事无急于是者;起长城为防,至汉兴犹蒙其利。”(《史记札记》)

【评论】

本篇写蒙氏家族的历史功勋以及蒙氏兄弟遇害的过程都很简略,其详细叙写的乃是子婴的一段谏辞,和蒙毅、蒙恬的两段辩冤之辞。三段陈辞超过了整篇传记的二分之一,司马迁借此批判了秦二世屠戮忠臣的残暴行为,对蒙氏兄弟的惨死给予了应有的同情。历史上诸多诛杀忠良的事例都出现在这三段陈辞中,如子婴提及的“赵王迁杀其良臣李牧”“齐王建杀其故世忠臣”,蒙毅提及的“秦穆公杀三良”“昭襄王杀武安君白起,楚平王杀伍奢,吴王夫差杀伍子胥”,蒙恬提及的“桀杀关龙逢,纣杀王子比干”,说明了这个问题在历史上的普遍性与严重性,控诉了包括秦二世在内的残害忠良的统治者的罪恶。

在充分肯定以蒙恬兄弟为代表的蒙氏家族的卓越功勋之外,司马迁批评了蒙氏兄弟一味“阿意兴功”,而不能对秦王朝的错误政策进行规谏。秦统一六国后,“天下之心未定,痍伤者未瘳”,此时蒙恬本该“强谏”秦始皇实施仁政，关心百姓疾苦，但他非但不如此，反而帮助始皇务征战，修长城，加重了百姓的苦难。作为秦始皇暴政工具的蒙氏兄弟，最后可悲地成为暴政的牺牲品。清人尚镕说：“迁责王翦不能辅秦建德，固其根本；责李斯不补主阙，严威酷刑；责蒙恬不能强谏，振急修和。且责翦以偷合取容，责斯以阿顺苟合，责恬以阿意兴功，真古之良史，可为万世驭将相之明鉴矣。”（《史记辨证》）

司马迁批驳了蒙恬所谓“绝地脉”的虚妄说法，表现出了一种实事求是的史学观。蒙氏兄弟之死，从其效忠朝廷而遭屠戮来说是值得同情的；但他们的“忠”，充其量也只是一种唯命是从的愚忠，他们的被杀也不是完全无辜。郭嵩焘说：“蒙氏固将也，以任边事，其职应然，观其临死‘绝地脉’之言，抑何其言之沉痛也？史公责其‘阿意兴功’，而以其遇诛为宜，不亦过乎？”（《史记札记》）他的这一观点与司马迁的认识有一定差距。司马迁认为武将不能仅知军事，还应该懂政治，应使自己的行为有利于国家政务，有利于天下的黎民百姓。况且蒙氏兄弟中的蒙毅职为内史，身居高官，更应有所作为。与蒙氏兄弟形成鲜明对照的是刘邦的开国功臣曹参、周勃，他们均为汉初休养生息的政治做出了重要贡献，而并非只知军事，正如清代储欣所分析的：“观汉之所以兴，萧、曹相国之所以得，则知秦之所以亡，王翦、蒙恬之所以失。太史公盱衡今古，垂法著戒，深得《春秋》之意。”（《史记选》）

史记卷八十九

张耳陈馀列传第二十九

【释名】

本篇是张耳、陈馀两人的合传。张耳、陈馀同是知名贤者，两人互相倾慕，结为刎颈之交，贫贱时同生死、共患难。在秦汉之际复杂的政治军事斗争背景下，由于争权夺势，两人最终反目成仇。最后张耳投靠了刘邦，跟随韩信在井陉之战中杀死了陈馀，张耳则被汉封赵王。

全篇紧紧围绕张耳、陈馀两个中心人物展开，大致可以分为四大部分。第一部分写张耳、陈馀早年穷困时期的友谊。第二部分写张耳、陈馀一同投奔陈胜起义军，辅助陈胜攻城略地，一道先后拥立武臣、赵歇等为王，陈馀为将、张耳为相。第三部分写张耳、陈馀在钜鹿之战时发生误会而断交，项羽入关封侯时，张耳为王，陈馀为侯，地位不等，权势不均，陈馀怒而攻败张耳，张耳归汉，陈馀迎赵王歇。汉遣张耳与韩信破赵，陈馀被杀，张耳被封为赵王。第四部分写赵相贯高由于不满刘邦对赵王张敖的态度谋刺刘邦，刺杀失败后，拼死为张敖辩冤的义烈行为，以及张耳子孙的升沉遭遇。篇末论赞感慨于张耳、陈馀的交友不终，对“以势利交”的世道予以谴责。

张耳者，大梁人也[①]。其少时，及魏公子毋忌为客[②]。张耳尝亡命游外黄[③]。外黄富人女甚美，嫁庸奴，亡其夫去，抵父客[④]。父客素知张耳，乃谓女曰："必欲求贤夫，从张耳[⑤]。"女听，乃卒为请决[⑥]，嫁之张耳。张耳是时脱身游[⑦]，女家厚奉给张耳，张耳以故致千里客[⑧]。乃宦魏为外黄令[⑨]。名由此益贤。

陈馀者，亦大梁人也，好儒术[⑩]，数游赵苦陉[⑪]。富人公乘氏以其女妻之，亦知陈馀非庸人也。馀年少，父事张耳[⑫]，两人相与为刎颈交[⑬]。

【注释】

①大梁：古城名，战国后期魏国国都，在今河南开封西北。

②及魏公子毋忌为客：颜师古曰："言其尚及见毋忌，为之宾客也。"及，赶上。魏公子毋忌，即信陵君公子无忌，事详《魏公子列传》。为客，为之做宾客。

③亡命：谓削除户籍而逃亡在外。亦泛指逃亡，流亡。《索隐》引晋灼曰："命者，名也。谓脱名籍而逃。"外黄：魏邑名，秦置县，在今河南民权北。

④"外黄富人女甚美"几句：意谓外黄有位漂亮的富家女，嫁给了一位奴仆，背弃其夫逃走，逃到其父的朋友家。又王念孙曰："既为富人女，而又甚美，则无嫁庸奴之理。'嫁'字后人所加，'亡'字在'其夫'下，'庸奴其夫'为句，'亡去'为句，'抵父客'为句。《汉书》作'外黄富人女甚美，庸奴其夫，亡邸父客'，是其证也。"其说亦有理。

⑤从张耳：嫁给张耳。从，跟随，今俗语犹曰"嫁鸡随鸡，嫁狗随狗"。

⑥乃卒为请决：谓其父的朋友帮此女向其夫请求离婚。决，离异，分开。

⑦脱身游：只身流浪在外。

⑧以故致千里客：张耳因妻家之富招致门客，盖亦效法信陵君。

⑨宦魏：在魏国做官。外黄令：外黄的长官。

⑩好儒术：王先谦引沈钦韩曰："《孔丛子·独居篇》载陈馀与子鱼语，亦其好儒之证。"泷川引《淮阴侯列传》云："成安君，儒者也，常称义兵不用诈谋奇计。"

⑪数：屡次，多次。苦陉（xíng）：赵县名，治所在今河北无极东北。

⑫父事张耳：像事奉父亲一样事奉张耳。

⑬刎颈交：犹言生死之交。《索隐》引崔浩曰："言要齐生死，断头无悔。"颜师古曰："言托契深重，虽断颈绝头无所顾也。"

【译文】

张耳是魏国大梁人。他年轻时，赶上做魏公子无忌的门客。张耳曾经因避罪，隐姓埋名潜逃到外黄。外黄有一富人家的女儿长得很漂亮，却嫁给一个奴仆，她因此背夫私逃，逃到她父亲的一个朋友家里。她父亲的朋友向来了解张耳，便对那个女子说："你一定要找一个好丈夫，那就嫁给张耳吧。"女子听从了，她父亲的朋友就帮她向其丈夫请求解除了婚姻关系，嫁给了张耳。当时张耳单身一人漂流在外，女方家里给了张耳很多钱财资助他，所以他有钱招揽许多来自远方的门客。在魏国做了官，当了外黄县的县令。他的名气也越发大了。

陈馀也是大梁人，喜好儒学，多次去赵国苦陉县游历。一位姓公乘的富人把女儿嫁给了他，因为知道陈馀不是一个庸碌无为的人。由于陈馀年少，就像事奉父亲一样地事奉张耳，二人结为生死之交。

秦之灭大梁也[①]，张耳家外黄[②]。高祖为布衣时，尝数从张耳游，客数月[③]。秦灭魏数岁，已闻此两人魏之名士也，购求有得张耳千金[④]，陈馀五百金[⑤]。张耳、陈馀乃变名姓，俱之陈[6]，为里监门以自食[7]。两人相对[8]。里吏尝有过笞陈馀[9]，陈馀欲起，张耳蹑之[10]，使受笞。吏去，张耳乃引陈馀之桑下而数之曰[11]："始吾与公言何如？今见小辱而欲死一吏乎[12]？"陈馀然之。秦诏书购求两人，两人亦反用门者以令里中[13]。

【注释】

①秦之灭大梁：事在秦王政二十二年，魏王假三年，前225年。《魏世家》云："秦之破梁，引河沟而灌大梁，三月城坏，王请降，遂灭魏。"

②家外黄：指罢官后居住在外黄。

③尝数从张耳游，客数月：曾多次跟张耳交往，在张耳家做客，住过几个月。凌稚隆曰："为日后张耳从汉张本。"

④购求：悬赏捉拿。千金：千镒黄金。按，秦时以黄金一镒为"一金"。一镒合二十四两，一说为二十两。汉时则以黄金一斤为"一金"，"一金"相当于一万枚铜钱。

⑤陈馀五百金：泷川引中井积德曰："张耳年长而先显，则金之差次自当然。"

⑥俱之陈：一起逃到陈郡。陈，秦郡名，亦县名，治所在今河南淮阳。

⑦为里监门以自食（sì）：做里巷看门人以糊口。颜师古曰："监门，卒之贱者，故为卑职以自隐。"

⑧两人相对：谓两人在里巷大门口对坐。吴见思曰："只'两人相对'一句，写得两人心相知，脉脉神情如见。"

⑨里吏尝有过笞（chī）陈馀：《汉书》作"吏尝以过笞陈馀"，即因陈馀有过错而打了他。里吏，主管该里事务的小吏。笞，指用鞭子、竹板或木杖打人。

⑩蹑之：用脚踩他，示意他不要冲动。《淮阴侯列传》“张良、陈平蹑汉王足”，与此同。

⑪数（shǔ）：责备，数落。

⑫而欲死一吏乎：你想为一小吏断送性命吗？凌稚隆引罗大经曰：“大智大勇，必能忍小耻小忿，彼其云蒸龙变，欲有所会，岂与琐琐者较乎？”

⑬反用门者以令里中：反过来以看门人的身份将朝廷诏令传达给全里巷。《索隐》曰：“自以其名而号令里中，诈更别求也。”

【译文】

秦国灭大梁时，张耳家住在外黄。当汉高祖还是布衣平民时，曾经数次到访张耳家，一住就是几个月。秦国灭掉魏国几年后，听说张耳、陈馀两人是魏国的名士，便悬赏千金捉拿张耳，悬赏五百金捉拿陈馀。张耳、陈馀二人就变换姓名，一同逃到了陈郡，给一个里巷看大门来维持生活。两人对坐在里巷口的大门下，相依相伴。有一次，里吏认为陈馀犯了过错便鞭打他，陈馀想要反抗，张耳用脚踩他示意他不要冲动。里吏离去后，张耳就把陈馀带到桑树下责备他说：“我以前怎么和你说的？如今只是受到一点小小的侮辱，值得与一个小吏计较而断送性命吗？”陈馀认为他说得很对。秦国下了诏书通缉二人，二人却反过来以监门人的身份，把上头来的命令传达给全里巷的居民。

陈涉起蕲[①]，至入陈，兵数万[②]。张耳、陈馀上谒陈涉[③]。涉及左右生平数闻张耳、陈馀贤，未尝见，见即大喜。陈中豪杰父老乃说陈涉曰：“将军身被坚执锐，率士卒以诛暴秦，复立楚社稷[④]，存亡继绝[⑤]，功德宜为王。且夫监临天下诸将[⑥]，不为王不可，愿将军立为楚王也。”陈涉问此两人，两人对曰：“夫秦为无道，破人国家，灭人社稷，绝人后世[⑦]，罢百姓之力[8]，尽百姓之财。将军瞋目张胆[9]，出万死不顾一生之计，为天下除残也[10]。今始至陈而王之，示天下私[11]。愿将军毋王，急引兵而西[12]，遣人立六国后[13]，自为树党，为秦益敌也。敌多则力分，与众则兵强[14]。如此野无交兵，县无守城，诛暴秦，据咸阳以令诸侯。诸侯亡而得立，以德服之，如此则帝业成矣[15]。今独王陈，恐天下解也[16]。"陈涉不听，遂立为王[17]。

【注释】

①陈涉起蕲（qí）：事在秦二世元年（前209）七月。蕲，秦县名，治所即今安徽宿州南之蕲县集。据《陈涉世家》，陈涉于大泽乡起兵，大泽乡时属蕲县。

②至入陈，兵数万：据《陈涉世家》，陈涉起兵后，"比至陈，车六七百乘，骑千余，卒数万人"。

③上谒：递名帖求见。颜师古曰："上谒，如今之通名。"谒，名刺，犹今之名片。

④复立楚社稷：据《陈涉世家》，陈涉在大泽乡起兵前，曾让吴广"狐鸣呼曰'大楚兴，陈胜王'"，起兵时亦"称大楚"，以复兴楚国为号召。楚社稷，楚国政权。社稷，古代帝王祭祀的土神、谷神，通常用来代指国家政权。

⑤存亡继绝：犹《论语·尧曰》所谓"兴灭国，继绝世"，意即重建恢复灭亡的国家。

⑥监临：监管，统领。

⑦绝人后世：断了许多家族的后代。

⑧罢：通"疲"，消耗。

⑨瞋目张胆：瞪大眼睛，壮起胆子，形容陈涉在大泽乡决定起兵的激

愤之状。

⑩出万死不顾一生之计,为天下除残也:意谓冒着万死的危险,不顾个人安危,为天下除害。《报任安书》“人臣出万死不顾一生之计,赴公家之难”,与此类似。

⑪示天下私:意谓会让天下人认为陈涉起兵是为了自己称王。

⑫急引兵而西:指迅速领兵西进,攻打秦都咸阳。

⑬立六国后:立战国时六国王族的后裔为王,即所谓“存亡继绝”。六国,指被秦消灭的东方六国,齐、楚、燕、韩、赵、魏等。

⑭与众则兵强:党与盟友众多,军力就强大。与,同伙,同党。

⑮以德服之,如此则帝业成矣:六国王族后裔若被立为王,会感激陈涉的恩德,进而诚心归附,这样就能成就帝业。

⑯恐天下解也:恐怕天下会分崩离析。解,解体,散伙。凌稚隆引王维桢曰:“二人之见诚高,惜陈涉不用耳。”冯班曰:“陈王初起,虑在亡秦而已,法宜树党;汉方与项争天下,又立六国,反覆不可一,是树敌也,其势变不同耳。”

⑰陈涉不听,遂立为王:事在秦二世元年(前209)七月。

【译文】

陈涉在蕲县起兵造反,到攻入陈郡时,兵卒达到数万人。张耳、陈馀前往求见陈涉。陈涉和他的手下久闻张耳、陈馀很有贤才,只是还未曾见过,一见就非常高兴。当时陈郡的父老豪杰劝陈涉说:“将军您身着坚甲,手执锐剑,统率军士们诛伐暴秦,重建楚国社稷,使灭亡的国家得以复存,您建立的功德足以称王。再说要监督统领天下将领,不当王可不行,希望将军您自立为楚王。”陈涉问张耳、陈馀两人的意见,他们回答说:“秦国无道,攻破他人的国家,毁灭他国的社稷,断绝他人的后嗣,消耗百姓的气力,掠尽百姓的财物。将军义愤填膺,不顾生死,是为了给天下铲除残暴。如今刚率兵至陈郡就称王,那无异于告示天下,这一切皆出于私心。希望将军不要称王,而是立即出兵西进攻取咸阳,派人拥立六国的后人，为自己树立党羽，增加秦国的敌人。敌人多了，秦国的力量就分散了；我们的盟友多了，那兵力就会强大。如此这般秦国就没有兵力在野外与我们交战，郡县没有守城的兵力，我们就可以推翻秦国暴政，占据咸阳并以此号令诸侯。六国能亡而复立，都会对将军感恩戴德，心悦诚服，如此这般帝王之业就成功了。如果现今您在陈郡独自称王，恐怕天下就要分崩离析了。”陈涉不听劝告，便自己称王了。

陈馀乃复说陈王曰：“大王举梁、楚而西①，务在入关②，未及收河北也③。臣尝游赵，知其豪桀及地形，愿请奇兵北略赵地。”于是陈王以故所善陈人武臣为将军，邵骚为护军④，以张耳、陈馀为左右校尉⑤，予卒三千人，北略赵地。

【注释】

①梁、楚：“梁”指以大梁（今开封）为中心的今河南东北部一带；“楚”在这里指以陈郡（今淮阳）为中心的今河南中部一带，当时陈郡为陈涉张楚政权的都城。

②入关：指入函谷关。函谷关在今河南灵宝东北，是关东入秦的必由之路。

③河北：黄河以北，是战国时期的赵国及燕国所在。

④护军：官名，护军都尉之简称，职掌协助主帅督率全军。

⑤校尉：官名。将军麾下分若干“部”，“部”的长官即校尉。

【译文】

陈馀又一次劝陈王说：“大王您率梁、楚的兵力西进，目标是攻入函谷关，无暇收复河北地区。我过去曾游历过赵国，了解那里的豪杰和地形，希望您给我一支突袭部队向北攻取赵地。”于是陈王任命了他的好友陈郡的武臣做将军，邵骚做护军，让张耳、陈馀做左右校尉，给他们三千兵士，让他们向北进攻赵地。

武臣等从白马渡河[①]，至诸县，说其豪桀曰："秦为乱政虐刑以残贼天下，数十年矣[②]。北有长城之役[③]，南有五岭之戍[④]，外内骚动，百姓罢敝，头会箕敛[⑤]，以供军费，财匮力尽，民不聊生。重之以苛法峻刑，使天下父子不相安[⑥]。陈王奋臂为天下倡始[⑦]，王楚之地，方二千里，莫不响应，家自为怒，人自为斗，各报其怨而攻其仇，县杀其令丞[⑧]，郡杀其守尉[⑨]。今已张大楚，王陈[⑩]，使吴广、周文将卒百万西击秦[⑪]。于此时而不成封侯之业者，非人豪也。诸君试相与计之！夫天下同心而苦秦久矣[⑫]。因天下之力而攻无道之君，报父兄之怨而成割地有土之业[⑬]，此士之一时也。"豪桀皆然其言。乃行收兵[⑭]，得数万人，号武臣为武信君。下赵十城，余皆城守，莫肯下。

【注释】

①白马：秦县名，治所在今河南滑县东。其地有黄河渡口，名曰"白马津"。

②数十年矣：自秦始皇统一天下（前221）至秦二世元年（前209）陈涉起兵，前后不过十三年，此盖夸大之辞。

③长城之役：《正义佚文》曰："蒙恬将二十万人筑城。"筑长城事见《蒙恬列传》。

④五岭之戍：到五岭以南两广一带征讨戍边。五岭指大庾岭、骑田岭、萌都岭、都庞岭、越城岭。王先谦引吴仁杰曰："按《淮南书》，始皇发卒五十万，使蒙公筑修城；使尉屠睢发卒五十万为五军，一

军塞镡城之岭,一军守九疑之塞,一军处番禺之都,一军守南野之界,一军结馀干之水。"

⑤头会箕敛:按人头计算,以簸箕征收粮谷,极言赋税沉重。

⑥使天下父子不相安:意即使天下人没法过安生日子。

⑦奋臂:振臂,挥臂。倡始:犹曰"打头阵",首倡,先导。

⑧县杀其令丞:各县杀死本县的县令和县丞。丞,县丞,县令的副职。

⑨郡杀其守尉:各郡杀死郡守和郡尉。守,郡守,郡的最高长官,掌治其郡。尉,郡尉,郡守的副职,协助郡守执掌军务。

⑩张大楚,王陈:即《陈涉世家》之所谓"号为张楚",在陈郡称王。

⑪使吴广、周文将卒百万西击秦:据《陈涉世家》,陈涉曾派吴广、周文各率一部西征,吴广所部攻取荥阳,周文所部入关直取咸阳。周文曾一度攻到咸阳东南郊的戏水。周文,也叫"周章","章"或系周文的字。

⑫同心:共同感到。苦秦:以受秦朝统治为苦。

⑬割地有土之业:即据土封侯的功业。

⑭行收兵:武臣等在行军途中扩充兵员。

【译文】

武臣等一干人马从白马津渡过黄河,到了河北各县,便对当地的豪杰们游说道:"秦朝用暴政酷刑残害天下,已经有几十年了。北方有修筑长城的劳役,南方有驻守五岭的苦差,内外骚动,百姓疲惫不堪,他们还要按人头计算收取赋税,用簸箕收敛谷物,以供给军队的需用,天下财匮力尽,民不聊生。再加上严刑峻法,使天下老少都不得安生。现在陈王奋臂而起,首举义旗,已经在楚地称王了,方圆两千多里内,没有人不响应,家家奋起,人人各自为战,各自报怨复仇,县里的百姓杀掉县令、县丞,郡里的百姓杀掉郡守、郡尉。如今陈王已经建立了国号为张楚的国家,在陈郡称王,并派吴广、周文率兵百万向西进攻秦朝。在这个时候如果还不能趁势建功立业进而封侯,那可不算是人间豪杰了。请诸位好好互相计议一下吧！天下同心而且苦于秦朝的暴政已经很久了。召集天下人的力量去讨伐无道的昏君，为父兄报仇，成就割地封侯的大业，这可是豪杰之士千载难逢的大好时机啊。”豪杰们认为他的话很有道理。于是武臣等人一边行进一边招兵，招收了好几万人，他们拥立武臣为武信君。军队攻克了赵地十座城池，其余的城池都据城而守，不肯降服。

乃引兵东北击范阳[①]。范阳人蒯通说范阳令曰[②]：“窃闻公之将死，故吊。虽然，贺公得通而生[③]。”范阳令曰：“何以吊之？”对曰：“秦法重，足下为范阳令十年矣，杀人之父，孤人之子[④]，断人之足，黥人之首[⑤]，不可胜数。然而慈父孝子莫敢傳刃公之腹中者[⑥]，畏秦法耳。今天下大乱，秦法不施，然则慈父孝子且傳刃公之腹中以成其名，此臣之所以吊公也。今诸侯畔秦矣[⑦]，武信君兵且至[⑧]，而君坚守范阳，少年皆争杀君，下武信君[⑨]。君急遣臣见武信君，可转祸为福，在今矣。”

【注释】

①范阳：秦县名，治所即今河北定兴西南之固城镇，战国时属燕国，秦朝属涿郡。钱大昕曰：“方武臣等自白马渡河，才下十城，安能远涉燕地？且范阳既下之后，赵地不战而下者三十余城，然后命韩广略‘燕地’，岂容未得邯郸之前已抵涿郡乎？《汉志》东郡有范县，此即齐之西境，本齐地，亦可属赵也。”钱说是，秦时“范县”即称“范阳”，在今山东范县东南，恰在当时“白马津”东北方。唯其地在古黄河以南，似于此不合，疑司马迁叙述有误。

②范阳人蒯通：秦汉之际著名辩士，事又见《淮阴侯列传》，《汉书》有传。《淮阴侯列传》先称“范阳辩士蒯通”，后又称“齐人蒯通”，

则“范阳”当为齐地，而蒯通亦当为齐人。

③贺公得通而生：姚苎田曰：“蒯通明于事机，与战国倾危之士绝异，矢口吊贺并至，善于耸动。”

④孤人之子：使别人家的孩子成为孤儿。

⑤黥（qíng）：黥刑，又称墨刑，在犯人面额上刺字，以墨涂之。

⑥傳（zì）刃：以刀刺人。傳，同“剚”，刺入，插入。

⑦畔：通“叛”。

⑧且：即将。

⑨少年皆争杀君，下武信君：年轻人争着杀您，投降武信君。凌稚隆曰：“范阳少年未必有是谋也，通既假之以恐范阳令，复假之以悦武信君，通亦辩士之雄哉！”

【译文】

于是武臣等又领军向东北进攻范阳。范阳人蒯通对范阳县令说：“我听说您快死了，所以前来吊丧。虽然如此，但我还要向您祝贺，祝贺您因为有我蒯通而可以活命了。”范阳县令问：“为什么要来给我吊丧？”蒯通说：“秦朝法律严苛，您担任范阳县令已经十年了，这期间您杀了多少孩子的父亲，使多少人家的孩子成为孤儿，多少人被您断了足，又有多少人脸上被刺了字，简直数不胜数。然而那些慈父和孝子不敢用刀来捅您的肚子，不过是畏惧秦朝的法律罢了。如今天下大乱，秦法已经不能施行，那么那些慈父孝子手中的刀就要捅到您的肚子里来成就他们的名声了，这就是我之所以来给您吊丧的原因。如今天下诸侯都已经背叛了秦朝，武信君的军队很快就要到达范阳了，可您却还在坚守，城中的年轻人争抢着要杀您，投降武信君。如果您立刻派我去见武信君，即可转祸为福，事情就在今天了。”

范阳令乃使蒯通见武信君曰：“足下必将战胜然后略地，攻得然后下城，臣窃以为过矣。诚听臣之计，可不攻而降城，不战而略地，传檄而千里定[①]，可乎？”武信君曰：“何谓也？”蒯通曰：“今范阳令宜整顿其士卒以守战者也[②]，怯而畏死，贪而重富贵，故欲先天下降[③]，畏君以为秦所置吏，诛杀如前十城也。然今范阳少年亦方杀其令[④]，自以城距君[⑤]。君何不赍臣侯印，拜范阳令[⑥]，范阳令则以城下君[⑦]，少年亦不敢杀其令。令范阳令乘朱轮华毂[⑧]，使驱驰燕、赵郊。燕、赵郊见之，皆曰此范阳令，先下者也，即喜矣，燕、赵城可毋战而降也。此臣之所谓传檄而千里定者也。”武信君从其计，因使蒯通赐范阳令侯印。赵地闻之，不战以城下者三十余城[⑨]。

【注释】

①檄（xí）：檄文，一种用来征召、晓喻、声讨的文书。

②守战：固守备战。

③先天下降：在天下人中率先投降。

④方：将要。

⑤距：通“拒”，抗击。

⑥赍（jī）臣侯印，拜范阳令：让我带着侯爵印信，去封拜范阳令为侯。赍，携带。

⑦则：若。下君：向您投降。

⑧朱轮华毂：泛指华贵的车子。毂，车轴。

⑨不战以城下者三十余城：锺惺曰：“蒯通说范阳令与武信君，两路擒纵，虽是战国人伎俩，然交得其利，而交无所害，不是一味空言祸人。”姚苎田曰：“此段最似《国策》，若其为范阳令、武信君谋，片言之间免去千里兵戈惨祸，文在鲁连之上，品居王蠋之前，非战国倾危者所能及也。”又曰：“蒯通以相人之术讽淮阴侯不听，佯

狂为巫，尝著书二十篇，此段从彼采入，故自成一首机轴。”

【译文】

于是范阳县令派蒯通去见武信君，说：“如果您一定要战胜后才占有地盘，攻下后才占领城池，我私下认为这就错了。如果您能采纳我的计策，就可以不攻打就能让城池投降，不交战就能获得土地，发一篇文告就能够平定千里，您看如何？”武信君问：“你说的什么意思？”蒯通说：“按说范阳县令现在应该正整顿士兵，守城备战，可是他胆小怕死，贪恋富贵，所以他打算率先投降，但是又怕您因为他是秦朝的官吏而杀掉他，就像您对待前面十座城池的官吏一样。而且现在范阳的一些年轻人也正准备杀掉他们的县令，他们自己守城来抵抗您。您何不让我带着侯爵的印信，去封拜范阳令为侯，这样范阳令就会献城归降，范阳的年轻人也就不敢杀他了。然后您再让范阳令乘坐着华贵的车子，来往于燕、赵各地的郊外一带。燕、赵各地的人们看到了都会说，这就是范阳令啊，率先投降的那位，这样他们也就高兴了，燕、赵各地就会不战而降了。这就是我所说的传一道文告就可以平定千里的计策了。”武信君采纳了他的计谋，于是就让蒯通带着侯爵的印信去封范阳令为侯。赵地的人们听到这个消息，果然不战而降的城池有三十多个。

至邯郸，张耳、陈馀闻周章军入关，至戏却①；又闻诸将为陈王徇地，多以谗毁得罪诛②，怨陈王不用其策不以为将而以为校尉。乃说武臣曰：“陈王起蕲，至陈而王，非必立六国后。将军今以三千人下赵数十城，独介居河北③，不王无以填之④。且陈王听谗，还报⑤，恐不脱于祸。又不如立其兄弟；不，即立赵后⑥。将军毋失时，时间不容息⑦。”武臣乃听之，遂立为赵王⑧。以陈馀为大将军，张耳为右丞相，邵骚为左丞相。

【注释】

①至戏却：事详《陈涉世家》。戏，戏水，流经今陕西临潼东。

②多以谗毁得罪诛：《陈涉世家》："陈王以朱房为中正，胡武为司过，主司群臣。诸将徇地至，令之不是者，系而罪之，以苛察为忠。其所不善者，弗下吏，辄自治之。"

③独介居河北：独自据有黄河以北地区。《集解》引臣瓒曰："介，特也。"与"独"同义，此谓独霸一方。

④填：通"镇"，镇守。

⑤还报：如果回陈郡向陈王复命请示。

⑥"又不如立其兄弟"几句：凌稚隆引余有丁曰："此语为陈王言也，言即使免祸，陈王且立其兄弟或赵后，不予武臣也。"

⑦间不容息：《索隐》曰："以言举事不可失时，时变之迅速，其间不容一喘息顷也。"

⑧武臣乃听之，遂立为赵王：据《秦楚之际月表》，事在秦二世元年（前209）八月。

【译文】

武臣等人到了邯郸，张耳、陈馀听说周章的部队入关，在戏水被秦军打退；又听说那些为陈王攻占土地的将领，多被谗言所毁得罪被杀；他们又怨恨陈王不采纳自己的计策，并且不被任用为大将而只是任为校尉。于是他们就对武臣说："陈王在蕲县起兵造反，到陈郡就称王了，可见能称王的不一定都是六国的后裔。将军您如今以三千人马攻下赵地数十座城池，独据河北，不称王不足以稳定局面。况且陈王听信谗言，如果回去复命，恐怕也难逃杀身之祸。即使能够免祸，陈王也会立他的兄弟为王，不然就立赵王的后代。将军切莫失去时机，时机刻不容缓。"武臣便听从了他们的意见，就自立为赵王。任命陈馀为大将军，张耳为右丞相，邵骚为左丞相。

使人报陈王，陈王大怒，欲尽族武臣等家，而发兵击赵。陈王相国房君谏曰[①]："秦未亡而诛武臣等家，此又生一秦也[②]。不如因而贺之[③]，使急引兵西击秦。"陈王然之，从其计，徙系武臣等家宫中[④]，封张耳子敖为成都君[⑤]。

【注释】

①陈王相国房君：当即《陈涉世家》"以上蔡人房君蔡赐为上柱国"之蔡赐，《陈涉世家》之《集解》引《汉书音义》曰："房君，官号也，姓蔡，名赐。"又引臣瓒曰："房邑君也。"则"房君"为其官号，或其封地为房邑。又《索隐》引晋灼曰："言'相国房君'者盖误耳。涉始号楚，楚有柱国之官，故以官蔡赐。盖其时草创，亦未尝置'相国'之官也。"

②又生一秦：谓又多一像秦朝的敌对势力。

③因而贺之：指祝贺武臣为王。凌稚隆引董份曰："房君谏王贺赵，即张良说高祖封齐意，然而有应有不应者，高祖之度足以包信，而陈王之智不足以服两人故也。"

④徙系武臣等家宫中：强制将武臣等的家人搬进宫中，加以软禁。

⑤封张耳子敖为成都君：既予以加封，又当作人质。

【译文】

武臣等派人向陈王通报此事，陈王大怒，想诛灭武臣等人的家属，然后发兵攻打赵国。陈王的相国房君劝谏说："秦朝还没灭掉就诛杀武臣等人的家属，这相当于又多了一个敌对的秦朝。不如顺水推舟祝贺武臣为王，让他们尽快领兵向西进攻秦军。"陈王认为他说得对，听从了他的意见，把武臣等人的家属转押在宫中充当人质，封张耳的儿子张敖为成都君。

陈王使使者贺赵，令趣发兵西入关[①]。张耳、陈馀说武臣曰："王王赵，非楚意，特以计贺王。楚已灭秦，必加兵于赵。愿王毋西兵[②]，北徇燕、代[③]，南收河内以自广[④]。赵南据大河，北有燕、代，楚虽胜秦，必不敢制赵。"赵王以为然，因不西兵，而使韩广略燕[⑤]，李良略常山[⑥]，张黡略上党[⑦]。

【注释】

①趣：赶紧，迅速。

②毋西兵：不要向西进兵。

③北徇燕、代：派兵向北边攻取燕、代地区。徇，犹言"略"，掠取。燕，古国名，都城在今北京西南，其疆域大约包括今河北东北部和相近的内蒙古东南部及辽宁西部一带。代，秦郡名，郡治代县，在今河北蔚县东北，辖境大约包括今河北西北部及山西东北部。

④河内：秦郡名，郡治怀县，在今河南温县东北。

⑤韩广：赵将名。

⑥李良：赵将名。常山：秦郡名，郡治东垣，在今河北石家庄东北。"常山"本称"恒山"，汉人为避汉文帝刘恒讳而改称"常山"。

⑦张黡（yǎn）：赵将名。上党：秦郡名，郡治长子，在今山西长子西南。

【译文】

陈王派遣使者到赵国去庆贺，并敦促他们迅速出兵向西入关。张耳、陈馀对武臣说："大王您在赵地自立为王，这可不是陈王的意愿，庆贺您称王不过是权宜之计罢了。等陈王灭秦后，肯定会对赵国用兵。希望您不要向西进兵，而是往北攻取燕、代一带地区，往南占领河内来扩大自己的地盘。赵地南境有黄河之险，北边有燕、代地区，陈王即使打败秦军，也必然不敢为难我们。"赵王认同了他们的意见，因此就没有派兵西进，而是派韩广攻取燕地，派李良攻取常山郡，派张黡攻取上党郡。

韩广至燕，燕人因立广为燕王[①]。赵王乃与张耳、陈馀北略地燕界[②]。赵王间出[③]，为燕军所得。燕将囚之，欲与分赵地半，乃归王。使者往，燕辄杀之以求地。张耳、陈馀患之。有厮养卒谢其舍中曰[④]："吾为公说燕，与赵王载归。"舍中皆笑曰："使者往十余辈，辄死，若何以能得王[⑤]？"乃走燕壁[⑥]。燕将见之[⑦]，问燕将曰："知臣何欲？"燕将曰："若欲得赵王耳。"曰："君知张耳、陈馀何如人也？"燕将曰："贤人也。"曰："知其志何欲？"曰："欲得其王耳。"赵养卒乃笑曰："君未知此两人所欲也。夫武臣、张耳、陈馀杖马棰下赵数十城[⑧]，此亦各欲南面而王，岂欲为卿相终已邪[⑨]？夫臣与主岂可同日而道哉，顾其势初定[⑩]，未敢参分而王，且以少长先立武臣为王，以持赵心[⑪]。今赵地已服，此两人亦欲分赵而王，时未可耳。今君乃囚赵王。此两人名为求赵王，实欲燕杀之，此两人分赵自立。夫以一赵尚易燕[⑫]，况以两贤王左提右挈[⑬]，而责杀王之罪，灭燕易矣。"燕将以为然，乃归赵王，养卒为御而归[⑭]。

【注释】

①燕人因立广为燕王：据《秦楚之际月表》，事在秦二世元年（前209）九月。

②北略地燕界：燕、赵边界约在今河北任丘北部大清河一线，其地有镇曰"赵北口"，当即赵国之北境。

③间出：化装外出。

④厮养卒：《公羊传》韦昭注："析薪为厮，炊烹为养。"即负责砍柴做饭的士兵，犹今曰"伙夫""炊事员"。谢其舍中曰：向其同宿

舍的士卒们告辞说。谢,告辞。王骏图曰:“《说文》云:‘谢,辞去也。’此厮养卒辞其同舍中人,往说燕耳。古用‘谢’字皆有‘辞去’之义,非仅相告也。”

⑤若:你。

⑥燕壁:燕军营垒。

⑦燕将见之:梁玉绳曰:“‘燕将’当作‘燕王’,下文同。归王大事,燕将敢自主乎?”

⑧杖马棰(chuí):意即跃马扬鞭,指东征西讨。棰,马鞭。

⑨岂欲为卿相终已邪:怎肯一辈子到头只做个卿相呢?终已,终了,到头。

⑩顾:只是。

⑪持:维系,安抚。

⑫易燕:看不起燕国。易,轻视,藐视。

⑬左提右挈(qiè):颜师古曰:“言相扶持也。”

⑭为御而归:为赵王赶车回来。姚苎田曰:“养卒之论事势明透已极,盖深知武臣之不足事,而见张、陈之必非人下者也。此段语张、陈固不欲人道破,然即谓此时‘名为求王,实欲杀之’,则殊未必然。盖此时果欲燕之杀武臣,便当鼓行而前,决一死战,则赵王必危。乃杀十余使而未敢兴兵,正其投鼠忌器之私衷耳。但养卒归王而不闻特赏,则未必不以其道破隐情而忌之也。”

【译文】

韩广到了燕地,燕人便拥立他做燕王。赵王于是和张耳、陈馀向北攻打到燕地的边境。有一次赵王乔装外出,被燕军俘获。燕将囚禁了他,想要分割一半赵国的土地,才放赵王回去。赵国几次派去使者交涉,燕军就把使者杀掉并且要求割地。张耳、陈馀很忧虑这件事情。这时,有个伙夫向他同宿舍的士卒们告辞说:“我可以替他们去说服燕人,保证和赵王一起坐车回来。”同宿舍的人都笑话他说:“已经派了十几批使者，都死了，你有什么办法把大王接回来？”那个伙夫就跑到燕军的营垒。燕国将领见了他，他问燕将说：“你知道我来干什么吗？”燕将说：“你想要救赵王罢了。”伙夫又说：“你知道张耳、陈馀是什么样的人吗？”燕将说：“是贤明的人。”伙夫问：“那你知道他们心里想要什么吗？”燕将说：“想救回他们的赵王罢了。”这个赵国的伙夫便笑了起来，说道：“看来你还并不了解这两个人想要什么啊。那武臣、张耳、陈馀跃马扬鞭、东征西讨，攻取了赵地数十座城池，他们各自也都想南面称王，他们怎肯一辈子只做个卿相呢？君与臣的地位怎可相提并论呢？只是当时局势刚刚稳定，还不敢三分其地，各自为王，姑且以长幼的次序先立武臣为王，以安抚赵地的民心。如今赵地已经安定下来了，这两个人也正想分地称王，只是还没找到合适的时机。现在你把赵王囚禁起来了。这两个人名义上是救赵王，实际是希望让燕国杀了他，然后他们二人好分割赵地而自立为王了。本来以一个赵国的实力，就藐视燕国，如果日后两个贤明的君主联合起来，声讨燕国杀害赵王的罪过，那时灭掉燕国就轻而易举了。”燕将认为他的话有道理，于是就把赵王放了，那个伙夫便为赵王驾车回了赵国。

李良已定常山，还报，赵王复使良略太原①。至石邑②，秦兵塞井陉③，未能前。秦将诈称二世使人遗李良书，不封④，曰：“良尝事我得显幸。良诚能反赵为秦，赦良罪，贵良。”良得书，疑不信。乃还之邯郸，益请兵。未至，道逢赵王姊出饮，从百余骑。李良望见，以为王，伏谒道旁⑤。王姊醉，不知其将，使骑谢李良。李良素贵⑥，起，惭其从官。从官有一人曰：“天下畔秦，能者先立。且赵王素出将军下，今女儿乃不为将军下车⑦，请追杀之。”李良已得秦书，固欲反赵，未决，因此怒，遣人追杀王姊道中，乃遂将其兵袭邯郸，邯郸不知。竟杀武臣、邵骚[8]。赵人多为张耳、陈馀耳目者，以故得脱出。收其兵，得数万人。客有说张耳曰："两君羁旅[9]，而欲附赵[10]，难；独立赵后[11]，扶以义[12]，可就功。"乃求得赵歇，立为赵王[13]，居信都[14]。李良进兵击陈馀，陈馀败李良，李良走归章邯[15]。

【注释】

①太原：秦郡名，郡治晋阳，在今山西太原西南郊。

②石邑：秦县名，治所在今石家庄西南。

③井陉：即井陉口，在河北石家庄南，为河北、山西间的交通要道。

④不封：陈直曰："谓不用绳缚木简书函，及不加封泥也。"《集解》引张晏曰："欲其漏泄，君臣相疑也。"

⑤伏谒：伏拜参见。

⑥李良素贵：则上文信中所言"良尝事我得显幸"者非虚言，李良原为秦朝显贵。

⑦女儿：此为蔑称，犹曰"这娘们儿"。

⑧竟杀武臣、邵骚：事在秦二世二年（前208）十一月（当时以"十月"为岁首）。

⑨羁旅：客居异地，张耳、陈馀均为河南大梁人，今在河北，故称"羁旅"。

⑩附赵：让赵地百姓归附。

⑪独：唯独，只有。

⑫扶以义：遵循大义辅佐他。凌稚隆曰："客说张耳立赵后，即耳、馀劝陈涉立六国后也。盖欲激天下以攻秦，须当首天下以倡义耳。"

⑬乃求得赵歇，立为赵王：事在秦二世二年一月。赵歇，战国时赵国王室后裔，其事不详。

⑭信都：秦县名，治所在今河北邢台。

⑮章邯：秦朝名将，镇压秦末起义军的主要将领，事详《项羽本纪》等篇。

【译文】

这时李良已经平定了常山郡，回来复命后，赵王又派他去攻取太原郡。李良率兵到达石邑时，秦军已封锁井陉关，不能继续前进。秦将假托秦二世派人送给李良一封书信，信没有封好，信里说："李良以前曾侍奉过我，地位显贵，受到宠幸。如果李良现在能叛赵归秦，我就赦免李良的罪过，让李良显贵。"李良拿到书信，心存怀疑并不相信。于是返回邯郸，请求增加援兵。还未到达邯郸，半路上正遇着赵王的姐姐外出饮宴，后面跟着一百多名骑兵。李良远远望见，误以为是赵王，伏在路旁叩拜参见。赵王的姐姐醉了，不知道李良是位将军，因而只派一位骑兵答谢李良。李良一向地位显贵，他站起来，觉得在自己的部下面前实在没有面子。这时他的一个部下对他说："现在天下起来反秦，有能力者就可以先自立为王。况且赵王的地位一向就在您之下，今天她一个娘们儿竟然不下车给将军还礼，让我追上去杀了她。"李良在收到秦二世的书信时，就已经生了造反的心，只是犹豫未决，现在又因此而发怒，就派人追上赵王的姐姐，在半道上把她杀了，随即又率领军队袭击邯郸，邯郸完全不知此事。最终杀死了武臣、邵骚。赵国有很多人是张耳、陈馀的耳目，因此他们二人得以逃脱。逃出后，收集残余的人马，还有几万人。这时有个门客劝张耳说："您二位客居赵国，想让赵国的百姓归附是很难的；只有立一个战国时赵国王室的后裔为王，您二人遵循大义辅佐他，才可以成事。"于是他们找来了赵国的后裔赵歇，拥立他成为赵王，让他住在信都。李良发兵攻打陈馀，被陈馀打败，李良逃走投奔了秦将章邯。

章邯引兵至邯郸①，皆徙其民河内，夷其城郭②。张耳与赵王歇走入钜鹿城③，王离围之④。陈馀北收常山兵，得数万人,军钜鹿北。章邯军钜鹿南棘原[⑤],筑甬道属河,饷王离[⑥]。王离兵食多,急攻钜鹿。钜鹿城中食尽兵少,张耳数使人召前陈馀,陈馀自度兵少,不敌秦,不敢前。数月,张耳大怒,怨陈馀,使张黡、陈泽往让陈馀曰[⑦]:"始吾与公为刎颈交,今王与耳旦暮且死,而公拥兵数万,不肯相救,安在其相为死!苟必信,胡不赴秦军俱死[⑧]?且有十一二相全[⑨]。"陈馀曰:"吾度前终不能救赵,徒尽亡军。且馀所以不俱死,欲为赵王、张君报秦[⑩]。今必俱死,如以肉委饿虎[⑪],何益?"张黡、陈泽曰:"事已急,要以俱死立信[⑫],安知后虑!"陈馀曰:"吾死顾以为无益。必如公言[⑬]。"乃使五千人令张黡、陈泽先尝秦军,至皆没[⑭]。

【注释】

①章邯引兵至邯郸:章邯于秦二世二年(前208)九月破杀项梁,"以为楚地不足忧",便于闰九月渡河击赵。

②夷其城郭:铲平邯郸的城墙。城指内城的城墙,郭指外城的城墙。王先谦引何焯曰:"徙民夷城,恐兵去而还,复为赵守也。"

③钜鹿:秦郡名,郡治在今河北平乡西南,在当时信都东南。

④王离围之:事在秦二世二年闰九月。王离,秦将名,秦名将王翦之孙。

⑤棘原:古地名。

⑥筑甬道属河,饷王离:筑甬道连通黄河,供应王离军饷。甬道,两侧筑有墙或其他障蔽物的通道,用来运送兵员和粮草物资。属,连。河,黄河。当时从黄河水运粮饷。饷,以饭食招待人,此指供应粮草。

⑦张黡、陈泽:二将名,原为武臣部将,今属赵王歇。让:责备。

⑧胡:何。赴秦军俱死:指城里城外一起跟秦军拼死作战。

⑨且有十一二相全:或许还是十分之一二的希望获胜,以相互保全。颜师古曰:"十中尚冀得一二胜秦。"

⑩报秦:向秦军报仇雪恨。

⑪委:给,投向。

⑫俱死立信:以跟秦军拼命,跟城中人同生共死,以示信义。茅坤曰:"兵必得算胜而动,秦兵之震慑天下也久矣,当是时,章邯、王离以两军相为犄角,其势张;而诸侯之兵壁其旁者众,并不敢前斗。且张敖以子赴父之难,亦从代来,姑逡巡观望其间。向非项羽之拥兵数十万而破釜沉舟以督战钜鹿之下,则其解赵之围与否未知何如也。而乃以遽过馀,可乎哉?"

⑬必如公言:如果一定照你这么说。此话尚未说完。

⑭至皆没:锺惺曰:"陈馀不救赵,不失为持重,未为甚错。错在使五千人先尝秦军,送陈泽、张黡于死,有苟且塞责之意。君臣朋友间,不情甚矣。"

【译文】

章邯率兵到达邯郸,把当地的百姓都迁到河内,铲平了邯郸的城墙。张耳同赵王歇逃进了钜鹿城,王离包围了钜鹿。陈馀到北面收拢了常山的兵马,得到了几万人,驻扎在钜鹿城北面。章邯的部队驻扎在钜鹿南面的棘原,修筑了一条甬道连通黄河,给王离供应粮草。王离军兵多食足,对钜鹿发动猛攻。钜鹿城中粮尽兵少,张耳几次派人催促陈馀请求救援,陈馀自觉兵力少,不是秦军的对手,不敢进兵。这样相持了数月,张耳大怒,怨恨陈馀,便派张黡、陈泽去责备陈馀说:"当初我和你是生死之交,如今赵王和我危在旦夕,你却拥兵数万,不肯救援,哪里算同生共死呢!如果你守信用的话,那为什么不攻打秦军,和我们同归于尽呢?说不定还能有十分之一二的获胜希望而相互保全啊。"陈馀说:"我考虑的是前去攻击也救不了赵国,只会使兵力丧失殆尽。况且我之所以不与你们同归于尽，是想保存力量替你俩向秦军报仇雪恨啊。如果非得一起死，那不就像把肉扔给饿虎，这有什么好处呢？”张黡、陈泽说：“事情已经很紧急了，应该一起拼死来树立信用，哪里还能虑及后果呢！”陈馀说：“我死并不要紧，只是不会有什么用处的。一定要照你们说的去办。”于是拨兵五千人派张黡、陈泽领着试攻秦军，结果全军覆没。

当是时，燕、齐、楚闻赵急，皆来救[①]。张敖亦北收代兵[②]，得万余人，来，皆壁馀旁[③]，未敢击秦。项羽兵数绝章邯甬道[④]，王离军乏食，项羽悉引兵渡河，遂破章邯[⑤]。章邯引兵解，诸侯军乃敢击围钜鹿秦军，遂虏王离，涉间自杀[⑥]。卒存钜鹿者，楚力也。

【注释】

①燕、齐、楚闻赵急，皆来救：燕将臧荼、齐将田都、楚将项羽等各率军来救。

②张敖亦北收代兵：张敖原被囚禁在陈涉宫中做人质，章邯破杀陈涉后，张敖或即此时逃脱，投奔其父张耳，成为赵国之将。

③壁：营垒，此谓筑营驻军。

④数绝：屡次攻断。

⑤遂破章邯：攻破章邯供应王离粮饷甬道也。

⑥遂虏王离，涉间自杀：《项羽本纪》云：“项羽乃悉引兵渡河，皆沉船，破釜甑，烧庐舍，持三日粮，以示必死，无一还心。于是至则围王离，与秦军遇，九战，绝其甬道，大破之。杀苏角，虏王离，涉间不降楚，自烧杀。”据《秦楚之际月表》，钜鹿之战在秦二世三年（前207）十二月。

【译文】

在这个时候，燕、齐、楚地的义军听说赵国告急，都派兵来救援。张敖也在北边代地收聚兵士，总共收拢了一万多人，来到钜鹿，这些援兵都驻扎在陈馀的营寨旁，但是不敢轻易攻打秦军。只有项羽的军队几次切断了章邯修筑的甬道，致使王离的部队粮食匮乏。然后项羽率领全部军士渡过黄河，终于打败章邯。章邯领军退走，这时各路诸侯的军队才敢对围困钜鹿的秦军发动攻击，生擒了王离。涉间自杀。钜鹿之所以最终能够得到保全，完全是楚军的功劳。

于是赵王歇、张耳乃得出钜鹿，谢诸侯[①]。张耳与陈馀相见，责让陈馀以不肯救赵，及问张黡、陈泽所在。陈馀怒曰："张黡、陈泽以必死责臣[②]，臣使将五千人先尝秦军，皆没不出。"张耳不信，以为杀之，数问陈馀[③]。陈馀怒曰："不意君之望臣深也[④]！岂以臣为重去将哉[⑤]？"乃脱解印绶[⑥]，推予张耳。张耳亦愕不受。陈馀起如厕。客有说张耳曰："臣闻'天与不取，反受其咎'[⑦]。今陈将军与君印，君不受，反天不祥。急取之！"张耳乃佩其印，收其麾下[⑧]。而陈馀还，亦望张耳不让[⑨]，遂趋出[⑩]。张耳遂收其兵。陈馀独与麾下所善数百人之河上泽中渔猎。由此陈馀、张耳遂有郤[⑪]。

【注释】

①诸侯：此处实指各路诸侯的援军统帅。

②责：要求，逼着照办。

③"张耳不信"几句：凌稚隆曰："黡、泽之没秦军，馀安能欺天下耳目耶？耳不信而数问之，恶在其为'刎颈交'哉！"

④望：怨恨。

⑤重去将：舍不得离开大将军之位。重，看重，吝惜。

⑥印绶：印信与系印信的丝带。杨树达曰："古人官印佩身旁，观项

梁杀殷通及此事可知。”

⑦天与不取，反受其咎：当时流行语，《国语·越语下》有“天予不取，反为之灾”，与此类似。

⑧麾下：此指陈馀的部下。

⑨让：谦让，推辞。

⑩趋出：小步急行而出。

⑪由此陈馀、张耳遂有郤（xì）：从此陈馀、张耳之间有了嫌隙。郤，怨隙，仇恨。凌稚隆曰：“馀之脱解印绶，岂果无志于功名而脱然长往者哉？将以白其心之无他，而欲已耳之苛责也。不图耳不能谅，竟从客计，甘心自决于馀，是两人之交好不终，为千古笑者，耳先得罪于馀也。”

【译文】

于是赵王歇、张耳才得以出钜鹿城，向各路诸侯将领致谢。张耳与陈馀见面，责备陈馀见死不救，接着又问张黡、陈泽在什么地方。陈馀生气地说：“张黡、陈泽硬逼着我死拼，我让他们领着五千人先试着攻秦军，结果全军覆没了。”张耳不相信，认为是陈馀把他们杀了，多次追问这件事情。陈馀生气地说：“没想到您对我的怨恨这么深！难道您认为我不舍得放弃大将军这个位置吗？”于是他解下印绶，推给张耳。张耳一时惊住了，没有接受。这时陈馀起身去上厕所。有个门客对张耳说：“我听闻‘上天给予的，你若不接受，反而会遭受灾祸’。现在陈将军给您印绶，您不接受，这就是违反天意，这不吉利。赶紧收起来吧！”于是张耳就自己佩戴了陈馀的印绶，接管了他的部下。等到陈馀回来，也怨恨张耳没有推让，快步出帐而去。张耳于是收编了陈馀的部队。陈馀独自同他部下几百个亲信到黄河边上的水泽中去打鱼狩猎。从此，陈馀、张耳便有了嫌隙。

赵王歇复居信都。张耳从项羽诸侯入关[①]。汉元年二月[②]，项羽立诸侯王，张耳雅游[③]，人多为之言，项羽亦素数闻张耳贤，乃分赵立张耳为常山王，治信都。信都更名襄国。陈馀客多说项羽曰："陈馀、张耳一体有功于赵[④]。"项羽以陈馀不从入关，闻其在南皮[⑤]，即以南皮旁三县以封之[⑥]，而徙赵王歇王代。

【注释】

①从项羽诸侯入关：事在汉元年（前206）十月（时以"十月"为岁首）。

②汉元年二月，项羽立诸侯王事详见《项羽本纪》。

③雅游：向来喜欢交友，人缘好。《集解》引韦昭曰："雅，素也。"《索隐》曰："郑氏云：'雅，故也。'故游，言惯游从，故多为人所称誉。"

④陈馀、张耳一体有功于赵：陈馀、张耳同样对赵有功。一体，同样。

⑤南皮：秦县名，治所在今河北南皮北。

⑥以南皮旁三县以封之：即封其为"南皮侯"。

【译文】

赵王歇复居信都。张耳跟随项羽和诸侯入关。汉元年二月，项羽封立诸侯王，张耳一向爱好交游，所以很多人都替他说好话，项羽也一直听说张耳有才能，于是就从赵地中分割出了一块，立张耳为常山王，建都于信都。把信都改名为襄国。陈馀的许多门客对项羽说："陈馀与张耳一样有功于赵国。"项羽因为陈馀没有跟随他入关，听闻他当时正在南皮县，就把南皮附近三个县分封给了他，把赵王歇移封到代地为王。

张耳之国，陈馀愈益怒，曰："张耳与馀功等也，今张耳王，馀独侯，此项羽不平。"及齐王田荣畔楚[①]，陈馀乃使夏说说田荣曰[②]："项羽为天下宰不平[③]，尽王诸将善地[④]，徙故王王恶地[⑤]，今赵王乃居代！愿王假臣兵，请以南皮为扞蔽[⑥]。”田荣欲树党于赵以反楚，乃遣兵从陈馀。陈馀因悉三县兵袭常山王张耳。张耳败走，念诸侯无可归者，曰：“汉王与我有旧故[⑦]，而项羽又强，立我[⑧]，我欲之楚。”甘公曰[⑨]：“汉王之入关，五星聚东井[⑩]。东井者，秦分也[⑪]。先至必霸。楚虽强，后必属汉。”故耳走汉[⑫]。汉王亦还定三秦[⑬]，方围章邯废丘[⑭]。张耳谒汉王，汉王厚遇之。

【注释】

①齐王田荣畔楚：田荣未随项羽救赵入关，故项羽分封随其入关的齐将田都为齐王，改封田荣之主田市为胶东王，田荣大怒，起兵反抗项羽，事详《田儋列传》。畔，通“叛”。

②夏说（yuè）：赵将。

③天下宰：主持天下大政者。

④诸将：指随从入关灭秦的项羽部将黥布、司马欣及田都、臧荼等其他诸侯将领。

⑤徙故王王恶地：将原来的诸侯王改封到条件差的地方，如将赵王歇改封为代王，燕王韩广改封为辽东王，齐王田市改封为胶东王等。

⑥扞蔽：犹言“屏障”“屏藩”。扞，通“捍”。

⑦汉王与我有旧故：即前文“高祖为布衣时，尝数从张耳游”云云。

⑧项羽又强，立我：颜师古曰：“羽既强盛，又为所立，是以狐疑，莫知所往。”

⑨甘公：秦汉之际术士，史失其名。或谓即《天官书》之“甘公”，似非。

⑩五星聚东井：金、木、水、火、土五大行星同时运行至井宿的星区，古代术士们认为此系“真龙天子”出世之兆。梁玉绳曰：“星聚不在入关之月，说见《天官书》。”

⑪秦分：秦地的分野。古人将天上的星区和地上的政区相对应，称为分野。

⑫故耳走汉：据《秦楚之际月表》，事在汉二年（前205）十月，据《高祖本纪》，则在汉二年正月。凌稚隆引王世贞曰："张耳富贵数世，多甘公力，不然几于垓下对泣，乌江共毙矣。"

⑬汉王亦还定三秦：刘邦被项羽封为汉王，都南郑（今陕西汉中）。汉元年八月，从韩信计，率军杀回关中。三秦，项羽封秦将章邯、董翳、司马欣为雍王、翟王、塞王，三分秦故地，故称"三秦"。

⑭围章邯废丘：章邯此次被围困近十个月，直至汉二年六月始城破被杀。废丘，章邯国都，在今陕西兴平东南。

【译文】

张耳到了自己的封地，陈馀更加恼怒了，他说："张耳和我的功劳相当，现今张耳封王，我陈馀却只是被封了侯，这事项羽办得不公平。"等到齐王田荣反叛项羽，陈馀就派使者夏说去游说田荣说："项羽分割天下不公平，把各位将领都分封在富庶的地方，却把原来六国的后代改封到贫瘠的地方，如今赵王竟然被改封到代国！希望大王借给我一些兵力，我愿将南皮作为您的屏障。"田荣想在赵地结交盟友反抗项羽，于是派了一支军队跟随陈馀。陈馀于是全部调集了自己三个县的人马去袭击常山王张耳。张耳败逃，念及自己在诸侯中没有可投奔的人，于是说："汉王与我有旧交情，而项羽又强大，立我为王，因此我打算投奔项羽。"甘公说："汉王入关时，金木水火土五大行星聚集在东井。东井星区是秦国的分野。先到达的人必定会成就霸业。楚国现在虽然强盛，但日后必然还是归属于汉。"于是张耳便去投靠了汉王。汉王也回师平定了三秦，正把章邯围困于废丘。张耳来拜见汉王，汉王给他的待遇很优厚。

陈馀已败张耳，皆复收赵地，迎赵王于代，复为赵王。赵王德陈馀[①]，立以为代王。陈馀为赵王弱，国初定，不之国，留傅赵王[②]，而使夏说以相国守代。

汉二年，东击楚[③]，使使告赵，欲与俱。陈馀曰："汉杀张耳乃从。"于是汉王求人类张耳者斩之，持其头遗陈馀[④]。陈馀乃遣兵助汉。汉之败于彭城西[⑤]，陈馀亦复觉张耳不死，即背汉。

汉三年[⑥]，韩信已定魏地[⑦]，遣张耳与韩信击破赵井陉，斩陈馀泜水上[⑧]，追杀赵王歇襄国。汉立张耳为赵王[⑨]。汉五年[⑩]，张耳薨，谥为景王[⑪]。子敖嗣立为赵王。高祖长女鲁元公主为赵王敖后[⑫]。

【注释】

①德：感激。

②留傅赵王：留在赵国都城襄国辅佐赵王。傅，辅佐。

③汉二年，东击楚：事在汉二年（前205）四月。

④遗（wèi）：给。

⑤汉之败于彭城西：项羽听闻刘邦攻克其国都彭城（今江苏徐州），遂率三万骑兵驰回，大败刘邦于彭城下，事亦在汉二年四月，详见《项羽本纪》。

⑥汉三年：前204年。

⑦韩信已定魏地：事在汉二年（前205）八月，详参《淮阴侯列传》。魏，项羽所封诸侯国，国君为战国时魏国王室后裔，名豹，都于平阳（今山西临汾西南）。

⑧张耳与韩信击破赵井陉，斩陈馀泜（chí）水上：事详《淮阴侯列传》。泜水，水名，流经今河北柏乡城南，当时的赵都襄国以北。

⑨汉立张耳为赵王：事在汉四年（前203）十一月。据《淮阴侯列传》，韩信平定赵、燕后，"乃遣使报汉，因请立张耳为赵王，以镇

抚其国,汉王许之”。

⑩汉五年:前202年。

⑪张耳薨,谥为景王:据《谥法解》,“由义而济曰景”,“耆意大虑曰景”,“布义行刚曰景”。

⑫鲁元公主为赵王敖后:此谓鲁元公主亦于此时成为王后,非谓此时始嫁于张敖。

【译文】

陈馀打败张耳后,收复了赵国的全部国土,把赵王歇从代地迎回,仍旧当赵王。赵王很感激陈馀的恩德,就把陈馀立为代王。陈馀由于赵王势力薄弱,加上赵国形势刚刚稳定,便不去代国,留下来辅佐赵王,而派夏说以相国的身份前往镇守代国。

汉二年,汉王刘邦东进攻打楚国,派使者通告赵国,希望赵国能一起出兵。陈馀说:“汉王若杀了张耳,我就从命。”于是汉王找来一个与张耳相貌相似的人杀掉,把他的头送给陈馀。陈馀于是就派兵帮助汉王。汉王在彭城以西大败时,陈馀也察觉到张耳并没有死,于是背叛了汉王。

汉三年,韩信平定了魏地后,汉王又派张耳和韩信去攻打赵国,在井陉关大败赵军,在泜水边斩杀了陈馀,又追到襄国杀死了赵王歇。汉王立张耳为赵王。汉五年,张耳去世,谥号为景王。张耳的儿子张敖继位为赵王。汉高祖的长女鲁元公主是赵王张敖的王后。

汉七年①,高祖从平城过赵②,赵王朝夕袒韝蔽③,自上食,礼甚卑,有子婿礼。高祖箕踞詈④,甚慢易之。赵相贯高、赵午等年六十余⑤,故张耳客也。生平为气⑥,乃怒曰:“吾王孱王也⑦!”说王曰:“夫天下豪桀并起,能者先立。今王事高祖甚恭,而高祖无礼⑧,请为王杀之!”张敖啮其指出血⑨,曰:“君何言之误!且先人亡国,赖高祖得复国,德流子孙，秋豪皆高祖力也。愿君无复出口。”贯高、赵午等十余人皆相谓曰：“乃吾等非也。吾王长者[10]，不倍德[11]。且吾等义不辱[12]，今怨高祖辱我王，故欲杀之，何乃污王为乎？令事成归王，事败独身坐耳[13]。”

【注释】

①汉七年：前200年。

②平城：汉县名，治所在今山西大同东北。汉七年，韩王信勾结匈奴人造反，刘邦前往征讨，被围困于平城七日，后因陈平之计得以脱困。事详《高祖本纪》《陈丞相世家》《韩信卢绾列传》《匈奴列传》等。

③袒鞲（gōu）蔽：脱去外衣，戴上皮臂套。鞲，皮臂套。

④箕踞詈（lì）：叉着双腿骂骂咧咧。箕踞，一种无礼的坐姿，即随意张开两腿坐着，形似簸箕。詈，骂街。

⑤赵相贯高、赵午等年六十余：《集解》引徐广曰：“《田叔传》云：‘赵相赵午等数十人皆怒。’然则或宜言‘六十余人’。”

⑥生平为气：历来重气节，有气性。

⑦孱（chán）：软弱，懦弱。何焯曰：“高祖尝从张耳游，贯高、赵午故等夷之客，故怒。”

⑧今王事高祖甚恭，而高祖无礼：梁玉绳曰：“‘高祖’非生前之称，此与下四‘高祖’皆宜从《汉书》作‘皇帝’。”

⑨啮其指出血：咬手指出血，以示诚心、决心。啮，咬。

⑩长者：忠厚之人。

⑪不倍德：不背弃旧恩。倍，通“背”。德，恩德，恩情。

⑫义不辱：绝不受辱。

⑬事败独身坐耳：事情失败我独自承担罪责。坐，判罪，治罪。李

光缙曰:"'独身坐耳''独怒骂''独吾属为之''独吾等为之',四'独'字一脉,具见贯高'义不辱'气象。"

【译文】

汉七年,高祖从平城回京,路过赵国,赵王张敖整日脱去外衣,戴上皮臂袖侍奉高祖,亲自端饭布菜,态度谦卑,很有做女婿的礼节。而高祖却坐在那里岔着双腿,还对赵王呼喝叱责,非常傲慢轻视他。赵国的丞相贯高、赵午等人都已六十多岁,原先都是张耳旧门客。他们平生重气节,都很气愤地说:"我们的大王是个懦弱的王!"他们劝说赵王:"天下豪杰一块起兵反秦,能力强者就可先称王。如今您对皇上那么恭敬,而皇上对您却傲慢无礼,请让我们替您杀了他!"张敖听了急得把手指咬出了血,说:"先生们怎么能讲这样的错话!当初我们先王亡了国,全仗着皇上才得以复国,恩德惠泽子孙,我们这里的一丝一毫都是皇上赐予的。希望你们不要再说这样的话了。"贯高、赵午等十几个人互相议论说:"这确实是我们的不对。我们大王是个忠厚之人,他不肯忘恩负义。只是我们注重义节,不愿意受辱,如今我们怨恨皇上侮辱了我们的大王,所以我们想杀死他,又何必牵累玷污我们的大王呢?如果事成就归功于大王,如果失败了我们就自己承担罪责。"

汉八年①,上从东垣还②,过赵,贯高等乃壁人柏人③,要之置厕④。上过欲宿,心动,问曰:"县名为何?"曰:"柏人。""柏人者,迫于人也⑤!"不宿而去。

汉九年⑥,贯高怨家知其谋⑦,乃上变告之⑧。于是上皆并逮捕赵王、贯高等。十余人皆争自刭,贯高独怒骂曰:"谁令公为之?今王实无谋,而并捕王;公等皆死,谁白王不反者⑨!"乃轞车胶致⑩,与王诣长安⑪。治张敖之罪。上乃诏赵群臣宾客有敢从王皆族⑫。客孟舒等十余人,皆自髡钳,为王家奴[13]，从来。贯高至，对狱[14]，曰："独吾属为之，王实不知。"吏治榜笞数千[15]，刺剟[16]，身无可击者[17]，终不复言。吕后数言张王以鲁元公主故，不宜有此。上怒曰："使张敖据天下，岂少而女乎[18]！"不听。廷尉以贯高事辞闻[19]，上曰："壮士！谁知者，以私问之[20]。"中大夫泄公曰[21]："臣之邑子，素知之。此固赵国立名义不侵为然诺者也[22]。"上使泄公持节问之箯舆前[23]。仰视曰[24]："泄公邪？"泄公劳苦如生平欢[25]，与语，问张王果有计谋不。高曰："人情宁不各爱其父母妻子乎？今吾三族皆以论死[26]，岂以王易吾亲哉[27]！顾为王实不反[28]，独吾等为之。"具道本指所以为者王不知状[29]。于是泄公入，具以报，上乃赦赵王。

【注释】

①汉八年：前199年。

②上从东垣还，过赵：时韩王信的同党在东垣一带作乱，刘邦前往征讨，平定后，回军时又路过赵国。东垣，汉县名，时为常山郡郡治，治所在今石家庄东北。

③壁人：夹壁中藏人。柏人：汉县名，在今河北隆尧西，当时属赵。

④要之置厕：准备在驿站旁伏击刘邦。要，截击，伏击。置，驿站，旅馆。王先谦引刘攽曰："置，顿止之次名也。东海贡荔枝，五里一堠，十里一置。"厕，钱大昕曰："'厕'与'侧'同，非'厕圂'之'厕'也。"或谓厕即厕所。

⑤柏人者，迫于人也：姚苎田曰："高祖赐娄敬姓'刘'，而云'娄者乃刘也'；于柏人心动，则云'柏人者迫于人也'，粗糙杜撰，可哂亦可爱，小处传神，三毫欲活矣。"

⑥汉九年：前198年。

⑦怨家：仇家。

⑧上变告之：向朝廷告发贯高等谋反之事。胡三省注："变，非常也。谓上告非常之事。"

⑨白：辩白，昭雪。

⑩辒车：囚车。辒，通"槛"。颜师古曰："以板四周之，无所通见。"胶致：用胶将木板粘牢，以防犯人逃脱。

⑪与王诣（yì）长安：与赵王张敖一起到长安。诣，到，前往。

⑫从王：指随赵王进京。族：灭族。

⑬"客孟舒等十余人"几句：底本作"贯高与客孟舒等十余人，皆自髡钳，为王家奴"，梁玉绳曰："上言贯高与王'槛车胶致'长安矣，而又言与客从来何耶？《汉书》删去最当。"泷川引中井积德曰："称王家奴者，孟舒等耳，'贯高与'三字疑衍。"诸说是，据删。髡、钳，均为古代刑罚，分别指给犯人剃去毛发，用铁器钳束犯人的颈项、手、足。

⑭对狱：回答司法官员审讯。

⑮吏治：司法官吏拷问贯高。治，审问，审讯。榜笞（chī）：鞭笞拷打。

⑯刺剟（duò）：以铁器刺人身体的一种酷刑。

⑰身无可击者：意谓遍体鳞伤。吴见思曰："只五字，写尽惨毒不堪。"

⑱而：你。

⑲廷尉以贯高事辞闻：廷尉将贯高的审问情况及供词报告给刘邦。廷尉，"九卿"之一，秩中二千石，主管全国刑狱。

⑳谁知者，以私问之：谁认识贯高，私下问问他。知，了解，相知。私，《集解》引臣瓒曰："以私情相问。"

㉑中大夫：为皇帝侍从官名，掌议论。泄公：姓泄，史失其名。

㉒立名义：重视名节，讲求义气。不侵：不改初衷。为然诺：说话算话，信守诺言。

㉓持节：手持符节。节，符节，帝王给使者的信物。箯（biān）舆前：贯高躺着的竹轿前。箯舆，竹轿、竹舆。

㉔仰视曰：此谓贯高，可见其伤重难动之状。

㉕劳（lào）苦：慰问。如生平欢：像好友平日交往那样。凌稚隆引董份曰："箯舆与劳苦问答，历历如目前。"

㉖吾三族皆以论死：盖谓自己要被判灭三族。三族，一说指父族、母族、妻族，一说指父母、兄弟、妻子。

㉗易：交换，换取。

㉘顾：只是。为：因为。

㉙本指所以为者：之所以行刺的本来目的。指，通"旨"。

【译文】

汉八年，高祖从东垣回来，又路过赵国，贯高等人把刺客藏在柏人县驿站的夹墙中，想要截杀他。高祖路过驿站想要住宿，突然心有所动，问道："这个县叫什么名字？"回答说："是柏人。""柏人，是受人困迫的意思啊！"于是没有留宿就离去了。

汉九年，贯高的仇家知道了这个阴谋，就上书告发了他。于是高祖就派人来把赵王、贯高等人一并抓了起来。十多个同谋者都争着要自杀，只有贯高生气地骂道："当初的事是谁让你们干的？如今大王根本没有参与造反，却也一起被抓捕了；你们都死了，谁来替赵王辩白没有造反呢？"于是坐着紧闭的囚车与赵王一起到了长安。朝廷审问张敖的罪行。高祖发布诏书，说赵国的群臣宾客有敢跟随张敖进京的，诛灭全族。于是贯高和赵王的门客孟舒等十多个人，都剃了头发，用铁箍套着脖子，扮作赵王家奴的样子，跟着赵王一起来到长安。贯高到了京城，回答司法官员的审讯说："这事完全是我们几个人做的，赵王确实不知情。"司法官吏审讯贯高时对他鞭笞拷打数千下，还用铁器扎身，弄得他体无完肤，但贯高始终不改供辞。吕后几次劝说高祖，说张敖由于鲁元公主的关系，不会犯下如此罪行。高祖生气地说："假使张敖得了天下，难道还会缺少像你闺女这样的女子吗?”并没有听她的话。廷尉把贯高的情况和供辞上报给高祖,高祖说:“真是条好汉!谁了解贯高,私下去问问。”中大夫泄公说:“贯高是我的同乡,我平素了解他。这是赵国一个讲究信誉道义、不违背诺言的人物。”高祖就派泄公拿着符节到贯高躺着的竹轿跟前询问。贯高躺着仰视着他,问道:“是泄公吗?”泄公就像好友平日交谈那样关心慰问他,并问张敖是否确实参与了谋划。贯高说:“人哪有不爱自己的父母和妻儿的呢?如今我的三族都将因我而被处死,我难道会用这么多亲人的生命去换赵王吗?只是赵王确实没有参与造反,事情是我们这些人独自办的。”接着详细说明行刺的原本目的及赵王不知情的状况。泄公回来,如实向高祖报告后,高祖才赦免了赵王。

上贤贯高为人能立然诺①,使泄公具告之,曰:“张王已出。”因赦贯高②。贯高喜曰:“吾王审出乎③?”泄公曰:“然。”泄公曰:“上多足下④,故赦足下。”贯高曰:“所以不死一身,无余者⑤,白张王不反也。今王已出,吾责已塞,死不恨矣⑥。且人臣有篡杀之名,何面目复事上哉!纵上不杀我,我不愧于心乎⑦?”乃仰绝肮⑧,遂死。当此之时,名闻天下⑨。

【注释】

①立然诺:同前文“为然诺”。

②因赦贯高:史珥曰:“赦贯高、封田横客,高祖此等处真有君人之度。”

③审:果真,确实。

④多:赞赏。足下:对对方的敬称。

⑤ 无余者:没有别的原因。

⑥吾责已塞,死不恨矣:我的责任已经尽到了,死而无憾了。塞,完

成,尽到。恨,憾,遗憾。

⑦纵上不杀我,我不愧于心乎:泷川曰:"田横曰'吾烹人之兄,与其弟并肩而事其主,纵彼畏天子之语不敢动我,我独不愧于心乎';项羽曰'籍与江东子弟八千人渡江而西,今无一人还,纵江东父老怜而王我,我何面目见之?纵彼不言,籍独不愧于心乎',当时英雄壮士皆知愧,可尚也。"

⑧绝肮(háng):割断颈动脉。肮,诸说不一。《集解》引韦昭曰:"肮,咽也。"《索隐》引苏林曰:"肮,颈大脉也。"颜师古引《尔雅》以为即喉咙。

⑨当此之时,名闻天下:姚苎田曰:"贯高固叛人,然身为张耳故客,其视高祖,等夷耳。天下初定,逐鹿未忘;老骥雄心,不能忍辱,与他人作逆者殊科。况其立节张敖,亦是跖犬吠尧常理,不当概以'叛'目之。"

【译文】

高祖很欣赏贯高为人能坚守诺言,就派泄公告诉他:"张敖已经被释放了。"同时也赦免了贯高。贯高高兴地问:"我们大王果真被放出去了吗?"泄公说:"是的。"并说:"皇上很赞赏您,因此也赦免了您。"贯高说:"我之所以不自杀,没有别的缘由,就是为了替赵王辩白他没有谋反。现在赵王已经出狱,我的责任已经完成,可以死而无憾了。况且作为臣子已经有了弑君谋逆的罪名,又有什么脸面再去侍奉皇上呢!即便皇上不杀我,我难道就不有愧于心吗?"于是仰头割断脖子动脉而死。在当时,贯高名声传遍天下。

张敖已出,以尚鲁元公主故[①],封为宣平侯[②]。于是上贤张王诸客以钳奴从张王入关,无不为诸侯相、郡守者[③]。及孝惠、高后、文帝、孝景时[④],张王客子孙皆得为二千石[⑤]。

张敖，高后六年薨[⑥]。子偃为鲁元王[⑦]。以母吕后女故，吕后封为鲁元王[⑧]。元王弱[⑨]，兄弟少[⑩]，乃封张敖他姬子二人：寿为乐昌侯，侈为信都侯[⑪]。高后崩[⑫]，诸吕无道，大臣诛之，而废鲁元王及乐昌侯、信都侯。孝文帝即位[⑬]，复封故鲁元王偃为南宫侯[⑭]，续张氏。

【注释】

①尚：专指娶公主为妻。

②封为宣平侯：由诸侯王贬为列侯。

③以钳奴从张王入关，无不为诸侯相、郡守者：据《田叔列传》，贯高案查清后，随张敖入京的孟舒、田叔等人，“尽拜之为郡守、诸侯相”，如孟舒为云中守，田叔为汉中守，后又被拜为鲁相。其他人情况不详。

④孝惠：即汉惠帝，名盈，刘邦之子，吕后所生，前194—前188年在位。高后：即吕后，名雉，刘邦之妻，汉惠帝死后，吕后主政，前187—前180年在位。文帝：名恒，刘邦之子，薄后所生，前179—前157年在位。孝景：即汉景帝，名启，文帝之子，前156—前141年在位。

⑤二千石：郡守与诸侯相一级的高级官员。

⑥张敖，高后六年薨：据《吕太后本纪》，张敖死在吕后七年（前181），与此不同。《集解》引《关中记》曰：“张敖冢在安陵东。”《正义》曰：“鲁元公主墓在咸阳县西北二十五里，次东有张敖冢，与公主同域。”

⑦子偃为鲁元王：梁玉绳曰：“此及下‘元’字皆衍。”《吕后本纪》云，吕后七年（前181）六月，“宣平侯张敖卒，以子偃为鲁王”。

⑧以母吕后女故，吕后封为鲁元王：因张偃母亲是吕后的女儿鲁元

公主，故加恩封张偃为鲁王。

⑨弱：年龄小。

⑩兄弟少：指同母兄弟不多。

⑪“乃封张敖他姬子二人”几句：他姬子，《汉书》作“前妇子”，则下文所述张寿、张侈皆年长于张偃。乐昌，汉县名，治所在今河南南乐西北。信都，汉县名，治所即今河北冀州。

⑫高后崩：事在吕后八年（前180）七月。吕后八年八月，刘章、周勃与刘襄、灌婴里应外合，发动政变诛灭诸吕，详见《吕太后本纪》。

⑬孝文帝即位：事在吕后八年九月，事详《吕太后本纪》《孝文本纪》。

⑭南宫侯：南宫，汉县名，县治在今河北南宫县城之西北。

【译文】

张敖被释放后，由于娶了鲁元公主的缘故，仍封为宣平侯。高祖非常欣赏张敖的那些以钳奴身份随他入京的门客，都让他们做了诸侯国的相国或郡守。到了孝惠、高后、文帝、孝景时期，张敖门客的子孙都做了俸禄二千石的官员。

张敖在高后六年去世。其子张偃为鲁元王。由于张偃的母亲是吕后女儿的缘故，吕后封他做了鲁元王。鲁元王年龄小，同母兄弟少，于是吕后又封了张敖其他姬妾所生的两个孩子：张寿为乐昌侯，张侈为信都侯。吕后逝世后，吕氏家族的人图谋不轨，大臣诛杀了他们，也废了鲁元王和乐昌侯、信都侯。孝文帝即位后，又封原鲁元王张偃为南宫侯，以延续张氏的后代。

太史公曰：张耳、陈馀，世传所称贤者；其宾客厮役[①]，莫非天下俊桀，所居国无不取卿相者[②]。然张耳、陈馀始居约时[③]，相然信以死，岂顾问哉[④]？及据国争权，卒相灭亡，何乡者相慕用之诚⑤，后相倍之戾也⑥！岂非以势利交哉⑦？名誉虽高，宾客虽盛，所由殆与太伯、延陵季子异矣⑧。

【注释】

①厮役：奴仆。

②所居国无不取卿相：如前文所谓“无不为诸侯相、郡守”之类。

③约：穷困，困窘。

④相然信以死，岂顾问哉：《索隐》：“谓然诺相信，虽死不顾也。”即互相信任，为生死之交。顾问，犹顾惜。

⑤乡者：从前。乡，通“向”。相慕用：互相敬慕帮助。

⑥相倍之戾（lì）：互相对立那么严重。倍，通“背”。戾，严重，厉害。

⑦以势利交：以功利为目的地交友，希望利用对方的势力为自己谋利。

⑧所由殆与太伯、延陵季子异矣：所作所为跟吴太伯、季札不一样。太伯，吴太伯，孔子称其“三以天下让”，是礼让的典范。延陵季子，即春秋末期吴公子季札，也拒绝父兄之命，不愿继位为吴王。以上二人，事皆见《吴太伯世家》。

【译文】

太史公说：张耳、陈馀是世人所传颂称道的贤者；他们的宾客奴仆也都是天下的杰出人物，在他们所处的国家无不取得卿相的高位。然而起初张耳、陈馀地位贫贱的时候，生死与共且守信不移，哪还顾惜什么呢？等到有了领土就开始争权夺势，最终互相残杀而死，为何从前相互敬慕得那么真诚，后来又彼此对立得那么严重呢？难道不就是因为交友时怀有功利之心吗？名声虽然很大，宾客虽然众多，但他们后来的所作所为跟吴太伯、公子季札相比，那就差得远了啊。

【集评】

罗大经曰：“耳之见，过馀远矣。馀卒败死泜水，而耳事汉高，富贵寿

考，福流子孙，非偶然也。大智大勇，必能忍小耻小忿，彼其云蒸龙变，欲有所会，岂与琐琐者较乎？”（《史记评林》引）

姚苎田曰：“钜鹿之围，张敖以子赴父之难，亦且按甲徘徊，似未可以‘不救’深责陈馀。张耳于陈馀解绶之际，引佩不辞，致成大隙，耳亦稍负馀矣。虽然，信陵之兵符未窃，原欲赴邯郸俱亡；魏其之触网无辞，义不令仲孺独死，此中耿耿，馀或者未之前闻。向使赵果烬于章邯，不知馀何以处此？末特附一不侵然诺之贯高，未必不为彼‘刎颈交’痛下一劄也。”（《史记菁华录》）

林伯桐曰：“张耳、陈馀所争者大，非为私也。其始则多疑心，其后则各负气耳。试观吴、楚反时，条侯以梁委吴，不肯往救，本以为国，非为身也，而梁孝王深恨；汉高末年，陈平夺樊哙兵，亦以为国，且免哙于死矣，而哙妻吕须进谗。盖疑心未释，则气不能平。耳、馀之相怨一方，无足怪也。史公以‘利’责之，似过矣。”（《史记蠡测》）

吴敏树曰：“太史公引太伯、延陵责备耳、馀，其言似乎阔远，究详其旨，特欲以‘让道’正之耳。当陈馀投印之时，张耳若不乘便收取，虽交分少疏，何至便相仇杀？又若张耳剖符之日，能以赵歇竟辞，而身与成安等受君侯之号，捐前忿，去后嫌，贤者之风不当如是耶？而陈馀既脱身泽中，隐身渔猎，三县之封婉辞无受；张耳独侈然为王，得无内愧而投谢哉？不此之务，徒见利所在，若鸡鹜争食者然，彼以为烈丈夫取天下行也，而由古贤高让之道观之，微乎其无足道矣。呜乎，学者能用斯识趣以观古人，以游当世，安往而不得吾意乎？”（《柈湖文集》）

李景星曰：“《张耳陈馀传》以‘由此陈馀、张耳遂有郤’一句为通篇关键，以上步步写其合，以下步步写其离，活画出一幅‘势利交’情态。传末详叙贯高事，正为张、陈作反托。有此‘立名义不侵然诺’之人，愈显得张、陈两人十分不堪也。通篇‘两人’二字凡十一见，而用笔以错综见奇，凡楚、汉间闲情碎事，为项、高纪、陈涉各世家所未说者，传中往往及之。又一时奇士，如蒯通、房君、赵厮养卒、甘公、夏说、孟舒、泄公等，

亦俱于传内带见，此于列传中著人而兼纪事者也，不可以寻常之列传例之。赞语凡三转，明白疏畅，而顿挫自古。”(《史记评议》)

【评论】

《张耳陈馀列传》的主线是张耳和陈馀由生死之交的朋友，由于误会而转为相互仇恨、相互对立，直到最后兵戈相见的死敌，陈馀最终死于张耳之手，这种交友不终、反目成仇的事实是令司马迁非常感慨的。本文“太史公曰”之所谓“以势利交”，所谓“乡者相慕用之诚，后相倍之戾”云云，即指此而言，这也是《史记》中反复出现的主题之一。但是仔细分析，张耳、陈馀的情况与《孟尝君列传》《廉颇蔺相如列传》等篇中所说的那种“势利交”“市道交”是完全不同的。两人矛盾起于张耳被困钜鹿城中而陈馀不救，但陈馀不是不愿救而是势单力弱救不了；张耳以此责之，又在陈馀一时性急推印解绶时竟自佩之，才引发了之后的矛盾。对此，凌稚隆评论说：“馀之脱解印绶，岂果无志于功名而脱然长往者哉？将以白其心之无他，而欲已耳之苛责也。不图耳不能谅，竟从客计，甘心自决于馀，是两人之交好不终，为千古笑者，耳先得罪于馀也。”在这场争端中，张耳对权势的贪婪是关键因素。至于后来陈馀对张耳大动干戈，则是由于陈馀的贪欲与意气了。总体说来，两人友情的破裂根本原因是对于权与利的争夺。曹操诗有所谓“势利使人争，嗣还自相戕”(《蒿里行》)说的正是这种情况。

在张耳、陈馀的故事主线外，本篇的主要目的是司马迁在《太史公自序》中讲到的“填赵，塞常山，以广河内，弱楚权”，即强调张耳、陈馀所处的赵国地区在诸侯反秦及后来在楚汉战争中所处的地理形势，以及他们所起的重要作用。在反秦起义初期，有三个主要的反秦中心：第一是梁、楚，也就是今河南东部和安徽、江苏北部一带，其代表人物先后是陈涉、项梁、项羽、刘邦等；第二是齐国，也就是今山东中部一带，其代表人物先后是田儋、田荣等；第三是赵国，也就是今河北南部一带，其代表人物实际上就是张耳和陈馀。而陈馀更是一直支撑到了楚汉战争的中期。这个地区在当时的历史作用主要有两点：其一是反秦起义时崛起于北方，独树一帜，吸引了秦军主力，使秦军主力覆灭、造成秦王朝瓦解的关键一战"钜鹿之战"也正是发生于此，从而为刘邦从南路西下入关灭秦创造了条件；其二是楚汉战争中，陈馀联络田荣，赵、齐两地首先发难反项羽，吸引了项羽的注意，不自觉地为刘邦当了别动队，使刘邦轻而易举地夺回了三秦，并东下攻陷了项羽的首都彭城。因此，要想研究诸侯反秦以及楚汉战争的全过程，这篇作品是重要的历史文献，其价值不容低估。

张耳、陈馀都是当时名震天下的风云人物，他们前期好交游，甚至连刘邦都曾几次拜访张耳，在他家一住数月。但当秦灭六国，张耳、陈馀受到秦王朝的通缉时，他们隐姓埋名逃到陈郡充当里巷的看门人，甚至甘心忍受里中小吏的责打，他们的信条是"今见小辱，而欲死一吏乎"。后来终于云蒸龙变，张耳被封为赵王，泽流数世；陈馀位虽不终，但也一度为代王兼赵相，专有一方。这种生死观、价值观，这种处世态度，是深为司马迁所赞赏的，他们都是司马迁笔下的那种"扶义俶傥，不令己失时，立功名于天下"的英雄志士。

篇中记贯高事慷慨淋漓，尤为感人。赵王张敖是张耳之子，是刘邦的女婿，贯高初为张耳门客，后为赵相。他看到刘邦对赵王张敖的颐指气使，认为受到了羞辱，先劝张敖造反，张敖拒绝后，他便谋划刺杀刘邦，行刺未成，他被人告发，牵连到了赵王张敖。贯高拼死力辩张敖未曾参与此事，不曾谋反；待刘邦被他的大义感动赦免了他时，他说："所以不死一身无余者，白张王不反也。今王已出，吾责已塞，死不恨矣。且人臣有篡杀之名，何面目复事上哉？纵上不杀我，我不愧于心乎？"遂自杀。司马迁写作这个故事，感慨良深。贯高之死，颇与《刺客列传》写豫让之死相同，司马迁有用贯高事反衬张耳、陈馀之"势利交"的意思。这一段文章也写得情采飞动，贯高的粗豪、忠心与深情形神俱见，异常感人，而刘邦能因其大义而赦免他，其行为颇有古帝王之风，令人赞叹。王维桢评论说:“贯高之义不背君,高祖之仁不戮忠,皆难事。”是《史记》中最精彩的小段落之一。

本篇在写作艺术上也颇为可观。篇中涉及的史实、人物众多,但脉络清晰,重点突出。吴见思曰:“《史记》合传皆每人一段,以关锁穿插见妙;独此传则两人出处同、事业同,即后来构怨亦同,故俱以一笔双写。……《耳馀传》如两龙同一海,始则弭耳而游,后则嶷角而斗,水立云飞,一海皆动。乃既上去之后,双尾一掉,而余波犹复翻天,则贯高一段是也。”(《史记论文》)李景星曰:“一时奇士,如蒯通、房君、赵厮养卒、甘公、夏说、孟舒、泄公等,亦俱于传内带见。”(《史记评议》)如蒯通说范阳令与武信君,片语之间,免却千里兵戈惨祸,足见蒯通智谋过人;厮养卒说燕将,其捷悟、辞令、机锋,皆使读者拍案叫绝。

史记卷九十

魏豹彭越列传第三十

【释名】

《魏豹彭越列传》其实是魏咎、魏豹兄弟与彭越三人的合传，这是因为他们的主要活动区域都在战国时的魏地，又先后在魏地为王。

全篇可分为两大部分。前一部分写魏咎、魏豹兄弟的生平经历。魏咎、魏豹原是魏国的贵族公子，被秦贬为平民。魏咎加入陈胜起义军，被立为魏王，陈胜起义失败后，魏咎难敌秦军，自焚而死。魏豹投楚，继续在魏地坚持战斗，下二十余城，被项羽封为魏王。跟从项羽攻秦入关，改封为西魏王，魏豹不满，楚汉之争开始，魏豹降汉又叛汉，被俘，后被汉将杀死。后一部分写彭越的事迹与其入汉后被刘邦、吕后杀害的悲惨结局。彭越在钜野泽中聚众起兵，楚汉战争中归附刘邦，在魏地开展游击战，牵制项羽，参加垓下之战打败项羽，被封为梁王。因功高被刘邦、吕后所忌，遂诬以谋反罪名处死。篇末论赞，司马迁主要对彭越的悲剧结局深为惋惜，也借以抒发了自己的身世之感。

魏豹者，故魏诸公子也①。其兄魏咎②，故魏时封为宁陵君③。秦灭魏，迁咎为家人④。陈胜之起王也⑤，咎往从之⑥。陈王使魏人周市徇魏地⑦，魏地已下，欲相与立周市为魏王。周市曰："天下昏乱，忠臣乃见⑧。今天下共畔秦⑨，其义必立魏王后乃可⑩。”齐、赵使车各五十乘，立周市为魏王⑪。市辞不受，迎魏咎于陈⑫。五反，陈王乃遣立咎为魏王⑬。

【注释】

①故魏：指战国时的魏国，相对于秦汉之际所封魏国而言。诸公子：太子以外的国君的其他儿子。王先谦引沈钦韩曰：“《列女传·节义传》云：‘秦破魏，诛诸公子。’今此魏豹、魏咎，皆魏公子封君，是秦灭国未尝诛夷，故齐王建亦有子孙。世言秦暴，犹不若后世必尽其种也。陈涉兵起，齐、韩、赵、魏、楚皆故国子孙，唯燕王喜走辽东，无后。汉得天下鉴是，故徙诸豪族于关中。”

②其兄魏咎：据后文云：“今西魏王豹亦魏王咎从弟也，真魏后”，则魏咎为魏豹堂兄。

③宁陵君：魏咎的封号。宁陵，魏邑名，在今河南宁陵东南。

④迁：贬黜，降级。家人：平民。

⑤陈胜之起王也：事在秦二世元年（前209）七月。起王，起兵称王。事详《陈涉世家》。

⑥咎往从之：魏咎前去投靠陈胜，事在秦二世元年（前209）九月。

⑦周市：陈胜部将，原魏地人。徇：攻取。

⑧天下昏乱，忠臣乃见：《索隐》：“《老子》：‘国家昏乱有忠臣。’此取以为说也。”见，同“现”，显现，表现。

⑨畔：通“叛”，叛乱。

⑩其义必立魏王后乃可：按照道义，应该立战国时魏国王室的后裔才行。

⑪齐、赵使车各五十乘，立周市为魏王：事在秦二世二年（前208）十一月。当时以“十月”为岁首，故所谓“二年十一月”，距陈涉七月起兵时仅五个月，距魏咎九月投奔陈涉时仅三个月。齐，当时齐王为战国齐王后裔田儋；赵，当时赵王为陈涉部将武臣。皆

见《陈涉世家》《秦楚之际月表》。

⑫陈：秦县名，亦为陈郡的郡治，即今河南淮阳。陈涉起兵后，于此建都称王，故魏咎投奔陈涉后，即被留居于此。

⑬五反，陈王乃遣立咎为魏王：事在秦二世二年（前208）十二月。徐孚远曰："陈王不欲立魏后，故使者五反而后遣也。"吴见思曰："五反，非见陈王之难，正写周市之忠也。"五反，周市派人来回接了五次。

【译文】

魏豹是战国时期魏国王族的公子。他的兄长魏咎，以前在魏国时曾被封为宁陵君。秦国灭魏后，把他贬为平民。陈胜起兵称王后，魏咎前往投靠陈胜。陈王派魏人周市去攻取魏地，魏地攻下后，大家便想一起拥立周市为魏王。周市说："天下大乱的时候，才会突显出忠臣。现在天下共同反叛秦朝，按照道义来说一定要拥立魏王后裔才行。"这时齐国、赵国都各自派出五十辆车，希望立周市为王。周市推辞没有接受，他派人到陈郡去迎接魏咎。经过五次往返交涉，陈王才同意并派人来立魏咎为魏王。

章邯已破陈王①，乃进兵击魏王于临济②。魏王乃使周市出请救于齐、楚③。齐、楚遣项它、田巴将兵随市救魏④。章邯遂击破杀周市等军⑤，围临济。咎为其民约降。约定，咎自烧杀⑥。

【注释】

①章邯已破陈王：事在秦二世二年（前208）十二月。事详《陈涉世家》。章邯，秦朝名将，镇压秦末起义军的主要将领。

②击魏王于临济：事在秦二世二年（前208）正月。临济，时为魏咎

都城，在今河南长垣东南。

③请救于齐、楚：事在秦二世二年（前208）四月。齐、楚，当时齐军首领为齐王田儋，而陈胜死后，楚军首领为项羽之叔项梁。

④齐、楚遣项它、田巴将兵随市救魏：《索隐》曰："项它，楚将；田巴，齐将也。"据《田儋列传》，"魏王请救于齐，齐王田儋将兵救魏"，则齐之领兵者为田儋，与此处说法不同。

⑤击破杀周市等军：据《田儋列传》，战败被杀者还包括齐王田儋。

⑥约定，咎自烧杀：事在秦二世二年（前208）六月。魏咎与秦军定约请降，以保全城中百姓，约定而后自杀，以示宁死不屈。《史记评林》引邵宝曰："魏咎于身于民，可谓两全之矣。全民以生，全身以死。"郭嵩焘曰："约降而后死，有救民之心矣。秦汉之际如周市、魏咎之君臣，君子有取焉。"凌稚隆曰："周市之让国，魏咎之全民，臣主皆贤，亦乱世所难得，故附见于豹传。"

【译文】

章邯打败陈王后，就进兵到临济攻打魏王咎。魏王咎便派周市到齐、楚两国请求援兵。齐、楚派遣项它、田巴率军跟随周市前来援救魏国。章邯便打败了周市等人的军队，杀死了他们，进而包围了临济。魏咎为了保护魏国百姓而向秦军请求投降。和约议定后，魏咎便自焚而死。

魏豹亡走楚①。楚怀王予魏豹数千人，复徇魏地②。项羽已破秦，降章邯③。豹下魏二十余城。立豹为魏王④。豹引精兵从项羽入关⑤。汉元年⑥，项羽封诸侯⑦，欲有梁地⑧，乃徙魏王豹于河东⑨，都平阳⑩，为西魏王⑪。

【注释】

①魏豹亡走楚：事在秦二世二年（前208）七月。

②楚怀王予魏豹数千人，复徇魏地：事当在秦二世二年（前208）八月。楚怀王，战国时楚怀王之孙，名心，项梁用范增之计，拥立为王，都于盱台（xū yí，今江苏盱眙东北）。

③项羽已破秦，降章邯：事详《项羽本纪》。

④豹下魏二十余城。立豹为魏王：据《秦楚之际月表》，事在秦二世二年（前208）九月。据此处所述，“立豹为魏王”者当系楚怀王，而《秦楚之际月表》载“魏豹自立为魏王，都平阳始”，疑当从《秦楚之际月表》说。《汉书》亦曰“豹下魏二十余城，立为魏王”，不谓为他人所立。

⑤从项羽入关：事在汉元年（前206）十二月。

⑥汉元年：刘邦称汉王的第一年（前206）。

⑦项羽封诸侯：项羽于十二月入关后，先有与刘邦较量的“鸿门宴”；刘项的矛盾暂时缓解后，项羽遂在汉元年（前206）一月、二月、三月分封各路诸侯为王，事详《项羽本纪》。

⑧欲有梁地：项羽想占有今河南开封一带原属魏国的国土。时项羽自封西楚霸王，都彭城（今江苏徐州），离开封一带不远，故不欲封给他人。梁，战国时魏国曾都于大梁（今河南开封），故亦称魏国为“梁国”，称魏王为“梁王”，称魏地为“梁地”。

⑨河东：秦郡名，郡治安邑（今山西夏县西南），其地战国早中期曾属魏国。

⑩平阳：秦县名，治所在今山西临汾西南。

⑪西魏王：相对于魏咎在临济（今河南长垣东南）称王而言，魏豹在西边。

【译文】

魏豹从临济逃往楚地。楚怀王就给了他几千人，让他回去收复魏地。项羽击败秦军，降服章邯。魏豹攻下魏地二十多座城池。立魏豹为魏王。魏豹率领精兵跟随项羽一同入了关。汉元年，项羽分封诸侯，想把梁地划归己有，于是就把魏王豹的封地迁到了河东郡，让他建都平阳，号为西魏王。

汉王还定三秦[①]，渡临晋[②]，魏王豹以国属焉[③]，遂从击楚于彭城[④]。汉败还，至荥阳[⑤]，豹请归视亲病[⑥]，至国，即绝河津畔汉[⑦]。汉王闻魏豹反，方东忧楚，未及击，谓郦生曰[⑧]："缓颊往说魏豹[⑨]，能下之，吾以万户封若[⑩]。"郦生说豹。豹谢曰："人生一世间，如白驹过隙耳[⑪]。今汉王慢而侮人，骂詈诸侯群臣如骂奴耳[⑫]，非有上下礼节也，吾不忍复见也。"于是汉王遣韩信击虏豹于河东[⑬]，传诣荥阳[⑭]，以豹国为郡[⑮]。汉王令豹守荥阳[⑯]。楚围之急，周苛遂杀魏豹[⑰]。

【注释】

①汉王还定三秦：事在汉元年（前206）冬，详见《高祖本纪》。三秦，指秦国故地关中地区。项羽分封诸侯时，三分关中，封章邯为雍王，都废丘（今陕西兴平东南）；司马欣为塞王，都栎阳（在今陕西西安阎良区）；董翳为翟王，都高奴（今陕西延安东北），合称"三秦"。

②渡临晋：事在汉二年（前205）三月。临晋，也称"临晋关"，秦县名，治所在今陕西大荔东，东临黄河，与山西的蒲坂隔河相望。

③以国属焉：《高祖本纪》云："三月，汉王从临晋渡，魏王豹将兵从。"则未经战斗，魏豹举国投降刘邦。

④从击楚于彭城：事在汉二年（前205）四月。刘邦攻占项羽都城彭城事，详见《高祖本纪》。

⑤汉败，还至荥阳：事在汉二年（前205）四月。在齐地平叛的项羽听说彭城被攻占，率三万骑兵驰回，大败刘邦五十六万人马，刘邦

退至荥阳一带，收集残兵，与项羽形成相持。事详《高祖本纪》。荥阳，秦县名，即今河南荥阳东北之古荥镇。

⑥请归视亲病：请求回去探视母亲的病情。颜师古注："亲，谓母也。"

⑦绝河津畔汉：事在汉二年（前205）五月。绝河津，谓封锁黄河渡口，阻断水上交通。畔，通"叛"。

⑧郦生：即郦食其（yì jī），刘邦部下辩士，事详《郦生陆贾列传》。

⑨缓颊：好言劝说。王先谦引《汉书·高帝纪》张晏注曰："缓颊，徐言引譬喻也。"

⑩以万户封若：封给你万户食邑。若，你。

⑪人生一世间，如白驹过隙耳：谓时光飞逝，人生短暂。《庄子·知北游》："人生天地之间，若白驹之过隙，忽然而已。"《墨子·兼爱》亦曰："人之生乎地上之无几何也，譬犹驷驰而过郤也。"意思类似。白驹，一般认为指白马，而《索隐》引颜师古注曰："白驹，谓日影也；隙，壁隙也，以言速疾若日影过壁隙也。"又，此二语亦见《留侯世家》。

⑫骂詈（lì）诸侯群臣如骂奴耳：刘邦常骂人为"竖子""竖儒"等，见《高祖本纪》《韩信卢绾列传》《郦生陆贾列传》等。詈，骂，责备。

⑬韩信击虏豹于河东：事在汉二年（前205）九月，详参《淮阴侯列传》。

⑭传（zhuàn）诣荥阳：用驿车将魏豹押解到荥阳。传，此谓驿站的车马。荥阳，当时刘邦驻军于此。

⑮以豹国为郡：据《高祖本纪》，韩信攻占魏地后，刘邦在其地设河东、太原、上党三郡。

⑯令豹守荥阳：魏豹被送到荥阳后，被刘邦释放，奉命与周苛、枞公一起镇守荥阳。锺惺曰："汉王赦魏豹亦是难事，盖自反其嫚骂之失耳。"

⑰周苛遂杀魏豹：事在汉三年（前204）八月。据《高祖本纪》，当时荥阳被项羽围困，情势危急，刘邦逃出荥阳后，周苛、枞公认为魏豹是“反国之王，难与守城”，遂杀魏豹。

【译文】

汉王回军平定三秦，从临晋关渡过黄河，魏豹举国归附了汉王，而后又随汉王到彭城去攻打楚军。结果汉军大败而回，退至荥阳时，魏豹便向汉王请求回河东探视母亲的病情，回到魏国后，魏豹随即封锁黄河渡口，背叛了汉王。汉王听说魏豹反叛了，但他当时正担忧东边的楚军，来不及去攻打魏豹，于是对郦生说：“你去好好劝劝魏豹，如果你能说服他归顺，我就封给你万户食邑。”郦生前去劝说魏豹。魏豹谢绝说：“人生一世，短暂得就像快马跑过缝隙一般。汉王自大傲慢，又喜欢侮辱人，谩骂诸侯群臣就像如同对待他的奴隶，根本没有什么上下级的礼节，我不愿意再见他。”于是汉王派韩信进攻河东，活捉了魏豹，用驿车将魏豹押解到荥阳，把魏地改为河东、太原、上党三郡。汉王命令魏豹驻守荥阳。后来楚兵围困荥阳，形势危急，汉将周苛就杀死了魏豹。

彭越者，昌邑人也①，字仲。常渔钜野泽中②，为群盗。陈胜、项梁之起③，少年或谓越曰：“诸豪桀相立畔秦④，仲可以来，亦效之。”彭越曰：“两龙方斗⑤，且待之⑥。”居岁余，泽间少年相聚百余人，往从彭越，曰：“请仲为长。”越谢曰：“臣不愿与诸君⑦。”少年强请，乃许。与期旦日日出会⑧，后期者斩⑨。旦日日出，十余人后，后者至日中。于是越谢曰：“臣老，诸君强以为长。今期而多后，不可尽诛，诛最后者一人。”令校长斩之⑩。皆笑曰：“何至是？请后不敢。”于是越乃引一人斩之⑪，设坛祭⑫，乃令徒属。徒属皆大惊，畏越，莫敢仰视。乃行略地⑬，收诸侯散卒⑭，得千余人。

【注释】

①昌邑:秦县名,治所在今山东巨野南。

②常:通“尝”,曾经。钜野泽:古泽名,在今山东巨野县北。

③陈胜、项梁之起:秦二世元年(前209)七月,陈涉在大泽乡起兵;秦二世元年(前209)九月,项梁在会稽起兵。

④豪桀:同“豪杰”。桀,杰出的人才。相立:指互相承认为王。

⑤两龙方斗:颜师古曰:“两龙,谓秦与陈胜。”指秦朝军队与反秦义军正在酣斗,胜负未定。

⑥且待之:吴见思曰:“待时而动,审顾却虑,写彭越不凡,起手便不草草,正见老成处。”

⑦臣:古人表谦卑的自称。《高祖本纪》之《集解》引张晏曰:“古人相与语,多自称臣,自卑下之道,若今人相与语皆自称仆。”不愿与诸君:不想和你们一起举事。与,相与,相处共事。

⑧期:约定。旦日日出:《索隐》曰:“谓明日之朝,日出时也。”明天日出时。

⑨后期:后于约定期限,即迟到。

⑩校长:下级军官。

⑪越乃引一人斩之:凌稚隆引陈懿典曰:“此与穰苴之斩庄贾,孙武之斩宫嫔事同。”郭嵩焘曰:“彭越初起,其令不能行于校长,乃自引而斩之。”

⑫设坛祭:《陈涉世家》起兵时也“为坛而盟,祭以尉首”,与此类似。

⑬略地:占领地盘。

⑭收诸侯散卒:收编被打散的各路义军士兵。

【译文】

彭越是昌邑县人,字仲。曾经在钜野泽中捕鱼为生,聚众当强盗。陈胜、项梁起兵时,有些年轻人对彭越说:“各地豪杰都相互称王反叛秦朝,你也可以出来,效法他们。”彭越说:“现在的形势就如同两条强龙正在酣斗,我们还是暂且等待时机吧。”过了一年多,水泽里的年轻人聚集了一百多人,前来追随彭越,说:“请你做我们的首领。”彭越推辞道:“我不想跟你们共事。”青年们一再恳请,彭越才同意了。彭越与那些年轻人约定第二天早晨日出时集合,迟到的斩首!第二天日出集合时,有十几个人迟到,最晚的那人直到中午才来。于是彭越对大家说:“我年纪大了,你们硬要我当首领。今天集合,有很多迟到的人,不能全部杀掉,那就杀最后到的那个人吧。”于是命令校长将那人斩首。众人都笑了,说:“何必这样呢?以后我们不敢了。”于是彭越把那个最后到的拉出来杀了,设坛祭祀,并对众人下达命令。众人都大惊失色,畏惧彭越,没有一个人敢抬头看他。于是彭越率领这伙人一边攻取地盘,一边收罗诸侯的散兵,得到了一千多人。

沛公之从砀北击昌邑①,彭越助之。昌邑未下②,沛公引兵西。彭越亦将其众居钜野中,收魏散卒③。项籍入关,王诸侯,还归④,彭越众万余人毋所属⑤。汉元年秋⑥,齐王田荣畔项王⑦,汉乃使人赐彭越将军印,使下济阴以击楚⑧。楚命萧公角将兵击越⑨,越大破楚军。汉王二年春⑩,与魏王豹及诸侯东击楚⑪,彭越将其兵三万余人归汉于外黄⑫。汉王曰:“彭将军收魏地得十余城,欲急立魏后。今西魏王豹亦魏王咎从弟也⑬,真魏后。”乃拜彭越为魏相国,擅将其兵⑭,略定梁地⑮。

【注释】

①沛公:即刘邦。砀:秦县名,亦郡名,治所在今河南夏邑东南。项梁败死后,刘邦退兵于此。

②昌邑未下:《高祖本纪》:“沛公引兵西,遇彭越昌邑,因与俱攻秦

军，不利。”

③收魏散卒：收编魏咎等被打散的士兵。

④还归：指项羽从关中回到其封地西楚都城彭城（今江苏徐州）。

⑤毋所属：彭越未随项羽入关，未得封王，故无所归属。毋，通“无”。

⑥汉元年秋：据《秦楚之际月表》，事在汉元年（前206）七月。

⑦田荣畔项王：田荣系田儋之弟，其反叛项羽事，详见《田儋列传》。

⑧济阴：秦县名，治所在今山东定陶西北。

⑨萧公角：项羽部将，史失其姓。《正义》曰：“萧县令。楚县令称公，角，名。”

⑩汉王二年春：陈仁锡曰：“‘汉王二年’‘汉王三年’，‘王’字当削，《汉书》无。”梁玉绳曰：“春，当作夏。”事在汉二年（前205）四月。

⑪与魏王豹及诸侯东击楚：即刘邦率五十六万人攻入彭城事。

⑫外黄：秦县名，治所在今河南民权西北。

⑬从弟：堂弟。

⑭拜彭越为魏相国，擅将其兵：何绰《义门读书记》曰：“虽拜越为魏相，不受魏豹节度，得自主兵也。”

⑮略定：攻取占领。梁地：指今河南东部一带地区。

【译文】

沛公率军从砀县出发向北进攻昌邑时，彭越曾去帮他攻城。昌邑未能攻下，沛公就率军西进了。彭越也带着他的部下驻扎在钜野泽中，同时收编了一些魏军的散兵。项羽进入关中，分封诸侯王，等项羽回到他自己的封地，彭越所率部众一万多人，无所归属。汉元年秋天，齐王田荣反叛项王，汉王便派人赐给彭越将军印，让他南下济阴县攻打楚军。楚国派萧公角率军攻打彭越，彭越大败楚军。汉王二年春天，汉王与魏王豹及诸侯的军队向东进攻楚国，彭越率军三万多人在外黄归属了汉王。汉王说：“彭将军在魏地攻取了十几座城池，急着想拥立一个魏王的后代。如今西魏王魏豹就是魏王咎的堂弟,是真正的魏王室后裔。”于是就任命彭越为魏王相国,独立领导他的军队,攻取梁地。

汉王之败彭城解而西也①,彭越皆复亡其所下城,独将其兵北居河上②。汉王三年③,彭越常往来为汉游兵④,击楚,绝其后粮于梁地⑤。汉四年冬⑥,项王与汉王相距荥阳,彭越攻下睢阳、外黄十七城⑦。项王闻之,乃使曹咎守成皋⑧,自东收彭越所下城邑,皆复为楚。越将其兵北走穀城⑨。汉五年秋⑩,项王之南走阳夏⑪,彭越复下昌邑旁二十余城,得谷十余万斛⑫,以给汉王食⑬。

【注释】

①解而西:溃败西逃,事在汉元年(前206)四月,详见《项羽本纪》。

②北居河上:《正义》曰:“滑州河上也。”即今河南滑县一带的古黄河边。

③汉王三年:前204年。

④游兵:游击部队。

⑤绝其后粮于梁地:在开封一带开展游击战,切断项羽后方的粮草供应。

⑥汉四年冬:即汉四年(前203)的年初,时以“十月”为岁首。

⑦睢阳、外黄十七城:均在今河南开封东南,距楚国都城彭城(今江苏徐州)不远。睢阳,秦县名,治所在今河南商丘城南。

⑧曹咎:项羽部将,时任大司马。成皋:古邑名,也即所谓“虎牢关”,自古为军事要地,在当时的荥阳县西,今河南荥阳汜水镇西北。

⑨穀城:古邑名,在当时东阿县东,今山东东阿南。

⑩汉五年秋:梁玉绳曰:“‘秋’字应作‘冬’。”盖项羽和刘邦约定讲

和后，于汉五年（前202）十月（时以十月为岁首）撤往阳夏。

⑪阳夏：秦县名，治所即今河南太康。

⑫斛（hú）：量器名，一斛为十斗。

⑬以给汉王食：供给刘邦粮草。凌稚隆《汉书评林》曰："彭越虽非韩信比，然常以游兵出入梁楚间，为羽心腹之疾，则越之功居多。"

【译文】

汉王兵败彭城溃散西逃，彭越之前所占领的城池也全都随即失守，他便独自率领人马向北驻扎在黄河边上。汉王三年，彭越经常作为汉王的游击部队，来来往往地攻打楚军，在大梁一带切断楚军后方对前方的粮草供应。汉四年冬天，项王与汉王相持于荥阳，彭越攻下了睢阳、外黄等十七座城池。项王闻说这事后，便派曹咎镇守成皋，自己率兵东征收复被彭越攻下的城邑，使之又成为楚国的地盘。彭越率领军士往北逃到穀城。汉五年冬天，项王的军队向南撤退到了阳夏，彭越又攻下了昌邑附近的二十几座城池，获得十几万斛粮食，用来供给汉王的军粮。

汉王败[①]，使使召彭越并力击楚。越曰："魏地初定，尚畏楚，未可去。"汉王追楚，为项籍所败固陵[②]。乃谓留侯曰："诸侯兵不从，为之奈何？"留侯曰："齐王信之立，非君王之意[③]，信亦不自坚[④]。彭越本定梁地[⑤]，功多，始君王以魏豹故，拜彭越为魏相国[⑥]。今豹死毋后，且越亦欲王，而君王不蚤定[⑦]。与此两国约：即胜楚，睢阳以北至穀城，皆以王彭相国；从陈以东傅海[⑧]，与齐王信。齐王信家在楚[⑨]，此其意欲复得故邑[⑩]。君王能出捐此地许二人，二人今可致；即不能[⑪]，事未可知也。"于是汉王乃发使使彭越，如留侯策。使者至，彭越乃悉引兵会垓下[⑫]，遂破楚。项籍已死。春，立彭越为梁王[⑬]，都定陶[⑭]。

【注释】

①汉王败：梁玉绳引刘攽曰："此时汉未败，'败'字疑是'数'字。"据此说，则与下句连读，谓"汉王数使使召彭越并力击楚"。

②为项籍所败固陵：刘邦兵败固陵事，详参《项羽本纪》《高祖本纪》。固陵，秦县名，治所在今河南太康南。

③齐王信之立，非君王之意：汉四年（前203）十一月，韩信平定齐地，派人向刘邦求为假齐王，刘邦大怒，后听张良、陈平之计，封韩信为真齐王，事详《淮阴侯列传》。

④不自坚：即不自信，心思不定。

⑤彭越本定梁地：梁地原本是由彭越攻取平定的。本，原本。

⑥以魏豹故，拜彭越为魏相国：因为当时魏豹为魏王，故不好封彭越为王，只好封其为魏相国。

⑦不蚤定：不早定下封彭越为王之事。蚤，通"早"。

⑧傅：《索隐》曰："音附。"靠近，贴近。

⑨齐王信家在楚：韩信老家在今江苏淮阴，时属楚地。

⑩此其意欲复得故邑：此谓韩信还想要得到老家所在的楚地。

⑪即：如果。

⑫垓（gāi）下：古地名，在今安徽固镇东五十里。垓下之战，事在汉五年（前202）十二月。

⑬立彭越为梁王：彭越封王的时间，据《秦楚之际月表》《汉书·高帝纪》在汉五年（前202）一月，在二月刘邦称帝之前；而据《高祖本纪》，则在刘邦称帝之后。疑前说为是。

⑭定陶：秦县名，治所在今山东定陶西北。

【译文】

汉王兵败，派人召彭越出兵来与他合力攻楚。彭越说："魏地才刚刚平定，还畏惧楚军来犯，军队不能离开。"汉王追击楚军，在固陵被项羽打得大败。于是汉王对留侯张良说："各路诸侯军队不来相助，该怎么办呢?”张良说:“当初韩信立为齐王,并非您的本意,韩信自己也不安心。彭越本就平定了梁地一带,功劳很大,您当初因为魏王豹还在,只好任命彭越为魏相国。现在魏豹已死,又没有后嗣,况且彭越自己也想封王,而您又不早做决定封他为魏王。最好与梁、齐两国约定:如果战胜了项羽,睢阳以北到穀城,都划给彭越;从陈郡以东到海边,都给齐王韩信。韩信的家乡在楚地,他自然想要得到故土。您若能舍出这些土地许诺给这二人,这二人现在就能率兵赶到;若是舍不得,事情的成败就很难说了。”于是汉王马上派使者到彭越那去,一如张良的计策行事。使者一到,彭越就率领全部兵马前往垓下与汉王会师,终于大败楚军。项羽战死。这年春天,彭越被封为梁王,建都定陶。

六年,朝陈[①]。九年[②],十年[③],皆来朝长安。十年秋,陈豨反代地[④],高帝自往击,至邯郸[⑤],征兵梁王[⑥]。梁王称病,使将将兵诣邯郸[⑦]。高帝怒,使人让梁王[⑧]。梁王恐,欲自往谢。其将扈辄曰:“王始不往,见让而往,往则为禽矣。不如遂发兵反。”梁王不听,称病。梁王怒其太仆[⑨],欲斩之。太仆亡走汉,告梁王与扈辄谋反。于是上使使掩梁王[⑩],梁王不觉,捕梁王,囚之雒阳[⑪]。有司治反形已具[⑫],请论如法[⑬]。上赦以为庶人,传处蜀青衣[⑭]。西至郑[⑮],逢吕后从长安来,欲之雒阳,道见彭王。彭王为吕后泣涕,自言无罪,愿处故昌邑。吕后许诺,与俱东至雒阳。吕后白上曰:“彭王壮士,今徙之蜀,此自遗患[⑯],不如遂诛之。妾谨与俱来。”于是吕后乃令其舍人告彭越复谋反[⑰]。廷尉王恬开奏请族之[⑱]。上乃可,遂夷越宗族[⑲],国除。

【注释】

①六年，朝陈：到陈郡朝见刘邦。据《淮阴侯列传》，当时有人告发韩信谋反，刘邦用陈平之计，假称自己要南游云梦，命诸侯们到陈郡会见，以便趁机袭捕韩信。事在汉六年（前201）十二月。

②九年：前198年。

③十年：前197年。

④十年秋，陈豨反代地：事详《韩信卢绾列传》。十年秋，据《高祖本纪》，陈豨造反在汉十年（前197）八月，《汉书·高帝纪》及《资治通鉴》则记在汉十年（前197）九月。陈豨，西汉开国功臣，事详《韩信卢绾列传》。代，汉郡名，郡治代县，在今河北蔚县东北。汉六年（前201），刘邦封其兄刘喜为代王，都代县。

⑤邯郸：即今河北邯郸，时为刘邦之子赵王刘如意都城。

⑥征兵梁王：征梁王彭越率军前往。

⑦梁王称病，使将将兵诣（yì）邯郸：《黥布列传》："项王往击齐，征兵九江，九江王布称病不往，遣将将数千人行。"项羽、黥布由此产生嫌隙，今彭越所为正与此类似。诣，到。

⑧让：责备。

⑨太仆：官名，负责为国君赶车。

⑩掩：袭捕。

⑪雒阳：即洛阳，在今河南洛阳东北。

⑫有司：有关官员。治：审讯，审问。反形已具：《集解》引张晏曰："扈辄劝越反，不听，而云'反形已具'，有司非也。"瓒曰："扈辄劝越反，而越不诛辄，是反形已具。"泷川引中井积德曰："'反形已具'虽出于有司锻炼，然无病而称病者再，是不能自理者。及无故修城池、造兵器之类，一经有司之考问，而不能自理者多有之也。注瓒之说，即狱吏之舞文。"

⑬请论如法：请求依法定罪。论，判刑，定罪。

⑭传（zhuàn）处蜀青衣：用传车将彭越押往蜀中青衣县安置。传，驿车，这里指用驿车押送。青衣，汉县名，治所在今四川名山北。陈直曰："《封泥考略》卷五、二十四页，有'青衣道令'封泥四枚，西安汉城又出'青衣尉印'封泥五枚，其数量之多仅次于'严道令印''严道橘丞'等封泥。盖西汉初青衣、严道为流放罪人之所，故与京师往来公牍频繁。"

⑮郑：汉县名，治所在今陕西渭南华州区。

⑯遗患：留下祸患。

⑰吕后乃令其舍人告彭越复谋反：黄震曰："彭越有大功，无反意，既以疑间掩捕，论罪迁蜀青衣矣，吕氏又诈使人告其反，族之，何忍哉！"吴见思曰："信、越、布三人之死也，越最无罪，故史公直书不讳。"锺惺曰："彭越雄警老成，其作用步骤与汉诸将不同，吕后忌而杀之，有以也。曰：然则越反乎？曰：不反。非不欲反，气夺于真主而不能反也。不能反而反，韩信、彭越不为也。"

⑱廷尉：官名，秦汉时九卿之一，职掌刑法。王恬开：当作"王恬启"，作"开"盖避汉景帝刘启之讳。梁玉绳曰："彭越之族在高帝十一年，而《公卿表》十年是廷尉宣义，十二年廷尉育，则非王恬开，此时恬开恐尚为郎中令也。"

⑲夷：杀戮。

【译文】

汉六年，彭越到陈郡朝见高祖。汉九年，十年，彭越又两次到长安朝见。汉十年秋天，陈豨在代地反叛，高祖亲自率军前去征讨，到达邯郸时，征召彭越率军前往。彭越假托有病，派部下将领率军前去邯郸。高祖发怒，派人去责备彭越。彭越感到害怕，想亲自前去请罪。他的部将扈辄说："当初您不去觐见，等受了责备又去，去了肯定会被抓起来。不如干脆起兵造反。"梁王不听，只是继续托病不出。这时梁王因为生太仆的气，想要杀了太仆。那太仆就逃到了高祖那里，密告梁王跟扈辄谋反。

于是高祖派人前去袭捕梁王，梁王毫无防备，就被捕了，被囚禁在洛阳。有关官员经过审讯，说他已经构成造反的罪行，请求依法判刑。高祖赦免了他，将他贬为平民，以驿车将其押往蜀地的青衣县安置。彭越向西走到郑县时，正遇上吕后从长安来，想前往洛阳，半路上遇见了彭越。彭越向吕后哭诉，声称自己无罪，并请求回自己的故乡昌邑居住。吕后答应了他，跟他一起向东回到洛阳。吕后对高祖说："彭王是条好汉，如今你把他迁到蜀地去，这是给自己留下祸患，不如干脆杀掉他。我已经带他一起回来了。"于是吕后就指使彭越的家臣诬告彭越还要谋反。廷尉王恬开奏请将彭越灭族。高祖准许了，于是彭越的宗族都被诛灭，封国也废除了。

太史公曰：魏豹、彭越虽故贱，然已席卷千里[①]，南面称孤，喋血乘胜[②]，日有闻矣[③]。怀畔逆之意[④]，及败，不死而虏囚[⑤]，身被刑戮[⑥]，何哉？中材已上且羞其行[⑦]，况王者乎！彼无异故，智略绝人，独患无身耳[⑧]。得摄尺寸之柄[⑨]，其云蒸龙变，欲有所会其度[⑩]，以故幽囚而不辞云[⑪]。

【注释】

①席卷千里：像卷席子一样迅速占领大片土地。

②喋血乘胜：《索隐》曰："喋，犹践也，杀敌践血而行。"即斩杀敌人，乘胜追击。

③日有闻矣：沈家本曰："言功名闻于当日也。"即当时名闻四方。

④畔逆：即叛逆。畔，通"叛"。

⑤不死而虏囚：指不自杀而情愿被俘虏囚禁。

⑥身被刑戮：指忍辱受刑。

⑦中材：中等才能的人，即一般人，普通人。

⑧独患无身耳:只是不想轻易去死。陈仁锡曰:"此句太史公有深意在。"董份曰:"太史公腐刑不即死,亦欲以自见耳,故于此委曲致意如此。"

⑨得摄(shè)尺寸之柄:能够掌握一点点权力。摄,抓住,把握。尺寸之柄,小小的权力。

⑩欲有所会其度:想找机会实现其抱负。度,气量,抱负。

⑪以故幽囚而不辞云:中井积德曰:"'怀畔'句,在越为诬;'被刑戮',在豹不当;又'智略绝人'句,亦在魏豹为不当,盖是赞主意在彭越也。"又《季布栾布列传》云:"以项羽之气,而季布以勇显于楚,身屡军搴旗者数矣,可谓壮士。然至被刑戮,为人奴而不死,何其下也!彼必自负其材,故受辱而不羞,欲有所用其未足也,故终为汉名将。贤者诚重其死,夫婢妾贱人感慨而自杀者,非能勇也,其计画无复之耳。"与此处论赞相似,同寓司马迁身世之慨!

【译文】

太史公说:魏豹、彭越虽然原本地位卑贱,然而他们却能席卷千里,据土称王,踩着敌人的血迹乘胜追击,当时就闻名天下。然而他们怀着叛逆之心,等到事情失败时,不自杀,而情愿被俘虏囚禁,忍辱受刑,这又是为何呢?中等才能以上的人尚且会为这种行为感到羞耻,更何况是王者呢?这里没有其他缘故,就是因为他们智谋韬略超群,唯独就怕不能保全性命。一旦掌握了极小的权力,他们就能变幻风云、大有作为,因为想等机会实现其抱负,所以即使做囚徒也在所不惜。

【集评】

吴见思曰:"魏豹为魏王,彭越为魏相国,同起魏地,故作两人合传。然魏豹殊不足取,故略具事体而已。至韩信击卤以后,更复索然。写彭越老成练达,有坚忍不拔之志,为项羽所败,累仆累起,虽非重瞳敌手,然终以致重瞳之命，写来自是不凡。”又曰：“彭越初起处虽未甚淋漓，然百许人之中毅然行法，便不是草窃规模。写彭越有老吏心胸、老奸手段，只是临死一泣大减分数耳。”(《史记论文》)

凌稚隆曰：“越有不赏之功，即有罪，犹宜从轻，矧非其罪？而唯以吕氏一言族之，高帝其寡恩哉！然帝征兵而越不至，则越亦有以自取矣。太史公赞韩信曰：‘假令信学道谦让，可以比周、召、太公之徒。’愚于越也亦云。”(《史记评林》)

郭嵩焘曰：“彭越无大功于汉，而与韩信齐名，正以居梁地近楚故也。楚方与汉王相争荥阳、京、索间，彭越数从后绝其粮道，是以项王数反击彭越，往来奔驰，以至罢困，汉之所以卒灭项王，彭越之力为多，读《项羽本纪》自得之。”(《史记札记》)

李景星曰：“《魏豹传》中以周市立魏咎引起，《彭越传》中以渔钜野引起，叙次生动，是通篇极出色处。其余亦简净不支。至叙彭越事，曰‘朝陈’，曰‘皆来朝长安’，曰‘梁王恐，欲自往谢’，曰‘梁王不觉’，曰‘自言无罪’，皆于无形中证明越之不反，尤为太史公特笔。赞语凡数折，疏宕不群。‘独患无身耳’五字，写出英雄心胸，大是奇语。‘以故幽囚而不辞云’，说魏、彭二人，并触动自己心事，言外有无穷感伤，不可呆读。”(《史记评议》)

【评论】

《魏豹彭越列传》虽然是魏咎、魏豹、彭越三人的合传，但主要人物是彭越，因为他在楚汉战争中的作用大，功劳高。田荣反楚时，他积极响应，刘邦进袭彭城时，他的队伍已发展到三万人，率部归降刘邦，被封为魏相国。刘邦在彭城败退后，他北居河上，成为汉军敌后战场的游击统帅，“常往来为汉游兵，击楚，绝其粮于梁地”。在楚汉战争相持阶段，彭越对正面战场的支援极为重要。项羽发动第一次攻势时实力非常强大，包围了荥阳，攻克成皋，刘邦几乎被俘。就在这个时刻，彭越开始在敌后发挥了关键作用。他大举南下,绕到彭城东南的下邳,击败楚将项声,杀死薛公,造成威逼楚都彭城之势。项羽被迫回师,刘邦乘机解了荥阳之围,夺回重镇成皋。彭越在达到了调动项羽回师的战略目的之后,即引兵北上,不与项羽正面硬拼。这种避实击虚、高度灵活的游击战术,给项羽造成了极大困扰。此后,彭越继续他的游击战,汉将刘贾、卢绾、灌婴主要活动在楚军运输线上,而彭越则重点进攻梁地,连克睢阳、外黄等十七城,使荥阳前线楚军的直接后方梁地全部陷于瘫痪。项羽不得不第二次回师去进攻彭越,收复梁地。刘邦则趁机歼灭曹咎所部、夺回成皋、进军广武、占领敖仓,极大地改变了汉军在正面战场长期处于劣势的状态。当项羽回军正面进攻刘邦时,彭越又大举南下,攻克昌邑周围二十余城,得粟十余万斛,全部送给了正面战场的汉军;并再次略定梁地,组织起强大的军事力量,配合刘邦的正面战场,切断了项羽由荥阳直接东归彭城之路。正是由于整个战局的急转直下,加之项羽处于刘邦、彭越的前后夹击之中,项羽才被迫与刘邦议和。和议达成之后,因彭越占据梁地,项羽难以直接东撤,而是绕道阳夏,曲线东归,为刘邦追击楚军,最后彻底打败楚军创造了机会。正如郭嵩焘所说:"楚方与汉王相争荥阳、京、索间,彭越数从后绝其粮道,是以项王数反击彭越,往来奔驰,以至罢困,汉之所以卒灭项王,彭越之力为多。"林纾也说,彭越与韩信齐名,就是因为其数反梁地,牵制项羽使其不得过成皋,所以功劳与韩信垓下之役一样大。彭越对项羽的威胁是战略性的、也是致命性的,他也成为被刘邦最早封王的极少数的几个功臣之一。

但是也正因为彭越有如此大功,又雄警老成,在魏地根基深厚,所以刘邦、吕后才对他特别猜忌防范。当他的太仆诬告其谋反时,刘邦二话不说就将其抓了起来,"有司治反形已具,请论如法,上赦以为庶人,传处蜀青衣"。这种做法和《淮阴侯列传》里刘邦对待韩信的情况相同。试想如果他们真的想谋反,刘邦怎能放过他们呢?可是刘邦饶了他性命,吕后却没有。她路遇彭越,听了彭越的诉冤后,假装带他回去见刘邦帮他回梁地，实则建议刘邦杀掉彭越，然后指使人再告彭越谋反，将彭越灭族。对于汉初刘邦之冤杀功臣，这一篇是司马迁写得最具体、明白的，再对照《淮阴侯列传》，即可知韩信谋反一案究竟是怎么回事了。司马迁通过本篇明确地揭露了刘邦、吕后强加罪名诛除功臣的卑污与残暴。

魏咎与魏豹的事迹相对较少，但他们在秦末反秦起义中也有较大影响，做出了一定贡献。他们的兴衰反映了河东与开封一带的政治形势。魏豹与汉的关系比较复杂。项羽分封诸侯之前，他已是魏王，项羽因想自己占据今河南开封一带的原魏国地区，所以就把魏豹迁移到了山西的平阳，称之为西魏王。此事引起魏豹不满，故而当刘邦由汉中杀回，占领关中；又由关中出发，东攻项羽的彭城时，魏豹便倒戈加入了刘邦的联军，随刘邦攻入彭城。刘邦彭城失败后，魏豹又脱离刘邦自立，《外戚世家》则说他转投了项羽。韩信率军灭魏，俘虏魏豹，魏豹又降刘邦，与周苛等一起为刘邦镇守荥阳，在围城中被周苛等所杀。通观魏豹始末，他反复无常，有着极强的投机性和私心贪欲。

篇末的"太史公曰"中司马迁就魏豹、彭越在失败时"不死而虏囚"的选择做了解释："彼无异故，智略绝人，独患无身耳。得摄尺寸之柄，其云蒸龙变，欲有所会其度，以故幽囚而不辞云。"正如李景星所说："说魏、彭二人，并触动自己心事，言外有无穷感伤。"司马迁在《报任安书》中讲到自己面临生死抉择的思考时说："且勇者不必死节，怯夫慕义，何处不勉焉？仆虽怯耎，欲苟活，亦颇识去就之分矣，何至自湛溺累绁之辱哉？且夫臧获婢妾犹能引决，况若仆之不得已乎？所以隐忍苟活，函粪土之中而不辞者，恨私心有所不尽，鄙没世而文采不表于后也。"（《汉书·司马迁传》）两者所表达的生死观、价值观是一样的，表现了一种忍辱发愤的思想。这可与《季布栾布列传》《伍子胥列传》等参照阅读。

史记卷九十一

黥布列传第三十一

【释名】

黥布本名英布，曾犯法被黥面故又称黥布。本篇即为他的传记。黥布的一生大致可按反秦起义、楚汉战争、入汉之后分为三大阶段，本篇也依此分为三大部分。第一部分写黥布追随项氏反秦，被项羽封为九江王；第二部分写楚汉战争中被随何策反，归顺刘邦，破楚立功，被刘邦封为淮南王；第三部分写入汉后，因韩信、彭越相继被杀而恐惧，遂起兵造反被杀的经过。篇末论赞，称道黥布之功，谴责黥布之虐，感慨黥布之被灭。

本篇写了黥布一生的兴亡，同时也随之写出了陈胜起义至刘邦建国初期十几年间的安徽、湖北、江西一带地区的政治形势。本篇还详细记述了随何劝说黥布背叛项羽的全过程，以及随何后来受刘邦封赏的情景，这事实上等于一篇随何的附传。

黥布者①，六人也②，姓英氏③。秦时为布衣。少年，有客相之曰："当刑而王。"及壮，坐法黥④。布欣然笑曰："人相我当刑而王，几是乎⑤？"人有闻者，共俳笑之⑥。布已论输丽山⑦，丽山之徒数十万人⑧，布皆与其徒长豪桀交通⑨，乃率其曹偶⑩，亡之江中为群盗⑪。

【注释】

①黥（qíng）布者：王鸣盛曰："《史记》因英布曾犯罪而黥，遂称'黥布'；《汉书》因田千秋乘小车，号车丞相，遂称之为'车千秋'，汉人随意立名如此。"黥，黥刑，也称墨刑，在犯人面额上刺字，以墨涂之。

②六：秦县名，治所在今安徽六安北。

③姓英氏：《索隐》曰："布本姓英。英，国名也，咎繇之后。"

④坐法黥：因犯法被施以黥刑。

⑤几是乎：大概真是这样吧！《集解》曰："几，近也。"王念孙曰："'几'读为'岂'，言人谓我当刑而王，今岂是乎？'几'与'岂'古同声而通用。"亦通。

⑥俳笑：调戏取笑。《汉书》作"戏笑"。李笠曰："俳，戏也。"王骏图曰："盖布自言当王，故众讪笑之以为戏乐耳。"

⑦论输丽山：被判前往骊山服劳役。论，判罪。丽山，即"骊山"，在今陕西临潼东南。此指骊山之秦始皇陵墓工地。

⑧徒：刑徒，指在骊山服劳役的犯人。

⑨徒长：管理刑徒的头领。豪桀：同"豪杰"，刑徒中才能杰出者。

⑩曹偶：同类。亡：逃亡，潜逃。

⑪江中：在今江西、安徽一带的长江上。

【译文】

黥布是六县人，姓英。他在秦朝时只是个平民。年轻时，有人给他相面说："你会受刑，受刑后能成王。"等到成年以后，果然因为犯罪而被处以黥刑。英布高兴地笑着说："有人给我相面，说我要受刑后才成王，大概真是这样吧？"当时听到这些话的人，都调戏取笑他。英布被判处到骊山秦始皇陵墓去服劳役，当时聚集在骊山服劳役的犯人有几十万人,英布与其中的首领、英雄豪杰都关系很好,后来就率领着他所结交的这帮人逃到长江上,做了强盗。

陈胜之起也[①],布乃见番君[②],与其众叛秦,聚兵数千人。番君以其女妻之。章邯之灭陈胜[③],破吕臣军[④],布乃引兵北击秦左右校[⑤],破之清波[⑥],引兵而东。闻项梁定江东会稽[⑦],涉江而西。陈婴以项氏世为楚将[⑧],乃以兵属项梁[⑨],渡淮[⑩],英布、蒲将军亦以兵属项梁[⑪]。

【注释】

①陈胜之起:事在秦二世元年(前209)七月,详见《陈涉世家》。

②番君:指番县县令吴芮,后因派将跟随项羽参与反秦斗争,被项羽封为衡山王,后又被刘邦封为长沙王。《汉书》有传。番,秦县名,治所在今江西鄱阳东北。

③章邯之灭陈胜:事在秦二世二年(前208)十二月。秦朝以"十月"为岁首,故陈胜从七月起兵,至十二月灭亡,共六个月。事详《陈涉世家》。章邯,秦朝名将,镇压秦末义军的主要将领。

④吕臣:陈涉部将,陈涉兵败被其车夫庄贾杀死后,吕臣曾"为仓头军,起新阳,攻陈下之,杀庄贾,复以陈为楚",后被秦朝的左右校打败,事详《陈涉世家》。

⑤左右校:《陈涉世家》之《索隐》曰:"即左右校尉军也。"疑为章邯部下之校尉。

⑥清波:古水名,《陈涉世家》作"青波"。沈钦韩认为青波即青陂。《水经·淮水注》云:"淮水又东迳长陵戍南,又东,青陂水注之。"水在今河南新蔡西南,接息县界,久湮。

⑦项梁定江东会稽:秦二世元年(前209)九月,项梁、项羽在会稽

起兵，平定会稽郡所辖各县，事详《项羽本纪》。项梁，楚名将项燕之子，项羽叔父，秦末楚地义军首领，后为章邯所杀。会稽，秦郡名，郡治在今江苏苏州。

⑧陈婴：原为秦朝东阳令史，陈涉起事后，东阳少年杀死县令，奉陈婴为首领。

⑨以兵属项梁：陈婴率部归附项梁事，详见《项羽本纪》。

⑩渡淮：底本作“渡淮南”，泷川曰：“枫、三本无‘南’字，此疑衍。”泷川说是，《项羽本纪》亦作“项梁渡淮，黥布、蒲将军亦以兵属焉”，无“南”字，据删。

⑪蒲将军：史失其名，后与英布均为项羽麾下名将。

【译文】

陈胜在大泽乡起兵的时候，英布便去求见番县县令吴芮，与他的部众一起起兵反秦，聚集士兵几千人。吴芮把自己的女儿许配给了英布。秦将章邯消灭了陈胜，继而又打败了吕臣，这时英布就率兵北上，进攻秦朝的左右校尉军，在清波将其打得大败，接着又率军东进。听说项梁已经平定了江东的会稽郡，正渡江西进。陈婴因为项家世世代代担任楚国将领，就率军归附了项梁。项梁渡过淮水后，英布和蒲将军也率众归附了项梁。

项梁涉淮而西，击景驹、秦嘉等①，布常冠军②。项梁至薛③，闻陈王定死，乃立楚怀王④。项梁号为武信君，英布为当阳君⑤。项梁败死定陶⑥，怀王徙都彭城⑦，诸将英布亦皆保聚彭城⑧。当是时，秦急围赵⑨，赵数使人请救。怀王使宋义为上将⑩，范曾为末将⑪，项籍为次将，英布、蒲将军皆为将军，悉属宋义，北救赵。及项籍杀宋义于河上⑫，怀王因立籍为上将军，诸将皆属项籍。项籍使布先渡河击秦⑬，布数有利，籍乃悉引兵涉河从之[14]，遂破秦军，降章邯等[15]。楚兵常胜，功冠诸侯。诸侯兵皆以服属楚者，以布数以少败众也[16]。

【注释】

①击景驹、秦嘉等：据《项羽本纪》，当时“秦嘉已立景驹为楚王，军彭城东，欲距项梁”，项梁认为秦嘉背叛陈涉而立景驹，故进兵攻打他们。

②布常冠军：英布经常是全军之中作战最勇猛者。

③薛：秦县名，治所在今山东滕州东南。

④乃立楚怀王：事在秦二世二年（前208）六月。楚怀王，名心，战国时楚怀王之孙。项梁用范增之计，拥立他为王，以号召楚人反秦，事详《项羽本纪》。

⑤英布为当阳君：《正义》曰：“南郡当阳县也。”此时恐仅有封号，而实无封地。

⑥项梁败死定陶：事在秦二世二年（前208）九月。项梁因连续取胜，骄傲轻敌，被章邯所杀，详见《项羽本纪》。定陶，秦县名，治所在今山东定陶西北。

⑦怀王徙都彭城：楚怀王原本在盱台（今江苏盱眙东北），因项梁被杀，为提振士气，增强楚地义军的凝聚力，迁都到更靠近前线的彭城（今江苏徐州）。

⑧保聚：集中兵力据守。

⑨秦急围赵：指秦将章邯、王离等将张耳、赵王歇围困于钜鹿（今河北平乡西南），事在秦二世二年（前208）后九月，详参《项羽本纪》《张耳陈馀列传》。

⑩宋义：楚怀王部将，因曾预言项梁骄兵必败，受楚怀王宠信，故任命其为大将，统军北上救赵。上将：《项羽本纪》称“以为上将军……号为卿子冠军”，即最高军事将领。

⑪范增：项羽谋士，事详《项羽本纪》。

⑫项籍杀宋义于河上：事在秦二世三年（前207）十一月。详参《项羽本纪》。

⑬渡河：或谓指渡过黄河，或谓指渡过漳河。漳河距离钜鹿较近，黄河距离钜鹿较远，但均为楚军救赵所必经。

⑭籍乃悉引兵涉河从之：《项羽本纪》："项羽乃悉引兵渡河，皆沉船，破釜甑，烧庐舍，持三日粮，以示士卒必死，无一还心。"即所谓破釜沉舟之事。

⑮降章邯等：章邯被项羽打败后，害怕被赵高陷害治罪，遂于秦二世三年（前207）七月率部二十余万投降项羽。事详《项羽本纪》。

⑯以布数以少败众也：刘辰翁曰："曰'布常冠军'，曰'常为军锋'，曰'楚兵常胜，功冠诸侯，以布数以少胜众也'，皆于叙事中提掇其功。"吴见思曰："借项羽写英布，看来反若英布高出项羽一头，借客形主之法。"

【译文】

项梁渡过淮河西进，攻打景驹、秦嘉等时，英布作战勇猛为全军之冠。等项梁到了薛县，听说陈胜确实已死，就拥立了楚怀王。项梁号称武信君，英布号称当阳君。项梁在定陶战死后，楚怀王将都城迁到彭城，英布等众将领也都聚守彭城。这时，秦朝军队猛烈围攻赵国，赵王几次派人前来请求援救。楚怀王便派宋义为上将，范曾为末将，项羽为次将，英布、蒲将军都为将军，全部都归宋义指挥，北上援救赵国。等到项羽在黄河边上杀死宋义，楚怀王顺势立项羽为上将军，让众将领都听项羽指挥。项羽派英布率先渡河进攻秦军，英布多次获胜，项羽就率领全军渡河与英布会合，于是大破秦军，章邯等被迫投降。楚军常打胜仗，在各路诸侯军中功劳最大。各路诸侯军之所以都敬服楚军并听从楚军的号令，就是因为英布多次以少胜多。

项籍之引兵西至新安[①]，又使布等夜击坑章邯秦卒二十余万人[②]。至关[③]，不得入[④]，又使布等先从间道破关下军[⑤]，遂得入，至咸阳[⑥]。布常为军锋[⑦]。项王封诸将，立布为九江王[⑧]，都六。

【注释】

①新安：秦县名，治所在今河南渑池东。

②夜击坑章邯秦卒二十余万人：据《秦楚之际月表》，事在汉元年（前206）十一月。详见《项羽本纪》。

③至关：指到达函谷关，地在今河南灵宝东北。

④不得入：据《高祖本纪》，有人劝刘邦“使兵守函谷关，无内诸侯军”，故不得入。

⑤间道：偏僻小道。破关下军：《艺文类聚》引《楚汉春秋》曰：“大将亚父（范增）至关，不得入，怒曰：‘沛公欲反耶？’即令家发薪一束，欲烧关门，关门乃开。”所述破关经过与此不同。

⑥至咸阳：事在汉元年（前206）十二月。咸阳，秦朝首都，在今陕西咸阳东北。

⑦军锋：军队先锋。

⑧立布为九江王：事在汉元年（前206）一月。九江王，封地为九江郡（郡治寿春，今安徽寿县），约包括今安徽省长江以北、淮水以南地区。

【译文】

项羽率军向西行进至新安时，又派英布等趁夜坑杀章邯部下的秦朝降兵二十多万人。到达函谷关时，受阻不能进入，项羽又派英布等从小路穿插到关下打败了守军，项羽才得以入关，抵达咸阳。在征战过程中，英布常常担任项羽的先锋。项王分封诸将时，英布被封为九江王，以六县为国都。

汉元年四月，诸侯皆罢戏下[①]，各就国。项氏立怀王为义帝[②]，徙都长沙[③]，乃阴令九江王布等行击之[④]。其八月，布使将击义帝，追杀之郴县[⑤]。汉二年[⑥]，齐王田荣畔楚[⑦]，项王往击齐，征兵九江[⑧]，九江王布称病不往，遣将将数千人行。汉之败楚彭城[⑨]，布又称病不佐楚。项王由此怨布，数使使者诮让召布[⑩]，布愈恐，不敢往。项王方北忧齐、赵[⑪]，西患汉，所与者独九江王[⑫]，又多布材[⑬]，欲亲用之，以故未击。

【注释】

①戏下：古地名。戏，指戏水，在今陕西西安临潼东，源出骊山，北流经古戏亭东，又北流入渭。一说，戏为戏亭，在今陕西西安临潼东北戏水西岸，戏下即戏亭之下。

②立怀王为义帝：项羽及诸侯皆称“王”，而尊怀王为“义帝”，表面上仍是尊崇，实只有以空名，而无任何权威。

③徙都长沙：据《项羽本纪》，项羽尊怀王为义帝，以帝王“必居上游，乃使使徙义帝于长沙郴县”。实则项羽自封西楚霸王，都彭城，而楚怀王当时在彭城，故须让楚怀王迁都。长沙，秦郡名，郡治临湘，即今湖南长沙。

④乃阴令九江王布等行击之：据《项羽本纪》，“乃阴令衡山（吴芮）、临江王（共敖）击杀之江中”，与此说法不同。阴令，暗中指使。

⑤追杀之郴县：据此，杀义帝者为英布。《正义》曰：“今郴州有义帝冢及祠。”郴县，秦县名，治所在今湖南郴州。

⑥汉二年：前205年。

⑦齐王田荣畔楚：详见《田儋列传》。

⑧征兵九江：盖令九江王英布亲自领兵随征。

⑨汉之败楚彭城：指汉二年（前205）四月，刘邦率各路大军攻占项

羽首都彭城事，详见《项羽本纪》《高祖本纪》。

⑩诮（qiào）让：责备。召布：征召英布去彭城。

⑪北忧齐、赵：齐地田荣被杀后，其弟田横继续坚持反抗项羽；赵地陈馀因未得封王，也与齐国联合反抗项羽。事详《田儋列传》《张耳陈馀列传》。

⑫所与者：盟友，同盟军。

⑬多：赞赏。

【译文】

汉元年四月，诸侯们从戏下离开，各自前往自己的封国。项王立楚怀王为义帝，让他将国都迁往长沙，又暗中命令九江王英布等在半路上袭击他。这年八月，英布派手下将领袭击义帝，将义帝追杀于郴县。汉二年，齐王田荣叛楚，项王亲自率军前往齐地征讨，征调英布率军随征，英布推说有病没有亲自前往，只是派手下将领带着几千人跟着去了。后来汉王攻破楚都彭城，英布又推说有病不去援助楚军。项王从此怨恨英布，几次派人谴责他，并召他来见，英布愈发害怕，不敢前去。项王当时正忧虑北面齐国、赵国的攻击，还担忧西面汉军的进攻，他的同盟军仅剩下九江王英布了，而且项王也很欣赏英布的才干，想要亲近任用他，因此没有进攻他。

汉三年，汉王击楚，大战彭城①，不利②，出梁地③，至虞④，谓左右曰："如彼等者⑤，无足与计天下事⑥。"谒者随何进曰⑦："不审陛下所谓⑧。"汉王曰："孰能为我使淮南⑨，令之发兵倍楚⑩，留项王于齐数月⑪，我之取天下可以百全⑫。"随何曰："臣请使之。"乃与二十人俱，使淮南。至，因太宰主之⑬，三日不得见。随何因说太宰曰："王之不见何，必以楚为强，以汉为弱，此臣之所以为使⑭。使何得见，言之而是邪，是大王所欲闻也；言之而非邪，使何等二十人伏斧质淮南市⑮，以明王倍汉而与楚也⑯。”太宰乃言之王，王见之。

【注释】

①汉三年，汉王击楚，大战彭城：刘邦攻彭城在汉二年（前205）四月，此云“汉三年”，有误，《汉书》无此三字，或疑为衍文。王先谦曰：“上文‘汉之败楚彭城’是实事，此言‘汉王与楚大战彭城，不利’是追溯之词，非谓两次会战也。”

②不利：刘邦攻入彭城不久，项羽率三万骑兵驰回，将刘邦的五十六万大军打得大败而逃。事详《项羽本纪》《高祖本纪》。

③出梁地：刘邦败退时路经梁地（今河南东部一带）。出，取道，路经。

④虞：秦县名，治所在今河南虞城北。

⑤彼等：你们这些人。

⑥无足：不值得。

⑦谒者：官名，掌宾赞受事，为君主传达。随何：刘邦谋士，其事主要见于此传。

⑧不审：不知，不清楚。陛下：泷川曰：“当作‘大王’。”

⑨使淮南：即出使到九江王英布那里。英布都城六县及国土都在淮南，后来英布又被刘邦为“淮南王”，故后人写史即预先以此称呼英布，下同。梁玉绳曰：“英布归汉始立为淮南王，是时尚为九江王，此‘淮南’二字当作‘九江’，下文凡称‘淮南’者，并非。”

⑩倍楚：背叛西楚霸王项羽。倍，通“背”。

⑪留项王于齐数月：梁玉绳曰：“项王去齐而后有彭城之战，汉败彭城而后有随何之说，安得言‘留齐’？当是留项王于楚耳。盖英布叛楚，则项王必留身击布，而汉得以图取天下也。此误。”

⑫百全：犹今言有百分之百的把握。

⑬因太宰主之：先通过英布的太宰，受到太宰的接待。太宰，官名，

掌君主膳食。主之,为之做主人,即以客礼招待。

⑭此臣之所以为使:意谓我此次出使,就是要说这个问题。

⑮伏斧质淮南市:意谓将我们杀死在九江国首都的街头。伏斧质,趴在砧板上被斧斩杀。

⑯倍汉而与楚:背离汉王刘邦而效忠楚王项羽。

【译文】

汉三年,汉王攻打楚国,与楚军大战于彭城,汉王兵败,逃经梁地,到达虞县,对身边的人说:“像你们这些人,不值得跟你们商议天下大事。”谒者随何上前问道:“不知您说的是什么意思。”汉王说:“谁能为我出使淮南,让英布发兵背叛项羽,把项羽牵制住几个月,我夺取天下就有百分之百的把握了。”随何说:“我请求出使淮南。”于是他就带着二十个人一起去,出使到了淮南。到了以后,先找到英布的太宰,由他负责招待,但是一连三天,都没有得到英布的召见。随何便对太宰说:“大王不肯见我,一定是认为楚王强大,而汉王弱小,这正是我到这里出使的原因。如果能让我面见你们大王,我说的话要是的对呢,那正是你们大王想听的;我说的话要是不对呢,你就把我等二十个人押到淮南街头上斩首,以表明你们大王背离汉王、效忠项王的决心。”太宰便将随何的话报告给英布,英布这才接见了随何。

随何曰:“汉王使臣敬进书大王御者①,窃怪大王与楚何亲也。”淮南王曰:“寡人北乡而臣事之②。”随何曰:“大王与项王俱列为诸侯,北乡而臣事之,必以楚为强,可以托国也③。项王伐齐,身负板筑④,以为士卒先,大王宜悉淮南之众,身自将之,为楚军前锋,今乃发四千人以助楚。夫北面而臣事人者,固若是乎?夫汉王战于彭城,项王未出齐也⑤,大王宜骚淮南之兵渡淮⑥,日夜会战彭城下,大王抚万人之众[7]，无一人渡淮者，垂拱而观其孰胜[8]。夫托国于人者，固若是乎？大王提空名以乡楚，而欲厚自托[9]，臣窃为大王不取也。

【注释】

①进书大王御者：致信给大王的谦辞。御者，侍从人员。

②北乡：国君南面称王，故臣子即“北向称臣”。乡，通“向”。

③托国：此谓让国家依靠楚国。

④身负板筑：亲自背着筑墙用的工具。板筑，筑墙用具。板，夹板；筑，杵。筑墙时，以两板相夹，填土于其中，用杵捣实。

⑤未出齐：尚未从齐国赶回。出，离。

⑥骚：通“扫”，此谓出动全部兵力。

⑦抚：有。

⑧垂拱：垂衣拱手，此谓袖手旁观，置身事外。

⑨提空名以乡楚，而欲厚自托：意谓只是名义上亲近楚国，实则拥兵自重，保存实力。乡，通“向”。

【译文】

随何说：“汉王派我给您敬送书信，我私下觉得奇怪，您与项王为何那么亲近。”英布说：“因为我以臣礼侍奉他。”随何说：“您和项王同样都位列诸侯，但是您却愿意向他称臣，一定是觉得项王强大，可以让您依靠吧。项王讨伐齐国，亲自背着板杵，身先士卒，按理您应该出动淮南的全部兵马，亲自带领他们，作为项王的先锋，可是现在您却只派了四千人去援助楚军。给人当臣子，难道可以像这样做吗？后来汉王攻打彭城，项王还没从齐地赶回来时，您就应该带着淮南的全部兵马渡过淮河，日夜兼程赶到彭城去与汉王交战，可您坐拥上万大军，不派一兵一卒渡过淮河，袖手旁观，坐看谁胜谁败。想依靠人家，难道可以像这样做吗？现在大王您只是名义上亲近楚国，私下里却想壮大自己的实力，我认为大王您这样做是不可取的。

“然而大王不背楚者，以汉为弱也。夫楚兵虽强，天下负之以不义之名[①]，以其背盟约而杀义帝也[②]。然而楚王恃战胜自强，汉王收诸侯[③]，还守成皋、荥阳[④]，下蜀、汉之粟[⑤]，深沟壁垒[⑥]，分卒守徼乘塞[⑦]，楚人还兵[⑧]，间以梁地[⑨]，深入敌国八九百里[⑩]，欲战则不得，攻城则力不能[⑪]，老弱转粮千里之外[⑫]；楚兵至荥阳、成皋，汉坚守而不动，进则不得攻，退则不得解[⑬]。故曰楚兵不足恃也。使楚胜汉，则诸侯自危惧而相救。夫楚之强，适足以致天下之兵耳[⑭]。故楚不如汉，其势易见也。今大王不与万全之汉而自托于危亡之楚，臣窃为大王惑之。

【注释】

①天下负之以不义之名：天下人认为他背负不义之名。负，背负。

②背盟约：指违背楚怀王与诸将之间“先入关者王之”的约定。

③收诸侯：收合在彭城被项羽打散的各路人马。

④成皋：古邑名，在今河南荥阳西北，当时的荥阳城西。荥阳：秦县名，治所在今荥阳东北之古荥镇。当时楚汉相持于成皋、荥阳一带。

⑤蜀、汉：指项羽最初封给刘邦的蜀郡、汉中一带地区。

⑥深沟壁垒：深挖壕沟，高筑墙壁，即修建防御工事。中井积德曰：“壁，疑‘坚’之误。”

⑦守徼（jiào）乘塞：登上堡垒，守卫边境。徼，边境亭障。《索隐》：“徼谓边境亭障。以徼绕边陲，常守之也。”乘，登，登高而守。

⑧楚人还兵：指项羽从齐地回兵。

⑨间以梁地：指楚军从彭城到荥阳、成皋，中间隔着战国时梁国的广

阔地域。

⑩深入敌国八九百里：指经由彭越所活动的地区。王先谦引刘奉世曰："方是时，彭越反梁地，故随何言项羽深入敌国，乃至荥阳、成皋耳。"

⑪欲战则不得，攻城则力不能：此谓项羽求战不得，攻城又力量不足。

⑫转粮千里之外：指项羽从彭城一带运送粮草供应荥阳前线。转粮，以车运粮。

⑬退则不得解：意即想退又脱不了身。解，解脱，脱身。

⑭致天下之兵：招致天下诸侯之军来攻。

【译文】

"但大王您现在之所以没有背叛项王，是因为您认为汉王力量弱小。项王兵力虽然强大，但是天下人认为他背负不义之名，因为他违背了谁先入关谁当关中王的约定，而且还杀害了义帝。但是项王仗着他能打胜仗而自以为强大，而汉王却已经率领各路诸侯，退守成皋、荥阳一带，运来蜀郡汉中的粮食，深挖沟高筑墙，分派士兵把守各处的要塞，楚军从齐地回来，要想攻打成皋、荥阳，中间隔着梁国，得深入敌境八九百里，楚军想交战，无人与他硬拼；想攻城，力量又不够，后方的老弱得从千里之外给他们运送粮草。楚军到达荥阳、成皋一线，汉军坚守不战，楚军想攻不能攻，想退又脱不了身。因此我说楚军是不值得依靠的。假使楚军真的打败了汉军，那么各国诸侯就会人人自危而相互救援。所以楚国的强大，恰好会招致天下各国军队都来打它。所以楚不如汉，这形势是显而易见的。如今大王您不联合万无一失的汉王，反而依靠岌岌可危的项王，我私下为大王感到疑惑不解。

"臣非以淮南之兵足以亡楚也。夫大王发兵而倍楚[①]，项王必留；留数月，汉之取天下可以万全。臣请与大王提剑而归汉，汉王必裂地而封大王[②]，又况淮南，淮南必大王有也。故汉王敬使使臣进愚计，愿大王之留意也。”淮南王曰：“请奉命。”阴许畔楚与汉[3]，未敢泄也。

【注释】

①倍：通“背”，背叛。

②裂地：分出一块土地。

③阴：暗中。畔：通“叛”。与：归附，联合。

【译文】

“我并不是认为凭淮南的兵力就能灭掉楚国。假如您能率兵反楚，那么项王就会受到牵制而停留；项王被牵制住停留几个月，汉王夺取天下就可以万无一失了。因此我请求与大王您一起提剑归附汉王，汉王一定会分出土地，封您为王，更何况淮南地区，肯定更是归您所有。汉王因此派我来敬献这一计策，希望您考虑考虑。”英布说：“愿意听从您的指教。”暗中答应背叛楚王而归附汉王，没敢走漏消息。

楚使者在[1]，方急责英布发兵[2]。随何直入，坐楚使者上坐，曰：“九江王已归汉，楚何以得发兵[3]？”布愕然。楚使者起。何因说布曰：“事已搆[4]，可遂杀楚使者，无使归，而疾走汉并力[5]。”布曰：“如使者教，因起兵而击之耳。”于是杀使者[6]，因起兵而攻楚。楚使项声、龙且攻淮南[7]，项王留而攻下邑[8]。数月，龙且击淮南，破布军。布欲引兵走汉，恐楚王杀之，故间行与何俱归汉[9]。

【注释】

①楚使者在：指项羽的使者正在英布处。

②急责英布发兵：底本于“急责英布发兵”下有“舍传舍”三字。中

井积德曰："据下文'布愕然'句，是事在布之前也，不于传舍。《汉书》削'舍传舍'三字，为是。"今依《汉书》删。

③九江王已归汉，楚何以得发兵：在楚国使者面前挑明此事，使英布无法再脚踩两只船。

④事已搆（gòu）：事已如此。搆，成。

⑤疾走汉并力：谓让英布迅速率兵与汉王合力抗楚。似与前文让英布牵制项王之说矛盾。

⑥于是杀使者：凌稚隆曰："何之使淮南，本为留羽计耳。然布不背楚，则羽不留；汉非万全，则布不背楚，故何以强弱别之，分王许之，又令杀使以决之，何亦深于谋哉！"

⑦项声、龙且（jū）：均为项羽部将。

⑧下邑：秦县名，治所在今安徽砀山。

⑨间行与何俱归汉：郭嵩焘曰："黥布以引兵走汉，楚军若闻必追击之，故先脱身归汉，而后使使收取九江兵，盖急为自全之计耳。"

【译文】

楚国的使者当时也在英布这里，正急着催促英布出兵帮助楚国。随何便直接闯入，坐到楚国使者的上座说："九江王已经归顺汉王，楚王怎么能让他发兵呢？"英布惊住了。楚国使者站了起来。随何趁机对英布说："事情既然已经这样了，应当立即把楚国的使者杀掉，不要让他回去，而后我们迅速去投奔汉王，与汉军合力。"英布说："就依您的话办吧，我们就此发兵攻打楚国。"于是他们杀了楚国的使者，发兵攻打楚国。项王派项声、龙且攻打淮南，而自己留下来攻打下邑。几个月后，龙且攻下淮南，打败了英布的军队。英布本想率领军队投奔汉王，又怕项王来追杀，便抄小路与随何一起逃归汉营。

淮南王至①，上方踞床洗②，召布入见，布大怒，悔来，欲自杀。出就舍，帐御饮食从官如汉王居③，布又大喜过望④。

于是乃使人入九江[5]。楚已使项伯收九江兵[6]，尽杀布妻子。布使者颇得故人幸臣[7]，将众数千人归汉。汉益分布兵而与俱北[8]，收兵至成皋。四年七月[9]，立布为淮南王，与击项籍。布使人入九江[10]，得数县。五年[11]，布与刘贾入九江，诱大司马周殷，周殷反楚，遂举九江兵与汉击楚[12]，破之垓下[13]。

【注释】

①淮南王至：《集解》引徐广曰："汉三年十二月。"汉三年为前204年。

②踞床洗：坐在床边洗脚。泷川曰："《郦生传》云：'沛公方踞床，使两女子洗足，而见郦生。'盖是汉皇见人惯用手段。"

③帐御：室内帷帐及用具。御，使用。从官：随从侍奉人员。

④又大喜过望：《正义》曰："高祖以布先分为王，恐其自尊大，故峻礼令布折服；已而美其帷帐，厚其饮食，多其从官，以悦其心，权道也。"凌稚隆曰："初大怒，既又大喜，布在高祖术中而不觉耳。"

⑤乃使人入九江：前去找自己的部队。

⑥项伯：项羽族叔，事见《项羽本纪》。

⑦颇得：找到不少。

⑧益分布兵：给英布增派部队。

⑨四年：前203年。

⑩布使人入九江：底本"布使人入九江"上有"汉五年"三字，陈仁锡曰："'汉五年'衍文，《汉书》削。"今依《汉书》删。

⑪五年：底本作"六年"，大误，据《高祖本纪》改。五年，前202年。

⑫"布与刘贾入九江"几句：《项羽本纪》："大司马周殷叛楚，以舒屠六，举九江兵随刘贾、彭越皆会垓下。"刘贾，刘邦族人，后因功被封为荆王，事见《荆燕世家》。大司马周殷，项羽部将。大司马，官名，掌军政。

⑬破之垓下：事在汉五年（前202）十二月。垓下，地名，在今在今安徽灵璧东南沱河北岸。

【译文】

淮南王英布到达汉王军营的时候，汉王正坐在床上洗脚，就叫英布进来见面，英布见状大怒，后悔不该前来，想要自杀。等回到自己的住处一看，屋里的帷帐、用具、饮食与侍从官员等都和汉王住所的规格一样，又不觉喜出望外。于是他派人到九江打探消息。项王已派项伯收编了九江的军队，英布的妻子儿女已经全部被杀死。英布的使者找到不少他的故旧亲信，带领招集到的几千人一起投奔汉王。汉王又给英布增派了一些人马，与他一起北上，沿途不断收集兵力，来到成皋。汉四年七月，汉王封英布为淮南王，与他携手合击项羽。英布派人进入九江，攻占了几个县。汉五年，英布和刘贾等一起进入九江，劝诱项王的大司马周殷，周殷叛楚归汉，于是英布就带领九江的军队与汉王联合攻楚，在垓下大败楚军。

项籍死，天下定①，上置酒。上折随何之功②，谓何为腐儒③，为天下安用腐儒④。随何跪曰："夫陛下引兵攻彭城，楚王未去齐也⑤，陛下发步卒五万人，骑五千，能以取淮南乎？"上曰："不能。"随何曰："陛下使何与二十人使淮南，至，如陛下之意⑥，是何之功贤于步卒五万人骑五千也。然而陛下谓何腐儒，'为天下安用腐儒'，何也？"上曰："吾方图子之功。"乃以随何为护军中尉⑦。布遂剖符为淮南王⑧，都六，九江、庐江、衡山、豫章郡皆属布⑨。

【注释】

①项籍死，天下定：据《高祖本纪》《秦楚之际月表》，项羽被杀死后，

刘邦于汉五年二月在定陶即皇帝位。

②折:贬低。

③谓何为腐儒:《郦生陆贾列传》中亦骂郦食其为"竖儒"。

④为天下安用腐儒:《郦生陆贾列传》载刘邦骂陆贾曰:"乃公居马上而得之,安事《诗》《书》?"与此意同。为天下,即打天下,治理天下。

⑤楚王未去齐:楚王项羽尚未离开齐地驰回彭城,婉指刘邦彭城大败前。

⑥如陛下之意:实现了陛下的意图。合,满足。

⑦护军中尉:官名,简称"护军",负责协调军中各将领的关系,参与任用军职等。据《陈丞相世家》,陈平亦曾任"护军中尉,尽护诸将"。凌稚隆曰:"高帝固不喜儒也,而况天下已定乎?折何诚本心矣。若曰'吾方图子之功',乃以为中尉,则又帝之所以驾驭臣下耳。"

⑧剖符:破一符为二,皇帝与受封者各持其一,以示信义。

⑨庐江:汉郡名,郡治舒县,在今安徽庐江西南。衡山:汉郡名,郡治邾县,在今湖北黄冈西北。豫章:汉郡名,郡治南昌,即今江西南昌。前文已述刘邦封英布为淮南王,然只是望地而封,此则为实封。

【译文】

项羽一死,天下大定,高祖摆酒庆功。在宴会上高祖贬低随何的功劳,说随何是腐儒,并说治理天下哪里用得上腐儒。随何跪着说:"当初陛下您率军攻打彭城,楚王还没离开齐地回援时,陛下您派出五万步兵,五千骑兵,能够攻取淮南吗?"高祖说:"不能。"随何说:"陛下您派我带领二十个人出使淮南,到那之后,就实现了您的意图,这就是说我的功劳比五万步兵、五千骑兵还大。然而您却说我是腐儒,还说'治理天下哪里用得上腐儒',这是为什么呢?"高祖说:"我正在考虑你的功劳呢。"便任命随何为护军中尉。高祖与英布剖符为信，正式封英布为淮南王，以六县为国都，九江、庐江、衡山、豫章等郡都归英布管辖。

六年，朝陈[①]。八年，朝雒阳[②]。九年，朝长安[③]。十一年，高后诛淮阴侯[④]，布因心恐。夏，汉诛梁王彭越[⑤]，醢之[⑥]，盛其醢遍赐诸侯。至淮南，淮南王方猎，见醢，因大恐，阴令人部聚兵[⑦]，候伺旁郡警急[⑧]。

【注释】

①六年，朝陈：事在汉六年（前201）十二月。刘邦为袭捕韩信，用陈平之计，假托要出巡云梦，让诸侯到陈郡相会。六年，底本误作“七年”，今据《高祖本纪》等篇改。陈，汉郡名，郡治在今河南淮阳。

②八年，朝雒阳：据《汉书·高帝纪》，刘邦这年初到东垣（今河北石家庄东北）征讨韩王信余党，三月时回到雒阳，留居雒阳至九月。八年，前199年。雒阳，即洛阳，在今河南洛阳东北。

③九年，朝长安：九年（前198）十月，长安未央宫建成，刘邦于未央宫大会诸侯群臣，故英布等皆入京朝见，详见《高祖本纪》。

④十一年，高后诛淮阴侯：吕后与萧何定计杀淮阴侯韩信事，详见《淮阴侯列传》。十一年，前196年，据《汉书·高帝纪》，事在十一年春正月。

⑤夏，汉诛梁王彭越：刘邦、吕后冤杀彭越事，详见《魏豹彭越列传》。夏，梁玉绳以为当作“春”，因《汉书·高帝纪》谓“三月，梁王彭越谋反，夷三族”，则彭越被杀在春季；王念孙以为当作“复”，乃“汉复诛梁王彭越”之误倒。

⑥醢（hǎi）之：将人做成肉酱。凌稚隆《汉书评林》曰：“连年书

‘朝’，明布无反迹也；连次诛淮阴、诛梁王，明布之反，高帝与吕后激之也。”

⑦部聚兵：部署调集兵马。

⑧候伺旁郡警急：打探临近的中央直辖诸郡有无紧急动向。候伺，暗中打探、窥伺。王骏图曰：“是时布阴设反计，恐旁郡知其谋而来攻，故令人聚兵以备警急也。”

【译文】

汉六年，英布到陈郡去朝见高祖。八年，又去雒阳朝见。九年，又到长安朝见。十一年，吕后杀死淮阴侯韩信，英布因而心中恐惧。同年夏天，汉家朝廷又杀了梁王彭越，还把他做成肉酱，装好后赐给各地诸侯。送到淮南的时候，英布正在打猎，见到肉酱，因而大为恐惧，于是便开始暗中部署，调集兵马，打听邻郡有无紧急动向。

布所幸姬疾，请就医，医家与中大夫贲赫对门[①]，姬数如医家，贲赫自以为侍中[②]，乃厚馈遗[③]，从姬饮医家。姬侍王，从容语次[④]，誉赫长者也。王怒曰：“汝安从知之？”具说状。王疑其与乱[⑤]。赫恐，称病。王愈怒，欲捕赫。赫言变事[⑥]，乘传诣长安[⑦]。布使人追，不及。赫至，上变[⑧]，言布谋反有端[⑨]，可先未发诛也[⑩]。上读其书，语萧相国[⑪]。相国曰：“布不宜有此，恐仇怨妄诬之。请系赫[⑫]，使人微验淮南王[⑬]。”淮南王布见赫以罪亡[⑭]，上变，固已疑其言国阴事[⑮]；汉使又来，颇有所验[⑯]，遂族赫家，发兵反。反书闻[⑰]，上乃赦贲赫，以为将军。

【注释】

①中大夫：官名，国君宫中的侍从人员，掌参谋议论。贲赫：姓贲

名赫。

②侍中：在宫中服务。

③厚馈遗（kuì wèi）：送给英布宠姬厚礼。

④从容语次：在闲谈中说到。次，及，提到。

⑤与乱：与贲赫私通。

⑥言变事：报告谋反变乱之事。变事，也单称“变”，指告发叛乱阴谋。

⑦传（zhuàn）：驿车。诣（yì）：前往。

⑧上变：上报阴谋变乱之事。

⑨有端：有端倪，有迹象。

⑩先未发诛：颜师古曰：“及其未发兵，先诛伐之。”

⑪萧相国：即萧何，事迹详见《萧相国世家》。

⑫系：拘押。

⑬微验：暗中调查。王骏图曰：“使人暗访之也。”

⑭以：同“已”。

⑮言国阴事：向朝廷报告了淮南国的机密。

⑯颇有所验：查出一些证据。

⑰反书闻：英布造反的消息传到朝廷。

【译文】

英布有个宠姬生病了，请求到医生家去看病，这位医生与中大夫贲赫正好住对门，宠姬到医生家去了几次，贲赫认为自己在王宫中服务，于是就送给宠姬厚礼，还跟宠姬一起在医生家喝酒。后来这位宠姬侍候淮南王闲聊时，提到了贲赫，称赞贲赫是位忠厚长者。英布发怒说：“你怎么知道的？”宠姬就详细说了她看病的有关情况。英布怀疑宠姬与贲赫私通。贲赫很害怕，就假称生病了。英布更加愤怒，想要逮捕贲赫。贲赫自称有谋反的消息要报告，乘着驿车去了长安。英布派人去追，但没有追上。贲赫到了长安，给朝廷上书告发叛乱，说英布已经有了谋反的迹象，可以在他尚未发兵前杀了他。高祖读了贲赫的上书，告诉萧何这件事。萧何说:“英布不该有这种事,恐怕是他的仇人诬告他。请先把贲赫拘押起来,再派人去暗中调查。”淮南王英布见贲赫畏罪逃亡,上书告发叛乱,本来就担心贲赫告发了自己在国内的阴谋;高祖的使者又来查验,也查出了一些证据,于是英布便杀了贲赫的全家,举兵造反了。消息传到长安,高祖便释放了贲赫,并任命他为将军。

上召诸将问曰:“布反,为之奈何?”皆曰:“发兵击之,坑竖子耳,何能为乎!”汝阴侯滕公召故楚令尹问之[①]。令尹曰:“是故当反。”滕公曰:“上裂地而王之,疏爵而贵之[②],南面而立万乘之主[③],其反何也?”令尹曰:“往年杀彭越,前年杀韩信[④],此三人者,同功一体之人也[⑤]。自疑祸及身[⑥],故反耳。”滕公言之上曰:“臣客故楚令尹薛公者,其人有筹策之计[⑦],可问。”上乃召见问薛公。薛公对曰:“布反不足怪也。使布出于上计,山东非汉之有也[⑧];出于中计,胜败之数未可知也;出于下计,陛下安枕而卧矣。”上曰:“何谓上计?”令尹对曰:“东取吴[⑨],西取楚[⑩],并齐取鲁[⑪],传檄燕、赵[⑫],固守其所[⑬],山东非汉之有也。”“何谓中计?”“东取吴,西取楚,并韩取魏[⑭],据敖庾之粟[⑮],塞成皋之口[⑯],胜败之数未可知也。”“何谓下计?”“东取吴,西取下蔡[⑰],归重于越[⑱],身归长沙[⑲],陛下安枕而卧,汉无事矣[⑳]。”上曰:“是计将安出[㉑]?”令尹对曰:“出下计。”上曰:“何谓废上中计而出下计[㉒]?”令尹曰:“布故丽山之徒也,自致万乘之主[㉓],此皆为身,不顾后为百姓万世虑者也[㉔],故曰出下计。”上曰:“善。”封薛公千户[㉕]。乃立皇子长为淮南王[㉖]。上遂发兵自将东击布[㉗]。

【注释】

①汝阴侯滕公：即夏侯婴，因功被封为汝阴侯，又曾任滕县县令，故称“滕公”。事见《樊郦滕灌列传》。故楚令尹：当是在项羽手下担任令尹，史失其名。令尹，楚官名，协助国君处理军政要务，平时治民，战时统兵。

②疏爵：分封给他爵位。疏，分。《索隐》曰：“‘裂地’是对文，故知‘疏’是‘分’也。”

③南面而立万乘之主：封立他为面朝南坐的万乘之君。万乘，万辆兵车。

④往年杀彭越，前年杀韩信：梁玉绳曰：“杀信、越并在十一年春，此语误。”中井积德曰：“杀信、越皆在布反之时，不当称‘往年’‘前年’，盖记者之误。”

⑤同功一体：功劳相同，命运与共。

⑥自疑祸及身：凌约言曰：“布先因信诛而恐，后因越醢而大恐，故令尹曰‘自疑祸及身’，深知布之心者。太史公叙事，前后脉络自贯。”此亦司马迁借以为功臣鸣冤。

⑦有筹策之计：即所谓足智多谋。

⑧山东：指崤山以东原属东方六国的广大地区。

⑨吴：时为荆王刘贾封国，国都在今江苏苏州。

⑩楚：时为楚元王刘交的封国，国都彭城，即今江苏徐州。

⑪齐：时为刘邦之子刘肥封国，国都在今山东淄博之临淄城北。鲁：指春秋战国鲁国旧地，当时已归入楚国。

⑫传檄燕、赵：发布文告以号召燕、赵两国归顺。燕，当时为刘邦功臣卢绾的封国，国都蓟县，在今北京西南。卢绾的事迹见《韩信卢绾列传》。赵，时为刘邦之子刘如意封国，国都即今河北邯郸。

⑬固守其所：坚守这些地方。

⑭韩：战国时韩国旧地，时为淮阳王刘友封国，国都陈县，在今河南

淮阳。魏:战国时魏国旧地,时为梁王刘恢封国,国都定陶,在今山东定陶西北。

⑮敖庾:即敖仓,秦朝建在敖山上的大粮仓,旧址在今河南荥阳北。

⑯塞成皋之口:守住成皋这一交通要塞。

⑰下蔡:汉县名,治所在今安徽凤台。

⑱归重于越:将辎重转移到越地。越,古国名,都城会稽,在今浙江绍兴。颜师古曰:“重,辎重也。”

⑲身归长沙:自己投奔长沙王。时长沙王为吴臣,吴芮之子,吴芮为英布岳父。

⑳陛下安枕而卧,汉无事矣:《集解》引桓谭《新论》曰:“世有围棋之戏,或言是兵法之类也。及为之上者,远棋疏张,置以会围,因而成多,得道之胜;中者则务相绝遮要,以争便求利,故胜负狐疑,须计数而定;下者则守边隅,趋作罫,以自生于小地,然亦必不如。察薛公之言上计,云取吴楚、并齐鲁及燕赵者,此广道地之谓;中计云取吴楚、并韩魏、塞成皋、据敖仓,此趋遮要争利者也;下计云取吴下蔡,据长沙以临越,此守边隅、趋作罫者也。”

㉑是:这人,指英布。

㉒何谓:意同“何为”,为什么。

㉓自致:靠自己努力获得。

㉔此皆为身,不顾后为百姓万世虑者也:大意谓只为自身眼前考虑,不考虑子孙后代和百姓。

㉕千户:千户侯,即关内侯,有侯爵而无封地。《索隐》引刘氏曰:“薛公得封千户,盖关内侯也。”

㉖立皇子长为淮南王:此望地而封,待灭英布后才能落实。皇子长,刘邦之子刘长,事见《淮南衡山列传》。

㉗自将东击布:事在高祖十一年(前196)七月。

【译文】

高祖召集众将问道："英布造反了，怎么应对呢？"众将都说："发兵打他，活埋那小子，他能成什么事！"汝阴侯滕公找来以前项羽的令尹询问这事。令尹说："他本来就该造反。"滕公说："皇上分出土地封他为王，给他爵位让他显贵，他已经被立为南向而坐的万乘之君，他造反是为什么呢？"令尹说："朝廷之前杀了彭越，去年又杀了韩信，而英布与彭越、韩信这三个人，功劳相同，命运与共。他怀疑自己也将像彭越、韩信一样大祸临头，所以就造反了。"滕公将他推荐给高祖，说："我的门客中有个曾在项羽手下做过令尹的薛公，这人很有计谋，您可向他询问有关讨伐英布的问题。"于是高祖召见薛公，问他的意见。薛公回答说："英布造反并不奇怪。假如接下来他采用的是上策，那崤山以东的地盘恐怕就不归汉朝所有了；如果他采用的是中策，那谁胜谁败还难以预知；如果他采用了下策，那您就可以安心睡大觉了。"高祖问："上策是怎样呢？"薛公说："如果他引兵向东攻占吴国，向西攻占楚国，再兼并掉齐国及旧时鲁国的地盘，而后发出檄文警告燕国、赵国，牢固守住这些地方，这样崤山以东就不会再属于您了。"高祖问："中策是怎样呢？"薛公说："如果他向东攻占吴国，向西攻占楚国，兼并掉旧时韩国、魏国的地盘，再占据敖山的粮仓，封锁成皋要塞，谁胜谁败就很难预知了。"高祖又问："下策又是怎样呢？"薛公说："如果他向东攻占吴国，向西攻取下蔡，把辎重转移到越地，他自己则前往长沙，那么您就可以安心睡大觉了，汉朝江山什么事也不会有。"高祖问："英布将会采用哪条计策呢？"薛公说："会用下策。"高祖问："他为什么放弃上策、中策，而采用下策呢？"薛公说："英布本来是个骊山的苦役犯，凭自己的奋斗成为淮南王，这种人所图的只是自身利益，根本不会为自己的后代、为百姓万世着想，所以我说他会用下策。"高祖说："说得好。"封给薛公一千户食邑。于是立皇子刘长为淮南王。高祖亲自领兵东征英布。

布之初反，谓其将曰："上老矣，厌兵，必不能来。使诸将，诸将独患淮阴、彭越，今皆已死，余不足畏也。"故遂反。果如薛公筹之[①]，东击荆[②]，荆王刘贾走死富陵[③]。尽劫其兵[④]，渡淮击楚。楚发兵与战徐、僮间[⑤]，为三军，欲以相救为奇[⑥]。或说楚将曰："布善用兵，民素畏之[⑦]。且兵法，诸侯战其地为散地[⑧]。今别为三，彼败吾一军，余皆走，安能相救！"不听。布果破其一军，其二军散走。

【注释】

①果如薛公筹之：梁玉绳引刘攽曰："薛公所言英布出下计，不尽如薛所言。布取荆，又败楚，遂与上遇，何尝'归重于越，身归长沙'乎？"

②东击荆：即前文薛公所谓"东击吴"。"荆"为国名，其地旧为"吴"地。

③富陵：古邑名，在今江苏盱眙东北。

④劫：挟制以为我用。

⑤徐：汉县名，治所在今江苏泗洪南，时为临淮郡的郡治。僮：汉县名，治所在今江苏泗洪西北，属临淮郡。

⑥为三军，欲以相救为奇：《正义佚文》曰："楚军分为三处，欲互相救为奇策。"

⑦民：人，人们，指刘邦部下将士。

⑧诸侯战其地为散地：意谓诸侯在自己国内作战，士兵容易逃散。《孙子兵法·九地》："诸侯自战其地者为散地。"曹操注："卒恋土地，道近而易败散。"

【译文】

英布刚开始造反时，对他的将领们说："皇上老了，已厌倦打仗，肯定不会亲自领兵前来。派别的将领来，那些将领中我怕的只有韩信和彭越，如今他俩都死了，其他人就没什么可怕的了。”因此他便造反了。果然像薛公所预料的那样，英布向东进攻荆国，荆王刘贾败逃，死在富陵。英布挟持荆国的全部军队，渡过淮河，进攻楚国。楚王刘交发兵迎敌，与英布在徐县、僮县之间交战，楚军分为三路，想要相互救援，出奇制胜。有人对楚军将领说：“英布善于用兵，士兵们一向怕他。而且兵法上说，诸侯在自己国内作战，士兵容易败散。现在把军队一分为三，如果英布打败其中一军，其他两军就都跑了，哪能相互救援！”楚军将领不听。英布果然先打败了其中一军，其他两军就都溃逃了。

遂西，与上兵遇蕲西会甀①。布兵精甚，上乃壁庸城②，望布军置陈如项籍军③，上恶之。与布相望见，遥谓布曰：“何苦而反？”布曰：“欲为帝耳④。”上怒骂之，遂大战。布军败走⑤，渡淮，数止战，不利，与百余人走江南⑥。布故与番君婚，以故长沙哀王使人绐布⑦，伪与亡，诱走越⑧，故信而随之番阳⑨。番阳人杀布兹乡民田舍⑩，遂灭黥布。立皇子长为淮南王⑪，封贲赫为期思侯⑫，诸将率多以功封者⑬。

【注释】

①蕲（qí）西会甀（zhuì）：蕲县城西的会甀邑。郭嵩焘曰：“《汉书·地理志》蕲下云：‘甀，乡名，高祖破黥布。’甀，蕲下乡名也。”蕲，汉县名，治所在今安徽宿州东南，属沛郡。

②壁庸城：驻扎在庸城。壁，修筑营垒，此谓屯驻。庸城，古邑名，当距会甀不远。

③陈：同“阵”，军阵。

④欲为帝耳：泷川引中井积德曰：“布之反，苟自救死也已。其言‘欲为帝’，是愤言而夸张，非其情。”吴见思曰：“此时布诉功诉

冤，俱属孱弱，只作倔强一语，不特时事固尔，而英布身份俱现。”陈文烛曰：“布，楚之臣也。为楚之臣而使之臣我，是导之不臣。故始之所以叛楚者，亦所以叛汉也。高帝之自将也，问之曰‘何苦而反’？曰‘欲为帝耳’，而帝未有一言复之者，吾固知帝之无辞于彼也。夫始之叛楚也，孰启之？而今之叛汉也，又孰得而责之也？昔以叛楚得王，今以叛汉望帝，利之所趋，其流必至于此，顾开其源流者谁也？吾固知帝之无辞于此也。”

⑤布军败走：徐孚远曰：“淮南诸将以汉祖不自将也，故决反计。及高祖自来，则心已慑，故阵虽精而易败。”

⑥走江南：逃往长江以南，此指逃往今湖南长沙一带。

⑦长沙哀王：据《汉兴以来诸侯王年表》，当作“长沙成王”，即吴芮之子吴臣，前201—前194年在位，谥“成”，是英布妻子的兄弟。哀王是成王子，孝惠二年（前193）始为王。绐（dài）：欺骗。

⑧伪与亡，诱走越：假装跟他一起逃亡，诱骗他逃向越地。

⑨番阳：即本篇开头的番县，治所在今江西鄱阳东北。

⑩兹乡：乡邑名，在今江西鄱阳西北。

⑪立皇子长为淮南王：此时方正式到任。

⑫期思侯：封地为期思县，治所即今河南淮滨城南的期思集。

⑬诸将率多以功封者：王先谦引齐召南曰：“按《功臣表》，中牟侯单右车，邔侯黄极忠，博阳侯周聚，阳羡侯灵常，下相侯泠耳，高陵侯侯王虞人，并以击布功封；与期思侯贲赫，凡七侯也。”

【译文】

英布于是率军西进，与高祖的军队在蕲县城西的会甀相遇。当时英布率领的部队非常精锐，高祖就在庸城筑垒坚守，远远望见英布军队的列阵竟与当年项羽的军队一样，心中非常厌恶。高祖与英布遥遥相望，问他道：“你何苦要造反呢？”英布说：“我也想做皇帝。”高祖气得大骂英布，于是两军展开大战。英布被打败逃走，渡过了淮水，中途几次停下来与汉军作战，结果都失利了，英布只好带领百余人逃往江南。英布原来曾与番县县令吴芮结过亲，因此吴芮的儿子长沙王吴臣派人来骗英布，假装要跟英布一起逃亡，诱骗他逃到越地去，英布信以为真，跟着他们到了番阳。番阳人便将英布杀死在兹乡的一个农民家中，于是便消灭了英布。高祖正式封他的儿子刘长为淮南王，封贲赫为期思侯，其他将领也有很多因此次战功而被封侯。

太史公曰：英布者，其先岂《春秋》所见楚灭英、六[①]，皋陶之后哉[②]？身被刑法，何其拔兴之暴也[③]！项氏之所坑杀人以千万数[④]，而布常为首虐[⑤]。功冠诸侯，用此得王，亦不免于身，为世大僇[⑥]。祸之兴自爱姬殖[⑦]，妒媢生患[⑧]，竟以灭国！

【注释】

①《春秋》所见：《春秋》上所说的。楚灭英、六：指楚国所灭的英、六二小国。据《春秋左传》《楚世家》，楚灭英（《春秋》作“黄”）在楚成王二十六年（前646），楚灭六在楚穆王四年（前622）。英的都城在今安徽金寨东南，六的都城在今安徽六安东北。

②皋陶之后：皋陶为舜时贤臣，事详见《五帝本纪》《夏本纪》。《夏本纪》云：“皋陶卒，封皋陶后于英、六。”今安徽六安城东八公里有皋陶祠与皋陶墓。

③拔兴之暴：兴起得如此迅疾猛烈。拔兴，勃兴。暴，迅疾猛烈。《项羽本纪》赞曰：“吾闻之周生曰：‘舜目盖重瞳子’，又闻项羽亦重瞳子，羽岂其苗裔耶，何兴之暴也？”与此类似。

④以千万数：以“千”“万”计数，极言其多。

⑤首虐：犹“首恶”，领头作恶。

⑥不免于身，为世大僇：意谓不仅自己被杀，还被世人耻笑辱骂。

僇，辱。

⑦殖：生，始。

⑧妒媢（mào）：妒嫉。媢，妒的别称。

【译文】

太史公说：英布的祖先莫不是《春秋》所载被楚国所灭的英国、六国，也就是皋陶的后代吗？他早年曾受刑，后来怎么崛起得那么快啊！项羽坑杀敌卒以千万计，而英布常常是首恶。他虽然军功超过其他诸侯，并因此而得以封王，但最后也免不了被人所杀，被世人耻笑。英布的灾祸起自宠姬，因为忌妒而造成祸患，最后因此而灭国！

【集评】

黄震曰："布起骊山之徒，以兵属项氏，常为军锋，得国九江，南面称孤矣，汉使随何说之归汉，遂灭楚垓下，王淮南。及信、越诛而布大恐，幸姬启衅，竟以反诛。愚谓布非反汉，汉非少恩，势使然耳。夫布于汉，非萧、曹素臣服者比也。群起逐鹿，成者帝，败者族，方雌雄未决，不得已资之以济吾事；事济矣，同起事者犹在，则此心不能一日安，故其势不尽族之不止也。故夫乘势徼幸者，未有不灭其身。"（《黄氏日钞》）

屠隆曰："黥布据九江之地，得以养其全力，徐制楚汉之命，故楚汉之轻重，视黥布之去就而已，此天下之大势也。汉之谋臣以为不取布无以蹙楚而取其命，故以厚利啖布而臣之。未有攻城斩将之劳，而奉以王者之居，裂千里之地矣。凡汉之厚利取布者，盖欲悬权以天下之所重，而收天下之大势于己也，故曰高祖知大计。"（《史记评林》引）

郭嵩焘曰："贯高说赵王反，蒯通说韩信反，高祖皆赦之，所为必诛信、越者，畏其能耳。既致之死，其猜忌之心应已释矣，又醢之以赐诸侯，此何为哉？盖将以威胁诸侯，使之噤不敢发耳。高帝以布衣有天下，专欲以威制人，秦世之用法刻深，亦此意也。呜乎，秦汉之际，天地一大变也！"（《史记札记》）

李景星曰:“《黥布传》纯以旁写取胜,前路处处以项羽伴说,见布之勇不在项羽下,其人之归附与否,与汉极有关系。中间详叙随何说布,见布之所以归汉也。后幅详写薛公策布,见汉之所以制布也。一个草泽英雄,自始至终不能出人范围,是可用之才,确非用人之才。至其首尾又与《彭越传》作反正映,彭越渔大泽,黥布输丽山,其出身同;彭越未免乞怜,黥布到底强劲,其结局异。”(《史记评议》)

【评论】

黥布是与韩信、彭越齐名的汉初三大名将之一,他的一生具有很强的传奇性。他从一个刑徒而称王一方,又因造反而被杀,在汉初诸将中,没有人比他的经历更大起大落。他初投项羽,是项羽的得力干将,立下赫赫战功,也犯下累累罪行。他本想在自己的地盘上拥兵自重,不卷入刘项之争,但楚汉战争爆发后,刘项双方都逼着他加入己方阵营,最后刘邦的使者随何成功地让他倒向了汉军一方,利用他在淮南的威望牵制项羽,最后参加垓下之战打败了项羽。他被项羽封为九江王,背叛项羽改投刘邦;他被刘邦封为淮南王,又怀疑刘邦要杀他而造反,最后被汉军消灭。纵观黥布一生,他勇武善战而缺乏远见卓识,似乎就是个粗暴、鲁莽、无远见、无成算的人。黥布是一员猛将,但人品不足言,本篇对黥布这些性格特点做了清晰勾勒。司马迁通过薛公之口说出了他对黥布的总评:“布故丽山之徒也,自致万乘之主,此皆为身,不顾后为百姓万世虑者也。”

黥布一生功过十分清楚。他的功,首先是在反秦起义中多次打败秦军,“楚兵常胜,功冠诸侯,诸侯兵皆已服属楚者,以布数以少破众也”;尤其是钜鹿之战,“项籍使布先渡河击秦,布数有利,籍乃悉引兵涉河从之,遂破秦军,降章邯等”,黥布是这灭秦关键一战的先锋。黥布在反秦起义中的战功是他一生最大的亮点。至于在楚汉战争中,黥布加入刘邦阵营后,牵制了项羽的兵力,减轻了刘邦荥阳战线的压力;参加最后的合围项羽:"布与刘贾入九江,诱大司马周殷,周殷反楚,遂举九江兵与汉击楚,破之垓下。"这不过使黥布能成为最早被封的几个异姓诸侯王之一罢了,相比他灭秦战争中的军功,不可同日而语。黥布两条大的罪过,一是帮着项羽在新安坑杀了二十余万秦降卒,一是为项羽杀了义帝。司马迁在本文中将其郑重写出,又在篇末"太史公曰"中写道:"项氏之所坑杀人以千万数,而布常为首虐。"司马迁对黥布的谴责之意是非常明确的。这种写法与《白起王翦列传》《蒙恬列传》等篇里的论赞中指责王翦、蒙恬等不能帮着秦王实行德政,而只会帮着秦朝杀人的意义相同。

本篇与《魏豹彭越列传》《淮阴侯列传》《韩信卢绾列传》相辅相成,彼此互见,清楚地展现了刘邦和吕后强加罪名,诛杀功臣,以致功臣人人自危,不得已铤而走险的情形。《淮阴侯列传》写得比较含蓄,《魏豹彭越列传》则明确指出了吕后"指使"人诬告彭越的事实;此文则更明确地写出了黥布被逼造反的全过程,又通过薛公之口为黥布辩冤说:"往年杀彭越,前年杀韩信,此三人者,同功一体之人也。自疑祸及身,故反耳。"在这里,司马迁明确表示刘邦和吕后应该为黥布造反负主要责任,同时也为彭越、韩信的冤案进行了分辩。

随何是刘邦部下出名的说客,与郦食其、陆贾齐名。《史记》为郦食其、陆贾立了《郦生陆贾列传》,但没有为随何立传,他的事迹仅见于本篇,于是本篇又有附传随何的意义。随何劝说黥布叛变项羽投奔刘邦,不是在项羽处于败势,而是在刘邦被项羽打垮,正向西败逃的时刻,其劝降工作是很难进行的。随何之所以能成功,关键之一就是他巧妙地利用了黥布与项羽之间已有的裂痕。当黥布开始动摇,而决心尚迟迟难下的时侯,他又当机立断杀了项羽派来的使者,当众宣布了黥布叛楚归汉的意图,断绝了黥布的退路。随何的这种做法,给后代使者以少胜多立功绝域提供了范例,《后汉书·班超传》所记班超出使鄯善,攻杀匈奴使者,胁迫鄯善王明确附汉的做法,就与随何此举如出一辙。

史记卷九十二

淮阴侯列传第三十二

【释名】

本篇记述了汉初“三杰”之一韩信的生平事迹。司马迁全力歌颂了韩信为灭楚兴汉所立下的卓越功勋，歌颂了他的极其高超的军事指挥艺术。全文可分为六个部分，第一部分写韩信前期的种种穷困，和投奔刘邦后几经曲折被拜为大将的过程；第二部分写韩信势如破竹，破魏、破代、破赵、收燕，从而平定山西、河北的巨大武功；第三部分写韩信灭齐，并被封为齐王的过程，韩信与刘邦的矛盾日益尖锐，死机此时已经伏下；第四部分详著武涉、蒯通的劝说韩信叛汉自立之辞，以征示日后韩信被杀的罪名莫须有；第五部分写韩信被吕后、刘邦、萧何杀害，提出了“狡兔死，走狗烹”这一封建社会令人惋叹与深思的规律。在篇末的“太史公曰”中，司马迁表面上批评韩信不该“谋反”，其实是对韩信事件表现了一种强烈的感慨、惋惜之情。

淮阴侯韩信者①，淮阴人也。始为布衣时，贫无行②，不得推择为吏③，又不能治生商贾④，常从人寄食⑤，人多厌之者。常数从其下乡南昌亭长寄食饮⑥，数月，亭长妻患之，乃晨炊蓐食⑦。食时信往，不为具食。信亦知其意，怒，竟绝去。

【注释】

①淮阴:古县名。故治在今江苏淮安淮阴西南甘茂城。

②无行:无品行,缺德。

③推择为吏:此指战国以来乡官向国家推举本乡人才,使之为吏的制度。

④治生商贾:从事商业活动以谋生。治生,谋生。

⑤从人寄食饮:到别人家里蹭吃蹭喝。寄,即今日所谓“蹭”。

⑥下乡南昌亭长:南昌亭是下乡的一个亭名,在淮阴县城西。秦时十里一亭,每亭有亭长一人,维持其所属的村落秩序,并接待过往的官吏。

⑦晨炊蓐(rù)食:《集解》引张晏曰:“未起而床蓐中食。”蓐,被褥。

【译文】

淮阴侯韩信是淮阴人。最初为百姓时,生活贫困,品行不佳,既不能被推选为官吏,又不能靠做买卖谋生,经常到别人家去蹭吃蹭喝,很多人都讨厌他。他曾多次到下乡的南昌亭亭长的家里蹭饭,一连蹭了几个月,亭长的妻子很讨厌他,于是她每天早起做饭,人们还没起床,她家里已经吃完饭了。等到正常的吃饭时间韩信到了,她就不再给他做饭吃。韩信也明白是怎么回事,非常生气,于是再也不去了。

信钓于城下,诸母漂[①],有一母见信饥,饭信,竟漂数十日。信喜,谓漂母曰:“吾必有以重报母。”母怒曰:“大丈夫不能自食[②],吾哀王孙而进食,岂望报乎[③]!”

【注释】

①诸母漂:一些年长的妇女在淮水边漂洗绵絮。《集解》引韦昭曰:“以水击絮为漂,故曰漂母。”漂,冲洗,洗涤。

②自食：靠自己的能力养活自己。

③吾哀王孙而进食，岂望报乎：郭嵩焘曰："淮阴重报之言，见怒于漂母，视其贫困更无能自立，不应为豪语耳，怒中有揶揄之意。"泷川引中井曰："漂母惟怜信，故饭之，实不知信之才，故怒于重报之语，以为虚言。"

【译文】

一日韩信在城外钓鱼，河边上有一些老太太在洗棉絮，一位老太太看出韩信很饿，就把自己的饭分给韩信吃，直到洗完棉絮前的几十天都是这样。韩信很高兴，对那位老太太说："我日后一定要重重地报答老妈妈。"老太太生气地说："男子汉大丈夫自己养活不了自己，我是可怜你才给你饭吃，难道是指望你报答吗！"

淮阴屠中少年有侮信者，曰："若虽长大，好带刀剑，中情怯耳①。"众辱之曰②："信能死③，刺我；不能死，出我袴下④。"于是信孰视之⑤，俯出袴下，蒲伏⑥。一市人皆笑信，以为怯。

【注释】

①中情：内心。

②众辱之：当众侮辱他。

③能死：敢死。

④袴下：两腿之间。袴，通"胯"。

⑤孰视：注目细看，凝视。孰，同"熟"。

⑥蒲伏：同"匍匐"，爬行。

【译文】

淮阴有个卖肉的年轻人侮辱韩信说："你虽然看上去又高又壮，喜欢带刀佩剑的，其实你骨子里就是个胆小鬼。”于是当众侮辱韩信说：“你要是不怕死，就刺我一剑；你要是怕死，就从我胯下钻过去。”韩信盯着他看了半天，还是趴在地上，从他胯下爬了过去。整个市场的人都笑话韩信，认为他怯懦。

及项梁渡淮①，信杖剑从之②，居戏下③，无所知名。项梁败④，又属项羽，羽以为郎中⑤。数以策干项羽⑥，羽不用。汉王之入蜀⑦，信亡楚归汉⑧，未得知名，为连敖⑨。坐法当斩，其辈十三人皆已斩，次至信，信乃仰视，适见滕公⑩，曰：“上不欲就天下乎⑪？何为斩壮士！”滕公奇其言，壮其貌，释而不斩。与语，大说之。言于上，上拜以为治粟都尉⑫，上未之奇也。

【注释】

①项梁渡淮：事在秦二世二年（前208）二月。详见《项羽本纪》。

②杖剑：持剑。

③戏下：即麾下、部下。戏，通“麾”，大将的指挥旗。

④项梁败：项梁因接连打败秦兵而轻敌，秦二世二年九月，被秦将章邯败于定陶，详见《项羽本纪》。

⑤郎中：官名。秦汉郎官之一，属郎中令。本宫廷侍从护卫之官，也备顾问差遣，文武兼任。

⑥数以策干项羽：多次为项羽筹谋划策。干，求见，进说。

⑦汉王之入蜀：项羽等灭秦后，分封诸侯，封刘邦为汉王，王巴、蜀、汉中，都南郑（即今陕西汉中）。此云“入蜀”即指刘邦离关中而去南郑，事在汉元年（前206）四月，其实刘邦本人从来没有去过巴、蜀。

⑧亡楚归汉：韩信“亡楚归汉”的时间大约在汉元年四月，刘邦正由关中去南郑的途中。亡，潜逃，逃离。

⑨连敖：管仓库粮饷的小官。

⑩滕公：滕县县令，即夏侯婴，因刘邦起义破滕后，以其曾任滕令（《汉书》作“滕令奉车”），故又称“滕公”。事迹见《樊郦滕灌列传》。

⑪就：取。

⑫治粟都尉：官名。西汉置，不常设。管领大农事。

【译文】

等到项梁率兵来到淮北时，韩信持剑从军，做了项梁的部下，但默默无闻。项梁兵败身亡后，韩信又归项羽统辖，项羽让他做了郎中。他多次给项羽献计，项羽都没采用。汉王刘邦率部入蜀时，韩信就离开项羽投奔了刘邦，但仍不受赏识，只是个管仓库粮饷的连敖。后来韩信因犯法当斩，同案的十三人都已被斩，轮到韩信时，韩信抬头一看，正好看见滕公夏侯婴，便说：“主上不想一统天下吗？为什么要杀壮士！”夏侯婴觉得他言语不凡，相貌堂堂，于是把他放了没杀。等和韩信交谈之后，夏侯婴非常高兴。并把韩信之事告诉了汉王，汉王任命韩信为治粟都尉，但并没觉得他有什么出众的才能。

信数与萧何语，何奇之。至南郑[①]，诸将行道亡者数十人[②]，信度何等已数言上，上不我用，即亡。何闻信亡，不及以闻，自追之。人有言上曰：“丞相何亡。”上大怒，如失左右手。居一二日，何来谒上，上且怒且喜，骂何曰：“若亡，何也？”何曰：“臣不敢亡也，臣追亡者。”上曰：“若所追者谁？”何曰：“韩信也。”上复骂曰：“诸将亡者以十数，公无所追；追信，诈也。”何曰：“诸将易得耳。至如信者，国士无双[③]。

王必欲长王汉中，无所事信[④]；必欲争天下，非信无所与计事者。顾王策安所决耳。”王曰：“吾亦欲东耳，安能郁郁久居此乎？”何曰：“王计必欲东，能用信，信即留；不能用，信终亡耳。”王曰：“吾为公以为将[⑤]。”何曰：“虽为将，信必不留。”王曰：“以为大将。”何曰：“幸甚。”于是王欲召信拜之[⑥]。何曰：“王素慢无礼[⑦]，今拜大将如呼小儿耳，此乃信所以去也。王必欲拜之，择良日，斋戒，设坛场[⑧]，具礼[⑨]，乃可耳。”王许之。诸将皆喜，人人各自以为得大将。至拜大将，乃韩信也，一军皆惊[⑩]。

【注释】

①南郑：古邑名。在今陕西汉中东。战国秦邑。《六国年表》：秦厉共王二十六年（前451）“左庶长城南郑”，后置南郑县于此。汉亦置县。其地滨临汉水，北取褒斜道以通长安，南取金牛道以通巴蜀，为古代兵争之地。

②诸将行道亡者数十人：行，或读为háng，诸将行，即诸将辈；或读为xíng，行道，即行进之中。王先谦引周寿昌曰：“‘至南郑’为高祖元年夏四月，时沛公为汉王，都南郑，诸将士卒皆思东归，故多道亡。”

③国士无双：一国之中没有第二个能同他相比的杰出人物。国士，师古曰：“为国家之奇士。”

④无所事信：没有必要任用韩信。无所事，意即“用不着”。

⑤吾为公以为将：此欲用以为将，非为知韩信之才，乃欲不伤萧何的情面，担心萧何逃跑。

⑥拜：此指任命。

⑦王素慢无礼：此指刘邦的好骂人、好侮辱人，如接见郦食其、黥布

时令女人为之洗脚；见儒生则解其冠向冠中撒尿；以及骑周昌的脖子，张口骂人自称“乃公”等。

⑧坛场：筑在广场中的高台，古时用于祭祀及朝会、盟誓、封拜等大典的场所。

⑨具礼：备礼，安排仪式。

⑩一军皆惊：诸将皆已随刘邦征战三年，而韩信乃是刚从项羽阵营逃过来的一个小军吏，诸将自然无法想到。

【译文】

韩信与萧何谈了几次话，萧何觉得他与众不同。在去往南郑的路上，有几十个将领逃亡了，韩信推测萧何等人已经向汉王多次推荐自己，而汉王总是不肯重用自己，于是也逃跑了。萧何听说韩信逃亡，来不及向汉王报告，就亲自去追他。有人禀报汉王说：“丞相萧何跑了。”汉王勃然大怒，如同失去左右手一般。过了一两天，萧何回来拜见汉王，汉王又怒又喜，骂萧何道：“你为什么也跑了？”萧何回答说：“我不敢逃跑，我是去追逃跑的人。”汉王问：“你追的是谁？”萧何回答说：“是韩信。”汉王又骂道：“逃跑的将军有几十个了，你都没追；现在说去追韩信，一定是骗人！”萧何说：“别的将军都容易得到。至于韩信，他是独一无二的优秀人才。您要是打算永远做个汉王，那就用不着韩信；您要是想出去争夺天下，除了韩信没人能跟您共谋大事。关键就看您到底是怎么打算的了。”汉王说：“我当然也想向东争天下，怎么能一辈子憋屈地待在这儿呢？”萧何说：“您既然决心一定要东出争天下，那么，您要是能重用韩信，韩信就会留下来为您效力；您要是不能重用他，他终究还是要逃跑的。”汉王说：“我看在你的面子上，就让他做个将军。”萧何说：“即便做将军，韩信也肯定不会留下来。”汉王说：“那我让他做大将。”萧何说：“那太好了。”于是汉王打算让人去把韩信叫来任命他为大将。萧何说：“您平素待人傲慢无礼，如今任命大将如同招呼小孩子，这正是韩信要离开您的原因。您真想任命他，就该选个好日子，沐浴斋戒，在广场上筑起坛台，举行隆重的仪式，那才行呢。”汉王同意照办。将领们都暗自高兴，人人心想这回被任命的大将一定是自己。等到正式任命大将军时，却是韩信，全军都很惊讶。

信拜礼毕，上坐[①]。王曰：“丞相数言将军，将军何以教寡人计策？”信谢，因问王曰：“今东乡争权天下，岂非项王邪？”汉王曰：“然。”曰：“大王自料勇悍仁强孰与项王？”汉王默然良久，曰：“不如也。”信再拜贺曰[②]：“惟信亦为大王不如也[③]。然臣尝事之，请言项王之为人也。项王喑噁叱咤[④]，千人皆废[⑤]，然不能任属贤将[⑥]，此特匹夫之勇耳。项王见人恭敬慈爱，言语呕呕[⑦]，人有疾病，涕泣分食饮，至使人有功当封爵者，印刓敝，忍不能予[⑧]，此所谓妇人之仁也[⑨]。项王虽霸天下而臣诸侯，不居关中而都彭城[⑩]。有背义帝之约[⑪]，而以亲爱王，诸侯不平。诸侯之见项王迁逐义帝置江南[⑫]，亦皆归逐其主而自王善地[⑬]。项王所过无不残灭者，天下多怨，百姓不亲附，特劫于威强耳。名虽为霸，实失天下心。故曰其强易弱。今大王诚能反其道：任天下武勇，何所不诛！以天下城邑封功臣，何所不服！以义兵从思东归之士[⑭]，何所不散！且三秦王为秦将[⑮]，将秦子弟数岁矣，所杀亡不可胜计[⑯]，又欺其众降诸侯，至新安，项王诈坑秦降卒二十余万[⑰]，唯独邯、欣、翳得脱，秦父兄怨此三人，痛入骨髓。今楚强以威王此三人[⑱]，秦民莫爱也。大王之入武关[⑲]，秋豪无所害[⑳]，除秦苛法，与秦民约法三章耳[㉑]，秦民无不欲得大王王秦者。于诸侯之约，大王当王关中，关中民咸知之。大王失职入汉中[22]，秦民无不恨者[23]。今大王举而东[24]，三秦可传檄而定也[25]。”于是汉王大喜，自以为得信晚。遂听信计，部署诸将所击[26]。

【注释】

①上坐：韩信被刘邦推居于上位。

②贺：赞许。

③惟信亦为大王不如也：底本此句中无“以”字，泷川曰：“枫、三本‘亦’下有‘以’字。”泷川说是，今据补。惟，连，即使是。

④喑噁（yìn wù）叱咤：怒喝声。喑噁，发怒声。

⑤废：堆委，软瘫。

⑥任属（zhǔ）：即“任用”。属，托付。

⑦呕呕（xū）：和悦貌。

⑧印刓（wán）敝，忍不能予：印的棱角都被摩弄圆了，还拿在手里舍不得给出去。刓，摩挲。

⑨此所谓妇人之仁也：乾隆曰：“韩信登坛数语，刘兴项蹶已若指掌。以项羽为‘匹夫之勇’，人人能言之；以为‘妇人之仁’，则信所独见也。”

⑩彭城：古县名。治所在今江苏徐州。相传尧封彭祖于此，为大彭氏国。春秋为宋邑。秦置县。项羽称西楚霸王，建都于此。

⑪有背义帝之约：指不按“先入关者王之”的约定办事。有，通“又”。

⑫迁逐义帝置江南：项羽分封诸侯后，自称西楚霸王，尊怀王为徒有其名的“义帝”，使之迁居长沙郴县，中途又令黥布等将其杀害，事见《项羽本纪》。

⑬亦皆归逐其主而自王善地：此处“归逐”二字使用失当，盖皆项羽分封中所为，非诸侯归国后所专行。

⑭义兵：指刘邦现有的全部士卒。思东归之士：指家在沛县周围，最早跟从刘邦起事反秦的如今一心想打回老家去的那些老兵。

⑮三秦王：指章邯、董翳、司马欣。三人皆秦将，投降项羽后，被封为雍王、翟王和塞王。此三国皆在故秦地，三人被称为“三秦王”。

⑯杀亡：战死和逃散的。

⑰至新安，项王诈坑秦降卒二十余万：巨鹿之战后，章邯率二十万秦兵投降项羽，项羽带领这些人一起扑向关中时，行至新安（今河南渑池城东），听到这些降兵有忧虑之言，遂一夜之间将其全部活埋于新安城南。事在汉元年十一月，见《项羽本纪》。

⑱强以威王此三人：勉强地靠着兵威让秦地百姓接受这三个人为王。

⑲武关：地名。在陕西商南县西北。刘邦攻下武关在秦二世三年（前207）八月，刘邦进入咸阳在汉元年十月（当时以十月为岁首）。

⑳秋豪：极言其细微。豪，通“毫”。

㉑约法三章：即杀人者死，伤人及盗抵罪。

㉒失职：没有得到应得的职位，即没有得为关中王。

㉓无不恨者：没有一个人不为此感到遗憾。恨，遗憾。

㉔举而东：举兵向东方杀出。

㉕传檄（xí）而定：谓用不着使用兵戈。檄，檄文，声讨敌人罪行，号召人们归附于己的一种军用文章。

㉖部署：布置，安排。

【译文】

封拜大将的仪式结束后，韩信被请入上座。汉王说：“萧丞相多次提起将军您的大才，将军您有什么良策可以指教我呢？”韩信先是逊谢，然后问汉王：“大王如今东向争夺天下，您的对手不是项羽吗？”汉王说：“是的。”韩信又问：“大王您自己估计您的勇猛、仁德，以及您军队的强盛，能比得过项羽吗？”汉王沉默许久，说：“比不上他。”韩信起身向汉王拜了两拜说：“我也觉得您比不上他。我曾经在他手下做事，请让我来说说项羽的为人。项羽大吼一声，可以把上千人吓得瘫倒在地，但他不能任用有才干的人，这样他就不过只有匹夫之勇。项羽待人恭敬慈爱，言语温和，有人生了病，他就流着泪把自己的饮食分给他们吃，但到别人立了功，该封官颁赏了，他却能把印拿在手里摩挲得棱角都磨圆了还舍不得授出去，这就是所谓的妇人之仁。项羽虽然做了霸主，诸侯都对他俯首称臣，可是他并未建都在关中，而是建都在彭城。他又违背了与义帝的约定，把他的亲信都封了王，因此各路诸侯都心怀不满。诸侯们看到项羽把义帝赶到了江南，也都学着样赶走了自己的国君而占据好地方称王。项羽军队所到之处，杀人放火，无一处完整之地，天下人都怨声载道，老百姓谁也不亲附他，现在只不过迫于威势罢了。项羽现在虽然名义上是霸主，实际上他已经失去了人心。所以说他的强大是很容易被削弱的。现在您如果真能反其道而行之：任用天下勇敢善战的人，那还有什么敌人不能被诛灭？您把天下城邑封给有功之臣，那还有什么人不对您忠心归附？您以正义之师跟从想东还的将领，那还有什么样的敌人不能被打垮？现在关中的三个诸侯王当初都是秦朝的将领，他们统率关中的子弟征战好几年，被杀和逃亡的不计其数，后来他们又欺骗士兵们投降了项羽，结果走到新安时，项羽设计将这二十多万降兵全都活埋了，只留下了章邯、司马欣、董翳这三个人，秦地父老们对这三人恨之入骨。如今项羽仗着他的武力硬是把这三人封为王，秦地百姓根本没人喜欢他们。大王您进入武关时，秋毫无犯，废除了秦朝的苛刻刑法，与秦地百姓们约法三章，秦地的百姓没有不乐意让您在秦地称王的。按照诸侯们的事先约定，大王您当在关中称王，关中百姓也都知道这件事。后来大王没有得到应得的职位被排挤进入汉中，秦地百姓无不对此感到遗憾。现在如果您举兵东下，三秦地区只要发一道檄文就可安定了。”汉王听了大喜，感觉自己与韩信相见太晚。于是就听从韩信的谋划，部署各位将领的进攻目标。

八月，汉王举兵东出陈仓[①]，定三秦[②]。汉二年[③]，出关[④]，收魏、河南[⑤]，韩、殷王皆降[⑥]。合齐、赵共击楚[⑦]。四月，至彭城，汉兵败散而还。信复收兵与汉王会荥阳[⑧]，复击破楚京、索之间[⑨]，以故楚兵卒不能西。

【注释】

①陈仓：秦县名，故治在今陕西宝鸡陈仓区。刘邦用韩信计，明修栈道，暗度陈仓，即此。汉魏以来为攻守战略要地。

②定三秦：据《秦楚之际月表》，是年八月“邯守废丘，汉围之；欣降汉，国除；翳降汉，国除”，盖除章邯尚困守穷城外，其余三秦的广大地区皆已属汉。

③汉二年：前205年。

④出关：指出函谷关。

⑤收魏、河南：收取了魏豹领有的魏地（今山西的西南部）和申阳领有的河南地（今河南洛阳一带）。

⑥韩、殷王皆降：事在汉二年三月。韩，指韩王郑昌（都阳翟）；殷，指殷王司马卬（都朝歌）。据《高祖本纪》，郑昌非主动投降，乃韩信击破之者；司马卬亦非降，乃被汉军所虏者。

⑦合齐、赵共击楚：齐，指齐王田荣与其弟田横等；赵，指赵王歇及其相陈馀。他们皆为驱逐项羽分封的齐王、赵王而自立的。田荣及其弟田横是继刘邦之后最早发起的反项羽的势力，他们在东方牵扯住了项羽的兵力，为刘邦回定三秦，收服中原提供了极为有利的条件，详见《田儋列传》《张耳陈馀列传》。按，刘邦与齐、赵只能是一种战略上的呼应，非必指派兵跟从。

⑧荥阳：县名。秦时置。故治在今河南荥阳东北。

⑨京、索：谓京县、索亭。京县，县名。秦置。治所在今河南荥阳东

南。索亭，亦称大索城，即今荥阳县城。

【译文】

汉元年八月，汉王率军东出陈仓旧道，很快平定三秦。汉二年，汉军东出函谷关，收取了魏豹领有的魏地和申阳领有的河南地，韩王郑昌、殷王司马卬都投降了。于是汉王与齐、赵两国联合攻击项羽。四月，汉军打到了项羽的都城彭城，结果被项羽打得溃败而归。这时韩信把溃散的军队聚集起来在荥阳与汉王会师，接着又在京县和索亭之间打败了楚军，从此楚军再也没能西进。

汉之败却彭城，塞王欣、翟王翳亡汉降楚①，齐、赵亦反汉与楚和②。六月③，魏王豹谒归视亲疾，至国，即绝河关反汉④，与楚约和。汉王使郦生说豹，不下⑤。其八月，以信为左丞相，击魏。魏王盛兵蒲坂⑥，塞临晋，信乃益为疑兵，陈船欲度临晋，而伏兵从夏阳以木罂缻渡军⑦，袭安邑⑧。魏王豹惊，引兵迎信，信遂虏豹⑨，定魏为河东郡。汉王遣张耳与信俱⑩，引兵东北击赵、代⑪。后九月⑫，破代兵，禽夏说阏与⑬。信之下魏破代，汉辄使人收其精兵，诣荥阳以距楚⑭。

【注释】

①亡汉降楚：逃出汉军营垒而往投项氏。按，其他有国的诸侯则逃回自己的国土，而司马欣、董翳之国因已被刘邦所灭，故只好单身往投项羽。

②齐、赵亦反汉与楚和：按，刘邦溃败于彭城后，陈馀反汉因刘邦不杀张耳，事见《张耳陈馀列传》，而是否即“与楚和”，史无明文；至于齐之田横，当时似乎更不可能“与楚和”。王先谦曰：“齐未尝与楚和，此……衍‘齐’字。”

③六月：梁玉绳曰："当作五月。"按，《秦楚之际月表》作"五月"。

④绝河关：河关是黄河上的渡口名，其东岸在今山西一侧的叫蒲津关，因其临近蒲坂而得名；其西岸在今陕西一侧的叫临晋关，在今陕西大荔东的朝邑镇。魏豹绝河关，是为了阻止汉兵进入魏境。

⑤汉王使郦生说豹，不下：刘邦派郦食其往说魏豹，魏豹以刘邦"慢而侮人，骂詈诸侯群臣如奴"，因而不从劝说事，见《魏豹彭越列传》。

⑥蒲坂：渡口名，在今山西永济城西的黄河东岸，隔河与临晋关相对。

⑦伏兵：谓暗中出兵。夏阳：秦县名。故治在今陕西韩城南。以木罂缻（yīng fǒu）渡军：意即利用一切可用的条件令军队渡过黄河，进入魏地。木罂缻，木盆、木桶之类。郭嵩焘曰："河流湍急，岂木罂缻所能渡者？当是造为浮桥，施木板于罂缻之上，以其轻而能浮，又易于牵引以通南北两岸也。"

⑧安邑：古邑名。在今山西夏县西北禹王城。相传夏禹建都于此。春秋属晋。战国属魏。秦置县。汉因之。

⑨信遂虏豹：据《秦楚之际月表》，韩信破魏、虏魏豹在汉二年九月，即刘邦败于彭城之后的第五个月。

⑩遣张耳与信俱：意谓刘邦又派来了张耳，让张耳与韩信共同经略北部战线。事详《张耳陈馀列传》。刘邦派张耳来与韩信共事，说协助可，说监视亦可。

⑪引兵东北击赵、代：赵，当时赵歇为王，陈馀为相，都襄国（今河北邢台）。代，赵歇封陈馀为代王，陈馀为辅赵歇，留在赵国为相，派夏说（yuè）为代相，往任代事，都代县（今河北蔚县东北之代王城）。事详《汉书·韩彭英卢吴传》。

⑫后九月：即闰九月，当时的历法都是将闰月置于该年的最后。

⑬阏与：古邑名。战国韩邑，后属赵。县治即今山西和顺。

⑭"信之下魏破代"几句：按，此与前注所引《汉书·韩彭英卢吴

传》之说相反,《汉书》乃谓刘邦益韩信三万人,而《汉书》自身亦前后矛盾。

【译文】

汉王在彭城败退之时,关中的塞王司马欣和翟王董翳背叛了汉王投降了楚,齐、赵两国也背叛汉王与楚联合了。六月,魏王豹请假回河南去探视生病的亲人,到了魏国,立即封锁了黄河渡口反汉,与项羽订约讲和。汉王派郦食其去游说魏豹,魏豹不听。这年八月,汉王任命韩信为左丞相去讨伐魏豹。魏豹在蒲坂集结重兵,堵住了临晋关,韩信就在临晋一带增设疑兵,摆开船只,做出想从临晋强渡的架势,而伏兵从夏阳利用木盆木桶等一切条件渡过了黄河,偷袭安邑。魏豹大惊,率军迎战韩信,结果战败被俘,魏地被定为河东郡。接着汉王又派来张耳与韩信一起率军向东北攻打赵国和代国。闰九月,韩信军打败代国的军队,在阏与生擒了代国的丞相夏说。但是在韩信攻下魏国、打败代国后,汉王马上派人把韩信的精兵收编到自己部下,调到荥阳去抵御项羽。

信与张耳以兵数万,欲东下井陉击赵[①]。赵王、成安君陈馀闻汉且袭之也[②],聚兵井陉口,号称二十万。广武君李左车说成安君曰:“闻汉将韩信涉西河[③],虏魏王,禽夏说,新喋血阏与[④],今乃辅以张耳,议欲下赵,此乘胜而去国远斗,其锋不可当。臣闻千里馈粮,士有饥色,樵苏后爨,师不宿饱[⑤]。今井陉之道,车不得方轨[⑥],骑不得成列,行数百里,其势粮食必在其后。愿足下假臣奇兵三万人,从间道绝其辎重[⑦];足下深沟高垒,坚营勿与战。彼前不得斗,退不得还,吾奇兵绝其后,使野无所掠,不至十日,而两将之头可致于戏下。愿君留意臣之计。否,必为二子所禽矣。”成安君,儒者也,常称义兵不用诈谋奇计,曰:“吾闻兵法十则围之，倍则战[⑧]。今韩信兵号数万，其实不过数千[⑨]。能千里而袭我，亦已罢极[⑩]。今如此避而不击，后有大者，何以加之！则诸侯谓吾怯，而轻来伐我[⑪]。”不听广武君策，广武君策不用。

【注释】

①信与张耳以兵数万，欲东下井陉（xíng）击赵：梁玉绳曰：“此上失书‘汉三年’。”井陉，即井陉口，要隘名。九塞之一。故址在今河北井陉北井陉山上。又县西有故关，乃井陉西出之口。

②成安君：陈馀的封号。

③西河：此指山西南部与陕西交界处的黄河。

④喋血：践踏着血泊走。喋，通“蹀”，践踏。此指残酷的血战。

⑤“臣闻千里馈粮”几句：王先谦引沈钦韩曰：“四语见《黄石公·上略》。”馈，运送。樵，打柴。苏，割草。宿饱，经常吃饱。宿，久，经常。爨（cuàn），烧火做饭。

⑥方轨：两车并行。方，并。

⑦间道：小道，侧面之道。辎重：随军运载的军用器械、粮草等。

⑧吾闻兵法十则围之，倍则战：《孙子兵法·谋攻》：“故用兵之法：十则围之，五则攻之，倍则分之，敌则能战之，少则能逃之，不若则能避之。”

⑨今韩信兵号数万，其实不过数千：韩信破魏破代的人数，史书虽没有明确记载，然陈馀以为“不过数千”之语，实为轻敌之语。

⑩罢极：疲惫已极。罢，疲劳，衰弱。

⑪轻：轻易，随便。

【译文】

韩信与张耳率领着几万军队，准备东出井陉口攻打赵国。赵王赵歇和成安君陈馀听说汉军将要进攻，就在井陉口集结军队，号称有二十万人。广武君李左车对陈馀说："听说汉将韩信此前已渡过西河，俘虏了魏王豹，又生擒了代相夏说，又血战阏与取得大捷，现又有张耳辅助，准备攻下我们赵国，这是远离本土乘胜远征，其势锐不可当。但我听说，千里之外运送粮食，士兵就会挨饿，打了柴草才去烧火做饭，军队常常吃不饱。如今这井陉小道，车不能并行，马不能成列，韩信的部队到这里要走几百里，他的粮食一定在后面。请您暂时借给我三万人，抄小路截断他们的粮道；您在正面深挖壕高筑垒，坚守阵地不与他们开战。叫他们向前求战不得，向后又退不回去，我率领奇兵断了他们的后路，使他们在旷野上弄不到东西吃，不出十天，韩信和张耳的人头就可以送到您的帐下。希望您能考虑我的建议。否则，我们就会被那两个人擒获了。"陈馀是个迂腐的书生，常说仁义之师不用阴谋诡计，这时就说："我听说兵法上讲如果兵力是敌人的十倍，就可以去包围他们；如果是敌人的一倍，就可以与他们决战。现在韩信的军队号称数万，其实不过数千人。他们又千里跋涉来攻打我们，已经筋疲力尽了。如今这样的敌人我们还避开不打，以后再遇到更强的敌人，我们还怎么打！如果不打，其他诸侯也会说我们怯懦，就会随便来攻打我们了。"于是他不听从李左车的作战方案，李左车的计策没被采纳。

韩信使人间视[①]，知其不用，还报，则大喜，乃敢引兵遂下。未至井陉口三十里，止舍。夜半传发[②]，选轻骑二千人，人持一赤帜，从间道萆山而望赵军[③]，诫曰："赵见我走，必空壁逐我，若疾入赵壁，拔赵帜，立汉赤帜。"令其裨将传飧[④]，曰："今日破赵会食！"诸将皆莫信，详应曰[⑤]："诺。"谓军吏曰："赵已先据便地为壁，且彼未见吾大将旗鼓，未肯击前行，恐吾至阻险而还[⑥]。"信乃使万人先行，出，背水陈[⑦]。

赵军望见而大笑。平旦,信建大将之旗鼓,鼓行出井陉口[8],赵开壁击之,大战良久。于是信、张耳详弃鼓旗,走水上军。水上军开入之[9],复疾战。赵果空壁争汉鼓旗,逐韩信、张耳。韩信、张耳已入水上军,军皆殊死战,不可败。信所出奇兵二千骑,共候赵空壁逐利,则驰入赵壁,皆拔赵旗,立汉赤帜二千[10]。赵军已不胜[11],不能得信等,欲还归壁,壁皆汉赤帜,而大惊,以为汉皆已得赵王将矣,兵遂乱,遁走,赵将虽斩之,不能禁也。于是汉兵夹击,大破虏赵军,斩成安君泜水上[12],禽赵王歇。

【注释】

①间视:暗中侦察。

②传发:传令军中出发。

③从间道萆(bì)山:从小路上山,隐蔽到(临近赵营的)山上。萆,通“蔽”,隐蔽。

④裨(pí)将:副将,主将的副官、助手之类。裨,辅助。传飧(sūn):传送食物。飧,小食(点心)。

⑤详:通“佯”,假装。

⑥恐吾至阻险而还:中井曰:“赵必不击先行者,恐韩信中途而还,不可擒杀也。”

⑦出,背水陈:谓使此万人渡河后背靠着河水列阵。陈,同“阵”。《正义》曰:“绵蔓水,一名‘阜将’,一名‘回星’,自并州流入井陉界,即信背水阵陷之死地,即此水也。”

⑧信建大将之旗鼓,鼓行出井陉口:竖起将旗,架起战鼓,擂鼓高歌而行,都为了吸引赵军出击。

⑨开入之:让开通道,让岸上的士兵退入水上之阵。

⑩皆拔赵旗，立汉赤帜二千：唐顺之曰："信用兵奇处全在拔赵旗上。"又曰："乱其耳目，夺其巢穴。"

⑪赵军已不胜：泷川曰："枫、三本无'不胜'二字，与《汉书》合。"按，《资治通鉴》亦无"不胜"二字。

⑫泜（chí）水：源出于河北临城西，经隆尧北，东入釜阳河，在井陉东南近二百里。按，《张耳陈馀列传》于此作"斩陈馀泜水上，追杀赵王歇襄国"。襄国即今河北邢台，在当时的泜水以南百余里。凌稚隆引余有丁曰："信所以背水阵者，虽欲陷死地以坚士心，其实料成安君守兵法而不知变也，故以后水诱之，使之争战趋利耳，此致人之术也。"

【译文】

韩信先已派人刺探，探子了解到李左车的计策没被采用，回来向韩信报告，韩信非常高兴，才敢率军长驱而下。当他们走到距离井陉口还有三十里的地方，就停下来休息。到了半夜，韩信命令全军出发准备战斗，他挑选了两千名轻骑兵，让人手一面红旗，从小道上山隐蔽起来监视赵军，并告诫说："赵军看见我军逃跑，一定会倾巢出动来追击，你们这时要迅速冲入赵营，拔掉赵军的旗帜，插上汉军的红旗。"随后韩信又让他的副将传令全军随便吃点东西，说："等今天打败了赵军后会餐！"将领们都不相信，假装答应说："好的。"韩信对军吏说："赵军已先占据有利地势扎下营垒，而且他们不见到我大将的仪仗旗号，是不会攻击我们的先头部队的，因为他们怕我们的主力部队到了山路险狭之处会撤回去。"于是韩信派出一万人的先头部队，出井陉口，背靠河水排开阵势。赵军远远望见后都哈哈大笑。等到了清晨，韩信竖起将旗，架起战鼓，一路敲着鼓出了井陉口，赵军于是打开营门迎击，两军大战了很久。后来韩信、张耳假装失败扔下大将旗鼓，逃向水边的军营。水边军营开营与大军合并后，继续与赵军激战。赵军一见汉军败退，果然倾巢而出争抢汉军的旗鼓，追赶韩信、张耳。韩信、张耳的军队退入水边军营之后，与赵军展开殊死搏斗，赵军无法打败他们。这时韩信先派出的两千轻骑兵，等赵军倾巢而出抢夺战利品后，立即冲入赵军营垒，拔掉赵军的旗帜，插上了汉军的两千面红旗。赵军无法打败汉军，也抓不到韩信等人，想要回营时，只见自己营垒上都是汉军的红旗，因此大惊失色，以为汉军已经抓到赵王和他的将领了，军心顿时大乱，士兵们四散奔逃，即使有赵将想通过杀死逃兵来拦阻，也于事无补。于是汉军内外夹击，大破赵军，将陈馀杀死在泜水上，擒获了赵王歇。

信乃令军中毋杀广武君，有能生得者购千金[①]。于是有缚广武君而致戏下者，信乃解其缚，东乡坐，西乡对，师事之[②]。

【注释】

①购：指赏金，酬金。

②“东乡坐”几句：谓使李左车东向而坐，韩信西向与之问答，奉之为师。乡，通“向”。按，战国秦汉时期除帝王、官长之升殿、升堂会见群臣、百僚，仍以南向为尊外，其他一般场合如宴会、闲谈等，皆以东乡坐者为尊。

【译文】

韩信传令军中不要杀死广武君李左车，能活捉到李左车的可得千金重赏。于是有人活捉了李左车，将他捆起来送到了韩信营中，韩信亲自解开了李左车身上的绑绳，请他东向坐在上座，自己西向相陪，像对待老师那样奉事他。

诸将效首虏[①]，毕贺，因问信曰：“兵法右倍山陵，前左水泽[②]，今者将军令臣等反背水陈，曰破赵会食，臣等不服。

然竟以胜，此何术也？”信曰：“此在兵法，顾诸君不察耳。兵法不曰‘陷之死地而后生，置之亡地而后存’[③]？且信非得素拊循士大夫也[④]，此所谓‘驱市人而战之’[⑤]，其势非置之死地，使人人自为战；今予之生地[⑥]，皆走，宁尚可得而用之乎[⑦]！”诸将皆服曰：“善。非臣所及也[⑧]。”

【注释】

①效首虏：交验自己所斩获的人头与所捉的俘虏，即向统帅禀报自己的功绩。效，呈交，使主管者验收。

②兵法右倍山陵，前左水泽：《孙子兵法·行军》：“丘陵堤防，必处其阳而右背之。”右倍，谓右倚背靠。倍，通“背”。王先谦引沈钦韩曰：“杜牧注《孙子》云：‘《太公》曰：军必左川泽而右丘陵。’《淮南兵略篇》：‘地利者，后生而前死，左牡而右牝。’注：‘高者为生，下者为死；丘陵为牡，溪谷为牝。’”

③陷之死地而后生，置之亡地而后存：郭嵩焘曰：“‘信乃使万人先行，出，背水陈’，所以诱致成安君也，是信本旨。此云‘陷之死地而后生，置之亡地而后存’，又别出一义，是信托辞。韩信用兵最为神奇，未有能及之者。”

④拊循：抚慰，安抚。士大夫：指部下将士。

⑤驱市人而战之：赶着一群乌合之众去打仗。市人，集市上的人，以喻彼此间素不相知，毫无关系。

⑥今：若，假如。

⑦宁：岂，与“尚”字意同，重叠使用，以加强语气。

⑧非臣所及也：王鸣盛曰：“信平日学问，本原寄食受辱时揣摩已久，其连百万之众，战必胜，攻必取，皆本于平日学问，非以危事尝试者。信书虽不传，就本传所载战事考之，可见其纯用权谋，所谓

‘出奇设伏，变诈之兵’也。”

【译文】

将领们向韩信呈献了首级和俘虏，祝贺胜利完毕，问韩信：“兵法上说，布阵之法是右后靠着山，左前傍着水，可是今天您却让我们背靠河水布阵，还让我们打败了赵军会餐，我们都不信。最后竟然打胜了，这是什么战术呢？”韩信说：“这种战术在兵法上有，只是各位没注意罢了。兵法上不是说‘陷之死地而后生，置之亡地而后存’吗？而且我原来并没有对部下施予任何恩情，这就叫‘驱赶集市上的人去作战’，势必要将他们置于绝境，让他们人人为自己而战；如果把他们放在一个还有退路的地方，他们一定都会逃跑，我还能指望他们去作战吗？”将领们都佩服地说：“对。这不是我们能想到的。”

于是信问广武君曰：“仆欲北攻燕，东伐齐[①]，何若而有功？”广武君辞谢曰：“臣闻败军之将，不可以言勇；亡国之大夫，不可以图存[②]。今臣败亡之虏，何足以权大事乎！”信曰：“仆闻之，百里奚居虞而虞亡，在秦而秦霸[③]，非愚于虞而智于秦也，用与不用，听与不听也。诚令成安君听足下计，若信者亦已为禽矣。以不用足下，故信得侍耳。”因固问曰：“仆委心归计[④]，愿足下勿辞。”

【注释】

①北攻燕，东伐齐：燕，臧荼受项羽分封建立的国家，国都蓟（今北京西南部）。齐，战国时的齐国后裔在齐地建立的国家，国都在今山东淄博的临淄区。现时的齐王为田广，真正主事的是田横。

②“臣闻败军之将”几句：此为当时俗语。《吴越春秋》记范蠡云：“亡国之臣，不敢语政；败军之将，不敢语勇。”与此略同，意即败军之

将、亡国之臣没有资格再帮人出谋画策。图,考虑,谋划,计议。

③百里奚居虞而虞亡,在秦而秦霸:百里奚为春秋时虞国人。晋献公欲灭虢,假道于虞君。百里奚谏,虞君不听,结果晋灭虢后又乘势灭了虞,百里奚与虞君俱为晋俘。晋献公用他作媵臣,押送秦国。百里奚中途逃走被楚人捕获。秦穆公闻其贤,以五张羊皮赎回,授之以国政,百里奚辅佐秦穆公称霸西戎。事见《左传》与《秦本纪》。虞,春秋前期的诸侯国名,国都虞(今山西平陆北),地处于晋国(都绛,今山西襄汾西南)与虢国(今河南三门峡东南)之间。

④委心归计:真心诚意地听从教导。委心,倾心。归计,求教。

【译文】

韩信问李左车说:“我想北上攻燕,东进伐齐,怎样才能成功呢?”李左车推辞说:“我听说败军之将,没资格再说勇武;亡国之臣,没资格谋划存亡大计。如今我是一个兵败国亡的俘虏,哪有资格谋划大事呢?”韩信说:“我听说,百里奚在虞国为臣而虞国灭亡,在秦国为臣而秦国称霸,这并不是百里奚在虞国时愚笨而在秦国时聪明,关键在于国君是不是用他,是不是听从他的计策。假如成安君采纳了您的计策,恐怕像我韩信这样的人也已经被你们活捉了。就是因为他们不任用您,所以我今天才能陪侍请教您啊。”随后韩信非常诚恳地说:“我是诚心诚意向您求教,希望您不要推辞。”

广武君曰:“臣闻智者千虑,必有一失;愚者千虑,必有一得。故曰:‘狂夫之言,圣人择焉①。’顾恐臣计未必足用,愿效愚忠。夫成安君有百战百胜之计,一旦而失之,军败鄗下,身死泜上②。今将军涉西河,虏魏王,擒夏说阏与,一举而下井陉,不终朝破赵二十万众,诛成安君。名闻海内,威震天下，农夫莫不辍耕释耒，褕衣甘食[3]，倾耳以待命者[4]。若此，将军之所长也。然而众劳卒罢，其实难用。今将军欲举倦弊之兵[5]，顿之燕坚城之下[6]，欲战恐久力不能拔，情见势屈[7]，旷日粮竭，而弱燕不服[8]，齐必距境以自强也[9]。燕齐相持而不下，则刘项之权未有所分也[10]。若此者，将军所短也。臣愚，窃以为亦过矣[11]。故善用兵者不以短击长，而以长击短。"韩信曰："然则何由？"广武君对曰："方今为将军计，莫如案甲休兵，镇赵抚其孤[12]，百里之内，牛酒日至，以飨士大夫醳兵[13]。北首燕路[14]，而后遣辩士奉咫尺之书[15]，暴其所长于燕[16]，燕必不敢不听从。燕已从，使喧言者东告齐[17]，齐必从风而服，虽有智者，亦不知为齐计矣[18]。如是，则天下事皆可图也。兵固有先声而后实者，此之谓也[19]。"韩信曰："善。"从其策，发使使燕，燕从风而靡。乃遣使报汉，因请立张耳为赵王[20]，以镇抚其国。汉王许之，乃立张耳为赵王[21]。

【注释】

①狂夫之言，圣人择焉：意谓即使是一个狂夫的话，也有让圣人考虑、选择的价值。

②军败鄗（hào）下，身死泜（chí）上：鄗，秦县名。故治在今河北柏乡北，地处当时泜水的北岸。韩信破陈馀于井陉后，乘胜向南追击，又破其残部于鄗县城下，斩陈馀于泜水之上。

③农夫莫不辍耕释耒，褕（yú）衣甘食：意即不再从事生产，整天穿好的、吃好的，活一天算一天。耒，耕田用的农具。褕衣，华美的衣服。

④待命：等候“大命”的降临，即等死。

⑤倦弊：疲惫、残破。弊，破损，败坏。

⑥顿：驻屯。

⑦情见势屈：自己的短处就要暴露，就将陷于被动。见，同“现”。

⑧弱燕：泷川曰：“战国之时燕弱，故有‘弱燕’之称，李左车亦用其语。”按，《汉书》“弱”字作“若”。

⑨距境以自强：牢固地守住边境线而坚不可摧。距境，拒敌于国境之外。距，通“拒”。

⑩刘项之权：刘项之间谁胜谁负的局势。权，势，形势。或亦可谓号令天下之权。

⑪窃以为亦过矣：指韩信前面所说的“北攻燕，东伐齐”这种强攻的想法。过，错，不好。

⑫镇赵抚其孤：巩固赵国地区的局势，抚养赵国死者的孤儿。

⑬以飨士大夫醳（yì）兵：以酒食犒赏全营将士。醳兵，赏赐酒食，犒劳士兵。

⑭北首燕路：意谓将部队摆成一种即将北上攻燕的架势。首，《正义》曰：“向也。”

⑮奉咫尺之书：极言其办事之容易。师古曰：“八寸曰咫，‘咫尺’者，言其简牍或长咫，或长尺，喻轻率也。”

⑯暴其所长于燕：用我们的长处以威胁燕人。暴，显露，暴露。

⑰喧言者：谓辩士。喧言，即上文之“暴其所长”。喧，大声说话。

⑱不知为齐计：无法再为齐国筹谋画策。

⑲兵固有先声而后实者，此之谓也：王先谦引周寿昌曰：“广武君自此遂不知所终。”

⑳请立张耳为赵王：中井曰：“信之请立赵王，是自为封王之地也。”

㉑乃立张耳为赵王：泷川引沈家本曰：“表在四年十一月，下文六月，则三年之六月。或三年请之，四年始立之耳。”按，《秦楚之际月

表》与《高祖功臣年表》皆系于汉四年(前203)。

【译文】

李左车说:“我听说聪明的人考虑周详,也有偶然失误的时候;愚蠢的人思来想去,也有偶然想对的时候。所以说:‘狂妄的人说的话,圣人们也可能选择采纳。’只怕我的想法未必值得采用,我愿意说说我的浅薄之见。成安君本来具有百战百胜的谋略,只是因为一次失误,就败逃到鄗县,在泜水被杀。如今将军兵渡黄河,俘虏了魏豹,在阏与活捉了夏说,一鼓作气攻下井陉关,不到一个早晨就击溃了赵国的二十万军队,杀死了成安君。您如今是名扬海内,威震天下,农夫都放下农具不再耕种,穿好的吃好的,竖起耳朵听您的动静等着大限来临。这样的兵威,是您的优势所在。但是军队疲惫不堪,实际上难以用来继续作战。现在您如果想率领疲惫不堪的士兵去攻打燕国,驻扎在燕国坚固的城池之下,想打又怕相持太久打不下来,那时我们的弱点暴露出来,就会陷于被动,时间一长,粮食供应不上,弱小的燕国不肯降服,那么齐国必定要顽强自守了。一旦我们和燕国、齐国相持不下,那么中原战场上汉王与项羽的胜负也就难见分晓了。这样的情形,是您的劣势所在。我这人很笨,但是我心里觉得您不应该那么做。善于用兵的人,不应该用自己的短处去攻击敌人的长处,而是用自己的长处去攻击敌人的短处。”韩信说:“那么我该怎么办?”李左车说:“如今为将军您打算,不如暂时停战休兵,留守赵国,安抚阵亡者的遗孤,方圆百里之内,百姓每天都会送酒送肉来慰劳您的将士。然后您再让军队摆出北上进攻燕国的架势,然后派使者带着您的一封短信,向燕国人讲清我们的优势,燕国一定不敢不服。等到燕国归顺了我们,然后再派使者东行警告齐国,齐国也一定会闻风而降,即使有聪明的人,也不知道该为齐国出什么计策。像这样,汉王夺取天下的事就能够谋划了。用兵本来就有先虚后实,说的就是这种情形。”韩信说:“好。”于是听从李左车的计策,派使者出使燕国,燕国望风而降。接着韩信派人向汉王报捷,并请求立张耳为赵王,镇守赵国。汉王答应韩信的请求,于是立张耳为赵王。

楚数使奇兵渡河击赵[①],赵王耳、韩信往来救赵,因行定赵城邑,发兵诣汉。楚方急围汉王于荥阳,汉王南出[②],之宛、叶间[③],得黥布[④],走入成皋[⑤],楚又复急围之。六月,汉王出成皋,东渡河[⑥],独与滕公俱,从张耳军修武[⑦]。至,宿传舍[⑧]。晨自称汉使,驰入赵壁[⑨]。张耳、韩信未起,即其卧内上夺其印符,以麾召诸将,易置之[⑩]。信、耳起,乃知汉王来,大惊。汉王夺两人军,即令张耳备守赵地,拜韩信为相国,收赵兵未发者击齐[⑪]。

【注释】

①奇兵:张照曰:"犹言'余兵',非'奇正'之'奇'。"泷川则曰:"犹言'别兵'也,仍是'奇正'之'奇'。"

②汉王南出:指刘邦从被项羽围困的荥阳城中突围出来。按,刘邦此次突围付出的代价很大,纪信扮刘邦出东门以诱敌被杀,周苛、枞公留守孤城,亦城陷被杀。是时为汉三年(前204)七月,详见《高祖本纪》。

③之宛、叶间:按,此刘邦用袁生之策也。刘邦逃出荥阳后,招集起一些人马,便欲再回荥阳,袁生劝其南出宛、叶,令楚"备多力分",见《高祖本纪》。宛,秦县名,县治即今河南南阳。叶,在今河南叶县南。

④得黥布:黥布原为项羽猛将,入关后,被封为九江王。彭城之败后,刘邦派说客随何对黥布进行策反。汉三年十二月,黥布单身叛楚归汉,过程详见《黥布列传》。

⑤走入成皋:意即重新占领成皋。成皋,古邑名。一作"城皋"。在

今河南荥阳汜水镇。春秋郑邑,又名虎牢、制。战国属韩。西汉置县。当时荥阳、成皋为刘邦与项羽的拉锯地带。

⑥东渡河:实际谓北渡黄河向东北行,《汉书》削“东”字。

⑦从张耳军修武:到修武县往投张耳、韩信的兵营。修武,秦县名。县治在今河南获嘉。

⑧至,宿传(zhuàn)舍:到修武后,当晚住在了修武县的旅舍。传舍,古代供行人食宿之所。

⑨赵壁:即张耳、韩信的兵营。

⑩以麾召诸将,易置之:谓改变张耳、韩信原先对他们的安排,使之不再受张耳、韩信统领。

⑪收赵兵未发者击齐:郭嵩焘曰:“高祖尽收韩信军以临河南,而令信发赵兵击齐,是所用以击齐者新发之赵兵耳。惟所用皆成精锐之师,此之谓神奇。”

【译文】

楚军多次派奇兵渡过黄河袭击赵国,张耳、韩信来回救赵,顺便巩固了赵国此前尚不稳定的地方,同时调拨军队去援助汉王。楚军当时正把汉王紧紧包围在荥阳,汉王向南突围,逃到了宛城、叶县一带,派人说服黥布归汉,然后又占领了成皋,楚军立刻又把成皋团团围住。这年六月,汉王逃出成皋,向东渡过黄河,只与滕公夏侯婴,直奔张耳驻军的修武。到达后,他们悄悄住进了旅舍。第二天一大早,他们自称汉王的使者,骑马进入赵军军营。张耳、韩信当时还没起床,汉王就直接从他们的卧室收缴了将印、兵符,用军旗召集众将,重新进行了部署。韩信、张耳起床后,才知道汉王来了,大为吃惊。汉王夺取了他们的军权后,当即命令张耳镇守赵地,任韩信为相国,让他在赵国组织没被征发的部队东进攻打齐国。

信引兵东,未渡平原①,闻汉王使郦食其已说下齐②,韩信欲止。范阳辩士蒯通说信曰③:“将军受诏击齐,而汉独发间使下齐[④],宁有诏止将军乎[⑤]?何以得毋行也!且郦生一士,伏轼掉三寸之舌[⑥],下齐七十余城,将军将数万众[⑦],岁余乃下赵五十余城,为将数岁,反不如一竖儒之功乎[⑧]?”于是信然之,从其计,遂渡河。齐已听郦生,即留纵酒,罢备汉守御。信因袭齐历下军[⑨],遂至临菑。齐王田广以郦生卖己[⑩],乃亨之[⑪],而走高密,使使之楚请救。韩信已定临菑,遂东追广至高密西[⑫]。楚亦使龙且将[⑬],号称二十万,救齐。

【注释】

①平原:秦县名,也是当时的黄河渡口名,在今山东平原西南,其西侧即当时之古黄河,这一带临近齐国的西部边境。梁玉绳曰:“下文‘汉四年’三个字,当移此句上。”

②郦食其(yì jī)已说下齐:郦食其是刘邦的说客、谋士,其奉命往说齐王田广归顺刘邦事,详见《郦生陆贾列传》《田儋列传》。下,降,归顺。

③蒯通:秦汉之际策士。本名彻,史家以避武帝刘彻讳,故汉人皆称之为蒯通。蒯通是范阳(今山东梁山西北)人,此地属于齐,故下文亦称之为齐人。蒯通的事迹除本文外,还见于《张耳陈馀列传》。

④间使:密使。暗中派往敌方进行反间或侦察等活动的使者。

⑤宁:岂。

⑥伏轼掉三寸之舌:坐着车子摇动三寸不烂之舌,极言其不费力气。伏轼,俯身靠在车前的横木上。此指乘车。掉,摇动。

⑦将数万众:泷川曰:“枫、三本‘数万’作‘数十万’。”

⑧竖儒:对儒生的蔑称,视如僮仆,犹称小子。

⑨历下:古邑名。在今山东济南历城。因南有历山,城在山下,故名。春秋战国时齐邑。据《田儋列传》,齐国历下守军的将领为

华无伤、田解。按,《资治通鉴》系韩信破齐历下军,进而攻占齐国都城临淄于汉四年(前203)十月。

⑩齐王田广以郦生卖己:以为郦生是故意来为韩信施行缓军计。卖,哄,欺骗。

⑪亨:同“烹”。

⑫追广至高密西:茅坤曰:“听蒯通一计,东破下齐,复追至高密,信平生用兵,此为失策。”

⑬楚亦使龙且将:梁玉绳曰:“龙且,裨将,何以不书主帅项它?”按,楚使项它、龙且救齐事,参见《项羽本纪》注。

【译文】

韩信领兵东进,还没从平原县的黄河渡口渡河,听说汉王已经派郦食其劝降了齐国,韩信想停止进兵。范阳县的一个辩士蒯通对韩信说:“将军您奉汉王的命令来攻打齐国,汉王是后来派说客劝降了齐国,但他有命令让您停止进兵吗?怎么能够就不前进了呢!况且郦食其就是一个说客,坐着车子摇动三寸不烂之舌,就拿下了齐国七十多座城池,而将军您率领着几万人马,苦战一年多才拿下赵国五十多座城池,难道做大将好几年,功劳反倒不如一个臭书生吗?”韩信认为他说得对,就听从他的建议,率军渡过黄河。这时齐王已接受郦食其的劝降,正留郦食其摆酒痛饮,解除了对汉军的防卫。韩信袭击了齐国历下的守军,一直打到齐国国都临淄。齐王田广认为郦食其欺骗自己,于是煮了郦食其,逃往高密,同时派出使者向项羽求救。韩信占领了临淄后,继续向东追击田广,一直追到了高密西边。这时项羽也派出龙且率领军队,号称二十万人,援救齐王。

齐王广、龙且并军与信战,未合①。人或说龙且曰:“汉兵远斗穷战,其锋不可当②。齐、楚自居其地战,兵易败散③。不如深壁④,令齐王使其信臣招所亡城⑤,亡城闻其王在，楚来救，必反汉。汉兵二千里客居[6]，齐城皆反之，其势无所得食，可无战而降也。”龙且曰：“吾平生知韩信为人，易与耳[7]。且夫救齐不战而降之，吾何功？今战而胜之，齐之半可得，何为止！”遂战，与信夹潍水陈[8]。韩信乃夜令人为万余囊，满盛沙，壅水上流[9]，引军半渡，击龙且，详不胜，还走[10]。龙且果喜曰：“固知信怯也。”遂追信渡水。信使人决壅囊，水大至。龙且军大半不得渡，即急击，杀龙且。龙且水东军散走，齐王广亡去[13]。信遂追北至城阳[14]，皆虏楚卒。

【注释】

①未合：尚未交战。

②汉兵远斗穷战，其锋不可当：汉军远离根据地的战斗，必是勇猛顽强，因为失败则无处奔逃。

③齐、楚自居其地战，兵易败散：《孙子兵法·九地》：“诸侯自战其地为散地。”曹操注：“士卒恋土，道近易散。”杜牧注：“士卒近家，进无必死之心，退有归投之处。”

④深壁：深挖沟而高筑壁，即加强守卫。

⑤信臣：有威望、有信义的大臣。招所亡城：向沦陷于敌的城镇发出号召，招其举义来归。

⑥二千里客居：谓远离赵地二千里，客居于外。

⑦易与：容易对付。与，相与，打交道。

⑧夹潍水陈：夹潍水列阵，谓韩信军在潍水西，齐、楚联军在潍水东。潍水，源于诸城西，北流，经当时的高密城西，注入莱州湾。陈，同“阵”。

⑨壅水上流：为使夹水阵处的河水变浅。

⑩详不胜，还走：详，通“佯”。按，此与前井陉之战、后垓下之战相

同，皆先示人以弱形，引敌入圈套。

⑬齐王广亡去：《田儋列传》《秦楚之际月表》皆云田广于此役中被杀，而《高祖本纪》与《淮阴侯列传》则云“亡去”，疑前者近是，或此役亡去，亦旋即被捕杀。

⑭城阳：王骏图曰：“此城阳即莒州地。”莒州即今山东莒县，汉时为城阳郡郡治。有以今山东菏泽东北之城阳当之者，恐非。

【译文】

齐王田广和楚将龙且合兵一处准备与韩信决战，尚未开战。有人对龙且说：“汉军远离本土，没有退路，锋芒锐不可当。我们齐、楚两国的军队是在本土作战，士兵们容易败逃溃散。我们不如深沟高垒，坚壁不战，让齐王派出他有威望的大臣去招纳沦陷的城池，那些被汉兵占领的城池听说齐王还活着，楚军又来援救，一定会反汉。汉军远离本土两千里，齐国的各地又都反叛他们，他们势必连吃的东西都找不到，这样可以不用打仗就战胜他们了。”龙且说：“我早就知道韩信为人怯懦，容易对付。而且我来救齐国，一仗没打就让敌人投降了，我有什么功劳呢？现在我要是在战场上战胜韩信，齐国的一半土地可以得到，怎么能不打呢！”于是准备开战，与韩信分别在潍水两岸扎营。韩信连夜令人做了一万多条大口袋，装满沙土，在上游堵住潍水，然后率一半军队渡过潍水进攻龙且，汉军假装打不过，纷纷后退。龙且果然高兴地说：“我就知道韩信怯懦。”于是率军渡潍水追击韩信。韩信派人扒开上游堵水的沙袋，河水汹涌而至。龙且军队大部分还没有渡河，韩信立刻回击，杀死了龙且。潍水东岸未渡河的楚军四散奔逃，齐王田广也逃跑了。韩信于是追击败军一直追到城阳，全部俘获楚军。

汉四年，遂皆降平齐[①]。使人言汉王曰：“齐伪诈多变，反覆之国也，南边楚，不为假王以镇之[②]，其势不定。愿为假王便。”当是时，楚方急围汉王于荥阳[③]，韩信使者至，发书，汉王大怒，骂曰："吾困于此，旦暮望若来佐我，乃欲自立为王④！"张良、陈平蹑汉王足⑤，因附耳语曰："汉方不利，宁能禁信之王乎？不如因而立，善遇之，使自为守。不然，变生。"汉王亦悟，因复骂曰："大丈夫定诸侯，即为真王耳，何以假为⑥！"乃遣张良往立信为齐王，征其兵击楚⑦。

【注释】

①汉四年，遂皆降平齐：韩信破杀龙且、田广事，《秦楚之际月表》认为是在汉四年（前203）十一月。

②假王：假，权摄其职，犹今之所谓"代理"。按，请为"假王"，乃韩信故作恭顺之词，其实在其为张耳请封赵王之时即已看准了下一步的齐国，而且在破齐后韩信也已经自立为齐王，见《樊郦滕灌列传》。司马迁同情韩信，于此传故意写得较模糊。

③当是时，楚方急围汉王于荥阳：崔适曰："（案：《高纪》）汉王击破曹咎军汜水上，围锺离眛于荥阳东，乃述韩信使人请为假王事，是汉方利，去围于荥阳时久矣。此传与之相反，当是原文残缺，后人掇拾而成尔。"

④乃欲自立为王：此刘邦未了语，其下尚欲说我将对你如何如何，未等说出，便被张良、陈平阻止了。

⑤蹑汉王足：暗中踩汉王的脚，示意刘邦不要显露不满情绪。

⑥"因复骂曰"几句：何焯曰："人见汉王转换之捷，不知太史公用笔入神也。他人不过曰'汉王怒，良、平谏，乃许之'。"定诸侯，指平定了诸侯之国。何以假为，还要"代理"做什么。

⑦乃遣张良往立信为齐王，征其兵击楚：郭嵩焘曰："高祖之王张耳、黥布，皆因项羽之故而王之；其王韩王信，则以韩故子孙，与田荣、燕广等耳。其诸将有功若韩信者，亦至矣，韩信平齐自请为齐王，

必待张良、陈平以深机相感悟而后许之，于是知高祖经营天下之心，固将芟夷天下豪杰，总而操之于己，其规画早定矣。”按，韩信称齐王，在汉四年（前203）年二月。

【译文】

汉四年，降服平定了齐国。韩信派人向汉王请示说：“齐国人诡诈多变，是反复无常的国家，南面又紧挨着楚国，如果不立一个代理王来镇守它，它的局势就难以稳定。希望能让我做代理王。”这个时候，楚军正把汉王紧紧围困在荥阳，韩信的使者来到后，汉王打开韩信的来信一看，勃然大怒，骂道：“我被围困在这里，日夜盼着你来帮助我，你倒想自己称王！”张良、陈平暗中踩汉王的脚，又凑到他耳边说：“汉军正处于不利的境地，难道能禁止韩信称王吗？不如顺势立他为王，好好对待他，让他为自己守好齐国。不然，就要出大事了。”汉王也醒悟过来，接着又骂道：“大丈夫平定了诸侯，就要做真王，为什么还要做代理王呢！”便派张良前往齐国立韩信为齐王，同时征调韩信的人马去进攻楚国。

楚已亡龙且，项王恐，使盱眙人武涉往说齐王信曰[①]：“天下共苦秦久矣，相与勠力击秦[②]。秦已破，计功割地，分土而王之，以休士卒。今汉王复兴兵而东，侵人之分，夺人之地，已破三秦，引兵出关，收诸侯之兵以东击楚，其意非尽吞天下者不休，其不知厌足如是甚也[③]。且汉王不可必[④]，身居项王掌握中数矣[⑤]，项王怜而活之[⑥]，然得脱，辄倍约，复击项王，其不可亲信如此。今足下虽自以与汉王为厚交，为之尽力用兵，终为之所禽矣。足下所以得须臾至今者[⑦]，以项王尚存也。当今二王之事，权在足下。足下右投则汉王胜[⑧]，左投则项王胜。项王今日亡，则次取足下。足下与项王有故，何不反汉与楚连和，参分天下王之？今释此时[⑨]，而自必于汉以击楚[⑩]，且为智者固若此乎！”韩信谢曰：“臣事项王，官不过郎中，位不过执戟[⑪]，言不听，画不用，故倍楚而归汉。汉王授我上将军印，予我数万众，解衣衣我，推食食我，言听计用，故吾得以至于此。夫人深亲信我，我倍之不祥，虽死不易[⑫]。幸为信谢项王[⑬]！”

【注释】

①盱眙人武涉：据其下文所言，此人应是项羽一党，《史记》中仅于此事一见。《集解》引张华曰：“武涉墓在盱眙城东十五里。”盱眙，秦县名。一作盱台。故治在今江苏盱眙东北盱眙山侧。

②戮力：尽力，合力。

③不知厌足：不满足，贪得无厌。厌，满足。

④不可必：不可担保，不能确信。师古曰：“必，谓必信之。”

⑤身居项王掌握中数矣：意谓曾多次处于项王的卵翼护持之下。掌握，手掌，手中。亦喻控制的范围。

⑥项王怜而活之：如雍齿据丰邑以叛刘邦，刘邦攻之不能下，即往投项氏，得项氏之助，始得稳定根基，即一例也，见《高祖本纪》。

⑦须臾：片刻，指时间短暂。

⑧右投：向右一投足，指帮助刘邦。所谓“右投”“左投”，是指人面南而立，右在西，左在东。

⑨释此时：此指放过这三分天下而鼎立的大好时机。

⑩自必于汉：把赌注都下在刘邦一方。

⑪官不过郎中，位不过执戟：《集解》引张晏曰：“郎中，宿卫执戟之人也。”此指位不过执戟郎。

⑫虽死不易：宁死不变。易，改变。

⑬幸为信谢项王：泷川引《楚汉春秋》曰：“项王使武涉说淮阴侯，信

曰：'臣事项王，位不过郎中，官不过执戟，乃去楚归汉。汉王赐玉案之食，玉具之剑。臣背叛之，内愧于心。'史公所本也。"

【译文】

楚军失去龙且后，项羽害怕了，于是派盱眙人武涉前去劝说齐王韩信道："天下人受秦朝的苦太久了，所以大家联合起来攻打秦。秦朝灭亡后，项王计功论赏，分割土地，封立各路诸侯为王，使士兵得以休息。可是如今汉王又兴兵东进，侵占他人的封地，掠夺别国的疆土，灭掉三秦后，又率兵出关，收集诸侯的军队向东来攻打楚国，他的意图是不吞并整个天下不会罢休，他就是这样贪得无厌的啊。而且汉王这个人极不可信，他的性命曾好几次落在项王手中，项王可怜他给他一条活路，但他一旦脱身，就立即背弃盟约，调转头来攻打项王，他就是这样的不可亲近信任。现在您虽然自以为与汉王交情深厚，为他用尽全力打仗，但您终究会被他收拾的。您之所以能暂时保全性命至今日，就是因为项王还在。如今项王、汉王两人的胜负，掌握在您的手心里。您向右靠，汉王就能胜，您向左靠，项王就能胜。项王今天被消灭，那么下一个就轮到您了。您和项王有老交情，为什么不背叛汉王与项王联合，三分天下而自立为王呢？如今放弃这个良机，坚持为汉攻打项王，作为一个聪明人，难道能像这个样子吗？"韩信委婉拒绝说："当初我事奉项王，官不过是个郎中，职位不过是个执戟的卫士，我的话不被听用，我的计谋不被采纳，所以我离开项王投奔了汉王。汉王授给我上将军的大印，给了我几万人马，他脱下自己的衣服给我穿，拿出自己的饭菜给我吃，对我言听计从，所以我才能有这个地位。人家对我信任有加，我背叛他是不吉利的，我对汉王的忠心即使死也不会改变。请您替我感谢项王的好意。"

武涉已去，齐人蒯通知天下权在韩信，欲为奇策而感动之，以相人说韩信曰："仆尝受相人之术。"韩信曰："先生相人何如?”对曰:“贵贱在于骨法[1],忧喜在于容色[2],成败在于决断[3]。以此参之[4],万不失一。”韩信曰:“善。先生相寡人何如?”对曰:“愿少间[5]。”信曰:“左右去矣[6]。”通曰:“相君之面,不过封侯,又危不安。相君之背,贵乃不可言[7]。”韩信曰:“何谓也?”蒯通曰:“天下初发难也,俊雄豪桀建号壹呼[8],天下之士云合雾集,鱼鳞杂遝[9],熛至风起[10]。当此之时,忧在亡秦而已[11]。今楚汉分争,使天下无罪之人肝胆涂地,父子暴骸骨于中野,不可胜数。楚人起彭城,转斗逐北,至于荥阳,乘利席卷,威震天下[12]。然兵困于京、索之间,迫西山而不能进者[13],三年于此矣[14]。汉王将数十万之众,距巩、雒[15],阻山河之险,一日数战,无尺寸之功,折北不救[16],败荥阳[17],伤成皋[18],遂走宛、叶之间[19],此所谓智勇俱困者也。夫锐气挫于险塞,而粮食竭于内府,百姓罢极怨望,容容无所倚[20]。以臣料之,其势非天下之贤圣固不能息天下之祸。当今两主之命县于足下[21]。足下为汉则汉胜,与楚则楚胜。臣愿披腹心[22],输肝胆[23],效愚计[24],恐足下不能用也。诚能听臣之计,莫若两利而俱存之[25],参分天下,鼎足而居,其势莫敢先动。夫以足下之贤圣,有甲兵之众,据强齐[26],从燕、赵[27],出空虚之地而制其后[28],因民之欲,西乡为百姓请命[29],则天下风走而响应矣,孰敢不听!割大弱强[30],以立诸侯,诸侯已立,天下服听而归德于齐。案齐之故[31],有胶、泗之地[32],怀诸侯以德[33],深拱揖让[34],则天下之君王相率而朝于齐矣。盖闻天与弗取,反受其咎;时至不行,反受其殃。愿足下孰虑之[35]。”

【注释】

①骨法：人体骨骼的长相。古人以为人体的骨相可以表现出他一生的贵贱穷通，《论衡》中有《骨相篇》，即辩论这方面的事情。

②容色：面容，气色。

③成败在于决断：敢不敢当机立断决定着一个人能否成就大事。

④以此参之：从以上三方面综合观察、判断。参，参详，判断。

⑤间：间隙。

⑥左右去矣：这是韩信对左右侍应人员说的话，让他们都出去。

⑦相君之背，贵乃不可言：背，双关语，表面指“脊背”，暗里指“背叛”。

⑧建号：建立国号称帝称王。

⑨鱼鳞杂遝（tà）：纷杂密集貌。杂遝，同“杂沓”，众多貌。

⑩熛（biāo）至风起：如火之飞腾，如风之卷起。熛，火焰飞腾。

⑪忧在亡秦：大家所考虑的都是如何推翻秦王朝。忧，虑，思考。

⑫乘利席卷，威震天下：此指项羽大破刘邦于彭城后的开始一段形势而言。

⑬迫西山而不能进：眼巴巴地望西面的群山就是不能前进一步。迫，逼近。西山，泛指京、索西面的山地。

⑭三年于此矣：自汉二年（前205）五月刘、项于荥阳一带形成对峙，至汉四年（前203）二月韩信称齐王，共二十一个月，跨越三个年头。

⑮距巩、雒：依据巩、雒以抵抗楚兵西进。距，通“据”。巩，秦县名，县治在今河南巩义西南。雒，洛阳，在今洛阳东北。

⑯折北不救：师古曰：“折，挫也；北，奔也；不救，谓无援助也。”

⑰败荥阳：即前文所谓“楚方急围汉王于荥阳，汉王南出”事，在汉三年（前204）七月。

⑱伤成皋：此指刘邦与项羽夹广武涧而语，刘邦数项羽十大罪状，被

项羽伏弩射伤胸部事,详见《高祖本纪》。

⑲遂走宛、叶之间:亦见前注,然此非刘邦之败。

⑳容容无所倚:六神无主,找不到任何依靠。容容,动荡不安貌。

㉑县:同“悬”。

㉒披腹心:敞开内心。

㉓输肝胆:意即坦露真情。

㉔效:进献。

㉕两利而俱存之:对刘、项双方都不得罪,都让他们存在下去。

㉖据强齐:以强齐为自己的根基。

㉗从燕、赵:率领燕、赵。从,使之随从。

㉘出空虚之地而制其后:再出兵控制住楚、汉双方兵力空虚的地方,使其有后顾之忧。

㉙西乡为百姓请命:即要求刘邦、项羽停止战争。西乡,向西。乡,通“向”。当时楚、汉相距于荥阳,荥阳在齐国之西方,故曰“西向”。

㉚割大弱强:意即削弱那些强大的国家,广泛地封立一些小诸侯。弱,用如动词。

㉛案齐之故:安定好齐国已有的地盘。案,同“按”,安定,安抚。

㉜有胶、泗之地:进一步地占有胶河和泗水两河流域。胶河是今山东东部的河流,源于胶南西,流经今胶县、平度西,北入莱州湾。泗水是今山东西南部的河流,流经今泗水、曲阜、鱼台,南入江苏,入淮水。

㉝怀诸侯以德:意即实行德政,让各国诸侯感戴。怀,使之怀思、感戴。

㉞深拱揖让:从容有礼的样子。深拱,两手高拱,对人谦虚礼让。深,犹高。

㉟孰:同“熟”。

【译文】

武涉走后,齐国人蒯通知道决定天下形势的关键在于韩信,因此想用奇策来打动他，于是用相人术劝韩信说："我曾经学过相人之术。"韩信问："您怎样给人相面呢？"蒯通说："人的贵贱在于骨相，忧喜在于气色，成败在于决断。从这三方面综合判断，可以万无一失。"韩信说："好。先生您看我怎么样？"蒯通说："希望您让左右的人先回避一下。"韩信说："左右的人都出去吧。"蒯通说："看您的面相，不过能封侯，而且还危机四伏，不太安稳。看您的背，那尊贵就没法说了。"韩信问："这怎么讲？"蒯通说："天下刚起来反秦时，英雄豪杰们建立国号振臂一呼，天下之士像云雾一样汇聚，像鱼鳞般密集，像火焰飞腾暴风骤起。在那个时候，大家所考虑的在于怎样推翻秦朝。如今楚汉相争，使天下无辜的百姓惨遭杀戮，父子横尸荒野的，数不胜数。楚人从彭城出发，辗转追击，直到荥阳，势如破竹，威震天下。然而部队被困在京、索之间，离西山近在咫尺却不能前进一步，这种局面已经持续三年了。汉王率领几十万人马，拒守在巩县、雒阳，凭借山河之险，每天都要与楚军打上好几仗，却无一点功劳，兵败逃奔不能自救，先是大败于荥阳，后又受伤于成皋，还曾一度南逃到宛城与叶县一带，这可以说是智慧勇气都已用尽却毫无办法了。现在两军的锐气受挫于险要之地的拉锯战，仓库里的粮食也已经快用光了，百姓们疲惫不堪，怨声载道，六神无主地不知道应该归向谁。依我看来，这种情况下如果没有一个圣贤出来，就不可能平息天下的大祸乱。现在汉王、楚王两个人的命运都掌握在您的手心里。您帮助汉王，汉王就会胜利；您帮助楚王，楚王就会胜利。我愿意推心置腹、披肝沥胆地向您进献计策，但是就怕您不能采纳。您如果真能听从我的计策，那就不如对楚、汉双方都不得罪，让他们都能继续存在，您与他们三分天下，鼎足而立，这种局势下，汉王、楚王谁也不敢先动。凭着您的贤才圣德，拥有众多军队，占据强齐作为自己的根基，还率领着燕国、赵国，假如您出兵乘虚而入，控制了刘、项双方的后方，顺应百姓们的愿望，向西跟刘项提出停战的要求，那么天下都将闻风响应，谁敢不听呢！然后您再分割大国削弱强国，分封诸侯，等诸侯都已封立完毕，天下就都将归服，感戴您的恩德了。到那时，您安定好齐国已有的地盘，进一步占有胶河、泗水一带，以仁德来感召诸侯，恭敬礼让，那么普天下的国君就将一起来臣服朝拜您。我听说老天爷赐予的如果不要，那就要遭殃；时机到了如果不采取行动，那就要遭难。希望您仔细考虑这件事。”

韩信曰：“汉王遇我甚厚，载我以其车，衣我以其衣，食我以其食。吾闻之，乘人之车者载人之患，衣人之衣者怀人之忧，食人之食者死人之事，吾岂可以乡利倍义乎[①]！”蒯生曰：“足下自以为善汉王，欲建万世之业[②]，臣窃以为误矣。始常山王、成安君为布衣时[③]，相与为刎颈之交[④]，后争张黡、陈泽之事，二人相怨[⑤]。常山王背项王，奉项婴头而窜逃，归于汉王[⑥]。汉王借兵而东下[⑦]，杀成安君泜水之南，头足异处，卒为天下笑。此二人相与，天下至欢也。然而卒相禽者[⑧]，何也？患生于多欲而人心难测也。今足下欲行忠信以交于汉王，必不能固于二君之相与也，而事多大于张黡、陈泽。故臣以为足下必汉王之不危己，亦误矣。大夫种、范蠡存亡越，霸句践[⑨]，立功成名而身死亡[⑩]。野兽已尽而猎狗亨。夫以交友言之，则不如张耳之与成安君者也；以忠信言之，则不过大夫种、范蠡之于句践也[⑪]。此二人者[⑫]，足以观矣。愿足下深虑之。且臣闻勇略震主者身危，而功盖天下者不赏。臣请言大王功略：足下涉西河，虏魏王，禽夏说，引兵下井陉，诛成安君，徇赵，胁燕，定齐，南摧楚人之兵二十万，东杀龙且[⑬]，西乡以报[⑭]。此所谓功无二于天下，而略不世出者也[⑮]。今足下戴震主之威[⑯]，挟不赏之功，归楚，楚人不信；归汉，汉人震恐。足下欲持是安归乎[17]？夫势在人臣之位而有震主之威，名高天下，窃为足下危之。”韩信谢曰：“先生且休矣，吾将念之。”

【注释】

①乡利倍义：即见利忘义。乡，通“向”。倍，通“背”。

②欲建万世之业：指帮着刘邦打天下，拥戴其称帝，而自己也博得个封侯封王，传给子孙。

③常山王、成安君：即张耳、陈馀。

④相与为刎颈之交：张耳、陈馀在起义前为百姓时，曾是誓同生死的好朋友。刎颈之交，指同生死共患难的朋友。刎，割。交，交情，友谊。

⑤后争张黡（yǎn）、陈泽之事，二人相怨：秦将章邯围赵王歇于巨鹿时，张耳在城内，陈馀在城外。张耳派张黡、陈泽出城向陈馀求救，陈馀给了二将五千人，结果被秦兵消灭。巨鹿战后，张耳怀疑二将被陈馀杀害，二人从此结怨。事详《张耳陈馀列传》。

⑥“常山王背项王”几句：张耳随项羽入关，被封为常山王（王赵地），原赵王歇被迁于代。陈馀联合田荣击张耳，张耳兵败，往投汉王。所谓“奉项婴头”事，不见记载。奉，捧。

⑦汉王借兵而东下：即刘邦派张耳协助韩信破赵事。借兵，给予张耳士兵。

⑧卒相禽：最后竟闹到你死我活，誓不两立。

⑨大夫种、范蠡存亡越，霸句践：大夫种，即文种。文种与范蠡都是春秋末期越王句践的大臣，他们辅佐越王句践重振越国后，又灭了吴国，使句践称霸于一时。

⑩立功成名而身死亡：范蠡、文种功成名立之后，范蠡辞官为商，文种留恋权位，遂被句践杀害，事详《国语》与《越王句践世家》。

⑪不过：不能超过。

⑫此二人者：疑此处衍“人”，《汉书》无“人”字，云“此二者”，指陈馀、张耳之朋友交，与文种、句践之君臣交二事，极明畅。

⑬南摧楚人之兵二十万，东杀龙且：“摧楚人之兵二十万”与“杀龙且”乃一事，视前文可知，此分言“南”“东”，于理不当。王念孙以为“东”字应作“遂”。

⑭西乡以报：因刘邦当时处于荥阳，在齐国之西，故称韩信在齐取胜后向刘邦“西乡以报”。

⑮略不世出：世上再也没有这样的谋略。师古曰：“言其计略奇异，世所希有。”

⑯戴：顶着，与下文“挟”字同意，错落使用以助文气。

⑰足下欲持是安归乎：你想带着这种“震主之威”与“不赏之功”去投奔谁呢？

【译文】

韩信说：“汉王待我非常优厚，把自己的车子给我坐，自己的衣服给我穿，把自己的饭食给我吃。我听说，坐人家的车子就得给人家分担灾祸，穿人家的衣服就得关心人家的忧愁，吃人家的饭食就得为人家效死，我怎么能够为谋好处而背弃信义呢！”蒯通说：“您自以为与汉王关系好，想建立一份流传万世的功业，我认为您错了。当初张耳、陈馀还是百姓的时候，是生死与共的朋友，后来因为张黡、陈泽的事，两人结了仇。张耳背叛了项羽，带着项羽使者项婴的人头逃跑投奔了汉王。后来汉王让他带兵东进，把陈馀杀死在泜水南岸，身首异处，被天下人耻笑。这两个人的交情，可以说是最为亲密的了。然而最后竟到了你死我活互相仇杀的地步，这是为什么呢？问题就出在欲望太多而人心难测啊。现在您想对汉王尽忠守信，以此与他论交情，你们之间的交情绝对比不过张耳、陈馀，而你们之间的矛盾却远比张黡、陈泽严重。所以我认为您要是确信汉王不会加害您，那您就错了。文种和范蠡辅佐句践重建越国，称霸诸侯,大功告成之后,他们却一个被杀,一个被迫逃亡。野兽已经打完了,猎狗就要被宰杀。从朋友的交情上说,您和汉王的交情没有张耳与陈馀那么深;从君臣的相互信任上说,您和汉王也比不上文种、范蠡与句践。这样两组关系,足可以让您看清利害关系了。希望您慎重考虑此事。而且我听说,勇猛、谋略让人主震惊的人,他的处境就很危险;功劳最大的人,他就不可能再得到赏赐。请让我列举一下您的功劳:您渡过西河,俘虏了魏豹,生擒了夏说;您引兵东出井陉关,杀了成安君;您平定了赵地,收服了燕国,打下了齐国,您南下打垮了二十万楚军,向东杀死龙且,向西给汉王报捷。这就是所谓军功天下无二,谋略举世无双啊。如今您带着这种使人主害怕的威名,带着这种让人无法赏赐的功劳,想归服楚王,楚王不信;想归服汉王,汉王害怕。您想带着这种"震主之威"与"不赏之功"去投奔谁呢?身为人臣而有着让人主害怕的威势,声名高出一切人,我真为您感到不安。"韩信推辞说:"您别再讲了,我得好好想想。"

后数日,蒯通复说曰:"夫听者事之候也,计者事之机也[①],听过计失而能久安者[②],鲜矣。听不失一二者,不可乱以言[③];计不失本末者[④],不可纷以辞。夫随厮养之役者,失万乘之权[⑤];守儋石之禄者,阙卿相之位[⑥]。故知者决之断也,疑者事之害也。审豪氂之小计[⑦],遗天下之大数。智诚知之,决弗敢行者[⑧],百事之祸也。故曰:'猛虎之犹豫,不若蜂虿之致螫[⑨];骐骥之局躅[⑩],不如驽马之安步[⑪];孟贲之狐疑[⑫],不如庸夫之必至也[⑬];虽有舜禹之智,吟而不言[⑭],不如喑聋之指麾也[⑮]。'此言贵能行之。夫功者难成而易败,时者难得而易失也。时乎时,不再来[⑯]。愿足下详察之。"韩信犹豫不忍倍汉,又自以为功多,汉终不夺我齐,遂谢蒯通[⑰]。蒯通说不听,已详狂为巫[⑱]。

【注释】

①夫听者事之候也，计者事之机也：大意是能听取好意见，就是事情成功的征兆；能反复计虑，就能把握成败的关键。候，征兆。

②听过计失：即未能听取好意见，未能反复谋虑做出决断。过，错。“听过”与“计失”对文。

③听不失一二者，不可乱以言：意谓听取他人的建议，如能保证错听的不超过一两成，那么别人就不可能用花言巧语使你上当。一二，十分之一二。

④计不失本末：考虑问题能抓住关键。

⑤夫随厮养之役者，失万乘之权：安心于当奴仆的人，就会失去做帝王的可能。随，同“遂”，顺适。厮养，仆役。

⑥守儋石之禄者，阙卿相之位：满足于为下级官吏的人，就会丧失做卿相的机遇。儋石之禄，菲薄的俸禄。儋，同“担”。师古曰：“一人之所负担也。”或曰百斤为担。石，古称一百二十斤为一石。阙，通“缺”，丢失，放过。

⑦审豪氂（lí）之小计：专在小事情上用工夫。审，仔细。豪氂，喻极细微。

⑧决弗敢行：即“弗敢行决”，不能做出决定。

⑨蜂虿（chài）：蜂和虿。都是有毒刺的螫虫。致螫（shì）：用毒刺刺人。

⑩局躅（zhú）：义同“踟蹰”，徘徊不前。

⑪安步：慢步前行。

⑫孟贲：古代有名的勇士，《尸子》曾称其“水行不避蛟龙，陆行不避兕虎”。

⑬必至：说到做到。

⑭吟而不言：噤口不语。吟，通“噤”，闭口不言。

⑮喑（yīn）：哑。指麾：以手势示意。

⑯时乎时，不再来：当时俗语，与《齐太公世家》“时难得而易失”、《国语·越语》“得时无怠，时不再来”同义。

⑰遂谢蒯通：遂拒绝了蒯通的建议。有学者认为，蒯通对韩信之说辞，充分表现其具有战国纵横家之器识且又过之，其观察之精密，其分析之透辟，其瞻瞩之高远，其定策之卓迈，实鲜人能与之比俦。韩信不用其谋，致终死于妇人之手，这是韩信对现实之政治缺乏认识。

⑱已：过后，后来。

【译文】

过了几天，蒯通又劝韩信说：“能听取好意见，是事情成功的征兆；能反复计虑，就能把握成败的关键；听了错误意见，打错了主意还能长久安定，太少有了。听取意见时听错不超过一两次的人，别人不能用花言巧语来迷惑他；能周密算计而又能分清主次的人，天花乱坠的言辞就不能扰乱他。安于奴仆地位的人，就会失掉称帝称王的机会；紧守着微薄俸禄的人，就会失去做卿相的可能。所以聪明人做事决断，犹豫不决是办事者的大害。只计较细微的小事，就要漏掉天下的大事。理智上虽然清楚，但仍不敢行动，则是失败的祸根。所以说：‘猛虎犹豫不决，还不如马蜂、蝎子的蜇刺；千里马的徘徊不前，不如劣马的缓步前行；孟贲的狐疑不决，不如懦夫的说干就干；即使有舜、禹那样的智慧，默然不语，不如一个聋哑人的指手画脚。’这些话的意思都是说行动的可贵。功业难成却容易败坏，时机难得却容易失去。时机一过去，就永远不会再回来了。希望您仔细想想啊。”韩信犹豫不决不忍心背叛汉王，又自认为功劳大，汉王不至于把他的齐国夺走，于是就拒绝了蒯通的建议。蒯通的劝说未被采纳，后来假装疯癫做了巫师。

汉王之困固陵[①]，用张良计，召齐王信[②]，遂将兵会垓下[③]。项羽已破[④]，高祖袭夺齐王军。汉五年正月，徙齐王信为楚王,都下邳[⑤]。

【注释】

①汉王之困固陵:汉四年(前203)九月,刘邦与项羽结鸿沟停战之约,汉五年(前202)十月,刘邦与韩信、彭越等约定共击项羽,"至固陵,而信、越之兵不会。楚击汉军,大破之。汉王复入壁,深堑而自守"。事见《项羽本纪》。固陵,即今河南淮阳西北之固陵聚。

②用张良计,召齐王信:为召诸将兵,张良建议"自陈以东傅海,尽与韩信;睢阳以北至穀城,以与彭越,使各自为战"。刘邦从之,诸路军遂至。

③垓下:在今安徽灵璧东南。

④项羽已破:垓下破楚,在汉五年(前202)十二月,韩信为汉军之最高统帅,此楚、汉间规模最大的一仗,此役之后,项羽垮台,详见《高祖本纪》。

⑤下邳:秦县名,县治在今江苏邳州西南。按,据《秦楚之际月表》,韩信徙为楚王在汉五年正月,之前在齐为王共十一个月。

【译文】

后来汉王又在固陵被项羽打败,采用张良的计策,召见齐王韩信,韩信于是带领部队与汉王会师于垓下。项羽被消灭后,汉王立即夺取了齐王韩信的兵权。汉五年正月,改封齐王韩信为楚王,定都于下邳。

信至国,召所从食漂母,赐千金。及下乡南昌亭长,赐百钱,曰:"公,小人也,为德不卒。"召辱己之少年令出胯下者以为楚中尉[①]。告诸将相曰:"此壮士也。方辱我时,我宁不能杀之邪?杀之无名,故忍而就于此[②]。"

【注释】

①中尉：汉初诸侯国里的武官，相当于郡里的郡尉。

②“方辱我时”几句：与前文“孰视之，俯出袴下，蒲伏”相照应，当时韩信之所以要“孰视之”，正在思及如此种种。无名，无意义，无必要。又，此亦史公之极快心、极会意之处。

【译文】

韩信到封国后，找来了当年曾给他饭吃的洗衣老妇，赏赐给她千金。找到了下乡的南昌亭长，赏了他一百钱，说：“你，就是个小人，做好事不能做到底。”又把当年曾经侮辱自己让钻裤裆的那个年轻人找来，让他做了维持国都治安的中尉。韩信对左右的将领们说：“这人是个好汉。当初他侮辱我时，我难道不能杀了他吗？但杀了他毫无意义，我之所以隐忍着，就是为了成就今天的事业。”

项王亡将锺离眛家在伊庐①，素与信善。项王死后，亡归信。汉王怨眛②，闻其在楚，诏楚捕眛。信初之国，行县邑③，陈兵出入④。汉六年⑤，人有上书告楚王信反⑥。高帝以陈平计⑦，天子巡狩会诸侯⑧，南方有云梦⑨，发使告诸侯会陈⑩：“吾将游云梦。”实欲袭信，信弗知。高祖且至楚⑪，信欲发兵反⑫，自度无罪，欲谒上，恐见禽。人或说信曰：“斩眛谒上，上必喜，无患。”信见眛计事。眛曰：“汉所以不击取楚，以眛在公所⑬。若欲捕我以自媚于汉⑭，吾今日死，公亦随手亡矣。”乃骂信曰：“公非长者！”卒自刭。信持其首，谒高祖于陈⑮。上令武士缚信，载后车。信曰：“果若人言，‘狡兔死，良狗亨；高鸟尽，良弓藏；敌国破，谋臣亡’。天下已定，我固当亨！”上曰：“人告公反。”遂械系信。至雒阳⑯，赦信罪，以为淮阴侯。

【注释】

①亡将锺离眜(mò):锺离眜是项羽的名将,项羽败死垓下后,锺离眜为躲避刘邦的缉拿,化名潜逃。王先谦引周寿昌曰:"《陈平传》称眜为项王'骨鲠臣',以金首间之。"伊庐:乡邑名,在今江苏灌云东北。

②汉王怨眜:梁玉绳曰:"高祖即位矣,何言'汉王'也。下文'汉王畏恶其能'同误。"按,刘邦怨恨锺离眜的原因,各篇都无交代。以《项羽本纪》观之,刘邦大败于彭城时,楚方的重将是锺离眜,怨隙可能即结于此。

③行县邑:到自己下属的县邑巡行视察。

④陈兵出入:谓每次出门都戒备森严。

⑤汉六年:前201年。

⑥人有上书告楚王信反:此告信者为何人,史无明载,而《彭越列传》则明书"吕后乃令其舍人告彭越复谋反"。

⑦高帝以陈平计:据《陈丞相世家》,有人告韩信谋反,诸将曰:"亟发兵坑竖子耳!"陈平以为如此不妙,他让刘邦假说南游云梦,召韩信会陈,趁机袭捕他,以下刘邦所行即依陈平之计。

⑧巡狩:古称天子每隔数年到各诸侯国巡视一次,那时各国诸侯也须到指定地点朝见天子。巡狩,亦作"巡守",巡视诸侯之所守,即今所谓"视察"。

⑨云梦:即云梦泽,指古时湖北南部、湖南北部长江两岸的大片湖泽之地。江北的叫云泽,江南的叫梦泽。

⑩陈:秦县名,亦郡名,县治即今河南淮阳,当时为韩信楚国的西部地区。

⑪且至楚:谓即将到达陈县。

⑫信欲发兵反:此话没有来由,或史公故意如此写,以示韩信被袭之冤。

⑬以眜在公所:因锺离眜是猛将,可以助韩信作战。所,处。

⑭若：你。媚：讨好。

⑮信持其首，谒高祖于陈：韩信此行可鄙，亦复可怜，无论如何委曲求全亦无济于事。郭嵩焘曰："信斩锺离眜以谒汉王最为无理，傥亦所谓迷乱失次者耶？"

⑯雒阳：刘邦建国初期的都城，在今河南洛阳东北。

【译文】

项羽逃亡的部将锺离眜老家在伊庐，很早就与韩信有交情。项羽死后，锺离眜逃亡依附了韩信。汉王怨恨锺离眜，听说他在韩信这里，就命令韩信逮捕他。韩信刚到楚国时，到下属县邑巡察时，出入总要带着一些警卫。汉六年，有人上书告发楚王韩信要造反。高祖采用了陈平的计策，说天子将巡狩会见诸侯，南方有云梦泽，派使者通知各国诸侯都要到陈郡会合，告诉他们："我要去云梦视察。"实际上是想袭击韩信，而韩信毫不知情。高祖快到楚国的边界了，韩信想起兵造反，但考虑自己没有任何罪过，想去见高祖，又怕被高祖抓起来。有人劝韩信说："斩了锺离眜去见皇上，皇上必然高兴，您也就没事儿了。"韩信找锺离眜商议此事。锺离眜说："高祖之所以不敢攻打楚国，就是因为我在你这里。你想抓了我去讨好高祖，我今天一死，你也就紧跟着我死了。"于是骂韩信道："你真不是个厚道人！"于是自刎而死。韩信带着锺离眜的首级，到陈郡觐见高祖。高祖命令武士把韩信绑了起来，放在自己后面的车上。韩信说："果真像人们所说，'狡兔死了，好猎狗也就该被煮了；飞鸟打完，好弓箭也就该收起来了；敌国被消灭了，谋臣也就该被杀了'。现在天下已经太平，我当然应该被煮了！"高祖说："有人告发你要造反。"于是给韩信戴上刑具。等回到洛阳后，高祖赦免了韩信之罪，封他为淮阴侯。

信知汉王畏恶其能，常称病不朝从[①]。信由此日夜怨望，居常鞅鞅[②]，羞与绛、灌等列[③]。信尝过樊将军哙[④]，哙跪拜送迎，言称臣，曰："大王乃肯临臣[⑤]！"信出门，笑曰："生乃与哙等为伍[⑥]！”上常从容与信言诸将能不，各有差[⑦]。上问曰：“如我能将几何？”信曰：“陛下不过能将十万。”上曰：“于君何如？”曰：“臣多多而益善耳。”上笑曰：“多多益善，何为为我禽？”信曰：“陛下不能将兵，而善将将[⑧]，此乃信之所以为陛下禽也。且陛下所谓天授，非人力也[⑨]。”

【注释】

①不朝从：不朝见，不跟从出行。

②居常鞅鞅：时常内心不平。居，平居，日常。鞅鞅，因不平或不满而郁郁不乐。鞅，通“怏”，不服气，不满意。

③羞与绛、灌等列：羞与绛、灌为伍。绛，指绛侯周勃，事迹见《绛侯世家》；灌，指颍阴侯灌婴，事迹见《樊郦滕灌列传》，二人都是刘邦的元老功臣。等列，同一个级别，指皆封为侯。

④樊将军哙：即樊哙，刘邦的元老功臣，吕后的妹夫，事迹见《樊郦滕灌列传》。

⑤乃肯临臣：居然能光临我们家，极写其对韩信的敬服。

⑥生乃与哙等为伍：与上文“羞与绛、灌等列”同意。生，竟，到头来。为伍，为伴，指地位、身份相同。

⑦上常从容与信言诸将能不，各有差：有一次刘邦曾不经心地与韩信谈到各位将领的能力大小，各有不同。常，通“尝”，曾经。从容，自然，不经心的样子。能不，有能力与没能力。

⑧陛下不能将兵，而善将将：前言高帝只能将十万，而言自己多多益善，可见韩信之得意忘形。至高帝塞之曰“多多益善，何为为我禽”，其内心之懊怒已形于词色时，韩信方猛然发觉失言，于是顺势改口曰“陛下不能将兵，而善将将”，既平服刘邦的忌心，亦掩饰自己的伤痛，然而这一来无疑又进一步加强了刘邦的必杀韩信

之心。

⑨且陛下所谓天授，非人力也：当时人称道刘邦的常用语，《留侯世家》张良曰“沛公殆天授”；《郦生陆贾列传》郦生曰“此非人力也，天之所建也”，意思皆同。韩信引他人所常说，故云“所谓”。

【译文】

韩信知道高祖对自己的才能既怕又恨，常常借口生病不去朝见，也不随同高祖出行。韩信因此心中充满怨恨，一天到晚闷闷不乐，羞于与周勃、灌婴等同在一个级别。韩信曾经去樊哙家，樊哙接送时都对他行跪拜礼，说话时称自己为臣，说：“大王您竟然肯光临臣家！”韩信从樊哙家出来后，笑道：“没想到此生竟落得和樊哙等人为伍！”有一次高祖与韩信闲聊说到了开国将领们的能力，各自能统率多少人马。高祖问：“像我能统率多少人马呢？”韩信说：“陛下最多不过能统率十万。”高祖问：“那么你怎么样？”韩信说：“我是越多越好。”高祖笑道：“越多越好，为什么你还是被我擒获了呢？”韩信说：“陛下您虽不善于带兵，却善于带将，这就是我被您擒获的原因啊。况且陛下您就是那种上天安排的胜利者，非人力可以改变的。”

陈豨拜为钜鹿守①，辞于淮阴侯。淮阴侯挈其手②，辟左右与之步于庭，仰天叹曰：“子可与言乎？欲与子有言也。”豨曰：“唯将军令之。”淮阴侯曰：“公之所居，天下精兵处也③；而公，陛下之信幸臣也④。人言公之畔⑤，陛下必不信；再至，陛下乃疑矣；三至，必怒而自将。吾为公从中起，天下可图也⑥。”陈豨素知其能也，信之，曰：“谨奉教！”汉十年，陈豨果反⑦。上自将而往，信病不从⑧。阴使人至豨所，曰：“弟举兵，吾从此助公⑨。”信乃谋与家臣夜诈诏赦诸官徒奴⑩，欲发以袭吕后、太子。部署已定，待豨报。其舍人得罪于信[11]，信囚，欲杀之。舍人弟上变[12]，告信欲反状于吕后。吕后欲召，恐其党不就[13]，乃与萧相国谋，诈令人从上所来，言豨已得死，列侯群臣皆贺。相国绐信曰[14]："虽疾，强入贺[15]。"信入，吕后使武士缚信，斩之长乐钟室[16]。信方斩，曰："吾悔不用蒯通之计，乃为儿女子所诈[17]，岂非天哉！"遂夷信三族[18]。

【注释】

①陈豨拜为钜鹿守：据《韩王信卢绾列传》，陈豨未尝任钜鹿守，乃"以代相国监赵、代边兵"，《汉书·韩彭英卢吴传》亦云"陈豨为代相监边"。钜鹿，汉郡名，郡治在今河北平乡西南。代，汉初的诸侯国名，国都即今河北蔚县东北之代王城。

②挈（qiè）：拉。

③天下精兵处：须要驻扎精兵的要害之地。

④信幸：受信任、受宠幸。

⑤人言公之畔：有人说你造反。畔，通"叛"。

⑥吾为公从中起，天下可图也：王先谦引周寿昌曰："豨此时无反意，信因其来辞突教之反，不惧豨之言于上乎？此等情事不合，所谓'微辞'也。"凌稚隆引邓以瓒曰："此段是吕后文致信反谋以对高祖者，史承之以著书耳。"郭嵩焘曰："陈豨反事，或当时爰书之辞，史公叙当时事但能仍而载之，下文'舍人弟上变'，即此也。"

⑦汉十年，陈豨果反：据《韩信卢绾列传》，陈豨反在高祖十年九月。

⑧上自将而往，信病不从：王先谦引周寿昌曰："'病'与'称病'，情事绝异，观下相国绐信语，则信病非假称也。"

⑨弟举兵，吾从此助公：尽管造反，我在里边帮助你。弟，但，尽管。

⑩诈诏：假造刘邦的诏书。赦诸官徒奴：释放各衙署所拘管的苦役

和官奴。

⑪其舍人得罪于信：舍人，寄食贵族门下而为之役使的人。王先谦引刘奉世曰："案《功臣表》，告信反者舍人栾说也。宋祁曰：'《功臣侯表》云：慎阳栾说，为淮阴侯舍人，告淮阴侯信反，侯二千户。'"

⑫上变：上书告发非常之事。师古曰："凡言变告者，谓告非常之事。"变，也称"变事"，告发谋反的书信。

⑬恐其党不就：担心他万一不来。党，同"傥"，倘若，万一。

⑭绐（dài）：欺骗。

⑮强：勉强坚持。

⑯长乐钟室：长乐宫中的悬钟之室。按，韩信被杀，《汉书·高帝纪》与《资治通鉴》皆系之于高祖十一年（前196）正月，此前韩信为徒有其名的"淮阴侯"共六年。

⑰儿女子：指吕后与刘邦的太子刘盈。

⑱三族：指父族、母族、妻族。或谓指父母、兄弟、妻子。

【译文】

陈豨被任命为钜鹿太守，来向韩信辞行。韩信拉着他的手，避开左右随从在庭院里散步，仰天长叹道："可以和你谈谈吗？我有些话想和你谈谈。"陈豨说："请将军吩咐。"韩信说："你去的地方，是驻扎着最精锐部队的要地；而你，又是陛下信任喜欢的大臣。要是有人说你造反，陛下一定不会相信；第二次有人说你造反，陛下就会起疑心；第三次，陛下肯定会发怒，亲自率兵去讨伐你。我做你的内应在京城起兵，那么天下就是我们的了。"陈豨一向了解韩信的才能，对他深信不疑，于是说："一定按您的指教做！"汉十年，陈豨果真起兵反叛。高祖亲自带兵前往讨伐，韩信借口有病没随同前去。他暗中派人到陈豨住处说："你只管起兵造反，我从京城助你一臂之力。"韩信于是与家臣们谋划乘夜里假传圣旨，释放在各官署里服苦役的奴隶、罪犯，打算把他们武装起来袭击吕后和皇太子。一切都部署好了，只等陈豨的消息。韩信的一个门客冒犯了他，韩信把他囚禁起来，要杀他。这个门客的弟弟上书吕后，告发了韩信要造反的事。吕后想召韩信进宫，又怕他万一不来，于是就和相国萧何商量好，派人假装从高祖那儿来，说陈豨已被俘获处死了，让列侯百官都入宫祝贺。萧何骗韩信说："你即便有病，也要硬撑着进宫去祝贺。"韩信一进宫，吕后立刻命令武士把韩信捆绑起来，在长乐宫钟室杀了他。韩信临死前说："我真后悔当初没听蒯通的劝告，今天竟被妇人小子所骗，这难道不是天意吗？"吕后于是灭了韩信的三族。

高祖已从豨军来，至，见信死，且喜且怜之[①]，问："信死亦何言？"吕后曰："信言恨不用蒯通计。"高祖曰："是齐辩士也。"乃诏齐捕蒯通[②]。蒯通至，上曰："若教淮阴侯反乎？"对曰："然，臣固教之。竖子不用臣之策，故令自夷于此[③]。如彼竖子用臣之计，陛下安得而夷之乎！"上怒曰："亨之！"通曰："嗟乎，冤哉亨也！"上曰："若教韩信反，何冤？"对曰："秦之纲绝而维弛[④]，山东大扰，异姓并起，英俊乌集[⑤]。秦失其鹿[⑥]，天下共逐之，于是高材疾足者先得焉。跖之狗吠尧[⑦]，尧非不仁，狗固吠非其主[⑧]。当是时，臣唯独知韩信，非知陛下也。且天下锐精持锋欲为陛下所为者甚众[⑨]，顾力不能耳[⑩]。又可尽亨之邪？"高帝曰："置之[⑪]。"乃释通之罪[⑫]。

【注释】

①见信死，且喜且怜之：吴见思曰："五字写尽汉王心事。"乾隆曰："韩信之冤与否姑弗论，然高祖在外而后公然族诛大臣，回亦弗

问，牝鸡司晨，成何国政？人彘之祸兆于此矣。”

②乃诏齐捕蒯通：王先谦曰：“诏齐王肥捕之也。”齐王肥是刘邦之子，高祖六年被封为齐王。

③自夷：自己招致灭门。夷，平，杀光。

④纲绝而维弛：指法度紊乱，政权崩溃。纲，网上的大绳。维，系车盖的绳。纲、维皆大绳，引申为维持国家体统的法度。

⑤乌集：如乌鸦之飞集，以喻其多。

⑥秦失其鹿：“鹿”为“禄”字的谐音，以喻秦朝的国家政权。

⑦跖：古代著名的大盗，事见《庄子·盗跖篇》，后世用以喻指最恶的人。尧：传说中的五帝之一，后世用以喻指最好的人。

⑧狗固吠非其主：对于狗来说，只要不是他的主人，它就一律对之狂叫。底本原文于此作“狗因吠非其主”。据《战国策·齐策六》：“貂勃曰：‘跖之狗吠尧，非贵跖而贱尧也，狗固吠非其主也。’”“因”字作“固”，据改。

⑨锐精：胡三省曰：“言磨淬精铁而锐之也。”即磨砺刀枪。锐，指磨尖磨快。精，指精铁。

⑩顾：转折语词，犹今所谓“问题是”“关键是”。

⑪置：赦免，释放。

⑫乃释通之罪：据《汉书·蒯通传》，蒯通后来还向齐相曹参推荐过两个贤士，蒯通本人则“论战国时说士权变，亦自序其说，凡八十一首，号曰《隽永》”。《汉书·艺文志》纵横家有《蒯子》五篇。

【译文】

高祖从讨伐陈豨的前线上回来后，到了京城，得知韩信已经死了，又高兴又怜惜，问吕后：“韩信临死说什么了？”吕后说：“他说只恨当初没采纳蒯通的计策。”高祖说：“蒯通是齐国的辩士。”于是下诏令齐国逮捕蒯通。蒯通被押到京城，高祖问：“是你教韩信造反的吗？”蒯通说：“是的，我的确教他反叛。可那小子不用我的计策，所以才弄得自取灭亡。

如果那小子早采用了我的计策，陛下哪里能够把他族灭呢！”高祖大怒说：“烹了他！”蒯通说：“哎呀，我被烹真是冤枉啊！”高祖说：“你指使韩信造反，有什么冤枉的？”蒯通说：“秦朝法度紊乱，政权解体，整个山东地区大乱，各诸侯国纷纷自立，英雄豪杰们像乌鸦一样飞集。秦朝失去了政权，天下人一齐追逐帝位，才能高行动快者才可以率先得到它。盗跖的狗冲着尧叫，并非尧不好，狗因为不是它的主人而叫。在那个时候，我只知道有韩信，不知道有陛下您。况且天下磨砺刀枪手持兵器想像您一样当皇帝的人很多，只不过力量达不到罢了。难道您能把他们都烹了吗？”高祖说：“放了他吧。”于是赦免了蒯通。

太史公曰：吾如淮阴，淮阴人为余言，韩信虽为布衣时，其志与众异。其母死，贫无以葬，然乃行营高敞地①，令其旁可置万家②。余视其母冢，良然。假令韩信学道谦让③，不伐己功，不矜其能④，则庶几哉于汉家勋可以比周、召、太公之徒⑤，后世血食矣⑥。不务出此，而天下已集⑦，乃谋畔逆⑧，夷灭宗族，不亦宜乎！

【注释】

①行营：寻找，谋求。高敞地：地势高而宽敞的地方。

②令其旁可置万家：当时的帝王、权贵都希望自己的坟墓所在日后能发展成都市，以使其死后亦不寂寞，如汉朝之历代皇帝生前预筑陵墓，并大量向该地区移民是也。

③学道谦让：指学习道家的谦退不争。

④不伐己功，不矜其能：《老子》有所谓“功成名遂身退，天之道”；又有所谓“不自伐，故有功；不自矜，故长”，史公责备韩信不知学此也。伐，骄傲自夸，与下句“矜”字义同。杨燕起引徐经曰：“史公

为淮阴惜，实不仅为淮阴惜。是言也姑借淮阴发之，实千古建大功者当奉为玉律也。”

⑤庶几：差不多。周：周公姬旦。召：召公姬奭。太公：姜尚。三人都是周朝的开国元勋，后来周公的后代被封于鲁，召公被封于燕，太公被封于齐，皆传国五六百年。

⑥血食：指享受后世子孙的祭祀。

⑦集：安定。

⑧畔逆：背叛。畔，通“叛”。

【译文】

太史公说：我到淮阴，淮阴人对我说，韩信即使是普通百姓时，他的志向就不同于常人。他的母亲去世，家里穷得没钱办丧事，可是韩信还是寻找了一个高而宽敞的地方做母亲的墓地，让墓旁可以安置万户人家。我去看了他母亲的坟墓，的确如此。假如韩信当初能学学道家的谦让，不夸耀自己的功劳，不夸耀自己的才能，那么他在汉朝的功业差不多可以和周公、召公、姜太公这些人媲美，就能永远享受祭祀了。可是他不这么做，却要在天下已定时图谋造反，最后使整个宗族被灭，这不是罪有应得吗！

【集评】

陈亮曰：“夫项氏之患，蚩尤以来所未有也。故韩信出佐高祖而劫制之。彼其所以谋项氏者，可谓尽矣。不以其兵与之角，而欲先下诸国以孤其势，故一举而定三秦，再举而虏魏豹，三举而擒夏说。乃欲引兵遂下井陉，李左车说赵将陈馀曰：‘韩信乘胜远斗，其锋不可当。赵地险阻，愿足下假臣奇兵三万人，从间道绝其辎重，足下深沟高垒勿与战，信必成擒矣。’馀不能用，信乃一举而破赵。世之议者皆曰：‘使左车之策遂行，则信必不敢下井陉，下则必为所擒矣。’嗟乎，此何待信之薄哉？信而非英雄则可，若英雄也，则计必不出此矣。”（《酌古论》）

梁玉绳曰："信之死冤矣，前贤皆极辨其无反状，大抵出于告变者之诬词，及吕后与相国文致之耳。史公依汉廷狱案叙入传中，而其冤自见。一饭千金，弗忘漂母；解衣推食，宁负高皇？不听涉、通于拥兵王齐之日，必不妄动于淮阴家居之时；不思结连布、越大国之王，必不轻约边远无能之将。宾客多，与称病之人何涉？左右辟，则挈手之语谁闻？上谒入贺，谋逆者未必坦率如斯，家臣徒奴，善将者亦复部署有几？是知高祖畏恶其能，非一朝夕，胎祸于蹑足附耳，露疑于夺符袭军，故禽缚不已，族诛始快。从豨军来，见信死且喜且怜，亦谅其无辜受戮为可悯也。独怪萧何初以国士荐，而无片语申救，又诈而绐之，毋乃与留侯劝封雍齿异乎？"（《史记志疑》）

司马光曰："高祖用诈谋禽信于陈，言'负'则有之，虽然，信亦有以取之也。始，汉与楚相距荥阳，信灭齐，不还报而自王；其后汉追楚至固陵，与信期共攻楚而信不至。当是之时，高祖固有取信之心矣，顾力不能耳。及天下已定，信复何恃哉？夫乘时以徼利者，市井之志也；酬功而报德者，士君子之心也。信以市井之志利其身，而以士君子之心望于人，不亦难哉！"（《资治通鉴》）

方苞曰："太史公于汉兴诸将皆列数其成功而不及其方略，以区区者不足言也。惟于信详哉其言之。盖信之战，刘、项之兴亡系焉，且其兵谋足为后世法也。……其详载武涉、蒯通之言，则微文以志痛也。方信据全齐，军锋震楚、汉，不忍乡利倍义，乃谋畔于天下既集之后乎？……其与陈豨辟人挈手之语，孰闻之乎？……欲与家臣夜诈诏发诸官徒奴，孰听之乎？信之过独在请假王与约分地而后会兵垓下。……蒯通教信以反罪尚可释，况定齐而求自王，灭楚而利得地，乃不可末减乎？故以通之语终焉。"（《望溪先生文集·书淮阴侯列传后》）

【评论】

本篇描述了足与诸葛亮"隆中对策"相媲美的韩信的"汉中对策"，

充分彰显了韩信一流的军事战略眼光。韩信在对策中认为项羽目前势力虽大，但他不得人心，很快就会由强变弱。他指出项羽在关中地区派了三个秦将为王，但这三个秦将让关中的百姓痛恨，而刘邦在那里的群众基础好，所以只要刘邦发出一道檄文，关中就可以兵不血刃地夺回。他还指出刘邦现在的势力虽然有些弱，但今后的形势定将是天下无敌。韩信在对策中强调了弱者可以转弱为强，打败曾经的强者，其思路竟与两千年后毛泽东论证“帝国主义与一切反动派都是纸老虎”完全相同，真使人大长见识，大开眼界。“汉中对策”可视为韩信拜将后的就职演说，气势磅礴，高屋建瓴，千古少见。杨维桢曰：“韩信登坛之日，毕陈平生之画略，论楚之所以失，汉之所以得，此三秦还定之谋所以卒定于韩信之手也。”（《史记评林》引）董份曰：“观信智略如此，真有掀揭天下之心，不但兵谋而已也，所以谓之‘人杰’。”（同上）

本篇还描述了韩信在楚汉战争中创造的辉煌战绩，展示了韩信出神入化的用兵艺术。对刘邦发表了拜将演说后，韩信迅即率军翻越秦岭北出，几个月的时间内，一举收复了三秦。接着从次年的八月开始，韩信在三个年头内，相继灭掉了五个国家。其中描写最精彩的是灭魏、灭赵与灭齐的三个战役。比如在破魏的安邑之战中，韩信避开魏豹军队布防的蒲阪一带，佯装在蒲阪西岸的黄河临晋渡口渡河，做出安排船只、欲强渡黄河的样子以吸引魏豹的注意；而实际上则是派兵沿黄河北上，出其不意地用木罂渡河，直插魏国的重镇安邑。魏豹慌忙引兵回击韩信，这时韩信命驻扎在临晋一带的军队渡过黄河，两面夹击，一举打败魏军，俘虏了魏豹，灭了魏国。韩信在安邑之战精彩演示了他的声东击西、出其不意的高超战术。再如在灭赵的井陉之战中，韩信背水设阵，赵军一看全都哄然大笑。双方展开大战，良久韩信才佯装败退，扔下旗帜、甲杖、头盔等，引诱赵军倾巢来攻。这时埋伏在山头静候时机的两千骑兵飞奔下山，冲进赵军的大营，拔掉赵军的白旗，插上了韩信军队的红旗。而后出营从赵军的背后进行猛烈攻击，赵军霎时乱成一团，四散奔逃。赵王歇为韩信所擒,陈馀为追兵所杀。在井陉之战,韩信又一次演示了他的因敌设奇、不拘常法的高超战术。又如在破齐楚联军的潍水之战中,韩信夜间派人带着一万多条口袋,偷偷摸到潍水的上游,用口袋装满沙土在潍水中筑起一道堤坝,阻断了上游的河水,故意造成河水枯干。待诱敌半渡后,突然拆坝决水冲敌,挥军反击,大败数倍于己的齐楚联军,"杀龙且"。韩信在潍水之战的军事指挥艺术,同样令人叹赏。孙武所谓"故善出奇者,无穷如天地,不竭如江河"(《孙子兵法·势篇》)的用兵之妙,在韩信所创造的经典战例中得到了生动形象的展示。明代茅坤说:"予览观古兵家流,当以韩信为最,破魏以木罂,破赵以立汉赤帜,破齐以囊沙,彼皆从天而下,而未尝与敌人血战者。予故曰:古今来,太史公,文仙也;李白,诗仙也;屈原,辞赋仙也;刘阮,酒仙也;而韩信,兵仙也,然哉!"(《史记钞》)

《淮阴侯列传》的基本内容是围绕着两个方面并行有序加以展开的。一方面是韩信为刘邦冲锋陷阵,出生入死,与汉王朝的敌人作战;另一方面是刘邦对韩信的种种控制与防范。在韩信东征的过程中,刘邦就像一只大黑鹰一直在韩信的头上盘旋飞舞,它一次一次地落下来,抓走韩信之兵、韩信之权、韩信之地,最后又将韩信抓入牢狱,抓走了韩信本人与其整个家族的生命。刘邦没有韩信是绝对不能战胜项羽的;但韩信存在一天,刘邦就胆战心惊,直到韩信为吕后所杀,刘邦才彻底掀掉了压在心头的大石头,才不无愧疚地真正露出了轻松的笑容。作者对汉代统治者杀韩信、杀大批功臣的罪恶行径是深恶痛绝的,对被杀功臣们的同情在许多篇章中都溢于言表,彼此相互呼应。比较之下,彭越、黥布吐露得最明显,而写韩信的这篇写得最模糊,这是由于不得不使用某些最高统治者所编造、强加的罪名的缘故。但在具体情节的展现中,作者为韩信做了有力的洗白。韩信对刘邦的忠心,对刘邦的矢志不二是有目共睹的,因为他对萧何的无私举荐、对刘邦破格用人的知遇之恩已经深入骨髓,他已经对他们献出了一切,对他们的任何举措都不再存有怀疑。因此当刘邦一连五次夺走他的部众，甚至刚打败项羽就罢去他军事统帅的时候，他都丝毫不存芥蒂；甚至蒯通苦口婆心、称今道古地为他分析形势，历史教训确确凿凿，令读者都感到触目惊心，但韩信仍是不从。武涉与蒯通的两段话共有一千三百多字，占了整个作品的四分之一。司马迁这样安排，不就是要突出韩信内心的坚定吗？对司马迁如此安排的良苦用心，清代赵翼揭示得十分清楚："《淮阴侯列传》全载蒯通语，正以见淮阴之心乎为汉，虽以通之说喻百端，终确然不变，而他日之诬以反而族之者之冤痛，不可言也。"（《陔余丛考》）韩信被骗入长乐宫，陷入吕后的埋伏时才说："吾悔不用蒯通之计，乃为儿女子所诈。"临死才后悔当初没有点准备，不正说明当初他的心里是踏踏实实吗？

在《曹相国世家》的末尾，司马迁说："曹相国参攻城野战之功所以能多若此者，以与淮阴侯俱。及信已灭，而列侯成功，唯独参擅其名。"他还在《萧相国世家》的论赞中说："淮阴、黥布等皆以诛灭，而何之勋烂焉，位冠群臣，声施后世，与闳夭、散宜生等争烈矣。"是韩信、彭越、黥布等人被杀后，这才让曹参、萧何这种二三流的角色成了周朝闳夭、散宜生那样的开国元勋！在《史记》中司马迁只要有机会就会展示他的这种认识，从不同角度彰显了他对韩信军事才干的热情赞赏以及对韩信悲剧命运的无限同情。

需要指出的是，韩信主观上不反刘邦是事实，但并不说明韩信客观上没有严重的取死之道。韩信最大的问题是政治观念落后，热衷于裂地称王，为了达到这一点，在他打败龙且、灭掉田齐后，竟不顾一切地擅自称为齐王；当刘邦撕毁鸿沟协定，命令各路将领齐集固陵合击项羽时，韩信居然为了裂土分封而公然与刘邦讨价还价，甚至公然坐视刘邦再一次惨败于项羽。这样的事情哪一个做主子的能够容忍？此外，韩信又矜才自负，不仅羞与绛、灌为伍，即使刘邦本人的军事才干，韩信也公开地加以藐视。以上种种，有的刘邦可以容忍一时，但不可能永远不算旧账；或者刘邦有底气驾驭群雄，群雄不敢乍翅，但吕后是不能不为日后考虑的，她必须趁刘邦活着，凭藉刘邦的威望及早地除掉他们，以巩固自己与儿子的地位。司马迁为表现他对韩信的同情，充分地使用了“互见法”，凡是韩信对不起刘邦的地方，在《淮阴侯列传》里一点不写，而是写到《项羽本纪》中去了。这样就既保证了历史的客观真实，又保证了《淮阴侯列传》突出揭示封建帝王与其功臣之间矛盾的不可调和这一主题的鲜明与统一。

史记卷九十三

韩信卢绾列传第三十三

【释名】

《韩信卢绾列传》实际是韩王信、卢绾、陈豨三人的合传。韩王信本名韩信，为与军事家韩信相区别，故称韩王信。卢绾是刘邦的同乡，关系尤其亲密。他们都是跟随刘邦打天下，立有功勋，韩王信封韩王，卢绾封燕王。陈豨也在刘邦起事时就一直追随，且被封侯，后为代相，监赵、代两国边兵。他们都曾贵幸一时，又同因受刘邦猜疑而在北部边境造反，所以为他们立合传。

韩王信者，故韩襄王孽孙也①，长八尺五寸②。及项梁之立楚后怀王也③，燕、齐、赵、魏皆已前王④，唯韩无有后，故立韩诸公子横阳君成为韩王⑤，欲以抚定韩故地⑥。项梁败死定陶⑦，成奔怀王。沛公引兵击阳城⑧，使张良以韩司徒降下韩故地⑨，得信，以为韩将，将其兵从沛公入武关⑩。

【注释】

①韩襄王孽孙：韩襄王庶子的儿子。韩襄王，名仓，战国时韩国君主，前311—前296年在位。孽孙，孽子之子，即庶出儿子的儿子。

郭嵩焘曰:“韩王信当为襄王之苗裔,未必即其‘庶孙’也。”齐召南引《唐书·宰相表》曰:“韩襄王为秦所灭,少子虮虱生信。”

②长八尺五寸:身高约合今之1.96米。秦时一尺约合23.1厘米。

③项梁之立楚后怀王:事在秦二世二年(前208)六月。时陈涉已死,项梁为增强对楚地义军的号召力,用范增之计,从民间找到楚怀王之孙熊心,拥立为王,仍称“楚怀王”。事详《项羽本纪》。

④燕、齐、赵、魏皆已前王:秦二世元年(前209)八月,陈涉部将武臣自立为赵王;同年九月,陈涉部将韩广自立为燕王,战国齐王后裔田儋自立为齐王,战国魏王后裔魏咎被周市拥立为魏王。事详《陈涉世家》《秦楚之际月表》等。

⑤立韩诸公子横阳君成为韩王:事在秦二世二年(前208)六月。诸公子,指太子之外的国君的其他儿子。横阳君成,名成,曾被封为横阳君。

⑥抚定:招抚平定。韩故地:战国时韩国旧地,约当今河南禹州、新郑一带地区。

⑦项梁败死定陶:事在秦二世二年(前208)九月。项梁因骄傲轻敌被秦将章邯破杀,事详《项羽本纪》。定陶,秦县名,治所在今山东定陶西北。

⑧沛公引兵击阳城:事在秦二世三年(前207)六月。沛公,即刘邦。时奉楚怀王命,引兵取道南阳进攻关中。阳城,秦县名,治所在今河南方城东,在当时南阳郡郡治宛县(今河南南阳)东北。

⑨使张良以韩司徒降下韩故地:刘邦南攻南阳,要途经韩故地,张良系韩国贵族之后,在当地有号召力,故授其高官,招降其地。司徒,官名,古代三公之一。降下,使之投降归附。

⑩从沛公入武关:事在秦二世三年(前207)八月。刘邦入武关事,详见《高祖本纪》《留侯世家》。武关,古关名,在今陕西丹凤东南。

【译文】

韩王信，是原来韩襄王的庶孙，身高八尺五寸。当项梁拥立战国时楚王后裔为楚怀王时，燕国、齐国、赵国、魏国在此之前都已立了王，只有韩国还没有王位继承人，所以立韩国的公子横阳君韩成为韩王，希望借此来安抚韩国故地的百姓。项梁在定陶战死后，韩成投奔了楚怀王。沛公领兵攻打阳城时，派张良以韩国司徒的身份招降韩国故地，得到了韩信，沛公委任他为韩国将军，让他率领所属部队跟随自己进入武关。

沛公立为汉王①，韩信从入汉中②，乃说汉王曰："项王王诸将近地③，而王独远居此，此左迁也④。士卒皆山东人，跂而望归⑤，及其锋东乡⑥，可以争天下⑦。"汉王还定三秦⑧，乃许信为韩王⑨，先拜信为韩太尉⑩，将兵略韩地。

【注释】

①沛公立为汉王：事在汉元年（前206）一月（当时以十月为岁首）。

②韩信从入汉中：事在汉元年（前206）四月。汉中，秦郡名，郡治南郑，即今陕西汉中，汉王刘邦都城。

③王诸将近地：如将关中地区三分，分别封给封秦降将章邯、司马欣、董翳等。

④左迁：降职，贬官。

⑤跂（qǐ）而望归：踮着脚盼望回到家乡，形容思乡情切。跂，翘起脚跟。

⑥及其锋东乡：趁着将士思家的锐气，向东进兵。锋，锐利，此谓锐气。乡，通"向"。

⑦可以争天下：以上所述略见于《淮阴侯列传》，是韩信之语，非"韩王信"之说。或谓二人均有类似说法。

⑧汉王还定三秦：事在汉元年（前206）八月、九月，详见《高祖本纪》。三秦，即项羽分封给章邯、司马欣、董翳的雍、塞、翟三国，其地为秦关中故地，故合称“三秦”。

⑨乃许信为韩王：时韩王成已被杀，故刘邦许诺封韩信为韩王。

⑩太尉：官名，秦汉时三公之一，掌军政。

【译文】

沛公被封为汉王后，韩信跟随汉王来到汉中，他劝汉王说：“项王把诸将都分封在离家不远的地方，唯独把您分封到这个偏远的地方，这显然是降职安置啊！您的士兵都是崤山以东的人，天天都踮着脚盼望回到老家，现在趁着他们的锐气正盛，挥师东进，可以一举夺取天下。”汉王回师平定三秦时，就许诺封韩信为韩王，先任命韩信为韩国太尉，率兵去攻取韩地。

项籍之封诸王皆就国[①]，韩王成以不从无功[②]，不遣就国，更以为列侯[③]。及闻汉遣韩信略韩地，乃令故项籍游吴时吴令郑昌为韩王以距汉[④]。汉二年，韩信略定韩十余城[⑤]。汉王至河南[⑥]，韩信急击韩王昌阳城[⑦]。昌降，汉王乃立韩信为韩王[⑧]，常将韩兵从。三年，汉王出荥阳[⑨]，韩王信、周苛等守荥阳[⑩]。及楚败荥阳[⑪]，信降楚[⑫]，已而得亡，复归汉，汉复立以为韩王。竟从击破项籍[⑬]，天下定[⑭]。五年春，遂与剖符为韩王[⑮]，王颍川[⑯]。

【注释】

①项籍之封诸王皆就国：事在汉元年（前206）四月。就国，前往自己的封国。

②韩王成以不从无功：韩王成因未随项羽入关灭秦，没有战功。

③更以为列侯：据《汉书》，改封韩成为“穰侯”。梁玉绳曰：“此但言项籍废韩王成为侯，而不言其杀成，疏也。”据《秦楚之际月表》，韩成于汉元年（前206）七月被项羽杀害。

④乃令故项籍游吴时吴令郑昌为韩王以距汉：事在汉元年（前206）八月。吴令郑昌，秦时吴县县令郑昌，项梁、项羽的故交。距，通“拒”，抗拒，抵抗。

⑤汉二年，韩信略定韩十余城：当在汉元年（前206）九月与汉二年（前205）十月（时以十月为岁首）间。

⑥汉王至河南：事在汉二年（前205）十月。时关中大体平定，故刘邦出关东征。河南，约当今河南西部黄河以南的洛阳一带地区，秦时为三川郡，汉设河南郡。

⑦阳城：秦县名，治所在今河南登封东南，在当时韩国都城阳翟（今河南禹州）西北。

⑧乃立韩信为韩王：据《秦楚之际月表》及《汉书·异姓诸侯王年表》，事在汉二年（前205）十月。

⑨三年，汉王出荥阳：指汉三年（前204）七月，刘邦用陈平计逃出被项羽围困的荥阳，详见《项羽本纪》《高祖本纪》。

⑩周苛：刘邦部将，时为御史大夫。

⑪楚败荥阳：指楚军攻破荥阳。据《项羽本纪》，荥阳被攻破后，周苛等被俘，不肯投降，被项羽杀害。

⑫信降楚：韩王信守荥阳及城破降楚事，仅见于此，《高祖本纪》《项羽本纪》《秦楚之际月表》均不载。

⑬竟从击破项籍：当指参与汉五年（前202）十二月消灭项羽的垓下会战。

⑭天下定：项羽死后，刘邦于汉五年（前202）二月即皇帝位，分封王侯，事见《高祖本纪》。

⑮五年春，遂与剖符为韩王：即封韩信为韩王。剖符，破一符为二，

皇帝与受封者各持其一,以示信义。

⑯王颍川:将颍川郡作为韩王信的封国。颍川郡郡治为阳翟,在今河南禹州。

【译文】

项羽分封的各路诸侯王都已赴国上任,而韩王成因为没有追随项羽入关,没有战功,项羽便不让他回国,而将其改封为列侯。当项羽听说汉王派韩信攻取韩国领地时,就改封自己过去住在吴地时的吴县县令郑昌为韩王,以抵抗汉军。汉二年,韩信已平定韩地十余座城。汉王抵达河南,韩信在阳城猛攻韩王郑昌。郑昌投降后,汉王就立韩信为韩王,韩王信就常常率韩国军队跟随汉王征战。汉三年,汉王从荥阳城出逃,韩王信、周苛等留守荥阳。等到楚军攻破荥阳后,韩王信投降了项羽,不久他又逃了出来,再次归附汉王,汉王又立他为韩王。最后他跟随汉王消灭项羽,直至天下大定。汉五年春,高祖与韩信剖符为信,正式封他为韩王,统辖颍川郡。

明年春,上以韩信材武①,所王北近巩、雒②,南迫宛、叶③,东有淮阳④,皆天下劲兵处⑤,乃诏徙韩王信王太原以北⑥,备御胡⑦,都晋阳⑧。信上书曰:"国被边⑨,匈奴数入,晋阳去塞远⑩,请治马邑⑪。"上许之,信乃徙治马邑。秋,匈奴冒顿大围信⑫,信数使使胡求和解⑬。汉发兵救之,疑信数间使⑭,有二心,使人责让信⑮。信恐诛,因与匈奴约共攻汉,反,以马邑降胡,击太原⑯。

【注释】

①材武:有才能,又勇武。

②所王:封国所在地,指阳翟。巩:汉县名,在今河南巩义西南。雒:

雒阳，今河南洛阳东北，为刘邦刚称帝时的都城。

③南迫宛、叶：南边靠近宛县、叶县。宛，宛县，治所即今河南南阳，为南阳郡郡治。叶，叶县，治所在今河南叶县西南。

④淮阳：即今河南淮阳，时为陈郡郡治，故也称为"陈"。

⑤天下劲兵处：均为军事要地，国家需要安排重兵把守的地方。

⑥王太原以北：改以太原、雁门二郡为韩国封地。太原，汉郡名，郡治晋阳，在今太原西南，辖境约当今山西中部一带地区。

⑦备御胡：防备抵御匈奴入侵。胡，古代对西部、北部少数民族的称呼，此谓匈奴。

⑧都晋阳：以晋阳为韩国都城。据此，韩王信改封到晋阳，在高祖六年（前201）春，《汉书》本传同，《秦楚之际月表》误系于"剖符"同时。

⑨被边：靠近边境。

⑩塞：边塞，此谓北边的长城。

⑪请治马邑：请求改以马邑为都城。马邑，汉县名，治所在今山西朔州朔城区，原属雁门郡。

⑫冒顿（mò dú）：秦汉之际匈奴的杰出首领，事见《匈奴列传》。

⑬使使胡求和解：派使者出使匈奴求和。

⑭数间使：多次暗地里跟匈奴通使。

⑮责让：即责备。《汉书》本传云："上赐书责让之曰：'专死不勇，专生不任。寇攻马邑，君王力不足以坚守乎？安危存亡之地，此二者，朕所以责于君王。'"王先谦曰："言处安危存亡之地，'专死''专生'二者，皆非朕所望。责其竭智勇以御敌，不可轻生，亦不宜惜死也。"

⑯以马邑降胡，击太原：事在汉六年（前201）九月。

【译文】

第二年春天，高祖认为韩王信有才能，又勇武，他的封地北边接近巩县、雒阳，南边靠近宛县、叶县，东边又有淮阳，都是天下的军事要地，于是下诏将韩王信改封到太原以北，让他防御匈奴，定都晋阳。韩王信上书说："韩国紧靠大汉边界，匈奴多次入侵，而晋阳离边塞太远，请允许我迁都到马邑。"高祖答应了他的请求，韩王信就移都马邑。这年秋天，匈奴冒顿派重兵包围了马邑，韩王信多次派使臣出使匈奴，以求和解。汉朝发兵援救马邑，对韩王信多次暗中派使臣与匈奴往来的行为感到怀疑，认为他有二心，派使臣去责备韩王信。韩王信害怕被杀，便同匈奴相约共同攻打汉军，起兵造反，把马邑献给了匈奴，并与匈奴人一起攻打太原。

七年冬①，上自往击，破信军铜鞮②，斩其将王喜，信亡走匈奴。其将白土人曼丘臣、王黄等立赵苗裔赵利为王③，复收信败散兵，而与信及冒顿谋攻汉。匈奴使左右贤王将万余骑与王黄等屯广武以南④，至晋阳，与汉兵战。汉大破之，追至于离石⑤，复破之。匈奴复聚兵楼烦西北⑥，汉令车骑击破匈奴⑦。匈奴常败走，汉乘胜追北，闻冒顿居代谷⑧，高皇帝居晋阳，使人视冒顿，还报曰"可击"⑨。上遂至平城⑩。上出白登⑪，匈奴骑围上。上乃使人厚遗阏氏⑫。阏氏乃说冒顿曰："今得汉地，犹不能居；且两主不相厄⑬。"居七日，胡骑稍引去。时天大雾，汉使人往来，胡不觉。护军中尉陈平言上曰⑭："胡者全兵⑮，请令强弩傅两矢外向⑯，徐行出围。"入平城，汉救兵亦到，胡骑遂解去，汉亦罢兵归。韩信为匈奴将兵往来击边。

【注释】

①七年：前200年。

②铜鞮（dī）：汉县名，治所在今山西沁县南，属上党郡，在太原郡之南。

③其将白土人曼丘臣、王黄：王先谦引周寿昌曰："两人皆白土贾人，见《陈豨传》。"白土，汉县名，治所在今陕西神木西北。曼丘臣，姓曼丘，名臣。

④左右贤王：匈奴仅次于单于的两位君长，左贤王治理匈奴东部地区，右贤王治理匈奴西部地区。广武：汉县名，治所在今山西代县西南。

⑤离石：汉县名，治所在今山西离石，当时属西河郡，在太原西南。

⑥楼烦：汉县名，治所在今山西宁武，当时属雁门郡，在马邑西南。

⑦车骑（jì）：车兵与骑兵。

⑧代谷：一说在今河北蔚县东北；一说在今山西代县西北；一说在今山西大同附近。王念孙以为应指离大同较近者。

⑨使人视冒顿，还报曰"可击"：据《刘敬叔孙通列传》，刘邦使者至匈奴，"匈奴匿其壮士肥牛马，但见老弱及羸畜。使者十余辈来，皆言匈奴可击。上使刘敬复往使匈奴，还报曰：'此必欲见短，伏奇兵以争利，愚以为匈奴不可击也。'"刘邦大怒，拘刘敬于广武，率军北上。

⑩平城：汉县名，治所在今山西大同东北。吴见思曰："'大破之''复破之''常败走'，一路实写汉之得胜，孰知为平城之诱哉？欲擒故纵之法，兵法如是，文法亦如是。"

⑪白登：山名，在平城东北七里。

⑫厚遗（wèi）阏氏（yān zhī）：给冒顿单于的姬妾送厚礼。阏氏，匈奴首领的姬妾，犹汉人所谓妃嫔、姬妾。

⑬两主不相厄：两个国君不互相为难。《季布栾布列传》载刘邦云"两贤岂相厄哉"，与此类似。

⑭护军中尉：官名，亦简称"护军"，职掌维护军纪及警备非常。

⑮全兵：王先谦引周寿昌曰："言胡全用锐利之兵以杀敌，如刀戈矛戟皆是，无盾铠之类以御弩矢也。"

⑯傅两矢，外向：每张强弩都搭上两支箭，向外对着敌人，引而不发。以上刘邦被困白登及脱困事，参见《陈丞相世家》《刘敬叔孙通列传》。

【译文】

汉高祖七年冬天，高祖亲自率兵征讨韩王信，在铜鞮大败韩王信，杀了他的部将王喜，韩王信逃亡至匈奴。韩王信的部将白土人曼丘臣、王黄等人拥立战国时赵王的后代赵利为王，又收编了韩王信的散兵，与韩王信及冒顿共同商议攻打汉朝。匈奴派左右贤王率领一万多名骑兵和王黄等驻扎在广武南边，又推进到晋阳，与汉军交战。汉军将其打得大败，乘胜追击到离石，又一次打败匈奴。匈奴在楼烦西北重新聚集，汉军又调动车兵和骑兵打败了匈奴。匈奴常常战败逃走，汉军乘胜追击，听说冒顿驻扎在代谷，高祖正驻军于晋阳，于是就派人去侦察冒顿的军情，侦查人员回来报告说"可以进攻匈奴"。高祖于是率军行进到平城。当他出城到白登山时，被匈奴骑兵重重包围。高祖于是派人给冒顿的阏氏送去厚礼。阏氏就劝说冒顿道："现在即使占领了汉人的土地，也不能久居，况且两国君主也不应该互相为难。"七天后，匈奴骑兵渐渐撤去。当时漫天大雾，汉军派人进进出出，匈奴也没有发觉。护军中尉陈平对高祖说："匈奴用的都是进攻性兵器，请您下令让每张强弩上都搭好两支箭，朝外对着敌军，我们慢慢地走出包围圈。"汉军进入平城，这时汉朝的救兵也赶到了，匈奴骑兵于是撤兵离去，汉军也收兵回朝。此后，韩王信经常为匈奴带兵袭扰汉朝的边境。

汉十年[①]，信令王黄等说误陈豨[②]。十一年春[③]，故韩王信复与胡骑入居参合[④]，距汉。汉使柴将军击之[⑤]，遗信书曰："陛下宽仁，诸侯虽有畔亡[⑤]，而复归[⑦]，辄复故位号，不诛也。大王所知。今王以败亡走胡，非有大罪，急自归！"

韩王信报曰："陛下擢仆起闾巷，南面称孤，此仆之幸也。荥阳之事，仆不能死，囚于项籍，此一罪也。及寇攻马邑，仆不能坚守，以城降之，此二罪也。今反为寇，将兵与将军争一旦之命⑧，此三罪也。夫种、蠡无一罪，身死亡⑨；今仆有三罪于陛下，而欲求活于世，此伍子胥所以偾于吴也⑩。今仆亡匿山谷间，旦暮乞贷蛮夷，仆之思归，如痿人不忘起⑪，盲者不忘视也，势不可耳。"遂战。柴将军屠参合，斩韩王信⑫。

【注释】

①汉十年：前197年。

②说误：劝说误导陈豨造反。陈豨（xī）：刘邦开国功臣，事详后文。

③十一年：前196年。

④参合：汉县名，治所在今山西阳高东南。

⑤柴将军：《索隐》引应劭曰："柴武。"柴武是刘邦开国功臣，《高祖本纪》载其曾参加垓下会战，后以军功封棘蒲侯。

⑥畔：通"叛"。

⑦而复归：如果能够回来。而，若，一旦。

⑧争一旦之命：指为活命而与柴武交战。

⑨种、蠡无一罪，身死亡：指春秋末年辅佐越王句践复国称霸的越国大夫文种、范蠡无罪，但最终文种被杀，范蠡逃亡隐退。

⑩此伍子胥所以偾（fèn）于吴：韩王信以伍子胥自比，认为如果自己回到汉朝，下场就会跟伍子胥死在吴国一样。《正义》曰："信知归汉必死，故引子胥以为辞。"颜师古引孟康曰："言子胥得罪夫差而不知去，所以毙于世也。"偾于吴，死于吴国。偾，《索隐》曰："僵仆也。"

⑪痿人：瘫痪者。

⑫柴将军屠参合,斩韩王信:梁玉绳曰:"斩信者,《樊哙传》云'所将卒';《匈奴传》是'哙',与此异。"又《汉书·高帝纪》载柴武斩韩王信于汉十一年(前196)春正月。吕祖谦曰:"信虽失职守边,然舍晋阳内外之妥,而请治马邑,亦非偷惰者也。高祖猜疑责让,使其以国外叛,为虏向导,遂有平城之围。自是匈奴轻汉,为世大患,阅百年而未息,苟非信启其端,亦未必如此之甚,然则人主心量不宏,所系岂小哉!"

【译文】

汉高祖十年,韩王信派王黄等游说陈豨造反。十一年春,韩王信又与匈奴骑兵入侵参合,抗拒汉军。汉朝派柴武率军迎战,柴武写信劝他说:"陛下宽厚仁慈,诸侯即使有叛逃的,如果能回来,就会恢复原来的爵位和封号,不会诛杀。这是大王您所了解的。现在大王是因为兵败才逃到匈奴,并没有什么大罪,还是赶紧自己回来吧!"韩王信回信说:"陛下把我从一个平民提拔起来,封我为王,这是我的荣幸。荥阳之战,我没能战死,反被项羽所囚,这是第一条大罪。等到匈奴攻打马邑,我没能坚守,反而献城投降,这是第二条大罪。如今又替匈奴带兵,与将军交战拼命,这是第三条大罪。当初文种、范蠡没有什么罪过,还难免一死一逃;今天我对陛下犯下三条大罪,还想求生于世,这就是伍子胥最终死在吴国的原因啊!如今我逃亡在山谷之间,日夜向匈奴乞讨求生,我思念回家的心情,就像瘫痪的人总想站起来,像盲人总想睁眼重见光明一样,这实际上是不可能的。"于是两军开战,柴武屠灭了参合城,斩了韩王信。

信之入匈奴,与太子俱[①]。及至穨当城[②],生子,因名曰穨当。韩太子亦生子,命曰婴。至孝文十四年,穨当及婴率其众降汉[③]。汉封穨当为弓高侯[④],婴为襄城侯[⑤]。吴楚军时[⑥],弓高侯功冠诸将[⑦]。传子至孙,孙无子,失侯[⑧]。婴孙以不敬失侯[9]。穨当孽孙韩嫣[10]，贵幸，名富显于当世[11]。其弟说[12]，再封[13]，数称将军，卒为案道侯[14]。子代，岁余坐法死[15]。后岁余，说孙曾拜为龙頟侯[16]，续说后[17]。

【注释】

①与太子俱：韩王信跟其太子一同逃到匈奴。泷川曰："枫、三本'太子'下有'赤'字。"则太子名赤。

②穨当城：《集解》引韦昭曰："在匈奴地。"据谭其骧《中国历史地图集》，穨当城在今内蒙古呼和浩特东北，苏尼特右旗南。

③孝文十四年，穨当及婴率其众降汉：梁玉绳曰："十四年，当作'十六'年。"《惠景间侯者年表》《汉书·功臣表》均载穨当与婴归汉于孝文十六年（前164）。

④弓高侯：封地为弓高县，治所在今河北阜城东南。

⑤襄城侯：封地为襄城县，治所在今河南襄城。

⑥吴楚军时：指汉初平定吴楚七国之乱时，事在景帝三年（前154）。吴楚七国之乱事，详见《吴王濞列传》《孝景本纪》《绛侯世家》。

⑦弓高侯功冠诸将：《吴王濞列传》载韩穨当数胶西王刘卬罪，逼其自杀事，则他确曾参与平定七国之乱，言其"功冠诸将"，或有夸大。

⑧传子至孙，孙无子，失侯：韩穨当之子，史失其名；其孙名则，死于汉武帝元朔五年（前124），无子，封爵被取消。

⑨婴孙以不敬失侯：梁玉绳曰："按《史》《汉》表，婴子泽之，元朔四年'坐诈病不从，不敬，国除'。则此言'孙'，误也。"则"婴孙"当作"婴子"，名泽之，参见《惠景间侯者年表》《汉书·高惠高后文功臣表》。

⑩韩嫣：汉武帝宠臣，事见《佞幸列传》《李将军列传》等。

⑪贵幸，名富显于当世：泷川曰："《汉书》无'富'字。"李笠曰："盖上有'贵'字，抄者因误衍'富'字耳。"

⑫其弟说（yuè）：韩嫣之弟韩说。

⑬再封：两次受封为侯。

⑭卒为案道侯：据《卫将军骠骑列传》《建元以来侯者年表》，韩说“以从大将军青击匈奴得王功”被封为龙頟侯；元鼎五年（前112），“坐酎金，国绝”；元鼎六年（前111），又“以横海将军击东越功”为案道侯。卒，最终。据《汉书·武五子传》，韩说于汉武帝征和二年（前91）在巫蛊之乱中被卫太子杀死。

⑮子代，岁余坐法死：据《建元以来侯者年表》，“征和二年，子长代，有罪，绝”，则其子名长；据《汉书·高惠高后文功臣表》，“延和三年，侯兴嗣，四年，坐祝诅上，要斩”，则其子名兴。征和，汉武帝年号（前92—前89），一作“延和”。

⑯说孙曾拜为龙頟（é）侯：据《建元以来侯者年表》，韩说去世，子长有罪被杀后，“子曾复封为龙頟侯”，《汉书·高惠高后文功臣表》更明言“侯曾以兴弟绍封龙頟”，则“子曾”为韩说之子，此云“说孙曾”，有误。又据《汉书·魏豹田儋韩信传》，曾当作“增”，韩增为汉宣帝时名臣。

⑰续说后：作为韩说的继承人。锺惺《史怀》曰：“韩王信以反诛，其子孙复显于汉，亦是异事。”梁玉绳曰：“‘子代，岁余坐法死’以下，乃后人所续，当删之。”

【译文】

韩王信投奔匈奴时，是跟他的太子一起去的。到达穨当城时，韩王信又得一子，因此取名穨当。韩太子也生了一子，取名为婴。到了汉文帝十四年，韩穨当和韩婴率领部众归降汉朝。汉文帝封韩穨当为弓高侯，封韩婴为襄城侯。在平定吴楚七国之乱的战争中，弓高侯的功劳在诸多将领中最高。弓高侯爵位由儿子传到孙子后，由于孙子没有儿子，所以失去了侯爵。韩婴的孙子因犯不敬之罪失去侯爵。韩穨当的庶孙韩嫣，受到武帝宠幸，名声和富贵都扬名当世。他的弟弟韩说，两次封侯，多次担任将军，最后被封为案道侯。韩说去世后，他的儿子继承侯爵，一年多后因犯法被处死。又过了一年多，韩说的孙子韩曾被封为龙额侯，作为韩说的继承人。

卢绾者，丰人也[①]，与高祖同里。卢绾亲与高祖太上皇相爱[②]，及生男，高祖、卢绾同日生，里中持羊酒贺两家。及高祖、卢绾壮，俱学书[③]，又相爱也。里中嘉两家亲相爱[④]，生子同日，壮又相爱，复贺两家羊酒。高祖为布衣时，有吏事辟匿[⑤]，卢绾常随出入上下。及高祖初起沛[⑥]，卢绾以客从，入汉中为将军[⑦]，常侍中[⑧]。从东击项籍[⑨]，以太尉常从[⑩]，出入卧内[⑪]，衣被饮食赏赐，群臣莫敢望，虽萧、曹等[⑫]，特以事见礼[⑬]，至其亲幸，莫及卢绾。绾封为长安侯[⑭]。长安，故咸阳也[⑮]。

【注释】

①丰：古邑名，在今江苏丰县。秦时属沛县，汉于此置丰县，刘邦老家。

②卢绾亲：卢绾的父亲。《集解》曰："亲，谓父也。"

③俱学书：一起学习认字写字。泷川曰："高祖学书，故得试为泗上亭长，可以补本纪。"

④嘉：赞许。两家亲相爱：两家老人关系亲密。

⑤有吏事辟匿：因有官司在身而要躲避。辟，通"避"。

⑥高祖初起沛：事在秦二世元年（前209）九月，详见《高祖本纪》。沛，秦县名，治所在今江苏沛县。

⑦入汉中：事在汉元年（前206）四月。

⑧常侍中：经常在宫中侍奉刘邦。

⑨东击项籍：指汉二年（前205）四月刘邦率各路诸侯军队五十六万

攻入项羽都城彭城(今江苏徐州)事。

⑩太尉:官名,秦汉时三公之一,掌军政。

⑪出入卧内:随意进出刘邦的卧室,极言其关系亲密。卧内,卧室。

⑫萧、曹等:指萧何、曹参等故旧功臣。

⑬特:只是。

⑭长安侯:封地为长安县。

⑮长安,故咸阳也:此大略言之。《正义》曰:"秦咸阳在渭北,长安在渭南。"汉之长安在今西安北,而秦之咸阳则在今西安西北。

【译文】

卢绾是丰邑人,与高祖同乡。卢绾的父亲与高祖的父亲非常要好,等到两人生儿子时,高祖与卢绾又同一天出生,同里的乡邻们都牵羊提酒到两家祝贺。等到高祖、卢绾长大以后,在一起识字学习,又非常要好。同里的乡邻们夸赞两家父辈关系很要好,生儿子在同一天,孩子长大后又彼此要好,又牵羊提酒到两家祝贺。当高祖还是平民的时候,因有官司在身而需要躲起来,卢绾也跟着他一起东躲西藏。等到高祖在沛县起兵时,卢绾以宾客的身份相随;到了汉中后,卢绾被任命为将军,总是在宫中贴身侍奉高祖。跟随高祖率军东征项羽时,卢绾以太尉身份经常跟随在高祖身边,随意出入高祖的卧室,衣被饮食赏赐等方面,其他大臣都望尘莫及;即使是萧何、曹参等大臣,也只是在一些大事上受到高祖礼遇,至于亲信受宠,却都比不上卢绾。后来卢绾被封为长安侯。长安也就是原先秦朝时的咸阳。

汉五年冬,以破项籍[①],乃使卢绾别将,与刘贾击临江王共尉,破之[②]。七月还,从击燕王臧荼[③],臧荼降。高祖已定天下,诸侯非刘氏而王者七人[④]。欲王卢绾,为群臣觖望[⑤]。及虏臧荼,乃下诏诸将相列侯,择群臣有功者以为燕王。群臣知上欲王卢绾,皆言曰:"太尉长安侯卢绾常从平定天下，功最多，可王燕。”诏许之。汉五年八月[⑥]，乃立卢绾为燕王。诸侯王得幸，莫如燕王[⑦]。

【注释】

①汉五年冬，以破项籍：指汉五年（前202）十二月刘邦在垓下击败项羽事，详参《项羽本纪》《高祖本纪》。以，同“已”。

②与刘贾击临江王共尉，破之：据《秦楚之际月表》，事在汉五年（前202）十二月。刘贾，刘邦族人，后因功封荆王，事见《荆燕世家》。临江王共尉，项羽所封临江王共敖之子，汉三年（前204）八月，继其父位为王，至此被杀。临江国都城江陵，即今湖北江陵。

③七月还，从击燕王臧荼：谓随刘邦讨伐燕王臧荼。臧荼，原为燕王韩广部将，因随项羽入关，被封为燕王。汉三年（前204）韩信灭赵后，降汉。汉五年（前202）七月，臧荼又反，同年九月被讨平。事见《高祖本纪》《樊郦滕灌列传》。

④非刘氏而王者七人：七人分别为楚王韩信、梁王彭越、淮南王黥布、赵王张敖、长沙王吴芮、韩王信、燕王卢绾。

⑤觖望：不满，怨望。觖，不满。

⑥汉五年八月：泷川曰：“‘汉五年’三字衍文。”梁玉绳曰：“八月’，‘后九月’之误。”据《秦楚之际月表》，卢绾封燕王在“后九月”，梁说是。

⑦诸侯王得幸，莫如燕王：《汉书评林》引徐中行曰：“史叙‘绾与帝相爱甚’，此不过尘埃里闾情耳。既从帝，又不见奇勋可纪，而遽封之王，悬爵报功者当如是耶？《韩非子》谓爱臣太亲必危其身，信哉，读此可以为怙宠者戒。”

【译文】

汉高祖五年冬，打败项羽之后，高祖就派卢绾单独率领一支军队，与刘贾一起进攻临江王共尉，击败了他。七月返回，又跟随高祖征讨燕王臧荼，臧荼投降。高祖平定天下以后，诸侯中除刘氏外而封王的有七个人。高祖想封卢绾为王，但因为大臣们不满而作罢。等到俘虏了臧荼后，就给诸将和列侯下诏，让推选群臣中有功劳的人为燕王。大臣们知道高祖想封卢绾为王，都说："太尉长安侯卢绾一直跟随陛下平定天下，功劳最多，可以封为燕王。"高祖下诏准许。于是在高祖五年八月，正式封卢绾为燕王。诸侯王受到宠幸的，都比不上燕王。

汉十一年秋，陈豨反代地[①]，高祖如邯郸击豨兵[②]，燕王绾亦击其东北[③]。当是时，陈豨使王黄求救匈奴[④]。燕王绾亦使其臣张胜于匈奴[⑤]，言豨等军破。张胜至胡，故燕王臧荼子衍出亡在胡，见张胜曰："公所以重于燕者，以习胡事也。燕所以久存者，以诸侯数反[⑥]，兵连不决也。今公为燕欲急灭豨等，豨等已尽，次亦至燕，公等亦且为虏矣[⑦]。公何不令燕且缓陈豨而与胡和？事宽[⑧]，得长王燕；即有汉急[⑨]，可以安国[⑩]。"张胜以为然，乃私令匈奴助豨等击燕。燕王绾疑张胜与胡反，上书请族张胜[⑪]。胜还，具道所以为者。燕王寤[⑫]，乃诈论它人[⑬]，脱胜家属，使得为匈奴间[⑭]，而阴使范齐之陈豨所，欲令久亡，连兵勿决[⑮]。

【注释】

①汉十一年秋，陈豨反代地：梁玉绳曰："豨反在十年九月，此误。"王叔岷《史记斠证》曰："《汉纪》四、《通鉴·汉纪四》并在十年九月，《将相表》亦在十年。"汉十年，前197年。代地，代国之地，约当今之山西北部及河北西北部一带地区。

②邯郸：赵国都城，即今河北邯郸，赵国西北边与代国相邻。

③燕王绾亦击其东北：燕国都城即今北京，在代国东北方。

④陈豨使王黄求救匈奴：王黄原为韩王信部将，韩王信逃入匈奴后，遂归附陈豨。

⑤燕王绾亦使其臣张胜于匈奴：姚苎田曰："从来边郡要害之地不以王异姓，此人主自守边之义也。燕王绾亦以亲幸殊绝之故，托以独当一面耳。然人臣无外交，而况与匈奴阴相往来耶？即使不反，亦非中国之体，况卒至于反耶？"

⑥诸侯数反：各诸侯王接连造反，如臧荼、韩王信、陈豨等。

⑦且为虏：将要被俘虏。

⑧事宽：此谓不被汉王朝猜忌打击。

⑨即有汉急：假如被汉王朝猜忌打击。即，若，假如。

⑩可以安国：谓可联合匈奴势力以保燕国安全。

⑪请族张胜：请求将张胜灭族。

⑫寤：醒悟，觉醒。

⑬诈论它人：处决其他人，假装成处决了张胜的家属。论，治罪，处决。

⑭使得为匈奴间（jiàn）：让他为自己到匈奴做间谍。间，间谍。

⑮欲令久亡，连兵勿决：久亡，《集解》引晋灼曰："使陈豨久亡畔。"泷川曰："《汉书》无'亡'字，此疑衍。"王叔岷曰："今本《通鉴》虽有'亡'字，然据注：'欲使之连兵相持，胜负久而不决也。'胡氏所见本盖无'亡'字。"连兵不决，长期交战，不分胜负。

【译文】

汉高祖十一年秋天，陈豨在代地叛乱，高祖率军到邯郸攻打陈豨的军队，燕王卢绾也派兵攻打陈豨的东北边境。就在这时，陈豨派王黄到匈奴请求援救。燕王卢绾也派他的臣子张胜出使匈奴，说陈豨叛军已被打败。张胜到达匈奴境内后，原燕王臧荼的儿子臧衍也逃亡在匈奴，臧衍来见张胜说："您之所以受到燕王重用，是因为您熟悉匈奴的情况。燕国之所以能长久存在，是因为各地诸侯接连造反，战争连年不断。现在您为了燕国想迅速消灭陈豨等人,等陈豨等人被消灭完后,接下来就轮到你们燕国了,你们这些人也将会变成俘虏啊。您为什么不让燕王暂缓攻打陈豨,而与匈奴和好呢?局势缓和时,燕王可以长久为王;假如汉朝发难,燕国也可以安稳不动。”张胜认为确实是这样,便私下让匈奴帮助陈豨攻打燕国。燕王卢绾怀疑张胜与匈奴谋反,就上书请求将张胜灭族。张胜回来后,详细说明了他那样做的原因。燕王卢绾恍然大悟,就把其他人当成张胜家属的替罪羊加以处决,释放了张胜的家属,并派张胜到匈奴做间谍,还秘密派范齐到陈豨驻地,想让他长期流亡在外,使战争长期持续。

汉十二年①,东击黥布②,豨常将兵居代,汉使樊哙击斩豨③。其裨将降④,言燕王绾使范齐通计谋于豨所。高祖使使召卢绾,绾称病。上又使辟阳侯审食其、御史大夫赵尧往迎燕王⑤,因验问左右。绾愈恐,闭匿,谓其幸臣曰:“非刘氏而王,独我与长沙耳⑥。往年春,汉族淮阴⑦,夏,诛彭越⑧,皆吕后计。今上病,属任吕后。吕后妇人,专欲以事诛异姓王者及大功臣。”乃遂称病不行。其左右皆亡匿。语颇泄,辟阳侯闻之,归具报上,上益怒。又得匈奴降者,降者言张胜亡在匈奴,为燕使。于是上曰:“卢绾果反矣!”使樊哙击燕⑨。燕王绾悉将其宫人家属骑数千居长城下,候伺,幸上病愈,自入谢⑩。四月,高祖崩,卢绾遂将其众亡入匈奴,匈奴以为东胡卢王⑪。绾为蛮夷所侵夺,常思复归。居岁余,死胡中⑫。

【注释】

①汉十二年:前195年。

②东击黥布:指刘邦率军征讨黥布事,详见《黥布列传》。

③汉使樊哙（kuài）击斩豨：梁玉绳曰："豨传亦言樊哙斩之，而哙传不及，则非哙明甚，盖周勃斩之也，《绛侯世家》及《汉书》可证。"王叔岷曰："《汉纪四》：'周勃定代，斩陈豨。'亦称周勃。"

④裨（pí）将：偏将，副将。

⑤审食其（yì jī）：吕后宠臣，后任左丞相，封辟阳侯，事见《吕太后本纪》。赵尧：初为刘邦的符玺御史，后任御史大夫，事见《张丞相列传》。

⑥长沙：指长沙王吴臣。吴臣是吴芮之子，汉五年（前202）吴芮死，吴臣继其父位为王。长沙国的国都临湘，即今湖南长沙。

⑦往年春，汉族淮阴：韩信被杀事，详见《淮阴侯列传》。

⑧夏，诛彭越：彭越被杀事，详见《魏豹彭越列传》。

⑨使樊哙击燕：事在汉十二年（前195）二月。《高祖本纪》："使樊哙、周勃将兵击燕王绾，赦燕吏民与反者，立皇子建为燕王。"

⑩候伺，幸上病愈，自入谢：茅坤曰："亲爱如绾，犹为臧衍、张胜所诖误，至于亡入匈奴，亦由汉待功臣太薄，数以猜忌诛之，故反者十而七八耳，悲夫。"候伺，打探。幸，希望。入谢，入朝谢罪。

⑪东胡卢王：匈奴东部之"卢王"。泷川引顾炎武曰："其姓卢，故称'东胡卢王'。"

⑫居岁余，死胡中：姚苎田曰："汉异姓王至被恩宠者卢绾，至忠谨无过者吴芮，其他所诛灭虽未必尽当其罪，然亦实有以自取也。绾之恩遇又非芮所敢望，则苟其纯白乃心，恭顺守节，当亦未必遂有败亡之祸。无如信、越之死皆出于牝鸡，遂听寒心，闻风股栗，不得不为三窟自全之计，卒使布衣昆弟之欢，变而为走越亡胡之势。绾诚孤恩，汉亦负义，此无他，吕雉有以驱之，而小人复以谋身之私智煽之也。为人臣者，尚鉴之哉！"

【译文】

汉高祖十二年，高祖东征黥布，陈豨常常率军驻扎在代地，高祖派樊哙击败并斩杀了陈豨。陈豨的一员副将投降，揭露燕王卢绾派范齐与陈豨通谋。于是高祖派使臣召见卢绾，卢绾称病不出。高祖又派辟阳侯审食其、御史大夫赵尧前去迎接卢绾，顺便查问他的左右。卢绾更加害怕，就躲藏在秘密住所，对亲近的部属说："不姓刘而称王的，只有我和长沙王了。去年春天，淮阴侯被灭族，夏天，彭越被杀，都是吕后的计谋。如今皇上病了，把国事委托给吕后。吕后是个妇道人家，一心想找事端诛杀异姓王和有功大臣。"于是仍称病不动身。他身边的人也都逃亡躲藏起来了。卢绾的话多有泄漏，辟阳侯审食其听到后，回去详细报告给了高祖，高祖更加生气。这时又得到了匈奴投降的人，他们都说张胜逃亡到匈奴，是燕王的密使。于是高祖说："卢绾果真反了！"就派樊哙率军攻打燕王。燕王卢绾带领他所有的宫人、家属和数千骑兵住到长城脚下，打探消息，想等高祖病好之后，亲自进京谢罪。四月，高祖去世，卢绾就带领部众逃亡到匈奴，匈奴封他为东胡卢王。卢绾因受到匈奴的侵扰和掠夺，时常想再回归汉朝。过了一年多，卢绾死在匈奴。

高后时，卢绾妻子亡降汉，会高后病，不能见，舍燕邸，为欲置酒见之①。高后竟崩，不得见，卢绾妻亦病死②。孝景中六年③，卢绾孙他之④，以东胡王降，封为亚谷侯⑤。

【注释】

①舍燕邸，为欲置酒见之：谓吕后安排他们住在京城燕王的官邸，并安排酒宴准备接见他们。燕邸，燕王在京城的官邸。

②"高后竟崩"几句：吴见思曰："前写处处亲幸，此写事事不偶。"凌稚隆引陈仁锡曰："叙数语，见高祖与绾，高后与绾妻谢世之期亦略相近，应前'同日''相爱'意。"竟崩，最终还是死了。

③孝景中六年：前144年。梁玉绳曰："中六年，当作'中五年'。"据《惠景间侯者年表》，卢它父被封亚谷侯在汉景帝中元五年（前

145）四月。

④卢绾孙他之：据《惠景间侯者年表》，卢绾之孙名“它父”，非“他之”。

⑤亚谷侯：封地为亚谷，《正义》曰：“在河内。”今地未详。

【译文】

吕后主政时，卢绾的夫人和儿子逃离匈奴，归降汉朝，正赶上吕后生病，不能接见他们，就安排他们住进燕王在京城的府邸，并准备设酒宴接见他们。直到吕后病逝，也没能见上面，卢绾的夫人后来也病死了。汉景帝中元六年，卢绾的孙子卢他之，以东胡王的身份归降，被封为亚谷侯。

陈豨者，宛朐人也①，不知始所以得从②。及高祖七年冬，韩王信反，入匈奴，上至平城还，乃封豨为列侯③，以赵相国将监赵、代边兵④，边兵皆属焉。豨常告归过赵⑤，赵相周昌见豨宾客随之者千余乘⑥，邯郸官舍皆满。豨所以待宾客如布衣交，皆出客下⑦。豨还之代，周昌乃求入见。见上，具言豨宾客盛甚，擅兵于外数岁⑧，恐有变⑨。上乃令人覆案豨客居代者财物诸不法事⑩，多连引豨。豨恐，阴令客通使王黄、曼丘臣所⑪。及高祖十年七月⑫，太上皇崩，使人召豨，豨称病甚。九月，遂与王黄等反，自立为代王，劫略赵、代⑬。

【注释】

①宛朐：也作“冤句”，秦县名，治所在今山东曹县西北。

②不知始所以得从：不知当初是怎么得以追随刘邦的。梁玉绳曰：“《功臣表》：‘豨以特将于前元年从起宛朐’，何云‘不知始所从’？”“前元年”指刘邦起兵那年，即秦二世元年（前209）。《正义》引徐广曰：“陈豨以特将将卒五百人前元年从起宛朐，至霸上，为侯。以游击将军别定代，已破臧荼，封豨为阳夏侯。”

③“及高祖七年冬”几句：梁玉绳曰：“其封侯在六年，何待七年还平城之时？当是汉五年秋，破燕王臧荼还乃封耳。”

④以赵相国将监赵、代边兵：谓陈豨以赵国相国的身份节制赵、代两国的边防军。赵相国，《高祖本纪》云：“九月，代相陈豨反，上曰：‘代地，吾所急，故封豨为列侯，以相国守代，今乃与王黄等劫掠代地！’”则陈豨实为代相国。郭嵩焘曰：“豨当代王刘仲时拜为代相国，刘仲弃国亡归，豨乃以相国守代。”当是刘仲逃回在先，陈豨为代相在后，当时代王虚位。

⑤常：通“尝”，曾经。告归：告假回家。过赵：陈豨从代国回长安，路过赵都邯郸。

⑥周昌：刘邦功臣，时为刘邦之子赵王如意丞相，事迹见《张丞相列传》。

⑦皆出客下：《正义》曰：“言屈体下之，不以富贵自尊大。”

⑧擅兵：独掌兵权。

⑨恐有变：郭嵩焘曰：“高祖之猜忌至矣，周昌又益导之，乃以成豨之反谋，此可叹也。”

⑩覆案：查办。

⑪通使王黄、曼丘臣所：派人到王黄、曼丘臣处联络。王黄、曼丘臣为韩王信旧部，韩王信逃入匈奴后，二人仍从事反汉活动。

⑫高祖十年：前197年。

⑬劫略赵、代：指劫持代、赵两国的臣僚，掳掠代、赵两地的人口财物。

【译文】

陈豨是宛朐人，不知他是何时开始跟随高祖的。到汉高祖七年冬，韩王信反叛，逃入匈奴，高祖到达平城后回来，封陈豨为列侯，命他以赵相国的身份统领监督赵、代两国的边防部队，边境的军队都归他指挥。陈豨曾有一次请假回家，途经赵国，赵国丞相周昌见陈豨随行宾客的车子就有一千多辆，把邯郸的宾馆都住满了。陈豨对待宾客就像平民百姓交往一样，总是谦卑待人。陈豨返回代地后，周昌请求进京朝见。周昌见到高祖后，详细报告了陈豨宾客众多，多年带兵在外，恐怕有变故。高祖就派人去调查陈豨宾客居留代地时在钱财等方面的种种不法行为，许多事情都牵连到陈豨。陈豨感到非常害怕，暗中让宾客派特使到王黄、曼丘臣等人的驻地联络。到汉高祖十年七月，太上皇驾崩，朝廷派人召见陈豨，陈豨自称病情非常严重。九月，陈豨就与王黄等人一起造反，自立为代王，劫持了赵、代两国的臣僚，掳掠赵、代两国的人口财物。

上闻，乃赦赵、代吏人为豨所诖误劫略者①，皆赦之。上自往，至邯郸，喜曰："豨不南据漳水，北守邯郸②，知其无能为也。"赵相奏斩常山守、尉③，曰："常山二十五城，豨反，亡其二十城。"上问曰："守、尉反乎？"对曰："不反。"上曰："是力不足也。"赦之，复以为常山守、尉。上问周昌曰："赵亦有壮士可令将者乎？"对曰："有四人。"四人谒，上谩骂曰："竖子能为将乎？"四人惭伏。上封之各千户，以为将。左右谏曰："从入蜀、汉④，伐楚⑤，功未遍行⑥，今此何功而封？"上曰："非若所知！陈豨反，邯郸以北皆豨有，吾以羽檄征天下兵⑦，未有至者，今唯独邯郸中兵耳。吾胡爱四千户封四人，不以慰赵子弟⑧！"皆曰："善。"于是上曰："陈豨将谁？"曰："王黄、曼丘臣，皆故贾人。"上曰："吾知之矣。"乃各以千金购黄、臣等。

【注释】

①诖（guà）误：误导，连累，此谓被陈豨蛊惑蒙骗而参与造反者。

②南据漳水，北守邯郸：二句意谓陈豨应南下据守漳水，其次重兵防

守邯郸，而不能退守代地。漳水，源自山西上党地区，经邺县（今河北磁县南）流向东北，汇入黄河，是邯郸以南的天然屏障。

③赵相：即周昌。奏斩常山守、尉：奏请处死常山郡的郡守、郡尉。常山，汉郡名，郡治元氏，在今河北元氏西北。守，郡守，郡的最高行政长官。尉，郡尉，郡守的副职，协助郡守掌管军务。

④从入蜀、汉：指跟随刘邦到过南郑（今陕西汉中）的将士。蜀、汉，指项羽封给刘邦的蜀郡、汉中郡等地。

⑤伐楚：指同西楚霸王项羽的斗争。

⑥功未遍行：立下功劳的人还没有全部受到封赏。王叔岷曰："《汉书》《长短经注》《通鉴》'功'皆作'赏'。"

⑦羽檄（xí）：紧急文书。《集解》曰："以鸟羽插檄书，谓之'羽檄'，取其急速若飞鸟也。"征：调集。

⑧吾胡爱四千户封四人，不以慰赵子弟：我为什么要吝惜四千户不封给这四人，借以安抚赵国的子弟呢？爱，吝啬。慰，安慰，鼓励。董份曰："当豨反时，郡邑不知者皆有危志，豪杰子弟尚持胜负而坐观之，未见有响应者，故赦守、尉以安诸郡邑之心，使感激而奋；又封四人以慰子弟，使鼓舞而乐从。高帝经略大度，于此可见其概矣。然封四人之意易知，而舍守、尉之指难识。"

【译文】

高祖听到这个消息后，立即赦免了赵、代两地受陈豨蒙蔽劫持的所有官吏百姓。而后高祖亲自率兵前往，到达邯郸时，高兴地说："陈豨不南下据守漳水，在北边防守邯郸，我知道他不会有多大作为了。"赵国丞相周昌奏请处死常山郡的郡守、郡尉，说："常山有二十五城，陈豨反叛，丢失了二十座城。"高祖问："郡守、郡尉造反了吗？"回答说："没有造反。"高祖说："那是因为他们力量不足以抵抗叛军。"就赦免了他们的罪过，仍然让他们做常山郡的郡守、郡尉。高祖问周昌说："赵国有壮士可带兵做将军吗？"周昌回答："有四个人。"四人来拜见，高祖谩骂道："你们几个臭小子能做将军吗?”四人惭愧地连连叩拜。高祖还是封他们每人一千户,并任命为将军。左右大臣进谏说:“许多人跟随您进入蜀地、汉中,征伐楚国,有功的人还没普遍受到封赏,这几个人有什么功劳要加以封赏呢?”高祖说:“这些不是你们所能懂的!陈豨反叛,邯郸以北都被他占有,我用加急檄文调集天下军队,还没有到达的,现在能用的只有邯郸城中的军队了。我何必吝惜四千户不封赏他们四人,用以抚慰赵国的子弟呢?”大臣们都说:“好。”这时高祖又问:“陈豨的将军是谁?”回答:“王黄、曼丘臣等人,原来都是商人。”高祖说:“我知道了。”于是各悬赏千金收购王黄、曼丘臣等人的人头。

十一年冬①,汉兵击斩陈豨将侯敞、王黄于曲逆下②,破豨将张春于聊城③,斩首万余。太尉勃入定太原、代地④。十二月,上自击东垣⑤,东垣不下,卒骂上;东垣降,卒骂者斩之,不骂者黥之⑥。更命东垣为真定⑦。王黄、曼丘臣其麾下受购赏之,皆生得⑧,以故陈豨军遂败。上还至洛阳。上曰:“代居常山北⑨,赵乃从山南有之⑩,远。”乃立子恒为代王⑪,都中都⑫,代、雁门皆属代⑬。高祖十二年冬,樊哙军卒追斩豨于灵丘⑭。

【注释】

①十一年:前196年。

②击斩陈豨将侯敞、王黄:梁玉绳曰:“《史诠》谓‘王黄’二字衍,是也。下云‘生得王黄’,《樊哙传》云‘虏王黄’,则非‘斩’矣。”曲逆:汉县名,治所在今河北顺平东南。

③聊城:汉县名,治所在今山东聊城西北。

④太尉勃:周勃,西汉开国功臣,时任太尉,事详《绛侯世家》。太

原:汉郡名,郡治晋阳,在今山西太原西南。

⑤东垣:汉县名,治所在今河北石家庄东北。

⑥不骂者黥之:王念孙曰:"'黥'当从《高祖纪》作'原'。'原之'者,谓宥之也。若'不骂者黥之',则人皆不免于罪矣。"王叔岷曰:"《汉书》无下句,正由'不骂者原之',故可略;若作'不骂者黥之',则不当略矣。即此亦可证'黥'当作'原'。"黥,一种刑罚,用刀在犯人面额上刻刺,以墨涂之。

⑦真定:汉县名,至清代又改名"正定",旧城在今河北正定县城南。

⑧王黄、曼丘臣其麾下受购赏之,皆生得:中井积德曰:"'之'字难读,恐有误。"王叔岷曰:"'之'字疑当在'生得'下。《通鉴》作'皆生致之',可证。"史珥曰:"王黄前既书'斩',又云'生得',岂时有两王黄,抑购得而后斩之与?少一提掇。"

⑨常山:即今所谓"恒山",在今河北曲阳北,汉人为避文帝(名恒)讳,改呼之为"常山"。

⑩赵乃从山南有之:指赵国都城邯郸在恒山以南,要越过恒山管辖对代地,多有不便。战国时的赵国即是如此。郭嵩焘曰:"自项羽封诸侯,徙赵王歇为代王,立张耳为常山王,王赵地;历汉而赵、代皆自为国。《文帝本纪》,'高祖十一年,破陈豨,定代地,立为代王',语自分明。《豨传》载高祖之言,由史公为之辞,非事实也。"

⑪乃立子恒为代王:事在高祖十一年(前196)正月。子恒,即高祖之子刘恒,也即后来的汉文帝。

⑫中都:汉县名,治所在今山西平遥西南。

⑬代、雁门皆属代:代郡、雁门郡均归代国管辖。

⑭高祖十二年冬,樊哙军卒追斩豨于灵丘:梁玉绳曰:"斩豨是周勃,'灵丘'又作'当城'。"施之勉曰:"《绛侯世家》:'因复击豨灵丘,破之,斩豨。'《傅宽传》:'为齐相国,击陈豨,属太勃,以相国代哙击豨。'是未终其事即还,而宽代之也。然则斩豨者周勃,非樊

哙也。《高祖功臣表》:'郎中公孙耳击代,斩陈豨,封禾城侯。'未知公孙耳属太尉勃与?抑或为樊哙军卒与?不能决也。"王叔岷曰:"斩豨,盖樊哙首其事,周勃终其事,故或称樊哙,或称周勃耳。施氏所称《傅宽传》《功臣表》,亦见《汉书》,唯'公孙耳'作'公孙昔'。"高祖十二年,前195年。灵丘,汉县名,治所在今山西灵丘东。

【译文】

汉高祖十一年冬,汉军在曲逆县斩杀了陈豨部将侯敞等人,在聊城大败陈豨部将张春,斩首一万余人。太尉周勃进军平定了太原、代地。十二月,高祖亲自率兵攻打东垣,但久攻不下,叛军辱骂高祖;东垣的守军投降后,凡辱骂过高祖的都斩首,不骂的被刺面。将东垣改名为真定。王黄、曼丘臣的部下被悬赏的赏金打动,二人都被生擒,因此陈豨的叛军失败了。高祖回到洛阳,说:"代地在恒山以北,赵国却从恒山的南面来管辖它,太远了。"于是就封儿子刘恒为代王,国都设在中都,代郡、雁门郡都隶属于代国。高祖十二年冬天,樊哙率军追击陈豨,在灵丘将陈豨斩首。

太史公曰:韩信、卢绾非素积德累善之世①,徼一时权变②,以诈力成功③,遭汉初定,故得列地,南面称孤。内见疑强大,外倚蛮貊以为援,是以日疏自危。事穷智困,卒赴匈奴,岂不哀哉!陈豨,梁人④,其少时数称慕魏公子;及将军守边,招致宾客而下士,名声过实。周昌疑之,疵瑕颇起。惧祸及身,邪人进说⑤,遂陷无道。於戏悲夫⑥!夫计之生孰成败于人也深矣⑦!

【注释】

①非素积德累善之世:不是一直积德行善之家的后代。世,后代。

②徼（jiǎo）一时之权变：侥幸碰上一时的风云变幻。徼，通“侥”，侥幸。

③以诈力成功：以此评价韩王信、卢绾，似不确切。

④梁人：陈豨老家宛朐，战国时属魏国，而魏国因后期以大梁（今河南开封）为都城，也称“梁国”，故称他为“梁人”。

⑤邪人进说：吴宽曰：“邪人，前韩王信‘令王黄等说误陈豨’是也。”

⑥於戏（wū hū）：同“呜呼”，感叹词。

⑦计之生孰成败于人也深矣：谋划是否成熟，对人影响深远。叶玉麟引曾国藩曰：“韩王信、卢绾、陈豨，皆计事不熟，此句盖兼三人者言之。”

【译文】

太史公说：韩王信、卢绾不是积德行善人家的后代，侥幸碰上一时的风云变幻，靠欺诈和暴力取得成功，赶上汉朝刚刚平定天下，所以得到封地，南面称王。他们在内因势力强大被朝廷猜疑，在外则依靠匈奴作为后援，因此与朝廷日益疏远，自己岌岌可危。等到走投无路时，最后都逃亡匈奴，这难道不可悲吗！陈豨是梁地人，年轻时就多次称赞敬仰魏公子的为人；等到后来率军守边，也招揽天下宾客，礼贤下士，名声超过了实际。周昌怀疑他，许多问题从此产生。他自己也害怕灾祸临头，加上一些奸人的怂恿，最终陷于大逆不道。唉，真可悲啊！谋略的成熟与否、成功与否，对于人实在是重要啊！

【集评】

陈仁锡曰：“韩王信、卢绾，封王同，反叛同，亡匈奴同，子孙来降同，故二人同传。若陈豨，则以反事附见尔。”又曰：“韩王信、卢绾，皆汉自弃之入胡。”（《史记评林》引）

赵恒曰：“韩信、卢绾、陈豨，此三人者原无叛逆之意，其二人以强大见疑，其一人以宾客太盛见疑，俱陷无道，失计所致也，故结以‘计之生

孰成败于人也深矣’。”(《史记评林》引)

茅坤曰:“予读《淮阴传》,太史公谓豨之拜钜鹿守也,过辞淮阴。淮阴方怨汉之削其地、绌其爵,而与绛灌等也,故即挈手而阴说之以反于代。窃疑淮阴虽怨汉,不当如是轻起反侧心。及读豨传,以周昌疑其宾客过盛,汉且遣人覆按之,豨故惧而反。然首尾并不见淮阴佐豨之迹,岂当时吕后与萧何等自以高帝之老而将兵于外,恐信起不测,故诈令人喧言之,而遂绐斩之耶?”又曰:“汉平陈豨之易有四,赦赵、代吏人为豨所诖误劫略者,则赵、代之士卒悦矣;赦常山守、尉,则凡赵、代之郡县城邑所为豨下者,皆可望风而反矣;封赵四人,则赵、代之壮士人人思奋矣;以千金购王黄、曼丘臣等,则豨麾下去矣。以此攻豨,何有也。”(《史记钞》)

【评论】

本篇真实客观地反映了汉初刘邦、吕后猜忌、杀戮功臣而造成的尖锐矛盾。韩王信在楚汉战争中为刘邦立过大功,在打败项羽前已被封为韩王;卢绾也有“绝籍粮饷”的功劳,且因与刘邦同乡,有父一辈子一辈的交情,不是兄弟胜似兄弟,所以在击败燕王臧荼后就被封为燕王。项羽被灭亡后,刘邦为了巩固刘氏政权,开始打压异姓王。在这种情况下,刘邦因韩王信“材武”,而其封地在今河南中部,“皆天下劲兵处”,所以将他调到了今山西北部,都晋阳(今山西太原)。即使被刘邦无端调换封地,韩王信仍表示“国被边,匈奴数入,晋阳去塞远,请治马邑”,想尽职尽责地守卫边防、打击匈奴。只是因为他想用和解的方法解决被匈奴围困的问题,于是刘邦就怀疑他有二心,韩王信大恐,遂叛逃匈奴,共同击汉。凌约言对此评论说:“既以信壮武而徙以备胡矣,卒又猜疑而责让之,是趣之叛也。高帝于是为失著矣。”刘邦为征剿韩王信,派陈豨为“代相国将监赵、代边兵”,但刘邦又因陈豨“招致宾客”而生猜忌。韩王信派人与陈豨暗通,陈豨遂与之联合,共同反汉。接着刘邦派卢绾讨伐陈豨，陈豨派人说服卢绾，卢绾遂暗中与之联络以图自存。可以看出此三人都是由刘邦的怀疑谋反到害怕被诛而不得不反的，也就是说他们都是被刘邦的猜忌逼反的。卢绾曾说："非刘氏而王，独我与长沙耳。往年春，汉诛淮阴；夏，诛彭越，皆吕后计。今上病，属任吕后。吕后妇人，专欲以事诛异姓王者及大功臣。"这就是三人当时面对的现实，刘邦对异姓王和功臣们虎视眈眈，异姓王和功臣们则人人自危。故茅坤曰："汉待功臣太薄，数以猜忌诛之，故反者十而七八耳，悲夫！"对刘邦、吕后的恶劣行为进行了揭露。

司马迁对于韩王信、卢绾和陈豨是非常同情的。篇中记载了韩王信回复柴将军劝他归汉的信，其中说道："今仆亡匿山谷间，旦暮乞贷蛮夷，仆之思归，如痿人不忘起，盲者不忘视也，势不可耳。"又记载卢绾叛逃时的情景："悉将其宫人家属骑数千居长城下，候伺，幸上病愈，自入谢。四月，高祖崩，卢绾遂将其众亡入匈奴，匈奴以为东胡卢王。绾为蛮夷所侵夺，常思复归。居岁余，死胡中。"这些充满情感的笔触，都表现了这些"叛逃者"的无奈而悲凉的心境，渲染出一种悲剧气氛，表达了司马迁对于他们的理解，也传达出一种对于这种畸形的君臣关系的沉痛悲哀。

陈豨并非异姓王，他的被猜忌是因为广招宾客。司马迁在"太史公曰"中说："陈豨，梁人也，其少时数称慕魏公子；及将军守边，招致宾客而下士，名声过实。周昌疑之，疵瑕颇起。惧祸及身，邪人进说，遂陷无道。於戏悲夫！""战国四公子"养客而享盛誉，陈豨向他们学习，也想养客，却被汉代统治者所不容。时过境迁，战国是个四分五裂的时代，各国王公贵族需要靠养士以扩大自己的影响，或帮助自己争夺利益，或协助自己保卫国家、打击敌人，他们的行为当然会受到赞赏。而汉朝建立的是大一统的封建专制国家，个人的养客就是与专制统一相对立，自然是不被允许的。陈豨错在没有看清这种社会形态的本质转变，触犯了刘邦的忌讳，又加上刘邦正在想方设法打压功臣，所以他的悲剧就此发生。陈豨确实有"授人以柄"的糊涂，但不能因此说刘邦就没有过错。

本篇在写韩王信、卢绾、陈豨的被逼投奔匈奴的过程中，也反映了汉朝初期与匈奴的关系，可以说是第一次正面描写了汉匈战争。正是由于韩王信被逼反叛、引导匈奴侵汉，开启了汉匈之间百余年的纷争，造成了汉朝最大最棘手的边患。正如吕祖谦所说："自是匈奴轻汉，为世大患，阅百年而未息。"(《大事记解题》)篇中具体写的"白登之围"事件，暴露了汉初虚弱的实力而统治者自高自大、恃强凌弱的心理，颇寓讥讽之意。